実践 刑事証拠法

太田 茂

はしがき

　筆者は、昭和52年、大阪地方検察庁を振り出しに検事に任官し、約34年間、各地の検察庁で捜査公判の実務に担当検事や決裁官として従事し、また、法務省の刑事局、官房人事課、司法法制部等において法務・検察行政に従事しました。この間、平成元年から足掛け4年間、官房人事課付検事として司法試験管理委員会の事務局を担当し、司法試験の実施や運用改善、合格枠制導入の第一次司法試験改革、その後の法曹養成制度等改革協議会の関係事務等にも携わりました。さらに、平成11年からは、内閣に設置された司法制度改革審議会の審議に法務省として協力する窓口部署である司法法制部司法法制課長として、同審議会で審議された法科大学院創設や裁判員制度の導入等の司法制度改革にも様々な形で関与する機会を得ました。このように、筆者は司法試験と法曹養成教育制度の在り方に深く関わってきたため、検事退官後は、いずれかの法科大学院において自らがその実践に当たりたいとの思いを強く持っていました。

　こうした経緯から、筆者は平成24年4月から、早稲田大学法科大学院の実務家専任教員として刑事訴訟法を担当する機会に恵まれることとなりました。そして、司法制度改革審議会の意見書が示した法科大学院の目的である「理論と実務の架橋」を目指した教育を行うべく、検事として従事した様々な捜査公判の実務経験を踏まえ、これを活かして学生諸君に対する授業に取り組みました。

　筆者が法科大学院で担当した科目のうち、学生諸君の全般的な傾向として、捜査法の分野については比較的勉強する機会に恵まれていますが、刑事証拠法については、伝聞法則をはじめとして十分習熟できておらず苦手意識を持つ人が多い上、訴因と公訴事実という大きな問題についてはこれまで十分な勉強の機会がなかった人が多く見受けられました。そこで、筆者は、刑事証拠法の授業を担当するに当たり、学生諸君に対しては、刑事訴訟法の基幹科目は既に受講し、刑事訴訟法の理論や様々な問題点についての基本的な理解は一応できている、という前提で、それらが具体的事件の複雑な事実や証拠関係の中で、どのように発現し、頭の中では理解できているはずの学説や判例の理論がどのように適用されていくのかということを実感を持って理解して会得できることを最大の目標とし、オリジナルの長文の事例問題を教材として授業を準備し、実施しました。

　幸い、筆者の担当科目は多くの学生諸君に歓迎され、熱心に受講した皆さんから「分かったようで分かっていなかった伝聞法則が実感的に理解できるようになった」「複雑な長文の事例に対する恐怖心がなくなった」「刑訴法の勉強が面白いと感じられるようになった」などの好意的な声を多く聞くことができ、大いに手応えを感じることができました。

　筆者は、早稲田での任期を終え、平成28年に新設された日本大学危機管理学部の教授に就任したため、法科大学院での刑事訴訟法の講義を終えることになりました。しかし、学生諸君から、筆者の講義録を残して欲しいとの声も耳にし、筆者としても、複雑な事案の中に問題点を発見し、学説や判例の理論に意味のある事実関係を的確に当てはめて、妥当な結論を導き出すという法科大学院教育に期待される教育の一つの在り方として、筆者が作成した事例講義問題や講義内容を紹介することには意義があるものと考え、本講義録を出版することとしました。

　この講義録は、長文の事例問題を中心として構成しています。これらの事例は、筆者が検察官として捜査・公判に関わった事案に加工したり、それらを参考とし、現実に発生し得る事件を想

定して考案したものであり、すこぶる実践的なものとなっています。したがって、皆さんがこれらの事例問題を勉強することは、刑事実務の基礎的な側面ももち、理論と実務を架橋する学習に役立つのではないかと期待しています。

いうまでもなく、法科大学院での教育・講義の在り方には様々な創意工夫が必要であり、筆者の講義スタイルはその一例に過ぎず、各教員の先生方は、それぞれ様々な創意工夫を凝らして充実した授業に取り組んでおられます。本講義録は、筆者が実践した一つの例に過ぎませんが、法科大学院で刑事訴訟法を学ぶ学生諸君はもとより、若手の検察官や弁護士等の実務家の皆さんにとっても、学んだことをブラッシュアップして一層の実力涵養の基礎となり得るものであれば望外の喜びです。

筆者が実務を離れて相当な期間が経過している上、裁判員裁判員制度の導入の影響もあり、特に公判実務においては、立証活動の在り方に少なからぬ変化がもたらされています。そのため、本講義録の執筆に当たっては、本講義録の内容がそれらの変化をも踏まえたものとなるため、筆者の優秀な後輩検事であった、濱田毅さん（現同志社大学法科大学院教授、元大阪地検交通部長、京都大学法科大学院派遣検察官）、山本真千子さん(現大阪地検特捜部長)、鈴木眞理子さん（現大阪地検公判部長、元大阪大学・京都産業大学・近畿大学各法科大学院派遣検察官）、北岡克哉さん(現神戸地検刑事部長、元大阪地検特捜部副部長）の各位に、原稿をチェックしていただき、様々な貴重なご指摘をいただきました。本文中に挿入したイラストについては、筆者の検察時代の優秀な後輩検事であった恩田剛さん（現柏崎簡易裁判所判事）のご協力により作成しました。これらの各位に加え、本書の企画から発行に至るまで尽力をいただいた成文堂田中伸治さんにも厚くお礼申し上げます。

また、早稲田大学法科大学院に奉職するに際し、多大のご尽力を賜った田口守一早稲田大学名誉教授、先輩教員として様々なご指導ご助言を賜った川上拓一教授、また、司法制度改革審議会以来、何かにつけご指導を賜った井上正仁教授を始めとする同僚教職員の各位、更に法務省勤務時代から暖かいご指導ご厚誼を賜った東京大学名誉教授松尾浩也先生、母校京都大学の名誉教授鈴木茂嗣先生、司法制度改革審議会会長の佐藤幸治先生に、心よりお礼申し上げます。

なお、本書と同時に、成文堂から『応用刑事訴訟法』も発行しました。これは、早稲田大学法学部において行った授業の素材を活用したもので、刑事訴訟法の理論面ではベーシックなものですが、事例講義に加え、具体的事件の捜査の経験談や、アメリカを始めとする主要国の刑事司法制度の概要の紹介をも含むものです。本書と併せ、司法試験受験者のみならず刑事司法に関心のある一般読者の皆さんの参考となれば幸いです。

著　者

目　次

はしがき ………………………………………………………………………… i
目　次 …………………………………………………………………………… iii
凡　例 …………………………………………………………………………… xvi

第1編　総　　論

第1章　刑事訴訟法を学ぶ姿勢と心構え ……………………………………… *3*
　1　司法試験と法科大学院教育の意義・目的について ……………………… *3*
　2　法科大学院教育と刑事訴訟法の勉強の基本的な姿勢「問題点の発見能力が最重要」… *4*
　　(1)　法律上の問題点を漏れなく把握すること（*5*）
　　(2)　判例の勉強の仕方の留意点について（*10*）
　　(3)　具体的事例への当てはめについて（*12*）

第2章　証拠構造等について …………………………………………………… *22*
　第1　証拠構造について ………………………………………………………… *22*
　1　まずは具体例から …………………………………………………………… *22*
　2　証拠構造を組み立てることの意義と目的 ………………………………… *28*
　　(1)　情況証拠による立証は「証拠構造」の的確な組み立てによって可能となる。（*28*）
　　(2)　証拠構造は、最終目的である犯罪事実の立証のために、多数の様々な証拠について、個々の証拠が立証できる事実は何かということを吟味した上で、それら相互の有機的な関係を検討し、効果的に整理・組み立てるための「青写真」ないし「設計図」である。（*28*）
　　(3)　証拠構造の的確な組み立ては、当事者にとっても裁判所にとっても、公判における立証活動・審理の進行の最大の指針であり、柱である。（*29*）
　　(4)　法科大学院生の刑事証拠法の勉強の上での重要性（*32*）
　3　証拠構造の組み立て方の基本的な留意点 ………………………………… *32*
　　(1)　証拠構造の組み立て方には、唯一絶対の方法があるわけではなく、各自が工夫研究してより的確な証拠構造を組み立てる努力をしなければならない。しかし、基本的に重要なのは「自白に頼らない客観証拠による立証」を心がけて証拠構造を組み立てることである。（*32*）
　　(2)　事案によっては、情況証拠のみでは犯人性や犯人しか知らない犯行の具体的状況等を立証することができず、これらの立証は被告人の自白によらざるを得ない場合もある。その場合には、自白の信用性、任意性が鍵となるが、それについても証拠構造を踏まえた立証が必要である。（*33*）

第2 主要事実、間接事実、補助事実、直接証拠と間接証拠等の概念や相互の関係等について　35
　1　主要事実、間接事実、補助事実 ……………………………………………………………… 36
　　　(1)　主要事実（36）　　(2)　間接事実（37）　　(3)　補助事実（38）
　2　「主要事実」「間接事実」「補助事実」と「要証事実」の関係 ………………………… 38
　3　直接証拠と間接証拠 …………………………………………………………………………… 38

第3　立証趣旨と要証事実との関係について ……………………………………………………… 39
　1　各概念の基本的な意義と両者の関係 ………………………………………………………… 39
　2　要証事実と立証趣旨の立て方 ………………………………………………………………… 40
　3　実務における立証趣旨の記載の実情等 ……………………………………………………… 41
　　　(1)　立証趣旨の記載が必要とされる理由（41）
　　　(2)　実務における立証趣旨の記載の実情（41）
　4　立証趣旨の記載の厳密さが要求される場合 ………………………………………………… 44
　　　(1)　立証趣旨の記載が伝聞法則に抵触し、あるいはこれを潜脱するようなものである場合（44）
　　　(2)　ある立証趣旨に限定して書証を同意した場合（45）

第3章　伝聞法則総論 …………………………………………………………………………………… 49
はじめに ……………………………………………………………………………………………………… 49
第1　なぜ伝聞法則・証拠問題は難解（そうに見える）なのか
　　　——原因その1　伝聞法則導入と運用の歴史的経緯—— …………………………………… 50
　1　伝聞法則が現行刑訴法に導入された経緯 …………………………………………………… 50
　2　明文の規定がないのに、伝聞法則の非適用を認める方向での解釈論の蓄積 ………… 51
　　　(1)　伝聞証拠の定義自体の解釈論による伝聞法則適用範囲の限定（51）
　　　(2)　再伝聞、再々伝聞供述の許容（51）
　　　(3)　精神状態に関する供述等の、解釈論による伝聞法則の非適用化（51）
　3　明文の規定を更に制限的に解釈する方向での対応 ………………………………………… 52

第2　原因その2　伝聞法則・証拠問題を難しく（難しそうに）している重要概念の定義の問題　52
　1　重要概念の定義自体に諸説があるため、自説を定めなければスタートラインに立てない
　　 …… 52
　2　「供述証拠」と「非供述証拠」の定義には様々な説がある …………………………… 54
　　　(1)　「供述証拠」を広く解する説（54）　　(2)　「供述証拠」を最も狭く解する説（54）
　　　(3)　折衷的な考え方ないし、「供述証拠」と「供述」との用語を使い分ける説（54）
　　　(4)　各説による違いと、私の考え方（55）
　　　(5)　「人の供述」が「非供述証拠」となるのはどのような場合か（56）
　　　(6)　非供述証拠か、供述証拠か、については、要証事実との関係で定まる場合がある（58）
　3　「供述書」と「供述録取書」の媒体は様々である ……………………………………… 60
　　　(1)　供　述　書（60）　　(2)　供述録取書（60）
　　　(3)　「供述書」「供述録取書」が321条以下のどの条文に該当する書面であるかは、その書面の「表題」によるのでなく、個々の書面の性質内容によって判断される（61）

            4 「伝聞供述」の定義 ──実質説と形式説── ……………………………………… *61*
              (1) 実 質 説 (*61*)　(2) 形 式 説 (*62*)

第3　伝聞法則とその例外規定について ……………………………………………… *62*
        1 伝聞例外規定の骨格とそれを理解するための基本的視点 ………………………… *63*
        2 上記の視点からの伝聞例外規定の分類と各例外規定の概要・特徴 ……………… *64*
            (1) 類型的・定型的に極めて高度の信用性があるため、無条件に伝聞例外が認められるもの (*64*)
            (2) 一定の要件はあるが、類型的に信用性が高いことなどから、その要件がかなり緩やかなもの (*66*)
            (3) (2)ほど類型的に信用性が高いとまでは言えないが、更にある程度要件を厳しくすることにより、伝聞例外として認められるもの (*67*)
            (4) 類型的な信用性は(3)よりも更に低いため、その必要性が極めて高く、信用性が個別に強く認められる場合に限り、伝聞例外として認められるもの (*67*)
        3 当事者が同意・合意することにより、証拠能力が付与される場合 ……………… *67*
        4 弾劾証拠（328条）………………………………………………………………………… *67*

第4　再伝聞、再々伝聞等について ……………………………………………………… *68*
        1 再伝聞、再々伝聞等の具体例 ……………………………………………………………… *69*
        2 再伝聞、再々伝聞過程の解消 ……………………………………………………………… *69*
            (1) 再伝聞等が許容される法解釈上の根拠 (*69*)
            (2) 伝聞過程の形成とその解消の時系列的順序 (*70*)
            (3) 具体例の検討 (*71*)
            (4) 再伝聞等の解消過程の中断 (*73*)

第5　精神状態に関する供述の問題について ………………………………………… *74*
        1 精神状態の供述に関する各説 ……………………………………………………………… *74*
            (1) 非伝聞説（多数説）(*74*)　(2) 明文のない（不文の）伝聞例外説 (*75*)
            (3) 非供述証拠説 (*76*)
        2 検討（私の見解）…………………………………………………………………………… *77*
        3 精神状態の供述以外で伝聞法則が適用されないもの ………………………………… *79*

第2編　実践編1　事例講義

事例講義1　犯人性が争われたひったくり強盗致傷事件 …………………………… *87*
事　　例 …………………………………………………………………………………………… *87*
第1　事件の発生と捜査の遂行・事件処理 ……………………………………………… *87*
        1 事件発生と初動捜査 ………………………………………………………………………… *87*
        2 捜査の遂行と事件処理 ……………………………………………………………………… *88*
            (1) 強制捜査以前の任意捜査 (*88*)　(2) 強制捜査の着手 (*89*)
            (3) 被疑者の取調べとその後の捜査の遂行 (*90*)　(4) 補充捜査と事件処理 (*91*)

第2　公　　判 …………………………………………………………………………… 92
　　1　公判前整理手続 ……………………………………………………………… 92
　　　(1)　弁護人の主張 (92)　　(2)　弁護人の証拠請求 (93)
　　2　公判審理 ……………………………………………………………………… 93
　　　(1)　被害者の証人尋問 (93)　　(2)　Xの母親D女の証人尋問 (93)
　　　(3)　弁護人の不同意 (93)　　(4)　E女の証人尋問 (93)
　　　(5)　XYの捜査段階の自白調書関係等 (94)
証拠構造 ……………………………………………………………………………… 94
各証拠の証拠能力 …………………………………………………………………… 97
　　1　V女のKS・PS ………………………………………………………………… 97
　　　(1)　V女のPS (97)　　(2)　V女のKS (99)
　　2　診　断　書 …………………………………………………………………… 100
　　　(1)　「裁判所の鑑定人による鑑定書」に限るか (100)
　　　(2)　弁護人等、私人が依頼した専門家による鑑定書についてはどうか (102)
　　　(3)　4項が準用される鑑定書にはどのようなものがあるか (104)
　　　(4)　診断書の問題点 (104)
　　3　110番通報記録 ……………………………………………………………… 105
　　　(1)　V女が、強盗の被害にあい、犯人の白いワゴン車のナンバーが256であったことを立証趣
　　　　　(105)
　　　(2)　通報記録を非供述証拠として立証に用いる場合 (105)
　　4　ATMの防犯ビデオ画像 …………………………………………………… 106
　　5　被害状況再現の実況見分調書　X・Yの犯行再現実況見分調書 ……… 107
　　　(1)　「実況見分」の目的・形態 (107)
　　　(2)　◎最決平成17・9・27刑集59巻7号753頁、判時1910号154頁、判タ1192号182頁 (112)
　　　(3)　その他留意点 (114)　　(4)　本事例への当てはめ (114)
　　6　地方運輸局の回答書　気象状況の回答書　勤務簿とタイムレコーダー記録の写し
　　　　融資と返済状況の記録写し ……………………………………………… 115
　　　(1)　323条の基本 (115)　　(2)　1号書面 (115)　　(3)　2号書面 (117)
　　　(4)　3号書面 (119)　　(5)　323条該当性が問題となった事案の判例 (119)
　　7　車所有関係の各参考人3名KS　CのKS　キャバクラ店長のKS　ローン担当者のKS　122
　　8　緑色のジャージ …………………………………………………………… 122
　　9　D女のKS・PS ……………………………………………………………… 122
　　10　Yの手帳　捜索差押調書 ………………………………………………… 122
　　11　E女のKS …………………………………………………………………… 123
　　12　Yの第一次自白KS　Xの第一次自白KS　Xの第二次自白PS　Yの第二次自白KS
　　　　Yの第二次自白PS　バッグ及び財布等　領置調書 ……………………… 123
　　　(1)　各自白の証拠能力 (123)　　(2)　バッグ及び財布等　領置調書 (124)
　　13　Xの携帯電話のメール内容解析結果回答書 …………………………… 129
公判手続の諸問題 …………………………………………………………………… 130
　　1　326条の同意に関する諸問題 ……………………………………………… 130

(1) 弁護人による書証の同意・不同意の法的意味・効果 (*130*)
　　　(2) 同意の意義についての各説と具体的問題点 (*131*)
　　　(3) 違法収集証拠である書証に対する同意の効果 (*133*)
　　　(4) 同意権者、被告人と弁護人との関係 (*134*)　(5) 同意の擬制 (*135*)
　2　検察官は、V女に対し、まず被害状況の詳細について証言をさせた後、実況見分調書に添付されたV女による被害再現状況を撮影した各写真を示し、証言した内容はこれらの写真のとおりであるか否かについて、質問し、V女から、その通り間違いない旨の証言をさせた。このような尋問は許されるか。 …… *136*
　3　Xの母親D女の証人尋問 …… *136*
　4　E女の証人尋問 …… *137*

事例講義2　保険金目的の放火事件 …… *139*
事　　例 …… *139*
第1　事件の発生と捜査の遂行・事件処理 …… *139*
　1　事件の発生と初動捜査 …… *139*
　2　内偵捜査の遂行 …… *140*
　3　覚せい剤事件でのZの逮捕による捜査の進展 …… *140*
　4　Zの取調べ等 …… *142*
　5　Zの起訴・再逮捕による捜査の進展とXYの逮捕、事件処理 …… *143*

第2　公　　判 …… *145*
証拠構造 …… *145*
捜査法上の問題点 …… *148*
　1　被告人Zの自動車を無令状で捜索して給油レシート、ETCカードを差し押さえたことは適法か。これらの証拠能力は認められるか。 …… *148*
　　　(1) 捜査の適法性 (*148*)　(2)各証拠の伝聞例外要件該当性 (*153*)
　2　Zの第一次自白の証拠能力は認められるか（別件逮捕勾留の問題） …… *153*
各証拠の証拠能力 …… *160*
　1　登記簿謄本 …… *161*
　2　住民AのKS・PS …… *161*
　3　住民A立会の実況見分調書 …… *161*
　4　東京の親族のKS …… *161*
　5　火災原因判定書謄本 …… *161*
　6　各保険会社担当者KS …… *162*
　7　火災保険契約書写し …… *162*
　8　被告人らの生活状況の捜査報告書 …… *163*
　9　民宿経営者のKS　宿泊者名簿 …… *163*
　10　XYZらの各自白調書及びその派生証拠 …… *163*
　　　(1) Yの第一次自白KS、Xの第一次自白KS (*163*)
　　　(2) 灯油ポリタンク、領置調書 (*164*)

(3)　XYZらのその後の捜査官に対する自白の証拠能力 (*165*)

　　　(4)　XYZらの裁判官や消防局員に対する自白の証拠能力 (*166*)

　11　燃焼実験報告書 ……………………………………………………………………… *167*

弾劾証拠の問題 ……………………………………………………………………………… *167*

　　　(1)　弾劾証拠についての論争の経緯等 (*167*)

　　　(2)　◎最判平成18・11・7刑集6巻9号561頁　判時1957号167頁、判タ1228号137頁（百選87事件）
　　　　 (*169*)

　　　(3)　片面的構成説 (*170*)　　(4)　純粋補助事実説 (*171*)　　(5)　その他の問題 (*171*)

接見問題 …………………………………………………………………………………… *173*

　1　接見問題についての実務の変化について ………………………………………… *173*

　2　重要判例 ………………………………………………………………………………… *174*

　　　(1)　具体的判例 (*174*)　　(2)　判例の流れの概観 (*176*)

事例講義3　3名共謀による強姦事件 ……………………………………………… *178*

事　　例 ……………………………………………………………………………………… *178*

第1　事件の発生と捜査進行・事件処理 ………………………………………………… *178*

　1　事件の発生 ……………………………………………………………………………… *178*

　2　告訴による捜査の開始と遂行・事件処理 ………………………………………… *179*

第2　公　　判 ……………………………………………………………………………… *182*

　1　第一回公判における被告人らの認否等 ……………………………………………… *182*

　2　Zの公判状況 …………………………………………………………………………… *182*

　3　XYの公判状況 ………………………………………………………………………… *182*

証拠構造 ……………………………………………………………………………………… *184*

捜査法上の問題点 ………………………………………………………………………… *184*

　1　警察官が路上でYの音声を秘密録音したことは適法か ………………………… *184*

　2　Bの自宅の捜索において、ア、市販のポルノDVD30枚と、イ、その他の素人作成のDVD10枚を差し押さえたことは適法か …………………………………………… *188*

包括的差押えの可否 ……………………………………………………………………… *188*

　　　(1)　重要判例 (*188*)　　(2)　検　　討 (*189*)　　(3)　事例への当てはめ (*194*)

　3　Xの取調べでは黙秘権を初回のみしか告知していないが、その後の取調べで告知しなかったことに問題はないか。………………………………………………………………… *194*

　4　Zの特定のため、Zが集積所に捨てたゴミ袋を回収したことは適法か。その根拠は何か。
　　　　 ……………………………………………………………………………………… *195*

公判手続・証拠法上の問題点 …………………………………………………………… *199*

　1　Zの公判において、V女の上申書と領収書について、裁判所は検察官の同意がなくとも採用して取調べることができるか。検察官としてはこのような場合、どのような対応をすべきか。 ……………………………………………………………………………………… *199*

厳格な証明・自由な証明 ………………………………………………………………… *200*

　2　XYの公判において、検察官としてV女が証言しやすくできる環境を整えるためにどのよ

　　　　うな措置を講ずることができるか。……………………………………………………… *205*

　3　Zは、XYの公判で、自己の公判においては正直に供述したXYらとの共謀による犯行状況について大幅に供述を後退させたが、自己の公判の被告人質問で供述した公判調書はXYの公判でどのような方法で用いることができるか。…………………………………… *208*

　4　押収したDVDやYの前科の判決謄本は、検察官の立証趣旨によって裁判所は証拠採用できるか。 ……………………………………………………………………………………………… *208*

悪性立証の諸問題 ……………………………………………………………………………… *208*

　1　悪性立証についての原則的な考え方 ………………………………………………… *208*
　2　悪性立証が許されない原則とその例外の具体的内容 ……………………………… *209*
　　(1)　悪性立証の問題の諸場面等（*209*）
　　(2)　単なるエピソード的な悪性格を動機や犯人性の立証に用いる場合（*210*）
　　(3)　犯意や計画性などの主観的な事実の立証に用いる場合（*211*）
　　(4)　密接かつ一連の事犯の場合（*211*）
　　(5)　手口が同一・類似性等を有する同種前科や余罪等を被告人の犯人性の立証に用いる場合（*212*）
　3　最近の最高裁の重要判例 ……………………………………………………………… *214*
　4　事例問題への当てはめ ………………………………………………………………… *218*
　5　声紋鑑定書の証拠能力は認められるか。そのためにはどのような要件・手続が必要か。 ……………………………………………………………………………………………… *219*

声紋鑑定書の諸問題 …………………………………………………………………………… *219*

　　(2)　声紋鑑定に関する判例（*220*）　(3)　科学的証拠に関する判例の論旨の全体的特徴（*221*）

　6　XYの公判において、Yらが日付を改ざんしたメールについて、裁判所は、弁護人の立証趣旨とは異なる検察官の主張する事実を認定するための証拠資料とすることができるか（更問）　事件の夜、V女が、Dに対し「もう貴方には会えない。訳は言えない。絶対に連絡しないで」とのメールを送ったことについて、検察官がこのメール記録を、立証趣旨を「被害者が事件でショックを受けた余り、恋人に今後の交際ができない旨伝えた事実」として証拠請求して採用されたが、弁護人が、「このメールの意味は、V女がDに愛想がつきていたので、交際を断ろうとしたものだ」と主張した場合、裁判所は、この立証趣旨に拘束されるか。 ……………………………………………………………………………………………… *221*

自由心証主義と立証趣旨の拘束力 …………………………………………………………… *222*

　1　自由心証主義 …………………………………………………………………………… *222*
　　(1)　自由心証主義が確立した歴史的経緯（*222*）
　　(2)　我が国における歴史的経緯（*222*）
　　(3)　現行刑訴法の自由心証主義（*222*）
　　(4)　自由心証主義の合理性の担保と自由心証主義の例外（*223*）
　2　立証趣旨の拘束力 ……………………………………………………………………… *223*
　　(1)　立証趣旨の明示が求められる理由（*224*）
　　(2)　立証趣旨の拘束力（*224*）
　3　事例問題の検討 ………………………………………………………………………… *227*

　7　警察官がV女のメールの画面を撮影して作成した写真撮影報告書は、いずれの規定によっ

て証拠能力が認められるか。 …………………………………………………………… 227
　8　検察官が、Xの自白の任意性を立証して自白調書を採用させるためにはどのような対応が
　　必要か。 …………………………………………………………………………………………… 228

　9　検察官は、Yの署名押印のない調書に記載された自白の内容を公判に顕出するなんらかの
　　方策があるか。 …………………………………………………………………………………… 228

事例講義4　暴力団の組織的覚せい剤密売事件 ……………………………………………… 231
事　　　例 ………………………………………………………………………………………… 231
第1　覚せい剤密売事件の状況と捜査遂行・事件処理状況 ……………………………… 231
　1　密売事件の内偵捜査 …………………………………………………………………………… 231
　2　捜索差押えとW女の逮捕 ……………………………………………………………………… 231
　3　ホテル太陽での捜査遂行と被告人らの逮捕 ………………………………………………… 232
　4　その後の捜査等 ………………………………………………………………………………… 233
　5　事件処理 ………………………………………………………………………………………… 234

第2　公　　　判 ………………………………………………………………………………… 234
　1　Xの公判 ………………………………………………………………………………………… 234
　2　W女の公判 ……………………………………………………………………………………… 235
捜査法上の問題点 ……………………………………………………………………………… 236
　1　無令状で行ったX線検査の適法性とその捜査報告書の証拠能力 ………………………… 236
　　⑴　最決平成21・9・28刑集63巻7号868頁、判時2099号160頁、判タ1336号72頁（百選29事件）
　　　（236）
　　⑵　検　　　討（237）
　2　ホテル太陽512号室室内の会話の秘密録音 ………………………………………………… 240
　3　Yの現行犯人逮捕の適法性 …………………………………………………………………… 241
　　⑴　職務質問のための停止の適法性（241）　⑵　所持品検査、予試験の適法性（243）
　4　Xは緊急逮捕されているが、本件において、Xを「現に罪を行い終わった」ものとして現
　　行犯逮捕することはできなかったか。できるとすればどのような理由によって可能か。 246
証拠法上の問題点 ……………………………………………………………………………… 249
　1　Xのベンツの立ち去り状況についての捜査報告書 ………………………………………… 249
　2　宅配便の空箱 …………………………………………………………………………………… 249
　3　電話機台上のメモ ……………………………………………………………………………… 249
　4　W女宅捜索差押調書 …………………………………………………………………………… 250
　5　512号室の入室に関する捜査報告書とYのホテル太陽到着の捜査報告書 ……………… 250
　6　覚せい剤約3キログラムの差押調書 ………………………………………………………… 250
　7　覚せい剤約3キログラムとその鑑定結果報告書 …………………………………………… 250
　8　Xの緊急逮捕手続書 …………………………………………………………………………… 250
　9　筆跡鑑定結果報告書 …………………………………………………………………………… 250
応用問題 ………………………………………………………………………………………… 250

事例講義5　取り込み詐欺事件

事　　例 …………………………………………………………………… 254

第1　事件の発生と捜査遂行・事件処理状況 …………………………… 254
1　事件の発生 …………………………………………………………… 254
2　捜査の遂行 …………………………………………………………… 255
3　Xの逮捕と事件処理 ………………………………………………… 256

第2　公　　判 …………………………………………………………… 258
1　第一回公判期日における認否等 …………………………………… 258
2　その後の審理 ………………………………………………………… 258
3　Bの逮捕と捜査・公判の進展 ……………………………………… 258

証拠構造 …………………………………………………………………… 259

捜査法上の問題点 ………………………………………………………… 260
1　Xの手帳の差押えの適法性と証拠能力 …………………………… 260
　(1)　別件捜索差押え等の問題（260）　(2)　手帳の証拠能力について（265）
2　大麻草の写真撮影の適法性と大麻草や鑑定書の証拠能力 ……… 265
　(1)　捜索差押えの際に許される写真撮影（265）

証拠法上の問題点 ………………………………………………………… 272
1　Aの業務日誌及びAの手帳 ………………………………………… 272
2　町役場担当者KS ……………………………………………………… 272
3　甲社経理帳簿 ………………………………………………………… 273
4　乙商事担当者Vの手帳 ……………………………………………… 273
5　乙商事担当者VのPS及びAの第1次PS …………………………… 273
6　Aの第二次PS ………………………………………………………… 274
7　XのPS ………………………………………………………………… 275

その他の公判上の問題 …………………………………………………… 276

事例講義6　暴力団の抗争による殺人事件

事　　例 …………………………………………………………………… 277

第1　事件発生から捜査処理 ……………………………………………… 277
1　事件の発生と捜査の難航 …………………………………………… 277
2　覚せい剤事件を突破口とするCの逮捕と捜索差押えの実施 …… 278
3　ABCD及びXの逮捕・勾留による捜査の遂行と事件処理 ……… 278

第2　公　　判 …………………………………………………………… 280
1　ABCDの公判 ………………………………………………………… 280
2　Xの公判 ……………………………………………………………… 280

証拠法上の問題点 ………………………………………………………… 281
1　V男殺害現場の実況見分調書 ……………………………………… 281

2	V男の遺体に係る司法解剖結果鑑定報告書	282
3	密売に係る対立抗争状況に関する捜査報告書	282
4	Bに対する暴行状況のビデオテープ	282
5	Bの入院歴、負傷状況等に関する病院担当医のPS　カルテの写し	283
6	指紋照会回答書	283
7	Dの手帳	283

　　⑴　手帳の差押えの適法性(283)　　⑵　Dの手帳の記載内容の証拠能力(284)

8	ＡＢＣＤらに係る携帯電話通話記録回答書	290
9	WのPS	290
10	ビデオテープ遺留指紋についての回答書	291

その他の問題点 …… 291

1　ABCDらの公判が始まる前に、Y及びZは既に密出国していたことが判明した。また、Wについては、退去強制手続が進む一方、Wが上記の事情で検察官調書作成に応じる時期を強制送還直前まで待ってくれと懇願したことから、3月5日のPS作成後間もない7日、Wは退去強制されてしまった。この場合、上記の証拠関係はどのような影響を受けるか。検察官がWのPSを活用する方策にはどのようなものがあるか。　……　291

2　WのPSについては、どのような立証趣旨と根拠によって証拠能力が認められるか。　294

　　⑴　事件発生時に、V男が電話でYに助けを求めてきた際、傍にいたWが聞いたYの発言内容について(294)

　　⑵　Wの供述に含まれるXの供述(298)

3　Bに対する傷害事件については、国内に在住する被疑者はXのみとなっていたので警察は、Xを逮捕勾留して捜査を行った。しかし、Bは自らが殺人罪で起訴されていながらも、自己が被害にあったことについては依然として供述を拒んだ。この場合、検察官としては、Xをどのような証拠によって起訴することができるか。　……　299

4　捜査共助に関する諸問題　……　299

第3編　証拠法・公判手続の重要問題

第1章　自白法則　……　305

第1　自白法則をめぐる諸問題の概観　……　305

第2　憲法38条1項に関する諸問題　……　306

1　同項は、「黙秘権」を保障したものか。　……　306

2　行政上の供述義務について黙秘権が及ぶか。　……　307

　　⑴　脱税案件における質問調査(307)　　⑵　そのほかに問題となるもの(308)

3　黙秘権告知と黙秘権の侵害との関係、自白が排除される論拠　……　310

　　⑴　問題の所在(310)

　　⑵　黙秘権の不告知と黙秘権の侵害との関係、自白の証拠能力の問題(310)

　　⑶　検　　討(311)

第3　憲法38条2項に関する諸問題 ······ 311
1　問題の所在 ······ 311
2　憲法38条2項と刑訴法319条1項との関係 ······ 312
3　自白法則の根拠をめぐる諸説 ······ 312
(1) 任意性説（312）　(2) 違法排除説（違法収集証拠排除法則一元論）（313）
(3) 総合説（二元論）（213）
4　自白と違法収集証拠排除法則との関係 ······ 314
(1) 自白にも違法収集証拠排除法則が適用されるとした判例（314）
(2) 自白法則と、排除法則の判断順序はどう考えるべきか（315）
5　主な判例を踏まえた検討 ······ 316
(1) 約束による自白（316）　(2) 偽計による自白（317）
(3) 接見妨害中などに得られた自白（319）
(4) 捜査官でなく、弁護人、同房者、上司、知人等による暴行脅迫、偽計、約束等がなされた場合の自白法則適用の問題（320）
(5) その他違法不当な取調べ等によるもの（320）
6　被告人以外の第三者の任意性を欠く供述の証拠能力 ······ 321

第4　憲法38条3項に関する諸問題（補強証拠） ······ 322
1　憲法38条3項にいう「自白」は公判廷での自白も含むか。 ······ 322
2　補強証拠として許容される証拠はどのようなものか（補強証拠適格） ······ 322
(1) 被告人の供述が録取ないし記載されているもの（323）
(2) 共犯者の自白は補強証拠となり得るか（324）
3　補強の範囲（いかなる範囲に補強が必要か） ······ 326
(1) 罪体説と実質説（326）　(2) 判　　例（327）
4　補強証拠の程度と証明の方法（絶対説と相対説） ······ 328
(1) 判例の考え方（328）　(2) 学説の多数説（329）

第2章　違法収集証拠とその排除法則 ······ 330
第1　違法収集証拠排除法則の生成・発展の歴史の概観 ······ 330
1　アメリカにおける排除法則生成発展の経緯等 ······ 330
2　我が国における排除法則の生成発展の経緯 ······ 332

第2　最判昭和53・9・7を踏まえた普遍的な排除法則の検討 ······ 333
1　排除法則の論拠 ······ 333
(1) 適正手続論（334）　(2) 司法の無瑕性（廉潔性）論（334）
(3) 抑止効論（334）　(4) 53年最判が示す排除法則の論拠の検討（335）
2　排除の要件と要件該当性判断の具体的考慮要素 ······ 336
(1) 普遍的な排除要件（336）　(2) 要件該当性判断のための具体的考慮要素（337）
(3) 違法の重大性と排除相当性の二つの排除要件は、並列的（競合的）か、重畳的か。（337）

第3 排除法則をめぐる問題点 ·· 341
(1) 私人の違法行為によって収集された証拠については、排除法則の適用があるか否か。(341)
(2) 申立適格　排除の申立てをする資格を当該証拠収集手続における違法行為の被害者等に限定すべきか、他の被疑者等もその手続の違法性を申立てることが許されるか。(341)
(3) 証拠物に限らず、違法な手続によって得られた自白についても排除法則の適用があるか。(342)
(4) 違法収集証拠に対して被告人側が同意し、あるいは取調べに異議がない場合には証拠能力が認められるか。(342)
(5) 違法収集証拠排除法則の捜査段階への適用の要否ないし可否 (343)

第4 派生証拠をめぐる問題点 ·· 343
1 「違法承継論」「密接関連論」「毒樹の果実論」の内容等 ························· 344
(1) 違法承継論 (344)　(2) 密接関連論 (346)　(3) 毒樹の果実論 (346)
2 三つの論の相互の関係等 ·· 348
3 派生証拠の類型 ··· 350

第5 応用問題 ·· 350

第3章　訴因と公訴事実に関する諸問題 ·· 362
第1 違法収集証拠排除法則の生成・発展の歴史の概観 ································· 362
1 訴因及び公訴事実の語は、どのような過程で条文内に登場したか。 ············ 362
2 旧刑訴法下の「公訴（犯罪）事実」と現行法下の「公訴事実」とは同義語か。訴因と公訴事実とはどのような関係に立つか。 ·· 362
(1) 旧刑訴法下における実務の運用 (362)
(2) 「訴因」概念導入後の実務の運用の変化と訴因制度定着に至るまでの経緯 (363)
(3) 審判の対象論についての公訴事実説と訴因説との論争 (363)
(4) 両説によってどのように具体的問題についての考え方が分かれるか。(365)
(5) 「訴因説」の定着 (366)

第2 訴因の特定・明示に関する諸問題 ·· 367
1 識別説と防御権説及び近年の議論の進展等 ·· 367
(1) 従来の識別説と防御権説 (367)　(2) 訴因記載の具体例 (368)
(3) 従来の両説の対立図式を見直そうとする見解 (370)
(4) これらの各説の違いが現れる場面 (371)
2 特定性が問題となった主な事件 ··· 372
3 共謀事案に関する問題点 ·· 374
(1) 共謀共同正犯における謀議の日時場所等 (375)
(2) 共謀事案による実行行為者や各被告人の行った実行行為の特定 (379)
4 起訴状の訴因には謀議の日時場所等や実行行為者・各自の行為等が記載されていない場合の対応 ··· 379

5 訴因の明確化のために、法は具体的にどのような手続を予定しているか。……………… *381*
  (1) 事前準備段階（*381*）　(2) 公判前整理手続段階（*381*）
  (3) 冒頭手続等における釈明の段階（*381*）　(4) 期日間整理手続（*381*）
6 上記の明確化の措置を採った上でも訴因の特定性を欠くとき、裁判所はどうすべきか。
　……………………………………………………………………………………………………… *381*

第3 訴因変更の要否の問題 …………………………………………………………………… *382*
 1 訴因の機能の面からの訴因変更の要否についての基本的考え方 ………………… *383*
 2 抽象的防御説と具体的防御説、これに関する判例の変遷等 ……………………… *383*
 3 二段階説に立ったとされる平成13年最決の登場 ……………………………………… *385*
  (1) ◎最決平成13・4・11刑集55巻3号127頁、判時1748号175頁、判タ1060号175頁（*385*）
  (2) 本最決の評価等（*386*）
 4 緩やかな事実記載説による具体的適用の諸問題 ……………………………………… *386*
  (1) 問題の所在（*386*）　(2) 訴因変更を要する事実の差異の具体例（*387*）
  (3) 縮小認定の理論とその関連問題（*392*）
  (4) 単独犯の訴因に対する共同正犯の認定の問題（*395*）

第4 訴因変更の可否の問題 …………………………………………………………………… *398*
 1 「公訴事実の同一性」の意義と判断基準 ……………………………………………… *399*
  (1) 基本的な視点（*399*）　(2) 狭義の公訴事実の同一性についての諸説（*399*）
  (3) 判例の採る基本的事実同一説と非両立性基準（*400*）
 2 具体的事例 ……………………………………………………………………………………… *403*

第5 訴因に関するその他の問題 ……………………………………………………………… *413*
 1 訴因変更が許される時期 …………………………………………………………………… *413*
  (1) 問題の所在（*413*）　(2) 主な判例（*414*）
 2 訴因変更の許否 ……………………………………………………………………………… *415*
  (1) 問題の所在（*415*）　(2) 主な判例（*416*）
 3 裁判所の訴因変更命令ないし釈明の義務 ……………………………………………… *417*
  (1) 問題の所在（*417*）　(2) 主な判例（*418*）

終わりに …………………………………………………………………………………………… *423*

判例索引 …………………………………………………………………………………………… *424*

凡　例

1　法　　令

　　法令名の略語、通称は、各年版の六法全書（岩波書店、三省堂、有斐閣）又は大方の慣用に従う。

2　判　　例

　　判例集・判例収録誌の略称は、次の例によるほか、一般の慣例に従う。

　　例）最（一小）判平成24・2・13刑集66巻4号482頁：最高裁判所第一小法廷判決平成24年2月13日最高裁判所刑事判例集第66巻第4号482頁以下

最大判	最高裁判所大法廷判決
最（一小）判（決）	最高裁判所第一小法廷判決（決定）
最（二小）判（決）	最高裁判所第二小法廷判決（決定）
最（三小）判（決）	最高裁判所第三小法廷判決（決定）
高判	高等裁判所判決
地判	地方裁判所判決
支判	支部判決
刑録	大審院刑事判決録
刑集	最高裁判所刑事判例集
裁判集刑	最高裁判所裁判集刑事
高刑集	高等裁判所刑事判例集
高刑速	高等裁判所刑事判決速報集（1981年〜、法曹会）
判時	判例時報
判タ	判例タイムズ

3　雑　　誌

刑ジャ：刑事法ジャーナル

現刑：現代刑事法

ジュリ：ジュリスト

法教：法学教室

4　概説書

渥美：渥美東洋『全訂 刑事訴訟法［第2版］』（2009年、有斐閣）

池田＝前田：池田修＝前田雅英『刑事訴訟法講義［第5版］』（2014年、東京大学出版会）

上口：上口裕『刑事訴訟法［第4版］』（2015年、成文堂）

田口：田口守一『刑事訴訟法［第7版］』（2017年、弘文堂）

田宮：田宮裕『刑事訴訟法［新版］』（1996年、有斐閣）

団藤：団藤重光『新刑事訴訟法綱要［七訂版］』（1967年、創文社）

寺崎：寺崎嘉博『刑事訴訟法［第3版］』（2013年、成文堂）

古江：古江頼隆『事例演習 刑事訴訟法［第2版］』（2015年、有斐閣）

松尾（上）：松尾浩也『刑事訴訟法 上［新版］』（1999年、弘文堂）

三井（Ⅱ）、（Ⅲ）：三井誠『刑事手続法Ⅱ、Ⅲ』（2003年、2004年、有斐閣）

光藤（Ⅱ）：光藤景皎『刑事訴訟法Ⅱ』（成文堂、2013年）

安冨・講義：安冨潔『刑事訴訟法講義［第4版］』（2017年、慶應義塾大学出版会）

5 注釈書、講座、判例解説・判例研究、論文集等

大コンメ刑訴法［2版］(1)～(10)：河上和雄＝中山善房＝古田佑紀＝原田國男＝河村博＝渡辺咲子編『大コンメンタール刑事訴訟法［第2版］第1巻～第10巻』（2010年～2013年、青林書院）

刑訴百選［5版］：平野龍一＝松尾浩也＝田宮裕＝井上正仁編『刑事訴訟法判例百選［第5版］』（1986年、有斐閣）

刑訴百選［8版］：井上正仁編『刑事訴訟法判例百選［第8版］』（2005年、有斐閣）

刑訴百選［9版］：井上正仁＝大澤裕＝川出敏裕編『刑事訴訟法判例百選［第9版］』（2011年、有斐閣）

百選：井上正仁＝大澤裕＝川出敏裕編『刑事訴訟法判例百選［第10版］』（2017年、有斐閣）

刑訴争点［3版］：松尾浩也＝井上正仁編『刑事訴訟法の争点［第3版］』（2002年、有斐閣）

新刑訴争点：井上正仁＝酒巻匡編『刑事訴訟法の争点』〔新・法律学の争点シリーズ6〕（2013年、有斐閣）

昭和（平成）○年度重判解：『昭和（平成）○年度 重要判例解説』〔ジュリスト臨時増刊〕（1968年～、有斐閣）

新基本法コンメ刑訴法［2版］：三井誠＝河原俊也＝上野友慈＝岡慎一編『新基本法コンメンタール刑事訴訟法［第2版］』（2014年、日本評論社）

条解刑訴［4版増補］：松尾浩也 監修・松本 時夫＝土本武司＝池田修＝酒巻匡編集代表『条解 刑事訴訟法［第4版増補版］』（2016年、弘文堂）

証拠法大系Ⅱ：熊谷弘＝浦辺衛＝佐々木史朗＝松尾浩也『証拠法大系Ⅱ自白』（1970年、日本評論社）

石井・入門：石井一正『刑事事実認定入門［第3版］』（2015年、判例タイムズ社）

石井・刑事実務証拠法：石井一正『刑事実務証拠法［第5版］』（2011年、判例タイムズ社）

事例研究Ⅱ：井田良＝田口守一＝植村立郎＝河村博『事例研究刑事法Ⅱ刑事訴訟法［第2版］』（2015年、日本評論社）

6 祝賀・記念・退官論文集

岡野古稀：曽根威彦＝田口守一＝野村稔＝石川正興＝高橋則夫編・岡野光雄先生古稀記念『交通刑事法の現代的課題』（2007年、成文堂）

河上古稀：河上和雄先生古稀祝賀論文集刊行会編『河上和雄先生古稀祝賀論文集』（2003年、青林書院）

佐々木喜寿：西原春夫＝新倉修＝齋藤正和＝酒井安行＝大塚祐史＝高橋則夫・佐々木史朗先生喜寿祝賀『刑事法の理論と実践』（2002年、第一法規）

曽根・田口古稀（上）、（下）：高橋則夫＝川上拓一＝寺崎嘉博＝甲斐克則＝松原芳博＝小川佳樹編『曽根威彦先生・田口守一先生古稀祝賀論文集 上巻、下巻』（2013年、成文堂）

鈴木古稀（上）、（下）：三井誠＝中森喜彦＝吉岡一男＝井上正仁＝堀江慎司編『鈴木茂嗣先生古稀祝賀論文集 上巻、下巻』（2007年、成文堂）

中山退官：原田國男＝川上拓一＝中谷雄二郎編・中山善房判事退官記念論文集『刑事裁判の理論と実務』（1998年、成文堂）

松尾古稀（上）、（下）：芝原邦爾＝西田典之＝井上正仁編『松尾浩也先生古稀祝賀論文集 上巻、下巻』（1998年、有斐閣）

三井古稀：井上正仁＝酒巻匡編『三井誠先生古稀祝賀論文集』（2012年、有斐閣）

第1編

総論

第1章　刑事訴訟法を学ぶ姿勢と心構え

　これから皆さんと刑事訴訟法、その中でも証拠法を中心に勉強していきましょう。山に登るには計画が必要です。そして正しい心構えと適切な準備が大切です。刑事訴訟法の勉強、引いては法律学の勉強全てに通じることですが、正しい姿勢で適切な準備の下にしっかりとした計画を立てて勉強を始めることがその効果を大きく上げることになります。今日は、まず皆さんが法科大学院で刑事訴訟法を学ぶことの意義・目的からお話ししていきましょう。

1　司法試験と法科大学院教育の意義・目的について

　私は、足掛け4年間、法務省の司法試験管理委員会（今の司法試験委員会）の事務局で、司法試験の実施事務、試験の運用改善検討などの業務に従事しました。当時、合格者は僅か500人程度で一切の受験制限がなかったため、2万数千人の受験者が数十倍の合格率の試験に挑戦していました。当時の司法試験の論文問題は、事例問題的なものでも1頁にも満たないような短いもので、中には「何々について論ぜよ」などという1～2行問のものもありました。大学の法学部はゼネラリストの養成が教育の主目的であり、司法試験を目指す者も一般企業等を目指す者も同じ教育の対象です。そのため、授業は司法試験受験希望者のみを対象として試験合格のみを目的とする内容・レベルのものにはできません。したがって、法学部の講義は、司法試験を目指す者にとっては物足りない上、当時の司法試験の問題はこのようなものですから、予備校が司法試験突破のみを目的とし、コンパクトに要領よくまとめて論文答案の参考例などを記載した教材や授業を用意します。そうすると司法試験を目指す学生の間では、法学部の講義はおざなりにして予備校とのダブルスクールで手っ取り早く司法試験合格のみを目ざす、という風潮が顕著になってきました。

　当時、司法試験の考査委員の経験豊富な先生方と意見交換をすると「最近の司法試験の答案は、予備校のテキストや参考答案を丸暗記した『金太郎飴』のようなものが多い」「基本をしっかり理解せず、自分の頭で悩んで考えようとしないので、ある論点を問われれば丸暗記した内容を立て板に水で答えることはできるが、ちょっと事案を変えた変化球で質問すると、たちまち立ち往生してしまう」などの批判や嘆きが多く聞かれました。また、司法研修所の教官からよく聞いたのは「最近の修習生は、検察起案問題でも、『起訴が正解ですか、不起訴が正解ですか』などという『正解志向』が強い。事件の処理というのは検察官が悩んだ末に出す結論であり、ボーダーラインの事件では『正解』と言えるようなものはない場合も少なくないのに、常に外から与えられる『正解』の探しっこに走ってしまう」というのです。また、ある学説や判例を紹介すると「それは何に書いてありますか」と聞くだけで自らが努力して判例や文献を探そうという姿勢に欠ける、ということもよくいわれていました。

　<u>皆さんが司法試験に合格して将来育っていくべき法律家という職業は、外部から事件解決の「正解」を与えられることはありません。複雑な事実関係を解明して事案の真相に迫り、それに対して様々な判例や学説の理論をどのように的確に当てはめていくか、を悩みながら考え、その事件の関係者、また社会にとっても最も適切妥当な結論を自らの努力で導くことが法律家の使命です。</u>

法科大学院が創設されたのは、このような司法試験や法学部教育の問題情況を踏まえ、司法試験の合格が単なる到達点ないし自己目的ではなく、法科大学院における教育を将来のより良い法律家を育てるための「プロセス」の中に位置付け、司法試験もそのプロセスの中で通過すべき関門に過ぎない、と考えられた結果です。もう一つ大事なのは、法科大学院教育は「理論と実務の架橋」を目指すということです。そのためには、法学の学識豊かな研究者と豊富な実務経験を有する教員とが、将来の良い法律家を育てるという目的を共有し、深い理論的基盤に根差しつつ実務において生起する様々な問題事象とそれに対する解決策をも検討する姿勢を学生諸君に身に着けさせるための教育を提供することにあります。

　法科大学院は、余りに多数が設立されたことなどから、現在極めて厳しい状況にはあります。しかし、法科大学院においては、司法制度改革審議会が示した法律家の養成のプロセスとしての理論と実務を架橋する教育が実施されており、私自身の授業体験やそれを受講する学生諸君の真剣な取り組みの姿勢からも、それをよく実感しています。

2　法科大学院教育と刑事訴訟法の勉強の基本的な姿勢「問題点の発見能力が最重要」

　複雑な事案に対して、法律上、事実認定上の問題点を発見し、それらについて的確な判断を行った上、事案に対する適切妥当な解決の結論を導くことが、法科大学院教育、司法試験、司法修習、実務を通じての一貫した目的です。最も重要な出発点は「問題点の発見能力」を養成することです。司法試験では多くの場合、事例問題の後に「設問」というものが付されますね。しかし、実務では、事件に含まれる問題点など誰も教えてくれません。自分で発見しなければならないのです。

　例えば若手検事が、ある覚せい剤所持事件の新件を配点されたとします。配点の仕方は、警察から身柄と共に送致された事件の一件記録を、検察事務官が検事室に突然「新件です」と言って持ってきます。他の事件の関係者の取調べ中であってもお構いなしです。そうすると関係者の取調べを中断し、ごく短時間で渡された記録にざっと目を通し、「逮捕手続に問題はないか」「被疑者はどんな弁解をしているのか」「覚せい剤所持の犯意の認定に問題はなさそうか」「他人の覚せい剤所持の身代わりになっている可能性はないか」など研ぎ澄まされた感覚で検討し、間もなく被疑者の弁解録取手続を開始します。その上で、問題がなければ上司の決裁を得て勾留請求をしますが、もし、例えば逮捕手続に重大な違法があると窺われれば、勾留が却下される恐れも生じるので、警察に疑問となる事情について質すなどの対応が必要な場合もあります。これらの対応は、わずか30分程度で行うことも珍しくありません。このように自分に与えられた事件にどのような問題点が含まれるのかについては、自分自身の頭と経験によって発見していかなければなりません。

　そのためには、法学部や法科大学院で勉強した、現行犯逮捕、準現行犯逮捕、緊急逮捕等の逮捕手続の要件、証拠物が違法収集証拠として排除された事例、無罪となった事例などの勉強を通じて頭に蓄積されている問題点の発見と対応の能力が問われるのです。私の長い検察官生活を通じ「問題点は、発見できさえすれば必ず対応できる、しかし問題点を発見できないまま捜査処理し、それが公判で初めて露呈したときには致命的となる」という経験則があります。これは検察官に限らず、弁護人や裁判官にとっても基本的には同じであるといえるでしょう。司法試験問題で示される「設問」などは、実務では誰も示してくれない、ということを肝に銘ずべきです。

[山田君]
　先生の言われることは、よく分かる気がします。でも、「問題点の発見能力」などが教科書に書かれているのを見たことがありません。実務に入る前の私達はどうやってそれを身に着けることができるのでしょうか。

[太田]
　皆さんには、当然にそのような疑問が生じるでしょうね。「問題点」とは大別すると「法律上の問題点」と「事実認定上の問題点」です。前者については、法律上の問題点を発見し、それについての的確な規範の設定と当該事案への具体的当てはめを行い、後者については、どのような事実が争われているのかを発見し、その事実に関する積極・消極の証拠を漏れなく把握した上で、それらの的確な評価による事実認定を行うことになります。

(1) 法律上の問題点を漏れなく把握すること

　まず、法律上の問題点です。具体的事案にこの問題が含まれている場合、それが司法試験で「設問」として提示されれば、それに対して勉強した学説や判例を思い出してなんとか論述することはできるでしょう。しかし、それでは不十分で、「設問」など示されなくとも、複雑な事例問題を読んだ場合「ははーん、この事案はこの部分にこの法律問題があるな」ということを自ら発見できるようにならなければなりません。そのためにどうしたらよいのか。それには、刑訴法の手続の流れを体系的に理解することと、刑訴法の分野での学説や判例によって蓄積された様々な論点・争点を網羅的に把握・理解することが大切です。

　このような姿勢が身についていれば、司法試験の長文の事例問題を読み進めるうちに、末尾の設問までたどり着く前から「この事例の出題趣旨はこのあたりにあるな」というおよその見当がつくようになり、意味のある事実を注意深く漏らさずに読むことができるようになります。このような意識がなく、長い問題文を読み終わってから設問を見て初めて問題点に気づくのでは、問題点の把握の効率がずいぶん違ってくるでしょう。

ア　手続の流れの理解

　刑事訴訟法は「手続法」です。犯罪の捜査は、まず「捜査の端緒」があってスタートします。警察等が捜査の端緒をつかんでから、まず任意捜査による内偵を進め、相当程度嫌疑が高まった段階から捜索・差押え、更には被疑者の逮捕・勾留、という強制捜査に移行していく場合もあれば、いきなり現行犯逮捕から捜査が開始される場合もあります。そして捜査が尽くされた段階での起訴、不起訴等の処分、公判請求された場合、公判前整理手続が開かれるならばその手続の進行、公判が開始されてから、冒頭手続、証拠調べ手続、論告・弁論から判決へと一審の審理が進行します。そして判決に不服があれば上訴手続の問題となります。これらの捜査公判の進行過程について、時系列的にその手続の流れを頭の中にマップとしてしっかりと叩き込んでおくのがまず大切なことです。そして勉強する様々な論点・争点が、これらの手続のどの段階でどのように発現し、その後の手続にどのように影響していくのか、ということを、手続の流れの中でしっかりと位置付けして理解できるようにならなければいけません。

イ　基本書による刑訴法の体系的な理解

　刑訴法も一つの学問体系です。かつて予備校教育の悪い影響の一つには、学生が分厚い基本書

を根気よく読むことをせず、予備校のテキストを勉強の主材料にしてしまうということが言われていました。確かに、予備校のテキストの中には、コンパクトに分かりやすく取りまとめられているものが少なくなく、それ自体はそれなりの活用方法はあるものと思われます。しかし、その前提として、まず各自が、分厚い基本書を少なくとも1冊は座右の書として根気よく読み通し、時には繰り返し読み込む、ということが大切です。私の若い時には、ひたすら下宿に籠って、団藤刑法、我妻民法など分厚い基本書を、懸命に何度も繰り返して読んでいました。そのような過程をスキップして予備校のテキストのみに頼るようなことではいけません。基本書を読み通すことで、刑事訴訟法の学問を踏まえた体系的理解の基礎が養われるのであり、これが花が育つ「土壌」を養うことになります。基本書にもいろいろな先生方が書かれたものがあり、皆さんは他の科目の勉強も必要なので、刑訴法だけ高い基本書を何冊もそろえることはできないでしょう。最低限1冊は座右の書とし、他の先生の基本書は、必要に応じて図書館等で調べることでいいでしょう。ただ、ある基本書をホームベースのように座右のものとするとしても、その基本書に書かれているすべての論点・争点について、その先生の説に追随することはありません。私は沢山の先生の基本書を持っていますが、「この点については、この先生の説に賛同するがこの点については反対だな」などということはいくらでもあります。ある基本書をベースとして体系的理解を身に付けるとともに、同時に、それに書かれた説について批判的な視点も持ち「この点は自分は納得できない」というような考え方ができるようにならなければなりません。

ウ　条文の正確な理解（条文を常に参照することとそのための工夫）

　次に大事なのが条文の正確な理解です。捜査公判の手続の流れと、様々な法律上の問題点が、刑訴法のどの条文に書いてあり、あるいはどの条文と関係しているのか、ということを常に意識し、面倒がらずに頻繁に条文に当たる、という癖をつけなければいけません。なんといっても、刑訴法の条文を事案に適切にあてはめてこそ、法律による事件の解決が図られるのです。頭の中で手続の流れや学説判例上の問題点や争点を理解していても、それが刑訴法の何条に書いてあり、あるいは何条に関する問題なのか、ということが指摘できなければいけません。刑訴法の条文を全文丸暗記できるような人はいないでしょうから、たちどころに「それは何条だ」と記憶ではいえなくとも、少なくとも刑訴法の条文の全体の構成をよく理解した上で「ああこの点は何条辺りにあったな」とピンときて、すぐにその関係条文を探して発見できるようにならなければいけません。

　これは刑訴法に限らず、すべての法律科目にも言えることですが、刑訴法の場合には、ちょっと厄介な問題があります。というのは、現行刑訴法の全体の構成は、実際の捜査公判手続の時系列的な進行の流れにはなっていないので、捜査公判の時系列的な流れの順序に沿って条文を読んでいくことができないからです。刑訴法の初めの方にある第1編を見ると「総則」となっており、これに裁判所の管轄から始まって、裁判所職員の除斥、忌避とか訴訟能力とか、総則的な規定が並ぶのですが、その後に、被告人の召喚、勾引、勾留の規定、そして押収及び捜索、検証、証人尋問、鑑定、などの規定が並びますね。これらの規定ぶりは、裁判所が主体的に事案の真相を解明していく、という職権主義審理を前提とした条文構成なのです。それは、戦前の旧刑事訴訟法では、基本的にドイツに倣った職権主義的審理の制度だったので、これらの条文構成は、裁判所自らが積極的に真実を発見していく、という実際の裁判の在り方とマッチしていました。ところが、戦後にGHQの指導の下で、予審制度は廃止され、アメリカ法の影響を受けて当事者主義が

導入されてからは、戦前のように裁判所が主体的に職権審理によって真実を発見していくという訴訟の構造は大幅に変化することとなりました。ですから、戦後の現行刑訴法の制定過程において、旧刑訴法の職権審理主義を前提とした条文構成の在り方を全面的に見直すことができていれば、現行刑訴法も当事者主義の実態に即し、実際の捜査公判の進展に対応した条文構成になっていたかもしれません。しかし、現行刑訴法の制定当時、そこまで刑訴法の構成を抜本的に改めることまではできませんでした。そのため、基本的な構造としては、旧刑訴法の構成の骨格を維持し、多くの条文は手を付けないか若干の修正に留めたままで、アメリカ法の当事者主義的な要素である起訴状一本主義、訴因制度、伝聞法則等を取り入れる形で現行刑訴法が制定されたのです。ですから、現行刑訴法の条文には、戦前の職権審理主義が色濃く残り、捜査公判の実情とは乖離してしまった規定が少なからず残っています。

また、時系列的には、刑事訴訟手続は、まず捜査からスタートし、捜査を尽くした結果起訴不起訴等の事件処理がなされ、公判請求がされれば、公判整理手続等の公判準備がなされ、公判が開始される、ということになるのですが、現行刑訴法はこのような時系列と一致していません。まず時系列的には最初にスタートすべき手続の捜査が、第一編総則より後の、第2編に「第1章 捜査」として規定されます。そして、捜査の過程で必要となる身柄の確保や様々な証拠収集などの手続については、第一編の総則中の裁判所が行う様々な手続規定を、207条や222条などが準用するという条文形式になっています。ですから、捜査のための身柄確保に関する手続や証拠の収集手続については、捜査の章に規定がないものが多く、第1編をめくり、そこに規定してある裁判所が行うこれらの手続の規定を準用する、ということになり、このような該当条文の発見作業は慣れるまでにはなかなか厄介に感じられるのです。

例えば、第1編に規定する真実発見の手段のうち、第9章の「押収及び捜索」に関する諸規定は、222条によって捜査段階に多数準用されています。102条は「捜索」を「裁判所」が行う、という規定になっています。裁判所が「検証」を行うことは時々あります。しかし、裁判所が自ら「捜索・差押え」をするということは実務では稀なことです[1]。しかし、この第1編の「捜索」の規定は、実務では222条の準用によって捜査官が捜査段階で行う場合がほとんどです。つまり、現行刑訴法が、当事者主義の導入にもかかわらず、刑訴法の骨格は旧刑訴法の職権審理主義の構成を残してしまったため、現実の捜査公判の実務は、刑訴法の条文の規定ぶりからはかなり離れてしまっており、これが刑訴法の条文の理解を難しくしている原因なのです。ですから、皆さんは、このことを頭にいれて、平素から「この点は第2編のどの条文が第1編のどの条文を準用しているか」を把握することに努め、その準用条文をすぐに見つけることができる癖をつけておく必要があります。

更に、現行刑訴法の少なからぬ規定が戦前のドイツ法的な旧刑訴法の職権主義の名残を残したままでいるにもかかわらず、そこに旧刑訴法にはなかったアメリカ法的な制度を新たに導入したために、条文の文理と現在の捜査公判の実務との間にかなりの乖離が生じています。例えば、伝聞法則や訴因と公訴事実に関する規定は、条文の文理と学説・実務とが大きく異なっています。

（1）後輩検事から聞いた稀な例として、被告人が公判で、捜査段階の自白が利益誘導によるものだと主張し、「警察官が取調べ中に覚せい剤をくれたので自白した。その覚せい剤は今も拘置所の自分の所持品の中にある」と述べたので、受訴裁判所が覚せい剤の差押状を発付し、拘置所にある被告人の所持品から覚せい剤を差し押さえたという事案があったそうです。なお、この場合でも、その執行指揮は検察官が行い、検察事務官又は警察官が執行します。

旧刑訴法には伝聞法則も訴因制度も存在しませんでした。我が国では、その運用の経験のないままこれらの制度をアメリカに倣って現行刑訴法に初めて導入したのです。ところが、これらの制度を運用しているうちに、条文の文理解釈どおりでは様々な不都合が生じてくるので、判例や学説によって条文の文理とはかなり異なった解釈運用が図られてきました。そのために、<u>刑訴法の条文をただ漫然と機械的に記憶するだけでは正しい解釈や当てはめは行えない</u>、ということになるのです。

　このようなことを意識した上で、こまめに条文に当たる癖をつけることが大切です。

エ　論点・争点の把握とそれらについての勉強を蓄積・深化させること

　複雑な事案の中に潜む法律上の問題点（論点・争点）を発見するためには、そもそも「そのような問題点が存在し、学説や判例に争いがある」ということを知っていなければ話になりません。そのような問題点があることすら知らなければ、事案の中に潜む問題点も読み過ごしてしまうだけになってしまいます。

　このような問題点は、体系的な基本書にも通常は何らかの形で論じられていますが、基本書は、問題点ごとに焦点を当てて特にそれを論じる、という体裁ではないものが多いため、争われている問題点を、基本書の精読のみによって網羅的に把握することは必ずしも容易ではありません。そこで、<u>基本書とは別に刑事訴訟法判例百選（ジュリスト）、刑事訴訟法の争点（同）、法学教室、刑事法ジャーナル、様々な判例評釈等の、論点・争点を中心に論じた文献をできる限り広く当たり</u>、一体どのようなことが問題点として論じられているのか、ということを網羅的に把握する必要があります。

　しかし、授業に出たり基本書を精読するだけでも忙しい皆さんですから、非常に多くの問題点をいきなり全て短期間で把握し、マスターすることなど到底無理でしょう。<u>そのために大切なのは、「継続と蓄積、深化」です。</u>例えば、ある問題点について判例や評釈等を読んで勉強したら、その要点をルーズリーフノートに書いたり、あるいはパソコンのファイルに取りまとめます。問題点を勉強するたびにこのような作業を繰り返します。そして、例えばある問題点について作成していたノートやファイルについて、その問題点に関して新しい判例が出たり、読んでいなかった他の評釈や論稿を読んだ場合、その内容を補充し、バージョンアップしていきます。このような作業をこつこつ続けていくと、多数の論点を次第に多くカバーできる上、その内容は常に新しい情報が補充されてバージョンアップされたものになります。

　私は、授業でときどき、重要な問題点については、パソコンのファイルでレジュメを皆さんに提供しています。しかし、あらゆる問題点についてまではそのようなことをしていません。それは、このようなレジュメは人から与えられるのでは身に付かず、自らが自分のスタイルで作成していくことにより、その作業の過程で本当の力が身に付くからです。私の提供するレジュメは「太田の場合にはこのようなレジュメを作っている」というサンプルであり、皆さんはこれを参考にしながら、それぞれが最もやり易い方法で自らのレジュメを作成・蓄積していってほしいと思います。

　<u>このようなレジュメの作成・蓄積の目的は、目の前の司法試験対策のみに限られません。理論と実務を架橋する法科大学院生にとって究極の目標は、力のある法律家として、将来どんな難しい法律上の問題点にも対応できる能力を身に付けることです。</u>このようなレジュメは、司法試験準備、合格後の司法修習のみならず、皆さんが将来裁判官、検察官、弁護士のいずれの道に進ん

だとしても、それが実務の中で必ず活きてくるはずです。このようなレジュメの作成・蓄積・深化は目先の司法試験対策のみでなく、将来をも見据えたものです。もちろん、皆さんにとってはまず通過すべき司法試験の対策という視点が最も重要で切実なことでしょう。しかし、そのような努力は、司法試験に合格できる実力を養うこと自体においても大いに役立つことは必定です。いわば「急がば回れ」ということですね。

オ 争われる問題点については「画一的な正解」はないこと

問題点というのは、それに対する考え方が分かれ、争われているからこそ「問題点」なのです。通説も反対説もなく、自明の事柄についてはそもそも問題点とはいえず、知識として理解しておけば足ります。しかし、争われる法律問題については、常に画一的な「正解」がある訳ではありません。学者の間の学説の争いはもとより、優秀なプロの裁判官でも、裁判の事案に含まれる法律問題について見解が分かれることは珍しくないのです。いくつかの例を挙げましょう。

① 都立富士高校放火事件

窃盗での逮捕・勾留期間中の放火事件の取調べが問題となったが、一審の決定（**東京地決昭和49・12・9判時763号16頁**）は、勾留中の余罪の取調受忍義務の範囲についていわゆる中間説を採り、控訴審判決（**東京高判昭和53・3・29判時892号29頁**）は非限定説を採った。

② 宅配便のＸ線検査の適法性

一審・控訴審は任意捜査として許容できるとしたが、最高裁（**最決平成21・9・28刑集63巻7号868頁**）は強制処分に当たるとして違法としつつ、違法性は重大でないとして証拠排除はしなかった。

③ 西成ヘロイン事件

被疑者がまだ帰宅していないのに、無令状の捜索を先行させてヘロインを差し押さえた後で帰宅した被疑者を緊急逮捕したことが、「逮捕する場合において」といえるかどうかが争われた。原審の大阪高判はこれを否定してヘロイン等を証拠排除し、無罪としたが、**最大判昭和36・6・7刑集15巻6号915頁**の多数意見はこれを肯定して差押えを適法とした。しかし、6名の裁判官はこれを違法とし、うち2名は証拠排除されるべきだとした。

④ 平塚ウエイトレス殺害事件

22時間におよぶ徹夜の取調べの適法性が争われた事案で、**最決平成元・7・4刑集43巻7号581頁**の多数意見は、任意捜査として許容される限度を逸脱したものであったとまではいえない、としたが、1名の裁判官は、これを違法として自白の任意性に疑いがあるとした。

また、例えば別件逮捕・勾留問題について、本件基準説を採るか、別件基準説を採るか、従来は、ステレオタイプの対立問題のように考えられており、学生諸君もそのような表面的理解による論述しかできていない人が少なくありません。しかし、「本件基準説」もその後深化し、また、別件基準説が主流といわれる判例も、事案に応じて、令状主義潜脱説、実体喪失説等本件基準説の考え方を採りいれているものが増えています。

大切なことは、対立する問題点について、「この説で書いた方が答案を書きやすい」などという姑息な試験対策的発想ではなく、積極説と消極説、中間説などがある場合、それらの説の違いや論拠をよく理解し、自分として最も納得のいく説はどれか、ということを自分の頭で考えていく姿勢です。将来、法律家となった場合、最高裁の判例が既に出ている問題点であっても、時には、自分は納得いかない、判例変更を目指すべきだ、と考えることもあるでしょう。あるいは、まだ

なんの判例も出ていない問題点については、自分が新判例を作ってやろう、という意欲で取り組んでいくことも大切です。「どの説が答案を書きやすいか」とか、論点の参考答案丸暗記のような勉強の姿勢では、いつまでたっても法律家の卵としての力はつきません。ですから、司法試験の勉強をする今の時期からこのような姿勢を身に付ける努力が大切です。

　ただ、自説を固める、といっても、自分勝手、唯我独尊的な論述はいけません。通説や指導的判例がある問題点について、自分が異なる考え方をとろうとする場合には、そのような通説等の存在を踏まえた上で、それを上回る説得力のある自説を構築しなければなりません。通説や判例の存在に触れることなく、単なる自説のみを論じるということでは、「通説や指導的判例すら知らずに書いているのだな。そもそも基本的な勉強が足りないな」と思われてしまいます。それに対し、通説や判例の存在にも触れた上で、なぜ自分がその説に立たずこのような説をとるのかを説得力をもって論じていれば、それは将来のあるべき法律家の姿勢であり、そのような論述姿勢は、単なる参考答案例の丸暗記のような無難な金太郎飴的論述よりもずっと優秀なものと評価されるでしょう。

(2) 判例の勉強の仕方の留意点について
ア　判例の重要度に応じた勉強の深化

　法科大学院が将来の法律実務家を目指す学生の教育機関である以上、実務の成果である判例の勉強は学説の勉強と同様に極めて重要であることはいうまでもありません。様々な問題点に関する判例をすべて漏らすことなく読破、理解できればそれは素晴らしいことでしょうが、皆さんは、刑訴法の勉強だけでなく、刑法の実体法はもとより、憲法等の公法、民事法などやるべき勉強は極めて広く、刑事の手続法である刑訴法の勉強であらゆる論点に関わる全ての判例を網羅して勉強することは、到底無理ともいえるでしょう。私は、よく学生諸君に、法科大学院生として刑訴法を勉強する場合、学ぶべき判例には、大別して、◎最重要判例、○重要判例、△参考判例の３つがある、と話しています。この講義でも引用する判例にそれを表示します。

　◎判例とは、最も基本的かつ重要な判例であり、そもそもこれを理解していなければ刑訴法勉強の土台・基礎ができない、というものです。例えば強制処分と任意処分に関する**最決51・3・16刑集30巻2号187頁**、職務質問と所持品検査に関する**最判53・6・20刑集32巻4号670頁**、違法収集証拠排除法則に関する**最判53・9・7刑集32巻6号1672頁**などですね。これらの判例は、刑訴法判例百選や、多くの教材が必ず取り上げています。次は○判例ですが、これは刑訴法の勉強を深め、理解の肉付けをしていく上で、いずれは理解しておくべき判例です。△判例は、これを知らなくともだめとはいえないが、理解しておくに越したことはない、というものです。刑訴法の勉強は他の多くの科目と同時並行で進めるのですから、皆さんは、いきなり初めからこれらの全ての判例を勉強する余裕はとてもないでしょう。でも、まず◎の判例は、必ずがっちりと勉強して理解し、それを踏まえて○の判例、更には△の判例にも手を伸ばして勉強していくことが大切です。先ほど話したように、このように勉強していくたびに自分のレジュメに書き加えて肉付けしていけば、１年もすれば刑訴法の理解に必要有意義な判例にはほぼ目を通すことができるようになるはずです。

　よく言われることは、「判例は要旨ではだめで判例集の原典に当たりなさい。また、最高裁の判例なら、原審である高裁や地裁の判決も読みなさい」ということがあります。これは確かに理想であり、これができるに越したことはありません。しかし、◎○△の全ての判例についてこの

ような勉強をすることは到底不可能であり、時間がいくらあっても足りませんね。でも◎のような重要判例については、少しでもそのような勉強をするべきです。特に、<u>同一事件の法律解釈や事実認定について、一審、二審、最高裁で異なる判断がなされた事案では、各審の判決を読み比べることは最も意義のある勉強方法です</u>（前掲の都立富士高校放火事件、宅配便X線検査事件など）。すべての重要判例についてここまでの勉強はできないとしても、いくつかの事案でこれを勉強することによって、判例というものの意味に対する理解が深まることに間違いはありません。このような勉強を一切せず、百選等が引用する判決の要旨の勉強しかしたことのない人とでは力の付き方が違ってきます。特に法科大学院では、学生が判例データベースシステムにより判例検索が容易にでき、最高裁の判決のみならず原審の判決も読むことができますし、その判例評釈等の参考文献も多数紹介されています。<u>ですから重要判例の幾つかについてこの勉強をし、最高裁判例解説を始めとするいくつかの重要な評釈を図書館で読むということを行えば、将来の法律実務家となる上でもしっかりとした勉強の姿勢が身に付くことに間違いはありません</u>。多数の判例について全てそこまでの勉強はできないとしても、判例百選や他の判例教材等を利用して、できる限り多くの判例に当たる手を抜いてはいけません。また、百選等にはまだ掲載されておらず、様々な教材にもまだ登載されていいない最近の重要新判例にも留意しておく必要があります。これらは、時々、刑事法ジャーナルとか法学教室やジュリストの年度ごとの重要判例解説などに目を通すことで把握できますし、裁判所のホームページでは裁判例情報を容易に検索することができます。

イ　判例を学ぶ上の留意点

　基本書や学者・実務家の論文等を読む場合と判例を読む場合とは異なる面があります。

　基本書や学者の論文等では、テーマとなる問題点について、一般論を踏まえ、他の様々な論点等との論理の一貫性や整合性を検討しつつ、普遍的な規範を考察して論述します。しかし、判例はそのような性質のものではありません。<u>判例とは、あくまで目の前にある具体的事案に対して、その事実関係を踏まえ、規範をあてはめて適切妥当な結論を導き出すものです</u>。判例は、通常、規範を述べて、それへの当てはめを論じますが、判例の中には規範については特に触れず「～のような本件の事実関係においては、適法である」などと簡潔な記述にとどめることもあり、特に最高裁の判例にはこのような論述の仕方が少なくありません。ですから、このような判例であってもその背後にある規範についてこの裁判所はどのような考え方に立ったのだろうか、と言うことを推察していく必要があります。他方、判例が、事実のあてはめの前提として法律上の問題点について規範を記載する場合、<u>その規範として記載されている部分であっても、学者の研究論文とは異なり、判例の記載は、あくまで「当該具体的事実関係」に対する当てはめの前提としての規範なのです。ですから、判例が述べる規範のように見える記載であっても、俗な言い方をすれば「書き過ぎており、その部分は他の事案にまで一般化できない場合」と「規範としては書き足らない部分があり、それは背後に潜んでいる場合」があるといえます</u>。例えば、犯行現場での無令状の写真撮影の適法性についてのリーディングケースである◎**最大判昭和44．12・24刑集23巻12号1625頁**（京都府学連事件）では、違法なデモの現場を撮影した写真を適法とした判示において「現に犯罪が行われもしくは行われたのち間がないと認められる場合であって」という「現行犯的状況」を述べました。この点について、その後、このような「現行犯的状況」は無令状の現場撮影において常に要求されるのか（限定説）と、それはあくまで本件の具体的事例においてこ

れを適法とする事情の一つとして掲げられたにすぎず、現行犯的状況のある場合に限定される趣旨ではない、と解する説（非限定説）の争いがあり、その後に蓄積された判例により、非限定説が確立したという経緯があります。他方、違法収集証拠の排除法則を最高裁が初めて宣言した◎**最判昭和53・9・7刑集32間6号1672頁、判時901号15頁、判夕369号125頁**では、排除法則について「証拠物の押収等の手続に、憲法35条及びこれを受けた刑訴法218条1項等の所期する令状主義の精神を没却するような重大な違法があり、これを証拠として許容することが、将来における違法な捜査の抑制の見地からして相当でないと認められる場合」に証拠能力が否定される、と判示しました。しかし証拠獲得の手続に重大な違法がある場合とは、「令状主義の精神」とは関係のない場合（私人による重大な違法など）もあり、「令状主義の精神を没却するような」の部分は重大な違法についてすべて当てはまらない場合もあるでしょう。また、この判例は、「事件の重大性」「証拠の重要性」などについてはなんら触れていません。最高裁が初めて具体的事件について証拠排除を認めた◎**最判平成15・2・14刑集57巻2号121頁**においては「その他、これらの証拠の重要性等諸般の事情を総合すると」と判示し、排除の可否の判断は、**最判昭和53・9・7**が示した規範のみでは言い尽くされていなかったことを示しています。

　ですから、皆さんは、<u>重要・指導的な判例であるからといって、それが記述した「規範」のように見える部分を丸暗記するだけで、具体的事情が異なることを意識せずにその「規範」のみを機械的に当てはめるということではいけないのです</u>。私の講義で提出されるレポートや試験の答案ではしばしば、具体的事案の違いを意識することなく単に重要判例の「規範」の丸暗記しかできていないな、と思うものが少なくありません。そのためには、<u>重要判例が記載した「規範」の丸暗記でなく、それについての学者や実務家の論稿や評釈にもできる限り目を通し、重要判例の判旨を踏まえつつ、より普遍性・一般性のある規範を、みずからの考えに基づいて記述できるようにならなければいけません</u>。

(3) 具体的事例への当てはめについて

　法律上の問題点を把握し、重要な判例をしっかりマスターできれば、いよいよ具体的事例への当てはめ、事実認定と法律の適用の場面となります。これこそが、法律実務家の最も重要な役割です。いくら立派な理論を頭の中で構築できていたとしても、複雑困難な具体的事件にその理論や規範を的確に当てはめて、事件解決のための適切妥当な結論を導き出せなければ、法律家としては一人前とはいえません。司法試験のための勉強も、将来そのような法律家になれるための事実認定能力、法律・理論の当てはめの基礎的な能力を身に付けるためであり、司法試験も基本的にこのような基礎的な力が身についているか否かを試すものです。このような具体的事実の当てはめ、事実認定と法律の適用について、留意すべき点をお話しましょう。

ア　応用力が大事であること（判例にまったく瓜二つの事例はない）

　判例の事案をよく勉強することは、法理論や類似の事実関係が問題となる事案への当てはめのために大切です。しかし、<u>判例が示す規範について、応用力を身に付けるためには、先ほど述べたように、その判例の規範を機械的に丸暗記し、それを形式的な当てはめるのではいけません。その背後にある原理的な考え方を理解し、自分の考え方を固めておくことが必要です</u>。

　一つ事案の例を出しましょう。おとり捜査の問題です。これは捜査法上の問題ですが、規範を表面的に記憶するのでなく、その原理にまで立ち返って考える姿勢を身に付けることが応用力を

養うことについての例であり、証拠法も含めた刑訴法全般の勉強の姿勢に通じるものです
　次の事案について、行われたおとり捜査は適法でしょうか。皆さんと考えてみましょう。

◇〔事例〕いわゆる「親父（オヤジ）狩り」の強盗事件◇

　ある駅の周辺で、帰宅途中のサラリーマンを襲い、袋叩きにして金を奪う強盗事件が頻発し、地元の不良グループの連続的な犯行である嫌疑が濃厚であった。被害者の中には暴行により頭蓋骨陥没骨折の重傷を負った者もいた。警察は、犯人らがなかなか尻尾を出さないため、おとり捜査で犯人グループを検挙する方針を立てた。それは、捜査官が、帰宅途中の酩酊したサラリーマンに扮して公園のベンチで仮眠を装い、不良グループが襲いかかるところを現行犯逮捕しようとするものであった。警察は、不良グループと接点があり、以前刑事に世話になって恩義を感じている男を介して、「今夜駅近くの公園で給料日のサラリーマンが酔って休むらしい」との虚偽の情報を不良グループに流させた。そして、その夜11時ころ、サラリーマンに扮した捜査官がベンチで仮眠を装い、その周辺の林の蔭などに8人の刑事が隠れて待ち構えた。
　すると、案の定、4人の不良青年らが公園にやってきて捜査官に襲いかかったので、その瞬間、隠れていた刑事らが一斉に現れて、4人を強盗未遂の現行犯で逮捕した。

[山田君]
　僕は適法だと思います。こんなに悪質な連続強盗犯人が尻尾を出さない時に、おとり捜査でもしないと検挙は難しいでしょう。それに何よりも、おとり捜査の許容性については「機会提供型は許容されるが、犯意誘発型は許容されない」という判断基準が、戦後の判例で確立しています。本件は典型的な機会提供型です。犯人グループは、いいカモがいないかといつも狙っており、いつでも強盗を実行しようという犯意は既に有していました。そのようなグループに対し、捜査官自身ではなく、第三者を通じて、虚偽ではありますが、単に「今夜カモがいる」との情報を伝えただけです。それに犯人らが飛びついたのであり、捜査官が犯人らに積極的に働きかけて強盗の犯意を誘発させたのではありません。

[川井さん]
　そうかしら。確かに犯意誘発か、機会提供か、という視点だけからは後者だと思うけど、何かしっくりこないんですよね。何か、警察官がおとり捜査でこんな危ないことまでしていいのかな、という気がします。

[太田]
　川井さんのその感覚は大切ですね。常識を踏まえた「何かおかしい、しっくりとこない」という感覚を、法理論の問題にまで高めていくことが大切です。確かに、戦後の判例は、おとり捜査の許容性については、犯意誘発型か、機会提供型かによって適法違法を判断するというものが主流でした。でもそれらの事案は、どのような罪質の犯罪の事件だったのでしょうか？

[海野君]
　確か、麻薬の密売などの事件ではなかったでしょうか。

[太田]
　そのとおりですね。過去におとり捜査が認められた判例は、いずれも麻薬事件です。そうする

と、本件とはどのような違いがありますか？

[山田君]
麻薬事件だろうと、強盗事件だろうと悪質な犯罪であることには変わりはないのですし、そもそもおとり捜査という手法は特定の犯罪のみに限られるなどという決まりもないでしょう。必要性があって効果があるのなら、強盗事件についても用いてよいのではないですか。但し機会提供型に限る、ということで。

[川井さん]
そもそも、おとり捜査の許容性を、単に「犯意誘発型か」「機会提供型か」という単純な基準のみで判断していいのでしょうか。犯罪の性質とか様々な事情を考慮すべきなのではないかと思います。平成16年に、最高裁がおとり捜査は任意捜査である、とした判例がありましたね。おとり捜査が任意捜査なのなら、任意捜査については、◎最決昭和51・3・16刑集30巻2号187頁が任意捜査の許容性の判断基準として示した「必要性、緊急性などを考慮し、具体的事情の下で相当と認められる限度」のものであるか否かということが、おとり捜査についても当てはめられるのではないかと思うんですけど。

[太田]
非常にいい着眼点ですね。その判例は具体的にどのような判示をしたのですか。

[海野君]
あ、見つかりました。○最決平成16・7・22刑集58巻5号333頁です。この判旨は「少なくとも、①直接の被害者がいない薬物犯罪等の捜査において、②通常の捜査方法のみでは当該犯罪の摘発が困難である場合に、③機会があれば犯罪を行う意思があると疑われる者を対象におとり捜査を行うことは、刑訴法197条1項に基づく任意捜査として許容される」としたのです。

[山田君]
そうだとすると、この平成16年最決は51年最決が示した必要性、緊急性、相当性という判断基準とは異なる基準をおとり捜査について新たに設けたということになるのですか。任意捜査の判断基準が、一般的なものと、おとり捜査についてのものと別に設けられるということは、適切ではないのではないですか。

[太田]
この判例は、51年最決とは異なる判断基準を新たにおとり捜査について新たに設けたというものではないでしょう。まず、①直接の被害者がいない薬物犯罪等の捜査において、②通常の捜査方法のみでは当該犯罪の摘発が困難である場合に、ということですが、薬物犯罪は闇から闇に行われるものなので、なかなか捜査の端緒がつかめないし、「被害届」も出ません。死体や凶器などの犯罪の証拠物も残りにくい。つまり、薬物犯罪などでは、おとり捜査を行う必要性、緊急性が高いということがいえますね。必要性や緊急性など、ということについては、補充性、つまり他の捜査手段がないこと、も含まれ得ると思いますが、薬物犯罪ではこのことは特に言えるでしょう。また、薬物事件でおとり捜査が行われることがあるとしても、単純な自己使用とか、0.1グラムの所持罪などでおとり捜査を行うことなどは私は聞いたことがありません。おとり捜査の対象となるのは、通常、多量の覚せい剤の所持や密売の事案であり、そのような重大な犯罪をおとり捜査で摘発すべき必要性、緊急性、補充性は非常に高いといえるでしょう。次に、③の「機会があれば犯罪を行う意思があると疑われる者を対象に」ということですが、機会があれば犯罪を行う意思を有している者に対しては、放置すれば薬物の害悪を社会に流してしまうのだから、そ

の摘発の必要性、緊急性が高いということもいえますね。もともと犯意を有していない者であれば、ほっておけばよいのですから、おとり捜査を行う必要性も緊急性もないでしょう。つまり、平成16年最決が示した基準は、51年最決が示した基準を、おとり捜査という捜査手法について応用し、より具体的に肉付けして示したものだといえるでしょう。

[山田君]

そうだとすると、「犯意誘発型か、機会提供型か」という判断基準は、もはや過去のものになってしまったのでしょうか。

[太田]

そうではないでしょう。犯意誘発型か、機会提供型かということは、平成16年最決が示した任意捜査としてのおとり捜査の許容性の判断要素の中にしっかりと組み込まれています。判旨自体が「機会があれば犯罪を行う意思を有している者に対し」と言っていますね。

また、そのような者に対するおとり捜査の働きかけは、犯意誘発型の場合には、もともと犯意を有していない者に対して強く働きかけて犯罪の実行に導いていくのに対し、機会提供型の場合には、もともと犯意を有する者に対して、わずかなきっかけを与えるに留まりますから、捜査の手法としても相当と認められる限度であるか否かということにも大きな違いが生じます。つまり、相当性の判断の重要な考慮要素ともなります。ですから、平成16年最決の判旨には、犯意誘発型か、機会提供型か、という点は、任意捜査としてのおとり捜査の許容性の判断要素の中にしっかりと組み込まれているというべきでしょう。

ちなみに、アメリカで非常に問題となったアブスキャム事件など見ると、アメリカでのおとり捜査は日本では考えられないほど相手方に強く働きかけて犯意を誘発させることが少なくありません。日本でこのような捜査をすれば、到底適法とはされないと思います（〔コラム1〕参照）。

[海野君]

ところで、任意捜査の許容性の判断基準である「相当性」とは、必要性や緊急性に照らしながら、そのような捜査方法がもたらす非侵害利益との利益衡量によって判断するんですよね。そうだとすると、おとり捜査がもたらす非侵害利益というのはいったい何なんでしょうか。

[山田君]

それについては、①おとり捜査によってもたらされた犯罪が何らかの法益を侵害したり侵害するおそれをもたらすこと、②おとり捜査を行うことは捜査の公正さに対する信頼を失い、司法の廉潔性を損なうこと、③おとり捜査が相手方を犯罪に引き込むことによってその人格的自立権を害すること、などだと言われています。

[太田]

そうですね。①と②については、異論がないといってよいでしょう。おとり捜査は、捜査官の働きかけにより相手方に犯罪を行わせるのですから、その犯罪が法益の侵害をもたらし、あるいはそのおそれを生じさせることは明らかですし、その働きかけの方法や程度によっては、捜査の公正さに対する信頼を失わせる場合もあるでしょう。ただ、③については、「国家から干渉されずに犯罪を行うか否かの意思決定の自立権などはそもそも保護に値するのか」などとの批判が根強いです。私自身は、例えば、特に相手に強く働きかけて犯意を誘発させたような場合などを考えると、これは相手の人格的自律権を侵害したという評価は可能であると考えていますが、ここは議論のあるところなので皆さんよく勉強してください[2]。

さて、これまで議論したことを踏まえて、もう一度本件の親父狩りの事件について行われたお

とり捜査の適法性を検討してみましょう。どうですか。

[山田君]
そうですね。犯意誘発型か機会提供型かという基準のみでは、僕はこの事例も機会提供型なので適法だと言いましたが、薬物犯罪と強盗事件ではずいぶん異なりますね。

[太田]
いったいどこが違うのですか。

[山田君]
まず、おとり捜査を行う必要性、緊急性という視点から考えると、薬物犯罪は被害者もなく、闇から闇のうちに実行されるため捜査の端緒をつかむことは容易でなく、おとり捜査を行う必要性緊急性が高い場合があるでしょう。でも強盗事件のような場合にはただちにそうとはいえないように思います。

[川井さん]
強盗事件のような強行犯は、犯罪が外形的に社会の表に現れます。被害者がいますし、もし被害者が死亡でもすれば、遺体という証拠が残るので、直ちに捜査が開始されますよね。犯人検挙のために行うことができる捜査の方法には、薬物密売事犯よりずっと様々な方法があり、おとり捜査でもしないと摘発できないということはいえません。つまり必要性緊急性の視点からは、おとり捜査を行うことは薬物事犯に比べて強盗事件のような強行犯は程度がずっと低く、あくまで本来の伝統的な捜査で正攻法の捜査を遂行すべきだと思います。

[太田]
だんだんプロの捜査官のようになってきましたね。それでは、相当と認められる限度内かどうかについて、非侵害利益という点ではどうでしょうか。

[山田君]
ちょっとピンとこないんですけど。

[太田]
もし、仮に本件で、周りに潜んで犯人が襲い掛かった瞬間に飛び出してくるはずの刑事達の到着が連絡ミスで遅れてしまい、それと知らず仮眠を装っておとり捜査官がベンチで横になったとたんに、犯人達が襲い掛かり、刑事達が駆け付ける暇もなく、袋叩きされて重傷を負ってしまったらどうなりますか。

[川井さん]
そうですよね。麻薬密売事犯は確かに社会全体に害毒を流すのですが、それは密かに蔓延していくものであって、直ちに個人の生命身体に危害や危険が生じるということはないわ。でも本件のような事案では、まかりまちがえばおとり捜査官の生命身体に重要な危害や危険が及ぶといえます。

[太田]
そのとおりでしょう。強盗事件のような強行犯は、伝統的な捜査手法で検挙解明が可能である一方、おとり捜査がもたらす法益侵害やその危険は重大なものになり得るという点で、薬物事犯とは随分事情が異なります。つまり必要性、緊急性などを考慮して具体的状況の下で相当と認められる限度のおとり捜査を強行犯捜査のために実行することは問題が大きいといえるでしょう。

（2） 拙稿「刑事訴訟法演習」法教420号（2015年）160頁参照。

論理的に全く不可能、ということではないでしょうが。戦後の幾つかの判例がおとり捜査を許容してきたのは、それがいずれも薬物事犯であった、というのはそういう事情もあると言えるでしょう。

　別の視点からいうと、従来の判例が、「犯意誘発型か、機会提供型か」ということを判断しさえすれば、おとり捜査の適法性が判断できた、というのは、これまで判例となった事案がいずれも薬物密売等の事案であったからだ、といえるでしょう。薬物事案であれば、その犯罪の性質が定型的・類型的におとり捜査によるべき必要性・緊急性が高いので、そのことは当然の前提であり、あえて触れるまでもなく、犯意誘発型か機会提供型かと言う点を判断すれば、具体的事件のおとり捜査の許容性の判断を行うのに支障がなかった、と言ってもいいかもしれません。

　今日この事案を皆さんに示したのは、おとり捜査という捜査法の個別の問題点について勉強するというよりも、「応用力」を養うことの必要性を学んで欲しかったからです。もし、「犯意誘発型か、機会提供型か」という基準の丸暗記だけで事案に取り組もうとすると、当初山田君が答えたように、単に適法、ということになってしまいます。しかし平成16年最決を踏まえ、更にそのベースにある51年最決の任意捜査の許容性の基本的な判断基準をしっかり身に付ければ、今日皆さんが初めて聞いたであろう、「親父狩りの強盗事件におとり捜査は行えるか」という問題についても自分の頭で考えて合理的な結論を導き出すことがいえるのです。<u>様々な問題点について、判例や学説が示す規範の丸暗記によるのでなく、その原理にまで深めて理解しておくと、初めて聞くような事例についても応用できる力が養えるのです。</u>

◇〔コラム１〕アブスキャム事件◇

　アブスキャム事件とは、1970年代末期にニューヨークのFBIが約２年間にわたって行ったおとり捜査だ。FBIが盗品売買組織摘発のため、元受刑者に釈放を引き換えに協力させるなどして「アブドゥル・エンタープライズ社」という架空の会社を設立し、同社はアラブのシーク（族長）が資産運用のために設立し、実際は盗品買いを業としていると僭称して様々なおとり捜査を開始した。ニュージャージー州で計画されていたホテルのカジノの許可を巡って市長や上院議員におとり捜査を仕掛け、10万ドルを賄賂として渡すことについてFBI本部の了解のもとにこれを遂行し、上院議員らの逮捕・起訴に至った。捜査の過程では、過去の事件で押収した豪華なヨットを舞台に、アブドゥル社のパーティーを開催しておとり捜査のターゲットらを招待したり、特別捜査官がアラブのシークに扮して上院議員に土産物ナイフを「ギリシャの儀式用短刀」としてプレゼントするなどの工作を進めた。さらに、その上院議員を介し、カジノ規制委員会委員長にこの賄賂を提供し、「カジノ許可がなければ取り残されるし、それこそがこの金の目的だ」などとFBI本部の指示に従ったトークをしてそれを隠しカメラで録画し、逡巡の末、遂にこの賄賂を受け取ってしまった委員長を逮捕した。このような典型的な犯意誘発型のおとり捜査により、12名が収賄ないしその共謀で起訴されて、有罪判決を受け、その中には合計７人の連邦上院・下院議員が含まれていた。公判では、被告人らは、エントラップメント（罠の理論）を主張して証拠排除・無罪を求めたが、いずれも棄却されて有罪は確定した。この捜査は、1980年３月にニューヨークタイムスのスクープにより発覚し、これらのあまりに極端なおとり捜査の手法について強い批判を招くことになった。これをきっかけに、連邦司法省は、行き過ぎたおとり捜査を規制するため、おとり捜査のガイドラインを制定することとなった。このような極端なおとり

第1編　総論

> 捜査は現在では行われていないものの、アメリカでは、薬物事犯等に限らず、広範な罪種の事件について、おとり捜査が日常的な捜査の手段として頻繁に活用されている。

イ　争いがある問題点については、自説のみを述べるのでなく、反対説の存在をも指摘し、これに配慮して論述した上で、具体的事案への自説による当てはめを行うこと

　具体的事実の当てはめのためには、その前提としてその問題点について説の争いがある場合に、自分がどの説に立つかということを明確にしなければなりません。
　ひとつ例を出しましょう。一罪一逮捕一勾留の原則について、常習窃盗など、複数の窃盗の犯行が常習性の発露として行われた場合、実体法上は一罪となりますね。100件あっても一罪です。ですから、それらのうちの一部の窃盗について有罪判決が確定すれば、その前に犯した他の窃盗についてはすべて一事不再理効が及び、これらの事実を後に起訴することはできません。でも、有罪判決が確定する前の捜査の段階で、常習一罪を構成する複数の窃盗について、逮捕・勾留を繰り返すことが許されるかどうかについては、大きな考え方の違いがあります。つまり、捜査段階においても実体法上一罪をなす複数の事実については逮捕・勾留も原則として一回しか許されず、例外的に同時捜査・処理が不可能又は極めて困難な事情があった場合にのみ再度の逮捕・勾留が許されるという実体法上一罪説と、捜査段階の逮捕・勾留は、個々の事実ごとに罪証隠滅や逃走のおそれなど、その要件と必要性を判断するのであり、個々の窃盗の事実ごとに逮捕・勾留が許されるとする単位事実説の対立があります。現在は、前者の説の方が通説となっていますが、捜査官の経験が長い私などは、単位事実説に親和性を覚えます。
　しかし、いずれの説を採るにしても具体的事案を当てはめる前提としての法律論の規範を述べる場合には、自分が実体法上一罪説に立つ場合、単位事実説の考え方の存在にも触れ、なぜ単位事実説は適切でなく実体法上一罪説を採るべきなのかを論じると答案の深みが増します。その逆の場合でも同様です。それなのに、自分が実体法上一罪説をとるので、単位事実説の存在には一言も触れず、単に実体法上一罪説にたった当てはめのみを論じるのでは、「そもそもこの人は、このような問題点について争いがあること自体知らないのではないか」と疑われてしまいますね。
　自説に対して重要・有力な反対説がある場合には、「反対説にも挨拶をしておきなさい」ということですね。唯我独尊ではいけません。

ウ　事実認定では、その判断に必要な「積極事実」「消極事実」の双方を漏らさず指摘すること

　いよいよ、法律論を踏まえた事実認定の問題です。そして事実認定を踏まえ、それに対する評価と規範の当てはめの問題です。例えば、職務質問に伴う有形力の行使が適法か否かの判断をすべき事例については、51年最決が示した「必要性、緊急性などを考慮し、具体的状況の下で相当と認められる限度内の行為だったか」ということを評価判断することになりますね。しかし、必要性、緊急性についても、相当と認められる限度内の行為であるかについても、その判断の前提となる事実には、積極事実（適法という判断に傾かせる事実）と消極事実（違法という判断に傾かせる事実）があり、これが事実認定上「意味のある事実」です。相当と認められる限度内かの判断についても、同様に積極事実と消極事実があります。これらの事実は、複雑な事例では長文の事例の中に混在しています。ですから、大切なことは、結論として適法とするとしても、違法とするとしても、必ず、その前提として、これら意味のある積極事実、消極事実を漏れなく丁寧に拾っ

て指摘していかなければなりません。もし、適法との結論を出すについて、適法の認定に傾かせる事実だけを引用し、違法の認定に傾く事実を指摘しなければ、その結論は「いいとこどり」「我田引水」のものになってしまいます。その論述を読む側にとって、「この人は、適法としているが、違法に傾かせる事実についてなんら指摘していない。それはそれに気が付いてもいないのか、はたまた、気が付いていながら意図的に無視しているのか？」という疑問を抱かせてしまいます。

　最もシンプルな例を挙げましょう。例えば、A君に対する人物評価を求められるとします。A君は、とても親切で善意に溢れた男ですが、そそっかしくて慌て者、という面もあるとします。その場合
　「A君は、そそっかしいところもあるがとても親切でいい奴だよ」
というのと
　「A君は、親切でいい奴なんだが、そそっかしいんだよ」
というのとではニュアンスが違いますね。前者は、A君の良い所を認めて好意的評価をしていますが、後者は、いいとこがあることは否定しないが、ネガテイブな人物評価をしていますね。
さらに、もし
　「A君は親切でいい奴だ」
　「A君はそそっかしい奴だ」
といういずれかの評価のみをしたとします。このような評価をする人は、一体A君の良い所と悪い所をきちんと両面を正確に見て行っているのか大いに疑問ですね。つまり、そもそも人物像を正確に把握できていないか、あるいは、ある側面を意図的に無視してしまっているかのいずれかの問題があります。

　事実認定と評価についても、このような基本の延長であり、<u>ある事実認定と評価を行う場合、その判断のために意味のある事実は積極・消極のいずれも漏れなく把握し、それらを比較整理して自分の結論を導き出す</u>、ということが大切であり、法律家が取るべき基本的な姿勢なのです。これは、事実の把握・指摘の場面のみでなく、当該事実を立証できる証拠についても当てはまります。検察官は、事件の捜査を遂げた上で、意味のある事実の存否の判断をするに当たっては積極消極の全ての証拠に目を配り、消極面を上回る積極証拠があり、合理的認定を入れる余地がないと判断して初めて起訴・不起訴の判断の前提となる事実を認定することができます。積極証拠ばかりに目が行き、消極証拠の収集と評価を怠って事件を起訴してしまい、公判でそれが露呈すれば起訴の不当を問われ、無罪判決を招いてしまいます。弁護士であっても、例えば、依頼者と相手方に対立がある中で和解を進めようとする場合、双方の弁護人が、自分の依頼者に有利な事実ばかりを述べ立てていれば不毛な対立となるだけです。自分の依頼者にとって都合の悪い事実についても見逃さず、それを踏まえた落としどころを探りながら和解に取り組んでいくことが、相手方の歩み寄りも導き出し、裁判官が和解を勧める上でも大きく役立つことになるでしょう。裁判官にとっては、積極消極すべての事実と証拠を漏らさないことで初めて上級審の審理に耐える良い判決が書けるのです。

　エ　事実認定については、「証拠構造」の理解が重要であること
　これについては、私の講義において、また、実務において極めて重要なことであり、私の講義においては特に重視しますので別に改めてお話しすることにします。

オ　自己の判断・結論が、判例や学説の理論を踏まえた上で、最後には「健全な常識」にかなったものでなければならないこと

　私が、授業で学生諸君からレポートの提出を受け、あるいは定期試験の答案を採点していると、例えば、捜査が適法か違法か、違法だとして証拠物が排除されるかどうか、などが問題となる事案について、最初のうちは「なかなかよく判例も学説も勉強しているな、頑張っているな」と感じられるのですが、読み進めて結論となると「あれれ、いくらなんでもこの結論はないよな」とがっかりさせられることがあります。もちろん、論点には、グレーゾーン、ボーダーラインの限界事例であるものが多く、プロの裁判官ですら、捜査が適法か違法か、証拠は排除すべきかどうか、などについて、上級審と下級審の間で結論が異なり、同じ合議体の中ですら、裁判官の間で説が分かれることは珍しくありません。ですから、そのような場合について論述者の結論が異なってくるのは当然ともいえるでしょう。しかし、事案の中には、どうみても適法としか考えられない、あるいはどう見ても違法が重大で証拠を排除するしかない、というようなクリアなものがあり、そのような事案について、反対の結論を書くと首をかしげざるを得なくなります。それは、法律論の当てはめの延長なのですが、むしろ結論が社会生活上の常識に合致しているかどうか、という問題でもあるのです。

　私は捜査官としての長い経験で、いろいろな問題を含んだ事件と出会うたび、まず、直感的に「これはぎりぎり適法だろうな」「これはいくらなんでも無理だ、違法だな」などの判断が先行することが多いです。そして、このような直感的判断がまずあり、それを念頭に置いた上で、理論的にも、また判例等を踏まえても、この直感的判断が正しいかどうか、それを維持できるだけの論拠の裏付けができるかどうか、という積み重ね作業との間でフィードバックしていくということが常でした。当初は直感的に適法だと思われても、判例や学説を検討すると、どうしてもその結論を維持することが困難であり、自分の当初の直感は誤っていたな、と思って、結論を軌道修正したり、時には撤退せざるを得ない場合もあります。

　しかし、問題点に取り組む場合、常に「自分の結論が常識にかなっているかどうか」という判断と、「それが論理によって批判に耐えるものであるか」という検討の双方が大切であり、常にそのような検討の姿勢を身に付けることが法律実務家に求められるのです。

　皆さんはまだ学生ですから、実際の事案に出合ったことはないのであり、いきなり皆さんの出す結論が、常に常識に合致してものとなることは期待できないことも当然です。時には苦労して出した結論が常識にかなわないものとなってしまうこともやむを得ない面があるでしょう。でも、経験は未熟だけれども、今、刑訴法の勉強をしている時から、「自分の出す理論や事実認定が、社会常識にかなったものとなっているか」ということを、複眼思考的にフィードバックによって吟味していく癖をつけておけば、その積み重ねが、将来の法律家として成長するための肥やしとなることは間違いありません。

カ　複雑な事例については、「慣れ」が大切

　皆さんが、苦労して勉強し、問題点を含んだ事例に当たって検討する際、頭の中では一応理解できているはずのことを、直ちに具体的事例の中に発見して当てはめ、応用することは、一朝一夕にできるものではありません。大切なのは、とにかく、複雑な事案に接して問題点を自ら発見し、法理論と事実認定の当てはめを適切にできるよう場数を踏んでいくことしかありません。

　私の講義ではオリジナルの長文の事例を教材としていますが、これらの事例問題の中には、一

つの事例に含まれる証拠法上の問題点でも、他の事例にも含ませ、いわば手を変え品を変え、しつこいほど繰り返して勉強してもらうのを旨としています。それは法律実務家として成長するための過程でもあり、このようなことの繰り返しにより、基本書を読んだり授業で聞いて一応頭の中では分かっているはずのことが、事例に接したときに、たちどころにピンときて、「ははーん、この事例にはこの問題が含まれているな」ということが直感的に理解できるようになるからです。やや大げさに言えば、観念としてではなく、感覚的、実感的な理解を身にけることが法律実務家として大切であり、司法試験の勉強の段階からそのような努力をすることが、結局は急がば回れで、司法試験のためのよりよい勉強ともなっていくのです。

　前置きがずいぶん長くなりましたが、いよいよ本論に入っていきましょう。

第2章　証拠構造等について

　これから、「証拠構造」や、証拠構造を構成する「主要事実」「間接事実」「補助事実」、また「要証事実」「立証趣旨」、「直接証拠」「間接証拠」などの意義や概念、相互の関係や問題点などについて勉強していきます。

　これは、証拠法を勉強するためのスタートであり、建築物でいえば基礎工事のようなもので、これらをしっかり理解しておかなければ、土台がぐらつき、いつまでたっても、証拠法をマスターできません。皆さんは主要事実・間接事実などの概念はよく聞いていると思いますが「証拠構造」という言葉にはなじみが薄いのではないではないかと思います。

　「証拠構造」という用語は法律の条文にはなく、基本書等では余り説明されてはいないようですが、実務では極めて重要な概念です。皆さんは、「情況証拠による立証」ということはしばしば聞いたことがあると思いますが、情況証拠による立証は、証拠構造を的確に組み立てることによって初めて可能となり、両者は表裏一体の関係にあるともいえます。「主要事実、間接事実、補助事実」、「要証事実」「立証趣旨」、「直接証拠、間接証拠」などの意義や概念は、「証拠構造」を意識することによって初めて実感を持って理解できます。やや大げさかも知れませんが、証拠構造を理解しない証拠法の勉強は観念的であり、机上の空論になりがちだといえるでしょう[1]。

第1　証拠構造について

1　まずは具体例から

　まず、証拠構造の組み立てについて、最もシンプルなものから複雑なものまで、いくつかの具体例を示しましょう。

ア　暴行（傷害）事件

　XがVを手拳で殴打した暴行事件が起訴され、Xは否認しているため自白調書がないので、被害者Vの供述だけで立証するとします。

（要証事実）　　　　　　　　　　　　　　　　　　　　　　　　（証拠）
Xが○月○日、V自宅でVを手拳で数回殴打したこと　　　　　　　VのPS

　これは、証拠「構造」といえるほどのものでなく、いわば原初的な形態ですが、これが証拠構造組み立ての出発点です。

　次に、犯行現場がどんな状況であったかを確認するため、警察官がV自宅の犯行現場の居室を

---

(1)　石井・刑事事実認定入門［2版］114頁以下は、情況証拠による事実認定について主な判例を踏まえて的確に整理している。寺崎［3版］508頁は、再審について「〜証拠構造の分析が欠かせない。なぜなら、裁判所は、多くの間接事実（状況証拠）を積み重ね、間接事実をそれぞれ論理的に組み合わせることで最終的な要証事実（＝公訴事実）を認定しているからである」とするが、これは、捜査段階から公判審理の全体にも通じるものである。

実況見分したとします。そうすると、要証事実は「犯行現場の状況」となり、それを立証する証拠が「実況見分調書」として加わってきます。

また、仮にＶがこの暴行により加療３週間の顔面挫傷の傷害を負ったため事件は傷害事件となったとします。そうすると、要証事実に、「被害者が本件暴行により加療３週間の傷害を負ったこと（簡潔に書くなら「被害者の受傷状況」など）が加わり、これに対応する証拠として「診断書」が加わってきます。

さらに、もしＸが捜査段階で自供して自白調書が作成されていたとすれば、証拠に「被告人の自白調書」が加わってきます。だんだん証拠「構造」らしくなってきましたね。

> **コラム 「ＰＳ」ってなんだろう？**
>
> ＰＳとは、検察官調書（321条１項２号書面）の実務上の略称です。検察官（Prosecutor）による供述（statement）調書というのが語源のようですが、警察官による調書はＫＳといいます。警察官だったら、policeのＰをとればＰＳとなってしまって検察官調書と区別できません。だったら、刑事（detective）のＤをとってＤＳとでもすればよさそうですが、なぜかここだけは「けいさつかん」のＫをとっています。ちょっと変ですよね。裁判官面前調書だったらＪＳと言ってもよさそうですが、これについては、きちんと「裁判官面前調書」とか「１号書面（321条１項１号）」と言うことが多いようです。でも、司法修習に入ると、ＰＳとかＫＳの言葉が飛び交いますからイロハの知識として覚えておきましょう。

イ 窃盗の近接所持

次に、少しレベルアップし、「情況証拠による認定」の初歩的なものとして窃盗の近接所持の証拠構造の例を示しましょう。「近接所持」とは実務的な用語です。何者かにより財物が盗まれ、窃盗の犯行の直接証拠はないが、それと時間的・場所的に近接して被疑者がその財物を所持していることが発見され、被疑者が窃盗の犯行を否認する場合、窃盗を認定できるかという問題で、実務ではしばしばこのような事件があります。下記事例では、Ｖ女の自宅庭先から女性用自転車が盗まれ、間もなく帰宅したＶ女がすぐに110番しました。警察官が付近をパトロール中、被害の約20分後、Ｖ女自宅から２キロ位離れた路上で被告人Ｘが女性用自転車で走行していたので、警察官が不審に思って職務質問をしようと声をかけました。するとＸは急にスピードを上げて逃げ出そうとしたので、警察官がたちはだかって停止させ、Ｘに質問しました。Ｘは「10分ほど前に近くの路上で、名前を知らないある男から貸してもらった。自分は盗んでいない」と弁解し、まもなく駆け付けたＶ女が、その自転車が被害品だと確認したので警察官が被告人を準現行犯逮捕し、Ｘが窃盗の罪で起訴された、というものです。

―（証拠構造の例）―

（要証事実）	（証拠）
① １月10日午後２時頃、山田町２丁目３番地のＶ女宅で、同女所有の女性用自転車一台が盗まれたこと	Ｖ女のＰＳ
② 被害の約20分後である午後２時20分頃、被害現場から約２キロ離れた路上をＸが本件被害自転車で走行してい	準現行犯逮捕手続書

たこと	
③ Xは、職務質問をされそうになって逃走しようとしたこと	上同
④ Xは「10分前に名前を知らない男から借りた」と弁解しているが、それは不合理で信用できないこと	上同 XのKS、PS

　この証拠構造は、情況証拠による認定の最もシンプルな例といえます。前述の暴行事案と違うのは、暴行事案では、被害者の供述という直接証拠があるため、それが信用できさえすればそれだけでも暴行を認定できるのに対し、この近接所持の事例では、窃盗の犯行自体の目撃供述とか、被告人の自白などの直接証拠がないため、いくつかの間接事実の積み重ねで立証するのであり、これが情況証拠による認定の基本的な例です。

　皆さんがもし裁判官だったとしたら、①から④までの証拠関係で有罪としますが、無罪としますか？これはボーダーライン上の事例でしょう。

　仮に③までしかないとすると、有罪判決をとれるかどうかは微妙ですね。職務質問をされそうになって逃走しようとしたのは、Xが、自転車を盗んだためとは言い切れません。真犯人が乗り捨てた自転車を占有離脱物横領して乗っていただけかも知れない、逃げようとしたのは窃盗犯人として検挙を恐れたのではなく覚せい剤を所持していたためだったかも知れない、など様々な可能性があります。④が加わると、かなり窃盗有罪認定の方に傾くでしょうね。経験則に照らして、「見知らぬ男から女性用の自転車を貸してもらった」などという弁解自体が極めて怪しく、あり得そうもない弁解ですよね。幼児座席がついたママチャリだったとしたら、皆さんこんな弁解信じられますか。信じられず嘘をついている、と判断して有罪にする人と、それでも「自転車を盗んだ第三者がいて、その者が盗んだ直後に放置した自転車を被疑者が横領した可能性は否定できない」と見て、「窃盗か占有離脱物横領のいずれの犯行か認定できないので無罪にする」、という考え方もあり得るでしょう。いずれにせよ、有罪無罪の判断を的確に行うためには、もう少し具体的事実関係を煮詰める必要があるでしょう。

ウ　殺　人

　さて、証拠構造勉強の試運転はできたので、殺人事件で被告人が犯行現場には行ったこともないと弁解して犯人性を完全否認しているという事案に移りましょう。このような事案こそ、情況証拠による立証のための的確な証拠構造の組み立ての真価が問われてきます。

　事案は、被告人Xが、勤務していた会社を解雇されたことを恨み、社長のVを殺害したというものです。3月7日夜、V方で、妻W女が午後7時ころ外出した後、何者かが応接間でVの胸部・腹部を鋭利な刃物で滅多突きにして殺害しました。午後9時ころ帰宅したW女がそれを発見して驚き、警察に通報したため直ちに捜査が開始されました。凶器の刃物は遺留されておらず、犯行の目撃者などの有力な証拠はありません。捜査の結果、検察官は、様々な情況証拠から、下記の証拠構造により検察官は犯人が被告人Xであることを立証しようとしました。

――――――（証拠構造の例）――――――

| （要証事実） | （証拠） |

1 事件の発生（注1）
　(1) 3月7日午後7時ころから9時ころまでの間に、V方　　実況見分調書
　　　マンション応接間で、Vが殺害されたこと　　　　　　　妻W女のPS
　(2) 死因は鋭利な刃物による胸部大動脈切断に基づく失
　　　血死であること　　　　　　　　　　　　　　　　　　死体解剖結果報告書

2 その犯人は被告人Xであること（注2）
　(1) Xは前日6日に甲野金物店で刺身包丁を購入したこ
　　　と　　　　　　　　　　　　　　　　　　　　　　　　同店長のPS

　(2) Xが購入した包丁と同型の包丁がVの身体の刺創の
　　　形状と一致すること　　　　　　　　　　　　　　　　科学捜査研究所による
　　　　　　　　　　　　　　　　　　　　　　　　　　　　鑑定結果報告書
　　　　　　　　　　　　　　　　　　　　　　　　　　　　同型の包丁

　(3) Xの自宅から押収されたXのジャンパーに血痕が付
　　　着していること（注3）　　　　　　　　　　　　　　捜索差押調書
　　　　　　　　　　　　　　　　　　　　　　　　　　　　血痕付着のジャンパー
　(4) 同ジャンパー付着血痕のDNA型は、VのDNA型と一　　科学捜査研究所の鑑定
　　　致すること（注3）　　　　　　　　　　　　　　　　結果報告書

　(5) 犯行の少し前ころ、XがV方マンションを訪れてい
　　　ること（注4）
　　ア　事件当夜の午後7時30分頃、付近の住民AがV
　　　　方近くの駐車場でXを目撃したこと
　　　(ア)　Aの視力は裸眼で1.2であること　　　　　　　AのPS
　　　(イ)　駐車場には街灯が点灯しており、人物の　　　　A立会の実況見分調書
　　　　　　識別が可能な明るさであったこと（注5）
　　イ　事件前日夜8時ころ、VがW女に「Xからさっ　　　　W女のPS
　　　　き電話があって『お前は許さない。明日行くか　　　X及びVの各携帯電
　　　　ら覚悟して首を洗って待っていろ』と言われた。　　話の発着信歴確認報告書
　　　　解雇のことで文句を言いに押しかけてくる。面　　　（注7）
　　　　倒な奴だ」と話していたこと（注6）
　　ウ　Vの携帯電話に、事件前日午後7時にXの携帯　　　　副社長BのPS
　　　　電話からの着信歴があること
　(6) AはVから解雇されたことを恨み、会社幹部に再三
　　　抗議するなど犯行の動機があること

【解　説】

　実際の事件では、更に極めて詳細な事実と証拠により立証計画を立てることになりますが、上記は、その骨格の例です。このように、証拠構造とは、様々な事実を証明する様々な証拠を効果的・有機的に組み合わせたツリー構造で示されます。

　いくつか留意点などを説明しましょう。

　注1の「事件の発生」の部分がいわゆる罪体です。注2の「その犯人が被告人Xであること」が「犯人性」です。証拠構造の基本的な柱は、この罪体と犯人性になります。この事例では罪体の立証は容易ですが、犯人性の立証が問題です。この事件がもし被害者が死亡しなかった殺人未遂事件であり、被害者がXから刺身包丁で刺されたことを明確に供述できたり、妻のW女が応接間でXが夫を殺害するところを目撃するなどの直接証拠があれば、立証は容易であり、これらの直接証拠を柱として立証することになりますが、本事例では被害者は死亡し、妻W女は外出中でXを目撃しておらず、Xは現場に行ったことすら否認しているのですから、犯人性についての直接証拠はないので、様々な間接事実の積み重ねによる情況証拠による立証を行うことになるのです。

　しかし、どのような情況証拠により証拠構造を組み立てるべきかは、事案の内容によっても異なり、また被告人の弁解内容によっても異なります。例えば、注3の(3)(4)ですが、Xの自宅からVの血痕が付着したXのジャンパーが発見されたことは、犯行の際に返り血を浴びたものと推測され、犯人性立証のために極めて有力な間接事実であることは理解できるでしょう。でも、もし、Xがこの点を追及された際「それは私がVを刺したから付いたのではない。事件の1週間前ころ、たまたまVと路上で出会ったとき、口論となり、私はかっとなって拳骨でVの顔面を思い切り殴りつけてやったらVが多量の鼻血を出してしまいそれが私のジャンパーに振り掛かったものだ」と弁解したとします。そうすると、血痕が付着したジャンパーの殺人立証のための証拠価値はかなり下がってしまいます。そうさせないためには、このXの弁解が作り話で虚偽であることを立証するため、検察官は、妻のW女ら家族などから詳細に事情を聴取するなどして、その頃、VがXと喧嘩して鼻血を流して帰宅したことなどなかったことを立証できるような証拠構造の手直しをしなければなりません。

　注4ですが、犯行の少し前頃にXがV宅を訪れたことについて直接証拠がありません。本件では、犯人性という主要事実について直接証拠がないため、(1)ないし(6)の間接事実の積み重ねにより犯人性を立証するのですが、(5)のX来訪という間接事実についても、これを直接立証できる証拠はありません。もし、Xが来訪した際、W女が迎え入れて応接間でXとVにお茶を出した後で外出し、帰宅した時に夫の遺体を発見したということだったのなら、XのV宅来訪自体についてはW女のPSによって直接立証できることになりますね。しかしそのような直接証拠がないため、この事実を更にアないしウの第二次間接事実や補助事実により立証していくのです。もし、アの「近くの駐車場でAがXを目撃した」という間接事実しかなければ、仮にXが「その駐車場には行ったが近くのコンビニで買い物をしただけで、Vの家などには行っていない」と弁解すれば水掛け論になってしまいますが、イウの前日の来訪予告電話の存在とあいまって、XのV宅来訪の事実を推認することができるでしょう。

　注5ですが、(ア)(イ)の目撃者Aの視力や駐車場の明るさは、AがXを駐車場で目撃できたことの信用性を高めるための「補助事実」です。

　注6ですが、まず、W女がVからこのような話を聞いた、という限度であれば、それはW女が体験したことですから、PSの伝聞性が解消されれば足ります。この証拠構造もこの限度で記載

しています。しかし、更に進んで、VがW女に話した通り、本当にXからそのような電話が掛かってきたのか、ということ、更にXが本当に翌日にV宅に押しかける意図を有していたのか、ということを立証しようとするのであれば、そこには更に伝聞過程が加わってきます。

VにXから押しかけ予告の電話があったことは、W女自身は体験しておらず、Vから聞かされたことです。ですから、W女の供述に含まれるVがXから電話がかかってきたことやその内容等についてW女に伝えた話は、被告人以外の者であるW女の供述で被告人以外の者であるVの供述を内容とするものです。W女が公判でそれを供述すれば、324条2項該当の問題となります。PSであればそのPSの伝聞性が321条1項2号により解消されることも必要です。324条2項は321条1項3号を準用しますが、Vは死亡して供述不能の要件は認められ、不可欠性や絶対的特信性も認められるでしょうから、W女の供述がVの供述に代わるものとなり、XからVにこのような電話がかかったことを立証できることになります。

|川井さん|

そこはよく分かりました。W女がVから聞いた供述が記載されたPSの伝聞性を解除した上、Vについて321条1項3号該当性が満たされれば、XからVに対しそのような内容の電話があったことの真実性の立証に用いることができるのですが、更に進んで、「XがVに対して報復の意図を有していた」というXの犯意までも立証できるのではないですか。

|太田|

よく気が付きましたね。そのとおり、Vの供述に含まれるXのその言葉は、被告人以外の者であるVの供述で、被告人Xの供述を内容とするものとして324条1項の問題となります。同項は322条を準用していますが、この言葉は不利益事実の承認であり任意性も認められるので、Xの供述はXにVに対する害意があったことを立証するための証拠能力を認められるでしょう。同時に、これはXのV方に押しかけようとする意図ないし報復の犯意の存在をも示す精神状態の供述としても証拠能力が認められます。この部分は、Xの電話での文言が原供述、Vが生きていてそれを公判で供述すれば324条1項の第一次伝聞、Vが亡くなったため、W女がこれを公判で供述することとなれば324条2項の再伝聞、これをW女のPSで立証しようとするのであれば、更に321条1項2号の適用の可否問題となる再々伝聞、ということになりますね。これらの各伝聞過程が解消されればXの電話での文言をその内容の真実性の立証に用いることができます。Xの供述自体から直ちに「殺意」の存在までは認められませんが、V方に押しかけようとしていたことや何らかの報復の害意があったことは立証できるでしょう。そうすると、証拠構造のこの部分の書き方は少し違うものとなってきます。ただ、実務では、伝聞例外等の規定を駆使して目いっぱいの立証に用いる場合もありますが、事案によっては他に間接事実がたくさんあるので、この証拠構造で示したように、余り欲張らずに、XからVに電話がかかったことをW女が聞いたという限度で立証すれば足りるとするようなこともあります。いずれにしても、<u>証拠構造を的確に組み立てるためには、伝聞法則がどれだけしっかり理解できているかどうかが、問われてくるのです</u>。これらは次章と次編の事例講義のところでたっぷり勉強しましょう。

注7ですが、もしXやVの携帯電話機自体に発着信歴が消去されず残っており、警察官が、専門的技術を要さずに再生して確認報告した書面であれば、それは警察官による検証の結果を記載したものですので321条3項該当書面となります。しかし、もし発着信歴が既に消去され、携帯電話会社にその復元作業を嘱託し、電話会社が専門的技術により発着信歴を復元して読み出して作成した回答書であれば、鑑定書の性質を有するので321条4項の準用によって証拠能力が認め

られることになります。これらも様々な伝聞法則の応用問題であり、本講義では第2編の様々な事例講義の中で詳細に検討していくことにします。今日は予告編としましょう。

2　証拠構造を組み立てることの意義と目的

これまで示した例から皆さんは既に感じ取っていると思いますが、なぜ証拠構造の組み立て方を理解し、身に付けることが大切かという意義・目的をお話ししましょう。

(1)　情況証拠による立証は「証拠構造」の的確な組み立てによって可能となる。

証拠構造の組み立て方は、主要事実、間接事実、補助事実等を階層的な「ツリー構造」で示していくのが基本です。これを身に付けることによって、一見、それ自体では大きな意味を有するようには思えない小さな事実や証拠であっても、証拠構造全体の中で効果的にそれを位置づけ、他の証拠とあいまって複雑な事件における情況証拠による立証が可能となる場合も少なくありません。ジグソーパズルの各破片は、ばらばらに集めても体をなしませんが、はめる場所をきちんと正しく組み立てていけば立派な絵が完成するのとも似ています。情況証拠による立証というのはこのことにほかなりません。論理性や脈絡もなく、漫然と「こんな事実（証拠）もあるよ、こんな事実もあるよ」と示すのではなく、事実や証拠を、証拠構造の中に論理的かつ的確に組み立てていくことが重要です。これを身に付けることができれば、司法試験の長文の事例はもとより、将来皆さんが直面する複雑な事実関係の事件を検討する上で、一見些細なように思われる事実や証拠であっても、それを証拠構造の中に適切に位置付けることによって立証に役立つものであることを理解でき、それらを見逃さずに済むことになります。反面、この姿勢が身についていなければ、立証上役立つ事実や証拠を見逃してしまい、情況証拠による立証やそれに対する反証を的確に行うことは覚束なくなってしまいますね。

(2)　証拠構造は、最終目的である犯罪事実の立証のために、多数の様々な証拠について、個々の証拠が立証できる事実は何かということを吟味した上で、それら相互の有機的な関係を検討し、効果的に整理・組み立てるための「青写真」ないし「設計図」である。

証拠構造の意義目的を、分かりやすい譬えでお話ししましょう。プラモデルの模型キットで大きなものは何百の細かな部品がありますね。しかしこれらの部品をバラバラに並べても、模型は完成しません。個々の部品をどの位置にどの部品と接着させて組み立てていくかということは、プラモデルの組み立て説明書によらなければいけません。証拠構造とは、ばらばらに存在する多数の事実と証拠とを、どのように有機的に整理し、組み合わせていくかという設計図のようなものともいえるでしょう。

野球の9人チームによる守備態勢を考えてみましょう。9人による守備態勢は、それぞれのポジションに、そのポジションを守るために最も適した能力のある選手を配置することによって最善の守備態勢が確立します。ピッチャーをやったことのない選手にピッチャーをやらせれば、四球の連続で自滅してしまいますね。また、いかに一塁手の能力が優れていたとしても、彼は一塁を守るのに専念すべきであり、二塁や右翼まで守ることはできません。このように、それぞれのポジションに最も適した選手を配置し、それぞれの選手が自分の守備範囲の守備に専念することによって初めて万全の守備態勢が完成します。証拠構造もこれと似たところがあります。例えば、ある要証事実が一塁ベースであるとしたら、その要証事実をしっかり証明できる証拠が一塁

手です。そして、一塁を守らせるに最も適した選手を一塁手とする、という監督の意思がいわば「立証趣旨」に当たるといえるでしょう。もし、一塁手に二塁や右翼までを守らせようとすれば、それは立証趣旨を超えたことになってしまい、許されません。仮に高校野球で、監督が、本当は大学生なのに高校生だと偽って一塁手をやらせれば、その一塁手は、さしずめ、「違法収集証拠」ということになりますね。

　ですから、証拠構造を的確に組みたてるためには、「この要証事実はどの証拠によって立証できるのか」「この証拠によって立証できる事実はなんなのか」ということを明確に意識しなければなりません。ひとつ例を出しましょう。

　ＸＹの二人が、Ｖを殺害することを共謀し、午後９時の犯行の前に、犯行現場となった公園で待ち合わせるため、メールのやりとりをし、ＸがＹに発したメールに

「今夜８時に〇〇公園の入り口で待つ」

と記載されていたとします。この場合、このメール自体から直接立証できるのは、

「Ｘが午後８時に〇〇公園入口でＹと待ち合わせをしようとしてそれをＹに伝えたこと」

に留まります。このメール自体から、Ｙがその待ち合わせに応じる気になったのかどうかは分かりませんね。Ｙはこのメールを貰っても「やなこった」と思って待ち合わせをすっぽかしたかもしれません。

　ましてや、この待ち合わせが公園で殺人を実行するためのものであったかどうかは、このメール自体からは分かりませんね。ＸがＹと待ち合わせようとしたのは、単にそこからどこか他の所に遊びに行くためだったかもしれません。仮に、Ｘのメールが「８時に公園入口で待ち合わせよう。俺は包丁を用意した。Ｖに見つからないよう用心しろよ」などというものであり、Ｙから「了解、俺はロープを持って行く」などと返答のメールが発せられていたとすれば、この二つのメールで、ＸＹ両名が共謀してＶ殺害のために公園入口で待ち合わせようとしていたことを立証することができるでしょう。

　最初に示したメールで、それ自体によって直接立証できるのは、前記の限度に留まります。このメールで「ＸＹ両名が本件殺人の犯行のために〇〇公園で待ち合わせたこと」を立証趣旨とするのは、いわば、一塁手にその守備範囲を超えて二塁や右翼まで守らせようとするものですね。

　しかし、このメール自体からは、前記の限度でしか立証できないとしても、そのことを証拠構造全体の中に的確に位置づけることにより、他の様々な間接事実・証拠とあいまって、ＸＹが殺害の犯行を共謀し、犯行前に公園で待ち合わせて殺害を実行したことを最終的に立証することが可能となるのです。

(3)　**証拠構造の的確な組み立ては、当事者にとっても裁判所にとっても、公判における立証活動・審理の進行の最大の指針であり、柱である。**

　公判前整理手続が行われる場合には、まず検察官が「証明予定事実」を提出します（刑訴法316条の13）。その証明予定事実は、「事実とこれを証明するために用いる主要な証拠との関係を具体的に明示」することが必要です（刑訴規則217条の20）。証明予定事実を的確に構成するためには証拠構造を踏まえることが重要です。検察官の冒頭陳述は証明予定事実の延長線上にあります。立証活動もこれに沿って行われ、論告もそれらに沿った立証活動の集大成の作業です。

　とりわけ、被告人が犯行を否認し、直接証拠が乏しい複雑な事案の裁判員裁判においては、法律家でない裁判員に対し、最終的な立証目標である犯罪と犯人性について、多数の間接事実や補

助事実等を多数の証拠によって立証して心証を形成してもらわなければなりません。ですから、検察官は、裁判員に対し、検察官は、一体どのような全体的構想の下にどのような証拠構造で立証しようとするのか、立証しようとする個々の事実がその証拠構造の中でどのような意味・位置付けを有するのか、それらの個々の事実を具体的にどのような証拠で立証しようとしているのか、を分かりやすく示さなければなりません。それができなければ、裁判員は膨大な事実や証拠を目の前にして混乱してしまい、「今の証言には一体なんの意味があるんだろう」などと、個々の事実や証拠の意味が分からず、的確な事実認定は到底できなくなってしまいます。

<u>このような的確な証拠構造の組み立てとその把握は、検察官にとってのみならず、弁護人や裁判所にとっても重要です。</u>

弁護人は、検察官と違って、検察官が立証しようとする犯罪や犯人性について、合理的な疑いを生じさせるための作業に集中することになります。しかし、だからといって、検察官の主張する全ての事実を争い、検察官請求証拠をすべて不同意ないし取調べに異議あり、とするのであれば、争点が拡散・混乱して合理的な審理の遂行ができなくなってしまいます。ですから、弁護人は、検察官が立証しようとする証拠構造を的確に把握し、その中の事実や証拠の持つ意味を理解し、「どこを崩せば合理的疑いを生じさせることができるか」ということを吟味しなければなりません。そして、争っても意味のない事実については証拠を同意するなどして合理的な審理の遂行に協力するとともに、検察官の証拠構造の中の弱い部分に反論や反証を集中させれば、それはかえって裁判員や裁判官に対して合理的な疑いの存在をより浮彫りにさせ、理解させることになるでしょう。証拠構造が建物であるとしたら、多数の柱全部を倒さなくても、建物を支える要となっている１本の柱を倒しさえすれば建物は崩れてしまいますね。また、弁護人は、例えばアリバイの立証とか、自らも積極的な事実の主張立証を行う場合もあり、その場合でもその効果的な主張立証のためには証拠構造を踏まえて行うことが大切です。

裁判所にとっては、適切な訴訟指揮によって検察官や弁護人の主張立証活動を展開させるためにも検察官等が考えている証拠構造を的確に把握しなければなりませんし、有罪判決を書く場合であれ、無罪判決を書く場合であれ、その基礎となるのは証拠構造の的確な把握です。また、当事者から請求される多数の証拠について個々の証拠の採否を決定するにあたっても、当事者が主張する証拠構造を踏まえて「そのような立証趣旨で請求するのならこの証拠は採用すべきだ（あるいは必要がない）」などの判断も可能となります。

このように、証拠構造の的確な組み立てとその理解は、検察官・弁護人にとっても裁判所にとってもいずれも極めて重要なものである訳です。

なお、付け加えますが、証拠構造の的確な組み立ては、捜査段階においても重要です。捜査はやみくもに行うのではなく、犯罪や犯人性について、現在までに収集された証拠を踏まえて、ある程度の見通しを立てて更に捜査を進めていきます。被疑者が否認している場合、その弁解に合理性があるか、それが虚偽であると思われるなら、更にどのような補充捜査をして起訴に持ち込めるか、という判断は、証拠構造を踏まえて行う必要があります。私は、検察庁での決裁官であったとき、部下が捜査して起訴しようと考えている否認事件について、しばしば「君は、この事件の証拠構造をどう組み立てようとしているのか、それを整理して説明しなさい」などの指導をしていました。そうすると、現段階で集まった証拠で裁判で有罪を得ることができるか、という視点で整理できます。また、「証拠構造のここの部分の証拠が足りないな」などと気づいて、警察に指示して更に補充捜査を尽くすということも可能となります。逆に、捜査を尽くしても有罪が

得られるような的確な証拠構造が組み立てられない、ということになれば、起訴は断念し、あるいは軌道修正を行う必要が生じるのです。重要事件で、被害者が起訴を強く望んでいるが捜査を尽くしてもどうしても有罪が得られる見込みないという場合、不起訴として「嫌疑不十分」の裁定書を書くことになります。被害者から検察審査会に不起訴不当の申立てがなされ、検察審査会が不起訴の当否を検討する際も、不起訴裁定書が、証拠構造を踏まえた的確な記載であり「どこの部分が立証できないから起訴ができないのか」ということが理解されなければなりません。

―――― コラム ――――

　証明予定事実記載書面にしても、冒頭陳述書にしてもその記載のスタイルには、大別して二つあるようです。一つのスタイルは、例えば①被告人の身上経歴、②本件犯行に至る経緯、③犯行状況、④犯行後の状況、というように、時系列的にその事件のストーリーを記載していくものです。証明予定事実記載書面の場合には、更にこのストーリー欄の右側に「証拠」の欄を作っておいて、ストーリーの中に示されている主要事実や間接事実等に該当する各部分の右側に、それを証明するための各証拠を記載するのが通常です。もう一つのスタイルは、このような時系列のストーリーを記載するのでなく、私が本講義で例示したような証拠構造を基本として主要事実、間接事実等とそれらを証明するための各証拠をツリー構造で記載する、というものです。私の経験や後輩検事から聞いた最近の状況によると、情況証拠による立証の必要がない自白事案などでは時系列のストーリーを記載する場合がほとんどのようです。しかし被疑者が否認しているため情況証拠による立証が必要な事案では、証明予定事実記載書面を、後者のツリー式の証拠構造スタイルで記載することが多いです。争いのない事実についてはストーリーで記載し、争いのある部分については論点ごとにツリー式で記載するという工夫もあるようです。被疑者が黙秘していた場合などには犯行に至る経緯を書けない場合も少なくありません。

　冒頭陳述書も公判前整理手続が行われた事件では証明予定事実記載書面をベースとして作成しますが、公判前整理手続の結果を踏まえ、事件の特徴として強調したい点は厚く、その他は薄く（あるいは省略して）記載するなどのメリハリをつけるのが通常です。裁判員裁判の場合には、特に裁判員に対する予断を与えないようにするため、否認事件では、身上・経歴などは罪体に影響する場合を除き、ほとんど述べないことが多いようです。

　いずれにしても、証明予定事実記載書面や冒頭陳述書の記載の仕方は唯一無二の方法がある訳ではなく、事案に応じた的確な記載を行う必要があります。

　しかし、これらの記載を事案に応じて的確に行うためには、その前提として、証拠構造の的確な組み立てが必要です。捜査段階では自白していても、公判段階で被告人が否認に転じ、自白調書の任意性が否定されて排除されることもないとは限りません。そのような場合には自白以外の証拠をツリー構造によって的確に組み立てることで立証しなければならなくなります。まずは、当該事件の証拠構造を的確に把握して組み立てることが大前提であり、その後の公判前整理手続や公判において、被告人の対応等を踏まえて、証明予定事実記載書面や冒頭陳述書を的確に記載していくことが必要です。

　なお、証明予定事実記載書面や冒頭陳述書は、あくまで検察官が「立証しようとする事実」を示し、どのような証拠によってそれを立証しようと計画しているのか、を示すことが目的ですので、立証に用いようとする証拠そのものを引用することは予断排除の原則に反し、

> 許されません。しかし、論告においては、既に審理がなされ、証拠調べは終わっているのですから、否認事件の場合、証拠の内容を引用してその証明力について評価して論じることは不可欠となりますが、それは証拠構造を踏まえて説得力のある論述でなければなりません。

(4) 法科大学院生の刑事証拠法の勉強の上での重要性

証拠構造の的確な組み立てを常に意識して身に付けることは、実務以前の段階においても、法科大学院生が証拠法を勉強する上で極めて重要かつ有効です。やや誇張して言えば「証拠構造を意識しない証拠法の勉強は、観念的であり、机上の空論に陥る」おそれがあるとすらいえるでしょう。

例えば、皆さんは、「主要事実・間接事実・補助事実」「要証事実・立証趣旨」「直接証拠・間接証拠」「などの概念について、なんとなく分かったようで分からないという人も少なくないのではないでしょうか。皆さんから受ける質問からもそのことを感じます。

でも、証拠構造というものが理解できれば、これらの概念を実感を持って理解できるようになります。

例えば、皆さんは、伝聞法則を勉強した際、「伝聞か非伝聞かは要証事実との関係で決まる」ということを学び、一応頭の中では理解できているでしょう。しかし、その理解を真に身に着けるためには、<u>証拠構造を把握し、個々の事実や証拠を有機的に組み合わせ、どの証拠によってどの事実を立証していくのか、ということを考える癖を身に着けることによって初めて「伝聞か非伝聞かは要証事実との関係で決まる」ということの意味を実感を持って理解することができるはずです。</u>

また、証拠構造の重要性を自覚していれば、複雑な長文の事案を検討する際、自ずと証拠構造を踏まえた考察が可能となり、一見些細に見える事実や証拠であっても、立証上意味があることに気づくこととなります。これは目の前の司法試験に対して取り組む上で大きな意味を持つことですが、実は、それは皆さんが将来法律家となった場合に、複雑な事案について取り組む上で極めて重要なことです。<u>複雑な事件のストーリーの中に潜む「意味のある事実」を如何に見逃さないか、ということは法律実務家に求められる極めて大切なものです。</u>法科大学院教育や司法試験が将来の法律家を目指すためのプロセスとして位置付けられ「理論と実務を架橋する」ということの意義は、刑訴法の基本書等では余り触れられていない「証拠構造」の理解の重要性についても当てはまると私は思っています。

3 証拠構造の組み立て方の基本的な留意点

証拠構造の意義目的の理解を踏まえて、それでは証拠構造の的確な組み立て方についての基本的な留意点をお話ししましょう。

(1) **証拠構造の組み立て方には、唯一絶対の方法があるわけではなく、各自が工夫研究してより的確な証拠構造を組み立てる努力をしなければならない。しかし、基本的に重要なのは「自白に頼らない客観証拠による立証」を心がけて証拠構造を組み立てることである。**

証拠構造の組み立て方は、なんらかの決まりがある訳ではなく、画一的、唯一無二の方法がある訳ではありません。私は検察庁勤務の最後の数年で、検事正や次席検事として、施行されて間

もない裁判員裁判における検察側の主張立証について証明予定事実、冒頭陳述、論告の作成のため若手検事の指導に多く携わりました。重要な事件では他の検察官らと一緒に、リハーサルを行ったりして、皆で、より効果的な主張立証にはどういうやり方があるか、などを検討する機会も多くありました。

そこで、感じたのは、私自身がイメージしていた証拠構造とは違って、優秀な若手検察官がビジュアルに作成する証拠構造に基づく冒頭陳述や論告などには「なるほどこれは説得力があるな」などと感心させられることも少なくありませんでした。ですから、私が本講義で皆さんに示す証拠構造の参考例も、あくまで私自身が考えたものに過ぎず、これがベストのものであるとは限りません。皆さんには、第2編の事例講義掲載の事案について、「まず各自で自分の証拠構造を考えて組み立ててみなさい、その後で、私が参考例として示すものと比較し、検討してみてください、『太田先生の証拠構造より私の証拠構造の方が的確で説得力がある』と言えるようなものができるようになれば万全です」と話しています。

ただ、証拠構造の組み立て方は画一的でないとしても、基本的に守るべき点があります。

ア　まず、自白に頼らず、客観的証拠による立証を基本とした証拠構造を組み立てること

自白のない否認事件であれば、自白以外の客観証拠によって立証せざるを得ないのは当然です。しかし、<u>自白のある事件であっても、当初から自白に頼るのではなく、まずは自白以外の証拠でできる限りの立証ができるように証拠構造を組み立てる必要があります</u>。

その理由は、第一には自白偏重の防止です。事件によっては自白が立証の鍵となる重要証拠である場合もありますが、やはり、自白に頼らない客観証拠の収集によって立証することを心がけることは、自白偏重の防止のために大切なことです。また、実際上も、捜査段階では自白して自白調書があったとしても、公判では、任意性や信用性が争われ、これらが否定されて自白調書が証拠排除されたり、信用性が認められなくなる場合もあるからです。

第二には、公判の審理手続との関係です。公判審理では、まず自白以外の証拠を先に取調べた上で、その後に自白調書の取調べを行うこととされています。刑訴法301条は「被告人の自白については、犯罪事実に関する他の証拠が取り調べられた後でなければ、その取調べを請求できない」としています。実務では検察官の証拠請求は「甲号証（自白以外の証拠）」「乙号証（自白等の被疑者の供述調書）に分けて行うこととされており、裁判では、まず甲号証についての証拠調べが行われ、それが終了した後に、初めて自白等の乙号証の証拠調べがなされます。

従って、証明予定事実や冒頭陳述作成の基礎となる証拠構造も、この公判手続の進行を念頭に置き、まず、できる限り自白以外の証拠である甲号証によって犯行の罪体と犯人性が立証できるように組み立てることが大切です。

(2) **事案によっては、情況証拠のみでは犯人性や犯人しか知らない犯行の具体的状況等を立証することができず、これらの立証は被告人の自白によらざるを得ない場合もある。その場合には、自白の信用性、任意性が鍵となるが、それについても証拠構造を踏まえた立証が必要である。**

自白に頼りすぎてはならないとはいえ、事件の中には、誰かが犯罪を行った罪体部分は客観証拠によって明らかであるが、「犯人性」について立証できる証拠は被告人の自白しかない、という場合もあります。目撃者のない放火事件などではこのような例が少なくありません。また、犯

人性は立証できたとしても、犯行の具体的方法等について、殺人事件で被害者が死亡していたり、単独でこっそり実行する放火や窃盗等の事案では、それらの立証には自白が極めて重要となります。

<u>このように自白以外の客観的な証拠のみによる立証は不可能ないし困難である場合には、立証は自白によらざるを得ないので、自白の任意性あるいは信用性が極めて重要となります。これらの自白の任意性や信用性をどのように主張・立証するかについても、証拠構造を踏まえた整理が必要となります。</u>

また、自白事件ではないが、被疑者がさまざまな「弁解」をしている場合、その弁解の不合理性・不自然性を明らかにする上でも、証拠構造の的確な組み立てが重要です。

一つ、犯人性の立証は自白によらざるを得ない放火事件で、自白の任意性や信用性を裁判所に理解してもらうための証拠構造の組み立て方の例を示しましょう。

公訴事実

被告人Xは、山野市川田町1丁目2番地所在のVほか3名が現に住居に使用するV方（木造亜鉛葺二階建、床面積合計125.5平方メートル）に放火しようと企て、6月1日午後11時ころ、V方母屋木製壁面に接着して置かれていた新聞紙の束に所携のライターで点火し、その火を同壁面に燃え移らせて火を放ち、よって、そのころ、同家屋を全焼させて焼損したものである。

証拠構造の例

1　本件放火事件の発生
　(1)　公訴事実記載の日時ころ、同記載のV方家屋が火災により全焼したこと
　　　　　実況見分調書
　(2)　火災の原因は自然発火等ではなく、発火物等がないV方母屋木製壁面から炎上しており、放火によるものであること
　　　　　消防局員による火災原因調査報告書
2　本件放火は、被告人Xの犯行であること
　(1)　Xは、Vと古い友人であるが、両名が並行して交際していたB女を巡って約1年前から対立関係にあり、喧嘩口論が絶えなかったこと（注1）
　　　　　VのPS　　B女のPS
　(2)　Xは、本件の1週間前の深夜、V宅敷地内に忍び込み、Vに発見されて追い返されたことがあったこと（注2）
　　　　　VのPS
　(3)　Xは本件犯行を自白し、その自白の信用性は十分であること
　　ア　Xは、逮捕当日朝、警察署に任意同行され、その約1時間後に、本件を自白し、緊急逮捕されたこと
　　　　　Xの逮捕当日のKS　　緊急逮捕手続書
　　イ　逮捕当日のXの自白により、Xが本件犯行に使ったとするライターが、V宅敷地

```
            内の生垣の下から発見押収されたこと
                    X立会の実況見分調書
                    ライター及びその領置調書
    ウ　Xの自供する放火方法は、火災の原因や状況と矛盾なく一致すること
                    X立会による放火の犯行再現の実況見分調書
                    火災原因調査報告書
    エ　Xは、逮捕後、起訴されるまで一貫して自白を維持しており、その自白内容は
       自然かつ合理的であること
                    Xの各KS、PS
```

　1が「罪体」、2が「犯人性」です。注1と注2ですが、本件では、被告人の犯人性を立証する客観的証拠は極めて乏しいです。2の(1)や(2)程度の動機ないし事件前の被告人の不審な動向については、検察官としては立証に用いたいところでしょうが、弁護人側からは、この程度の事実を犯人性の立証に用いることについては、特に(2)はいわゆる悪性立証だとして異論が出るかもしれませんね。したがって、(3)の自白の信用性が最大の鍵となります。なお、任意性については、通常、検察官は任意性があるものとの前提で自白調書の証拠請求をしますので、当初からあえて「任意性がある」と積極主張することはしません。弁護人側から、自白調書は任意性がなく証拠採用すべきでない、という主張がされた場合、以前は、検察官が、任意性立証のために取調べた警察官の証人申請等を行うのが通常でした。しかし、近時、取調べの録音・録画の拡大により、自白の任意性が争われた場合、被告人質問では任意性を立証しがたい場合には、録音・録画記録媒体があるならばまずそれによって任意性を立証し、それがない場合に限り取調官の証人尋問を行うという傾向が強まっているようです。また、自白がなくとも他の客観証拠で立証が可能な場合には、訴訟経済を考え、検察官が自白調書の請求を撤回するということもなされているようです。

第2　主要事実、間接事実、補助事実、直接証拠と間接証拠等の概念や相互の関係等について

　既にこれまでの説明でもこれらの言葉をちりばめて用いてきました。証拠構造を的確に理解して身に付けるためには、これらの概念の意義と相互の関係を正しく理解することが重要で不可欠の前提となります。ところが、皆さんから多く寄せられる質問や疑問点を見ると、いまだにこれらの基本的な概念の意義等が身についていない悩みが多く感じられます。

　それには原因があります。これらの概念は、法律の条文上の用語でなく、画一的な定義はありません。そのため、論者によって概念の定義や整理の仕方が一様でない面もあるため、いわば同床異夢の状態で各人が概念の定義について異なる理解やイメージを持ちながら議論や論述をしてしまいがちになるのです。そのような場合には、概念の定義等に論者によって違いがあることを認識し、それを踏まえて自分にとって最もなじみやすい概念によって自分の考え方を定め、一貫性を持たせておかなければなりません。これも証拠法勉強の重要な基礎工事の一つというべきでしょう。

1 主要事実、間接事実、補助事実

まず、証拠構造は、主要事実、間接事実（第一次間接事実、第二次間接事実など）補助事実をツリー構造で有機的に組み立てることが必要となりますが、皆さんが混乱に陥りがちな最初の原因は、「主要事実とは何か」ということについてすら論者によって広狭の違いがあることにあります。「主要事実」「間接事実」の用語の定義について、理解が一致していなければ、講義や議論をする場合、お互いが同床異夢の状況になってしまいます。以下、論者による概念定義の違いを踏まえて、本講義を行う私自身の整理の仕方をお話ししましょう。

(1) 主要事実

主要事実について、その中核というべき部分は、例えば殺人事件であれば「被告人が被害者を殺害した」ということです。しかし、そのような殺人の事実は更に犯行の日時場所、犯行の方法、死亡の原因結果等で具体化されますし、更に被告人に刑責を問うための違法性阻却事由がないことや責任能力があることなども重要な事実となります。これらの様々な具体的事実について、一体どこまでが主要事実であり、それ以外は間接事実等であるか、については、論者によっては、必ずしも一様ではありません。

ア 主要事実を比較的狭く捉える説

「検察官が立証しようとする〜犯罪事実の存否が訴訟の中心課題となる。これを主要（要証）事実という（三井（Ⅲ）12頁）」「犯罪事実は訴因として示されますが、果たしてその犯罪事実が存在するかどうかが、証明の主題をなします。これを主要要証事実（または単に主要事実）といいます（光藤（Ⅱ）97頁）」などは、主要事実を「犯罪の存否」を中心に比較的狭く捉えるものといえるでしょう。

イ 広く捉える説

主要事実を、犯罪事実の「存否」のみでなく、広く刑罰権を基礎づける事実も含めて捉える説です。厳格な証明の対象である犯罪事実、処罰条件及び処罰阻却事由、刑の加重減免の事由となる事実などを含み、「本来証明の対象とされている事実（これを主要事実と呼ぶことがある）」とし、これを推認させる事実を間接事実と呼ぶ（小林［新訂版］224頁）、とするものや、「主要事実とは、訴訟において証明されるべき究極の事実をいい、要件事実、要証事実、とよぶこともある。〜犯罪構成要件の要素に該当する諸事実（犯罪事実）や、違法性や責任を基礎づける諸事実がこれに当たる（リーガルクエスト320頁）」などは広く捉える説です。

ウ 私（太田）による整理

私は、広く捉える説に立ち、基本的に訴因に記載された犯罪を構成する事実や処罰を基礎付ける重要な事実は主要事実と整理します。しかし、要するに論述する場合の定義の仕方の一貫性の問題ですので、各自よく考えて、自分自身の定義として、主要事実とは何か、間接事実とは何かということを明確にし、頭の思考回路に基礎づけておくことが大切です。これがふらついていれば、いつまでたっても議論が混乱してしまいます。学生諸君から質問を受けた主なものを紹介しましょう。

① 犯人性は？
　まさに主要事実です。犯罪の客観面（罪体）と犯人性とが、主要事実の中核です。
② 犯行の動機・目的は？
　動機・目的が被告人の犯行・犯人性を推認する多数の情況証拠の一つに過ぎなければ間接事実という方が妥当でしょう。しかし、構成要件が目的犯（「営利の目的で」など）であれば主要事実となるのは当然ですし、目的犯ではなくとも、保険金目的の殺人や放火など、訴因に「保険金を得る目的で」と記載されているのなら、私はそれらも主要事実だと整理します。
③ 「被告人が事件当時犯行現場にいたこと」は？
　他の間接事実とあいまって犯人性を推認する間接事実と考えるか、これ自体を主要事実と考えるか。私は、犯人性認定のための重要な事実であり、それ自体を主要事実と整理します。ただ、「犯人性」が主要事実であり、「犯行現場にいたこと」はその犯人性立証のための間接事実であるとの整理もあり得るでしょう。

(2) 間 接 事 実
　前述のように、私は主要事実を広くとらえる立場に立ちますが、そのような主要事実自体を直接立証できる証拠がない場合に、主要事実を推認させる事実が間接事実となります。
　主要事実を狭く限定するのなら、それ以外の多くの事実は間接事実や補助事実と整理することになるでしょう。
　間接事実は、時には数段階の間接事実で構成される場合も珍しくありません。
　ある間接事実（第一次間接事実）についてその直接証拠がない場合、更にその間接事実（第二次的間接事実、更には第三次間接事実）もあり、これらは証拠構造を踏まえたピラミッド・ツリー構造となります。例を示しましょう。この例では、◎が主要事実、○が第一次的間接事実、△が第二次的間接事実です。

―――――――――（例）―――――――――
　ある保険金殺人事件において、被告人が、殺人自体は認めているが、それが保険金目的であったことを否認している場合、「保険金目的であったこと」についての証拠構造の例（証拠は略）[2]
　◎　保険金目的であったこと
　　○　被告人は金に困っていたこと
　　　△　預貯金はない一方、1000万円の借金があったこと
　　　△　知人友人に頻繁に借金の無心をしていたこと
　　○　保険契約加入手続き等が異常であったこと
　　　△　被害者を被保険者、自己を受取人として、短期間に5件、総額約1億円もの生命保険に加入したこと
　　　△　被告人の月収は20万円弱しかないのに毎月の保険料が15万円にも及んでいたこと
　　　△　最終保険契約締結から2か月後に本件が発生していること
　　○　本件発生の1週間前に、被告人が知人Aに「何とか近いうちにまとまった金が入る、と漏らしたが、被告人に当時大金が入る収入源はなかったこと

(3) 補助事実

ある証拠の証明力を高め、あるいは減殺する事実です。典型例は、目撃証言について、目撃者の視力、距離、現場の明るさなどです。夜間に目撃したという目撃証言について「付近には街灯があって十分明るかった」いう事実はこの証言の信用性を高める補助事実です。目撃者が、50メートル離れたところから犯人の顔が識別できた、と供述している場合、「目撃者の裸眼視力は0.1で眼鏡をかけていなかった」という事実は、目撃証言の信用性を減殺する補助事実です。ただ、補助事実と間接事実の違いは、微妙であり、論者によって整理の仕方が異なることに留意すべきです。例えば、

「被告人の自白によって被害品が発見されたこと」

というのは、間接事実でしょうか、補助事実でしょうか。被告人の自白による被害品の発見は、いわゆる秘密の暴露ですね。これによって自白という証拠の信用性が大いに高められることは間違いなく、その意味では補助事実であるといってもいいでしょう。他方、このような秘密の暴露によって被害品が発見されたこと自体が犯人性を推認する間接事実という整理もできると思います。私としては、補助事実とは、その事実自体に固有の証明力があるのではなく、他の証拠の証明力を高め、あるいは減殺する上記の典型例を中心に考える方が妥当と考えています。また、ある事実が、一方では補助事実的側面を有し、他の面では間接事実でもある場合もあると考えてよいかもしれません。これも整理の仕方の問題であり、要は、自分自身としては補助事実と間接事実の関係をどう考えるかということを整理しておくことが大切です。

2 「主要事実」「間接事実」「補助事実」と「要証事実」の関係

「要証事実」という概念は「伝聞証拠かどうかは要証事実との関係によって決まる」といわれるように、非常に重要な概念です。そこで、「要証事実」という概念と、「主要事実」「間接事実」「補助事実」と「要証事実」という概念との関係も整理しておく必要があります。諸説の中には、「要証事実＝主要事実」というように、両者をイコールの概念としているものもあります。この説であれば、主要事実以外の事実は「要証事実」ではない、ということになります。しかし、私はこれには疑問であり、「要証事実」とは文字通り「証明を要すべき事実」であり、これは主要事実のみならず、間接事実であれ補助事実であれ、証明されるべき事実をすべて含むもの、と整理する方がベターだと考えていますし、本講義でもそのような意味で使うことにします。「証明されるべき事実を『要証事実』、その中でも刑罰権を基礎づける実体法的事実（犯罪事実など）を主要事実という（上口〔3版〕378頁）」という説も、要証事実を主要事実よりも広く捉えています（なお、寺崎〔3版〕381頁以下参照）。

3 直接証拠と間接証拠

これも論者によって用語の使い方が一様でないので、自分自身の使い方を明確にしておく必要があります。大方の考え方は、次のように主要事実を証明する証拠が直接証拠、間接事実を証明

（2） なお、仮に、被告人が、殺人自体をも否認している場合を想定すると、上記の各間接事実は、「保険金目的」の立証のみならず、被告人が被害者を殺害した犯人性の推認にも役立つことが理解されるであろう。その場合には、主要事実を「被告人が保険金目的で殺害したこと」として、上記間接事実のほかに、被告人の犯人性を推認するのに役立つ他の間接事実も加えて構成するというやり方が考えられよう。

する証拠が間接証拠である、としているようです。これによれば、補助事実を証明する証拠が「補助証拠」ということになります（例：田口［7版］364頁、なお、石井・刑事事実認定入門［2版］19頁、三井（Ⅲ）12頁、リーガルクエスト321頁、光藤（Ⅱ）97頁など）。

【直接証拠】

　直接証拠とは、主要事実を直接的に証明する証拠（犯行目撃証言など）

【間接証拠又は情況証拠】

　間接証拠（情況証拠）とは、主要事実の間接事実を証明する証拠

ただ、私自身は、このような言葉の用い方よりも

主要事実であれ、間接事実であれ、それらの要証事実を直接証明できる証拠が直接証拠、間接的に推認させる証拠が間接証拠

と区分する方がベターであると考えており、本講義ではこのような整理でお話ししていきます。直接か、間接か、ということは、主要事実であれ、間接事実であれ、補助事実であれ、当該要証事実との関係でそれを直接証明できる証拠であるか、それとも、一段下の間接事実で構成される情況証拠によって間接的に証明するものであるか、の区別であると私は整理します。これらのどの要証事実についても、それぞれ直接証拠も間接証拠もあると考えます。例えばAという主要事実を直接立証する証拠がないため、それを証明するために、ツリー構造の一段下でabcの3つの間接事実があるとします。このabcの各間接事実について、そのうちaとbをそれぞれ直接証明できる証拠があれば、それはaとbそれぞれの間接事実との関係では直接証拠であるといえます。しかし、cの間接事実を直接証明できる証拠がなく、これについても更に一段下の第二次間接事実により証明しなければならない場合、それらの第二次間接事実を証明する証拠は、cの第一次間接事実に対する関係で、間接証拠となる、という整理です。つまり、ある間接事実を直接証明できる証拠は、その間接事実については直接証拠ですが、一段上の主要事実や間接事実に対する関係では間接証拠、ということになります（寺崎［3版］383頁、安富［2版］381頁参照）。補助事実であっても、目撃証言の信用性が問題となり、「目撃者の視力が裸眼で1.2であった」ということを証明する視力検査結果の報告書は、その補助事実についての「直接証拠」ということになります。

しかし、この点も、用語の定義の仕方の問題ですので、各自が一貫性のある言葉の用い方を決めておけばよいでしょう。

第3　立証趣旨と要証事実との関係について

次に、立証趣旨と要証事実との関係です。これについても、多くの学生諸君から、「立証趣旨と要証事実とは同じなのか、異なるのか、異なるとしたらどう異なるのか」「立証趣旨の記載の仕方、要証事実の立て方ということがよく分からない」という質問を受けます。

このことについても、当初からこれらの概念の定義や意味等を明確にしておかなければ、いつまでたっても証拠法の勉強の土台がしっかりせず、わかったようでわからない、というもやもやした状態で勉強を続けることになってしまいますね。

1　各概念の基本的な意義と両者の関係

立証趣旨と要証事実は、基本的には表裏一体の関係にあります。9人野球の守備態勢の例でお

話ししたように、一塁ベースが、守られるべきポジションであるとすれば、一塁手はそれを守る選手です。これと同じように、要証事実とは、一塁ベースに相当する証明されるべき（守られるべき）事実です。そしてそれを証明するための証拠が、一塁手に相当します。一塁手と一塁ベースは表裏一体の関係で対応しています。そして、監督が、一塁を守る能力がある選手を一塁手として配置する意思が、いわば立証趣旨です。立証趣旨とは、その証拠を請求する当事者が設定する、証明されるべき事実と、それを証明しようとする証拠との関係概念です。この証拠によってこの事実を立証しよう、という主観的な意図・目的といってもよいでしょう。

2　要証事実と立証趣旨の立て方

　主要事実であれ、間接事実や補助事実であれ、証明しなければならない事実が何であるかが定まればそれが要証事実となります。そして、それを証明できる証拠があれば、その証拠を請求する際に、立証趣旨として、その要証事実を記載することになります。

　例えば、「被告人が事件現場にいたこと」を要証事実とする場合、被告人と面識のあるAが事件現場で被告人と顔を合わせて言葉を交わしたのであれば、その状況を記載したAのPSを検察官が証拠請求する場合、記載すべき立証趣旨は「被告人が事件現場にいたこと」となります。このように要証事実は立証趣旨と基本的に表裏一体の関係にあります。

　ところが、先ほど、私は、立証趣旨というのは、要証事実とそれを証明しようとする証拠との関係概念であり、証拠を請求する者の主観的な意図・目的であると言いましたね。つまり、今の例でも、証拠等関係カードには、立証趣旨には「被告人が事件現場にいたこと」と記載するのですが、その立証趣旨を厳密にいえば、「検察官は目撃証人AのPSにより『被告人が事件現場にいたこと』を証明します」ということになります。このように、要証事実と立証趣旨とは、表裏一体の関係にあるとはいえ、全くイクオールではない訳です。

　また、今の例を少し変えて、Aは被告人との面識はなかった上、薄暗がりで数十メートル離れたところからの目撃であったため、Aは「背格好や髪型などが被告人によく似ていましたが、被告人だったと断言まではできません」という程度のものだったとします。そうすると、この程度の目撃内容であれば、Aの目撃のPSのみから、直ちに「被告人が事件現場にいたこと」を立証することはできません。したがって、「被告人に酷似した（あるいは「被告人と思われる」）男が事件現場にいたこと」を要証事実とし、立証趣旨の記載もそのようにしなければなりません。そして「被告人が事件現場にいたこと」という要証事実は、一段上のレベルの事実ですので、Aの目撃PS以外に、例えば、被告人が、事件現場近くの駐車場に被告人の自動車を駐車していた事実があったなど、他の第二次的な間接事実ともあいまって証明すべきことになります。もし、この程度の目撃状況にすぎないのに、AのPSの立証趣旨を「被告人が事件現場にいたこと」として検察官が証拠請求するのは、一塁手に二塁まで守らせるようなものです。弁護人としては、このような立証趣旨には異議を唱え、裁判所をして、検察官の立証趣旨を縮減させなければなりません。また、Aの目撃証言が「身長が170センチくらいで痩せており、髪は短かったが被告人かどうかまでは見分けられなかった」という更に曖昧なものであれば、立証趣旨は「Aが現場で目撃した人物の身長・体格等」とすることになるでしょう。

3 実務における立証趣旨の記載の実情等

(1) 立証趣旨の記載が必要とされる理由

　まず、実務において、当事者が証拠を請求する場合、立証趣旨の記載が求められる理由は何でしょうか。立証趣旨の記載が要求される理由は、第1には、被告人側に不意打ちをせず、被告人側の、その請求証拠に対する同意不同意や取調べに異議がないかどうかの判断のために必要だからです。第2には、裁判所がその請求証拠を証拠として採用決定するべきかどうかのために必要です。証拠の関連性について、要証事実と関連性のない証拠は採用できませんね。関連性については自然的関連性と法律的関連性とがあります。自然的関連性は、要証事実に対して最小限の証明力を有することだとされています。また、法律的関連性は、例えば伝聞法則に反しないことなどですね。このように当事者が請求する事実について、それが要証事実に対して最小限の証明力を有すると考えられるような証拠であるのか、伝聞法則等に反しないのか、の判断は、まずは当事者がその請求する証拠の立証趣旨をどのようなものとしているのかが判断の基準となります。これらが証拠請求に際して立証趣旨の記載が求められる基本的な理由です。

(2) 実務における立証趣旨の記載の実情

　実務において、検察官が証拠を請求する場合には、通常「証拠等関係カード（甲号証用と乙号証用のもの）に請求しようとする証拠を記載し、それに立証趣旨を記載することになります。以下にそのサンプル[3]を示しましょう。

　要証事実や立証趣旨の立て方や記載の仕方については、証拠法を勉強する皆さんは、これまでお話ししたように、「個々の証拠が、それ自体で、どんな事実を証明できるのか」ということを厳密に考える癖をつけなければなりません。一塁手には一塁しか守らせられない、ということをしっかり認識しなければなりません。

　ところが、実務では多くの場合、立証趣旨の記載は、案外、簡潔であり、アバウト、ファジーなものが少なくありません。例えば、どんなに詳細で分厚い実況見分調書や鑑定書などであっても、その記載内容としての要証事実を立証趣旨として具体的詳細に記載することはありません。例えば、事件現場の実況見分調書の立証趣旨は「事件現場の状況」という程度、被害者のPSの立証趣旨は「被害状況」、被告人の犯行自白のPSの立証趣旨は「犯行状況」という程度で、数文字程度に書くのが普通です。このサンプルの例でもそうですし、そもそも証拠等関係カードの立証趣旨の記載欄もとても小さいものですね。また、覚せい剤使用事件で、被告人の尿から覚せい剤が検出された鑑定結果報告書の立証趣旨は、本来は「被告人の尿から覚せい剤が検出されたこと」とするのが正しいでしょうが、「（被告人の）尿の鑑定結果」などと簡単に書いてしまうことも多いです。

　どうして、実務では、このようなアバウトな立証趣旨でも通用してしまうのか？　それにはいくつかの理由があります。

---

(3) 本サンプルは、法務省法務総合研究所が作成し、法科大学院に提供している事件記録教材の第2号事件の中から、同研究所の了解を得て掲載した。これは「加木了介に係る殺人未遂被疑事件」の記録教材である。甲号証は合計3枚、乙号証は合計2枚あるが、その一部のみを掲載した。なお、同研究所が公刊している記録教材はこれまで17件あり、裁判員裁判の記録教材も含まれている。これらは実際の事件を素材として加工し、捜査段階から公判段階の手続の具体的な流れに沿って作成されているため、刑事実務基礎の勉強や、司法試験合格後、司法修習を開始するに当たり、実際の事件記録の読み方に慣れるために極めて効果的な教材である。

第1編 総論

請求者等 検察官					平成 21 年合(わ)第 1号	
証 拠 等 関 係 カ ー ド (甲)						(No.1)
(このカードは,公判期日又は準備手続期日においてされた事項については,各期日の調書と一体となるものである。)						
番号		請求意見		結果		備考
標 目		期日	内容	期日	内容	取調
(供述者・作成年月日,住居・尋問時間等)						順序
立 証 趣 旨						
(公訴事実の別)						編てつ箇所
1						
検						
〔金本康幸 20.12.25〕						
被害状況等						
( )						
2						
写報						
〔(員) 小川文明 20.12.25〕						
被害者の負傷状況						
( )						
3						
診						
〔医師住田清志 20.12.22〕						
被害者の負傷事実及び加療期間						
( )						
4						
診						
〔医師戸田芳明 20.12.22〕						
同上						
( )						
5						
員						
〔住田清志 20.12.22〕						
被害者の負傷状況及び治療状況等						
( )						
(被告人 加 木 了 介)						

ア　まず、検察官が主張立証しようとする事実については、被告人側が、犯罪や犯人性を全面的に争う場合、ある争点に絞って争う場合、事実は争わず情状のみを有利にしようとする場合、など様々です。多くの事件では、被告人は公判段階でも事実を全面的に認めますし、争う場合でも全ての事実を徹底的に争うことは少なく、具体的争点を絞って争うことの方が多いです。そこで、被告人側が争わない事実に関する証拠については、被告人側は、検察官請求証拠の立証趣旨が多少簡潔すぎたり曖昧であったとしても、別に痛くもかゆくもないので、検察官の立証趣旨に問題があると目くじら立てることは少ないでしょう。

イ　より本質的なこととしては、「立証趣旨の拘束力」の問題があります。当事者が請求した

証拠の立証趣旨は、裁判官を拘束するか否か、については一つの大きな争点ですが、通説実務は、立証趣旨には拘束力はない、としています。例えば、被告人が「被告人にはアリバイが成立すること」という立証趣旨で、ある証人を証拠申請して採用されても、当該証人に対する証人尋問の結果、裁判所は、立証趣旨とは逆に、その証言内容から、かえって「アリバイが成立しない」と判断することも許されるのです。それは、自由心証主義の本質からくることでもあります。また、先ほど申した、立証趣旨とは、当該請求証拠を採用すべきか否かという初期的段階での判断の目安となるものであって、一旦採用された証拠に対する評価まで拘束するものではないからです。だとすると、立証趣旨の記載が多少簡潔すぎたり曖昧な面があったとしても、立証趣旨の記載に拘束力がない以上、余り神経質となる必要はない場合が多い訳です。

　ウ　また、被告人側は、検察官請求証拠の立証趣旨を踏まえつつ、反証や反対尋問等の防御策を検討することになりますが、立証趣旨の簡単な記載のみによるよりも、その後の開示された証拠の閲覧や、公判前整理手続における争点整理等によって、より具体的な準備が可能となります。ですから、立証趣旨の記載が簡潔すぎたり曖昧であったとしても、その後の防御活動にそのことが大きく影響することは通常はそれほど想定しがたいのです。このようなことから、実務では、多くの場合、立証趣旨の記載が簡潔すぎたり曖昧なものであっても通用しているのです。

　しかし、それは飽くまで実務の実情がそうだ、ということに過ぎません。事実認定が厳しく争われる事案によっては、検察官の立証趣旨に問題があると弁護人が強く主張し、裁判所が「そのような立証趣旨では伝聞例外要件を満たさないので立証趣旨を縮減した上で証拠採用をする」というような決定をする場合もあるのです[4]。また、最近は、公判前整理手続が行われる事件も相当数あり、裁判所は、証拠の採否を決定するに当たって証拠厳選の観点から、立証趣旨の記載を見て、他の証拠と立証趣旨が全く重複しているなどの理由で、その証拠を取り調べる必要性が十分に疎明されていないと考えた場合には、検察官に更なる疎明を求めることもあります。そのため、以前と比較すると、検察官において、個々の証拠の必要性が分かるように立証趣旨を以前よりも具体的に記載することが多くなっているようです。

　なお、立証趣旨に拘束力がなく、比較的緩やかな記載でも通用しているとはいえ、「公訴事実の別」については、立証趣旨は厳格に定められなければなりません。例えば、7月1日に覚せい剤の所持罪で本起訴がなされ、第1回公判期日において、その証拠として覚せい剤の鑑定書が請求されて同意・採用されていたとします。その後8月10日に覚せい剤の自己使用罪が追起訴され、9月1日の第2回公判期日に追起訴分の審理が行われたとします。検察官が、すでに取り調べられている鑑定書を、自己使用罪の証拠としても用いたいと考えるのなら、第2回公判期日において、その鑑定書について追起訴分の事実にまで立証趣旨の拡張を請求し、弁護人から異議なしの意見を得て拡張の許可を受けておかなければなりません。それを怠っていると、判決の際に、この鑑定書を自己使用罪の証拠に用いて事実認定をすることができなくなってしまいます。

　これらを踏まえて、皆さんが証拠法を勉強する場合には、個々の要証事実と証拠について、「この証拠から証明できるのは一体どのような事実か」ということを厳密に検討し、それを踏まえて

（4）　もっとも、そのような場合、弁護人はそのような立証趣旨では同意できないとすることが多く、検察官の方で、立証趣旨を変更・限定することによって同意が得られないかを検討し、弁護人に働きかけるという流れも多いようである。

4 立証趣旨の記載の厳密さが要求される場合

先ほどまで、立証趣旨の記載は、実務ではアバウトなものでも許容されることが多いと話しましたが、それでもいくつかの場合には、この記載の厳密さが要求され、厳しく争われる場合があります。幾つかの例を示しましょう

(1) 立証趣旨の記載が伝聞法則に抵触し、あるいはこれを潜脱するようなものである場合

検察官が、ある書証を証拠請求する場合、その立証趣旨の記載のとおりであれば伝聞法則に抵触することとなり、あるいは検察官がこれを避けるため、伝聞法則を潜脱するような立証趣旨の記載をすることが稀にはあります。著名な判例が二つあります。

ア ○東京地決昭和56・1・22判時992号3頁（ロッキード児玉小佐野ルート事件）

この事件は、私が司法修習生時代に、全国を震撼させた、時の最高権力者田中角栄首相が、ロッキード社から幾つかのルートを介して5億円を収賄したとして起訴された事件です。多数の関係者の公判がありましたが、その中で、右翼の巨頭であった児玉誉士夫が、ロッキード社から多額の「コンサルタント料」を受領していたという事実が重要な争点の一つとなりました。検察は、児玉名義の領収書数通を押収していたので、そのカラー写真を「児玉が各記載の金額の金員を受領した事実」を立証趣旨として証拠請求しました。しかし弁護側は、領収書記載の金員の受領の事実はおろか、そもそもその領収書自体が偽造であると争いました。偽造であればそもそも関連性が皆無ですね。しかし、証拠請求の段階では、まだ本案の審理がなされていないので、その領収書が偽造であったか否かはまだ判明していませんでした。そのため、裁判所は、偽造か否かは本案判決中で判断することとした上、児玉領収書それ自体から直接抽き出し得る限度に立証事項を縮減することによって非供述証拠としてこれを採用するのを相当とし、「（児玉の署名等が記載されている領収書）書面の存在、形状、記載事項及びその保管状況という立証趣旨により」証拠採用したのです。この事案で、偽造か否かが未判明の領収書を、その記載内容の金銭授受があったことの真実性の立証のために用いるのは、いわば一塁手に過ぎない領収書に、二塁や三塁まで守らせようとするようなものですね。偽造であることが後で判明したとしたら、一塁手としても出場資格はなく、排除されるべきです。また、「金員の受領の事実があった」という領収書の記載事実が真実であったことの立証のためにこれを用いるのであれば、伝聞例外の要件を満たさなければなりません。このように、検察官が示した立証趣旨が、事案の極めて重要な争点となり、そのままの立証趣旨では伝聞法則等に抵触するような場合、裁判所は、例外的に、伝聞法則に抵触しない「非供述証拠」としての立証趣旨に縮減するとした上でとりあえず証拠採用するという措置を採ったのです。

イ ◎最決平成17・9・27刑集59巻7号753頁、判時1910号154頁、判タ1192号182頁

もう一つ例を挙げましょう。皆さんは、この判例が、犯行・被害再現の実況見分調書の証拠能力について判示した重要なものであることは勉強したでしょう。この判例は、検察官が証拠請求に当たり立証趣旨として記載した内容について、裁判所がその不適切さを指摘し、あるべき立証趣旨にいわば焼き直した上で、実況見分調書の証拠能力を詳細に判断したものです。

事案は、車内の痴漢事件です。警察署内の廊下で、<u>被害者が犯人役の女性警察官と被害状況を再現した①**実況見分調書**（被害状況説明と写真8葉）</u>、及び取調室で、<u>被告人が被害者役の男性警察官と犯行状況を再現した②**写真撮影報告書**（犯行状況説明と写真10葉）</u>が作成されました。一審公判での検察官の立証趣旨は①「**被害再現状況**」②「**犯行再現状況**」であり、作成した警察官は作成の真正等を証言し、検察官は321条3項により証拠請求しました。裁判所は採用して取調べ、有罪判決の証拠標目に掲げ、控訴審も是認しました。しかし、最高裁の本決定は、<u>「立証趣旨が『被害再現情況』、『犯行再現情況』とされていても、実質においては、再現されたとおりの犯罪事実の存在が要証事実になるものと解される。」</u>とし、これを踏まえて、そのあるべき要証事実を前提とした上で、被害状況や犯行状況について撮影した写真と、被告人や被害者の説明部分との証拠能力を検討したのです。

　つまり、検察官の当初の立証趣旨では、「被害状況」「犯行状況」ではなく「被害**再現**状況」「犯行**再現**状況」となっていますが、この言葉の自然な意味は「被告人あるいは被害者はこのように「再現」したことだけを立証しようとするものであり、再現した内容がそのとおり、事件当時の事実として真実であったことまでは立証しようとするものではないという意味にとるのが自然です。そうだとすると、この証拠は、実況見分調書として伝聞例外が認められるはずです。ところが、裁判所は、このような検察官の立証趣旨は、「再現状況」だと称してはいるが、その本音は、犯行や被害状況そのものを立証しようとしているというほかない、として敢えて立証趣旨を検察官の記載と異なるものと理解したのです。

　そして、それを前提に、被告人と被害者の説明部分は供述録取書の性質を有するので署名押印がない以上証拠能力は認められないとし、写真について被告人の再現写真だけは、写真は機械的正確に記録されるので、例外的に署名押印は不要であり、322条の不利益事実の承認が任意でなされたものとして証拠能力を認めた訳です。

　<u>当事者主義の下においては、立証趣旨は、本来、証拠を請求する当事者が記載するものであり、裁判所のほうから変更させることは通常はありません。しかし、検察官の立証趣旨が、伝聞法則を潜脱するようなものとなっており、合理的に考えられる立証趣旨を踏まえれば伝聞法則に抵触することになってしまうような場合には、例外的に裁判所が合理的に考えられる立証趣旨について検察官の立証趣旨と異なる判断をする場合もある訳です。</u>

(2) ある立証趣旨に限定して書証を同意した場合

　例えば、強姦事件の告訴調書を検察官が証拠請求し、立証趣旨を「本件の告訴状況・内容等」などの曖昧な記載をしたとします。告訴状や告訴調書には通常、単に告訴するという意思のみではなく、告訴の対象である犯罪の被害内容や状況が記載されています。ところが被告人は強姦の犯行を否認し、強く争っているとします。このような場合、被告人が漫然とこのような立証趣旨が記載された告訴調書に同意すると、単なる告訴がなされたという訴訟法的事実を超えて、強姦の被害内容・状況についてまでこの告訴調書で検察官が立証しようとしていることも前提として同意したものと誤解されかねません。また立証趣旨の拘束力が及ばないということも被告人にとっては危険でしょう。したがって、このような場合、被告人側は、この告訴状の立証趣旨については強く異を唱え、「告訴がなされたという訴訟法的事実に立証趣旨を限定するならば同意するがそうでないならば不同意である」などと対応すべきです。そして、裁判所もこれを受けて、検察官に対し「本件告訴がなされたこと」に立証趣旨を縮減させるべきです。そうすれば被告人

側は通常同意するでしょうし、仮にあくまで不同意だ、としても、告訴の有無に限るならば訴訟法的事実なので厳格な証明は要らないとして、裁判所は証拠採用できるでしょう(5)。

このように立証趣旨を限定することにより同意され、あるいは証拠能力がその限度で認められた場合には、裁判所は、その立証趣旨を超えて、告訴状記載の内容を、犯罪や犯人の認定の心証形成に用いることは許されなくなります。これについては、立証趣旨の拘束力の問題なのかどうか、という問題があります。立証趣旨の拘束力についてはこれを否定するのが通説ですので、むしろ、同意によって証拠能力が付与される効果の問題と考える説が通説です。この問題については、事例講義の中で具体的に勉強していくことにします。

[山田君]

ロッキード児玉領収書について、領収書記載の金員の授受を立証趣旨とするのではなく、「領収書の存在、形状、記載事項」のみを立証趣旨とし、非供述証拠として請求して採用させるということ自体は、なるほど、と分かった気がします。でも、何か釈然としないんですよね。そもそも、領収書を証拠請求するということは、そのとおりの金員の受領があったことを立証できてこそ意味があるのであって、単なる「紙切れ」に過ぎない領収書を「非供述証拠」として採用することに一体どんな意味があるんでしょうか。

[太田]

良い質問ですね。皆さんがそんな疑問を覚える気持ちはよく分かりますよ。

これは、初めに話した9人全員による野球の守備態勢の例えに通じます。一塁手は一塁をしっかり守ることができれば、2塁や右翼まで守れなくとも、他の選手もそれぞれのポジションをしっかり守ることで守備態勢が確立する、ということがこの問題についても言えます。それを、ロッキード事件とは離れて、一つの分かりやすい例を示しましょう。

―――――（事例）―――――

ある贈収賄事件。建設会社甲社の社長Xが、市役所の建設課の課長Yに対し、市の公共工事の入札の指名等について有利便宜な取り計らいを受けることの謝礼の趣旨で、現金100万円を贈賄した。その金は、XとYの共通の知人のZが仲介に立ち、7月10日、Zが、Xの会社事務所で、Xから現金100万円を受領し、翌日11日、ZがYの自宅を訪れてYに手渡した。Xはその金をZに手渡す時、会社の経理処理の必要上、「コンサルタント料として金100万円を受領しました」と記載されたZ名義の同日付けの領収書を引き換えにZから受領した。公判では、Xら3名は、賄賂の授受等を全面否認し、Xは、領収書については「100万円は、Zに渡したのでなく、そのころ、私用の自動車購入の頭金を闇で会社の経費で落とすため、自動車販売会社の営業マン乙に支払った。領収書は、Zが作成したものではなく、

----

(5) このような場合、実務では、立証趣旨を限定させるとともに、告訴状について、告訴がなされた事実と告訴事実及び被告訴人の特定に必要な記載部分を残し、被害状況の詳細など実質的に犯罪行為が記載された部分には検察官がマスキングをし、抄本とした上で請求させ、被告人側も、この抄本なら同意する、ということで対応する方法もある。また、裁判員対象事件では、統合捜査報告書で、「被害者は、平成○年○月○日、本件につき○○宛てに告訴状を提出し、犯人を告訴した」と記載して、これを取り調べることにより告訴のあった事実を認定する運用もあるようだ。このように裁判員裁判対象事件では、法律の素人に対し、予断等を抱かせないためにはこのような配慮も有効であろう。

> この100万円の経理処理のため自分がＺの名義を借用して勝手に作成したカラ領収書である」と主張した。Ｚもこれに沿う供述をし、Ｙも金の受け取りを否認し、「そのころ、Ｚが自分の家に訪ねて来たこともない」と弁解した。

　このような事案において、Ｚ名義の100万円の領収書を、「記載された100万円の受領」ということを要証事実とせず、「Ｚ名義の領収書の存在、形状、記載事項等」とし、またその領収書を発見押収した状況について捜索差押調書を「領収書の保管、発見、押収状況」との立証趣旨で証拠請求し、これらを証拠構造の中に組み込んでみましょう。

（領収書に関連する証拠構造部分）

※　事件の経緯や犯行の動機等についての証拠関係は省略

ア　本件領収書は、甲社の経理担当者が、領収書綴りに編綴して保管しており、捜索によって甲社の事務所から押収されたこと
　　　　　捜索差押調書　　　経理担当者のPS
　注　捜索差押調書等を証拠請求するについては、立証趣旨を「本件領収書の保管、発見、押収状況等」とすることになる。

イ　本件領収書には、７月10日付でＺが甲社からコンサルタント料として100万円を受領したと記載され、Ｚ名義の署名があること
　　　　　本件領収書
　注　本件領収書を証拠請求するについては、立証趣旨を「本件領収書の存在、形状、記載事項等」とすることになる。

ウ　本件領収書の筆跡は、Ｚの筆跡と同一人のものと判断されること
　　　　　筆跡鑑定結果報告書

エ　７月10日、甲社の経理から現金100万円が出金され、Ｚに対するコンサルタント料として経費処理されていること
　　　　　現金出納簿　　　総勘定元帳

オ　Ｚは、甲社のためにコンサルタント業務等を行ったことはなかったこと
　　　　　同社営業部長丙のPS

カ　Ｘは、当時私用車を購入し、販売会社の丁に頭金100万円を支払ったことはあるが、それは事件の１か月前のことであったこと
　　　　　丁のPS　　　販売会社の自動車販売・入金記録

キ　７月10日夜、ＺからＹに対し携帯電話で「明日はお邪魔するがよろしくお願いします」とメールが送信されていたこと
　　　　　メールの復元内容の鑑定結果報告書

ク　７月12日、Ｙの個人の銀行口座に80万円の預金入金があるが、Ｙはその原資について合理的な説明ができないこと
　　　　　預金内容照会結果の回答書
　　　　　ＹのPS　　　Ｙの妻のPS

いかがですか。このように、領収書に記載された金員受領自体を立証趣旨としなくとも、領収書を、その存在、形状、記載内容等を証明する非供述証拠として請求することによって、それが他の様々な間接事実とあいまって、100万円の贈賄としての金員の授受を立証できることが理解できるでしょう。

しかし、仮に本件領収書が、甲社の事務所ではなく、Z自身の自宅から発見押収されたとします。そうすると、その証拠価値は大きく変わってきます。もしそうであったとすれば、例えば、Zが「Xから100万円を受け取る予定にはなっており、そのために領収書を作成しておいたが、実際には金を受け取れなかったので、領収書はXに渡さず、自宅に置いたままにしておいた」と弁解した場合、領収書がZの自宅から発見押収されたことはこの弁解に沿うものとなりますね。したがって、このような非供述証拠としての書面は、その記載内容等はもとより、その「保管・発見状況」について、Zの自宅からではなく、甲社の事務所内で、経理担当者によって保管されていたのが発見押収されたという前記①の間接事実が、Zの弁解が虚偽であることを示すものとして大きな証拠価値を有するのです。まさに証拠構造とは、事案によっても様々ですし、同じ事案であっても、被告人がどのような点を争い、どのような弁解をしているかによっても、あるべき証拠構造の組み立て方は様々に変化するのです。

第3章　伝聞法則総論

はじめに

　法科大学院生の皆さんにとって「伝聞法則」「伝聞証拠」という問題は、刑事証拠法の分野で最も難しいものようですね。皆さんから「講義を聞いたり基本書を読んで頭の中では分かったような気がしても、いざ具体的事例に臨むと伝聞法則をどのように当てはめてよいのかがさっぱり分からない」「再伝聞や再々伝聞になるとますます混乱する」「精神状態の供述について非伝聞説や伝聞例外説、更に非供述証拠説すらあり、これらの説の違いが理解できない」などの声をよく聞きます。

　伝聞法則・証拠問題は、確かに、刑事証拠法の分野では比較的複雑で難しいものといえるでしょう。しかし、本当に難しいのか、と問われると、決してそうではなく「難しそうに見える」というほうが適切だと私は思います。

　この問題が一見難しいように思われるのには理由や原因があります。この問題に限らず、刑訴法の他の分野の問題でも、あるいは他の法律の分野でも、難しいと思われる理由や原因には様々なものがあります。

　釣りや裁縫の糸がもつれてしまった場合、ほどこうとしていきなり強引に引っ張るともつれた目が固くなり、ますますほどけなくなってしまいますね。でも、焦らず、糸のどの部分がもつれているのか、どの糸をどこにくぐらせればよいのか、をよく見つけ、もつれた部分を一つ一つ丁寧にほぐしていくと、きれいに全体がほどけてしまいます。私は、伝聞法則・証拠問題も、一見複雑にもつれてしまったように見える糸の塊に似ていると思います。糸がもつれた部分を見つけ、それを一つ一つ丁寧にほどいていくように、伝聞に関する様々な問題点を一つ一つ解きほぐしていけば、必ず、「なるほど、そういうことだったのか」とそれまでの様々な疑問が氷解していくでしょう。ここでも「急がば回れ」です。

　本講義では、皆さんのこのような声を踏まえ、難解（そうに見える）な伝聞法則の深い原野の中に入り込み、伐採し、路をつけ、整地して、活用できる立派な土地に仕上げていきたいと思います。

　伝聞法則・証拠問題がなぜ難解（そうに見える）のかには、大きく分けて二つの原因があります。ひとつは伝聞法則導入の歴史的経緯がもたらす問題です。もう一つは、伝聞法則・証拠問題検討の前提となる重要概念の定義について、いまだに統一されておらず、論者によって様々に分かれているためです。まずこの二つの問題をよく理解しなければ、いつまでたっても伝聞の深い森から抜け出すことはできません。本章では、まずこれらの二つの原因について検討した後、伝聞法則・証拠問題についてのいくつかの基本的な問題を勉強します。これらが、第2編の具体的事例問題に挑戦するための前提となります。これらをしっかりと理解することによって、皆さんの頭にこの問題を考える上での地図や羅針盤が備わり、思考回路が身につくはずです。これを踏まえて第2編で示す様々な具体的事例に取り組むことにより、必ず皆さんはこの問題についての抵抗感がなくなり、実感を持って理解できるようになると思います。

第1 なぜ伝聞法則・証拠問題は難解（そうに見える）なのか
——原因その1 伝聞法則導入と運用の歴史的経緯——

1 伝聞法則が現行刑訴法に導入された経緯

皆さんは、伝聞証拠に関する問題点を考えるときに、「どうして、実務や学説では、条文の規定ぶりと違ったり離れたりした議論がされているのだろうか」と疑問を持つことがあると思います。それは、まず、我が国での伝聞法則導入とその運用の定着の経緯を理解することによって納得がいくことになるでしょう。

旧刑訴法下の、裁判所が自ら主体的に真実を発見しようとする大陸法的な職権主義的審理の下では、アメリカ法的な伝聞法則は存在しませんでした。現行刑訴法は、旧刑訴法の予審制度を廃止するなど大きな変化もありましたが、全体の構成自体を根本的に改めることはせず、旧刑訴法の全体構成や条文の規定ぶりもかなりの程度存続させた上で、その中にアメリカ法的な訴因制度や伝聞法則等を盛り込むことになりました。刑訴法320条以下の伝聞法則は、戦後のアメリカの占領下で現行刑訴法の立案作業が進められた際、GHQ当局と我が国の政府の担当者間の折衝により、短期間の作業でやや唐突に明文の規定として導入されたのです[1]。しかし、制定当時からの現行刑訴法の解釈と運用の経緯には、旧刑訴法の職権主義的審理に慣れた裁判官や学者の間での「審判の対象は訴因か公訴事実か」などの訴因制度についての論争の歴史が示すように、旧刑訴法下の運用を脱却して現行刑訴法の解釈と運用が定着するまでには長い年月を要しました（この点は後の訴因制度のところでも勉強します）。

伝聞法則についても、その運用の経験のないままで刑訴法にこの規定が盛り込まれたため、実際に運用を開始すると、条文の文理解釈どおりでは伝聞証拠問題の妥当な解決が導き出せない場合が少なからず生じました。その妥当な解決のために様々な判例や学説が生まれたことから、条文の規定と実務や学説との間には乖離が生じ、伝聞法則が条文の文理解釈どおりには運用されていないのが実情なのです。

条文の規定の文理と実務の運用との乖離を解決する解釈論の方向には大別して次の二つがあります。

① 実質的に伝聞の弊害がないものまで条文の規定の文理上は伝聞証拠として排除されてしまうため、解釈論によって伝聞法則が適用されない範囲を拡大しようとするもの

② 明文規定上は伝聞法則の適用外であるが、実質的に弊害があるため、解釈論によって証拠能力を更に限定しようとするもの

いわば、解釈論によって、伝聞法則を緩めていく方向と更に厳格にしていく方向との二つの逆方向の流れがあるんですね。伝聞法則に関する様々な判例学説の蓄積もこのような二つの大きな流れに位置付けることで理解が深まると思います。

---

(1) この経緯は、渡辺咲子「現行刑事訴訟法中の証拠法の制定過程と解釈－伝聞法則を中心として－」河上古稀293頁以下に詳しい。

2 明文の規定がないのに、伝聞法則の非適用を認める方向での解釈論の蓄積

(1) 伝聞証拠の定義自体の解釈論による伝聞法則適用範囲の限定

まず、そもそもの「伝聞証拠」の定義ですが、320条は、「公判期日における供述に代えて書面を証拠とすること」と「公判期日外における他の者の供述を内容とする供述を証拠とすること」を原則的に禁止しており、前者がいわゆる供述代用書面、後者がいわゆる「また聞き」の伝聞供述であり、これらが「伝聞証拠」です。この規定の文理上は、伝聞証拠の定義についてそれ以上の限定はありません。ですからこれに形式的に該当する限り、原供述内容の真実性の証明に用いず、伝聞に伴う実質的な弊害がないものまで含めて、全て伝聞供述として証拠能力が認められないことになってしまいます。そのため、通説である形式説は、一応320条の規定の形式的解釈を踏まえつつ、更に「その供述の内容をなす事実の真実性の証明に用いるもの」との明文にない要件を加えていますね。「形式説」といいながら、320条の形式的な文理解釈ではなく、実質的要件を付加しているといえます。

これが、戦後導入された伝聞法則が明文と実務・多数説との乖離が生じた最初の要因でしょう。そもそもの「伝聞証拠」の定義について明文にない要件を加えて限定したのです。その結果、当然、伝聞法則が適用されない範囲が明文よりも拡大されることとなったわけですね。そして、このことは後でお話しする、精神状態の供述が「非伝聞か」「伝聞例外か」という問題にも関わってきます。

(2) 再伝聞、再々伝聞供述の許容

321条以下の伝聞例外は、第一次伝聞供述についてしか規定しておらず、再伝聞や再々伝聞を明文で直接に認める規定はありません。しかし、再伝聞や再々伝聞等の供述であっても、真実の発見のために必要である場合が少なくなく、伝聞証拠の弊害を除去できる状況にあれば証拠能力を認めるのが妥当な場合もあるため、判例・学説は再伝聞や再々伝聞も許容するようになり、実務での運用は定着しました。これも、明文の規定なしに伝聞例外を拡大し、伝聞法則の適用を緩和する方向での解釈論の展開の一つですね。再伝聞等の具体的問題については改めてお話しましょう。

(3) 精神状態に関する供述等の、解釈論による伝聞法則の非適用化

伝聞法則が必要とされる中心的な理由は、原供述者の知覚や記憶等の正確性について反対尋問によって確認されなければならないことにあります。しかし、犯行を決意していることとか、これから行おうとする犯罪についての共謀の存在や内容など、いわゆる精神状態に関する供述については、過去の事実についての知覚や記憶を経るものでないので実質的に伝聞の弊害が少ないのです。しかし、精神状態の供述が、320条1項が明文で規定する供述代用書面や伝聞供述に該当するのであれば、伝聞法則の対象となってしまうはずです。しかも、通説である形式説は、先ほど述べたように、伝聞証拠の定義について、「原供述の真実性の証明に用いるもの」との限定を加えていますが、この定義を前提としても、精神状態の供述は「被疑者がその供述どおりの犯行の決意をしていたこと」という原供述の真実性の証明に用いるものですから、やはり伝聞証拠となってしまいますね。

しかし、判例では、解釈論によってこれを伝聞法則の適用外とすることが定着し、学説においてもその結論はほぼ支持されています。これも、伝聞法則の適用を緩めていく解釈論の進展の結果ですね。しかし、その理由付けについては、これを「非伝聞供述」とするか、「伝聞供述とし

た上で明文のない伝聞例外」とするか、あるいは、そもそも「非供述証拠」とするか、の解釈論が錯綜することとなりました。しかし、議論が錯綜しているように見えるのは、後述する、基本概念の様々な定義の違いにも起因するところが大きいのです。改めてお話することにします。

また、精神状態に関する供述以外にも、「とっさになされた供述」とか、「行為の言語的部分」などという類型について伝聞法則を適用しない、という解釈が定着してきたのも同様の流れにあります。

3 明文の規定を更に制限的に解釈する方向での対応

2の流れとは逆に、明文の規定上は、形式的には伝聞例外に当たるものであっても、他の弊害等があるため、次のように、判例や学説によって証拠能力を制限されるようになったものもあります。

ア ◎最判平成7・6・20刑集49巻6号741頁は、形式的には321条1項2号に該当する検察官調書であっても、退去強制前に作成された場合、具体的状況によっては証拠能力が否定される場合があることを示した

イ ◎最大判平成7・2・22刑集49巻2号1頁は、321条1項3号に該当し得る、アメリカにおいて作成された嘱託尋問調書について、我が国には制度のない刑事免責を我が国で付与して証言強制により取得されたことを理由としてその証拠能力を否定した

ウ 328条の弾劾証拠については、明文の規定上はなんら制限がなく、かつては非限定説と限定説が対立していたが、実務の運用経験を踏まえて判例が蓄積され、◎最判平成18・11・7刑集60巻9号561頁によって自己矛盾供述に限るとの限定説が確立した[2]。

ア、イについては、「不公正手続による排除法則」と言われています[3]。つまり、形式的には伝聞例外要件に該当する場合であっても、不公正手続の観点から証拠排除されるべき場合があるとして、伝聞例外規定の適用を制限する方向での解釈論なのです。

第2 原因その2
伝聞法則・証拠問題を難しく（難しそうに）している重要概念の定義の問題

1 重要概念の定義自体に諸説があるため、自説を定めなければスタートラインに立てない

この問題を難しそうに見せているもう一つの大きな原因は、その前提となる重要な基本的概念の定義自体についていまだに学説が一様でなく様々な説が併存ないし対立していることです。問題点を考えるより前に、その前提となる基本的概念をはっきりさせておかなければ、問題の検討と妥当な結論を導くことは到底期待できません。これが曖昧なままで問題を検討しようとすることは、糸のもつれた部分を見つけてそこを丁寧にほぐさないままむりやり力一杯引っ張り、ます

（2） なお、刑訴法制定当初、320条の明文のみでは、弾劾証拠として用いる場合であっても、供述代用書面や公判廷外の伝聞供述であれば320条本文の伝聞証拠に該当し、伝聞法則の適用を受けることになるため、328条の規定が伝聞例外とすることの実質的意味があった。しかし、通説の形式説が「供述の内容をなす事実の真実性の証明のために用いるもの」との限定を加えたため、328条には独自の意味がなくなり、いわば確認的規定となった。しかし、それでも、これに該当する以上は、自己矛盾供述に限らず、他人の供述を含めて弾劾証拠としてであれば無限定に認められるため、その弊害が問題となり、非限定説と限定説との判例の対立を経て、最判平成18・11・7が、限定説を採用して決着した。

（3） 中谷雄二郎「手続の公正と証拠の許容性」中山退官221頁に詳しい。

第3章　伝聞法則総論

ますがんじがらめになってしまうようなものですね。

　さきほど、「伝聞証拠」の定義について、通説である形式説が320条の明文に限定を加えたために、伝聞法則の適用範囲に明文と実務との間に既に乖離が生じていることを指摘しました。

　しかし、それ以前の問題として、そもそも「供述証拠とは何か」ということすら論者によって一様でなく、供述証拠を広くとらえる説と、狭く限定する説があるのです。伝聞法則は供述証拠を規制する法則ですから、その対象として、まず「供述証拠とは何か」ということを明確にしなければ話になりません。それが明確にされた上で、初めて、伝聞法則適用の対象となる「伝聞供述」と、それが適用されない「非伝聞供述」の区別ができるのです。これらの基本的概念の定義の問題は、後で述べる、精神状態の供述についての各説の違いにも関わっているのです。

　また、もう一つは、伝聞証拠の媒体である「供述書」や「供述録取書」とは一体どのようなものを指すのか、ということを明確にしておかなければなりません。供述書や供述録取書は、現行刑訴法が制定されていた時代に想定されていたものは、本人作成の供述書や、捜査官が被疑者や参考人を取り調べて作成した供述録取書、また、裁判官面前調書などの紙媒体によるものでした。しかし、科学技術の発達とともに、人が事実や意思を記載し、記録する媒体は拡大してきました。紙媒体ではない、写真やビデオ録画、ＩＣレコーダーなどの録音媒体、メール等であっても、それに記録された供述についての供述書や供述録取書になり得る場合が多くなってきました。その場合、紙媒体を前提とした明文の規定を形式的に当てはめるだけでは妥当な結論とならないため、判例や学説が、それらの媒体の特性に応じて、明文が求める要件を緩和するということも生じてきました。例えば、被疑者が犯行を再現し、捜査官がそれをビデオ録画した場合、それは言語によらず動作による視覚的な被疑者の供述（自白）を記録したものですから「供述録取書」に当たるのですが、被疑者がその画像に写っており、本人がその再現をしたことには疑いの余地がないので、紙媒体の供述録取書では必要とされる署名押印が不要とされるのがその典型です。

　これらの前提となる基本的概念を理解し、その定義について説が分かれている場合には、自分としては、その概念をどう定義し、理解する、ということをまず決めなければなりません。それをしないままで問題点を検討するのは、基礎工事をしないままで家を建ててしまうようなものですね。

　例えば、伝聞証拠問題の中で、「精神状態に関する供述」「犯行メモ」の証拠能力は最も難しいと思われがちです。これらについては、一定の要件を充たせば伝聞法則は適用されない、ということについては判例・学説に異論はありません。しかし、学生諸君からは、しばしば、精神状態に関する供述について伝聞法則が適用されないのは、それが、「供述証拠ではあるが、非伝聞供述であるため」なのか、あるいは「伝聞供述ではあるが、明文のない伝聞例外」なのか、がよく分からないとの声が上がります。更には、「そもそも精神状態に関する供述は、供述証拠ですらなく『非供述証拠』ではないのですか」という質問もでます。また、いわゆる犯行メモについても、それが精神状態に関する供述の一形態として、伝聞法則の適用なく証拠能力を認められ得ます。これに加えて、犯行メモの存在・形状・記載事項自体を立証趣旨とした「非供述証拠」として証拠能力が認められる場合もあり、両者の関係はどうなるのか、という質問もでます。これらのような、伝聞証拠の重要問題について、そもそも論からの疑問が生じる大きな原因は、議論の前提となる「供述証拠・非供述証拠とは何か」「伝聞供述・非伝聞供述とは何か」の「定義」自体に諸説があり、一様でないことにも大きな原因があります。ですから、まずその定義とその違いがもたらす問題についてしっかりと考えていきましょう。

2 「供述証拠」と「非供述証拠」の定義には様々な説がある

「伝聞供述か、非伝聞供述か」を論じる以前に、まず、その前提のそもそも問題として「供述証拠」と「非供述証拠」の違いを明確にしなければなりません。皆さんの中には、供述証拠の定義を広く捉える説と狭く限定する説との違いがある、ということすら自覚していない人が少なくないようですね。まずこれが伝聞のもつれた糸をほどくスタートです。

この広狭両説があることを認識し、自分自身は「供述証拠」をどう定義するのか、を決めることが伝聞証拠問題理解の出発点です。

(1) 「供述証拠」を広く解する説

以下のような説は、およそ人の供述たるものであれば基本的には供述証拠であり、したがって、後記の各説のように、「その供述内容の真実性の立証に用いるもの」とか「知覚・記憶」を経る、などの限定を付さないため、「供述証拠」を広く解することになります。

① <u>人の供述を内容とする証拠のことを言う</u>（寺崎［3版］373頁）。
② <u>言語又はこれに代わる動作によって表現された叙述</u>（認識・判断の叙述）（池田＝前田［4版］380頁）。

(2) 「供述証拠」を最も狭く解する説

以下のような説は、供述証拠は、単に人の供述であれば足りるのでなく、事実の「知覚」「記憶」の過程を経たものが初めて「供述証拠」となるとします。したがって、人の供述であっても「供述証拠」とされる範囲は大きく限定されることになりますね。

④ 人の<u>知覚・記憶</u>・表現・叙述、という心理過程を経て裁判所に到達する証拠（安冨［2版］382頁）。
⑤ 人の意思作用（<u>知覚</u>、<u>記憶</u>、叙述）に基づく意思・観念の表示（廣瀬健二・法教364号〈2011年〉37頁）。
⑥ 外界の出来事の痕跡が<u>人の記憶に残ったとき</u>～この言葉が、その言葉で表現された内容の真実性の証明に用いられる場合（光藤Ⅱ99頁）。
⑦ ある事実を<u>知覚し、それを記憶し、それを叙述する</u>、という過程を経て証拠化されたもの（田口［7版］421頁）。

(3) 折衷的な考え方ないし、「供述証拠」と「供述」との用語を使い分ける説

これらの説では、供述内容の真実性を立証するもの、との限定は付していますが、「知覚・記憶に基づく」ものであることは要件としていないか、場合により「供述証拠」の用語の使い分けがなされることを指摘しています。

⑧ <u>その内容の真実性を立証する</u>（供述通りの事実があったことの証拠とする）ために用いられる供述（言語的表現）（上口［3版］379頁）。
⑨ 供述内容を真実だとして、その供述内容に従った事実認定に供述を用いる場合だけを、伝聞法則との関連では「供述証拠」と呼び、<u>他の供述は、非供述証拠と同様に扱われる</u>（渥美［新版］321頁）。
⑩ 「供述証拠とは、人が言語又はこれに代わる動作によって表現する供述（人の知覚・記憶による事実の叙述）の内容の真実性が証拠となるものをいう」としつつ「供述という用語は、知覚・

記憶・叙述の経過をたどらないもの、あるいはその内容の真実性が証拠とならないものを含め、広く人の思考ないし思想を示すものとして用いられることに留意を要する」とする（小林［新訂版］232頁）。

(4) 各説による違いと、私の考え方
ア 各説によってどのような違いが生じるのか
学生諸君から、「精神状態の供述は、そもそも供述証拠ではなく、非供述証拠ではないのか」という質問を受けることがありますが、そのような疑問が生じるのは無理からぬことですね。なぜなら、供述証拠を広く考えるのであれば、精神状態に関する供述が供述証拠であるのは当然であって、それを前提として、「非伝聞供述か、それとも伝聞供述ではあるが、明文のない伝聞例外か」を検討することとなります。しかし、供述証拠を「ある事実を知覚し、それを記憶し、それを叙述するという過程を経るもの」に限定すれば、精神状態に関する供述は、知覚や記憶の過程を欠くのですから、そもそも供述証拠ですらなく、「非供述証拠」とするのが論理的だということになるでしょう。

イ 私の考え方
私は、「供述証拠」の定義については、「知覚・記憶を経たこと」まで要件として狭く捉えるのでなく、「人の供述であってその供述内容の真実性の証明に用いるもの」と比較的広く捉える説に立ちます。「知覚・記憶を経たこと」などの限定までは付さずに捉える理由は次のとおりです。

すなわち、証拠には、非供述証拠と供述証拠があり、非供述証拠の典型かつ中心は証拠物です。証拠物は犯行の凶器や覚せい剤など、その存在や形状自体が証拠となるもので、それらについて不安定さや疑いを挟む余地はありません。そこに人の知覚や記憶、表現・叙述などはまったく入る余地がなく、関連性さえ認められれば当然に証拠能力が付与されます。

しかし、「人の供述」は、知覚、記憶を経たものはもとよりですが、精神状態の供述であっても、人の供述である以上、どこかに叙述の正確さや真摯さなどに危うい面が潜んでいることが少なくありません。私はそのような人の供述を、存在や形状自体に疑う余地のない証拠物を中心とする非供述証拠の中に含ませるのは基本的に適切ではないだろうと思います。なんらかの危うさを含み得る人の供述をその内容の真実性立証のために用いるには、基本的にそれを「供述証拠」であるとした上、それを聞いた人の供述や供述代用書面について、要証事実との関係で伝聞となるのか非伝聞となるのか、また、伝聞的な供述ではあっても、伝聞の弊害がないために伝聞法則を適用しなくともよいのか、それは非伝聞となるためか、あるいは明文のない伝聞例外と位置付けるのかなどを検討していくのが妥当だろうと思います。

皆さんは、まず、自分自身が「供述証拠」をどう定義するのかということを明確に自覚して決めなければなりません。「供述証拠」を最も広く解する説から狭く限定的に解する説まで様々なのですから、私の供述証拠を比較的広く解する説に皆さんが追随する必要はなく、自分が最も納得できる説に立てばよいのです。しかし、重要なことは、自分が「供述証拠」をどのように定義するかによって、他の説との間では、伝聞証拠をめぐる様々な問題点について、論理的な説明の仕方が異なってくることです。その場合、どのような結論を導くにせよ、自分自身が「供述証拠」を明確に定義し、それと整合性・一貫性のある論理を展開しなければなりません。ある論点を述べるときには供述証拠概念を狭く解したり、別の論点を述べるときには広く解するなど、整合性

もなく土台がぐらつくようなことであれば、伝聞証拠問題の森に迷い込んでいつまでたっても抜けられないということになってしまいますね。

これから私が進めていく事例講義等の中では、私は供述証拠の定義を、比較的広く解する立場からお話しているということをまず認識してください。

(5) 「人の供述」が「非供述証拠」となるのはどのような場合か

私のように供述証拠を比較的広く解する説に立てば、人の供述をその供述内容の真実性の証明に用いる場合は「供述証拠」であり、人の供述が「非供述証拠」とされることは少ないということになります。

しかし、「人の供述」ではあっても「供述証拠」とはならない場合も、例外的ですが、あります。よく例に出される「私はXがVを殺すのを見た」というAの供述を、Xの殺人の立証のためではなくAのXに対する名誉棄損の立証に用いる場合や、「私は神である」というAの供述をAの精神状態の異常を立証するために用いる場合について、それらのAの供述は「人の供述」ではあっても、その供述内容の真実性（XがVを殺したこと、Aが「神」であること）の立証に用いるものでないので、供述「証拠」ではないことになります（もちろん、このようなAの供述を聞いたというBの供述は、供述証拠です）。その他に次のものがあります。

ア　脅迫罪における脅迫文言など

例えば脅迫罪における害悪の告知の脅迫文言です。XがVに対し、面と向かって「ぶっ殺してやるぞ」と脅迫したため、脅迫罪で起訴されたとします。この「ぶっ殺してやるぞ」という文言がXの「供述」であることは間違いありません。しかし、この「供述」は、それ自体が犯罪行為そのものです。この脅迫文言の「供述」によって「XがVを殺害する意図を有していた」ということを立証するものではありません。脅迫罪は害悪を告知することのみによって成立し、それが真意であったか否かは問題になりませんよね。「証拠」というものは犯罪を立証するためのものであり、犯罪行為そのものが「証拠」ではありません。もしそうであるなら、殺人事件においては殺害行為自体が殺害行為の証拠である、という自己矛盾の循環論法になってしまいますね。

ですから、Xから脅迫を受けたVが、公判廷でXから告知された脅迫文言を供述した場合、Vの供述は、Xの脅迫文言という「供述」を含んでいますが、脅迫文言の部分は供述「証拠」ではないので、Vの供述はそれ自体が原供述であり、伝聞の問題が入る余地がありません。324条1項該当性の問題は生じないのです。

また、Xが、Vに対し、「ぶっ殺してやるぞ」と書いた脅迫状を送りつけたとします。この脅迫状はXが作成したのですから、Xの「供述書」に当たるように見えます。しかし、この場合も、Xがそのような脅迫状によってVに害悪の告知をしたこと自体が犯罪を構成するものであり、この脅迫状自体が犯行の用に供された犯行供用物件として証拠物たる書面となります。したがって、伝聞法則が適用される「供述書」には当たらないのです。

ただ、上記のいずれの場合であっても、仮に、Xが、脅迫罪を犯したにとどまらず、その1か月後に、実際にVを殺そうとしたため、脅迫罪に加えて殺人未遂罪でも起訴されたとします。すると、殺人未遂罪の殺意の立証においては、Aが告知された脅迫文言の内容の新実性は、重要な意味を持つことになります。Vが公判で、Xから脅迫された文言を証言した場合、その証言に含まれるXの脅迫文言は、「被告人以外の者であるVの供述で、被告人であるXの供述を内容とする

もの」として324条１項の問題となります。そうすると、「被告人XがV殺害の意図を有していたこと」を立証趣旨とし、この脅迫文言は、Xについて322条１項の準用が可能となりますし、「精神状態の供述」にも当たるので、伝聞法則は適用されないこととなり得ます。また、XがVに送った脅迫状については、殺人未遂事件との関係においては、Xの供述書となります。それは、322条１項の準用も可能ですし、XがV殺害の意思を有していた精神状態の供述としても伝聞法則は適用されないことになります。さきほどの名誉棄損発言の事例で、Xが殺人事件で起訴された場合に、これをXの殺害行為の立証に用いようとする場合にも同じことがいえますね。

　イ　いわゆる「現場録音」など
　供述証拠とはならない例外的場合として、いわゆる「現場録音」があります。いわゆる「現場録音」は「供述」を含んでいても、供述証拠ではなく非供述証拠となる、という例を示しましょう。「現場録画」についても同様です。なお、一つの媒体であっても、それに含まれる内容が、非供述証拠となる場合もあれば、供述証拠となる場合もある、ということにも留意すべきです。

==========（例）==========
　暴力団組長Xが、組員Yほか１名と共に被害者Vを監禁し、こもごも激しい暴行を加えながら「お前の命を取ってやろう、金と命とどっちが大切か」などと怒号して脅迫し、①その脅迫文言や、暴行の際に家具などが倒れたりぶつかる物音が、被害者がポケットに忍ばせていたICレコーダーに録音されていた。また、②Vが暴行脅迫を受けた後、密室に一人で閉じ込められていた時、そのレコーダーに、続けて「さっきまで、XやYから袋叩きの暴行を受けた。もう一人、若い太った茶髪の男もいて、こいつからもさんざん殴られた。Xから命を取ると脅された。もう身体が持たんかもしれん。俺に万一のことがあったら、このレコーダーを警察に渡してくれ」と録音していた。
========================

　この録音された①のXの「脅迫文言」は、さきほど話したように、「供述」ではあっても「供述証拠」ではありません。それは、そのような供述がなされたこと自体が犯罪を直接構成するものであり、その供述によって何らかの事実を証明しようとするものではないからです。そして、それが録音されたICレコーダーという記録媒体は「供述証拠」ではなく「非供述証拠」です。これは、いわゆる「現場写真」を非供述証拠とする判例が確立したのと軌を一にするものですね（いわゆる新宿騒擾事件の◎最決昭和59・12・21刑集38巻12号3071頁〈百選89事件〉）。録音というのは、機械を用いて正確になされるため、供述証拠にともなう弊害はなく、非供述証拠として証拠能力が認められます。この場合、脅迫罪の「証拠」となるのは、ICレコーダーとそれに録音されたXの声の「音声」であって、脅迫文言そのものが「供述証拠」となるのではありません。また、仮に、録音ではなく、Vの供述によって立証せざるを得ない場合には、Vの供述が供述証拠であるのは当然ですが、それに含まれるXの脅迫文言は「供述証拠」ではありませんから、伝聞の問題は生じず、Vの供述自体が原供述になるのは先ほどお話ししたとおりです。
　つまり、脅迫の事実を立証しようとする場合
　(ｱ)　ICレコーダーに録音された音声で立証する場合　→　非供述証拠による立証
　(ｲ)　脅迫を受けたVの公判供述で立証する場合　→　供述証拠Vの（原供述）による立証

ということになります。

　ところが、②の部分は違ってきますね。これは、犯罪の実行中の犯罪行為自体を録音したのではなく、犯罪終了後に、Ⅴが、短時間の経過後であれ、自己の知覚と記憶に基づきその供述を録音したものです。自ら録音したものですから「供述書」に該当します。したがって、この録音部分によって、Ⅴが暴行等の被害を受けたこと、その犯人がⅩやⅩであることや、もう一人の男の犯人識別の立証に用いようとするならば伝聞法則が適用されます。321条1項3号の該当性が問題となり、供述不能、犯罪証明のための不可欠性、絶対的特信性の3要件を充たさなければなりません。Ⅴが公判で供述できるのなら、供述不能の要件は満たしませんので同号該当は認められません。しかし、もしⅤが死亡するなどして公判で供述できない状況となれば、供述不能であり、不可欠性、絶対的特信性も認められるでしょうから、同号の例外要件を充たし証拠能力は認められることになるでしょう。またⅤは公判で供述はしたが、Ⅹらを恐れて被害状況について供述を翻すなどした場合、この録音部分は、Ⅴの公判供述に対する自己矛盾供述として、328条の弾劾証拠として証拠能力が認められるでしょう。

　このように、一つのICレコーダーに連続して録音された音声等であっても、①についてはいわゆる現場録音として非供述証拠、②については、供述証拠である供述書である、ということになります[4]。

(6) 非供述証拠か、供述証拠か、については、要証事実との関係で定まる場合がある

　皆さんは、伝聞証拠問題を勉強するときに「伝聞供述であるか非伝聞供述であるかについては要証事実との関係で定まる」ということを聞いて一応理解できているでしょう。

　しかし、伝聞か非伝聞か、という問題の以前に、そもそも「供述証拠か非供述証拠か」という問題についても、要証事実との関係でそれが定まるということもあることを理解しておく必要があります。

　その典型的な例は既に証拠構造のところで勉強したロッキード事件児玉小佐野ルートの**東京地決昭和56・1・22判時992号3頁**です。検察は児玉誉志夫名義の2通の領収書のカラー写真について、「領収書に記載された金員を児玉が受領したこと」を立証趣旨として証拠請求したのです。しかし、被告人側は領収書の記載内容の真実性以前に、そもそもこの領収書は偽造されたものだと主張し、証拠として採用すべきでないと争いました。裁判所は、双方の主張を踏まえ、次のように判示して、この領収書を、それに記載された金員の授受等を立証するための供述証拠としては採用できないが、次の判示をして「非供述証拠」として採用する決定をしました[5]。

　「手続過程にすぎない証拠採否の場面においては、暫くその点の判断を留保し、他の証拠を援用することなく、児玉領収証それ自体（疎明資料を含む）から直接抽き出し得る限度に立証事項を減縮することによって、非供述証拠としてこれを採用するのが相当である。従って、本件写がいずれも略略原寸大の鮮明なカラー写真であって、原本の存在、形状、記載事項、保管状況等を忠実に再現しているものと認められる状況に鑑み、これを……『領収金額、領収文言、作成日付

---

(4) 拙稿「刑事訴訟法演習」法教421号（2015年）152頁参照。
(5) 検察官は、この領収書が323条3号により証拠能力を有すると主張しましたが、裁判所は、金員領収の事実を立証するためであれば、同号該当は到底認められないとし、321条1項3号の該当書面としての証拠能力を検討するのが筋道だとしました。323条の問題はいずれ勉強します。

等が記載され「児玉誉士夫」の記名ゴム印および「児玉」の丸印が押捺されている……書面の存在、形状、記載事項およびその保管状況という』立証趣旨により、非供述証拠として採用することとする」

　つまり、偽造か否かについては、後の手続で判断する（もし偽造だと判明すれば、その時点で、既に採用されていた領収書の証拠排除決定をするか判決理由中でそれを指摘するなどするでしょう）とした上で、検察官が設定したような「金員受領の事実」を立証趣旨とするのでなく、「非供述証拠」として採用するとしたのです。記載された金員受領の事実の真実性を立証するためであれば、この領収書は児玉が作成した「供述書」という供述代用書面ですから、供述証拠であることはもとより、典型的な伝聞証拠となってしまいますね。

　このように、「領収書は供述証拠か非供述証拠か」という一般的な問題設定は不適切であり、立証趣旨をどのように設定するかによって、供述証拠となる場合もあれば、非供述証拠となる場合もあるということですね。

　供述が記載された書面が非供述証拠として用いられる場合は、他にもあります。例えば、被害者が、被害を受けた当時に、被害を受けた前後や被害の状況などを日記や手帳に几帳面につけていたとします。この日記や手帳に記載された被害状況等の事実を、この日記等の記載によって立証しようとするのであれば、この日記等は、被害者の「供述書」ですから、321条1項3号書面であり、被害者の供述不能、犯罪証明のための不可欠性、絶対的特信性という厳しい3要件を充たさなければ採用できません。ですから、被害者が法廷で証言できるのであれば、この日記や手帳は「供述書」としては採用できません。しかし、被害者が公判で被害状況を証言した場合、この日記を「非供述証拠」として証拠請求することは可能です。つまり、被害者の証言する供述内容が、被害当時に日記にも「記載されていた」ということ、そのような日記の「存在、形状、記載事項」を立証趣旨として非供述証拠とするのです。つまり、被害者が法廷で供述した内容である過去の事実について、その事件当時、本人が日記に記載していたのであれば、そのような記載のある日記が書かれていたということ自体に独立の証拠価値があり、これが公判供述と合致していることによって、公判供述の正確性を担保し、信用性を増すことになるのです。私が検察時代に関与した、ある暴力団幹部の多額の恐喝の完全否認事件で、被害者が、1年以上に及んで様々な脅迫等を受けていた事実を日々の日誌に克明に記録していたため、この日誌が被害者の公判供述の信用性を補強するものとなり、有罪判決を得たことがありました。

　しかし、書証の記載内容の真実性の証明に用いるのでなく、当該書証の「存在、形状、記載事項」のみを立証趣旨としさえすれば、どんなものでも非供述証拠として認められるのではありません。

　例えば、事件から随分時間が経過した後、被害者が、事件当時のことを思い出してまとめ書きしたような報告書のようなものであれば、非供述証拠として用いることは無理でしょう。日記や手帳等が、本人記載の供述書であっても、非供述証拠として採用され得るのは、そのような日記等の存在や形状、記載自体に、独自の証拠価値がある場合です。

　また、捜査官が作成した書証を非供述証拠として採用できる場合は、通常はないというべきです。例えば、被告人が自白内容の真実性を争っている場合、検察官が、被告人の自白調書について、「自白調書の存在、形状、記載事項」として非供述証拠として請求しても認められるはずはありません。そのような自白調書の存在等自体に、自白内容とは離れた独自の証拠価値などまったくないからです。

稀に考えられるのは、捜査官が捜査報告書に虚偽の記載をしたり、被疑者の供述内容を改ざんしたり、白紙の調書に署名させるなどして、虚偽公文書作成罪等の罪で起訴された場合です。そのような虚偽の捜査報告書等は、それらの罪の証拠物たる書面として非供述証拠になります。また、一連の自白調書の存在が、例えば自白が開始された時期や、その自白が変遷せず維持されていた状況を明らかにすることにより任意性立証のために用いられる場合もあります。

このような非供述証拠を公判で取り調べる場合には、307条の「証拠物中書面の意義が証拠となるもの（証拠物たる書面）」として、朗読（305条の書証の証拠調べ）と提示（306条の証拠物の取調べ）の双方を行うことになります。

3 「供述書」と「供述録取書」の媒体は様々である

前記のように「供述証拠」の定義を皆さんが明確にすることを前提とした上で、そのような供述が記載ないし記録された「媒体」が供述書あるいは供述録取書です。
「供述書」「供述録取書」は、本人記載の上申書や、捜査官の取調べで作成されたPSやKSの調書など、紙に言語で記載されたものが典型です。しかし、供述書や供述録取書というものは、その言葉のイメージよりは遥かに広く、様々な形態がありますし、紙媒体以外のものでもこれらに該当する場合が少なくありません。また、供述録取書には捜査官以外の者が録取したものも含みます。「供述書」「供述録取書」の言葉のイメージよりも遥かに広く多様なのです。これらをきちんと整理してよく認識していることが大切です。以下にそれを示しましょう。

(1) 供 述 書

「供述書」とは、供述者自らがその供述内容を記載した書面その他の媒体を指します。「供述書」については作成者が明らかであれば、署名押印は不要です。

ア　被害届、上申書、告訴状、告発状、任意提出書、帳簿、メモ、日記、手紙、領収書、家計簿、契約書、メール、ファックスなど、その名称や形態はさまざまである。本人が自ら録音した供述録音テープやＩＣレコーダー録音、被害状況の再現の写真や録画も自画撮りであれば本人の供述書である。いわゆる犯行メモもこれに該当する場合がある。

イ　検証調書、実況見分調書、鑑定書、捜査報告書、逮捕手続書、捜索差押調書等も、その性質は、捜査官や鑑定人等が作成した「供述書」である。

(2) 供述録取書

ア　321条１項１号の裁判官面前調書、２号の検察官面前調書（PS）、同項３号のうち、警察官作成の調書（KS）は「供述録取書」である。供述録取書の場合は署名若しくは押印が必要である。捜査官が録取したものに限らず、例えば、消防職員が、放火事件の被疑者から火災原因について質問をしてその供述を録取した書面も供述録取書であり[6]、国税査察官が脱税の被疑者から脱税について聴取した質問てん末書も供述録取書である。

イ　犯行・被害再現の写真や録画は、捜査官が、被疑者や被害者に犯行や被害の状況を言葉でなく動作で視覚的に説明させるため、それらの動作等を捜査官が写真撮影あるいはビデオ録画したものであるが、これらは言語でなく動作による「視覚的」な供述の録取書である。本人以外の

---

(6)　◎最判昭和58・7・12刑集37巻6号791頁（神戸ホステス宅放火事件）参照。

者（捜査官等）が本人に供述させて録音したものも供述録取書である。このような撮影・録音・録画の場合には、供述内容が機械的・正確に記録されるため、本来なら供述録取書に必要とされる本人の署名・押印は必要ではない[7]。

(3) 「供述書」「供述録取書」が321条以下のどの条文に該当する書面であるかは、その書面の「表題」によるのでなく、個々の書面の性質内容によって判断される

本人作成の「供述書」であっても、既にお話ししたように、その標題は、上申書、陳述書、報告書、被害届、申告書など、様々な表題がつけられます。また捜査官が作成する書面の表題の記載も「捜査報告書」「写真撮影報告書」「実況見分調書」「現場状況確認報告書」など様々であり、表題の記載の仕方は厳格に統一されているわけではありません。ですから伝聞例外規定の該当性を検討する場合には、当該書面の「表題」の記載によるのでなく、その書面の実質的な内容性質によらなければなりません。例えば、事件直後に、正規の実況見分や検証が行われる前に、駆け付けた警察官が現場の生々しい状況をカメラで撮影した写真を添付して作成した「写真撮影報告書」というものも実況見分調書の性格を有し、すなわち321条3項の検証の結果を記載した書面となります。他方、犯行を自白した被疑者に、犯行現場ではなく、警察署内で、犯行状況を再現させて連続写真でそれを撮影し、添付したものは、表題が「写真撮影報告書」となっていても、それは実況見分調書とはいえません。それは被疑者が言葉で自白する代わりに動作で視覚的に犯行状況を再現した自白であり、警察官による被疑者の供述録取書に該当します[8]。被害者からの110番の通報受理記録も、110番の窓口担当者による被害者の「供述録取書」です[9]。このように、書面の表題ではなく、その中身によって伝聞法則適用の可否と要件を検討することを身に付ける必要があります。

4 「伝聞供述」の定義——実質説と形式説——

さて、供述証拠と非供述証拠についての定義を明確にしてこれらをしっかり頭に入れることで初めて伝聞法則・証拠問題検討の基礎工事ができたことになります。この前置部分について理解があやふやであれば、いつまでももつれた糸をほどくことはできません。その理解ができたとして、やっとこの問題に入って行くと、まずここでも最初に明確にすべきことは、伝聞証拠とは何か、という定義です。これについて次の両説があることは皆さん知っていますね。

(1) 実 質 説
「裁判所の面前での反対尋問を経ない供述証拠」

この説は、事実認定に用いられる供述については、反対尋問によってその正確性等が吟味されなければならないが、伝聞証拠は、その供述に対する反対尋問がなされないため許容できないと

---

(7) 最決平成17・9・27刑集59巻7号753頁（百選83事件）参照。
(8) 前記◎最決平成17・9・27の事案では、被害者による被害再現については「実況見分調書」、被告人による犯行状況再現については「写真撮影報告書」の表題がついていた。
(9) 従って、この通報記録に記載された被害者の通報内容どおりの被害事実があったことは、この通報記録自体から立証することはできない。供述録取書には供述者（被害者）の署名押印が必要だからである。しかし、この通報記録は、110番の窓口担当者の「供述書」には該当する。また、「被害通報があったこと、その日時、通報内容等」を立証趣旨とする非供述証拠として大きな証拠価値を有する場合もある。

するものです。この説は、伝聞証拠が排除される理由の実質的で最も大きなものを示しています。しかし、「定義」として十分であるか、ということになると、全ての伝聞証拠を網羅的に説明できない難点があります。例えば、検察官申請の証人が、主尋問後に死亡したため反対尋問ができなくなるということは生じ得ます。長期間の審理を要する複雑な事件では、証人に対する主尋問を、ある公判期日に実施し、弁護人による反対尋問は２週間後の次回公判期日に行うというようなこともあります。裁判員裁判対象事件では、公判前整理手続を踏まえた集中審理により原則的に主尋問も反対尋問も同じ日に続けて行う運用が定着していますが、今でも、裁判員裁判の対象でない複雑な知能犯案件などでは、主尋問と反対尋問の期日を別の日とすることもあります（ただ、最近は、裁判所ができる限り反対尋問も同一期日に行わせる運用が増えているようです）。そのため、主尋問終了後、次回の反対尋問を行う前に証人が死亡してしまった場合、実質説によれば、これも伝聞証拠となりますので、主尋問における証人の供述は原則的に証拠能力が認められないこととなります。

しかし、たとえ主尋問しか行われなかったとしても、その証人の供述は、宣誓や偽証罪の制裁の下に裁判官の面前でなされるものであり、証人の供述態度等を裁判官が直接に吟味することもできます。ですから、このような主尋問のみによる証人の供述も、伝聞証拠として排除するまでのことはなく、反対尋問を受けていないという点については、その信用性や証明力の点で裁判官が慎重に考慮すれば足りるというべきでしょう。

(2) 形式説

このような理由から、実務や通説は、実質説を採らず、形式説を採り、
<u>「公判期日における供述に代わる書面及び公判期日外における他の者の供述を内容とする供述で、原供述内容をなす事実の真実性の証明に用いられるもの」</u>
と定義しています。反対尋問を経ない供述が伝聞供述の典型ですので、実質説は伝聞証拠の中核を捉えているのですが、形式説も、そのことを否定しているのではなく、両説は実質的に大きく対立するものとまではいえないでしょう。しかし、実質説はすべての伝聞証拠をカバーする「定義」としては不十分な点がある上、320条の条文の規定ぶりにそぐわないため、形式説が通説となっています。

しかし、問題は、<u>「形式説」と言っても、320条の文言のみを形式的に当てはめるのではなく、条文の文言にはない「原供述内容をなす事実の真実性の証明に用いられるもの」と限定することで実質的要件を付加している</u>ことです。これは、既にお話ししたように、320条の形式的な解釈だと、伝聞供述の弊害を有しない供述までもがすべて証拠能力を否定されることになりかねないため、実質的に伝聞の弊害がある供述のみに解釈上の限定を加えたものです。しかし、このことが、320条以下の伝聞法則の明文の規定ぶりと、現行刑訴法制定後に発展・定着した伝聞法則の実務の運用との間に乖離を生じさせることとなり、学生諸君が伝聞の迷路に入り込んでしまう最初の原因となってしまったといえるでしょう。

第３　伝聞法則とその例外規定について

伝聞法則・証拠問題を勉強する前提としての基礎工事ができたところで、いよいよ320条以下に規定する伝聞法則の勉強に入りましょう。伝聞証拠が証拠能力を認められるためには321条以

下の伝聞例外等の規定の要件を充たさなければなりませんが、その検討のためには、まず各伝聞例外規定自体を正しく理解しておくことが前提となります。

1 伝聞例外規定の骨格とそれを理解するための基本的視点

皆さんは、これまでの法学部等での刑訴法の講義や基本書等の勉強で、伝聞例外の各規定について、321条から328条までの各条文の順番に沿って勉強してきた人が多いのではないかと思います。しかし、321条以下の伝聞例外規定の条文の並べ方は、①被告人以外の者の供述書や供述録取書（321条）、②被告人の供述書等（322条）、③無条件に証拠能力が認められる書面（323条）、④書面ではない「又聞き」の供述（324条）、⑤同意書面・合意書面（326条、327条）、⑥弾劾証拠（328条）の順であり、伝聞例外等としての要件の厳しさ等の実質面によらず、形式的な順序となっています。

これらの条文の順番は、伝聞証拠の種類・形式等の区分に沿って並べられているに過ぎず、それぞれの伝聞例外が認められる論拠や要件について、論理的に整理されてはいません。そのため、この条文順番通りの勉強では、なぜそれが伝聞例外として認められるのか、それぞれの伝聞例外の要件が異なるのは何故か、についての論拠や具体的当てはめについて判例や学説が論じている内容の理解が必ずしも容易でないことになりがちです。

例えば、警察官による現行犯人逮捕手続書、捜索差押調書や捜査報告書は、公務員が職務上作成する書類であるのに323条1号ではなく321条1項3号書面となるのは何故か、同じ医師が作成する書面でもカルテは323条2号書面なのに診断書は321条4項の準用となるのは何故か、321条4項は、本来裁判所が命じた鑑定人による鑑定結果報告書なのに、捜査官が嘱託した鑑定受託者による鑑定結果報告書や弁護人が依頼した専門家による鑑定結果報告書にも準用されるのは何故か、など様々な問題があります。これらの問題については、条文の規定の順番どおりに各条文に該当するものはこういうものである、などと暗記的に勉強するだけではなかなか理解が深まりません。

そこで、各伝聞例外規定に該当する証拠はどのようなものかを暗記に頼らず理解するためには、各伝聞例外規定が伝聞証拠を許容する論拠を理解することが大切です。

伝聞法則の基本は、「紙に書かれた供述やまた聞きの供述ではだめ。本人の口から直接確認し、その信用性について反対尋問でテストされなければならない」ということにあります。しかし、この原則を一律厳格に守っていると、裁判における真実の発見が阻害される場合も生じます。したがって、伝聞証拠ではあっても真実発見のためにそれを証拠として用いる必要性が強いとともに、伝聞証拠が有する弊害を可能な限り除去できる場合に、合理的な限度で伝聞例外が認められることになりますが、その視点は主に次のようなものです。

① 伝聞証拠を許容せざるを得ない必要性がどの程度あるか
② 伝聞証拠の類型的な信用性はどの程度の高さか
③ 伝聞証拠が持つ弊害なり問題性がどの程度あるか
④ 伝聞証拠と伝聞でない供述と比較して信用性や証明力はどう異なるか
⑤ 書面作成者の証人尋問よりも書面自体による方がかえって立証に有効ではないか

これらを踏まえて、伝聞例外規定の条文の順番をいったん「ガラガラポン」し、上記の各視点から整理し直して考えてみることが有効です。そのためには、各伝聞例外規定は、伝聞証拠の弊害が少なく信用性が類型的に高いために、伝聞例外の要件が無条件あるいはかなり緩やかなもの

から、だんだん、伝聞の弊害もあり、信用性が類型的に高いとはいえないものについて、証拠として用いる必要性の強さや信用性の度合いに応じて伝聞例外の要件の厳しさに段階を設けるという相関関係にあることを理解する必要があります。ただ、同意書面・合意書面、弾劾証拠は、他の伝聞例外規定とは異なる視点によって伝聞法則が適用されないものですので、後で別にお話しすることにします。

なお、「伝聞過程」には、原供述者が本来公判で証言すべき内容が書面となっている場合（供述代用書面）と、原供述者自身ではなく他の者が原供述者の供述内容を公判で証言する場合（「また聞き」の伝聞供述）とがあります。書面の場合でも、「また聞き」の場合でも、それぞれ伝聞過程は1回です。ただ、書面の場合、「供述録取書」では、他人が原供述者の供述を聞き取る過程、それを書面とする過程の2回の伝聞過程が含まれます。そのため、供述録取書の場合には、原供述者が自己の供述が正確に書面に記載されていることを確認・担保するためにその署名・押印が必要とされ、これによって「また聞き」の伝聞過程が解消されて供述書と同じ証拠能力の要件が充たされます。

2　上記の視点からの伝聞例外規定の分類と各例外規定の概要・特徴

基本書などでも、単に条文の規定の順番どおりの解説ではなく、各論者の視点によって整理した伝聞例外規定を分類・解説しているものもありますが、私は、次のような整理をすることが、各伝聞例外規定の内容の理解を深めることになるだろうと思います。

伝聞例外規定は、類型的に極めて高度の信用性があるため、無条件に伝聞例外が認められる321条2項書面や323条各号書面を頂点とし、類型的な高度の信用性は認められないが、その必要性が高いため、極めて厳格な要件の下でのみ伝聞例外が認められる321条1項3号書面をボトムとして、その中間に、必要性と信用性の高さの度合いとの相関関係に応じて、伝聞例外の要件の厳しさに段階的な差がある伝聞例外規定が位置しています。そこで、条文の規定の順番をいったん「ガラガラポン」して、この視点から伝聞例外規定を整理し直してみましょう。

まず、321条2項書面や323条書面は、無条件で証拠能力が付与されるのですから、伝聞例外規定の頂点にあり、いわば伝聞例外の「横綱」ですね。これに対し、321条1項3号書面は、供述不能、犯罪証明のための不可欠性、絶対的特信性という3つの厳しいハードルを越さなければ証拠能力が認められません。いわば伝聞例外の「平幕」です。そしてその他の伝聞例外規定は、その中間段階にあり、いわば、大関、関脇、小結ですね（講義では分かりやすい譬えで話しますが、論述する場合には俗語は禁物ですよ！）。以下に、この視点に立って伝聞例外規定を分類してみましょう。

(1) 類型的・定型的に極めて高度の信用性があるため、無条件に伝聞例外が認められるもの【伝聞例外の横綱！】

ア　321条2項書面

被告人以外の者の公判準備若しくは公判期日における供述を録取した書面又は裁判所若しくは裁判官による検証の結果を記載した書面です。一切の要件のない伝聞例外です。これは

① 公判期日等における供述が記載された書面であり、実質的に伝聞証拠の弊害がないこと

② 当事者の立会ないし反対尋問権が保障されていること

が理由です。

ただ、留意すべきは、これらの公判供述を聞いた裁判官が自ら判決を書く場合には、その供述そのものが証拠となるのであり、これらの供述が記載された公判調書が証拠となるのではありません。本項は、例えば、裁判官が審理中に交代したため弁論の更新がなされ、公判での供述を直接聞いていない裁判官が公判調書を読んで判決を書く場合や、破棄差戻しされた場合に差戻審を担当する裁判官が差戻し前の公判調書を読んで判決を書く場合などを指しています。
　なお、被告人の公判準備又は公判期日における供述を録取した書面は322条2項が規定していますが、同項は、「供述が任意にされたものであること」を要件としています。しかし、公判期日等での被告人供述が任意にされたものでないということは考え難いので、実質的には無条件の伝聞例外規定であり、実力横綱、といったところですね。
　イ　323条各号該当書面
　無条件で証拠能力が認められ、供述不能とか特信情況等の要件は一切課せられません。それは、これらの書面はその性質上、類型的・定型的に極めて高度の信用性があり（1、2号）3号はそれに匹敵するほどの高度の信用性があるためです。これに加え、1、2号については、書面の作成者を証人尋問するよりは、書面による立証の方が遥かに証拠価値が高いためでもあります。例えば、1号の代表例である戸籍謄本の作成名義者である市長さんは、何万人の市民一人一人の身上など覚えておらず、そもそも知りもしないでしょうから、公判に呼ばれて特定市民の身上を尋ねられても立ち往生するだけでしょう。また、登記官は登記簿を作成しますが、長年にわたって作成した無数の登記簿の内容などいちいち記憶しているはずもありません。これらの書面の作成名義者である市長や登記官の供述によるよりも、戸籍謄本とか登記簿謄本のような書面の方が遥かに正確で信用性が高いといえますし、むしろこれら書面によるしか証明のしようはない訳です。また、2号の代表例は、会社等の経理帳簿ですが、経理帳簿は、経理担当者が、日々、主観を交えずその都度記載するものです。これを正確に記載しなければ、会社の財政状態や営業成績の正しい把握や管理はできません。
　事実の立証のためには、知覚と記憶に基づいた公判での供述こそが最良の証拠である、ということが伝聞法則の理念の基底にあるのですが、実は、これはある意味で擬制ないしフイクションの面もあり、記憶に頼った供述よりも事実を記録した書面の方がずっと証拠価値は高い場合もある、ということですね。
　そして、3号ですが、3号は「前二号に掲げるものの外特に信用すべき情況の下に作成された書面」としています。いわゆる「バスケットクローズ」です。
　しかし、どんな書面が3号に該当するかは、これまでお話ししたことから必然的に導かれます。つまり、323条は伝聞例外の横綱として無条件に証拠能力を付与するものですから、1号や2号に匹敵するほどの極めて高度の信用性がある書面か否かということで常識的に判断すればよいのです。本に書かれている例示を丸暗記する必要はありません。これまで判例等で争われた事案についても、この視点で検討すると、なぜ裁判所が、323条3号該当を認め、あるいは認めなかったか、という理由がよく納得できるはずです。これらは第2編の事例講義の中で更に具体的に勉強しますが、幾つかの例を示しておきましょう。
　①　捜査官が作成する個々の事件についての逮捕手続書や捜索差押調書、捜査報告書等は公務員である捜査官がそれらの手続がなされたことの証明のために作成するものであるが、定型的・類型的に高度の信用性がある書類ではなく、個別具体的な事件に関するもので、捜査官の主観も混じり得るなどから、逮捕や捜索・差押えの適法性などの実質的な証拠として用いようとするの

であれば、1号書面には到底値しない。

② 医師の作成するカルテは、診療の都度、主観を交えず、医師が観察した患者の状況や治療の内容をリアルタイムで客観的に記載するものであり、類型的に高度の信用性がある（カルテ記載の正確性は医師の業務の生命線ともいえる）ので2号該当が認められる。これに対し、診断書は、医師が作成するものであっても、診断の「結果」だけを記載するものであり、時には患者からの愁訴により、外見的な所見はなんらないのに診断書を作成せざるを得ない場合もあるなど、信用性が類型的に高いとはいえないので、同号該当は認められない（ただ、判例は321条4項の準用は肯定）。

③ 「領収書」は、日々機械的に欠かさず作成されて真実性が不可欠である経理帳簿とは異なり、個別に作成されるものであり、時には「カラ領収書」も存在するなど、記載内容の類型的な信用性は乏しいので、2号には該当せず、321条1項3号の要件で判断すべきである（ただ、ガソリンスタンドでの給油代金のレシートなど、機械的に正確に作成されるものについては3号該当も肯定されよう）。

(2) 一定の要件はあるが、類型的に信用性が高いことなどから、その要件がかなり緩やかなもの

ア　321条1項1号書面（裁判官面前調書）【伝聞例外の大関！】

類型的に信用性は高く、任意性にも問題がないため、供述不能又は相反性のみの要件を充たせば認められる。相反性の程度は問わない。

イ　321条3項、4項（検察官等による検証調書、鑑定人による鑑定書）【伝聞例外の関脇！】

作成者が、作成名義の真正と記載の真正（検証や鑑定をした経緯や結果を正確に記載したこと）を証言すれば証拠能力が認められる。

検証調書（実況見分調書も同じ）は、訓練された捜査官が主観を交えず正確かつ客観的に覚知した状況を記載したもの（逮捕手続書や捜査報告書等よりも、類型的に客観性が強い）、鑑定書は、専門家が中立的な立場から専門的・客観的な判断を行ったものであり、いずれも類型的に信用性はかなり高い。また、これらの内容は、詳細で技術的な事項に及ぶため、検証者や鑑定者が記憶に頼って口頭で説明するよりも、それらの作業を行った時点で客観的・正確に記載して作成した書面によるほうが、裁判においてその内容を正確に理解できる。例えば、殺人事件の現場であるに飛び散った多数の血痕について、センチやミリ単位で正確に計測して図面作成や写真撮影を行った検証の結果について、その詳細を、長い室内時間の経過後に公判段階で記憶に基づいて正確に供述するのは不可能ないし極めて困難である（ここを勘違いしている勘違いしている学生が多い！）。

ウ　322条1項（被告人の供述書ないし供述録取書）【伝聞例外の関脇！】

不利益な事実の承認であること、任意になされた供述であることの要件を充たせばよい。被疑者・被告人が、あえて自己に不利益なことを認めるのには一般的に信用性が高い上、被告人は自ら公判で反論する機会があるためである。なお、不利益事実の承認でない場合には、特信性が要求され、要件が厳しくなる（小結に落ちてしまう）。被告人は自己を有利にしようとして虚偽の供述をする場合もあるからである。

エ　324条1項　被告人以外の者の供述で被告人の供述を内容とするもの（又聞き）【伝聞例外の関脇！】

ウと同様不利益事実の承認であることと任意性の要件を充たせばよい（322条1項準用）。

(3) (2)ほど類型的に信用性が高いとまでは言えないが、更にある程度要件を厳しくすることにより、伝聞例外として認められるもの

321条1項2号書面（PS）【伝聞例外の中結！】

当事者として関係者を取り調べる立場にある検察官が作成したPSは、中立性が極めて高い裁判官面前調書よりは類型的な信用性が落ちるため、供述不能（これについては裁判官面前調書と同様）又は実質的相反性（裁判官面前調書の場合は単なる相反性で足りるので、これよりも限定される）及び相対的特信性（公判での供述よりも信用性が高いこと）の要件を充たせば伝聞例外となる。

(4) 類型的な信用性は(3)よりも更に低いため、その必要性が極めて高く、信用性が個別に強く認められる場合に限り、伝聞例外として認められるもの【伝聞例外の平幕！】

ア　321条1項3号書面

警察官調書（KS）その他の様々な供述書面のほとんどがこれに該当する。類型的な信用性が低いため、「供述不能」かつ「犯罪事実存否の証明のための不可欠性」の極めて厳しい要件を課した上で更に「絶対的特信性」が要求される（最も厳しい3要件）。

イ　324条2項　被告人以外の者の供述で被告人以外の者の供述を内容とするもの（又聞き）

原供述者が被告人以外の者である場合には、最も要件が厳しい321条1項3号が準用され、その原供述について、供述不能、不可欠性、絶対的特信性の3要件を充たさなければならない。

3　当事者が同意・合意することにより、証拠能力が付与される場合

2で整理した(1)ないし(4)の伝聞例外が、必要性と信用性の高さ等の相関関係を踏まえて一定の要件の下に（あるいは無条件で）伝聞例外とされるのに対し、これは、それらの内容や状況に関わりなく、当事者の訴訟行為によって伝聞証拠に証拠能力が付与されるものです。326条が同意書面、327条が合意書面です。実務においては、被告人が公訴事実を争わない場合には検察官請求書証は全て同意され、また争う場合でも争点と関係のない事実に関する書証は同意されるのが通常であるため、326条の同意書面が果たす機能は極めて大きいのです。反面、合意書面の方は、以前の実務ではこれを作成して立証に用いることは極めて稀でした。ただ、最近は、裁判員裁判制度の導入に伴い、合意書面が作成される例も少しずつ増えているようです。

同意に関しては、その法的性質を、反対尋問権の放棄と見るか、証拠能力の付与と見るか（通説）、ある立証趣旨に限定して同意した場合の同意の効力の範囲、違法収集証拠についても同意によって証拠能力が付与されるか、同意の当事者（弁護人による同意と被告人による同意との関係等）などの問題がありますのでいずれ勉強しましょう。

4　弾劾証拠（328条）

本来は、伝聞証拠であり、伝聞例外にも当たらないため証拠能力が認められない供述証拠であっても、被告人、証人その他の者の供述の証明力を争う弾劾目的のためには証拠能力が認められます。これについては、弾劾証拠として認められる証拠には制限がないと考えるか、当人の「自己矛盾供述」に限るか、という大きな問題がありましたが、現在では、前述のとおり、◎最判平成18・11・7刑集60巻9号561頁（百選87事件）により、自己矛盾供述に限るという判例が定着しています。弾劾証拠に関しては、増強証拠、回復証拠の問題や、公判証言の後に自己矛盾供述を内容とする調書が作成された場合などについての問題点がありますが、いずれ勉強することにし

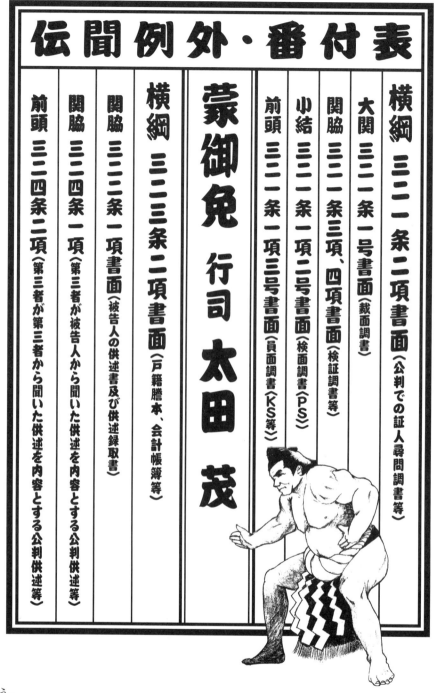

ましょう。

第4 再伝聞、再々伝聞等について

　321条以下の伝聞例外規定は、基本的に、供述書面であれ、また聞き供述であれ、伝聞過程が1回であるものを直接の対象としています。既にお話ししたように、伝聞過程とは、本人の供述書や供述録取書（供述代用書面）の場合でも、「また聞き」の公判証言でも、原供述者への反対尋問ができないという意味で共通であり、それぞれが各1回の伝聞過程を有しています。

しかし、事案によっては、これらの伝聞過程が２回（再伝聞）、あるいは３回（再々伝聞）含まれる伝聞証拠があります。実務では再伝聞の場合は少なくなく、再々伝聞も比較的稀には用いられます。論理的にはそれ以上の４回、５回の伝聞過程もあり得ますが、そのような多数の伝聞過程を経た証拠が用いられることは実務ではほとんど想定できません。本来、伝聞証拠は認められず、伝聞例外は厳格な要件でのみ認められるべきことからすれば、複数の伝聞過程が含まれる証拠の許容性判断は慎重・厳格になされなければならないのは当然です。しかし、現実の事件においては、複数の伝聞過程を含む証拠であっても、その証拠としての必要性が高い場合が少なくないため、信用性の情況的保障がどれだけ認められるかということを勘案しつつ、321条以下の伝聞例外規定の解釈論として、再伝聞、再々伝聞等の証拠についても証拠能力が認められる場合があるのです[10]。

1 再伝聞、再々伝聞等の具体例

すでにお話ししたように、供述の伝聞過程は、書面化でもまた聞きでもそれぞれ１回あります。再伝聞はこれらの過程が２回あり、再々伝聞は３回ある訳です。まずはいくつかの具体例で説明しましょう。XのVに対する殺人事件を想定します。

ア　目撃者Aが「私はXがVをナイフで刺し殺すのを目撃した」と供述（原供述）
　　→　Aの目撃供述をAから聞いたBの供述（第一次伝聞①）
　　　　「私は、Aから『俺はXがVをナイフで刺し殺すのを目撃した』と聞きました」
　　　　→　Bが、Cに「俺はAから『俺はXがVをナイフで刺し殺すのを目撃した』
　　　　　　と聞いた」と記載して送ったメール（再伝聞②）
　　　　　　→　Bの上記メールを警察官がパソコンから読み出して、その内容の反訳文を添付
　　　　　　　　した捜査報告書（再々伝聞③）

イ　被告人Xが「私はVをナイフで刺し殺しました」と供述（原供述）
　　→　Xから「俺はVをナイフで刺し殺してしまった」と聞いたAの供述（第一次伝聞①）
　　　　→　AがBに「俺はXから『俺はVをナイフで刺し殺してしまった』と聞いた」と
　　　　　　書いて送ったメール（再伝聞②）
　　　　　　→　Aの上記メールが消去されていたため電話会社の担当者が復元解析して反訳した
　　　　　　　　報告書（再々伝聞③）

ウ　目撃者Aが、「私はXがVをナイフで刺し殺すのを目撃した」と供述（原供述）
　　→　Aからその目撃状況を聞いたBの供述（第一次伝聞①）
　　　　→　Bから、更にそれを聞いたCの供述（再伝聞②）
　　　　　　→　Cから更にそれを聞いたDの供述（再伝聞②）

2 再伝聞、再々伝聞過程の解消

(1) 再伝聞等が許容される法解釈上の根拠

321条以下の規定は、第一次伝聞過程の解消のための伝聞例外要件しか直接には定めていません。しかし、前記のように、複数の伝聞過程を順次解消していき、原供述にたどり着くことが許されるのは、320条１項が

---

(10) 拙稿「刑事訴訟法演習」法教424号（2116年）158頁以下参照。

第1編 総論

「321条乃至328条に規定する場合を除いては、公判期日における供述に代えて、書面を証拠とし、又は公判期日外における他の者の供述を内容とする供述を証拠とすることはできない」
としていることによります。つまり、321条以下の伝聞例外の要件を充たしたものは、その伝聞供述が「公判期日における供述に代わる」ものとなる、と解されるため、その公判期日における供述に代わるものとされた供述について、更に伝聞例外規定を活用して伝聞過程を順次解消していくことが許されるのです。

(2) 伝聞過程の形成とその解消の時系列的順序

上記の各例で分かるように、伝聞過程は、

原供述 → 第一次伝聞 → 第二次伝聞（再伝聞） → 第三次伝聞（再々伝聞）

と時系列的に進んで形成されていきます。

しかし、このように形成された複数の伝聞過程を含む証拠を裁判の審理に供し、目的とする要証事実を立証できる原供述にたどり着くためには、伝聞供述の形成過程の順序とは逆転し、遡及的に

再々伝聞過程の解消 → 再伝聞過程の解消 → 第一次伝聞過程の解消 → 原供述

の作業手順を踏むこととなります。

つまり再々伝聞の3回の伝聞過程があるとすれば、まず、目の前にある、原供述から最も遠い3回目の再々伝聞過程を伝聞例外規定の適用等により解消します。それによって、再伝聞の第二次伝聞過程にたどり着きます。

次に第二次の最伝聞過程の解消作業を同様に行います。これが認められれば、第一次伝聞過程にたどり着きます。

そして、最後に残った第一次伝聞過程についての解消作業となり、これが認められれば全ての伝聞過程が解消され、原供述にたどり着いてその供述内容の真実性立証のために証拠能力が認められることとなるのです。

これを比喩的に言えば、第一次伝聞過程、再伝聞過程、再々伝聞過程とは、原供述が三つの箱のパッケージによって三重に包装されたものだと言えます。つまり立証に直接役立つ原供述が中味の品物であるとすれば、第一次伝聞とは、原供述が紙箱に包まれている状態であり、その一番目の紙箱が第一次の「伝聞過程」です。ところが更に箱が二重となっており、最初の箱が、更に大きな二番目の箱に容れられているとすれば、この二番目の箱が再伝聞過程です。更にその箱がもっと大きな三番目の箱に入れられているとすれば、その三番目の箱が再々伝聞過程です。

原供述をこれらの箱から取り出すためには、いきなり三番目の箱にぶすりと箱に穴を空けて強引に一番目の箱の中身の原供述を引っ張りだすわけにはいきません。外側の箱から丁寧に一つ一つパッケージをほどいていかなければなりません。まず、三番目の箱を開ける作業が再々伝聞過程の解消作業です。これに成功すれば、二番目の箱を開けて再伝聞過程を解消します。そして一番目の箱を開けて第一次伝聞過程を解消して原供述を取り出すのです。

しかし、これらの箱を開けるためには道具（ツール）が要ります。それが伝聞例外規定や解釈上認められる伝聞法則の不適用（精神状態の供述など）です。これらの伝聞例外規定等は、伝聞過程である箱のパッケージをほどいて開けるためのいわば「ツール」ですね。

(3) 具体例の検討

それでは具体例について検討していきましょう。

まず、アの例です。目の前にあるのは再々伝聞である警察官によるメールの反訳の捜査報告書です。これは、警察官が五感の作用によってメールの内容を判読する作業ですから、検証の性質を有します。したがって321条3項により、その警察官が、報告書の作成名義と判読した結果を正確に記載したことを公判で供述すれば、この報告書の再々伝聞過程が解消され、この報告書記載内容が、Bの供述書であるメールに代わるものとなります。メールは本来ならBが反対尋問を受けるべき供述の代用書面であり、そこに伝聞過程があるのでその解消が必要となります。Bは被告人以外の者ですので、321条1項3号により、Bについて、供述不能、犯罪の証明のための不可欠性、絶対的特信性の3要件を満たす必要があります。Bが死亡するなどして供述不能となるなど、これらの要件を満たせば、このBのメールはBの公判供述に代わるものとして再伝聞過程が解消されます。しかし、Bの供述内容は、Aから目撃状況を聞いたものですから、そこにまだ第一次の伝聞過程が残っています。Bは被告人以外の者であり、Aも被告人以外の者ですから、324条2項の問題となり、更にAについて321条1項3号の3要件を満たせば、Bの供述がAの公判供述に代わるものとなって第一次伝聞過程が解消されることになります。ではイ、ウについてはどうですか。

[山田君]

まずイの再々伝聞過程の解消ですが、電話会社の担当者がメールを復元解析した報告書は、専門的技術と知見による作業によるものですから321条4項が準用される鑑定書です。したがって、その作成名義と記載の真正を担当者が供述すれば、この鑑定書記載内容がAの供述書であるメールに代わるものになります。そのメールには、AがXから聞いた殺人犯行の自白が記載されています。しかし、メールはAの供述書ですから、本来はAが公判で証言して反対尋問を受けなければなりません。したがって、このメールの伝聞過程を解消してAの公判供述に代わるものとなるためには、Aについて、321条1項3号の供述不能、不可欠性、絶対的特信性の3要件を満たさ

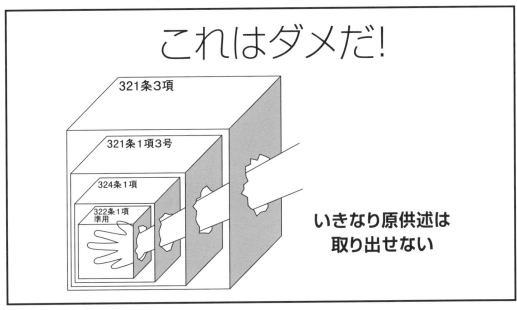

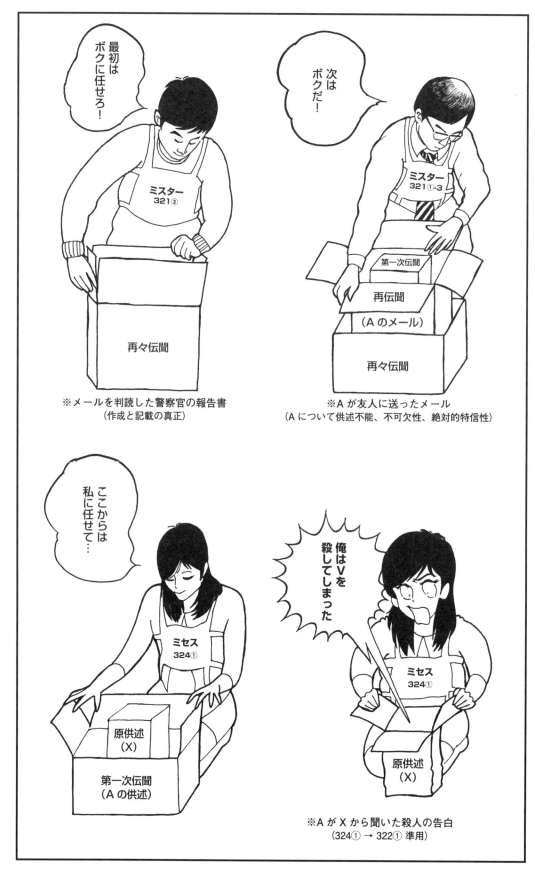

なければなりません。Aが死亡するなどしてこれが肯定されれば、Aのメールの伝聞過程が解消されます。そして、このAの供述は被告人以外の者であるAの供述で、被告人Xの供述を内容とするものですので、324条1項の問題となり、同項は、322条を準用しています。Xの不利益事実の承認であることは当然であり、友人であるAにこっそりXが打ち明けた話ですから任意性には疑いありません。したがって、各伝聞過程がこのようにすべて解消されれば、原供述であるXの犯行の自白について証拠能力が認められることになります。

[太田]
　そのとおりですね。再々伝聞解消の作業が板に付いてきました。

[川井さん]
　ウの例ですが、これは、書面は介在せず、A→B→C→Dというすべて「また聞き」の再伝聞ですね。再々伝聞過程を解消してAの原供述にたどりつくためには、まずDから始めて順次伝聞過程を解消していくことになります。これらの4人はすべて被告人以外の者ですから、まずCについて、死亡するなどして321条1項3号の供述不能等の3要件を満たし、次にBについてもそれを満たし、更にAについてもそれを満たす、ということが必要になります。でも、こんなに、再々伝聞過程に登場した人が全部死んでしまうというようなことは想定しにくく、とても非現実的なように思うのですが。

[太田]
　その疑問はもっともです。皆さん、伝言ゲームという遊びを知っていますか。何人ものチームで、最初の人からある話をこっそり隣の人に伝え、それを次の人に、と伝言していき、最後の人の回答が、最初の人の話をどれだけ正確に伝えているかを競うのですが、最後の人が聞き取った話はその内容が最初の話とはまるで変わってしまうことが多いですね。伝聞過程が書面による場合には、少なくともそのような供述がなされたことは書面に記載されているのですが、伝聞過程が「また聞き」である場合には、再伝聞や再々伝聞における正確性が一層危ういものとなりがちです。このような観点から、学説の中には、「また聞き」の伝聞の場合は、前の供述者が少なくともそのような供述をしたこと自体は間違いがない、という前の供述者による「肯定確認」が必要だとする有力説があります（光藤（Ⅱ）257頁以下、寺崎［3版］453頁以下など）。あるいは、再伝聞等の場合は、各伝聞過程を解消するツールは、同じツールを複数回用いることは許されず、各伝聞例外規定を1回ずつしか用いるべきでないとの説もあります。
　しかし、これらの説が再伝聞等の危険性を危惧することは理解できますが、私は、あえて肯定確認等が必要だとするまでのことはないと思います。事例ウのような場合、介在する供述者が全員死亡するなどの自体は現実には想定できないでしょう。また、こんな複数回のまた聞きの危うさが潜むような事例では、絶対的特信性が認められる可能性も乏しいでしょう。実務でもこんな複数回の「また聞き」が再伝聞等として許容された例を私は知りません。ですから、理論的にはともかく、実務においては、肯定確認等が必要とされる事案は想定しがたいと思います。

(4) 再伝聞等の解消過程の中断
　再伝聞等の過程の解消作業では、各作業過程がすべて成功するとは限りません。どこかで引っかかってしまうことがあります。例えば、事例アのBのメールでいうと、Bが死亡するなどして供述不能となるなど321条1項3号の要件（不可欠性や絶対的特信性も含めて）を充たせば、その伝聞過程が解消できますが、Bが生きていて公判証言が可能なら、これは許されません。つまり、

Bのメールの伝聞性は解消されず、順次の解消作業がそこでストップしてしまいます。Bが生きていて公判での供述が可能なら、Bのメールに頼ることなく、Bに公判で証言させ、反対尋問を受けさせなければならないからです。したがって、その場合は、このメール自体をその内容の真実性の立証のためには用いることは許されません。しかし、だからといって、このメールがまったく立証に役立たないということではありません。仮に、Bが、公判で「俺は、Aから『俺はXがVを殺すのを目撃した』と聞いたぞ」というメールの内容を翻し、「Aからそんな話を聞いたことはない」と証言したとします。その場合、このBのメールは、自己矛盾供述として公判証言を弾劾するための328条の弾劾証拠の限度では証拠能力を有することになります。

ですから、仮に複数の伝聞過程の解消作業がどこかで中断してしまった場合には、その段階で、その供述について証拠能力が認められる範囲での活用策を考えればよいのです。
再伝聞等の問題は、事例講義の中で更に実践的に勉強していきます。

第5　精神状態に関する供述の問題について

精神状態の供述やその一つの類型であるいわゆる「犯行メモ」の問題は、伝聞証拠問題の中でも最も難しい（ように見える）ものとして皆さんの悩みの種のようですね。学生諸君からは「精神状態に関する供述については伝聞法則が適用されないということは分かるけれども、その理由が『非伝聞供述』であるためか、『伝聞供述ではあるが明文のない伝聞法則の適用例外』」であるためか、よく分からないし、そもそも『非供述証拠』だという説もあり、どれが正しいのかさっぱり分かりません」とういう声をよく聞きます。

しかし、この問題も、最初にお話ししたように、もつれた糸の絡まった結び目であり、丁寧にほどいていくことによって理解できますし、また糸がもつれた原因は、既にお話しした、そもそもの基本概念の定義の違いによるところが大きいのです。第2編の事例講義では、この問題についても様々な具体的事例として勉強していきますが、まずはこの問題を総論的に勉強していきましょう。なお、犯行メモの問題については、更に様々な事例を通じての検討が必要ですので、第2編の事例講義の中で勉強することとし、とりあえずは、精神状態の供述についての一般論をお話しすることにします。

1　精神状態の供述に関する各説
(1) 非伝聞説（多数説）
この説でも非伝聞とする理由については、いくつかの異なる見解があります[11]。
ア　原供述には、知覚、記憶の部分が欠けているので、これを伝聞証拠として扱う必要はないとする見解

これが多数説といえるでしょう。この見解は、精神状態に関する供述は、供述内容の真実性を立証する場合でも、知覚、記憶という過程がないので伝聞ゆえの危険が小さい以上、伝聞証拠として扱う必要がないので非伝聞である、と考えるものです。もっとも、供述の真摯性（誠実性）が問題となり得るが、伝聞供述者に対し、原供述を聞いた際の情況や原供述者の態度等について

---

(11) 各説については、後掲各参考論文中、主に、栗原・後掲⑬事例研究Ⅱ610頁以下、及び堀江・後掲⑪⑫に詳しい。

尋問することにより確認可能なので、この点については一般的な関連性の問題として扱えば足りるとします。

イ　原供述の存在自体を立証するのだからそもそも非伝聞であり、この供述の存在から原供述者の内心を推認するとする見解

この見解は、いわゆる精神状態の供述とされるものが非伝聞とされるのは、「そのような供述があったこと自体」を立証するものであり、そのような供述の「存在」から、その供述内容である供述者の精神状態を「推認」するからだとします。言い換えれば、そのような供述があったことを聞いた者の供述が、そもそも「原供述」であるので、そもそも伝聞証拠の問題ではない、という意味で「非伝聞」と考えるのです(12)。

このような見解に立ったと思われる著名な判例として最決昭和38・10・17刑集17巻10号1795頁、判時349号2頁（白鳥事件）があります。

これは、昭和27年に札幌市内で、暴力的革命運動をしていた者達が、白鳥警部を射殺した事件です。その判旨をみてみましょう。これはこの説ないしそれに近い考え方をとっていると思われます。

「伝聞供述となるかどうかは、要証事実と当該供述者の知覚との関係により決せられるものと解すべきである。被告人村上が、電産社宅で行われた幹部教育の席上『白鳥はもう殺してもいいやつだな』と言った旨の志水尚史の検察官に対する供述調書における供述記載……は、**被告人村上が右のような内容の発言をしたこと自体を要証事実としているものと解せられるが、被告人村上が右のような内容の発言をしたことは、志水尚史の自ら知覚したところであり、伝聞供述であるとは言えず**、同証拠は、刑訴321条1項2号によって証拠能力がある旨の原判示は是認できる。次に、被告人村上が門脇の家の2階か村手の下宿かで、『白鳥課長に対する攻撃は拳銃をもってやるが、相手が警察官であるだけに慎重に計画をし、まず白鳥課長の行動を出勤退庁の時間とか乗物だとかを調査し慎重に計画を立てチャンスをねらう』と言った旨の証人佐藤直道の〜供述〜等は、いずれも**被告人村上が右のような発言をしたこと自体を要証事実としているものと解せられるが、被告人村上が右のような内容の発言をしたことは、各供述者の自ら直接知覚したところであり伝聞供述に当たらないとした原判示も是認できる**」

ウ　伝聞供述にいう「供述」を、過去の事実についての「報告的供述」に限定し、精神状態に関する供述は報告的なものでないから非伝聞であるとする見解

(2) 明文のない（不文の）伝聞例外説

この説は、精神状態も伝聞供述ではあるが、伝聞供述の実質的な弊害がないため、明文のない伝聞法則の適用例外とする説です。この見解によると考えられるものに、○**大阪高判昭和57・3・16判時1046号146頁、判タ467号172頁**があります。具体的にはいわゆる犯行メモの問題として論じられています。

この事案は、中核派の被告人が10数名と共謀の上、被害者を襲撃して重傷を負わせた事件で、その襲撃メモが、犯行二日後に中核派拠点の前進社関西支社から押収され、それには犯行現場の詳細な図面に犯行手順や逃走方法等が図示される形で記載されていたものです。つまり、このメモは、犯行の手順や逃走方法等が記載されていることから、犯行前の被告人らの犯行の決

---

(12)　寺崎［3版］455〜458頁参照。

意や共謀の存在、内容を示すものとして精神状態の供述である犯行メモであったわけです。判旨を見てみましょう。

「およそ伝聞証拠か否かは、要証事実の如何により異なってくるものと解されるところ、……本件メモ紙の表面の記載は、……**本件犯行についての事前の共謀にあたって、その計画の内容を具体化するため記載した書面であると認められ、その要証事実も、右の記載に相応する事前共謀の存在**さらには……**被告人の本件への関与の事実も含むものと解される。**

そうすると、**本件メモ紙の表面の……記載部分は、右の要証事実との関連から、伝聞証拠（伝聞供述）というべきである**と思料されるのであるが、およそ供述とは心理的過程を経た特定の事項に関する言語的表現であり、それには表意者の知覚、記憶の心理的過程を経た過去の体験的事実の場合と、右のような知覚、記憶の過程を伴わない、表現、叙述のみが問題となるところの、表意者の表現時における精神的状態に関する供述（計画意図、動機等）の場合とがあって、本件の事前共謀に関するメモは、その時点における本件犯行に関する計画という形で有していた一定の意図を具体化した精神的状態に関する供述と考えられる。そして、**右の精神的状態に関する供述については、その伝聞証拠としての正確性のテストとして、その性質上必ずしも反対尋問の方法による必要はなく、その表現、叙述に真し性が認められる限り、伝聞法則の適用例外として、その証拠能力を認めるのが相当**であると解されるところ、原審で取調べた各証拠によって認められる本件メモ紙の押収時の状況、右メモ紙が組織活動の過程において作成されていること、その記載内容である計画そのものが現に実行されていること等から、その記載の真し性は十分これを認めることができる。したがって、本件メモ紙の表面の〜〜記載部分は、前述の如く伝聞法則の適用を受けないもの……というべきである」

つまり、この判旨が前記の白鳥事件の最決の論理と異なるのは、白鳥事件最決では、「被告人村上が右のような発言をしたこと自体を要証事実としたのであるからそもそも非伝聞であるとしたのに対し、この大阪高判は、本件メモの要証事実を「右の記載に相応する事前共謀の存在」などとし、端的に、伝聞証拠であるとした上で、実質的に伝聞の弊害がないために記載内容である事前共謀の存在や内容の真実性の証明に用いるという伝聞例外を肯定したわけですね[13]。

(3) 非供述証拠説

非供述証拠説は、精神状態に関する供述は、そもそも供述証拠ですらないとするのです。伝聞法則は供述証拠に関するものですから、精神状態に関する供述を非供述証拠とするのなら伝聞法則が適用されないのは余りにも当然ですね。もう皆さんは既におわかりと思いますが、最初に話したようにそもそも供述証拠とは何か、という大前提の問題として、供述証拠を広く解する説と、狭く解する説とがあります。狭くとらえる説では、「人の意思作用（知覚、記憶、叙述）に基づく意思・

---

(13) なお、いわゆる迎賓館事件について、○**東京高判平成20・3・27**（東高刑時報59巻1-12号22頁）が注目すべき判決をしており、大阪高判の論理とは異なって、犯行メモの有する高い証拠価値に着目し「包括的に320条1項の制限を受けない非伝聞証拠である」とした。判旨は「非公然アジトに出入りしていた中核派構成員らによって本件両事件の準備や謀議が行われたことを示す痕跡であり、かけがえのない証拠価値を持つものであって、いわば動かし難い客観的な原証拠というべきものである。その作成者が公判期日においてその記載内容に沿う供述をしたとしても、その公判供述よりは、メモの記載内容の方がはるかに高い証拠価値を有するのであり、少なくともメモを併せて証拠とする必要性は決してなくならないのである」としている。この判旨には批判もあるが（堀江・後掲⑪等）詳細な論理を展開している判決であり、原文に当たられたい。

観念の表示」「人が一定の事実を見て、それを記憶し、これを表現し叙述したものを、その事実の存否のために用いる場合をいう」「供述証拠は、ある事実を知覚し、それを記憶し、それを叙述する、という過程を経て証拠化されたもの」などとされていますね。これらに照らせば、精神状態は過去の事実についての知覚や記憶に基づくものではなく、現在における供述者自身の心理状態についての供述ですから、そもそもこれは供述証拠ですらない、ということになるはずです。

2 検討（私の見解）

結論から申すと、私としては、<u>精神状態の供述は、伝聞証拠であり、一定の要件のもとで伝聞例外とされる場合がある、と言う伝聞例外説が妥当だと考えています。なお、明文にはこのような例外規定がないのですから、明文のない（不文の）伝聞例外と位置づけることになります。</u>

その理由ですが、まず前記(3)の非供述証拠説については、以前お話ししたように、人の供述は原則的に供述証拠であり、知覚や記憶に基づかないものは供述証拠でないとすると自体に問題があると考えますので、この説には賛同できません。

そうすると、非伝聞説と無文の伝聞例外説のいずれが妥当かという問題になります。

まず、非伝聞説のうち、1(1)ウの、伝聞供述を「報告的供述」に限定する説についてはその理由が明確でありません。もしそのような限定を付するのであれば、前記の伝聞証拠の通説の形式説による定義ではそのような限定はなされていないので、そもそも論として伝聞証拠の定義をどう考えるか、の問題が生じますね。

次に、1(1)イの、要証事実はそもそもそのような供述の存在であり、そのことから内心の意図等を推認するのだから、非伝聞である、という説についてです。これは、一つの明快な整理であり、白鳥事件の最決もそのような論理を用いています。しかし、私は、そのような発言があった、ということ自体を要証事実、とするという整理に抵抗感を覚えます。このような「発言の存在」自体が要証事実として意味があるのは、弾劾証拠における自己矛盾供述がその例です。その場合には、供述内容の真実性やそれから何かの事実を「推認する」というようなことは一切問題とならず、まさに自己矛盾供述の「存在」そのものに意味がある訳です。しかし、精神状態の供述は、あくまで最終的にその内容に沿った精神状態を立証することに意味があり、弾劾証拠のような例とは異なるというべきでしょう。そうすると、人の供述の「存在」だけからその内容の真実性を「推認」する、ということがどのような論理で肯定されるのか、という問題が生じると思います。例えば、被告人が信用性を否定している自白調書について、「そのような自白の存在自体」から自白内容の真実性を「推認する」ことなどは許されないでしょう。ただ、過去の事実についての供述の「存在」によってその事実があったことを推認するのと比較すると、精神状態の供述である場合には、知覚や記憶を伴わないので推認に伴う弊害が少ないということが言え、その存在から供述内容である内心の意図の真実性を推認することが許されるという論理は一応あると思い、それがこの説のいわんとすることなのかな、と思われます。

しかし、私は、このような「推認」という論理よりは、精神状態の供述が知覚・記憶に伴う弊害が少ないということに着目し、端的にその供述内容である犯意や共謀の存在や内容の真実性について、明文のない伝聞例外として認められると解する方が適切であると思います。その意味で私は、前記白鳥事件の最決よりも大阪高判の判旨の論理の方に親和性を覚えます。

次に、1(1)アの多数説である非伝聞説です。これは、精神状態に関する供述には、知覚・記憶を書くので伝聞証拠として扱う必要がないので非伝聞であるとするものです。しかし、前述した

とおり、通説である形式説は、伝聞供述を「公判期日における供述に代わる書面及び公判期日外における他の者の供述を内容とする供述で、原供述内容をなす事実の真実性の証明に用いられるもの」としています。この定義をそのまま当てはめれば、精神状態に関する供述は、例えば犯行の決意や共謀など、供述者の供述時点での内心の意図が真実であることを立証するために用いるものであるから、これも「原供述内容をなす事実の真実性の証明に用いるもの」として伝聞供述に該当するとしなければならないはずです。Aの名誉棄損発言を聞いたBの供述では、名誉棄損発言の内容の真実性が全く問題とならないのとは異なりますね。もし、精神状態の供述を非伝聞供述と位置づけるのであれば、上記の形式説を更に修正し、「原供述者の知覚・記憶に基づいてその供述内容をなす事実の真実性の証明に用いられるもの」という更に限定した定義にしなければならないでしょう。しかし多数説である非伝聞説は、この伝聞供述の定義については触れないままで「非伝聞供述」とするところに理論的な問題があると言わざるを得ないと思います。そこで、このような非伝聞説は「理論的には伝聞証拠と位置づけられるものではあるが、いわば政策的判断として、非伝聞証拠として取扱うべきである（小島・後掲⑩33頁参照）」とか「危険性は低く、重要性・必要性が高いのだから、実質的法解釈により、320条1項を適用する前提条件に欠けるので、伝聞法則を適用すべきではなく……（古江・事例演習[2版]328頁）」などとしています。

　しかし、定義というものは、あくまで理論的に、様々な事柄を包括的網羅的に説明できてこそ定義に値すると思うのですが、そのような理論としての定義概念の問題を「政策的判断」や「実質的法解釈」などのマジックワード的な説明で行うことには私は抵抗感があります。

　明文のない伝聞例外説に対する批判で最も強いと思われるのは、「伝聞法則という重要な基本的な原則の例外を明文なしに認めるのは許されない」というものです。

　精神状態の供述の特徴は、本来は321条1項3号の該当性が問題となり、「供述不能」「不可欠性」「絶対的特信性」の厳格な3要件が要求されるのですが、精神状態の供述の場合は、供述者が公判での供述が可能であっても、なお他人が聴き取った本人の精神状態の供述やそれが記載された犯行メモに証拠能力が認められることにあります。そこで、これを明文のない伝聞例外とすることの説明は、精神状態の供述の場合には「供述不能」の要件は必要としない、ということになるでしょう。また、同号の前提としては、供述者が特定されていることが必要ですが（そうでなければ「供述不能かどうか」は判断できない）、犯行メモの場合など、誰が記載したか分からないメモであっても証拠能力が認められる場合もあり得ます。

　確かに、厳格であるべき伝聞法則の例外を明文なく認めることには慎重でなければなりません。しかし、翻って考えると、罪刑法定主義が働く刑法等の実体法では明文を離れた拡張的な解釈は許されません。また、刑訴法においても、強制処分法定主義の原則から、法律が定めていない強制処分を、判例や裁判官の令状で創設することは許されません。しかし、刑事の証拠法の分野ではこれとは異なる面があり、真実発見のための証拠の証拠能力の問題は、基本的にそのような証拠を真実発見のために用いることの必要性の高さと、それがもたらす弊害との比較衡量が基本的な視点だといえましょう。それに、「証拠能力」とは最小限の証明力を有する自然的関連性の問題であり、証拠能力が認められたからといってその証明力の高さは別問題です。既にお話ししたように、伝聞法則の経験がないまま戦後この法則を導入して以降、明文の規定のままでは現実的な妥当性を欠いてしまうため、判例や学説が、まず明文にない「原供述の真実性の証明に用いるもの」との要件を解釈によって加えたことにより伝聞法則適用の対象を大幅に減らしました。また、明文の各伝聞例外規定についても実質的な拡張をしてきています。321条4項は本来、裁判

所が命じた鑑定人の鑑定書しか対象としていないのに、捜査官による鑑定受託者の鑑定書、弁護人が委託した専門家の鑑定書、更には「経過」が記載されていない医師の診断書にまで準用を拡張してきました。また、写真による犯行再現について、それが供述録取書に当たるのに本来必要とされる被疑者の署名押印は必要としないなど、判例は、それぞれの伝聞証拠の実質に着目して柔軟な判断を蓄積しています。つまり、証拠能力判断のための伝聞例外規定の適用要件については、必要性の高さと弊害の有無や大きさとの比較考量による実際的で合目的的な解釈論が蓄積されてきたのです。

このように考えると、私は、「明文のない伝聞例外を認めるべきでない」ことを金科玉条にして精神状態の供述を伝聞例外とすることを否定し、より基本的である供述証拠や伝聞証拠の定義自体を再検討しないままで「政策的に非伝聞とする」などの考え方には賛同できません[14]。

精神状態の供述として、非伝聞ないし不文の伝聞例外を認めるための具体的な検討の手順や在り方等については、第2編の事例講義の中で勉強していくことにしましょう。

3 精神状態の供述以外で伝聞法則が適用されないもの

精神状態の供述以外にも、人の供述を他人が聞いた場合であっても、伝聞法則が適用されないことが実務や学説で一般に承認されているものとして次のようなものがあることは皆さん知っていますね。

① 「私は、Bから『XがVを殺すのを目撃した』と聞いた」というAの供述を、Xの殺害行為の立証のためでなく、BのXに対する名誉棄損の立証のために用いる場合
② 「私はBが『自分は神である』と言うのを聞いた」というAの供述を、Bの精神状態の異常を推論する立証に用いる場合
③ 「BがCに現金を手渡しながら『長い間ありがとう、助かったよ』のを聞いた」というAの供述を、その現金が贈与ではなく借金の返済であった、ということの推論に用いる場合(いわゆる「行為の言語的部分」)
④ 「隣の部屋で『あっ、痛い』というBの悲鳴を聞いた」というAの供述を、Bがなんらかの有形力を受けたことの推論に用いる場合(いわゆる「とっさになされた供述」)

これらの各場合について、まず、Aの供述については、AがBから聞いたBの供述を知覚し、記憶し、「そのようなBの供述があったこと」の真実性を証明するためのものですから供述証拠であることは当然です。ところが、Aの供述に含まれる「Bの供述」については、それが「供述証拠」であるのか否か、供述証拠であるとしてそれが伝聞供述なのか非伝聞供述なのかは、供述証拠や伝聞証拠の定義をどのように考えるかによって説明の仕方が異なってきます。

まず、供述証拠について、「供述内容の真実性を証明するもの」との要件も付さず「人の供述を内容とする証拠をいう」などと最も広く考えるとすれば、①や②のBの供述部分も供述証拠ということにはなりますが、伝聞証拠の通説的定義である「原供述の内容をなす事実の真実性の証明に用いるもの」に照らせば伝聞供述ではないことになります。

また、供述証拠を、供述内容の真実性の証明に用いるもの、と考える説に立てば、①や②のBの供述部分は、Xが人を殺したことやBが神であることを立証しようとするものではないので、

---

(14) 堀江・後掲⑫は、非伝聞説について批判的視点から論じ、伝聞例外説についても詳細な検討を加えているので、関心のある人は一読を勧めたい。

そもそも「供述証拠」ではないのでもともと伝聞の問題は生じません。

しかし、③や④については、①や②とは異なりますね。供述証拠について「供述内容の真実性を証明するもの」と考えるとすると、③については、Bが現金を手渡す際、「Cに対し感謝の気持ちを抱いていた」ということの証明に用いたり、④について、「Bが何らかの原因により痛みを感じた」ということの証明に用いるのであれば、それはやはり供述証拠というべきでしょう。精神状態の供述が犯行の決意等を有していた、ということの証明に用いるのだから供述証拠であることに通じるものですね。そして、これらを非伝聞供述と考えるか、明文のない伝聞例外と考えるかは、精神状態の供述についての考え方の違いと同様の問題となるでしょう。

ところが、更に供述証拠の定義を限定し、「知覚、記憶に基づいて」という要件を加えるとすれば、精神状態の供述や③や④のBの供述は、「記憶」を経たものではなく、供述時の心理状態などの供述ですから、非供述証拠と整理するのが論理的ということになるでしょう。

[川井さん]

太田先生の説では、「供述証拠」については、「人の供述でその供述内容の真実性の証明に用いるもの」と定義し、精神状態の供述については、「伝聞証拠であるが不文の伝聞例外」と考えるのですね。だとすれば、太田先生のお考えでは、供述代用書面や又聞き供述が「非伝聞」となるのはどのような場合なのですか。

[太田]

鋭いところを突いてきましたね。まず、名誉毀損発言のように、原供述者の供述（XがVを殺害した）の信用性の証明に用いるのでなければ、原供述はそもそも「供述証拠」ではないので、非伝聞供述ではありません。「私は神である」発言も同様です。しかし、原供述が精神状態の供述である場合や、とっさになされた発言、行為の言語的部分などについては、それらは飽くまで、供述者の殺意の存在など原供述内容の真実性の証明に用いるのですから、私の場合、それらはいずれも伝聞供述であるが、明文のない伝聞例外と考えるのです。だとすれば、私の説に立てば、供述証拠について、別段「非伝聞」という類型を考える必要はないのです。「供述証拠」「非供述証拠」「伝聞証拠」という概念はもともと存在する不可欠のものですが、「非伝聞」という概念は、多数説が、伝聞証拠について通説の形式説によれば伝聞証拠といわざるを得ないのに、伝聞法則を適用しない類型を説明するために創案したものである、と言っても差し支えないでしょう。ですから、「非伝聞」という概念自体は、絶対的に不可欠の類型とまではいえないのです。これも言葉の定義の問題の一面でしょう。

他方、「供述証拠」について、「人の供述を内容とする証拠をいう」という最広義の定義をする考え方によれば、供述内容の真実性の証明に用いるという限定はありませんから、供述証拠ではあっても伝聞供述ではない、「非伝聞」という類型が生じるでしょう。例えば原供述である名誉毀損発言も供述証拠ではありますが、供述内容の真実性が問題となる伝聞証拠ではないので非伝聞、ということになりますね。

皆さんは、これらの問題について、どのような整理の仕方をするのか、各自でしっかり考えてください。

以上で、証拠法勉強の基礎工作業は終わりました。いよいよ次編から事例を通じた実践的勉強を始めましょう。

【伝聞証拠に関する主な参考文献・資料等】
① 平野龍一「伝聞排斥の法理」同『訴因と証拠』〔刑事法研究 第4巻〕(1981年、有斐閣) 221頁。
② 大澤裕「伝聞証拠の意義」刑訴争点［3版］137頁。
③ 大谷直人「伝聞法則について」中山退官259頁。
④ 古江・事例演習［2版］320頁。
⑤ 酒巻匡「伝聞証拠をめぐる諸問題(1)、(2)、(3)」法教304号137頁、305号81頁、306号（以上2006年）64頁。
⑥ 金築誠志・刑訴百選［5版］178頁。
⑦ 三好幹夫「伝聞法則の適用」大阪刑事実務研究会編『刑事証拠法の諸問題（上）』(2001年、判例タイムズ社) 60頁。
⑧ 戸倉三郎「供述又は書面の非供述証拠的使用と伝聞法則」自由と正義51巻1号（2000年90頁）。
⑨ 川出敏裕「伝聞の意義」刑訴百選［8版］180頁。
⑩ 小島淳「伝聞法則の趣旨と伝聞証拠の意義」法教364号（2011年）31頁。
⑪ 堀江慎司「伝聞証拠の意義——犯行メモの証拠能力——」刑ジャ31号（2011年）37頁。
⑫ 堀江慎司「心理状態の供述について」鈴木古稀（下）451頁。
⑬ 栗原正史・事例研究Ⅱ［第2版］610頁以下。

第 2 編

実践編
事例講義

第1編で勉強した総論を踏まえ、いよいよ長文の事例問題の中で実践的に証拠法の勉強をしていきましょう。長文の事例の中に、頭の中では理解できているはずの証拠法上の問題点を発見し、学んだ判例や学説の理論を当てはめて判断していくことの繰返しが証拠法理解の最大の効果をもたらします。

　以下の事例は、いずれも私が検察官生活を通じて捜査公判で経験した事件や指導的判例などを題材とし、様々な加工を加えて考案したオリジナルのものです。皆さんが将来裁判官・検察官・弁護人となった場合、実際にこのような事件と出会い、法律家として取り組んでいくことになるでしょう。各事例には伝聞法則を始めとして、証拠法上の様々な問題点を繰り返し（手を変え品を変え！）登場させます。また、証拠法上の問題点に限らず、捜査段階や公判段階での様々な手続問題も事例に含ませています。一般の教科書や教材では、体系的に事例問題の解説がなされることが通常でしょうが、私の事例講義ではそれらの問題点が不規則に登場します。それこそが皆さんが将来法律家となった場合に遭遇することなのです。実務では、具体的事案の中にどのような問題点が潜んでいるかを誰も教えてくれず、自ら発見しなければなりません。このような事例問題に繰り返し挑戦していけば、皆さんは、問題点の発見能力と応用力の基礎が自ずと身に付いてくることでしょう。これらの勉強を通じて、皆さんが、捜査から公判に至る実際的な手続の流れを踏まえ、証拠法のみならずその前提となる捜査法や公判手続上の問題点がどのように具体的に発現していくか、ということを実感的に理解できるようになることを期待しています。

　各事例講義は、おおむね次のよう問題点等が含まれています。

① 事　　例
② 証拠構造の参考例と解説
③ 捜査法上の問題点
④ 証拠法上の問題点
⑤ 公判手続上の問題点
⑥ その他の重要な諸問題

　本講義の中心は証拠法ですが、証拠法の問題の中には、捜査の適法性が収集された証拠の証拠能力の有無にかかわる問題と、伝聞法則のように捜査の適法性とは関係がない純粋の証拠法上の問題とがあります。それで、前者については、③の捜査法上の問題点のところで論じるとともに、事例に現れる具体的証拠の証拠能力についてもそこで勉強することとします。④の証拠法上の問題点は、事例問題に現れる個々の証拠の証拠能力について一般論を踏まえつつ勉強することとします。⑤は、公判での証拠調べ手続の過程で事例に生じる問題点を勉強します。⑥については、捜査法、証拠法、公判手続上のその他の重要問題です。本講義の事例は様々ですので、これらの問題は、事例に応じて、個々の証拠の証拠能力の検討の中で勉強したり、重要で大きな問題点については独立の項目を立てるなどして勉強することにします。

　皆さんは、この講義の理解を深める上で、つぎのような姿勢で取り組むことを勧めます。

① 事例問題を読み、まず、その事案にはどのような問題点が含まれているかということをあらかじめ自ら考えてみる（問題点の発見能力）。
② 検察官の立場に立ち、証拠構造を自ら作成してみる。それを終えた後で、私が示す参考例

と比較し、自分の作成・記載が適切であったかを検討する。
③　事例に含まれる捜査法上の問題点、証拠法上の問題点、公判手続等の諸問題について順次勉強する。

　皆さんはこれらを辛抱強く勉強していくことにより、これまで頭の中で観念的に理解できていたはずの問題点を実感を持って理解できるようになるはずです。がんばってください。
　（なお、本文中の条文の表示について、「法」とあるのは刑事訴訟法を指し、表示がなく条文のみ記載したものもすべて刑事訴訟法である。）

事例講義1　犯人性が争われたひったくり強盗致傷事件

事例

第1　事件の発生と捜査の遂行・事件処理

1　事件発生と初動捜査

　平成26年8月20日夜10時ころ、被害者V女が、練馬区内の甲駅で下車し、自宅に向かって路上を歩いていた。その日は夕方から雨が降り始め、付近は大雨となっていた。V女の背後から車が走行してきたが、道が狭かったため、V女は路側に寄って立ち止まり、車を追い越させようとした。すると車が速度を落としながらV女の右側を追い越した際、助手席の窓から腕が伸びてV女が右肩に下げていたショルダーバッグの吊り紐を掴んでひったくった。V女はバッグを奪われまいと足を踏ん張ったが、車が速度を上げたため、V女は車と並走しながら引きずられ、5～6メートル進んだところでこらえきれずに転倒し、バッグを握っていた手を放してしまい、車は走り去った。V女は、引きずられながら瞬間的に街灯の灯りで、助手席の男の腕が緑色のジャージ風の袖であり、頭が茶髪であるのを見た。V女は、転倒した際、膝や肘に加療約3週間の傷害を負い、翌日に 診断書 が作成された。

　V女は、逃走した車のナンバーを確認しようとしたが、練馬ナンバーの白いワゴン車で、下3桁が256であることだけ確認できた。V女は直ちに110番通報し、被害にあったことと、上記の車の色・形やナンバー、助手席の男の外見などの特徴を伝えた。この通報内容は、担当者によって 110番通報記録 に記載された[1]。

　警察は、直ちに緊急配備検問を実施するとともに、付近道路をパトカー数台で探索したが、該当車両の発見には至らなかった。

　V女が奪われたのは、バッグとその中の財布（現金約1万5,000円、乙銀行丙支店の同女の普通預金に係るキャッシュカード1枚等在中）、手帳1冊であった。手帳にはV女の氏名住所やキャッシュカードの暗証番号「4316」が記載されていた。

　翌21日午前10時ころ、乙銀行丙支店のATMから、何者かがV女の奪われたキャッシュカードを用いて現金80万円を引き出した。警察が同支店に赴いたのは、その約30分後だったので犯人は既に逃走していたが、 ATMの防犯ビデオ画像 に、頭髪は茶髪で中肉中背の若い男が現金を引き出す様子が記録されていた。男は、胸に「闘魂」と書かれた緑色のジャージと黒いトレーナーズボン姿であった。

---

(1) 筆者の若いころは手書きの通報記録が作成されていたが、現在では、警察の通信指令室の担当者が通報内容を端末に入力すると、当該データがそのままモニターに映し出され、他の司令室の担当者のみならず所轄警察も含めて当該情報が共有され、必要に応じてモニター情報がプリントアウトされて報告書化されているとのことである。

2　捜査の遂行と事件処理
(1)　強制捜査以前の任意捜査

ア　警察は、本件を氏名不詳者数名による強盗致傷事件として捜査を開始し、翌日、事件現場でV女立会の上で実況見分を行った。その際、警察官は、警察官が犯人に扮して警察車両の助手席に乗り、V女に被害状況を再現させ、①歩いていた状況、②立ち止まって路側に寄った状況、③窓から伸びた腕がショルダーバッグの吊り紐を掴んだ状況、④V女がバッグを奪われまいと踏ん張った状況、⑤並走しながら5～6メートル引きずられた状況、⑥こらえきれずに転倒してバッグの手を離した状況、等について、被害状況を再現した写真撮影を行った（被害状況再現の実況見分調書）。その作成の際、各写真を添付し、それらの下部に、V女が「この地点で窓から腕が伸びてきてバッグの吊紐を掴まれました」「伸びてきた腕は緑色のジャージ風の袖でした。瞬間的に、窓からその男の頭が茶髪だったのが見えました」「ここで並走しながら5～6メートル引きずられました」「この地点でこらえきれずに転倒してバッグの手を離しました」などと被害状況を説明した内容を付記したがV女の署名押印はなかった。また、V女から、被害状況について詳細に聴取したV女のKSが作成され、後日V女のPSも作成された。

イ　警察は、地方運輸局に対して、練馬ナンバーの白いワゴン車で下3桁が256である車を照会した。地方運輸局の回答書によると、該当する車は4台あり、各車の自動車登録の内容から各所有者等が判明した[(2)]。

ウ　警察は、この4台の車の所有者について裏付け捜査を行ったところ、3台については、各所有者の取調べにより、それぞれ事件当時のアリバイがあることが判明したのでその旨の車の所有3名の各KSが作成された。残るのは1台となり、その所有者は、練馬区内に住むAという30歳の男であることが確認された。Aは、9月2日に、覚せい剤自己使用の罪で逮捕され、起訴後も勾留されていた。

エ　9月20日、警察官がAを取調べたところ、Aは、「自分はひったくり強盗致傷など絶対にやっていない。思い当たることといえば、何日だったか覚えていないが、8月の中旬か下旬ころ、自分が働いていた赤羽駅近くのキャバクラの同僚のXという男から、『明日夜は非番だが、お前の車を貸してくれないか、ちょっと物を運ぶ用事があるので』と頼まれたので、翌朝、Xに自分の白いワゴン車を貸してやったことがある。Xは、その翌日、車を返しに来た。Xは、『昨晩は大雨の中を走ったので、大分車が汚れてしまった。洗車もしてないけどすまんな』と謝っていた」などと供述した。また、Aに、ATMの防犯ビデオ画像を示したところ、Aは「この茶髪の男は、Xの友達のYという男によく似ている。何回か3人で酒を飲んだことがある。Xはスキンヘッドだ」と供述した（AのKS）。

オ　警察が、気象台に事件前後の練馬区内の気象状況を照会したところ、8月20日は、夕方6時ころから雨が降り始め、翌朝7時ころまでに50ミリの降雨があったこと、またその日の前後1週間のうち、20日以外の日はすべて晴天であった旨の気象状況の回答書が得られた[(3)]。

カ　警察は、XY両名の周辺について内偵捜査を進めたところ、Xは、Aと同じ赤羽にあるキャ

---

(2)　都道府県警本部においては、運輸局から車籍情報（いわゆる車検証に記載されている情報に相当）の提供を受けているため、捜査官が本部に車籍照会を行ってその結果を報告書にすることで足りる場合も多いとのことである。

(3)　最近では、インターネットで気象台の観測地点での降雨状況をダウンロードして証拠化する例も多くみられるとのことである。

バクラに勤務していることが判明した。同店店長の協力を得て勤務簿やタイムレコーダー等を調べたところ、8月20日は、Aは勤務日で夕方6時から翌日午前3時まで出勤しており、Xは、その夜は非番で出勤していないことが確認されたので、店長からその旨の調書を作成し、勤務簿とタイムレコーダー記録の写しの任意提出を受けた（キャバクラ店長のKS）（勤務簿とタイムレコーダー記録の写し）。

キ　また、XY両名の預金や借金状況を捜査したところ、両名とも、信用金庫に普通預金口座は持っているが、ほとんど預金残高はなく、他方、両名とも、赤羽にあるサラ金業者からローンを受けていることが判明した。Xは、その年の初めころから数回にわたり合計90万円を、Yは、ほぼ同じ時期に合計120万円を借り、いずれも滞納していたが、8月21日午後3時頃、XY両名が一緒に来店し、Xは30万円、Yは40万円をそれぞれ返済していることが判明したので、融資担当者の調書を作成し（ローン担当者のKS）、それらの融資と返済状況の記録写しの提供を受けた。

(2)　強制捜査の着手

ア　警察は、上記の捜査結果を資料として、XY両名について、共謀によるV女に対する強盗致傷の被疑事実により逮捕状を請求するとともに、Xの自宅一軒家とYのアパート居室について捜索差押許可状を請求し、いずれも発付された。

イ　10月5日、警察はXY両名を逮捕するとともに、その各住居の捜索を実施した。Xの自宅からはX使用の携帯電話以外にめぼしい証拠物は発見されなかったが、Yのアパート居室からは、Y使用の携帯電話のほか、①胸に「闘魂」と書かれた緑色のジャージ、②8月21日の欄に「4316」とボールペンでメモ書きされたYの手帳が発見されたので差し押さえた（Y方居室の捜索差押調書）。

ウ　XY両名は、いずれも、「強盗致傷事件なんか身に覚えがない」と否認し、XはB弁護人を、YはC弁護人をそれぞれ選任した。

エ　XY両名が勾留されてから、警察官は、Xと二人暮らしで同居している母親D女を取り調べたところ、「息子がそんな悪いことをするわけがない」と供述していたが、8月20日前後ころのXの行動状況について取り調べたところ、「8月20日の夜に、息子が家にいたかどうかは、記憶がない。日記もつけていないので、その頃のことはよく分からない」「その当時、息子がサラ金から借金していることは、時々催促状らしきものが息子宛に届くので薄々知っていたが、息子に聞いても『母ちゃんは心配しないでもいい』というだけだった。8月20日前後に息子にお金を渡したり、息子からお金を無心されたことはない」などと供述したので、調書が作成された（D女KS）。

また、Yとアパートで同棲していたE女についても警察官が取調べたところ、E女は「Yが強盗致傷したなんて信じられない」と供述した。またE女は「Yはサラ金から沢山借金があるといって悩んでいたのは知っている。8月のある日の夜のことで、何日だったかはっきり記憶がないが、Yが『今日、金策ができたので40万円返せた。これで一息ついた』と言っていたのを覚えている。そのお金はどうしてやりくりできたのかは、自分には分からない」旨供述したので調書が作成された（E女KS）。

なお、検察官は、D女については、KSと同じ内容の検察官調書を作成していたが（D女PS）、E女については、KSのみで十分と判断してPSは作成していなかった。

(3) 被疑者の取調べとその後の捜査の遂行

ア　10月7日、勾留が付いてから、警察官は、鋭意XY両名の取調べを開始した。

Yは、否認を続けていたが、ATMから現金を引き出した時の防犯ビデオの画像やYの手帳に「4316」とメモされていることを示されると、態度をぐらつかせ「預金をATMで下ろしたのは間違いない。それは、名前はいえないが自分の友人から頼まれ、知らない女性名義のキャッシュカードを渡され、手間賃に3万円やるから、と言われて預金を下ろし、お金はその友人に渡し、3万円だけ貰った。その男の名前は言えないが、Xではない。手帳に4316と書いたのは、その友人から聞いた番号をメモしたものだ。サラ金に40万円を返したのは、同棲しているE女に頼み込んで彼女のタンス預金から回してもらったものだ。そのことは彼女によく聞いて欲しい。Xも一緒に返済したが、Xがどこからその金を調達したのかまでは知らなかった」と弁解を始めた。

イ　警察官Fが、E女を再び取り調べたところ、E女は「Yのサラ金返済のことは知らないといっていたが、そういえば、いつだったかまとまったお金をYに用立ててあげたことも1、2度あったような気がする」などと言い始め、煮え切らない態度となった。検察官が、E女を取り調べるため呼び出しをかけると、E女は一切応答せず、出頭を拒否した。

ウ　警察官Fは、再びYを厳しく追及した。勾留延長3日後の10月19日午後2時ころ、警察官Fは、Yに対し、「いつまでも否認していると、周囲に迷惑がかかるぞ。今のままならE女も君の事件の幇助犯として逮捕しなければならなくなる。正直にしゃべれば、この事件は、もともとはただのひったくり事件なんだから、強盗致傷でなく、窃盗と傷害の罪に落としてやることもできる。検事に頼んでやろう」などと言って自白を迫った。Yは、この警察官の説得で、E女を助け、自分も罪が軽くなるためなら自白したほうがよい、という気持ちになり、午後3時頃に至り「すみません。私とXが2人で被害者からバッグをひったくったことは間違いありません。車はXが同僚のAから借りてきたワゴン車を使いました。バッグの中にあった被害者の手帳に暗証番号が書いてあったので、翌朝一番に私が信用金庫に行き、ATMで80万円を引き出し、外で待っていたXと折半し、その日の午後、2人で赤羽のサラ金に行ってそれぞれのローンの一部を返済しました」などと自供した。そして、Yは、更に「盗んだバッグや財布・手帳は、全部まとめて紙袋に入れ、アパートの近くの川の土手に、穴を掘って埋めました。その場所は案内できます」と供述したので、同日午後4時ころ、それらの自白調書が作成された（Yの第一次自白KS）。

エ　警察官Fは、直ちに、Yを警察車両に乗せてその川に行き、Yが指し示す辺りをスコップで掘り出すと、地中からドロドロになった紙袋が発見され、その中にバッグや財布等が入っているのが発見されたので、領置し（バッグ及び財布等）（領置調書）、V女を呼び出して被害品であることを確認した。

オ　この間、警察官Gは、Xを取り調べていたが、Xは依然否認し、「強盗致傷など身に覚えがない。その頃、Aから車を借りたのは事実だが、これは、自宅から荷物をある所に運ぶためだった。その夜は一人で荷物を運び、Yとは会っていない。サラ金に返した金は、母親が工面してくれたものだ。母親は最近もうろくしているので、覚えてないんだろう。もう一度母親に聞いてみてくれ」などと弁解した。警察官Gが、母親のD女に電話で呼出しをかけたところ、D女は「警察にはこれ以上協力できません。ひどい調べをしてるそうじゃないですか。私は、記憶力が弱まっているので、なんでも息子の言うのが本当です」などとけんもほろろで、出頭を拒否した。

カ　警察官Gは、Yが上記ウの全面自白をする前日の10月18日、まだYが否認し、Xをかばって前記アの弁解をしていることを知りながら、Xに対し「Yはもう全部しゃべったぞ。車も、お前

が店の同僚から借りてきて、一緒にひったくりをやり、引き出した金で、一緒にサラ金で返済したことも全部認めた。母親も、お前が刑事さんに正直に話してほしい、と言っている。このままだと、何ヶ月も外には出れんぞ」などと言って自白を迫った。Xは、これらの追及・説得で観念し、Yの全面自白とほぼ前後して全面自白に至ったので調書が作成された（Xの第一次自白KS）。

キ　Yが前記の全面自白をした10月19日の夕方、両名の弁護人がXYにそれぞれ接見した。弁護人らは、その足で検察官室を訪れ、「警察官は、脅迫したり、窃盗と傷害に落とすと利益誘導したり、ひどい調べをやって虚偽の自白をさせている。二人は無実だ。厳重に抗議する」などと強く述べて退室した。検察官Hは、警察にこのことを伝え、適正な取調べを行うよう念を押した。しかし、警察官Fらの説明が煮え切らなかったので、不安に思った検察官Hは、翌20日の朝、上司の刑事課長に対し、取調官を交代させてもう一度黙秘権を告知させて取調べを再度行うよう求めた。これに応じた警察では、警察官F、Gの両名を交代させ、警察官I、Jが代わって被疑者らの取調べを開始したところ、Xは再び否認に転じ、勾留17日目の10月23日に至った。一方、Yは、川の土手に埋めた被害品が発見されたことについて「自分が事件を起こしたのは間違いないが、一緒にやった相手はXではなく、名前を言えない別の友人だ。Xは事件に関係していない」と供述を後退させた。

ク　ところで、XY両名から差し押さえた各携帯電話について、通話履歴やメールの内容が既に消去されていたので、電話会社に過去のメールの復元・解析を嘱託していたところ、その結果の回答書が10月23日の夕刻に届いた。その内容を確認したところ、8月20日午後8時3分に、XがY宛に送ったメールがあり、「車は確保。甲駅前広場で8時半に待つ」と記載されていた（Xのメール内容解析結果回答書）。

ケ　翌日10月24日の朝から、検察官Hが、まずXを取り調べ、この8月20日のメールの内容を示してその意味を質したところ、Xは、合理的説明ができず、動揺し始めたので、検察官Hが諄々と正直に話すように説得したところ、まもなく、Xは、「すみませんでした。刑務所に行くのが怖く、母親に心配をかけたくない余り、嘘をついていました。本当は、Yと2人でこの事件を犯したことに間違いありません。私がAから借りた車を運転し、Yが助手席に乗ってひったくりをしました。サラ金への返済に困って二人で相談してやったことです。うまくひったくれない時は、相手を引きずってでもバッグを奪うつもりでしたし、被害者が大声を出してしがみついているのを振りほどいて逃げるため車を加速させました」などと全面自供に至ったので、検察官調書が作成された（Xの第二次自白PS）。

コ　一方、同日午前中、警察官Jが、平行してYを取り調べ、じゅんじゅんと説得したところ、Yも間もなく自供に至り「やっぱり、自分がXと2人でやったことに間違いありません。自分は動かぬ証拠があるので、逃げられないと思ったが、Xは、年取った母親もいて可愛そうなので、自分だけが罪をかぶればよいと思って嘘をついていました」などと供述したので調書が作成され（Yの第二次自白KS）、同日午後、検事Hも取り調べて同じ自供内容の検察官調書が作成された（Yの第二次自白PS）。

(4)　補充捜査と事件処理

翌日、勾留19日目の10月25日、XY両名をそれぞれ立ち会わせた上で、現場の実況見分が行われた。Yについては、助手席に乗って被害者のバッグの吊紐を後ろから掴み、被害者を1メートルほど引きずった上、路上に転倒させた状況等について、犯行状況の動作等を再現させ、それら

の写真10枚を撮影し、それぞれの写真の場面ごとに、「ここで被害者のバッグの吊り紐をこのようにして掴みました」「ここで被害者が転倒し、バッグを放しました」などとYの説明内容を付記した実況見分調書が作成されたが、それにYの署名押印はなかった(Yの犯行再現実況見分調書)。

これらの捜査を踏まえ、検察官Hは、勾留延長満期の10月26日、被疑者XY両名を、共謀による強盗致傷の罪で公判請求した。

公訴事実

被告人X及び同Yの両名は、金品を強取しようと企て、平成26年8月20日午後10時ころ、被告人Xが運転し、同Yが助手席に乗車した普通乗用自動車で東京都練馬区○町○丁目○番地先路上を走行中、路側帯を歩行していたV女を認めてその背後から接近し、同女を追い抜きざま、被告人Yが、同女の右肩に提げていたショルダーバッグ(財布、現金約1万5,000円、乙銀行丙支店の同女の普通預金に係るキャッシュカード1枚等在中)の吊り紐を掴んで引っ張り、被告人Xが同車を加速させ、これを奪われまいと足を踏ん張る同女を約5メートル引きずった上転倒させる暴行を加え、その反抗を抑圧して同バッグを奪い取り、その際、上記暴行により、同女に対し、加療約3週間を要する膝、上腕部挫傷の傷害を負わせたものである[4]。

第2 公 判

1 公判前整理手続

検察官の証明予定事実と、その立証のための証拠請求に対し、XYの弁護人両名は、次のように主張して、事実を全面的に争うこととし、すべての書証を不同意とし、証拠物についても違法収集証拠であり、排除されるべきだと主張した。

(1) 弁護人の主張

ア 弁護人両名に共通する主張

① XYいずれも、本件事件を犯しておらず、無実である。
② 被害者が目撃したという自動車のナンバー等は、大雨の中で瞬間的に見たものにすぎず、正確ではない。
③ XYの第一次の各自白調書は、脅迫・偽計や利益誘導によって得られたものであり、任意性はなく、もとより信用性は全くない。
④ したがって、排除されるべきYの自白によって発見押収されたバッグ及び財布等の証拠能力も認められない。
⑤ その後のXYの第二次自白も反復自白であるので証拠能力は認められない。
⑥ 本件の事案自体は、客観的に見れば単なるひったくり窃盗に過ぎない。犯人がショルダーバッグを引っ張った暴行は、被害者の反抗を抑圧する程度には至っておらず、本件は、窃盗

---
(4) 個々の被告人の実行行為の記載は訴因の特定上不可欠ではないが、事実が明確な本事案のような場合は記載する方がベターであろう(訴因と公訴事実の章で勉強する)。

と傷害の限度でしか成立しない犯行である。

イ　Xの弁護人の主張
① Xが、8月、Aから自動車を借りたことは一度あったが、それは8月20日のことではなく10日以上後のことであり、Xは荷物を運搬するために借りたにすぎない。
② 8月21日午後にサラ金に返済した30万円は、母親のD女が工面してくれた金であった。

ウ　Yの弁護人の主張
① Yは、名前を言えない友人からキャッシュカードを渡され、暗証番号を教えられて金の引き出しを頼まれ、それが被害者から奪われたものとは知らずに、預金を引き出したものだ。手間賃として友人から3万円はもらったが、引き出した金は友人に渡した。
② 8月21日午後に、サラ金に返済した40万円は、同棲中のE女がタンス預金から融通してくれたものである。

(2)　弁護人の証拠請求
ア　Xの弁護人は、母親D女の証人調べを請求した。
イ　Yの弁護人は、E女の証人調べを請求した。
（なお、この両名については検察官も請求しているので双方請求の証人である。）

2　公判審理
(1)　被害者の証人尋問
V女のKS、PSが不同意となったためV女の証人尋問が行われた。V女は、KSとPSどおりの被害状況を供述した。弁護人は、被害者が転んだのは、強くひきずられたためではなく、足がもつれたためではないか、などと反対尋問し、また、車の特徴やナンバー、助手席の男の外見についての知覚と記憶の正確性の観点から反対尋問したが、V女の供述はぐらつかなかった。

(2)　Xの母親D女の証人尋問
検察官と弁護人が双方申請して採用され、尋問をされた。最初、弁護人が尋問したが、弁護人は、当初、D女から、事件当時、息子Xに借金返済のために金を用立ててやったことがあったのを思い出した、ということを証言させようと考えていた。しかし、尋問のため、D女が証人席に座ったとたん、被告人席のXの顔を見て激しく興奮し、泣きじゃくり始めた。弁護人の尋問にもほとんど答えない上、検察官が交代して尋問を始めると一層興奮し、まともな供述を一切しなかった。裁判長がしばらく休廷することとし、30分後に尋問を再開したが、情況は変わらなかった。

(3)　弁護人は、「4316」と記載されたYの手帳を不同意とした。

(4)　E女の証人尋問
検察官と弁護人が双方申請して採用され、尋問された。最初、弁護人が尋問したが、「その後思い出したが、Yから頼まれて、自分のタンス預金から50万円位を用立ててやったことがあった」などと供述した。検察官は、E女が刑事から取調べを受けた際にはそのような話をしていなかっ

たことについて問い質したが、E女は、その後思い出したとの一点張りであった。

(5) XYの捜査段階の自白調書関係等

XYは、それぞれ被告人質問において、捜査段階の自白は、いずれも取調官から、脅迫・偽計や利益誘導をされたため虚偽の自白をさせられたと弁解した。公判担当検察官は、XYらを取り調べた各警察官及び検察官Hの証人尋問を請求し、採用されたのでそれぞれ尋問がなされた。

証拠構造

上記事案の捜査・証拠関係に基づき、検察官の立場に立ち、公判において主張・立証すべき内容を、証拠構造に基づいて取りまとめよ。なお、論文調によるのでなく、主要事実、間接事実、補助事実を箇条書きにし、ツリー構造で整理すること。そしてそれらの各事実の右側に、それらの各事実を立証するために役立つ証拠を、下記各証拠の名称の表現で記載すること（これは事例講義2以下についても同様とする）。

（下記の証拠の名称の記載は実務に忠実とは限りませんが、分かりやすい表記をしています。）

【証拠一覧】
V女のKS・PS
診断書
110番通報記録
ATMの防犯ビデオ画像
被害状況再現の実況見分調書
地方運輸局の回答書
車の所有者3名の各KS
AのKS
気象状況の回答書
キャバクラ店長のKS
勤務簿とタイムレコーダー記録の写し
融資と返済状況の記録写し
ローン担当者のKS
D女のKS/PS
E女のKS
Xのメール解析結果回答書
Yの第一次自白KS
Xの第一次自白KS
Xの第二次自白PS
Yの第二次自白KS
Yの第二次自白PS
Yの犯行再現実況見分調書

〔注意点〕
① 実務では、ベストエビデンスの観点から、必要性の薄い証拠は請求しないことが多いが、

設問では全く意味のない証拠以外はすべて証拠調べを請求する前提で整理すること。
② 本事案では、公判で自白の任意性が争われるであろうが、自白調書も証拠請求するという前提で証拠構造を作成すること

【証拠構造の参考例】

初めての挑戦、いかがでしたか。それでは、参考例を示しましょう。あくまで一つの例であり、証拠構造の組み立て方は、唯一無二のものではないので、各自よく工夫・検討することが大切です。

証拠構造の例

1 ８月20日午後10時ころ、○○○路上において、被害者Ｖ女が、ひったくり強盗致傷事件の被害を受けたこと[5]

(1) Ｖ女は、右肩に下げていたショルダーバッグを、追い越される車の助手席から伸びた腕でひったくられ、足を踏ん張ったが５～６メートル引きずられて並走し、こらえきれず転倒してバッグを持った手を離したため、バッグを奪われたものであり、これは被害者の反抗を抑圧する暴行によるものであったこと

(2) 被害品は、ショルダーバッグ１個と、それに在中する財布、手帳であり、財布には１万5,000円と乙銀行甲支店のＶ女名義の普通預金口座のキャッシュカードが入っており、手帳にはその口座の暗証番号「4316」が記載されていたこと

　((1)、(2)につき) Ｖ女のＫＳ、ＰＳ　被害者立会の実況見分調書

(3) Ｖ女は、上記暴行により加療約３週間の傷害を負ったこと
　　　　　診断書

2 その事件の犯人は被告人ＸＹの両名であり、両名が共謀の上、被告人ＸがＡから借りた車を運転し、被告人Ｙが助手席に乗って本件強盗を実行したこと[6]

(1) 上記犯行に使用された自動車の所有者は、被告人Ｘの同僚Ａであって、事件当日の朝、被告人ＸがＡから借用し、翌日返却したものであること

ア 犯人の乗った車は、練馬ナンバーの白いワゴン車で下３桁が256であったこと
　　Ｖ女のＫＳ・ＰＳ　110番通報記録

イ 上記に該当する車両は４台あるが、その内３台については、所有者・使用者にそれぞれアリバイがあり、残る１台がＡの所有であること[7]
　　地方運輸局の回答書　車の所有車３名の各ＫＳ

ウ Ａは、８月の中旬か下旬ころの朝、被告人Ｘに自分の白いワゴン車を貸してやり、Ｘは翌日その車を返しに来たが、その際Ｘは「昨晩は大雨の中を走った」とＡに話したこ

---

(5) この部分が「罪体」である。なお、下記の(1)ないし(3)は、間接事実ではなく、主要事実である罪体部分を、より具体的に書き分けたもの。
(6) 下記の(1)ないし(9)は、この犯人性及び共謀の主要事実を立証するための第一次ないし第二次間接事実である。
(7) 厳密には、他の３台の車の所有者のＫＳのみでその３名各自のアリバイが当然に証明されるわけではない。被告人や弁護人の主張が、被告人以外のこれらの者の車であった可能性を強調するようなものであれば、それに即してより具体的なアリバイの立証が必要になる場合もあろう。

と
　　　　　　　　　　AのKS
　エ　8月20日の事件の夜の事件当時、練馬区付近では大雨が降っていたが、その前後1週間は晴天であったこと
　　　　　　　　気象状況の回答書
　オ　Aについては、事件当日夜、午後7時から深夜までキャバクラで勤務しており、被告人Xは、当日非番のため出勤していなかったこと
　　　　　　　キャバクラ店長のKS　　勤務簿とタイムレコーダー記録の写し
(2)　8月20日午後8時ころ、被告人Xから被告人Y宛に「車確保。甲駅前広場で8時30分に待つ」とのメールが発信されており、XはYとその日時場所で待ち合わせようとしていたこと
　　　　　　　　　Xの各携帯電話のメール内容解析結果回答書
(3)　V女が目撃した助手席の男は茶髪で、袖は緑色のジャージ風であったこと
　　　　　　　V女のKS,PS
(4)　被告人Yは茶髪であり、自宅から緑色のジャージが差し押さえられたこと
　　　　　　　AのKS　　緑色のジャージ　　Y方居室の捜索差押調書
(5)　被告人Yが、事件翌日8月21日の朝、乙銀行丙支店のV女名義の預金口座から、奪ったキャッシュカードを用いて現金80万円を引き出したこと
　ア　同支店のATM防犯ビデオ画像に映った男は、茶髪で緑色の「闘魂」の字が入ったジャージを着ており、被告人Yに酷似していたこと
　　　　　　　AのKS　　ATMの防犯ビデオ画像　　緑色のジャージ
　イ　被告人Y方で押収されたYの手帳には、8月21日の欄に同口座の暗証番号「4316」がメモ書きされていたこと(8)
　　　　　　　Yの手帳　　Y方居室の捜索差押調書
(6)　同日午後3時ころ、被告人XYの両名が、一緒に赤羽のサラ金業者の店舗に赴き、被告人Xは30万円、被告人Yは40万円をそれぞれ現金で返済していること
(7)　上記返済以前、同サラ金から、被告人Xは、90万円を借り、被告人Yは120万円を借りていずれも滞納しており、本件犯行の動機があったこと
　　((6)(7)につき)　融資と返済状況の記録写し　　ローン担当者のKS
(8)　被告人両名の上記30万円と40万円の返済資金は、本件の強盗によって得た金以外にはなかったこと
　ア　被告人Xと二人暮らしの母親D女は、Xが本件のローンの返済当時、その返済資金をXに用立てたことはなかったこと
　　　　　　　D女KS　　D女PS
　イ　被告人Yは、本件当時、サラ金からの借金返済で悩んでおり、8月に40万円を返済したことを同棲していた内妻E女に伝えたが、その金はE女が用立てたものではなかったこと

----

(8)　「V女の暗証番号が4316であること」を立証するのではない。Yの手帳に他人であるV女の暗証番号が記載されていたという事実自体に重要な意味がある非供述証拠としての用い方である。

> E女のKS
>
> (9) 被告人Yの自供により本件被害品であるショルダーバッグや財布等が発見されたこと
>
> バッグ及び財布　領置調書
>
> 3　被告人両名は、本件が被告人らの犯行であることを自供しており、その自供は十分信用性があること(9)
>
> Yの第一次自白KS　Xの第一次自白KS
> Xの第二次自白PS　Yの第二次自白KS　Yの第二次自白PS
> Yの犯行再現実況見分調書

各証拠の証拠能力

弁護人が、書証を全て不同意としたり、証拠物の取調べに異議があるとした場合、各証拠は、どのような要件の下に**証拠能力**が認められるか。立証趣旨との関連に留意し、伝聞法則の適用・非適用等の観点から検討せよ。

それでは、各証拠の証拠能力等について勉強していきましょう。それらに関する伝聞例外規定等の総論的・一般的な問題についても併せて講義していきます。

1　V女のKS・PS

(1) V女のPS

V女のPS、KSは不同意となったので、検察官はV女の証人尋問を請求しました。ここで、PSの証拠能力についての一般論を勉強しておきましょう。

PSは、321条1項2号書面で伝聞例外としては「小結」ですね。

PSについては、現行刑訴法が制定されて間もないころ、この例外規定の合憲性が争われました。というのは、憲法37条2項は、「刑事被告人は、すべての証人に対して審問する機会を充分に与えられ」と定めています。PSは「供述不能」の要件を満たせば伝聞例外として採用できます（これは321条1項1号や3号にも共通する問題）が、それでは憲法のこの権利が保障されない、ということから、学説では違憲説も以前有力でした。しかし、最高裁は早くから合憲とし、決着がついています(10)

PSが伝聞例外として採用されるためには、供述不能の場合はそれだけで可能ですが、そうでない場合には、当該供述者が証人として証言し、その証言内容の供述が、捜査段階で作成されたPSと実質的に相反すること（実質的相反性）、及び公判での供述よりもPSの供述の方が信用性があると認められること（相対的特信性）が要件となります。

321条1項1号の裁判官面前調書の場合には、単なる相反性が認められるだけで採用されるの

---

(9) 自白は証拠構造の最後にもってくること。
(10) 最大判昭和24・5・18刑集3巻6号789頁。
　　「憲法37条2項に……と規定しているのは、裁判所の職権により、又は訴訟当事者の請求により喚問した証人につき、反対尋問の機会を充分に与えなければならないというのであって、被告人に反対尋問の機会を与えない証人其他の者（被告人を除く）の供述を録取した書類は、絶対に証拠とすることは許されないという意味を含むものではない。」

と比較し、PSの場合は「実質的相反性」であり、要件が厳しくなります。実質的相反性とは、1号とは異なり、単に供述が異なるだけでなく、その供述自体でまたは他の証拠とあいまって異なる事実認定を導く可能性のある程度の食い違いのある供述と解されています（新基本法コメ469頁）。公判での供述がPSより若干簡潔であったり、やや明確性に欠けたとしても、実質的に心証形成に影響ない程度であれば、この相反性は認められません。

次に特信情況です。これは、いわゆる相対的特信性です。それをどのような事情に基づいて判断するかについては、基本的には、「外部的付随事情を基準とし、副次的にこれ推認する資料として調書の供述内容も考慮できるとするのが実務・多数説です。

まず「外部的付随事情」とはどういうものかというと、一般には「事案の性質、証人と被告人との人的関係、利害関係」などが挙げられます。要するに、捜査段階ではPSで真実を供述していた者が、公判で証人として呼ばれた場合、真実を供述しにくいような事情があるか否かという問題です。

「事案の性質」とは、例えば暴力団犯罪、テロ犯罪など、証人が法廷で真実を証言するとその証人が報復の的となるおそれがあるような事案かどうかなどです。証人と被告人との人的関係や利害関係とは、例えば、被告人が会社社長でその部下が社長の犯罪立証の証人となる場合や、暴力団組長が被告人でその組員が証人となる場合など、証人と被告人との人的関係から、証人が被告人に不利なことを公判で証言しにくいような場合が挙げられます。

また、△最判昭和30・1・11刑集9巻1号14頁（百選A38）は、その判断資料につき「必ずしも外部的な特別の事情でなくても、その供述の内容自体によってそれが信用性ある情況の存在を推知せしめる事由となると解すべきものである」とし、特信性の判断のために当該PSの内容を判断資料にすることも許されるとしています。その内容とは、PSについて、その供述内容自体が公判供述と比べて自然で合理的なものであるか否か、客観的証拠と矛盾しているような点はないかなどでしょう。ただ、これらは、公判供述とは無関係にそのPS独自の信用性を検討・判断するものではなく、飽くまで公判供述との比較において検討されるべきものです。Pの供述内容がそれ自体で信用できるかどうかという視点ではなく、一般的類型的にみてPSに記載された供述に信用性の認められる外部的付随事情が推知できるか、という視点での判断資料として用いるためです（古江・事例演習［2版］362頁参照）。PSの内容と公判供述内容を比較し、公判においてPSと異なる供述をしたのならその供述内容の合理性や供述が変遷した合理的理由の有無、供述態度等を吟味し、証人と被告人との人的関係等の外部的付随事情に照らしていずれが信用できるかを判断することになります。なお、特信性は訴訟上の事実であるから自由な証明で足りるとするのが通説です（大コンメ刑訴法［2版］(7)605頁〔中山善房〕。なお同603頁以下に特信性が認められた具体的事例が記載されている）。

本事例では、V女は、被告人らを恐れて公判で真実が離せないような人的関係はなく、公判でPSに沿って証言したので、検察官としては2号書面としてのPSの請求の必要があり、ませんでした。したとしても採用はされませんね。

川井さん

PSの内容も判断資料にできるそうですが、PSはまだ証拠として採用されておらず、これから採否を決めようとしているのに、なぜ裁判官はPSを読んでその内容を検討できるのですか。

[太田]

　それはもっともな疑問ですね。ただ、実務では、時々ですが、検察官が請求したPSを裁判所が、「取りあえず拝見しましょう」、として検察官にPSを提示させ、裁判官がPSの採用決定前にPSを読むこともあります。その法的根拠は、刑訴規則192条が「証拠調べの決定をするについて必要があるときは、訴訟関係人に証拠書類又は証拠物の提示を命ずることができる。」と規定していることにあります。裁判官がPSに目を通すのはあくまで証拠能力を判断して採否決定を行うためであってPSを証拠調べするのではありません。仮にPSの特信性がないとして請求を却下した場合、裁判官は、いったん目を通したPSの内容は無視し、心証形成には用いません。訓練された職業裁判官はPSにいったん目を通してもそれによって心証形成が左右されるようなことはないのです。

　なお、かつては、検察官がPSによる立証に頼る比重がかなり大きかったですが、裁判員制度の導入等を契機に、裁判所において、直接主義・公判中心主義が強く唱えられ、書証による立証から人証による立証を重視する傾向が強まっています。そのため、検察官のPS立証への依存度は次第に低くなっているようです。しかし、暴力団犯罪や会社の組織犯罪などでは、依然として報復を受けるおそれや組織内でのかばい合いなどから関係者が法廷で真実を述べにくい場合も少なくないので、検察官は特信性が認められるPSの作成に一層意を用いなければなりません。

　また、最近は被害者・参考人の取調べについても録音録画を行う機会も増えており、その媒体をPSの特信性の立証に用いることも行われています[11]。取調べの録音録画が行われた場合に、それによって作成されたPSが自白である場合にその任意性の立証は録音録画媒体によって行うことはもとよりですが、そのPSを共犯者の公判において2号書面として採用してもらおうとする場合や、被害者・参考人のPSを2号書面として採用してもらおうとする場合でも、録音録画媒体が存在するのであれば、特信性の立証もまずはこれによって行うことになります。

(2) V女のKS

　実務では、PSが十分に作成されていれば、それと同一内容であるKSの証拠請求はしない場合が多いです。ベストエビデンスの観点から重複する内容の書証を請求する必要はないからです。ただ、請求しないKSでも、類型証拠として弁護人に開示されますので、弁護人は、KSとPSの内容に食い違いや変遷があれば、その不審な点を反対尋問で突くことになるでしょう。KSは、請求して不同意となれば、321条1項3号書面として伝聞例外の「平幕」であり、供述不能、犯罪の証明のための不可欠性、絶対的特信性の厳しい3要件をクリアしなければなりません。

[山田君]

　ある人のKSを作成した場合、PSも必ず作成するのですか。KSが作成されているのにPSの作成も必要となるのはどんな場合でしょうか。

---

(11) 平成26年6月16日付けの最高検察庁次長検事依命通知により、それまで裁判員対象事件や独自捜査事件等で試行されていた被疑者の録音録画（これらに知的障害、精神障害を加えた4類型）について、本格実施されることとなり、また、それ以外の身柄事件と被害者・参考人についても録音録画を試行することとされた。ただ、録音・録画の媒体を、自白の任意性やPSの特信性の立証に用いることを超えて、供述内容の真実性の実質立証に用いることが許されるかどうかについては、そのような試みも徐々に行われているが、裁判所は基本的に慎重な姿勢であり、今後の検討課題の一つとなっているようである。

太田

　警察が取り調べてKSを作成した全ての関係者について、検察官がPSを作成する訳ではありません。検察官はとてもそんな時間的余裕はありませんよ。私が東京地検刑事部の副部長をしていたとき、部下の若手の検察官は、常時10件から10数件の身柄事件を抱えていました。ある日現在で、これらの多数の身柄事件を抱え、併行して捜査処理をしなくてはなりません。例えば、殺人、強盗、窃盗、覚せい剤取締法違反、銃刀法違反など種々の事件です。毎日のようにそれらの勾留満期が来るので起訴不起訴の事件処理が必要となりますし、新件の身柄も次々配点されてきます。身柄事件以外に警察等から在宅送致された事件も多数抱えています。ですから、検察官は、限られた時間を有効に活用して、検察官が自ら取調べてPSを作成すべき関係者は誰か、ということを的確に判断しなければなりません。その目安としては、まず被疑者については、必ず検察官が取調べ、略式命令請求や起訴猶予などの軽微な事案以外ではPSを作成するのが通常です。参考人については、事件の被害者や有力な目撃者などの参考人で検察官自らが詳細に事情を聴取・確認する必要がある者などですね。また、PSの証拠能力の問題で触れましたが、PSが活きるのは、供述者が公判で被告人を恐れるなどして真実を証言できない場合ですから、そのようなおそれがある者からはPSを作成しておくのが必須になります。V女の場合は、強盗致傷という重大事件ですし、公判で被告人らを恐れたりかばったりして供述を翻す可能性は低いとしても、犯人が逃げたためその特定に困難が予想されたので、検察官自ら被害状況や逃走車両の特徴等を詳細に確認しておく必要があったのです。また、その特信性の立証のために、最近は取調べの録音録画が活用され始めていることは前述したとおりです。

2　診断書

　次は診断書です。診断書の伝聞例外としての証拠能力にはいろいろ問題がありますね。
　結論から言うと、医師による診断書は、321条4項の鑑定書の伝聞例外規定の準用が認められており、実務でも多く活用されています（△最判昭和32・7・25刑集11巻7号2025頁〈百選［9版］A36〉）。診断書の具体論に入る前に、321条4項の一般的な問題を勉強しましょう。

(1)　「裁判所の鑑定人による鑑定書」に限るか。

　321条4項は「鑑定の経過及び結果を記載した書面で鑑定人の作成したもの」と定めていますが、「鑑定人」とは、165条が「裁判所は学識経験のある者に鑑定を命ずることができる」と定めているように、裁判所の命令によって鑑定の義務を負った者です。そのような鑑定人には、166条で宣誓義務があり、虚偽の鑑定をした場合には刑法171条が宣誓した鑑定人に対し虚偽鑑定罪で懲役3月以上10年以下という重い刑を定めています。本来、「鑑定人」とは極めて格の高い者なのです。
　ところが、判例は、321条4項を、裁判所の命令によるのでなく、捜査機関の鑑定嘱託等による「鑑定受託者」について準用を認めてきました。△最判昭和28・10・15刑集7巻10号1934頁（百選A40）は「捜査機関の嘱託に基づく鑑定書（刑訴223条）には、裁判所が命じた鑑定人の作成した書面に関する刑訴法321条4項を準用すべきものである」としています[12]。

---

(12)　ただ、近年では診断書の4項準用を安易には認めず、カルテによる立証や医師の証人尋問による場合の方が多いとの指摘もある。

学説には、宣誓義務等もなく中立性の点で劣るともみられる捜査機関の嘱託による鑑定受託者の鑑定書について同項を準用することに批判もありました。しかし、それが準用されるのは
① 鑑定は専門的学識経験により中立的な立場でなされること
② 技術的詳細な鑑定内容等は、鑑定者の記憶に頼るよりも鑑定当時に作成した鑑定書による方が裁判所にとって理解しやすいこと
③ 被告人側には証拠保全としての鑑定請求が認められる（179条）こととのバランス
などを理由とします。①ですが、捜査機関から嘱託を受けた鑑定受託者も、専門家としての自己の良心に従って鑑定をするのです。捜査官から頼まれたからと言って捜査官が期待するような鑑定結果を意図的に出そうとするようなことがあれば、長い間にその専門家は捜査官よりの偏った鑑定をする人だという評価が定着し、専門家としての信頼を失うことになりかねません。私自身の経験でも、検察官が期待したのとは裏腹の鑑定結果が出て事件の起訴を断念したようなこともありました。

― コラム ―
　私が若手検事の時、ある治安関係の公務員が退職後まもなく退職金で建てた自宅に放火した罪で逮捕・勾留され、私が事件を担当しました。その被疑者は30年以上公務員として大過なく仕事をしており、取調べでは寡黙ですが特に不自然な言動はなかったので、責任能力には問題ないだろうと思いました。しかし、大事な自宅に放火する動機が不可解なので、念のためと思って責任能力判断のために鑑定留置を請求しました。2か月近い鑑定の後、鑑定医から連絡があり、被疑者は犯行時統合失調症（当時は「精神分裂病」）のシューブ（急性悪化）の状態下にあった、との鑑定結果でした。まさか、と驚いて鑑定医に事情を聞きに行ったところ、この病気では、外見上は一見平穏な仕事・生活をしている者であっても統合失調症による妄想に支配されている場合もあるとのこと。そうであれば責任能力は否定されますので、放火という重大事件でしたが、やむを得ず不起訴としました。

　次に②についてですが、死体解剖結果の鑑定報告書や被告人の責任能力についての精神鑑定の報告書などは極めて詳細なものです。業務上の過失による大規模な死亡事故についての事故原因の鑑定書などは、時には数十ページから100頁を超えるようなものもあります。また死体を解剖する法医学の先生は、多い時には一日数体の死体を解剖することもあります。しかし、死因が争われるなどして、鑑定書が被告人の公判で証拠請求されるのは、時には1年も2年も後のことになることも珍しくありません。いくら自分自身が解剖したといってもそのような膨大な鑑定書に記載された精緻な鑑定経過や結果の内容を、その先生が全て記憶しておくことなどは不可能です。むしろ、このような極めて技術的で詳細な鑑定の結果については、鑑定を行った当時に鑑定者が作成した鑑定書という書面によって立証する方がはるかに正確であり、裁判所にも理解しやすいのです。この点は、鑑定人であろうが、鑑定受託者であろうが変わりはないのです[13]。
　③については、弁護人には第1回公判前、証拠保全のために裁判官に対して鑑定の処分を請求

---

(13) ただ、裁判員裁判においては、近年、鑑定書による立証よりも、鑑定者である専門家証人の公判廷での鑑定内容や結果の説明の証言によって立証を行う傾向が強まっているとのことである。

することができます。しかし、仮に捜査段階で、捜査官が鑑定を嘱託した鑑定受託者の鑑定書について伝聞例外が認められないとすると、犯罪を解明する責務を負っている捜査官が捜査段階で嘱託して得た鑑定書の証拠能力は、被告人が同意しない限り認められないことになり、不公平であるとともに真実発見が阻害されることになりますね。

(2) 弁護人等、私人が依頼した専門家による鑑定書についてはどうか。

　捜査機関の嘱託による鑑定受託者については4項準用が認められるとして、弁護人など私人が探し出して依頼した専門家による鑑定書についてはどうでしょうか。弁護人は私人である上、必要があれば前述のように179条で証拠保全の途もあるのだから、果たしてこれが許されるのでしょうか。

　実は古い判例では、4項の準用が認められるのは、せいぜい捜査機関による鑑定受託者によるものに限るという判例もあったのです。

　○東京地決昭和53・6・29判時893号8頁（ロッキード事件児玉小佐野ルート事件）

　「護岸工事に必要な六脚ブロックの重量及び個数等を算出したものであることが認められるから、それは、単なる同証人の経験した事実の報告文書ではなく、同証人の専門的知識経験に基づく「鑑定の経過及び結果を記載した書面」の性格を有するものと言うことができる。しかし、鑑定書の性格を有する書面のすべてが法第三二一条第四項所定の書面に該当する訳ではなく、同項に適合する書面であるためには、さらに、それが裁判所によって鑑定を命ぜられ～、宣誓をした……『鑑定人の作成したもの』であることが必要である。解釈上その準用を認むべき余地があるものとしても、その許される範囲は、せいぜい捜査機関によって鑑定を嘱託された……『鑑定受託者の作成したもの』……～の限度に止めらるべきであり、本件検討書の如く、私人の委嘱に基づくものにまで拡張すべきではない」

　しかし、その後、○最決平成20・8・27刑集62巻7号2702頁（百選84事件）では、捜査機関そのものではないが、福岡県消防学校の依頼を受けて行われた燃焼実験報告書について、4項の準用を肯定しました。

《事案の概要》

　非現住物等放火、詐欺未遂事件について、検察官は、民間会社Aに勤務するBがたんすの燃焼実験を行って作成した「燃焼実験報告書」の証拠調べを請求したが、不同意とされたため、作成者Bを書面作成の真正性等について証言させ、一審裁判所は、刑訴法321条3項を「準用」して採用決定し、取り調べた。原審もこれを是認したので、被告人側が訴訟手続の法令違反として上告。なお、A社は、火災原因の調査を多数行っており、福岡県消防学校の依頼を受けて燃焼実験を行ったものであり、実験を担当したBは、消防士として15年の経験があり通算20年にわたり火災原因の調査・判定に携わってきた。

《判決要旨》

　「しかしながら、同項（※3項）所定の書面の作成主体は「検察官、検察事務官又は司法警察職員」とされているのであり、かかる規定の文言及びその趣旨に照らすならば、本件報告書抄本のような私人作成の書面に同項を準用することはできないと解するのが相当である」としながら

　「上記作成者は、火災原因の調査・判定に関して特別の学識経験を有するものであり、本件報告書抄本は、同人が、かかる学識経験に基づいて燃焼実験を行い、その考察結果を報告したものであって、かつ、その作成の真正についても立証されていると認められるから、結局、本件報告

書抄本は、同法321条4項の書面に準ずるものとして同項により証拠能力を有するというべきであり、前記法令違反は判決に影響を及ぼすものではない。」とした。

　つまり、検察官は、この燃焼実験報告書を321条3項の検証の結果を記載した書面として証拠請求したのですが、最高裁は、3項の主体は捜査官に限られるので、民間会社の社員による燃焼実験報告書に3項を準用することは許されないが、4項の準用は認められ、捜査官でない県の消防学校からの依頼であっても許容されるとしたのです。ですから、私人から依頼された専門家による鑑定書には4項は準用できないとした前記の東京地裁の昭和53年の判例は、その先例価値を失っているといえますね。

　弁護人には、証拠保全の請求ができるとはいえ、それができる場合は限られており、実際上の運用の例も極めて少ないです。また、専門家である以上、誰から依頼されようと自己の専門家としての良心に従って正しい鑑定を行うということは基本的に共通しています。この問題については「弁護人・私人の嘱託に基づいて作成された鑑定書、他からの委嘱なく専門的知識を有する者が、自ら職務等に関連して作成した鑑定書等についても、広く本項の準用を認めて差し支えないと解する説が支配的となり、その傾向は実務にも見受けられる（大コンメ刑訴法［2版］(7)632頁〔中山善房〕）」とされています。

　また、この指摘のように、誰からも依頼されず、自主的に作成されたものも含まれます。消防局職員による火災原因調査報告書は、捜査機関からの依頼に基づく犯罪捜査のためではなく消防行政の出火原因調査の一環として作成されますが、その謄本が放火事件の証拠として用いられることは多く、4項が準用されます。このほか、大規模災害や交通事故等において、行政庁が事故調査委員会等を設置して災害や事故原因について調査し結果を取りまとめたものや、行政庁がその専門的知見に基づいて分析調査した結果を取りまとめたもの含まれ得ます。航空機事故調査委員会作成の航空機事故調査報告書、関税法違反事件の大蔵技官作成の輸入貨物の品目・税率・課税価格等を記載した書面等については、肯定した判例があります。

コラム

　ロッキード事件とは、昭和51年2月、東京地検特捜部が、当時我が国最強の政治家といわれた田中角栄元総理大臣を、丸紅・全日空ルートで、ロッキード社から同社の航空機を全日空に購入させるための尽力の謝礼として5億円の賄賂を受領したとの嫌疑で逮捕・起訴した事件である。この事件は戦後最大の疑獄事件として世間を震撼させたが、田中元総理の被告事件は長期間公判で争われ、上告審係属中、平成5年12月、同元総理の死亡により公訴は棄却され、事件は終結した。しかし、同事件をめぐっては、ロッキード社のコーチャン、クラッター両証人に対して我が国における刑事免責を付与してなされた嘱託尋問調書の証拠能力（最大判平成7・2・22刑集49巻2号1頁〈百選66事件〉）、ロッキード社のコンサルタントであった右翼の巨頭児玉誉士夫作成のコンサルタント料の領収書の証拠能力（東京地決昭和56・1・22判時992号3頁※前掲）、関係参考人による業務日誌や日記、上記の護岸ブロックの「検討書」の証拠能力（東京地決昭和53・6・29判時893号8頁）など、刑訴法上の重要な問題点に関する判例をもたらすことになった。

海野君

　この最決は、捜査官でない消防学校の依頼に基づき民間会社の職員によって作成された燃焼実験報告書について、4項の準用を認めながら、3項の検証調書については、作成主体は捜査官に限られる、としていますね。判例が、現行刑訴法制定当時の伝聞規定の文理上からは認められない場合でも柔軟に準用を認めて例外規定の対象を拡大してきた、と先生はお話しされましたが、それだったら、どうして検証調書についても私人が作成したものに3項の準用を認めないのでしょうか。不公平だと思います。

太田

　良い着眼点ですね。この点は実務的にも重要です。仮に弁護人が自分で事件の現場に行って、写真を撮ったり関係地点の距離を測って図面を作成して弁護人名義の「実況見分報告書」というものを証拠請求したとしても、3項の準用は認められていません。これは一つには、文理上、4項よりも3項の方は、「検察官、検察事務官又は司法警察職員の検証の結果を記載した書面」というように、作成主体について、より明確な規定ぶりをしているということがいえます。しかし、実質的な理由を考えてみると、鑑定の場合は、依頼する者が捜査官であれ私人であれ、鑑定を行う者は専門的・科学的知識経験に基づいて行うので、その内容に本質的な差はありません。しかし、検証については、警察官等が行う検証は、その作業に熟練した警察官が客観的な方式によって行い、その検証調書は統一性のある基本的な様式で作成されるので、類型的に信用性が高いといえるでしょう。それに対し、弁護人が行う場合には、検証の経験が乏しいため、いわば自己流のやり方で行うという面もあり、類型的にそれほどの信用性をおけないということがいえると思います。弁護人としては、捜査段階なら証拠保全としての検証を請求し、公判段階なら裁判所に検証を行ってもらい、自分も立ち会えばいいのです（128条、142条が準用する113条）。

　ただ、この点は、作成者が弁護人であるから、という理由のみで一切321条3項の準用を否定するということが今後も維持されるかどうか、一つの問題点となるような気もします。

(3)　4項が準用される鑑定書にはどのようなものがあるか。

　「鑑定書」という名称が付されているか否かによるのでなく、その内容が専門家による専門的学識経験・知見によってなされたものであるか否かによります。死体検案調書、指紋対照結果報告書、ポリグラフ検査書等にも本項が準用されるのが実務です。

(4)　診断書の問題点

　これらを踏まえてやっと診断書の問題にたどり着きました。診断書について、321条4項の準用には、かなり問題が大きいといえます。なぜなら、同項は「鑑定の経過及び結果を記載した書面」とされていますが、診断書には、例えば「加療3週間を要する顔面挫傷」など鑑定の「結果」しか記載されません。それに極めて詳細な死体解剖結果報告書などとは異なり、たった1枚の簡単な紙にしかすぎません。ときには、暴力団から依頼された医師が、心ならずも虚偽の診断書を作成するような例もあり、私も検察官時代そのような事件捜査を経験しました。しかし、医師は専門知識経験によって診断すること、医師が公務所に提出する診断書の虚偽記載は刑法160条で刑事罰の対象となること、日常的に診断する医師による診断結果を裁判に顕出するためには書面による方が実際的であること、などから判例・実務は準用を肯定しています。診断書についての4項準用について問題点は少なくないといえども、証拠能力の問題としてはこれを肯定し、証明

力の点で慎重な検討をすることで対応するということでしょう。ただ、近年は診断書についての4項の準用を安易には認めない傾向が見られるのは前述のとおりです。なお、同じ医師が作成する書類であっても、カルテについては323条2号該当が認められており、横綱です。なぜ診断書は関脇で、カルテは横綱なのか、よく考えてみましょう。

3　110番通報記録

　事例の中の110番通報記録には、受理日時は8月20日午後10時5分で「Vと言う女性から『いまひったくり強盗にあってショルダーバッグを奪われた。犯人は、白いワゴン車で、下3ケタが256というナンバーの車で逃げた』と通報があった」と、担当者が聞き取り内容を記載していたとします。この記録書面は、どのような立証趣旨の下に、どのような根拠によって証拠能力が認められるでしょうか。

(1)　V女が、強盗の被害にあい、犯人の白いワゴン車のナンバーが256であったことを立証趣旨とする場合

　この110番通報記録をこのような立証趣旨で証拠請求することは実務的には考えにくいですね。被告人が犯人性を争っているのですから、被告人・弁護人がこのような立証趣旨で証拠請求されれば同意しないでしょう。不同意となれば伝聞例外要件を充たすことはほとんど考え難いです。なぜなら、この通報記録は、110番通報受理窓口の警察官による被害者からの供述を録取したものです。しかし、供述録取書が伝聞例外として証拠能力を認められる不可欠の要件は、録取の相手方、つまりV女の署名押印が必要ですが、電話での通報ですからその署名押印はありませんので供述録取書としての要件を充たしません。他方この通報記録は窓口の警察官が、自己が受けた通報の内容を記録したものですから、「自分（警察官）は、このような内容の通報を、記録記載の日時に受けました」という意味においては、同警察官の供述書の性質を有します。不同意になれば、警察官自身が通報を受けた内容と日時等の状況を証言する必要があり、通報記録自体にはこの立証趣旨では証拠能力がありません。万一、極めて稀な場合に、窓口警察官が公判前に死亡するなどして、321条1項3号の要件を充たせば、この通報記録の内容が窓口警察官の公判証言に代わるものとなり得ます。しかし、その中に、更にV女の供述が含まれているので、これは被告人以外の者である警察官が、被告人以外の者であるV女から聞いた供述を公判で証言したことになり、324条2項の問題となります。同項は321条1項3号を準用しているので、更にV女について供述不能などの3要件が充たされない限り、V女の通報内容の真実性の立証にもちいることはできません。つまり、この通報記録から、V女が通報内容である強盗の被害を受けたことや、犯人の車のナンバーが256であったことなどを立証できるのは、窓口警察官もV女も共に死亡するなど、実際にはほとんど想定しがたい場合以外にはあり得ないことになります。

(2)　通報記録を非供述証拠として立証に用いる場合

　これは十分に可能です。つまり、通報記録に記載された過去の事件の真実性を立証するためではなく、単に「本件について110番通報がなされたこと、その通報記録書の存在、記載内容等」とし、非供述証拠（証拠物たる書面）として証拠請求すればよいのです。この通報記録自体からは、強盗の被害や犯人の車の特定情報等の内容の真実性の証明はできません。しかし、V女が証人として証言し、記憶したことを証言した場合、弁護人から「貴方は本当に犯人の車の特徴を確認でき

たのですか。ナンバーを今でも正確に覚えているんですか」などと、被害当時の知覚や記憶の正確性について反対尋問されたとします。その場合、V女の公判証言に合致する内容が、被害直後に通報を受けた警察官によって通報記録に記載されていたこと自体が、V女の公判証言の信用性を増すこととなり、このような非供述証拠として立証に果たす役割は少なくないといえます。

4　ATMの防犯ビデオ画像

これは、被告人Yが、奪ったキャッシュカードで現金を引き下ろした場面が映っているものですね。結論からいうと、非供述証拠として証拠能力が認められます。

いわゆる現場写真については、昔は、非供述証拠説と供述証拠説が対立していました。

供述証拠説は、写真は科学的に正確に画像が作成されるものではあっても、①一定の出来事を報告する手段であり、言語によるものと本質は変わらない、②撮影条件の設定等で、撮影者の主観的意図が伴う、③撮影作成の過程で過誤等が加わるおそれもある、ことなどを根拠とし、伝聞法則の適用を認めた上で、検証調書に準じて撮影者の「真正に作成された」との証言を要するとするものでした。

これに対し、非供述証拠説は、①写真は機械的方法で一定の事実の痕跡がフイルム及び印画紙に残されたものであるから、その性質は非供述証拠であり、関連性がある限り証拠能力が認められる、②供述証拠説の前記③のおそれについては証拠の関連性の問題として実質的に処理すれば足りる、③写真の正確性等の確認は、撮影者の証言以外に目撃者の尋問等他の方法でも可能であるので撮影者の尋問は不可欠ではない、とするものでした。

両説の違いは、撮影者が不明の写真について端的に生じます。供述証拠説なら写真の撮影者が供述者ですから、誰が撮影したかが判明していなければ、供述不能等の伝聞例外要件の判断ができないので現場写真の証拠能力を認める余地がなくなります。しかし非供述証拠説であれば、撮影者が判明していない写真であっても、関連性が認められる限り採用できることになります。

このような争いがあったところに、新宿騒擾事件の上告審決定である◎**最決昭和59・12・21刑集38巻12号3071頁、判時1141号62頁、判タ546号107頁**（百選89事件）が、騒擾の現場を撮影した写真について「<u>犯行等の状況等を撮影したいわゆる現場写真は、非供述証拠に属し、当該写真自体又はその他の証拠により事件との関連性を認め得る限り証拠能力を具備するものであって、これを証拠として採用するためには、必ずしも撮影者らに現場写真の作成過程ないし事件との関連性を証言させることを要するものではない。</u>」と判示してこの論争に決着をつけたのです。

なお、関連性の立証は、非供述証拠説によればどのような形でなされてもよく、場合によってはその写真自体からそれが犯行現場の写真であることが容易に判断されれば関連性は認められます。

ただ、実務の運用では、関連性の証明が撮影者自身によることが可能であればそれに越したことはないので、被告人側が「これは犯行現場の写真ではない」などと争っている場合には、撮影者が判明していれば、撮影者に、撮影の真正を証言させた上で写真を証拠採用することもなされています。また、被害者や目撃者などに関連性を説明させることができる場合には、これらの者の尋問の際に当該写真を示して説明させ、それを尋問調書に添付するという取り扱いもあるようです。

さて、そこで、本件のATM録画画像ですが、写真についての上記理論はビデオ録画にもあてはまります。本件では、強盗事件そのものの現場録画ではありませんが、奪ったカードで現金を

引き出したという行為の現場の撮影ですから、やはり非供述証拠に当たります。そして、関連性については、録画の日時は記録されており、それがV女の口座からの引き落としであることは容易に確認できるので優に認められますね。

5　被害状況再現の実況見分調書　X・Yの犯行再現実況見分調書

この両者には共通する問題がありますので、一緒に勉強しましょう。

私の事例講義では、いきなり、実況見分調書に関する難しい問題を登場させました。

まず、V女による被害状況再現の実況見分調書については

「被害状況再現の実況見分調書の各写真と付記されたV女の説明内容部分には証拠能力が認められるか」

という問題があります。

また、第二次自白後の、Yの犯行再現実況見分調書については、

「Y立会いによる実況見分調書の証拠能力は認められるか。認められるとした場合、その中のYの犯行動作再現の各写真とそれに付記した説明内容について証拠能力は認められるか」

という問題があります。これは、重要な指導的判例である◎**最決平成17・9・27刑集59巻7号753頁、判時1910号154頁、判夕1192号182頁**の応用問題です。

(1)　まず、「実況見分」にはどのような目的・形態が考えられるかを勉強しよう。

まずは、犯行や被害再現の実況見分調書の問題を考える前に、そもそもの基本として「実況見分」というものはどのようなものか、それはどのような目的・形態で行われるものか、の基本を理解することが大前提です。

321条3項は、「検証」と記載していますが、「実況見分」も見分の対象を五官の作用によって認識するものであり、法的性質は検証です。検証も実況見分も、やることは同じです。その違いは、相手方の協力を得られないために令状に基づいて行うのが検証であり、相手方の了解を得たり、公道上で任意捜査として行うのが実況見分です。実務では、令状に基づく検証よりも、実況見分を行う場合の方がはるかに多いです。交通事故が起きれば警察官は現場にすっ飛んでいって風雨の中でも実況見分を行いますし、殺人等強行犯が発生したら、真っ先に行う捜査の一つが犯行現場の実況見分です。

実況見分といっても、その目的・形態には大別して3つのものがあります。

　ア　本来の実況見分
　イ　自白による方法で犯行が可能であるか否かを確認するための実況見分
　ウ　犯行・被害を再現するための実況見分

に大別されます。また、一つの実況見分の中にこれらが複合している場合もあります。

ア　本来の実況見分とその調書及び実情など

（本来の実況見分とその調書）

典型は、交通事故事件の実況見分です。事故が起こった場合、駆け付けた警察官が、横転・破損している自動車やガードレール、路面のブレーキのスリップ痕等の写真を撮影し、それらの位置関係を確認し、距離関係を測定します。これらの写真や、図面を添付して作成するのが本来の実況見分調書の例です。実況見分では、事故の双方の当事者（場合により目撃者を含む）から、そ

れぞれポイントとなる地点等を説明させます。相手車を発見したのはどの地点か、ブレーキをかけたのはどの地点か、最初に接触したのはどの地点か、などを説明させ、それらの各地点を、写真や図面によって表示します。この当事者立会いの見分については、当事者が重傷で失神しているような場合もありますので、後日改めて行う場合もありますし、各当事者ごとに日を変えて行うことも多いです。

　しかし、ここで重要なことは、これらの当事者の説明は、あくまで本人の指し示す位置のポイントだけを調書に記載するのが基本です。「ここが私が相手車に気が付いた地点です」「その時相手車がいた地点はここです」「ここが私がブレーキをかけた地点です」など。ところが、往々にして、両者の示す地点が食い違うことがあります。双方の認識に違いがあったり、時には自己が有利になろうとして不正確ないし虚偽の地点を指示することもあるからです。しかし、警察官は、見分の現場では「貴方の言っていることは本当ですか。相手方の説明と食い違いますね」などと指示の真偽を確認する「取調べ」は行いません。とにかく淡々と各自が示す地点のみを調書に記載します。そしてこのような関係地点の指示が、典型的な「現場指示」であり、これは、写真や図面、見分を行った経過などが記載された実況見分調書の本来の内容に含まれるのです。両者の言い分のいずれが正しく、真の接触地点はどこであったか、などということは、この実況見分調書によって直接立証されるのではなく、その後の捜査を尽くした結果として判明することです。基本書には、この「現場指示」は「実況見分の動機」と説明されることがあり、この「動機」という表現はやや紛らわしいのですが、その趣旨は、立会人がその地点を指示したため、警察官がそれを実況見分調書に記載する「動機」になった、という趣旨でしょう。

　そして、実況見分がこのような本来の目的に沿って作成されたものである限り、被告人がそれに同意しなくとも、実況見分調書の作成者である警察官が、公判で「この調書は私が作成しました」という作成名義の真正と、「見分した内容を正確に記載しました」という記載の真正を証言することによって、現場指示の記載部分を含めた実況見分調書全体が、伝聞例外として証拠能力が認められます（321条3項）。

　このような交通事故事件の実況見分とその調書の目的や形態は、殺人事件等の現場の実況見分とも基本的に同じものです。殺人事件等重大事犯では、現場である家の位置、周辺の道路状況、室内の各部屋の情況、遺体の存在場所、家具の乱れの情況、血痕の飛沫状況等、数十枚の写真や、これらの距離関係等を測定した数種類の図面等が添付された分厚いものになることも珍しくありません。

【「現場供述」が記載される場合】

　ところが、往々にして、実況見分調書には、立会人の現場指示を超えて「現場供述」が記載されることがあります。例えば、前記の「その時相手車がいた地点はここです」の部分に、更に「相手車は猛スピードで走って来て、威嚇するかのようにライトを点滅させてクラクションを鳴らしながら、センターラインを1メートル近く超えて私の車の方に向かってきました。相手車のスピードは80キロ位は出ていたと思います」などと記載したとします。これは、もはや現場指示を超えた「供述」になってしまい、その供述内容どおりの事実の証明に用いるのであれば、立会人の「供述」を録取したものとして伝聞証拠となってしまい、これは、本来の実況見分調書の役割をはみ出たものになってしまいます。そこで、犯罪捜査規範105条1項は

　「実況見分調書は、客観的に記載するように努め、被疑者、被害者その他の関係者に対し説明を求めた場合においても、その指示説明の範囲を超えて記載することのないように注意しなけれ

ばならない」
と定めています。そして、同条2項が、その範囲を超えて「特にその供述を実況見分調書に記載する必要がある場合には」として、刑訴法198条3項から5項等が定める、供述録取書の要件としての供述者の署名押印、また立会人が被疑者である場合には黙秘権の告知が必要であると定めています。つまり、現場指示（規範の「指示説明」と同義）を超えた現場供述を記載する場合には必ず、その記載箇所に立会人の署名押印を得ておかなければならないのです。

この点が、後でお話しする平成17年最決の重要なポイントとなるのです。

イ　自白による方法で犯行が可能であるか否かを確認するための実況見分とその調書

これはやや特殊な例です。事案によっては、犯行の手口が特殊であり、被疑者が犯行を自白したとしても、「果たして自白したような方法で本件犯行を行うことが可能だろうか」という疑問が生じることがあります。その場合、そのことを確認するための実況見分を行うのです。

比較的一般的なのは、放火事件の場合の「燃焼実験報告書」です。被疑者の自白どおりの方法で放火が可能かどうかを確認するために行う実験の報告書です。火災や放火が特殊な技術・手口による場合には、専門家にこれを依頼して専門的技術経験に基づいて行う必要がありますので、その場合の専門家による報告書は321条4項が準用される鑑定書となります。しかし、放火の手口が比較的単純であり、木造家屋の外壁に接して置かれた廃材の上に新聞紙を載せてライターで火をつけて放火した、と被疑者が自白した場合、警察官が、警察の体育館などを利用して、家屋の壁の模型を作り、自白の犯行と同様の状況を再現した上で、被疑者自身あるいは警察官がライターで新聞紙に点火して壁に燃え移るかどうかを実験するような場合もあります。これは、科学的専門的技術経験のない警察官等でも行える作業なので、検証すなわち実況見分の性質を有します。しかし、これは放火事件の現場そのものではないので、本来の放火現場で行う実況見分とは明らかに性質が違いますね。

更に特殊な例を挙げてみましょう。

【事例】

「深夜、犯人が、無人のレストランに侵入し、事務室引き出し内に保管していた売上金を窃取した嫌疑で逮捕された。被疑者は犯行を自白し、レストランの侵入方法・経路について『裏通りに面した厨房の壁の上の方に換気扇口があり、その換気扇の枠を取り外してその空いた口から忍び込んだ』と自供した。」

捜査官は、まずこの自白の信用性について疑問を持たなければいけません。地上から高いところにある小さな開口部の換気扇を取り外し、成人の男が潜り抜けるというようなことが一体可能なのか、ということですね。換気扇口がどこにあるか、その高さはどのくらいか、かなり高い位置にあるのなら踏み台がなくても手が届くのか、手が届かないなら、踏み台となるようなものが附近にあったのか、換気扇等を取り外すことができたとしても空いた口から被疑者の身体が侵入できるだけの大きさはあったのか、など次々と疑問が生じます。

このような疑問を解消するためには、必ず、事件現場で実況見分を行い、被疑者にその犯行を再現させるか、あるいは犯人に扮した被疑者と同じくらいの体格の警察官が、侵入行為を再現してみなければいけません。もしその結果、換気扇開口部は地上2メートル以上あり、付近には踏み台となるような物が何もないことが判明したり、更には、換気扇枠は取り外すことができたものの、縦横20センチほどしかなく、到底成人男性が潜り抜けられる大きさではないことが判明し

たとします。すると被告人の自白の信用性には重大な疑問が生じますね。追及が厳しく苦し紛れに本当はこの窃盗は犯していないのに虚偽の自白をしてしまったのかも知れません。あるいは、この窃盗を犯したことは真実であったが、実は、この店の従業員が友達で、その手引きによってドアの鍵を開けてもらって侵入したが、その友人をかばって虚偽の侵入経路を自白していたのかも知れません。また、各地を股にかけて何百件という窃盗を繰り返した常習犯の場合にときどき見られることですが、余りに多数の窃盗を犯したので、記憶が混同し、やってもいないことを自白してしまった可能性、また似たような店で別の場所で侵入窃盗したときのことと記憶が混同しているなどの可能性があり、実務でもこのような例は決して珍しくないのです。

　ですから、このように「そのような手口の犯行方法で、(誰が真犯人であったとしても)客観的・物理的に犯行が実行できるのか」という疑問が生じる場合には「被告人の自白による方法で、本件犯行が実行可能であったこと」を立証趣旨とするための実況見分が必要となる場合があるのです。その場合、あくまで、「その事件の真犯人が被告人自身であること」については、この実況見分調書から立証するのではありません。「被告人が本当にやったか、あるいは他に真犯人がいるのか」はさておいた上で、あくまで「客観的な犯行の実行可能性」のみを立証趣旨とする訳です。平成17年最決の事案は、電車内での痴漢であり、電車内では、手が届きさえすれば痴漢は可能な訳ですから、「被告人が自白した方法で痴漢が可能であったか」ということを立証するために実況見分を行うことに独自の意義はなんらなかったのであり、これとは大きく異なる訳です。

　このような実況見分は、アの本来の実況見分とは異なる独自の意義があります。しかし、留意すべきは次の２点です。

① このような実況見分は、あくまで「被告人が自白した方法で犯行が可能であったか否か」を確認するためであり、真に被告人がその犯行を行ったか否かということを立証の目的とするものではないこと

　つまり、仮に被告人が捜査段階で特殊な犯行の手口を再現したとしても、被告人自身が真にその犯行を行ったことを立証するために、この「実況見分調書」自体が伝聞例外として当然に証拠能力が認められるのではありません。立証趣旨を「(被告人が真にそのとおり犯行を行ったかどうかは別として)自白による方法で本件の犯行が実行可能であったこと」とする限り、３項によって伝聞例外とされるのです[14]。

　仮に、これに加えて、「被告人自身がこの手口により犯行を行ったこと」までを立証趣旨に含めるのであれば、被告人が同意しない限り、それは３項が認める実況見分調書の立証趣旨の範囲を逸脱してしまいます。それは、他の証拠によって認定されなければなりません。

② このような実況見分が伝聞例外として許容されるのは、犯行の手口が特殊であるなど、自白の方法によって犯行を実行可能か否かが問題となるような事案に限られること

　犯行の手口が平凡であり、自白する方法によって犯行が可能であることは自明であるような場合には、このような実況見分を行う意義はありません。コンビニでの万引き事案で、「被告人が

---

(14) 平成21年司法試験問題は、特殊な手口により犯人が被害者を載せた自動車を岸壁から転落させて殺害したという事案で、検察官が、このような実況見分を行い、その調書を「被告人が本件車両を海中に沈めることができたこと」として３項により証拠請求をした事案ですが、弁護人は、「被告人が死体を遺棄したこと」だとして不同意にしたのに対し、「検察官の立証趣旨を前提とするとおよそ証拠として無意味になるような例外的な場合ではなく、甲が供述するような犯行態様が現場の客観的な環境との関係で物理的に可能であるか否かが問題となる事案」と解説されているが、これもこのような事例の一つである。

自白するような方法で本件万引きが可能であったこと」などを確認、立証する意味など全くありませんね。実は、これも後述の平成17年最決の論点なのです。

ウ　犯行・被害の再現実況見分調書

　実務では、犯行を自白した被疑者に犯行状況を再現させ、あるいは被害者に被害を受けた状況を再現させる実況見分が行われることはかなり多いです。本事例講義問題もその典型例です。
　このような再現実況見分を行う目的には次のいくつかが考えられます。
① <u>自供や被害供述通りの方法で犯行が実行可能か否かを見分する</u>
② <u>犯行状況、被害状況そのものの真実性の立証のために作成する</u>
③ <u>被告人の自白の任意性の立証のために用いる</u>

　①については、既に説明したとおりで、特殊な手口による犯行の場合には、これを行う意義があります。また、③については、被疑者が自白した場合、犯行再現の動作は任意に行わないとできないものですから、犯行再現の実況見分調書があれば任意性の立証に一定程度の効果を持ちます。ただ、私の経験では余りその例は記憶にありません。
　そこで、問題は、②の場合であり、これは、被告人による犯行状況や被害状況自体の真実性の立証に用いるものであるため様々な問題が生じます。実務でもこのような実況見分は、重要な事件や、被疑者が犯行を否認しており、被害者の被害状況の供述の信用性が問題となる場合にしばしば行われています。
　このような再現実況見分は、本来の実況見分とは目的が異なる上、その再現を事件現場でない警察施設内などを現場に模して行うこともありますので、事件現場でなされる本来の実況見分とはますます性質が異なってきます。
　このような再現実況見分調書に記載などされるのは次のものです。これらを理解することが平成17年最決を勉強する前提です。

① **犯行・被害再現の連続写真**

　例えば、被疑者が会社事務室内で上司に激しい暴行を加えて重傷を負わせたという事案で、被害再現を行う場合であれば、10枚程度のコマ送りのような連続写真を撮影します。写真①は被害者がソファに座っていた状況、②はドアが開いて被疑者が顔を出した状況、③は被害者が逃れようと腰を上げて反対側のドアの方に向かおうとした状況、④それを追ってきた被疑者が被害者の肩に手をかけた状況、⑤被害者が更に逃げようとしたら、被疑者が羽交い絞めにした上でソファに押さえつけた状況、⑥被疑者が被害者に馬乗りになって、左右の手拳で顔面を殴打している状況、等々の写真を撮影します。被害者自身が再現する場合が多いですが、被害者の指示で警察官等が被害者に扮することもあります。被疑者には警察官が扮します。被疑者の犯行再現の場合にはこれと逆で、被疑者自身が犯行状況を再現し、それをコマ送りの連続写真に撮影します。被害者役には警察官が扮するのが通常です。被疑者と被害者が顔を合わせて行うのは適切でないからです。

② **犯行・被害状況説明の供述**

　通常は、各写真の下に「犯人が顔を覗かせた状況」とか「私が逃げようとした位置」などの簡潔な現場指示的な記載をしますが、時には、各写真を貼りつけた調書の下部の余白部分に「私がここで新聞を読んでいると、被疑者がドアを開けて『お前ここにおったんか』と怒鳴りました（写真①の下部）、とか「被疑者はこのように私に馬乗りになり、膝で私の肩や胸を押さえ付けながら、

左右の手拳で、10数発私の顔面を殴りました。私は避けようと首を左右に振りましたが、避けきれず少なくとも7、8回はまともに殴られました（写真⑥の下部）」などと供述を記載することもないではありません。犯罪捜査規範は、前記のようにこのような記載は原則的にすべきでないとしています。しかし、このような記載がなされた場合、その部分は「供述録取書」になってしまいます。

なお、重要事件では、これらを連続写真でなく、ビデオ録画で行う場合もありますが、その基本的問題点は共通です。

(2) ◎最決平成17・9・27刑集59巻7号753頁、判時1910号154頁、判タ1192号182頁

これまでの勉強を踏まえると、この最決の意義や趣旨がよく理解できるはずです。

《事案の概要》

電車内の痴漢事件。警察署内の廊下で、被害者が犯人役の女性警察官と被害状況を再現した①実況見分調書（被害状況説明と写真8葉）、及び取調室で、被告人が被害者役の男性警察官と犯行状況を再現した②写真撮影報告書（犯行状況説明と写真10葉）が作成された（コメント①）。一審公判での検察官の立証趣旨は①「被害再現情況」②「犯行再現情況」であり、作成した警察官は作成の真正等を証言。検察官は321条3項による証拠請求。裁判所は採用して取調べ、有罪判決の証拠標目に掲げ、控訴審も是認。

《決定要旨》

「立証趣旨が『被害再現情況』、『犯行再現情況』とされていても、実質においては、再現されたとおりの犯罪事実の存在が要証事実になるものと解される（コメント②）。このような内容の実況見分調書や写真撮影報告書等の証拠能力については、刑訴法326条の同意が得られない場合には、321条3項所定の要件を満たす必要があることはもとより、再現者の供述の録取部分及び写真については、再現者が被告人以外の者である場合には、321条1項2号ないし3号所定の、被告人である場合には同法322条1項所定の要件を満たす必要があるというべきである（コメント③）。もっとも写真については、撮影、現像等の記録の過程が機械的操作によってなされることから前記各要件のうち再現者の署名押印は不要であると解される（コメント④）。本件両書証は、いずれも刑訴法321条3項所定の要件は満たしているものの、各再現者の供述録取部分については、いずれも再現者の署名押印を欠くため、その余の要件を検討するまでもなく証拠能力を有しない（コメント⑤）。また、本件写真撮影報告書中の写真は、記録上被告人が任意に犯行再現を行ったと認められるから証拠能力を有するが、本件実況見分調書中の写真は、署名押印を除く刑訴法321条1項3号所定の要件を満たしていないから、証拠能力を有しない（コメント⑥）」

として第一審裁判所が、証拠能力を欠く部分を含む両書証の全体を証拠採用して有罪認定の証拠としたことは違法であるとした。

【コメント】

①ですが、以前に、捜査官が作成する様々な書証につけるタイトルは一様ではないので、ネーミングではなく実質的な内容の法的性質で判断しなければならないとお話ししましたね。これがその典型で、被害者による被害状況再現は「実況見分調書」となっていますが、被告人による犯行状況再現は「写真撮影報告書」とされています。しかし、この写真撮影報告書も犯行状況再現の実況見分調書なのです。

②ですが、ここがこの判例の味噌の一つです。検察官の立証趣旨は「被害再現状況」「犯行再

現状況」とされ「被害状況」「犯行状況」とはされていません。つまり、この再現実況見分は、被害そのものや犯行そのものを立証するのでなく、「被害者としてはこのように被害状況を再現したこと」「被告人としてはこのように犯行状況を再現したこと」を立証するのだ、と読める立証趣旨なのです。「その真偽はともかくとして」というニュアンスを含んでいます。

しかし、ここで重要なのは、本件の再現実況見分は前述の「自白による方法で犯行が可能であるか否かを確認するための実況見分」とは明らかに異なりますね。本件は単純な痴漢事件であり、手が届きさえすれば実行可能なのですから、特殊な手口で犯行が実行可能か否かを確認することに独自の意義はありません。ですから、裁判所は、立証趣旨が「再現状況」とされていても、「検察官の本音はこのとおり犯行や被害が事実であったことを立証したいのだろう。それ以外に意味はないではないか」と判断したのです。検察官の立証趣旨は、巧みに伝聞法則を潜脱するために「再現」状況としたと裁判所は考えたのでしょうね。

以前にお話ししましたが、立証趣旨は当事者が証拠請求する際に設定するものですから、裁判所は、通常それを尊重し、当事者に立証趣旨を変更させるようなことはしません。立証趣旨には拘束力が認められない（この点は後に改めて勉強します）ことからも、裁判所は、通常、当事者が設定する立証趣旨に余り神経質にはならないのです。

しかし、その証拠で一体何が立証できるのか、ということが重要な問題であり、当事者の設定する立証趣旨が不適切で伝聞法則を潜脱するためのようなものであると裁判所が判断した場合には、例外的に当事者が設定した立証趣旨を変更させたり、あるべき立証趣旨の意味に限定的に解釈したりする場合が稀にはあるのです。本件もその典型の一つであり、もう一つの典型例は、既に勉強したロッキード事件児玉小佐野ルートの東京地裁の決定で、児玉領収書についての立証趣旨を「減縮」し、非供述証拠として採用したことを皆さん覚えていますね。

こういう訳で、本件の犯行・被害の再現の実況見分調書等については、結局、再現どおりの犯行・被害の事実があったことを立証しようとするものなのですから、伝聞例外となり得るか、が問題となります。それがコメント③の部分です。

供述書や供述録取書には、科学技術の発達により様々な媒体があることは既にお話ししました。連続写真による犯行状況等の再現は、写真という科学的手段を用いたビジュアルな視覚的な「供述」であり、本人の自画撮りなら本人の供述書ですが、警察官の撮影によるなら「供述録取書」になります。本来なら、本人がその通り警察官に供述したことを確認するために、本人の署名押印が必要です。しかし、本最決は、再現写真については動作をした者の姿がそのまま写っているのでそのとおりの視覚的供述をしたことは明らかであるため、例外的に署名押印は不要としたのがコメント④の部分です。しかし、写真でなく写真の下に書き加えた被告人や被害者の「供述」部分は、警察官が作成した「供述録取書」に当たるのですから、原則どおり署名押印がなければおよそ伝聞例外とはならないのは当然で、それがコメント⑤の部分です。

ところが再現写真については署名押印が必要でなく供述録取書の要件は充たしているとしても、ここで被告人の再現写真と被害者の再現写真とで差がでてくるのです。それがコメント⑥の部分です。被告人の供述録取書については、322条1項の不利益事実の承認とそれが任意になされたものであることの要件を充たせばよいことになり、本決定はそれを肯定したのです。しかし被害者については、その供述録取書は321条1項3号の伝聞例外要件を充たさなければなりません。伝聞例外の平幕として、供述不能、不可欠性、絶対的特信性の3要件が必要ですが、本決定はこれが充たされていないとして証拠能力を否定したのです[15]。

(3) その他留意点

　以上、実況見分調書の目的や形態には大別して3種類があることをお話ししました。ただ実務では、これらのいずれか一つに判然と区別されず、一つの実況見分調書に複数の実況見分の目的・形態が複合ないし合体しているときもあります。その場合には実況見分調書の個々の記載や内容を区分して検討し、それぞれについて伝聞例外の要件該当性を検討する必要があります。

　また、実務では、検察官が設定した立証趣旨がファジーなものであっても大目にみられるということも案外少なくありません。例えば、検察官の立証趣旨が「犯行再現状況」とされていても、被告人が犯行を争っておらず、被告人側が証拠としてそのまま同意すれば、「犯行状況」の認定に用いることも許され得るでしょう。

　「犯行現場の状況」を立証趣旨とする実況見分調書に、立会者の現場指示を超えて犯行内容の現場供述が記載されていたとしても、被告人側が証拠として同意し、犯行について争っていない場合には、その現場供述部分についても犯行内容の真実性の立証に用いることも許され得るでしょう。

　しかし、その記載部分が、現場指示に留まるか、現場供述に及んでいるかが争点となり、現場供述に含まれた犯行内容の真実性を被告人が争っている場合には、弁護人としても検察官の立証趣旨に異議を唱え、裁判所をして立証趣旨の減縮を促してもらうなどの対応が必要です。実務的には、このような「書き過ぎ」がある実況見分調書については、証拠開示を受けた弁護人が、検察官に対し「現場供述部分についてはマスキングをして、抄本として証拠請求するのなら同意する」などの折衝をし、検察官がこれに応じることも少なくありません。

(4) 本事例への当てはめ

　ここまで話せばもう理解できますね。走っている車から手を伸ばして歩行者のバッグをひったくるという事件は沢山あり、その手口自体は容易に実行可能なものなので、本件では犯行の手口が特殊で実行可能なものかどうかは問題となりません。ですから、<u>この再現は、本来の犯行現場の状況についての実況見分の目的に加えて、再現どおりの犯行や被害の事実の真実性を立証することに意味があるのです。</u>

　すると、まず、V女が被害状況を再現し、それを連続写真と各写真に付記した説明内容を添付・記載して作成された<u>被害状況再現の実況見分調書</u>は、まず、説明内容の記載部分については署名押印がないので証拠能力は認められません。特に「<u>伸びてきた腕は緑色の袖でした。瞬間的に、窓からその男の頭が茶髪だったのが見えました</u>」という部分は、犯行現場の状況ではなく犯人識別に関する供述であり、本来の実況見分調書の目的を完全に逸脱しています。

　再現写真については、V女の署名押印は不要ですが、V女は公判で証言できたのですから、321条1項3号の供述不能の要件を充たさないので証拠能力は認められませんね。V女が死亡するな

---

(15) 前期平成21年の新司法試験問題の第2問では、検察官が「被告人が本件車両を海中に沈めることができたこと」という立証趣旨で証拠請求したことの問題点が問われている。しかし、その事例においても、実況見分調書中、被告人が犯行を再現し、①それらを数枚連続的に撮影した写真、②各写真の下の被告人の説明供述の記載部分、があるが、このうち、①については、平成17年最決に照らせば、写真による視覚的な被告人の供述を録取したものとして、被告人の署名押印がなくとも322条1項の適用が可能となり、「被告人がこのような手口で死体を遺棄したこと」という立証趣旨での証拠請求も認められ得る。しかし、その事例では、検察官はそこまでは立証趣旨に含めず、手堅く上記の限度での立証趣旨を設定している。

どすれば初めて同号の例外が認められ得るでしょう。

　次に、Yの犯行再現実況見分調書は、写真部分については、Yの自分自身に対する関係で、322条1項の要件を充たして証拠能力が認められますが、説明内容を付記した部分については署名押印がないので認められないことになります[16]。

6　地方運輸局の回答書　気象状況の回答書　勤務簿とタイムレコーダー記録の写し　融資と返済状況の記録写し

　これらは性質がほぼ共通するので、まとめて勉強しましょう。いずれも323条に該当するものです。

　結論から先に述べると、地方運輸局の回答書、気象状況回答書は、1号、勤務簿・タイムレコーダー記録の写し、融資と返済状況の記録の写しは、原簿の謄本的なものなら2号、捜査機関の依頼を受けて関係部分のみを抽出してとりまとめたものなら3号該当が妥当と考えます。

　さて、ここでも、いったん事案からは離れ、この機会に、伝聞例外の「横綱」である323条についての基本と同条を巡る諸問題について勉強し、完全マスターすることにしましょう。

(1)　323条の基本

　323条は、321条から322条までに掲げる書面以外の書面は、次に掲げるものに限りこれを証拠とすることができるとし、
1　戸籍謄本、公正証書謄本その他公務員（外国の公務員を含む。）がその職務上証明することができる事実についてその公務員の作成した書面
2　商業帳簿、航海日誌その他業務の通常の過程において作成された書面
3　前二号に掲げるものの外特に信用すべき状況の下に作成された書面
の3つの類型を定めています。

　この規定こそが、伝聞例外の横綱です。321条2項書面が東の正横綱なら、西の正横綱といってもいいでしょうね。これらの書面は、その客観的性格として類型的に信用性の情況的保障が高度であることから無条件で証拠能力が認められます。本条に該当する書面については、321条、322条の適用を考える必要はなく、例えば被告人作成の書面であっても、本条該当が認められれば322条の適用を考える必要はありません。

　本条に該当し得る書面には極めて様々なものがあります。その一つ一つを皆さんは覚えきれないでしょう。しかし、そんな「記憶」に頼る必要はありません。原理を理解さえすれば、後は常識で判断していけばよいのです。その原理とは、本条は伝聞例外の「横綱」であり、無条件に伝聞例外として証拠能力が認められるのだから、その書面の性質を常識で判断し、横綱に値するほど類型的・定型的に極めて高度の信用性があるか否かを判断すればよいのです。以下に各号について勉強した後、判例等で具体的に問題となった事例について勉強していきましょう。

(2)　1号書面
ア　該当するとされているもの

戸籍謄本、公正証書謄本、不動産登記簿謄本、商業登記簿謄本、印鑑証明書、郵便局の配達証明、

---

(16)　これらの問題の参考文献として、植村立郎「実況見分調書の証拠能力等について」研修771号（2012年）3頁。

居住証明書、前科調書、身上照会回答書、気象関係職員の作成した一定日時場所における気象状況に関する報告書、選挙管理委員長作成の立候補届出の有無・得票数に関する回答書、消防職員の作成した出火通報受理時刻等に関する報告書、郵政局員の作成した書留郵便物引き受け関係の回答書、税務署長作成の特定年度の課税所得額についての回答書、航空管制官作成の航空機発着状況の記録に基づく報告書、議会・委員会の議事録写し等が挙げられています（大コンメ刑訴法［2版］(7)679頁〔岡部信也＝中川博之〕）。

これらは、個々の公務員に対する信頼ではなく、公機関の客観義務に対する信頼に基づくものです。

イ　該当しないもの

行政庁や捜査機関が作成したものであっても、特定の事項に関し個別的に資料を収集して調査した結果認定した事実を内容とする報告書等の類は含みません。例えば、捜査官作成の捜査報告書、税務職員作成の各種税法等に基づく調査報告書等は含まれません。これらは、定型的に作成される前記の各書類とは異なり、特定事件の捜査・調査のために、個別具体的な状況を捜査官等の主観的評価なども交えて記載されるため、定型的・類型的な高度の信用性は認められないからです。

【川井さん】
現行犯人逮捕手続書は、警察官が被疑者を現行犯逮捕した、という事実を証明するための定型的なものですから、1号に該当しないのですか。

【太田】
確かに、現行犯人逮捕手続書は、その様式はほぼ統一されているし、逮捕手続の事実を証明するための定型的な書類ともいえます。しかし、例えば、逮捕手続の適法性について犯罪と犯人の明確性が十分でなかったなどと争われている場合に、この手続書によって逮捕手続が適法であったことまでを証明しようとするのであれば、323条1号書面としては到底認められませんね。逮捕手続の適法性は個別具体的な事案ごとに詳細な事実関係の検討が必要です。検察官としては、逮捕手続書が不同意とされたため手続の適法性を立証しようとすれば、逮捕に当たった警察官の証人尋問等を請求せざるを得ません。

また、現行犯人逮捕手続書を当該犯罪事実の存否の証明のために証拠とすることは、323条によっては許されません（大コンメ刑訴法［2版］(7)680頁〔岡部信也＝中川博之〕）。そんなことを許せば、「現行犯逮捕された男なのだから、その犯罪を犯したことに間違いないんだろう」という乱暴で結果論的な推論を許してしまいますね。現行犯逮捕の要件として、犯罪と犯人の明白性が要求されるのですが、それはあくまで迅速・流動的に行われる捜査段階での判断基準であり、公判での有罪認定のために要求される水準とは異なるのです。

ただ、仮に、逮捕手続の適法性や犯罪の実質的な証明に用いるのではなく、「被疑者が現行犯として逮捕されたこと、その日時と場所」に立証趣旨を限定するのであれば、その限度では1号ないし3号該当を認めてよいでしょう。また、その場合には、同時に、この限度の事実であれば訴訟法上の事実として厳格な証明は要らないとして証拠能力を認める余地もあるでしょう（厳格な証明についてはいずれ勉強します）。

この問題は、捜索差押調書についても同様のことが言えます。単に捜索・差押えがなされた事

実と日時場所のみを立証するのでなく、捜索・差押えの適法性まで立証しようとするのなら323条該当性は到底認められません。

(3) 2号書面

一般に、業務遂行の基礎となるものとして、規則的、機械的、連続的に作成され、虚偽の介入するおそれが少なく正確に記載されていると考えられるので信用性の情況的保障がある書面がこれに該当します。また、これは1号書面にも通じることですが、書面の作成者を喚問し、その記憶に基づいて供述させるよりも、書面自体を提出した方がむしろ正確性が高く、裁判所での審理に適することも無条件の伝聞例外とされる理由です。例えば、会社内で起きた使い込みの業務上横領事件では経理帳簿の記載内容が重要な証拠となります。経理帳簿は経理担当職員が日々記載するものですが、その職員を、公判において、1年前の帳簿の詳細な記載内容を記憶に基づいて証言しろといったって膨大な経理の記載をいちいち覚えているはずありませんよね。

ア 該当するとされているもの

条文に列挙されている商業帳簿等以外では、医師のカルテ、小切手帳の耳、タクシーの運転日報、工事現場の作業日報などがこれに該当します。裏帳簿もこれに当たるとされますが、3号該当とした判例もあります（下記昭和37東京高判は3号該当とする）。2号該当でも3号該当でも要件に違いはないので整理の仕方の違いにすぎません。

[海野君]

「裏帳簿」ってどんなものなのですか。

[太田]

「裏帳簿」というのは俗称です。企業であれ個人営業であれ、本来作成する正規の帳簿である総勘定元帳だとか売上台帳とか仕入れ台帳とか各種の帳簿類について、それはそれで作成しながら、秘密裏に二重に作成する帳簿が裏帳簿です。なぜそんなものを作成するかというと一つは粉飾決算。会社は儲かっておらず損失を出しているのに、正規の帳簿にありのまま記載すると会社の資産状態が悪化していることが公になり、株価が下がったり銀行からの融資が受けられなくなります。それで、正規の帳簿には、例えば売り上げは10億円しかないのに15億円売り上げて利益がでたような記載をします。そして裏帳簿には真実の10億円しか売り上げのない記載をしてこれらの裏帳簿は隠しておくんですね。実際の経理状態を把握することは当然必要ですから裏帳簿を作る必要があります。これと反対は脱税事件です。脱税の典型的な手口は「売上除外」と「架空経費の計上」です。15億円売り上げて経費が10億円だったとすると5億円の利益が出ますね。そうすると5億円の利益に対する多額の納税が必要になります。それで売り上げの一部を除外し、13億円しか売り上げていないことにする一方、経費は実際に支払っていない架空の支払いを上乗せして12億円の経費がかかったことにすると、利益は1億円になって税金は大幅に少なくなり、これがよくある脱税の手口なのです。私が地方で部下検察官と共に摘発した建設会社の脱税事件では公共工事で大きな利益を上げながら毎年の法人税の申告は、数十万円しかしていませんでした。捜索により押収された正規の帳簿である賃金台帳には、実在しない多数の人物に多額の労賃を払った虚偽の記載（架空経費の計上）がされていました。しかし、裏帳簿である賃金台帳も押収され、それには、実際どおりの少ない労賃の支払いが記載されていました。その事件では、経

営者の奥さんの手提げバックから、帳簿には記載していない2億円の定期預金通帳も発見されました。脱税で不正に儲けた利益を隠し預金として貯め込んでいたのです[17]。

このように、正規の帳簿と裏帳簿がある場合には、裏帳簿の方こそ真実の経理状態が記載されているのですから、裏帳簿についても2号ないし3号の該当性が認められるのですね。2号でも3号でも無条件で証拠能力が認められることに変わりはないので、整理の仕方の問題です。

判例で2号該当を認めたものには次のようなものがあります（大コンメ刑訴法［2版］(7)685頁〔岡部信也＝中川博之〕参照）。

① △最決昭和32・11・2刑集11巻12号3047頁

米穀小売販売業者の被告人が、本件犯罪の嫌疑を受ける前にこれと関係なく、自らの販売未収金関係を備忘のため、闇米と配給米とを問わずその都度記入したものと認められる未収金控帳は323条2号に該当するとした。

② △最決昭和61・3・3刑集40巻2号175頁

漁船団の取り決めに基づき、各漁船の乗組員から定時に発せられる操業位置等についての無線通信をその都度機械的に記録した書面を各漁船の操業位置の立証に用いる場合

③ △浦和地判平成元・10・3判時1337号150頁

留置人名簿、留置人出し入れ簿及び留置人出入要請書のうち、少なくとも留置人の出し入れ時刻に関する部分

イ　該当しないもの

業務の通常の過程で定型的・機械的・連続的に作成されるのでない、個別の事案についてその都度作成されるものは、2号には該当しません。例えば、領収書は個々の金の支払いの際に作成されますが、世間には経費を浮かせるための「カラ領収書」も少なくありませんね。類型的に高度の信用性があるとは到底いえません。ロッキード事件の児玉領収書は、検察官は323条3号該当を主張したのですが、裁判所はこれを認めず、非供述証拠としてのみ採用したのは以前勉強しましたね。また、契約書も取引の事案に応じて個々に作成されるものですから、該当しません。

医師の診断書も323条2号にも3号にも該当せず、321条4項の準用が認められるだけです。

山田君

カルテも診断書も、同じ医師が作成する書類ですよね。それなのに、なぜカルテは2号該当が認められるのに、診断書は該当しないんでしょうか。

太田

皆さんが、病院に行った時の経験から考えてみましょう。医師の先生の診療を受ける時、先生は患者に問診しながら、問診内容とか処方の内容とかを、カルテにリアルタイムで書いていきますね。最近では、カルテも筆記でなくパソコンに入力する先生が多いようです。2週間後に又行くと、前回のカルテを見ながら、その後の体調とかを聞いて更に書き加えていきます。医師は、毎日大勢の患者を診療するので、診療内容を自分の頭で記憶することは到底困難であり、診療の都度、問診や処方等の内容をリアルタイムで正確に記載しなければなりません。このようなカルテの記載の正確さには医師が適切な診療を行うためのいわば生命線ともいえる重要性がありま

---

(17)　拙著『応用刑事訴訟法』（2017年、成文堂）159頁以下「私の事件帖」参照。

す。他方、診断書というのは、1枚の紙切れです。患者から要求されれば作る、というものです。軽い追突で本当は首が痛くもなんともないのに、医師に「痛い痛い」と訴え、レントゲンで何の兆候もないのに、医師は仕方なく「安静加療1か月を要する頸椎捻挫」という診断書を出し、患者がこれで保険金詐欺をしたり不正に休業補償を受けるなどの事例もあります。このように診断書は、カルテと比べてれば信用性の程度に格段の差があるのです。

(4) 3号書面

<u>これは1号にも2号にも該当はしないが、それに匹敵するほど高度の信用性がある書面です。いわゆる「バスケットクローズ」です。「特に信用すべき情況」とは、321条1項3号にいう特信性よりはるかに高度でなければならず、323条の前2号に準じるような高度の信用性を保障する類型的な外部的状況を意味します。「横綱」に値し、無条件で証拠能力を認めてよいかどうか、常識で判断すればよいのです。</u>

ア 該当するとされるもの
次のようなものが該当するとされています。
① 信用ある金融機関の職員の作成した預金者との取引状況に関する回答書（預金元帳の写しであれば、2号該当となる）
② 定型的・非個性的な取引の過程で作成される書面
預貯金通帳、金銭登録機により発行されたレシート（レシートは領収書であるが、人間が手書きで作成したものでなく、正確さに疑いがないため。なお、ガソリンスタンドでの給油の際に機械的に発行されるレシートなども含まれよう）
③ 信用ある定期刊行物に記載された取引所における株式等の相場
④ 法令に根拠を有する統計の統計表

イ 疑義があるか、該当しないとされるもの
個々の具体的事情に基づいて信用性保障情況の判断を要するものは該当しません。既にお話しした領収書、契約書のほか、日記帳、手紙等も該当しません。これらは作成者の「供述書」として、321条1項3号又は322条1項により伝聞例外の該当性を判断します。

(5) 323条該当性が問題となった事案の判例
次は、判例に見る比較的特異な事案の例です。

ア 肯定したもの
① △最決昭和29・12・2刑集8巻12号1923頁
公職選挙法違反で有罪となり、服役中の夫甲がその妻との間でやりとりした一連の手紙について、その幇助犯で起訴された乙丙丁の公判において、3号該当を認めたもの。膨大かつ詳細な内容の手紙であるために信用性が高いと判断されたのだろうが、古い時期の特殊な事案であり、現在においても先例価値があるかは疑問であろう。
② △東京高判昭和37・4・26高刑集15巻4号218頁
真実を記載したと認められるいわゆる裏帳簿ないしこれに類する書面と認められる週計表や手

帳を3号該当とした。映画館の入場税の脱税事件。入場券の二重売りにより、正規の入場税徴収簿は、実際に客から徴収した入場税額より大幅に少なく記載。現実に徴収した入場税額を裏帳簿の集計表に記載。集計表の基礎として被告人の手帳あり。このいずれについても、裏帳簿として、3号該当性を肯定した。

③ ○東京地判平成15・1・22判タ1129号265頁

被告人がストーカー行為をし、嫌がらせ電話を頻繁にかけたストーカー規制法違反及び業務妨害事件において

「本件ノート及び本件一覧表は、（被害者が）被告人からと思われる（嫌がらせの）電話に限って、受信日時や内容等を、直後かその後遅滞ない時期に、かつ、正確に記録したものであると認められ、その過程に恣意が入り込んだと疑うべき事情はない。そうすると、本件ノート及び一覧表は、（刑訴法323条3号に該当する）」とした。

この事案は、特殊な例ではあるが、表計算ソフトを用い、日付、時刻、電話番号、電話の内容の欄を設け、「状態」の欄に「無言・○○宛て」等を記載。被害者が出た場合、同僚が出た場合等について、明確にしていたものであり、正確性に疑いの余地はなかった[18]。

イ 否定したもの

① ○最判昭和31・3・27刑集10巻3号387頁、判時75号23頁、判タ59号63頁

被告人が密造タバコを買い受けたというたばこ専売法違反事件

　　杉山
　　7月10日　　3,500本　　4,200円
　　7月16日　　3,700本　　4,400円
　　8月13日　　　591コ　　杉山へ

というメモについて、原審は323条3号該当として証拠能力を認めたが、

「原審は、右メモを刑訴323条3号の書面に当たるものとして証拠能力を認めたのであるが、同号の書面は、前二号の書面すなわち戸籍謄本、商業帳簿等に準ずる書面を意味するのであるから、これらの書面と同程度にその作成並びに内容の正確性について信頼できる書面であることは疑いない。しかるに、本件メモはその形体からみても単に心覚えのため書き留めた手帳であること明らかであるから、右の趣旨によるも刑訴323条3号の書面と認めることはできない。してみれば、本件メモに証拠能力があるか否かは、刑訴321条1項3号に定める要件を満たすか否かによって決まるものといわなければならない」とした。

この事案では、最高裁は、このメモについて3号該当は否定したのですが、タバコを被告人杉山に売り渡したTが作成したものであり、Tは被告人以外の者ですから、このメモは被告人以外の者が作成した「供述書」であると考えたわけです。メモの記載は箇条書きに過ぎませんが、「自分（T）は、7月10日に、杉山に（タバコを）、3,500本、4,200円で売った」などという過去の事実を記憶に基づいて記載したものです。すると、321条1項3号の伝聞例外要件該当性の問題となり、Tは逃亡、所在不明であって供述不能であることと「本件メモはTの備忘のため取引の都度記入されたもので、特に信用すべき情況の下に作成されたものと認める」として、321条1項3号書面該当を認め（不可欠性も認められる）、結論において、事案を有罪とした原審の判断を肯定して

---

[18] 拙稿「刑事訴訟法演習」法学教室422号（2015年）146頁参照。

います。
　この判例を見ると、昭和31年ころには、まだ伝聞法則に対する実務関係者の理解が様々であり、運用が定着していなかったことが窺えますね。323条が伝聞例外の横綱であることを踏まえれば、このメモのような一片の紙切れに数行の記載しかないものが、無条件でその記載内容の真実性のために伝聞例外として用いられるなど、今日の常識からは考えられません。
　②　△東京高判昭和34・11・16下刑集1巻11号2343頁
　国税庁監察官が検察官の要請により捜査段階に納税義務者の納税の対象となる所得額を調査して経過及び結果を報告した書面は、3号に該当しないとした。これも定型的・機械的に作成されるのでなく、個別の案件について調査等を行った報告書面ですから、3号該当が否定されるのは当然です。

　ウ　○東京地決昭和53・6・29判時893号3頁（百選85事件）
　この判例は、323条の法意について的確な判示をし、ある書証については同条該当性を肯定し、別の書証については否定したもので、極めて示唆に富むものです。私が譬えで「平幕」から「横綱」までの伝聞例外を説明しているのはまさにこの判旨と同じものですね。ロッキード事件を巡る一連の重要判例の一つです。
《問題となった書証》
①　銀行支店次長Aが、自身の業務資料とする目的で作成していたものの一部であり、ほぼ毎日終業後に、当日の業務の要点を、本人の主観を抜きにして箇条書きの形式で記載していた日誌
②　同支店長Bが、私生活に関する事項や、主観的な所感・意見等を、業務上ではなく個人的な心覚えのために記載していた3年当用日記
③　護岸用六脚ブロックの特許を持つ会社の設計部所属のCが、私人の依頼に基づいて、護岸工事に必要な右ブロックの重量・個数を算出した検討書
《決定要旨》
（ア）　刑訴法323条の法意について
「法321条以下に（伝聞法則の）例外となるべき場合が規定されている。そして、その例外的場合の最も基本的な形態として法321条第1項第3号所定の書面があり、その特則に該る場合として同項第1、2号、同条第2項ないし第4項、第323条各号所定の書面については、その作成時の情況及び書面自体の性質に応じ、その証拠能力を認めるための要件が漸次（必ずしも条項排列の順序と一致するものではないが）緩和されている。法323条各号所定の書面は、かかる伝聞証拠禁止の例外の重層的構造の頂点に位するものとして、反対尋問を経ることなく無条件にその証拠能力が肯認されているのであって、かかる事情に鑑み、同条3号所定の『前二号に掲げるものの外特に信用すべき情況の下に作成された書面』とは、その作成時の情況及び書面自体の性質において、前二号に掲げる書面と同程度の高度の信用性の情況的保障を有する書面を指称するものと解すべきである」
（イ）　各書面についての判断
　上記の決定要旨は、平幕→横綱の順序で伝聞例外規定を説明していますが、いわんとするところは、私がお話ししたことと同じです。323条の法意を的確に示していますね。本決定は、①については、323条3号該当を認め、②については否定しました。

（①について）

「その作成目的、作成方法に照らし、誤りの入り込む余地が少なく、高度の信用性があるものと認められる。……個人的目的（ただし私生活上のものでなく業務上のものである）で作成され、公開性がないという1点を除けば、……右業務過程文書に比肩すべき高度の信用性の情況的保障を有するものと認められ、法第323条第3号該当の……書面に該当する」

（②について）

「個人的な心覚えのため記載していたものであって、支店長としての業務上記載していたという性質のものではなく、自席の事務机に入れておいて毎日前日の体験を記載していたが、2、3日後に記載したこともあるというのであり、提示にかかる右日記の記載内容を披見しても、その記述には、日本語、中国語、ロシア語が入り混じり、銀行における業務上の出来事も記載されている反面全く私生活に関する事項の記述や主観的な所感、意見等が随所に記載されているといった情況であって、到底これを以て法第323条第1号、第2号所定の書面に準ずる性質の書面と解するを得」ない。

7　車所有関係の各参考人3名KS　CのKS　キャバクラ店長のKS　ローン担当者のKS

いずれも、321条1項3号書面で、伝聞例外としては平幕ですね。不同意になれば、各供述者について、同号の「供述不能」「不可欠性」「絶対的特信性」の3要件が認められない限り証拠能力はなく、検察官は供述者の証人申請をしなければなりません。

8　緑色のジャージ

典型的な証拠物です。その物の存在・形状自体が証拠価値を有するものであり、これがYの自宅から発見押収されたこと、ATMの防犯録画に撮影されていた画像の人物の着衣と一致すること、Yの手帳にV女のキャッシュカードの暗証番号が記載されていること、という他の間接事実とあいまって、Yが現金を引き出したことを立証できることになります。

9　D女のKS・PS

母親D女については、検察官は、捜査段階ではKSで正直に話していたとしても、公判では息子をかばって供述を変遷・後退させることが予想されたのでPSを作成していました。これがPS作成の必要がある典型的な事案です。公判でD女が泣き崩れてしまって証言ができなかった場合の対応策については、後で勉強しましょう。

10　Yの手帳　捜索差押調書

弁護人は、「4316」と記載されたYの手帳を不同意としたため、この手帳が、どのような立証趣旨と根拠によって証拠能力が認められるかということが大きな問題となります。

この手帳が証拠価値を有するのは、赤の他人であるYが被害者V女のキャッシュカードを自分の手帳に記載しており、しかもそれが事件翌日の8月21日であるからですね。仮に、V女とYとが同棲していた愛人関係にあったとすれば、このような記載の証拠価値は極めて乏しくなります。Yが「手帳にV女の暗証番号を書いていたのは、ときどき、彼女から頼まれて銀行に行って現金を引き出していたからだ」と弁解されればなんの怪しさもないからです。

でも、赤の他人であるYがV女の暗証番号を手帳に書いていたということ自体が本来あり得な

いことですから、この記載の証拠価値は非常に大きいのです。他方、この記載によって、「被害者の暗証番号が4316であること」を証明する必要はまったくありません。それは分かり切ったことですね。ですから、この手帳と暗証番号の記載は、非供述証拠であり、その立証趣旨を、端的に「Yの手帳の事件翌日の欄に記載されている数字」とすればよいのです。このような手帳やロッキード児玉ルート事件の領収書のようなものは「証拠物たる書面」です（307条）[19]。

　ただ、Yはこの手帳の記載について「名前を言えない男から番号を教えられ、頼まれて引き出した」と弁解しているので、YがV女の預金をキャッシュカードで引き出したことの裏付けには役立つとしても、この手帳の記載自体から直ちにYが強盗犯人であることまでの立証はできません。その弁解の不合理性を明らかにする他の証拠とあいまって、犯人性の立証が可能となります。

11　E女のKS

　E女のKSは、321条1項3号書面なので、E女が供述不能等の3要件を満たさない限り証拠能力はありません。でもその活用の仕方については後で勉強しましょう。

12　Yの第一次自白KS　Xの第一次自白KS　Xの第二次自白PS　Yの第二次自白KS　Yの第二次自白PS　バッグ及び財布等　領置調書

　自白法則の勉強です。自白法則については、自白法則の根拠を何に求めるか、任意性のない自白と違法な手続によって獲得された自白との関係などの基本的な問題点がありますが、これらはいずれ勉強するとして、まずは実戦で、いきなり、排除される自白と派生証拠の問題に入っていきます。具体的事案で格闘してから、その後で理論を勉強すると一層身に付くでしょう。XYらの各自白調書の任意性は認められるか、第一次自白と第二次自白には違いがあるかが問題になり、更に自白によって発見された派生証拠である証拠物の証拠能力が問題となりますね。なお、捜査段階について記載した取調べの状況が、おおむね取調官の証人尋問によって認められたものとして考えていきます。

(1)　各自白の証拠能力
ア　両名の第一次自白

　Yについては、E女まで逮捕するぞとの恫喝、窃盗・傷害に落とすとか検事に頼んでやる、などの利益誘導により自白させています。Xについても、YはまだXをかばっていたのに、YがXとの共同実行を全面自白したとか母親の言葉などの偽計、長期間勾留の恫喝等により自白させており、両名の自白はいずれも任意性は認められませんね。

イ　両名の第二次自白

　第一次自白が任意性を欠き、あるいはその獲得過程に重大な違法があって排除される場合、その後に捜査官が得た反復自白も排除されるのが通常です。第二次自白の証拠能力が認められるためには、当初の任意性を欠いた事情が解消され、あるいは違法性が遮断されて承継されない状況にあることが必要です。

---

[19]　書面の記載内容のみが証拠となるものが証拠書類（305条）であり、そのほかに書面の存在及び状態も証拠となるのが証拠物たる書面（307条）である（大コンメ刑訴法［2版］(6)316頁〔髙橋省吾〕）。

XYの第一自白は排除されますが、第二次自白については、この問題に気付いた検察官により、両名とも取調官を交代させ、再度の黙秘権告知を行った上で取り調べました。すると両名は再び否認に転じました。それに対し、刑事や検事が、諄々と説得し、客観証拠であるメールなどに基づいた追及を行った上で、第二次自白を得たのです。いったん否認に転じたということは、いわば振出しに戻ったということであり、ここで任意性を欠いた事情が解消され、また、違法性が遮断されたとも評価できます。したがって、両名の第二次自白については排除されず、証拠能力が認められると考えていいでしょう。

(2)　バッグ及び財布等　領置調書

　Yの排除される第一次自白に基づいて発見されたバッグ・財布等の証拠能力は認められるか、が極めて重要な問題です。これは派生証拠ないし毒樹の果実の問題ですね。
　まず、派生証拠にはどのようなパターンがあるか整理しておきましょう。次のようなパターンがあります。
①　自白　　→　　自白（同一事件の反復自白）
②　自白　　→　　自白（別事件の自白）
③　自白　　→　　証拠物
④　証拠物　→　　証拠物

　①が問題となったのが、後述の神戸ホステス宅放火事件や千駄木強盗致傷事件です。②と③は、後述の杉本町交番爆破事件で問題となりました。いずれも今回勉強します。④は、最高裁が初めて具体的事案で違法収集証拠の排除を認めた大津覚せい剤事件（◎**最判平成15・2・14刑集57巻2号121頁**）がその例です。
　本事例では③の、排除されるべき自白によって証拠物が発見されたパターンですね。

ア　指導的判例

　派生証拠・毒樹の果実論を考える上で最も指導的なものは次の二つの判例です。
①　○**大阪高判昭和52・6・28、判時881号157頁、判タ357号337頁（杉本町交番爆破等事件・百選75事件）**

《事案の概要》
　第二次安保闘争で左翼の学生運動が過激化していた当時の爆弾闘争事件。被告人は、①爆弾製造材料薬品の窃取、②爆弾による杉本町交番の爆破、③痴情による傷害、④別の爆弾の製造と隠匿所持、の罪で起訴された。捜査は③の傷害事件の逮捕・勾留から始まり、その勾留期間中に被告人は②の交番爆破について自白した。その翌日、被告人は捜査官が把握していなかった別の爆弾と製造材料を大学建物内に隠匿所持していることやそれらの爆弾を製造した④の事実も新たに自白した。一審の大阪地裁は、③の傷害事件の自白を除いた①②④のすべての自白調書について、任意性に疑いがあるとして排除した上、①②③の事実については有罪としたものの、④の事実については、排除されるべき自白に基づいて発見押収された爆弾2個に関して作成された鑑定書や検証調書等の証拠能力を否定し、無罪とした。
　しかし、本判決は、④の事実の自白は、捜査当局が把握していなかった事件を被告人が自発的に明らかにしたもので、法律上の因果関係があるとは直ちに認められないから原判決には事実誤認があるとした上、不任意自白からの派生的第二次証拠についてまで排除が及ぶか否かについて

次の判示をし、無罪とした原審判決を破棄差戻した。

《判決要旨》

「『不任意自白なかりせば第二次証拠なかりし』、という条件的関係がありさえすればその証拠は排除されるという考え方は広きにすぎるのであって、自白採取の違法が当該自白を証拠排除させるだけでなく、派生的第二次証拠をも証拠排除に導くほどの重大なものか否かが問われねばならない。」違法に採取された自白の証拠排除の中には、(1)強制、拷問、脅迫等による自白のように主に人権擁護の見地からのもの、(2)約束、偽計等による自白のように虚偽排除の見地からのもの、(3)別件勾留の違法利用等による自白のように憲法31条の適正手続保障の見地からのものがあるが「自白獲得手段が、拷問、暴行、脅迫等乱暴で人権侵害の程度が大きければ大きいほど、その違法性は大きく、それに基づいて得られた自白が排除されるべき要請は強く働くし、その結果その趣旨を徹底させる必要性から不任意自白のみならずそれに派生する第二次証拠も排除されねばならない」。これに対し、直接的人権侵害を伴うなどの乱暴な方法によらず、虚偽自白を招来するおそれのある手段や、適正手続保障に違反する手段による場合には、「それにより得られた自白が排除されれば、これらの違法な自白獲得手段を抑止しようという要求は一応満たされると解され、それ以上派生的第二次証拠までもあらゆる他の社会的利益を犠牲にしてでもすべて排除効を及ぼさせる」のは相当でない。刑事訴訟法1条が、犯罪の解明、真実発見と人権あるいは適正手続保障との調和を十分考慮に入れる必要があるとしていることにも照らすと、「この場合の虚偽自白を招くおそれのある手段や、適正手続の保障に違反して採取された不任意自白に基因する派生的第二次証拠については、犯罪事実の解明という公共の利益とを比較衡量のうえ、排除効を及びさせる範囲を定めるのが相当と考えられ、派生的第二次証拠が重大な法益を侵害するような重大な犯罪行為の解明にとって必要不可欠な証拠である場合には、これに対しては証拠排除の波及効は及ばないと解する。」「この場合でも、当初から計画的に違法手段により採取した自白に基づく派生的第二次証拠の獲得を狙いとしたような特段の事情があれば、その自白採取手段の違法性は派生的第二次証拠にまで証拠排除の波及効を及ぼさせるものとなるが、本件ではこの特段の事情はなく、自白獲得手段の違法性と④の爆弾の製造所持事犯の法益の重大性を比較衡量すれば、④事件の自白に基づき発見押収された爆弾2個に関する検証調書等は排除されるべきでない。」

② ◎最判昭和58・7・12刑集37巻6号791頁（神戸ホステス宅放火事件）

《事案の概要》

放火の嫌疑があった被告人について、警察は、放火により逮捕状請求をするだけの資料がなかったため、別件の住居侵入により被告人を逮捕して取調べ、放火の自白を得たので、この自白調書を資料として放火による逮捕状を改めて取得し、住居侵入事件では勾留請求をせずに釈放して放火罪で改めて逮捕した。勾留質問においても放火を自白して勾留質問調書が作成され、また勾留期間中に消防署員が消防法32条1項による質問調査を行ったところ被告人は自白してその質問調書が作成された。被告人側は、違法な別件逮捕により収集された証拠を資料としてなされた本件逮捕は違法で、勾留質問調書と消防署員の質問調書も違法収集証拠であると争って上告。最高裁は下記のとおり、両質問調書の証拠能力を認めた。

《判決要旨》

「勾留質問は、捜査官とは別個独立の機関である裁判官によって行われ、……被疑者の権利保護に資するものであるから、違法な別件逮捕中における自白を資料として本件について逮捕状が

発付され、これによる逮捕中に本件についての勾留請求が行われるなど、勾留請求に先き立つ捜査手続に違法のある場合でも、被疑者に対する勾留質問を違法とすべき理由はなく、他に特段の理由のない限り、右質問に対する被疑者の陳述を録取した調書の証拠能力を否定すべきものではない。」「消防法32条1項による質問調査は、捜査官とは別個独立の機関である消防署長等によって行われ、しかも消防に関する資料収集という犯罪捜査とは異なる目的で行われるものであるから、違法な別件逮捕中における自白を資料として本件について勾留状が発付され、これによる勾留中に被疑者に対し右質問調査が行われた場合でも、その質問を違法とすべき理由はなく、消防職員が捜査機関による捜査の違法を知ってこれに協力するなど特段の事情がない限り、右質問に対する被疑者の供述を録取した調書の証拠能力を否定すべきものではない。」

（伊藤正己裁判官の補足意見）

「このような違法収集証拠（第一次的証拠）そのものではなく、これに基づいて発展した捜査段階において更に収集された第二次的証拠が、いわゆる「毒樹の実」として、いかなる限度で第一次証拠と同様に排除されるかについては、<u>それが単に違法に収集された第一次的証拠となんらかの関連をもつ証拠であるということのみをもって一律に排除すべきでなく、第一次的証拠の収集方法の違法の程度、収集された第二次的証拠の重要さの程度、第一次的証拠と第二次的証拠の関連性の程度等を考慮して総合的に判断すべきものである。</u>本件現住建造物等放火罪を理由とする逮捕、勾留中における捜査官に対してされた同罪に関する被告人の自白のように、第一次的証拠の収集者自身及びこれと一体とみられる捜査機関による第二次的収集証拠の場合には、特段の事情のない限り、第一次的証拠収集の違法は第二次的証拠収集の違法につながるというべきであり、第二次的証拠を第一次的証拠と同様、捜査官に有利な証拠として利用することを禁止するのは、将来における同種の違法捜査の抑止と司法の廉潔性の保持という目的に合致するものであって、刑事司法における実体的真実の発見の重要性を考慮にいれるとしてもなお妥当な措置であると思われる。（※原審が捜査官への自白調書を排除したのは相当とする）」「しかしながら、本件勾留質問は、裁判官が、捜査に対する司法的抑制の見地から、捜査機関とは別個の独立した職責に基づいて、受動的に聴取を行ったものであり、またこれに対する被告人の陳述も任意にされたと認められるのであるから、その手続自体が適法であることはもとより、この手続に捜査官が支配を及ぼしたとみるべき余地はなく、第一次証拠との関連性も希薄であって、この勾留質問調書を証拠として許容することによって、将来本件と同種の違法捜査の抑止が無力になるとか、司法の廉潔性が害されるとかいう非難は生じないと思われる。」

「また消防機関は、捜査機関とは独立した機関であり、その行う質問調査は、効果的な火災の予防や警戒体制を確立するなど消防活動に必要な資料を得るために火災の原因、損害の程度を明らかにする独自の行政調査であって、犯人を発見保全するための犯罪の捜査ではないから、消防機関が右行政目的で行った質問調査が、捜査機関によって違法に収集された第一次的証拠を資料として発付された逮捕状、勾留状による被疑者の身柄拘束中に、当該被疑者に対して行われたとしても、そこに捜査と一体視しうるほどの密接な関連性を認めて、その質問に対する任意の供述の証拠能力を否定すべきものとする必然性のないことは、裁判官による勾留質問調書の場合と同様である。」

イ　上記判例の解説

杉本町交番爆破事件の大阪高裁判決は、最高裁が初めて違法収集証拠排除の原則を宣言した最

判昭和53・9・7よりも1年以上前のものです。しかも、この事件は、本来の違法収集証拠の排除の問題を超えて、毒樹の果実、派生証拠の排除の可否という難しい問題が焦点となりました。判決文を読むと、裁判官がアメリカの毒樹の果実の法理などをよく勉強して知恵を絞った跡が窺われます。この判決の意義は、排除されるべき自白にもその違法の程度は様々なものがあり、それによって得られた派生証拠にまで排除効を及ぼすべきかの判断については、自白獲得の違法の程度や事件の重大性や派生証拠の重要性などを比較衡量すべきである、という指針を示したものであり、先駆的意義があるといえます。

　神戸ホステス宅放火事件の最高裁判決は、違法な別件逮捕中に得られた自白を排除し、それに続く本件での再逮捕・勾留中に得られた反復自白も排除したが、捜査官とは独立の立場にある裁判官による勾留質問調書と消防署の職員による質問調書は排除しなかったというものです。伊藤裁判官はアメリカ法の権威であり、同裁判官の前記の補足意見は、補足意見であるとはいえ法廷意見を代弁しているとの評価もあります。この意見の「第一次的証拠の収集方法の違法の程度、収集された第二次的証拠の重要さの程度、第一次的証拠と第二次的証拠の関連性の程度等を考慮して総合的に判断すべき」との指針については、杉本町交番爆破事件の判旨にも通じるものがありますね。その後、派生証拠の排除の可否が問題となった事案では、この伊藤裁判官の補足意見が判断の基礎とされているものが少なくありません。例えば、○**大阪高判平成4・1・30高刑集45巻1号1頁（大阪西成覚せい剤使用事件）**では、被疑者に対する職務質問と警察署への任意同行に有形力を行使するなどの行き過ぎがあり、また警察署内で尿を出させるために長時間留め置いたことに重大な違法があるとして、提出させた尿の鑑定書の証拠能力を排除して自己使用罪については無罪としたのですが、その鑑定結果に基づいて被疑者を自宅で通常逮捕した際の捜索により発見押収された覚せい剤については排除せず、所持の事実を有罪としました。その判断において、この判決は

　「いわゆる第2次証拠の証拠能力については、結局は第1次証拠の証拠収集の違法の程度、第2次証拠入手との関連性、第2次証拠の重要性、事件の重大性、捜査機関の意図等を総合的に判断して決すべき（①）であるところ、前示のように違法に収集された第1次証拠に基づき発付された逮捕状による逮捕が証拠入手に先行しているとはいえ、逮捕状の被疑事実の嫌疑は十分で、発行につき司法判断を経由している上、逮捕の時点で覚せい剤が発見され、被告人の新たな覚せい剤の使用は発覚したのは全くの偶然であって、右逮捕状執行とは別に職務質問を行うことによっても発覚した可能性がなかったとはいえない。もとより、警察官において当初の職務質問、採尿行為又は逮捕状請求時点でこのような事態を予想したとは到底思われず、その意味では第2次証拠入手との関連性は希薄であるともいえる（②）。また、第2次証拠である覚せい剤及び被告人の尿、その鑑定結果の証拠の重要性は明らかであり、追起訴にかかる覚せい剤の所持、使用はそれぞれに重い犯罪である。これらを総合すると、本件では、証拠の排除は前記程度に止め、追起訴にかかる証拠物である覚せい剤、逮捕後被告人から任意提出された尿、その鑑定結果並びに被告人の捜査段階の自白調書等の証拠については証拠能力を認めるのが相当である。」

としています。この判旨の傍線部分は、伊藤裁判官の補足意見に肉付けをしたものであることが分かりますね。また、下線②の部分には、アメリカの毒樹の果実論にいう「希釈法理」「不可避発見法理」の考え方をも参考にしていることが窺えます。

　したがって、派生証拠についてまで排除を及ぼすべきか否かを具体的事案において検討するときは、このような伊藤裁判官が示した指針を核としつつ上記各大阪高判の判旨も参考として、当

該事案の様々な具体的事実を丁寧に検討し、判断していけばよいのです。

なお、違法収集証拠の派生証拠の排除に関しては、毒樹の果実論、違法承継論、密接関連論など様々な考え方があることは皆さんも知っているでしょうし、それらの関係がよく分からないとの声も良く聞きますが、これらについてはいずれ違法収集証拠問題をまとめて勉強する中で考えていくことにします。

ウ　バッグ及び財布等　領置調書についての当てはめ

そこで本件事案の検討です。本件の被害品であるバッグ等は、Yの自白によって発見押収されました。不任意自白　→　証拠物　のパターンです。Yの自白は「E女も幇助犯として逮捕しなければならなくなる」とか「窃盗と傷害に落としてやることもできる。検事に頼んでやろう」などと、脅迫・恫喝まがいの文言や利益誘導等によって得られたものですから任意性を欠いて排除されます。そして、その自白直後にY自身に現場に案内させて発見押収したものです。それらを伊藤裁判官の補足意見や杉本町交番爆破事件の判旨を踏まえて検討すると、拷問・暴行までは用いていませんが、脅迫まがいの文言であり違法の程度はかなり高いといわざるを得ません。また司法審査を経由することなく自白に基づいて直接発見しており、因果性はストレートですね。反面、犯人性が問題となっている強盗致傷事件という重大な事件であり、自白の秘密の暴露によって被害品が発見されたということは、決定的に重要な証拠ですね。この辺りの比較衡量をどのように判断するかが問題です。司法審査を経由していないといってもこれは公共の場なのでもともと令状が不要なのであり、令状主義を潜脱したとはいえないとして、因果性のストレートさに余り重きをおかないという評価もありえるかもしれません。ボーダーラインの事案でしょうね。

[山田君]

自白に基づいて捜索差押令状の発付を受け、それによって派生証拠を発見押収したという事案であっても、要するにその自白があったからこそ令状が発付されたのでしょうから、それが因果性を弱めるとして派生証拠の排除に消極に作用する、というのはおかしいのではないですか。

[太田]

それはいい着眼点です。確かに、令状を発付する裁判官が、その根拠となる自白の獲得の問題性をも検討・判断した上で令状を出したというのならともかく、裁判官は自白に任意性があるか否かなど、令状審査の段階で分かるはずはないのですから、令状を経由したことを排除否定の理由とすることには批判的な説もあります。ただ、とにもかくにも令状という司法審査を経ていたということは、ストレートな因果性をある程度弱めるということは一般的には言えるでしょう。また、捜査官が裁判官に提出した令状請求の資料中に、不任意自白のみでなく他の適法に収集された証拠も含まれていたというのであれば、違法性はより希釈されるといえるでしょう。

[川井さん]

不任意自白に由来する派生証拠の排除について、自白法則の論拠について虚偽排除説に立った場合、不任意自白の排除に関しては任意性を問題とし、違法性を問題としなかったのに、派生証拠については取調べの違法を問題として不任意自白は違法収集証拠であったので毒樹の果実論の法理によるというのは木に竹を接ぐようなものだとの批判があります（古江　事例演習刑事訴訟法第2版293頁）が、これはどう考えればよいのでしょうか。

> 太田

　私はそのようには考えません。「任意性」とは、自白をした被疑者側の視点に立った概念ですね。いわば「結果」の問題です。自白法則の論拠について虚偽排除説を採るとしても（私は二元説ですが）、任意性のない自白がもたらされる取調べにはいろいろなものがあります。拷問や脅迫、偽計などはそのような取調べ自体が違法であることは当然です。他方、◎**最判昭和41・7・1刑集20巻6号537頁**（児島税務署事件）のような約束による自白の事案では、弁護人を通じて伝わった内容を被疑者が勘違いし、自白すれば不起訴になると思いこんだために自白がなされたもので、検察官の被疑者の取調べには何ら違法はなかったのですが判決では任意性が否定されました。つまり、被疑者の側からみて任意性がないとされる自白には、違法な取調べによって得られたものとそうでないものとがあります。そして取調が違法である場合でも、拷問のように違法性が極めて大きいものから、若干の偽計のようなそれほど違法性が大きくない場合もあり、更には児島税務署事件のような取調べ自体にはなんらの違法がない場合までその程度は様々です。取調べが違法であった場合に、それによって得られた不任意自白を毒樹と考えることはなんら不合理ではありません。また、取調の違法は、狭い意味では追及方法自体の問題ですが、そのほかに、許される限度を超えた宿泊を伴う取調べ、違法な別件逮捕中の取調べ、接見妨害中の取調べなど、取調べが行われた「手続」が違法であるために取調べが違法となる場合もあります。神戸ホステス宅放火事件はまさに違法な別件逮捕中の取調べによって得られた自白が排除され、その毒樹の果実である反復自白も排除された事案ですね。自白獲得のための追及方法の違法（脅迫や偽計の有無など）が問題とされたのではなく、「手続」が違法であったものです。なお、「任意性が認められないような自白を得た取調べは違法」とするのは、違法の意味をあまりに拡散するものであって妥当でないですね。任意性とは、それ自体は取調べの問題でなく、被疑者側から見た、いわば結果としての概念ですから、これは「結果論」の論理であり、妥当でないでしょう。

　このように考えると、児島税務署事件のように、取調べ自体にはなんらの違法がないが、結果として自白に任意性がなかった場合には、その自白は「毒樹」とはいえないので当該自白のみが排除され、派生証拠については排除されないことになります。本来違法収集証拠排除法則の論拠の中心は将来の違法捜査の抑制にあるのですから、取調べに違法がない場合や、違法が軽微であるような場合には、任意性のない当該自白だけを排除すれば足り、派生証拠まで排除する必要はないので、結論としても妥当なものになるでしょう。そして、取調べにおける追及方法や自白を獲得した「手続」が違法である場合には、その違法性の度合いに応じて、当該自白のみならず派生証拠まで排除すべきかどうかを判断すればよいのです。

　こう考えると、杉本町交番爆破事件の大阪高判が、取調べの違法性の強さに応じて、派生証拠をどこまで排除すべきか、という判断枠組みを判示したことは、神戸ホステス宅放火事件の最判の伊藤裁判官の補足意見がいう「第1次証拠の証拠収集の違法の程度」ということにも通じるものであり、基本的に妥当性があると私は思います。

13　Xの携帯電話のメール内容解析結果回答書

　捜査官は、XYの各携帯電話を差し押さえましたが、過去のメールは既に消去されていたため、電話会社に対し、過去のメールの復元・解析を嘱託しました。すると、XがYに送った待ち合わせの連絡メールが復元され、その回答書が送られてきました。近年の捜査では、メールの判読・復元は極めて強力な捜査手段となっています。もし携帯電話自体にメールが消去されずに残って

いる場合、捜査官が携帯電話の通常の操作でそのメールを読み出し、それを反訳して「メール内容反訳報告書」などの捜査報告書を作成すれば、それは321条3項の検証の結果を記載した書面となります。捜査官が特殊な専門的科学的技術を用いることなく、五官の作用によって覚知した内容を記載した書面だからです。しかし、既に消去されていれば、電話会社に嘱託してメールを復元・解析することとなり、これは過去数か月分の消去されたメールの復元が可能なようです。これは電話会社において専門的科学的技術を用いた作業となりますので、その性質は鑑定であり、その復元結果の回答書は321条4項が準用される鑑定書となります。その依頼は捜査官が223条に基づいて鑑定嘱託を行うのが通常です。

海野君

そのような復元作業のためには鑑定嘱託だけでいいのですか、225条が準用する168条の鑑定処分許可状を裁判官に請求する必要はないのでしょうか。

225条1項 「鑑定の嘱託を受けた者は、裁判官の許可を受けて、168条1項による処分をすることができる」

（※168条1項）　住居等の立ち入り、身体検査、死体解剖、墳墓の発掘、物の破壊

太田

鋭い指摘ですね。でもそれは必要ありません。というのは、鑑定処分を必要とするのは、死体の解剖や物の破壊など、鑑定によって対象物に対して原状が回復できないような変化をもたらす場合に、そのような新たな法益侵害を許すために裁判官の令状が求められるのです。消去されたメールの復元は、専門的技術にはよりますが、メールを復元するだけであり、その作業の後に、携帯の機器やデータの損壊等はまったく生じないので鑑定処分は不要なのです。ただ、それらの読み出し作業を行う過程で、もし何らかのデータや機器に損傷をもたらすようなおそれがある場合には、鑑定処分許可状を得ておく方がベターでしょうね。

公判手続の諸問題

本件の公判の進行状況の中で、公判手続に関するいろいろな問題を勉強してきましょう。

1　326条の同意に関する諸問題
(1)　弁護人による書証の同意・不同意は、どのような法的意味・効果があるか。

本事例では、弁護人が書証を全て不同意として全面的に争いました。ただ、実際の公判では、被告人・弁護人が罪体や犯人性を争っている場合でも、検察官請求証拠の全てを不同意とすることは、通常はほとんどありません。無罪を争う場合、有罪無罪の事実認定の判断に関わる書証については不同意とするのは当然ですが、争っても意味がない事件の前提や周辺の事実に関する書証については同意されるのが通常です。例えば、殺人事件で犯人性が争われる場合、死体解剖結果の鑑定報告書や被害現場の実況見分調書については、誰かがそのような殺人を行ったこと自体に争いがなければ、同意されることが多いでしょう。被告人としては自分が犯人でないと争うことと、客観的に殺害事件が発生したことは争わないこととは矛盾しないからです。また、被告人が罪を認めている事件では、書証のほとんどが同意されるのが通常です。ですから、326条の同意は、公判審理において極めて大きな機能を果たしています。その反面、327条は当事者による合意書面を定めていますが、以前は、合意書面が用いられることは稀で私自身の経験上は思い当

たりません。これは、合意文書というのを作成する作業は、双方の合意内容の摺合せなどで大変な労力を有するからです。それに、合意書面を作るよりは、検察官請求の書証の内容の中で、弁護人が、被告人の主張や弁解内容に反する記載のある部分については、検察官にマスキングを求め、検察官がこれに応じてその部分をマスキングした上で書証の「抄本」という形で請求し直し、弁護人がこれには同意するということの方が実際的な場合もあるからです。そのような運用は時々ありました[20]。

このように公判で重要な機能を果たしている同意について、基本的な総論を勉強しましょう。

なお、前提として326条の同意は、書証である伝聞証拠に対するものです。証拠物の取調べについては、同条の同意ではなく取調べに異議がないという意思表示であり、責問権の放棄、と考えられています。

(2) 同意の意義についての各説と具体的問題点

同意の意義については、反対尋問放棄説、証拠能力付与説があり、更に伝聞性解除行為説などもありますが、前二者を中心に考えてきましょう[21]。これらのいずれの説をとるかによって、ア 自白調書に対する同意はどのような意味を持つのか、イ 同意した上で、その同意書面の供述者を証人申請することが許されるか、ウ 瑕疵のある伝聞証拠に証拠能力が認められる根拠、などに違いが生じます。

ア 反対尋問放棄説

同意は、反対尋問を放棄する意思表示であるとします。伝聞証拠であっても、その内容に争いがないため反対尋問の必要がない場合、当事者が反対尋問権を行使せずに、伝聞証拠をそのまま証拠とすることを認めても不利益はないこと、反対尋問権は放棄が許されない権利ではないことを理由とします。この説によれば上記の問題点は次のようになります。

① 自白調書に対する同意

被告人自身に対する自らの反対尋問ということは観念できないため、本来、326条の同意ではなく、自白の任意性を争わないという証拠調手続上の効果を生じさせるものである。しかし、それによって証拠能力が当然に付与されるものではないので、その証拠能力は、319条、322条によって判断される。

② 証明力を争うための原供述者証人尋問の可否

反対尋問を放棄した以上、許されない。

③ 瑕疵のある伝聞証拠に証拠能力が認められる根拠

同意により瑕疵のある伝聞証拠が証拠能力を取得するのは、326条の同意とは別個の、当事者主義の一場面としての責問権の放棄により瑕疵が治癒されるからである。

---

[20] しかし、裁判員裁判制度が開始された以降は、合意書面の作成もしばしば行われるようになっているようだ。また、公判前整理手続において、検察官が請求した複数の捜査報告書について弁護人が同意する場合に、証拠の厳選・簡素化のためにこれらを的確に取りまとめた「統合捜査報告書」を作成することはしばしばなされている。その場合、弁護人が「この点も含めて欲しい」と求めてくる場合にはそれも統合捜査報告書の内容に加えることによって「合意書面」とするという方法もあるとのことである。

[21] 井上弘道「326条の意義と機能」新刑訴争点174頁以下参照。

イ　証拠能力付与説（実務・判例）

321条以下の伝聞例外規定の中には反対尋問が考えられない322条の被告人供述調書が含まれていることから、同意は反対尋問の放棄ということでは説明しきれない。同意は、「証拠能力を付与する積極的な訴訟行為である」と解し、証拠能力に関し当事者に一定の処分権限を与えたものであるとする[22]。

①　自白調書に対する同意

326条の同意であり、証拠能力が付与される（しかし、「相当性」の制約はある）。不同意の場合には、証拠能力は319条、322条によって判断されるので、改めて検察官からこれに対する意見を聴く。

②　証明力を争うための原供述者証人尋問の可否

証拠能力を付与することは証明力まで認めるものではないので、証明力を争うために原供述者の証人尋問請求はできる。

③　瑕疵のある伝聞証拠に証拠能力が認められる根拠

当事者に一定の処分権を与えたものなので、瑕疵が放棄可能な権利に関するものであれば同意により証拠能力を取得する。放棄できない権利であれば、同意があっても相当性を欠くとして証拠能力は付与されない。

[川井さん]
　例えば、弁護人が検察官請求の目撃者AのPSを同意しながら、更にAの証人請求をする、というのは一体何のためなのですか。同意するということは、それに記載されたAの目撃供述内容を裁判官が読んでもいい、ということなのでしょう。PS記載の目撃状況の信ぴょう性を争うのなら、最初から不同意にしてAの反対尋問で頑張ればいいではないですか。

[太田]
　それがオーソドックスな争い方ですね。ただ、弁護人は、かつては「同意はするが信用性を争う」と言ってPSを採用させ、Aの証人尋問で弾劾するという方法をとることも散見されました。というのは、仮に証人尋問でPSの内容と相反する供述が出てきたため検察官がPSを2号書面として請求して採用された場合、証言後にPSの内容が裁判官に読まれることになり、裁判官はPSの信用性に納得してしまうことも生じかねません。それよりは、信用性を争うと釘を刺しておいた上で、先に裁判官にPS内容を認識させておき、証人尋問で証人からPSの記載に不自然さがあることや捜査官が誘導したのではないか、などと指摘することにより、PSの内容に信用性が薄いことを裁判官により強く印象付けることもあり得るのです。以前は時々このような運用もされていました。しかし、最近では、裁判所は、PSの2号書面としての採用について以前より厳格な態度を示すようになっており、弁護人も、信用性を争うべきPSについて最初から証拠として同意するという例は稀になっているようです。裁判所も、尋問が予定されている関係者のPSが同意されても、尋問終了まで採否を留保し、尋問における弾劾の過程で当該証人の捜査段階の供述の内容が明らかになれば、PSは採用しない、という扱いをすることが多くなっているとのことです。

---

(22)　石井・刑事実務証拠法［5版］89頁。「同意は刑訴法320条1項によって証拠とすることのできない伝聞証拠に証拠能力を与える当事者の訴訟行為として極めて重要である」

(3) 違法収集証拠である書証に対する同意の効果

証拠能力付与説を前提としてお話ししますが、同意がなされたからといって無条件で証拠能力が付与されるわけではありません。326条は「……その書面が作成され又は供述のされたときの情況を考慮し相当と認めるときに限り……」とされており、証拠能力付与説によっても、常に必ず証拠能力が認められる訳ではないのです。

おおむねの共通理解としては、任意性を欠く自白については、同意があっても相当性を欠くとされます。自白以外の書証については、瑕疵があっても同意があれば基本的には証拠能力が付与されるが、その瑕疵があまりに重大である場合には、違法捜査の抑制や司法の廉潔性の見地から、同意によっても証拠能力は付与されない場合があるというべきです。

ア 判 例

これに関するいくつかの判例を見てみましょう。判例は、伝統的に、瑕疵のある書証でも同意があれば証拠能力は付与されるとしつつ、下記③の捜査官が参考人に白紙に署名押印させて作成した虚偽の供述調書に基づく令状によって獲得された書証については、違法が余りに重大だとして証拠能力を認めませんでした。妥当な判断ですね。

【同意によって証拠能力の付与を肯定したもの】

① ◎最大判昭和36・6・7刑集15巻6号915頁（大阪西成ヘロイン事件）

「本件麻薬取締官作成の捜索差押調書及び麻薬を鑑定した厚生技官作成の鑑定書は、第一審第一回公判廷において、いずれも被告人及び弁護人がこれを証拠とすることに同意し、異議なく適法な証拠調べを経たものであることは、右公判調書の記載によって明らかであるから、右各書面は捜索、差押手続の違法であったかどうかにかかわらず証拠能力を有する」

② ○大阪高判昭和56・1・23判時998号126頁（要撃5号事件）

「しかるところ、原審において、被告人及び弁護人は右覚せい剤についてはこれを証拠とすることに異議をとなえているが、鑑定書については、証拠とすることに同意し、これらの書面はいずれも異議なく適法な証拠調べを経ており、従って原判決は右鑑定嘱託所写、鑑定書を原判示所持罪の証拠として挙示しているのである。してみると、右各書面は、前叙のように本件覚せい剤が、その差押え手続の違法により証拠能力を否定されるにもかかわらず、なお証拠能力を有すると解するのが相当である（前記最大判を引用）」

（同意によっても証拠能力は付与されないとしたもの）

① ○福岡高判平成7・8・30判時1551号4頁、判タ907号281頁

捜査官が、参考人に署名押印させた白紙の調書用紙を利用して虚偽の供述調書を作成し、それを唯一の証拠資料として捜索差押令状の発付を受けて覚せい剤を差し押さえた事案について

「原審において、被告人は差押調書及び鑑定書の取調べに同意し、本件覚せい剤の取調べに異議なしと意見を述べているけれども、その前提となる捜索・差押えに、当事者が放棄することを許されない憲法上の権利の侵害を伴う……重大な方が存するのであり、このような場合に右同意等によって右各証拠を証拠として許容することは、手続の基本的公正に反することになるから、右同意書があっても右各証拠が証拠能力を取得することはないといわなければならない」

(4) 同意権者、被告人と弁護人との関係
ア 問題の所在

326条の同意は「検察官及び被告人が証拠とすることに同意した」とについて、被告人の同意、弁護人との同意との関係はどうなるのかという問題があります。このように、法律上は弁護人の固有の同意権というものは規定されていません。しかし、実務では、裁判所は、通常、弁護人に対してのみ同意・不同意の意思を確認し、特段の事情（例えば、被告人が犯行を争っているのに、弁護人が罪体の証拠を同意するなど、被告人の意思に反する疑いがある場合など）がなければ、重ねて被告人の意思を尋ねることはありません。弁護人が同意すると述べたとき、被告人が在廷しながら異議を述べなければ被告人もこれに同意したものと扱われます（△**最判昭和26・2・22刑集5巻3号421頁**参照）。このように実務上行われている弁護人の同意というものは、弁護人の固有権ではなく、あくまで包括的代理権に基づくものです。なお、罪状認否については、裁判所はまず被告人に聞き、その後で弁護人に聞いています。

したがって、弁護人は、被告人の明示又は黙示の意思に反して同意することはできません。ところが、稀にではありますが、被告人は争っており、その意思には反するように見えても弁護人が書証を同意するという場合が生じます。このような場合が生じるのは、①被告人は争いたいと考えているが、弁護人としては争っても到底無罪は取れる見込みがないので、同意した上で情状酌量を求めた方がよいと考える場合、また、法律に疎い被告人としては何でも不同意にして争って欲しいと考えているが、②弁護人が、被告人の争う意思に従って争いつつ、書証は同意した上でその信用性を争った方が訴訟戦術上ベターと考える場合、③同意しても被告人の争う主張や弁解に何らの不都合は生じないため同意する場合、などがあります。いずれの場合でも、本来なら弁護人が被告人によく状況を説明し、その理解を得た上で足並みを揃えるのが望ましいことはいうまでもありません。これらのうち①については、弁護人の誠実義務との関係で問題があります。②や③については、基本的に被告人の争う方針を守った上でのプロとしての弁護人の判断による戦術の問題になります。これらのような場合、裁判例では、弁護人による同意が被告人の争う意思を無意味にしてしまうものか否かについて、諸事情を総合的に考慮して個別の事案ごとに判断しています。

イ 判　例

① △**最決昭和26・2・22刑集5巻3号421頁**

弁護人が同意した際、被告人は在廷しながら反対の意思も表明せず、何らの異議も述べなかったという事実から、被告人の黙示の同意を認めた。

② △**最判昭和27・12・19刑集6巻11号1329頁**

被告人が全面的に公訴事実を否認し、弁護人のみがこれを認め、その主張を完全に異にしている場合においては、弁護人の同意をもって、被告人が同意したものとはいえず裁判所は、弁護人とは別に被告人に対しても同意の有無を確かめなければならないとした。

③ ○**大阪高判平成8・11・27判時1603号151頁**（百選86事件）

《事案の概要》

覚せい剤所持・自己使用事案で、被告人は使用事実を否認し、所持については、「付近の公衆電話台の上にあった千円札数枚を拾い、上着ポケットに入れていたが、本件覚せい剤はその二つ折れとなっていた千円札に挟まっていたもので、職務質問を受けた際に初めて気付いた」と弁解

していた。弁護人は、被告人の述べたところと同じであると述べたが、検察官請求証拠については全部同意し、一審は、請求の全証拠を採用して取調べの上、有罪とした。

《判決要旨》
職権で原審を破棄自判したが、有罪は維持した。

「被告人が公訴事実を否認している場合には、検察官請求証拠につき弁護人が関係証拠に同意しても、被告人の否認の陳述の趣旨を無意味に帰せしめるような内容の証拠については、弁護人の意見のみにより被告人がこれらに同意したことになるものではないと解される」「本件の場合、被告人は～～覚せい剤所持の事実につき、覚せい剤であることの認識はなかった旨具体的に争っており、前記の弁解内容に照らし、被告人の否認の陳述の趣旨を無意味に帰せしめるような内容の証拠、すなわち……覚せい剤所持の事実に関する証拠の中、被告人に覚せい剤であるとの認識があった旨の立証に資する司法巡査作成の現行犯人逮捕手続書、～～被告人を現行犯逮捕した警察官であるA及びBの各検察官調書……については、右弁護人の同意の意見によって被告人の同意があったとすることはできず、従って、被告人の意思に沿うものか否か確認することなく、直ちにこれら証拠を同意書証として取調べ事実認定の資料とした原判決には、刑訴法326条1項の適用を誤った違法があるものというべきである」「なお、被告人は……覚せい剤自己使用の事実についても、前記のように否認しているが、『具体的主張のないその否認態様』にかんがみ、弁護人が、同意した被告人の尿に関する鑑定書……を含む関係証拠は、右否認の陳述の趣旨を無意味に帰せしめるような内容の証拠ではないから、弁護人の同意の意見のみで、被告人の同意があったものとしたことに違法・不当はない」

　この判例がいう「弁護人の同意が、被告人の否認の陳述の趣旨を無意味に帰せしめるようなものかどうか」がこの問題を考えるキーポイントですね。

　つまり、本件は、覚せい剤所持の事実については、被告人は知らずに拾い上げた千円札の間に挟まっていたと弁解して覚せい剤所持の犯意を否認していたところ、現行犯人逮捕手続書等には、被告人が覚せい剤を認識していたという内容の記載があった事案であり、これを同意してしまえば、被告人の所持の犯意否認の趣旨を無意味に帰せしめるものだったわけです。他方、被告人の尿の鑑定書については、それ自体は、単に被告人の尿から覚せい剤が検出されたという事実のみを証明できるにすぎず、被告人が覚せい剤を「故意に」使用したことまではこの鑑定書からは立証できません。ですから、被告人の自己使用否認について「具体的主張がなかった」という情況下では、別段この鑑定書を同意しても被告人が自己使用を争う趣旨が無意味とはならない、として弁護人の同意のみで可能としたものです。

　ただ、もしこの事案における被告人の主張が、「そもそも鑑定された尿は、俺の尿ではない、警察が誰かの尿とすり替えたものだ」というのであれば、情況は変わってきます。その場合であれば、「被告人の尿に関する鑑定書」であること自体が争点となりますから、弁護人としては、この鑑定書を不同意にし、他人の尿とすり替えられた可能性について反証活動を行うべきですね。

(5) 同意の擬制

　326条2項は、「被告人が出頭しないでも証拠調べを行うことができる場合において、被告人が出頭しないときは、前項の同意があったものとみなす。但し、代理人又は弁護人が出頭したときは、この限りでない」と定めています。いわゆる同意の擬制です。これに関しては、△最決昭和53・6・

8刑集32巻4号724頁（百選［9版］A38）が、この擬制は「被告人が秩序維持のため退廷を命ぜられ同法341条により審理を進める場合においても適用されると解すべきである」としました。

　2　検察官は、V女に対し、まず被害状況の詳細について証言をさせた後、実況見分調書に添付されたV女による被害再現状況を撮影した各写真を示し、証言した内容はこれらの写真のとおりであるか否かについて、質問し、V女から、その通り間違いない旨の証言をさせた。このような尋問は許されるか。

　これについては、最近、重要な判例がでました。○最決平成23・9・14刑集6巻6号949頁、判時2138号142頁は、痴漢事件において、被害者が被害状況を再現して撮影した写真を、被害者の証人尋問の際に被害者に示して尋問し、調書の末尾にこの写真を添付した措置について、この写真は独立した証拠として取調べられたものではないこと、証人の証言を視覚的に明確にするためのものであり、証言と一体となったものであること、先に十分に証言をさせた上で、これらの写真を示していることなどから、適法としました[23]。

　警察官が撮影した被害再現写真は、すでに勉強したように供述録取書であり、例外的に署名押印は不要とされますが、321条1項3号の供述不能等の要件を充たさなければ独立の証拠としては証拠能力が認められません。この事案でも、被害者が公判で証言したのですから、再現写真自体には証拠能力は認められません。しかし、公判での被害者の証言を視覚的に明確にするために示すというのなら証言と一体のものとして許されるとしたのです。

3　Xの母親D女の証人尋問

　D女は、証人席に立つなり泣きじゃくり始め、弁護人の尋問にも検察官の尋問にもまったくまともな応答をして供述することはできませんでした。このような場合、検察官が、D女のPSを証拠請求したら、採用できるでしょうか。これは泣きじゃくって尋問に答えられないことが、321条1項2号の「供述不能」に当たるか否かという問題です。喚問・供述不能の意義については、PSに限らず、1号前段や3号についても共通します。条文では、いずれも①供述者の死亡、②精神若しくは身体の故障、③所在不明、④国外にいるため、としています。これが限定的列挙か、例示的列挙かについては、判例・実務は例示的列挙としていますので、これ以外にどのような場合も供述不能に含みうるかが問題となりますが、判例には次のようなものがあります。

　　ア　記憶を失って証言できない場合に肯定
　　　　△最決昭和29・7・29刑集8巻7号1217頁
　　イ　証言拒絶の場合に肯定
　　　　△最大判昭和27・4・9刑集6巻4号584頁

　「『供述者が……供述することができないとき』としてその事由を掲記しているのは、もとよりその供述者を裁判所において証人として尋問することを妨ぐべき障碍事由を示したものに外ならないのであるから、これと同様又はそれ以上の事由の存する場合において同条所定の書面に証拠能力を認めることを妨ぐるものではない。されば本件におけるがごとく、○○○子が第一審裁判所に証人として喚問されながらその証言を拒絶した場合にあっては、検察官の面前における同人

---

(23)　古江頼隆・平成23年度重判解192頁、岡田志乃布・研修770号（2012年）19頁参照。

の供述につき被告人に反対尋問の機会を与え得ないことは、右規定にいわゆる供述者の死亡した場合と何等選ぶところはないのであるから、原審が所論の○○○子の検察官に対する供述調書の記載を事実認定の資料に供した第一審判決を是認したからといって、これを目して所論の如き違法があると即断することはできない」とした。

△最決昭和44・12・4刑集23巻12号1546頁、判時581号84頁、判タ243号261頁

自己の刑事事件に関係するとして公判期日に証言を拒否した証人の裁判官による証人尋問調書を証拠とした原判決に対する上告申立に対し「証人が公判期日に証言を拒んだときは、刑訴法321条1項1号前段にいう公判期日において供述することができないときにあたるものと解すべきである（昭和27年4月9日大法廷判決参照）」

○東京高判昭和63・11・10判時1324号144頁、判タ693号246頁（百選［9版］84事件）

※過激派による凶器準備集合等の共犯事案で、受刑中の共犯者に対して刑務所において証人尋問を行ったが、黙秘を貫いた事案。

「事実上の証言拒否にあっても、その供述拒否の決意が堅く、翻意して尋問に応ずることはないものと判断される場合には、当該の供述拒否が立証者側の証人との通謀或は証人に対する教唆等により作為的に行われたことを窺わせる事情がない以上、証拠能力を付与するに妨げないというべきである」とし、証人が組織からの報復を極度に恐れていたことが窺われること、検察官が作為的に宣誓等を拒否させたものとは認められないこと等を挙げた上、「また、（1項2号前段の）書面については、その供述を信用すべき特別の情況が存することがこれを証拠とするための積極的な要件とされていないことは条文上明らかである。したがって、証人の検察官の面前における供述情況及びその供述内容の真実性につき慎重な配慮を要することは当然として、前示のような証人の宣誓等の拒否を刑訴法321条1項2号前段の供述不能の事由に当たるとしても、Yの検面調書には信用性の情況的保障がないから証拠能力を付与しえないとの所論は採用できない」

ウ　号泣して証言不能となった場合に肯定
△札幌高判函館支判昭和26・7・30高刑集4巻7号936頁

「強姦事件に関し被害者の婦人が激しく泣いて供述しない場合、公開を停止し、泣き止むのを待って再三尋問するなど諸種の手段を尽くしても結局供述を得られないときは、321条1項2号の精神もしくは身体の故障のため公判期日において供述することができない場合に該当する」

　これらの判例に照らせば、供述不能という判断は安易になされるべきではなく、号泣したからといって直ちに供述不能となる訳ではありません。本事案でも裁判所は一時休廷をするなどしてD女の状態が落ち着くよう努力していますが、それにもかかわらず、供述が得られる見込みがない、という状況にあったのであれば、採用はできるでしょう。

4　E女の証人尋問

　検察官と弁護人が双方申請して採用され、尋問されましたが、最初、弁護人が尋問したが、「その後思い出したが、Yから頼まれて、自分のタンス預金から50万円位を用立ててやったことがあった」などと供述しました。検察官は、E女が刑事から取調べを受けた際にはそのような話をしていなかったことについて問い質したが、E女は、その後思い出したとの一点張りでした。検察官としては、このようなE女の証言に対し、どのような対策を講じるべきか。E女のKSを活用する

にはどうすべきかが問題です。KSは321条1項3号の「供述不能」の要件を欠くので、その内容の立証のためには証拠能力がありません。328条の弾劾証拠として請求し、E女の主尋問供述の信用性を減殺するしかありません。弾劾証拠の諸問題は、事例講義2の中で勉強していくこととします。

事例講義2　保険金目的の放火事件

> 事　例

第1　事件の発生と捜査の遂行・事件処理

1　事件の発生と初動捜査

(1)　平成24年3月8日午後11時ころ、長野県甲市の郊外にある一軒家が出火し、全焼した。その家は、60歳の夫X、58歳の妻Y、29歳の長男Zとの3人暮らしであったが、火事の夜は全員留守にしていた。

　警察と消防署は、それぞれ直ちに火災の原因究明活動に入ったが、様々の不審な状況が浮かび上がってきた。出火場所は、火の気のない玄関脇の壁の外に積んであった廃材からで、灯油が地面に染み込んでいることが確認され、他に出火原因と推定されるものはなかった。

(2)　その家は、夫Xの所有であった（登記簿謄本）。Xは既に退職し、Yも無職で夫婦には年金以外に収入はなかったが、前年秋ころから、約1か月の間に3口の火災保険金に加入しており、その手続は、ほとんど息子のZが、保険会社に申込み、Xを連れて代理店に赴いて契約をしており、保険金の合計は約1億円で、毎月の保険料は10万円近くに上っていた。Xは、約2,000万円の退職金を昨年得ていたが、友人の経営する旅館の改築のためにそのお金を融資していたところ、その旅館が経営不振で倒産して融資回収のあてがなくなり、老後の生活資金が枯渇する状態にあった。長男Zは、不良仲間とともに覚せい剤に手を出すなどしていたことから、勤めていた建築会社を解雇され、家でぶらぶらしていた。

　出火したのは3月8日午後11時ころであったが、翌日、警察が周辺の民家に聞き込みを行ったところ、隣家の住人Aから「3月8日朝、Yさんが私の自宅に来て『東京で親戚の結婚式があるので、今日から3日ほど3人とも留守にするのでよろしく』と挨拶したので、私は『車で行くんだね。最近高速の事故が多いから気を付けてね』というとYさんは『ありがとう』と言っていた。ところがその日の午後11時少し前だったと思うが、家の前の路上に自転車を置いたままにしているのを思い出したので、取りに行こうと玄関を出たところ、20メートルほど離れたYさん方の前に、赤いスポーツタイプの車が停まっているのが見えた。夜だったので、断言まではできないが、その車は普段息子のZさんが乗っている車にそっくりだった。私は、てっきりZさんがその車でご両親を乗せて東京に行ったと思っていたので、どうしたのかなあ、大事な物でも忘れて取りに戻ったのかなあ、と思ったが、それ以上気に留めず自転車を門の中に入れて家に戻った。ところが、それから10分位したころ、焦げ臭い臭いがし、サイレンの音がしたので驚いて表に出ると、すでにXさんの家は炎に包まれていた。私は、近所の人を疑いたくはない、と思って、火災の後に消防署の人から事情を聴かれたとき、Zさんのものと思われる赤い車を見たことは黙っていた。でもその後の新聞報道で、Xさん達は、沢山の火災保険に最近加入していたことを知り、やはり、これは保険金目当ての放火ではないかと疑うようになった。万一風向きでも悪ければ私の家まで延焼していたかと思うとぞっとするし腹も立つ。だから、今日はありのままのことをお話しした」

との供述が得られたので調書を作成した（住民AのKS）。なお、火災直後に消防署員が行った住民Aに対する聞き取り内容の報告書（Aの署名押印はない）が作成されており、それには「住民Aに火災前後の状況を尋ねたところ、特に気が付いたようなことはなにもなかった旨述べた」と記載されていた。その後、住民A立会の下に、午後11時ころ、現場において実況見分を行い、Aが火災当日立っていた位置から車が停車していた位置までの距離、明るさ等を確認したところ、X宅の前に比較的明るい街灯があり、車の色や形は十分視認できることが判明した（住民A立会の実況見分調書）。また、Aは裸眼で視力が1.0であったので、このことも調書化した（上記KS）。後日、検察官はAを取調べ、検察官調書を作成した（住民AのPS）。

2 内偵捜査の遂行

(1) また、警察は、保険会社3社の担当者を取調べ、保険契約締結の経緯、契約内容等について調書を作成し、契約書写しの提供を受けた（各保険会社担当者KS、火災保険契約書写し）。XYZら親子の生活状況、さしたる収入のないこと、退職金を投資した友人の旅館が倒産したことなどについては、内偵捜査の結果を捜査報告書にとりまとめた（被告人らの生活状況の捜査報告書）。

また、消防署からは、火災原因判定書の謄本の提供を受けた。その判定書では、火災の原因について、自然発火の可能性はなく、玄関脇の壁に積まれていた木材に灯油を散布して放火されたものと推定される旨記載されていた。

警察が更に内偵を続けると、XYZらには、東京に親族はいるが、その親族について当時結婚式は何もなかったことが確認された。その親族は、既にXら親子と疎遠になっており、警察の取調べに対し「Xら親子とはもう親戚付き合いはしていません。最近身内に結婚式があったことなどまったくありません」と供述したのでその調書が作成された（東京の親族のKS）。

(2) これらから、本件は、XYZ3名が共謀して、保険金目当てに自宅を放火した疑いが濃厚となったが、まだ、逮捕状を請求するだけの証拠関係は固まっていないと判断された。ところで、Zについては、身辺の内偵捜査を進める過程で、覚せい剤を今でも使用していることを窺わせる情報が得られていた。そこで、警察は、まずZを覚せい剤事件で逮捕し、それを突破口にして放火の事実を解明しようと考えた。すると、Zと対立する不良グループの一員から、警察に対し「甲市で覚せい剤に手を出している連中が覚せい剤を入手している先は乙町の喫茶店△△だ。最近、Zは時々そこに顔を出しているので、そこから覚せい剤を買っていると思う」との情報が得られた。

3 覚せい剤事件でのZの逮捕による捜査の進展

(1) そこで警察官3名は、Zの行動確認を続けたところ、4月20日夜、Zが赤いスポーツカーを運転して外出し、高速道路を通って約1時間ほどの距離にある乙町方向に向かったので尾行を開始し、Zが喫茶店△△に入ったので張り込みを続けた。Zは、店から50メートルほど離れた有料駐車場に車を停めていたので、警察官は張り込みの間にZの車の写真を撮影した（Z所有の赤いスポーツ車の写真撮影報告書）。

1時間ほどしてZが店から出てきたので、警察官らは、直ちに路上でZに対し職務質問を開始しようとして近寄ると、Zは警察官に気づいて顔色を変え、反対方向に向かって走って逃げだした。警察官の一人が追いかけ、Zの肩に手をかけて「待ちなさい。なんで逃げるんだ」というと、

Zはしぶしぶ立ち止まった。警察官３名はZを取り囲むようにして、「君は、覚せい剤を持ってるんじゃないか。この喫茶店は覚せい剤密売所だという情報があるんだぞ。ポケットの中のものを見せなさい」などと言ったが、Zは無言のままであった。警察官がZの上着の左胸のあたりを外から軽く叩くように触れると、何か細長い固い物があったので、「これはなんだ。注射器だろう。見せてもらうぞ」と言うと、Zは無言で体をねじるようにして嫌々するそぶりは示したが、それ以上は抵抗しなかった。警察官は、上着の内側に手を伸ばして内ポケットに指を差し入れると封筒に指が触れたので、それを引き出した。中を覗くと、注射器２本と白い結晶が入った小さなビニール袋であった。警察官は「これは覚せい剤だな。試験するからね」と言って試薬で予試験をしたところ、覚せい剤の反応が得られた。そこで、警察官は、Zを覚せい剤の所持の現行犯で逮捕するとともに、注射器と覚せい剤を差し押さえた。

(2)　警察官は、駐車場に停めていたZの車の内部も捜索することとした。警察官は、覚せい剤関係のその他の証拠品を発見しようとの意図もあったが、本音は、赤い車の中に、放火事件の時に、Zら親子が、自宅を留守にしたが東京には行かず、どこか別の場所で宿泊している可能性があり、その裏付けになる証拠物が欲しいという意図を有していた。そこで、警察官らは、赤い車の車内をくまなく捜索したところ、運転席右側の小物入れに、放火事件の当日である３月８日にガソリンスタンドで給油したレシートが発見されたので差し押さえた（給油レシート）。また、ETCカードも同じく差し押さえた（自動車内の捜索差押調書）。

(3)　Zについては、所定の手続き後、検察官に送致し、勾留請求がなされて勾留が認められた。警察官は、覚せい剤事件の取調べ等の捜査を進めるのと併行して放火事件の裏付け捜査も進めた。まず、給油レシートは、乙町のインターから降りてすぐの所にあるガソリンスタンドのものと判明し、給油の日時は、３月８日の午後９時10分であった。また、ETCカードからの捜査によって、当日は、甲市のインターからから乙町のインターとの間で、①午前９時５分甲市インターから入り、午前10時10分乙町インターで降りた、②午後９時15分、乙町のインターから入り、午後10時15分、甲市インターで降りた、③午後11時30分、甲市インターから入り、午前０時30分、乙町インターで降りた、という往復の高速利用が確認されたので、警察官は、高速道路会社からこれらの利用状況の回答書を得た（高速道路利用状況回答書）。

(4)　警察は、乙町にある10件のビジネスホテルや民宿の裏付け捜査を行ったところ、その中の「乙町荘」という古い民宿に、３月８日から10日までの親子３人の宿泊記録があった。その宿泊者氏名は、Xら親子とは異なるものであったが、民宿の駐車場に駐車された自動車について、宿の経営者は、赤いスポーツカーであることと、その車のナンバーを控えていたので、Zの車であることが確認され、親子の宿泊は偽名を用いたものと推認された。また、宿の経営者は、当時の状況について「１週間前に宿泊の予約があり、当日昼前に３人が到着したが、観光するわけでもなく、部屋にこもっていた。夜８時半ころ、息子さんらしい人が、『忘れ物をしたから取りに帰る。夜中に遅くなっても入れるだろうか』と言うので、裏口を開けておくから、と言うと、息子さんは赤い車で出かけていった。何時に帰ってきたかは分からないが、翌朝は親子で朝食を食べていた。翌日も３人は外出もせず家にこもっていたが、その夜、２日目の宿泊を取り消し、代金だけ払って、夕方帰っていったので、変な客だなと思った」などと供述したので、調書が作成された

(民宿経営のKS、宿泊者名簿)。

4　Zの取調べ等

(1)　4月22日、勾留が付いてから、警察はZの覚せい剤所持事件の取調べを開始した。また、逮捕当日にZから任意で採尿したところ、その尿からも覚せい剤が検出されたので、自己使用についても併行して取調べが行われた。勾留10日目までに、覚せい剤事件について所持・自己使用共に捜査はほぼ終了し、起訴しようと思えば可能な状態となった。しかし、警察は、勾留延長期間を利用して延長後は放火事件の取調べを開始しようと考え、「覚せい剤の入手経路と常習性の解明のため」と言う理由で10日間の延長を請求し、認められた。Zは、B弁護士を弁護人に選任した。

延長後、覚せい剤事件の取調べを行っていた警察官に代わり、放火事件の捜査に従事していた警察官丙が取調べを開始した。丙による取調べは、ほぼ連日、午後1時ころから夕食時間をはさんで午後9時ころまで続けられ、厳しい追及がなされていた。

この間、時々接見に来ていたZの弁護人Bから、検察官に対し、「これは違法な別件逮捕ではないか。放火事件の取調べばかりしている」と抗議がなされた。検察官は、警察にその旨を伝えて、放火事件の取調べは慎重に行うように注意を喚起した。警察官丙は、その日は取調べを短時間で終えたものの、翌日からは、再び以前のような長時間の追及を開始した。

覚せい剤事件については、勾留14日目と16日目に、入手経路等について短時間の取調べがなされたのと、18日目に検察官取調べでPSが作成された程度であった。

(2)　勾留延長17日目の午後8時ころ、Zは、警察官丙の厳しい追及に対し、「もう観念しました。私が自宅に火をつけたことに間違いありません。家族に収入もないので、保険金目当てで放火する計画を立て、保険3口に加入し、ころあいをみて放火しました。これは、両親には相談せず、私自身で決めたことです。3月8日の朝、東京の親戚の結婚式という名目で、家を留守にし、両親と、乙町の安い民宿に偽名で宿泊しました。両親には、『たまには骨休めをしよう』と言って、連れ出しました。8日の夜、私だけ一人で車で戻り、午後11時ころ、以前から18リットルタンクに入れて用意していた灯油を玄関脇の廃材に撒き、ライターで火をつけ、すぐに車で逃げて夜中に民宿に戻りました。でも、このことは、私が計画したことです。両親は、私の言うままに行動していただけで、私が放火することまでは知らなかったと思います。両親は関係ありません」などと自供した。Zは、「放火に使用した灯油のポリタンクは、甲市内の川の河川敷に、廃棄物が不法投棄されている場所があるので、放火の直後、高速のインターに乗る前に、そこに寄って捨てました。ポリタンクには、「○田」と私の家の名前をマジックで書いており、灯油もまだ少し残っていたと思います」とも供述した。警察官丙はこれらの調書を作成した(Zの放火事件第一次自白KS)。

(3)　翌朝、捜査官はZに案内させて河川敷に行き、廃棄物の投棄場所を探したところ、廃棄物の山の下の方から「○田」と書かれた灯油のポリタンクが発見され、中に灯油が僅かに残存しており、Zが、これが犯行に使用したものだと確認したのでこれを領置した(灯油ポリタンク、領置調書)。警察は、少なくともZについては、放火の罪の嫌疑は十分と判断し、逮捕状請求手続を行い、発付された。両親のXYについては、Zがかばう供述をしていることから、直ちには逮捕せず、Zの放火事件による再逮捕と共に、任意同行をして任意の取調べを行うこととした。

5 Zの起訴・再逮捕による捜査の進展とXYの逮捕、事件処理

(1) 検察官は、勾留延長満期の5月11日、覚せい剤の所持と自己使用の罪でZを公判請求した。警察は、直ちにZを非現住建造物等放火の罪で再逮捕した。Zは、警察官・検察官による弁解録取、裁判官による勾留質問の際、いずれも放火の事実を認めたが、あくまで自分の単独犯行であると弁解した。Zの勾留は認められた。Zは、放火事件についても弁護人に覚せい剤事件と同じB弁護士を選任した（Zの警察官・検察官に対する弁解録取書、Zの勾留質問調書）。

(2) 警察は、Zの逮捕と同時に、午前8時ころXY両名を自宅から警察車両で任意同行し、直ちに被疑者として取調べを開始した。

父親Xは、頑として、放火には関係していないし、息子がやったかどうかも分からない、との弁解に終始した。母親Yは、息子が逮捕されたことに動揺し、泣き崩れていた。午後に至り、Yを調べていた警察官丁が、事件当日の朝、Yが隣人Aに、東京の親戚の結婚式に行くと言っていたことが嘘で、乙町の旅館に偽名で宿泊していたことを追及すると、Yはしどろもどろになり、今にも自白しそうな状況になった。ちょうどその時、XYの知人から依頼を受けた弁護士Cが、弁護人になろうとする者としてXYに会いたいと申し出てきた。警察官丁は、今、弁護士に会わせたら自白しようとしているYがまた否認に転ずるのではないかと恐れ、上司に、もう3時間だけなんとか弁護人に会わせず調べを続けさせてくれ、と頼んだ。上司もやむを得ないと判断し、弁護士Cに対し、「今取調べ中なので、あと2〜3時間だけ待って欲しい」と頼んだが、弁護士Cは、会わせろと強硬に求めて押し問答になっていた。

すると、弁護士Cが来訪してから30分ほどたったころ、焦っていた警察官丁は、Yに対し「もう息子のZは全部自白したぞ。親子3人で保険金目的で計画的に放火をしたと正直に認めた」と嘘を言った。Yは、この言葉でがっくりきてしまい、「間違いありません。大分前から、お金に困り、息子が『火災保険に入って家を燃やせば1億円位保険金が入る。3人の留守中に火事が起きたことにすればよい。絶対ばれない』というので、悪いと知りながら、夫も私もその気になってしまいました。家を留守にするため、息子が予約した乙町の旅館に偽名で宿泊しました。ただ、出かけるとき、近所に一言留守にすることを言っておこうと思い、Aさん宅に挨拶に行ったが、偽名で予約していたので、旅行の話をしたらまずいかな、と思い、とっさに東京の親戚の結婚式に行く、というでまかせの嘘をついてしまいました。いったん旅館についてから、息子が夜ひとりで抜け出し、夜中に戻ってきましたが、『うまくいった。誰にも見つからなかった』と言いました。警察が捜査を始めてから、息子が『絶対にお父さんたちは、知らないと言い張れ。俺も絶対しゃべらんから』と言うので、嘘をつき続けていました」などと自供した。警察官丁は、この調書を作成した後Yの自白KS、約2時間20分待たせていた弁護士CをようやくYに会わせ、Yは弁護人選任届を提出した。

(3) 同日夕刻、父親Xを調べていた警察官Iは、Xに対し「もうYも親子3人で計画的に放火したことを全部正直に認めたぞ。抵抗しても無駄だ。正直に罪を認めたらどうか」と説得したところ、Xも観念し、Y同様の内容の全面自供に至ったので自白調書が作成された（Xの自白KS）。

(4) 警察は、直ちにXY両名を、Zとの共謀による放火の罪で逮捕状を請求し、発付を得て逮

捕した。XYは、警察官・検察官による弁解録取に対しても、裁判官の勾留質問においても罪を認めた（XYの弁解録取書）（XYの勾留質問調書）。Zは、両名の逮捕を知り、観念して、自己の単独犯行ではなく、3人共謀によるものであったことを自白した（Zの第二次自白KS）。

(5) 3名の勾留後、捜査は順調に進み、3名から詳細な自白調書が作成された（XYZの勾留後の自白KS・PS）。

(6) Zについては、警察は、その自供に沿って、事件当時と同様の廃材を用意し、模造の壁の側に積み重ね、灯油で火をつける放火の燃焼実験を行ったところ、自供どおり、炎は5分程度で燃え上がり、壁に火が移って炎上に至ることが確認された。この燃焼実験報告書には、これらの実験過程について、場面ごとの写真15枚と、そのそれぞれに、Zが「ここにこのように廃材が積んでありました」「この廃材のここの部分に、このように灯油を振りかけました」「灯油がかかったこの部分に、ライターで火を付けました」「2分後位に、このくらいまで炎が上がったので、もう大丈夫と思って逃げ出しました」などとZの説明が記載されていたが、その説明部分にZの署名指印はしていなかった。

(7) 検察官による取調べが終了した後、消防局から、火災原因調査のため、被疑者らについて質問調査を実施させて欲しい旨要請があったので、検察官はこれを了承した。
そして消防司令補が、被疑者ら3名に対し質問調査を行ったところ、捜査官に対して自白したとおりの内容の供述をしたので、消防司令補は、XYZ各人について、質問調査調書を作成した（消防司令補による質問調査調書）。

(8) 検察官は、これらの捜査を経て、立証十分と判断し、勾留延長満期の5月31日、XYZ3名を共謀による放火の罪で公判請求した。

---- 公訴事実 ----

　被告人X、同Y、同Zの3名は、被告人Xが所有する長野県甲市○町○丁目○番地の住宅（木造2階建て床面積合計123,4平方メートル）に居住していたものであるが、共謀の上、火災保険金を取得する目的で(1)同住宅を焼損しようと企て、平成24年3月8日午後11時ころ、被告人Zにおいて(2)、同住宅の玄関脇の壁に積まれていた廃材に灯油を散布した上ライターでこれに点火し、同廃材から壁に燃え移らせて放火し、よってそのころ同住宅を全焼させ、もって、現に人が住居に使用せず、かつ、現に人がいない建造物を焼損して公共の危険を生じさせたものである(3)。

---

(1) 保険金目的は訴因の不可欠の記載事項ではないが、明白な場合には記載することが多い。
(2) 実行行為者の特定は訴因の不可欠の記載事項ではないが、明白な場合には記載することが多い。
(3) 被告人（共犯者を含む）の所有であり、それ以外の者は現在していないので、刑法109条2項の非現住建造物等放火の罪となる。

第2 公　　判

1　被告人・弁護人は、公判前整理手続段階、公判段階において、全面的に事実を争い、「本件は、自然火災あるいは第三者による放火であり、被告人らは無実である」「被告人らの自白は、違法な別件逮捕・勾留や接見妨害により得られた自白、あるいは偽計等を用いた違法な取調べによって得られた任意性のない自白であり、それらの自白調書はもとより、それらの自白に基づいて得られた反復自白や証拠物はすべて排除されるべきである」旨主張した。

2　被告人・弁護人は、検察官の請求書証をすべて不同意とし、また証拠物については取調べに異議を申し立てた。裁判所は、各証拠について証拠能力を検討し、これが認められるものを採用して取調べた。

3　検察官は、重要な目撃証人である住民Aを承認申請し、Aは公判において、KS,PS記載どおりの、Zのものと思われる赤いスポーツタイプの車が停車していたことなどの目撃状況を供述した。しかし、弁護人は、開示されていた書証の中に、火災翌日の消防署員による住民Aからの聞き取り内容の報告書があり、これには、Aが、消防署員に対し「特に気が付いたことはなかった」と述べた旨記載されていたため、弁護人は、この消防署員による聞き取り報告書を、Aの公判証言に対する自己矛盾供述の弾劾証拠として328条に基づき証拠請求した。

証拠構造
【証拠一覧】
登記簿謄本
住民AのKS・PS
住民A立会の実況見分調書
Z所有の赤いスポーツ車の写真撮影報告書
東京の親族のKS
火災原因判定書謄本
各保険会社担当者KS
火災保険契約書写し
被告人らの生活状況の捜査報告書
給油レシート
ETCカード
自動車内の捜索差押調書
高速道路利用状況回答書
民宿経営者のKS
宿泊者名簿
Zの放火事件第一次自白KS
灯油ポリタンク　領置調書
Zの警察官・検察官に対する弁解録取書

Zの勾留質問調書
Yの自白KS
Xの自白KS
Zの第二次自白KS
XYの弁解録取書
XYの勾留質問調書
XYZの勾留後の各自白KS・PS
消防司令補によるXYZの各質問調書

――――― 証拠構造の例 ―――――

1　事件の発生[4]

(1)　3月8日午後11時ころ、被告人Xが所有し、妻の被告人Y及び長男の被告人Zが居住するが、被告人以外の者が住居に使用せず、かつ現在しない長野県甲市内の自宅の一軒家が全焼し、公共の危険が発生したこと

(2)　出火場所は、火の気のない玄関脇の壁の外に積んであった廃材からであり、灯油が地面に染み込んでおり、他に出火原因はなく、灯油を用いた放火によるものと認められること
　　　　登記簿謄本　　住民AのKS・PS　　火災原因判定書謄本

2　本件放火は、被告人XYZの3名が共謀の上、火災保険金を得る目的で、被告人Zが、家屋の壁の外に積んであった廃材に灯油を散布し、ライターで点火したものであること[5]

(1)　被告人親子は、年金以外にさしたる収入がなく、被告人Xの退職金を投資した友人の旅館が倒産するなどして、生活資金等に困窮しており、本件の動機があったこと
　　　　被告人らの生活状況の捜査報告書

(2)　被告人親子は、本件火災の前年秋ころから約1か月の間に3口で総額約1億円の火災保険契約に加入し、その手続は、被告人Zが申込み、被告人Xを同行して契約手続を行っており、毎月の保険料は、約10万円もの高額に上るなど、契約手続が異常なものであったこと
　　　　各保険会社担当者KS　　火災保険契約書写し

(3)　本件火災当日、被告人親子3名は、隣家の住民Aに虚偽の理由を告げて自宅を留守にし、乙町の民宿に偽名で宿泊する不審な行動をとった上、火災が発生した午後11時ころの少し前ころ、被告人Zが赤いスポーツタイプの自動車で自宅に戻っており、その10分位後

---

(4)　この1の部分が「罪体」であり、2の部分が「犯人性」である。
(5)　1の(1)(2)と2の柱書部分が「主要事実」である（起訴状の「公訴事実」は、これを整理して記載することになる）。
　　　2の(1)ないし(3)が、被告人らの犯人性を立証するための間接事実である。

に本件火災が発生し、被告人Zはその後再び乙町の民宿に戻ったこと
ア　当日、自宅を出る際、被告人Yが、Aに対し、東京の親戚の結婚式に行くと伝えたが、それは虚偽であったこと
　　　　住民AのKS、PS　　東京の親族のKS
イ　被告人Zの自動車が、当日午前9時5分ころ甲市のインターから入り、午前10時10分、乙町のインターで降り、午後9時15分、乙町のインターから入り、午後10時15分、甲市インターで降り、午後11時30分、甲市インターから入り、午前0時30分、乙町インターから降りていること
　　　　ETCカード　　高速道路利用状況回答書
ウ　被告人Zの自動車は、当日の午後9時10分、乙町インター近辺のガソリンスタンドで給油していること
　　　　給油レシート　　自動車内の捜索差押調書⁽⁶⁾
エ　乙町の旅館乙町荘に、被告人親子が火災当日から翌日まで偽名で宿泊し、その間観光もせず、夜中に被告人Zが抜け出すなどのため経営者は変な客だと感じていたこと
　　　　民宿経営者KS　　宿泊者名簿
オ　火災発生前の午後11時少し前ころ、被告人Zの赤いスポーツタイプの自動車に酷似した車が被告人宅前の路上に停車していたこと。これを目撃した隣家の住民Aの視力や現場の明るさは、その判別が可能なものであったこと⁽⁷⁾
カ　住民Aがこれを目撃した10分位後に本件火災が発生したこと
　　　　オ、カにつき　住民AのKS、PS　住民A立会の実況見分調書
　　　　Z所有の赤いスポーツ車の写真撮影報告書

(4)　被告人らの自白は、上記の客観的状況によく符合し、信用性は十分であること⁽⁸⁾⁽⁹⁾
ア　各被告人の自白の内容は、客観的状況と矛盾がなく、自然で合理的であること
　　　　Zの放火事件第一次自白KS　　Zの警察官・検察官に対する弁解録取書
　　　　Zの勾留質問調書　　Yの自白KS　　Xの自白KS
　　　　Zの第二次自白KS　　XYの弁解録取書　　XYの勾留質問調書
　　　　XYZの勾留後の自白KS・PS　　消防司令補によるXYZの質問調査調書
イ　被告人Zの自白により、本件放火に使用した、灯油の残存したポリタンクが発見されたこと
　　　　灯油ポリタンク　　領置調書
ウ　被告人Zが自供する放火方法により、本件火災は発生し得るものであること
　　　　燃焼実験報告書

─────────────────
(6)　給油レシートは323条3号該当書面（非供述証拠との整理も可）であるが、これ自体からは、給油の日時、ガソリンスタンド名、給油量等しか立証できず、被告人自身がこの給油をしたことは、このレシート自体からは立証できない。しかし、このレシートが被告人の車の小物入れから発見押収されたこととあいまってウの間接事実を立証できる。
(7)　間接事実と補助事実を含んでいる。

> 捜査法上の問題点

1 被告人Zの自動車を無令状で捜索して給油レシート、ETCカードを差し押さえたことは適法か。これらの証拠能力は認められるか。

　これらの証拠は、Zを覚せい剤所持の現行犯で逮捕した際、逮捕に伴う無令状捜索として約50メートル離れた駐車場内にあるZの車を捜索して発見、差し押さえられたものです。

　まず、①職務質問と所持品検査・現行犯逮捕の適法性が問題となり、次に、②逮捕に伴う無令状捜索・差押えの適法性が問題となりますね。また、②については、更に無令状捜索が許される場所的限界の問題と、差し押さえられた給油レシートとETCカードが、逮捕事実についての証拠物といえるかどうかや、いわゆる別件捜索・差押えの問題の両面を含んでいます。この捜索・差押えが違法であれば違法収集証拠として排除されるべきではないか、という問題が生じます。違法収集証拠の問題については、いずれ全体を整理して勉強することにしますが、その前にも事例問題を通じて少しずつ勉強していきましょう。いきなり理論の勉強をするよりも、まずはいろいろな具体的事例に当たることが、その後の理論的な勉強を深めるために有効です。

(1) 捜査の適法性

ア　職務質問と所持品検査・現行犯逮捕の適法性

　違法収集証拠の排除原則を示した◎最判昭和53・9・7刑集32巻6号1672頁（百選90事件）の事案に類似しており、証拠収集の手続に「令状主義の精神を没却するような重大な違法があり、これを証拠として許容することが、将来の違法な捜査の抑制の見地からして相当でないと認められる場合」に当たるかを検討することになります。なお、排除の論拠や要件の規範をこの判旨が網羅的に言い尽くしているか否かについては改めて勉強することとしますが、少なくとも本件については、この判旨に沿って検討していきます。

　まず、警察官は、Zを尾行などして検挙を狙っており、それにはZの身柄を確保することによっていずれ放火事件の解明をしたいという目的がありました。しかし、Zが覚せい剤を入手していたことは確度の高い情報に裏付けられており、覚せい剤事件は悪質な犯罪ですから、覚せい剤事件自体について捜査の必要性がある限り、警察官が放火事件解明の突破口としたいという目的を併有していたとしても、そのこと自体が覚せい剤事件捜査の適法性に影響を及ぼすことはありません（○福岡地判平成12・6・29判タ1085号308頁〈太宰府市殺人事件〉参照）。

　そこで、Zに対する職務質問や所持品検査の適法性については、◎最決昭和51・3・16刑集30巻2号187頁（百選1事件）が示した「必要性、緊急性なども考慮した上、具体的状況のもとで相当と認められる限度」内のものであるか否かを検討することになります。

　本件では、Zの覚せい剤入手についての確度の高い情報、その情報に合致したZの行動、警察官から路上で声をかけられて逃げ出した不審な行動等から、覚せい剤入手の嫌疑は非常に高いも

（8）　本件は上記2の(1)〜(3)の情況証拠のみによっても犯人性の認定は可能と考えられるが、やや微妙でもあるため、自白の信用性について2の中に取り込んでみた。なお自白の信用性についてのアないしウは、評価を交えたものも含んでおり、客観的事実についての間接事実とはやや性質が異なる（これらを「間接事実」と呼ぶかどうかは用語の概念の使い方の問題）。

（9）　自白調書については、別件逮捕・勾留中の本件の取調べの可否、偽計や接見妨害の下に得られた自白等、証拠能力が争われるであろう。上記は検察官の当初の主張と立証計画の基礎となる証拠構造であるが、弁護人側の争い方に応じて、取調官の証人申請等の対応が必要となる。

のとなっていたので、職務質問を行うために警察官がZの肩に手をかけて立ち止まらせた上、囲むようにして職務質問を開始したことは、有形力の行使も含んではいますが具体的状況のもとで相当な限度内の行為といえるでしょう。

　しかし、上着の内側ポケットに指を差し入れて封筒を取り出して中を覗くのは、昭和53年最判が「一般にプライバシー侵害の程度の高い行為であり、かつその態様において捜索に類する行為」とした事案と同様、捜索に類する行為として違法とせざるを得ないでしょう。同じポケットに指を差し入れる行為でも、外側ポケットで、外から覗けば見えるところに封筒などが入っていたのであれば、評価は異なってくるでしょうね。このように本件では違法とせざるを得ませんが、証拠排除については、まず、口頭で質問・説得していること、上着を外から軽くたたいたところ固い物に触れて注射器との疑いが高まったこと、「見せてもらうぞ」といったが、無言であり、嫌々の素振りは示したが明確・強度な拒絶意思は示していなかったこと、封筒の中をまず外から覗くと、注射器と白い結晶入りの袋が見えたこと、などから、手順を踏んだ行為であり、令状主義潜脱の意図はなく、重大な違法があったとまではいえないでしょう。その後の予試験についても警察官が口頭でこれを求め、Zは明示的な拒否もしておらず予試験自体にも重大な違法はなく、覚せい剤の反応が出たことによる逮捕手続については重大な違法があったとはいえません。従って覚せい剤は証拠排除されず、逮捕に引き続く勾留が違法とされることもないでしょう。

イ　車内からのレシート等の差押の適法性

　まず、Zの逮捕場所から50メートル離れた所に駐車している車について、逮捕の現場における無令状捜索が許されるかの問題です。これは皆さん既によく勉強しているはずですね。逮捕に伴う無令状捜索については、その根拠について緊急処分説と相当説（合理説）があり、緊急処分説は、逮捕に伴う無令状捜索が許されるのは、被疑者が証拠物を隠匿・破壊したりするおそれがあるが、逮捕の現場では令状を取りに行く余裕がないので緊急の処分としてこれを許すという考え方です。逮捕の現場には証拠物が存在する蓋然性があるということはいずれの説でも当然の前提です。被疑者を逮捕してしまえば被疑者が逃げたり手を伸ばしたりして証拠を隠匿・破壊することはできなくなりますので、逮捕後の無令状捜索は許されませんし、場所的範囲も逮捕前に証拠隠滅が可能であった範囲に狭く限定されることになります。本件では車は50メートルも離れており、既にZは逮捕されているので車内の無令状捜索は許されませんね。しかし、<u>相当説は、無令状捜索・差押えが許される根拠として、①逮捕の現場には証拠物が存在する蓋然性が高いこと、②令状を請求すれば必ず令状は発付されるはずであるので、慌ただしい逮捕の現場で警察官に令状請求手続を採らせるのは無用の負担を強いること、③逮捕という最大の権利の制約を既に適法に受けているので、証拠物の捜索・差押えというより軽度の権利侵害は許容されると考えるべきであること</u>、などを挙げます。被逮捕者による証拠隠滅を防ぐという緊急処分説の考え方も当然含まれています。相当説によると無令状捜索・差押えが許される時間的場所的範囲は、緊急処分説よりも広がることになりますが、実務・多数説は、相当説によっています。なお、被疑者が武器を所持していれば逮捕者に危険が及ぶことからその発見の必要があることも両説の根拠として指摘されることがありますが、武器自体は捜索・差押えの対象物ではないのですから、危害防止のために武器を発見・確保する行為は、逮捕行為を安全に行うための必要最小限の行為として逮捕行為に付随して認められると解する方がよいと思います。なお、もし武器が発見された場合には、任意提出を受けるか、その武器が法禁物であればその所持の事実でも逮捕し（覚せい剤の逮

捕と二重の逮捕となるが、事件単位の原則からこれは許される。)、その逮捕に伴って無令状で差し押さえることになります。

　しかし、相当説によったとしても、約50メートル離れた車について無令状捜索が許されるかは考え方が分かれ得るでしょうね。皆さんは、どう考えますか。

山田君

　私は、緊急処分説が妥当と考えています。既に逮捕されてしまったZが証拠を隠滅することなどできませんし、そもそも50メートルも離れた自動車内の捜索など逮捕の現場とすらいえず、この捜索は違法である上その違法性も重大で、ETCカードなどは証拠排除されるべきだと思います。逮捕に伴う無令状捜索の法理の母国はアメリカだそうですが、アメリカでも判例は緊急処分説を採っていると聞きました。本来令状によるべき捜索を無令状で行うのは極めて例外的な場合に限るべきであり、アメリカに由来するこの法理を日本で拡張的に用いるのは妥当でないと思います。警察官は、自動車の捜索をするのなら、労を厭わず裁判官の令状を得て行うべきです。

太田

　アメリカの判例法理まで考えて緊急処分説を採るということは、勉強の意欲としては大変結構なことですね。違法収集証拠の排除法則を始めとして、我が国の裁判所は、アメリカで生成発展した判例法理を参考としてその考え方も取り入れながら様々な判例を蓄積してきました。ただ、留意すべきことは、アメリカの刑事司法と我が国の刑事司法とでは、その社会的・歴史的・文化的背景が異なり、捜査官に与えられる捜査手法についても、アメリカでは我が国にはない極めて強力な様々な手段が法律や判例法によって認められていることです。証拠物の収集についても令状によるもののほか、大陪審サピーナという強力な手段があります。そもそも逮捕自体について、アメリカでは、重罪については令状を請求できる余裕がある場合であっても公共の場所でなら無令状逮捕が許されるなど、我が国よりも広範に無令状逮捕が行われています[10]。証拠物の差押えについても、プレインビューの法理、宣誓供述書による救済法理、部分的無効の法理、自動車例外の法理、善意の例外法理など、捜査官に不可能ないし過剰な困難を強いることなく証拠物の獲得を可能とする様々な判例法理が形成されています[11]。ですから、逮捕に伴う無令状捜査・差押えについては、緊急処分説に立つのが合理的だといえるのでしょう。勉強を深めるために、無令状捜索の法理についてもアメリカ法を勉強することは大いに結構ですが、「母国のアメリカは緊急処分説だから日本でそれを拡張するのは妥当でない」などとの短絡的な思考はすべきでなく、あくまで我が国の捜査の制度や実情を踏まえた合理的な考え方を検討していくべきですね。私は、若手検事の頃、在外研究でアメリカの4つの州の連邦地方検察庁で捜査公判の実務を勉強する機会がありましたが、アメリカの捜査と日本の捜査にはここまでも大きな違いがあるのか、ということを痛感しました。アメリカの捜査手法などについて、特定のものだけを取り上げて我が国の捜査手法との比較を行うことは適切でなく、捜査の制度・構造全体の中にその捜査手法を位置付けて比較・検討することが大切ですね[12]。

---

(10)　ジョシュア・ドレスラー／指宿信訳『アメリカ捜査法』（レクシスネクシス・ジャパン、2014年）206頁以下参照。
(11)　拙稿「搜索・差押えの特定性の要求に関するアメリカ合衆国連邦裁判所判例の諸法理とその実情」比較法学（早稲田大学比較法研究所）49巻1号～50巻1号参照。

[川井さん]

　私は、緊急処分説は無令状捜索が許される時間的・場所的範囲を狭く限定しすぎており、相当説が妥当だと思います。ただ、相当説に立っても、逮捕された場所から50メートルも離れている車まで無令状捜索できるというのは行き過ぎだと思います。被疑者を逮捕すれば、車の中の証拠物を隠滅するおそれもなくなっていますし、やはり原則に従って、被疑者の承諾を得て捜索するか、多少面倒でも令状を請求して令状による捜索をすべきだと思います。

[海野君]

　少し話はずれてしまいますが、確か犯罪捜査規範には、承諾があっても捜索はすべきでなく、令状によるべきとの規定があったんじゃないかな。

[太田]

　犯罪捜査規範108条は、人の住居又は人の看守する邸宅、建造物若しくは船舶については、承諾が得られる場合であっても、令状を得て捜索しなければならないと定めています。人の住居等でも、真に相手方の任意の承諾があれば、捜索に伴うプライバシー等の被侵害利益が放棄されているのですから、刑事訴訟法上は無令状でも捜索はできるのです。しかし、住居等には、公道上などとは異なって保護すべきプライバシーは質・量ともに極めて大きいですし、実務的にも真に承諾があったか否かということが争われることもあります。それで犯罪捜査規範は、いわば警察の「自己規制」として、承諾があれば刑訴法上は適法な捜索であっても住居等については令状を得て捜索しなさい、と定めているわけですね。しかし、この規定には「自動車」は含まれていません。住居等と自動車ではその中のプライバシーの質・量はずいぶん違いますので、自動車については犯罪捜査規範でも任意の承諾があれば捜索を許容しています。

　ですから、本事案では、Zが真に承諾すれば、自動車内の捜索は許されるでしょう。

　しかし、Zが承諾しないならやはり逮捕に伴う無令状捜索の可否になりますね。私も相当説に立ちますが、川井さんの指摘もなるほど、と思います。仮に、被疑者が直前まで乗ってきた車でなく、以前から駐車していた車が100メートル離れたところにあるのをたまたま捜査官が知っていたという場合であれば、無令状捜索を行うことは到底許されず、それは別途令状を得るか、被疑者の承諾を得て捜索すべきでしょう。

　ただ、本事案では、その車はZの所有で、たった今まで乗って来ていたものであり、短時間店内に入って出てきたあと、再びその車に乗り込もうとしていたものですね。限界事例だと思いますが、私としてはぎりぎり許容できるように思います。相当説に立っても許容すべきでないという考え方もあるでしょう。仮に違法であるとしても、重大な違法とまではいえないでしょうね。

[山田君]

　逮捕に伴う無令状捜索が許されるのは、あくまで当該逮捕事実に関する証拠を発見するためですよね。Zの逮捕事実は覚せい剤の所持であり、既にその覚せい剤は逮捕に伴って差し押さえられたのですから、もはや捜索すべきその他の証拠物などないのではないでしょうか。

[川井さん]

　でも、その車の中に例えば携帯電話とか覚せい剤使用道具などを隠している可能性はあるので、無令状捜索は許されると思います。携帯電話には、その覚せい剤購入のための密売人との電話や

---

(12)　拙稿「検察実務の課題」ジュリ1148号（1999）276頁以下。拙著『応用刑事訴訟法』（成文堂、2017年）292頁以下。

メールでの連絡の記録が残っているかもしれません。

[太田]

　そのとおりですね。Zが「自分は人から頼まれて薬を買いに行っただけで、それが覚せい剤とは知らなかった」などと弁解するかもしれません。そのような場合、注射器などの使用道具が発見されたり、購入に関するメールのやりとりが携帯電話に残っていれば犯意の立証に役立ちますね。一般に、覚せい剤の譲渡や使用の事案では当該被疑事実に関する覚せい剤そのものは既に無くなっているのですが、捜索・差押え許可状では対象物には「本件に関係する覚せい剤」との記載も許され、被疑事実自体とは別の覚せい剤の差押えも許されます。それは、新たな覚せい剤が発見されれば、被疑事実自体に関しても、覚せい剤の認識や犯意、常習性などの立証に役立つ証拠となるからです。例えば、覚せい剤使用の罪で逮捕された被疑者が「俺は去年出所した後はシャブから手を切って一切使用していない。誰かが俺のビールのコップに勝手にシャブを入れたんだろう」などと弁解することは珍しくありません。しかし、使用の被疑事実で自宅を捜索し、引き出しから覚せい剤や注射器が出てきたらこの弁解が虚偽だと容易に判断できますし、常習性の立証にも役立ちます。なお、相当説に立つとしても、逮捕の現場といえる場所ならどこでも無制限に捜索ができるというわけではありません。あくまでその場所に逮捕事実に関する証拠物が存在するという蓋然性が認められることが前提です。本件で、自動車内の捜索がぎりぎり逮捕の現場として認められることに加え、その自動車内に逮捕事実に関する証拠物が存在する蓋然性が認められることが必要です。本事案では、Zは覚せい剤購入のためにこの自動車に乗って来て、またそれに乗って帰ろうとしていたのですから、この蓋然性は肯定されるでしょうね[13]。

　相当説によって車の無令状捜索が認められるとしても、その捜索・差押えの対象は、あくまで逮捕事実である覚せい剤所持事件の立証上意味のある証拠物に限られます。例えば、覚せい剤事件の捜索で拳銃が発見された場合には、拳銃は覚せい剤事件とはまったく関係がないので差押えは認められず、任意提出を受けるか、拳銃の不法所持の銃刀法違反で現行犯逮捕し（覚せい剤事件と二重の逮捕となる）、改めてそれに伴う無令状の差押えをすべきことになります。

　そこで、本事例では、給油レシートやETCカードが、Zの覚せい剤所持の証拠として意味のあるものか否かが問題となります。警察官の本音は、放火事件についてのZの事件当日の足取りを裏付けるためにガソリンの給油や高速道路利用状況を捜査することにありました。これはいわゆる別件捜索・差押えの問題となりますね。この問題については、いずれ、事例講義5のところで参考判例も踏まえて勉強します。とりあえずの理解としては、当該捜索の根拠となった事実に関連する証拠物が、同時に他の事件の証拠物としても意味がある場合、捜査官が他の事件の証拠物をも収集したいという意図があったとしても、それだけでその捜索・差押えが違法となるのではなく、捜索の根拠となった事実に関連する証拠であれば、その捜索・差押えは適応となり得ます。本事例では、給油レシートやETCカードが果たして「別罪である放火事件の証拠となるものであるが、同時に覚せい剤所持事件の証拠となりえるものであるか」という問題ですね。

[海野君]

　覚せい剤所持では現行犯逮捕されており、証拠は既に十分なのですから、給油レシートやETCカードは、およそ逮捕事実に関する証拠としては意味がないと思います。放火事件の証拠物発見のみを目的としたあからさまな別件捜索であり、重大な違法といえますので、証拠排除さ

---

[13] 拙稿「刑事訴訟法演習」法教417号（2015年）128頁参照。

れるべきだと思います。

[山田君]
　ただ、Zは放火事件の際、乙町の旅館に泊まって甲町と往復したのですが、この密売所の喫茶店も乙町にあるんですよね。警察が得た情報は、Zは「最近、Zは時々そこに顔を出している」というものでした。ということは、Zは、この店で常習的に覚せい剤を入手していた疑いがあり、逮捕された所持の事実についても常習性は重要な情状に関する事実です。とすれば、乙がこれまでどのくらい高速を利用して乙町の喫茶店に通っていたか、ということを捜査する必要性と意味はあると思います。高速道路利用や給油関係の証拠は、放火事件の証拠となりますが覚せい剤事件においても意味のある証拠なので、適法ではないでしょうか。

[太田]
　ぎりぎり適法と考えるか、違法と考えるか、評価が別れるところでしょうね。
　ただ、仮にこの差押えを違法とした場合、この給油レシート等が違法収集証拠として排除されるべきかどうかは別の問題となります。違法の重大性と排除の相当性の問題です。排除説もあるかもしれませんが、私としては排除まではされないかなと思います。捜索行為自体は覚せい剤事件の逮捕によって適法になされたものであること（違法説もあるかもしれませんが）、覚せい剤犯の常習性の捜査のために一定の意味はある証拠であること、犯人性が争われる放火事件という事件の重大性や被疑者の足取り裏付けのための証拠としての重要性等から、重大な違法とまではいえず、排除が相当であるとまでもいえないように思います。皆さんはどう考えますか。なお、最判53・9・7は、排除の要件の判断要素として、事件の重大性や証拠の重要性等には言及していませんが、この辺りもいずれ排除法則をよく勉強していくことにしますので今回は助走としての勉強にとどめておきましょう。

(2) 各証拠の伝聞例外要件該当性

　まず、給油レシートについては323条3号該当を認めてよいでしょう。これもガソリンを給油してその代金を領収したことを証する領収書ではありますが、領収書用紙に領収者が手書きで作成したロッキード事件の児玉領収書のようなものとは異なり、主観を交えず、リアルタイムで機械的に作成されるものですから正確性に疑いを容れる余地はなく、同号該当を認めてよいと思います。ただ、更に厳密に考えていくと、例えば、セルフのガソリンスタンドで店員がまったく対応せず機械のみが自動的に作成するレシートはそもそも「供述書」とすらいえず、非供述証拠であり、証拠物たる書面として証拠能力を有するという整理も可能でしょう。これを、あくまで機械を介してはいるが、店長がその記載どおりに代金を領収したという事実を確認した店長の供述書と擬制することも可能かもしれませんがやや不自然な感じがしますね。セルフでなく、店員が給油作業をした上、代金を受け取り、機械で打ち出して客に手渡したレシートであれば、店員が領収を確認し、機械を用いて作成した店員作成の領収書という供述証拠である、との整理もできるでしょう。ETCカード自体は証拠物です。これに基づいて高速道路会社に警察が紹介して回答を受けた（高速道路利用状況回答書）は、323条該当書面ですね。昔は道路公団は公的組織でしたが今は会社化されているので3号該当というところでしょう。

2　Zの第一次自白の証拠能力は認められるか（別件逮捕・勾留の問題）

　Zは覚せい剤事件で逮捕・勾留され、その勾留中に放火事件の第一次自白をしましたので、別

件逮捕・勾留中の自白として証拠能力が問題となります。

本事例では、警察は、Zを覚せい剤事件で逮捕する段階から、これを突破口にして放火事件を解明しようと考えていました。そして勾留10日目までに覚せい剤事件についての捜査はほぼ終了し、起訴しようと思えば起訴も可能な状態となりました。しかし、警察は、勾延長後は放火事件の取調べを開始しようと考え、「覚せい剤の入手経路と常習性の解明のため」と言う理由で10日間の延長を請求し、その後、警察官は、ほぼ連日、午後1時ころから夕食時間をはさんで午後9時ころまで続けられ、Zの弁護人から検察官への抗議がなされたにも関わらず、警察官は間もなく以前のような長時間の追及を開始し、勾留延長後の17日目に至り、自己の単独犯行の自供に至りました。この間、覚せい剤事件については、申し訳程度に入手経路等について短時間の取調べがなされたのと、18日目に検察官取調べで調書が作成された程度でした。このような放火事件捜査の目的をも持った覚せい剤事件の逮捕・勾留やその勾留期間中の放火事件の取調べは適法でしょうか。

[海野君]

これは明らかに違法な別件逮捕・勾留です。僕は本件基準説に<u>立ちます</u>ので、最初から重大な放火事件を取り調べる目的で覚せい剤の別件で逮捕・勾留すること自体が、令状主義を潜脱し、その後の放火事件での再逮捕による身柄拘束の長期化を招くことなどから、許されません。裁判官は覚せい剤事件の勾留請求を却下すべきです。勾留中に得られたZの放火事件の第一次自白は違法な身柄拘束中に得られたものとして証拠能力が認められないのは当然です。

[川井さん]

私は反対です。私は別件基準説に<u>立ちます</u>。覚せい剤事件という別件自体が悪質な事件ですから、その逮捕・勾留の要件が認められる限り適法であり、その間の放火事件の取調べは、身柄拘束中の余罪取調べの可否の問題になります。放火事件の取調べが任意になされる限りは問題ありませんが、受忍義務を課した追及的な取調べを行えるかどうかについては、逮捕事実以外には受忍義務を課せないという限定説、逮捕されている以上、どんな余罪であっても受忍義務が課されるという非限定説、逮捕事実に加え、それと密接に関連する事実についてまでは受忍義務を課してよいという中間説があります。私は非限定説は行き過ぎだと思うので中間説を採ります。そうすると、本事例では、延長後、連日追及的な取調べをしていますので受忍義務を課した取調べというべきであり、覚せい剤事件と放火事件は密接に関連しませんので、許される余罪取調べの限界を超えた違法な取調べです。したがって、その自白は証拠能力を認められません。結論的には海野君と同意見です。

[太田]

二人の議論は、かつての本件基準説と別件基準説の典型的な対立ですね。別件逮捕・勾留問題については、極めて多くの論稿がありますので皆さんそれぞれよく勉強してもらうこととして、今日は、この問題を考える上での重要な視点を中心にお話ししましょう。

二人の議論のような、<u>かつての本件基準説と別件基準説のステレオタイプの対立は、今日ではすでに過去のものとなっています</u>。かつての本件基準説は学説の主流であり、別件逮捕・勾留が安易に利用されることに警鐘を鳴らす意義はありました。しかし、別件の逮捕・勾留の段階では、裁判官が捜査官に本件取調べの目的があるかどうかを見抜くことは困難であり、そもそも捜査官においても本件の取調べは「予定」に過ぎず、実際にどのような取調べを行うかはその段階では明確でありません。それに、そもそも逮捕・勾留の可否の審査は、個々の事件ごとに行うことは

当然であり、本件を犯した嫌疑があることが別件の逮捕・勾留の可否の審査に影響を及ぼすということ自体妥当ではありません。このようなことから、古い本件基準説には明らかな限界があり、これをそのまま単純に維持しているような説は今日ではほとんどないようです。

そこで、本件基準説は、このような批判を踏まえて「深化」しています。つまり、別件逮捕・勾留段階での捜査官の「目的」を問題にするのでなく、逮捕・勾留中に現実に行われた取調べの状況に着目し、それが別件逮捕・勾留を利用し、もっぱらあるいは主として本件の取調べがなされたものかどうか、を検討するようになっています。そして、そのような状況が認められれば、それは、別件の逮捕・勾留がもはやその実体を喪失したものとして違法になった、としたり（実体喪失説）、あるいは、本来なら本件について正面から逮捕・勾留して取調べを行うべきなのにそれを行わずに別件の逮捕・勾留を流用しているのは、令状主義を潜脱するものとして違法だ、と考えるのです（令状主義潜脱説）。

他方、別件基準説も深化しています。皆さんの中には「判例は別件基準説であり、別件の逮捕・勾留が認められさえすれば、あとはすべて余罪の取調べの可否の問題である」と単純に考えている人も少なくないようですが、決してそうではありません。判例は基本的に別件基準説に立つものが主流ですが、近年の判例に窺われる考え方は、単純に「別件逮捕・勾留の令状が出さえすればよい」とはしていません。別件の逮捕・勾留の令状が出ることは法の定める最低限の要件を充たしているにすぎず、更に、実質的にも逮捕・勾留の必要性が認められなければならないと考えています。

例えば、神戸ホステス宅放火事件（◎最判昭和58・7・12刑集37巻6号791頁）です。これは、放火事件を追及する目的で、極めて軽微な住居侵入事件で被疑者を逮捕し、逮捕当日の午前中、たった1時間程度住居侵入の取調べを行っただけで、その夜からは放火事件を厳しく追及し、放火の自白を得ると翌日には放火事件で逮捕状を請求し、住居侵入事件はさっさと釈放し、放火事件で再逮捕の上勾留した事案です。住居侵入とは、このホステスと交際していた被疑者が、ずっと以前に深夜ホステス宅に忍び込んだという軽微な事案であり、起訴価値のある事件では到底なかったようです（現にその後起訴はされていない）。判決では、この放火事件の自白は違法な別件逮捕中の自白として証拠能力を認めず、その後放火事件での逮捕・勾留中の捜査官による反復自白もすべて証拠能力を否定しました。また、蛸島事件（◎金沢地七尾支判昭和44・6・3判時563号14頁）でも殺人の本件追及を目的として、レコード盤4枚の窃盗と遠縁の親戚方への不法侵入の罪で逮捕・勾留したが、これらの事実の取調べはわずかしかせず、勾留期間のほとんどを殺人事件の追及に費やした事案です。こんな万引き等の事件は、普通なら警察は逮捕せず在宅処理しますね。判決は「被疑事実が軽微な事案であって、第一次逮捕そのものの必要性に疑問があり……」と判示しています。これらの事件は、そもそも別件自体についての逮捕・勾留の実質的な必要性がなかった、というべきですね。私は、講義ではこれを便宜上A類型、と呼びます。そして、別件逮捕・勾留自体が適法とされるためには、逮捕・勾留の形式的な要件は認められて令状が発付されたということのみでは足りず、更に、実質的にも逮捕・勾留の必要性が認められなければならないのです。このような実質的な身柄拘束の必要性が認められる事件であって、はじめて別件逮捕・勾留自体が適法とされ、本件の取調べは余罪取調べの可否の問題となる訳です。私は、講義ではこのようなものをB類型としてお話しします。別件基準説は、あくまでこのようなB類型の事案についてのみ妥当するわけですね。私も別件基準説に立ちますが、それはこのようなB類型を前提とするものであり、仮称ですが「実質的別件基準説」と呼ぶことにします。

川井さん

よく分からないのは、逮捕や勾留については、「必要性」が認められなければならないんですよね。裁判官は、その必要性があると認めるからこそ逮捕状や勾留状を発付するのではないのですか。それなのに、どうして実質的に逮捕の必要性のないようなA類型の事案について逮捕状や勾留状が出されてしまうのでしょうか。

太田

そこが実務の微妙なところですね。しかし、それには理由があります。刑訴法199条2項は、裁判官が逮捕の必要性についても審査することを前提としていますが、逮捕状を発付しないのは「明らかに逮捕の必要がない」という場合です。この「明らかに」というところが問題であり、裁判官としては、内心「こんな軽微な事件で逮捕・勾留の必要性があるんだろうか」と疑問を感じても、捜査官が請求してきた場合、「明らかに必要がない」と認められなければ請求を拒むことはなかなか難しく、発付せざるを得ない場合があるというのも現実であり、神戸ホステス宅放火事件のような状況がもたらされてしまうのです。

話を進めると、このように、B類型を前提とした実質的別件基準説に立つと、逮捕・勾留の当初からその実質的必要性がなければならないのは当然ですが、それだけでは足りず、更に、その必要性が逮捕・勾留期間中に継続していなければなりません。これが認められて初めて本件の取調べが余罪取調べの可否の問題となります。つまり、当初はB類型の事案であり、逮捕・勾留は適法であったとしても、ある段階で、捜査は既に終結し、いつでも起訴不起訴の判断ができる状況になったのであれば、勾留ないし延長期間がまだ残存していたとしても、検察官は直ちに起訴不起訴の処分をすべきです。例えば、勾留延長が10日間認められたが、捜査が予定より早く終了し、延長5日目で起訴できるようになったのなら、検察官は直ちに起訴すべきです。にもかかわらず、あと5日間余っていることを幸い、この期間をもっぱら余罪の追及に用いることは許されません。

このような判例は既にいくつかあります。典型は、太宰府市殺人事件（○福岡地判平成12・6・9、判タ1085号308頁）です。警察は殺人の嫌疑で被告人を任意出頭させ、殺人事件の取調べ中に任意提出を受けた尿から覚せい剤が検出されたので、翌日覚せい剤使用の罪で逮捕し、勾留しましたが、勾留延長後、覚せい剤事件の取調べは終了したにもかかわらず、満期までの残った5日間に殺人事件を取調べ、起訴後の勾留期間中も連日その取調べを続けたという事案です。当初から殺人事件追及の目的で覚せい剤事件で逮捕したことがありありとしていますね。しかし、判決は、「当裁判所は、第一次逮捕・勾留自体は適法であったと考える」としており、別件基準説に立っています。しかし、延長後の殺人罪の取調べについては「少なくとも右の期間は、実質的な強制捜査として行われたものであって、その間の殺人事件の取調べは、令状主義を逸脱したものとして、前記の余罪取調べの適否に関するいずれの見解によっても、その違法性は明らかである」としました。余罪取調べの適否については、この判決は中間説を採っています。

三郷パキスタン人放火事件（○浦和地判平2・10・12判時1376号24頁）では、最初から放火事件追及の目的で、必ずしも軽微とはいえない不法残留罪で被疑者を逮捕しましたが、逮捕事実の取調べは2日間で終了したのに、その後は連日放火事件の取調べを行ったことについて、形式的には不法残留の勾留であっても、実質的には放火の勾留で、令状主義を実質的に潜脱し、一種の逮捕権の濫用にあたるとして違法としました。

千駄木強盗致傷事件（○東京地判平成12・11・13判タ1067号283頁）では、旅券不携帯事件で第

一次逮捕・勾留、偽造有印公文書事件で第二次逮捕・勾留し、本件の強盗致傷事件で第三次の逮捕・勾留を行ったものです。判決は、第一次勾留期間の延長後はほぼ連日強盗致傷事件の取調べに費やしたことについて、勾留期延長後は、旅券不携帯事件による勾留としての実体を失い、実質本件を取り調べるための身柄拘束となったとみるほかない、として違法としました。

これらの事件では、いずれも当初から重大な罪である本件の捜査を目的として別件で逮捕していますが、太宰府市殺人事件や千駄木強盗致傷事件では、各判決はいずれも別件逮捕・勾留自体は適法としています。覚せい剤事件は立派なB類型ですね。旅券不携帯罪は罰金刑のみであり、ややA類型に近いかなと思われますが、判決は当初の逮捕・勾留自体は違法とはしていません。しかし、これら両判決はいずれも当初の逮捕・勾留は適法としつつ、逮捕事実についての捜査が終了し、事件の処理ができる状態になっているにも関わらず、残された勾留期間を利用して本件の追及を行ったことについて、「令状主義を潜脱した」あるいは「別件の勾留が実体を喪失した」として取調べを違法としているのです。三郷パキスタン事件の判決はやや異なり、不法残留罪は必ずしも軽微とは言えないことなどから「第一次逮捕・勾留の理由や必要性を全く欠く、それ自体で違法・不当なものであったとまでは認められない」とする一方で、「令状主義を実質的に潜脱し、一種の逮捕権の濫用にあたると解される。〜本件における被告人の身柄拘束には、そもそもの出発点において、令状主義を潜脱する重大な違法があるので、右身柄拘束中及びこれに引き続く本件による身柄拘束中に各作成された自白調書は、すべて証拠能力を欠く」としており、別件逮捕・勾留が当初から違法であったと判示しています。通常なら、不法残留罪は公判請求も十分考えられ、軽微な事件とはいえないので、その逮捕・勾留が当初から違法になる、という点にはやや疑問がありますが、この事案では被告人を警察に突き出した外国人の他の仲間たちも同様に不法残留者であったにもかかわらず、警察は彼らに対しては特段の捜査を行わず、被告人のみを殊更に逮捕・勾留した、という事情も影響していたようです。

このように、別件基準説に立つ判例であっても、あくまで勾留中の余罪取調べの可否の問題は、別件自体について当初から身柄拘束の必要性があったことを前提とした上、その捜査が終了しておらず、別件の勾留の必要性がなお存続しているということを前提としているのです。

つまり、今日の実務・判例は、かつてのような単純な別件基準説には立っておらず、本件基準説の新たな発展という評価もされている令状主義潜脱説や、実体喪失説の考え方も取り入れているのです。したがって、本件基準説か、別件基準説か、ということは、理論的アプローチの違いはあっても、少なくとも具体的事案の解決においては、実質的にかなり収斂してきている、ということを理解しなければなりません。

ところで、実体喪失説を採るにしても、別件の捜査がまだ終結しておらず、別件の勾留の必要性が存続しているのであれば、その実体が喪失しているとはいえませんので、結局余罪の取調べの可否の問題になります。令状主義潜脱説を採るにしても、別件について捜査を継続しており、本件の取調べは別件の取調べ等の合間を利用して時々行っているにすぎないような場合には、本件について令状主義を潜脱したとまではいえない場合が多く、これは余罪取調べの可否の問題になりますね。皆さんの中には、「私は実体喪失説に立ちます」「私は令状主義潜脱説を採ります」などと言う人がいますが、すべての場合を特定の説のみで判断することはできません。別件基準説に立っても、事案によって、令状主義を潜脱した状態になってしまったり、ある時点から勾留が実体を喪失してしまった、といえる場合もありますし、そのいずれにも至っていない場合など様々なのです。皆さんの中には、ときどき「答案を書くには○○説で書くのが書きやすい」など

と言う人もあるようですが、そのような姑息な試験答案対策ではいけませんね。

[山田君]

かなり分かってきた気がしますが、一つ疑問なのは、「本件について令状主義を潜脱した状態」と「別件の勾留が実体を喪失した状態」との関係はどうなるのでしょうか。両者はイクオールと考えてよいのですか。

[太田]

令状主義を潜脱したかどうか、というのは、逮捕・勾留していない本件からみた評価です。他方、実体を喪失しているかどうか、ということは別件の勾留についての評価です。視点が違うのですね。ですから、例えば覚せい剤事件での勾留延長期間に、覚せい剤の捜査が終結して起訴できる状態になったのに、残る1週間の延長期間をもっぱら殺人事件の追及にあてたとしたら、その状態は、別件の覚せい剤事件での勾留としては実体を喪失している一方、本件の殺人事件については令状主義を潜脱していることになり、両者は表裏一体となりますね。

[川井さん]

だとすれば、要するにどちらの事件から見るかだけの違いであり、両説には実質的な違いはないと考えていいのでしょうか。

[太田]

常にそうだとはいえませんよ。例えば、覚せい剤使用事件で尿の鑑定結果だけでは不明瞭なので、被疑者の毛髪鑑定を行う必要が生じ、その毛髪を科捜研に鑑定嘱託したとします。毛髪鑑定にはかなりの期間がかかり、回答が得られるまで1週間余りを要するので10日間の勾留延長が認められたとします。しかし、取調自体は終了しているので、鑑定結果を待つだけです。しかし、被疑者の逃亡のおそれや罪証隠滅のおそれがある以上、勾留は続けなければなりません。それでこの1週間余りの期間を利用し、取調受忍義務を課してもっぱら殺人事件の追及をしたとします。この場合はどうですか。

[川井さん]

なるほど、この場合、殺人事件の追及は令状主義を潜脱しています。でも、覚せい剤事件での勾留の必要性は継続していますので、その実体が喪失しているとまでは言えませんね。

[太田]

そのとおりですね。それでは、これまでの勉強を踏まえて本事例を考えましょう。

[川井さん]

まず、当初から放火事件を取り調べる目的があったとしても、覚せい剤事件はそれ自体で逮捕・勾留の実質的必要性のある事件ですから、当初の逮捕・勾留は適法です。問題は、勾留延長後の取調べですね。勾留10日目までに、覚せい剤事件についての捜査はほぼ終了し、起訴しようと思えば起訴も可能な状態となっています。しかし、警察は、勾留延長期間を利用して延長後は放火事件の取調べを開始しようと考え、「覚せい剤の入手経路と常習性の解明のため」と言う理由で10日間の延長を請求したのです。覚せい剤事件については、勾留14日目と16日目に、入手経路等について短時間の取調べがなされたのと、18日目に検察官取調べで調書が作成された程度でした。その間は、ほとんど放火事件を厳しく追及し、弁護人から抗議すら受けています。私はこのような状態は、覚せい剤事件について勾留が実体を喪失しているとともに放火事件について令状主義を潜脱した状態になっており、明らかに違法だと思います。得られた放火事件の自白は排除されるべきです。

[海野君]

　それに、仮に、実体喪失や令状主義潜脱の状態までには至っていない、と評価するとしても、覚せい剤事件と放火事件は密接に関連しないので、弁護人から抗議まで受けるような連日の追及は、受忍義務を課し得る余罪取調べの範囲を超えています。非限定説に立たない限り、その点からも違法で自白は排除されるべきですね。

[太田]

　そのとおりでしょうね。勾留延長後、覚せい剤事件について若干の取調べをしたのは、やや捜査官のアリバイ的な感じもしますね。ただ、所持罪としての立証は可能な状態であっても、常習性や入手経路の解明のための取調べは、逮捕事実の取調べに伴って行うことは実務ではよくあります。本事例がそのような事案だったとしたら、覚せい剤事件での勾留が実体を喪失したとまではいえないとの評価も可能となるでしょう。

[山田君]

　そうすると、問題はもっぱら余罪取調べの可否のみになりますか。

[太田]

　実体は喪失していなくとも、本件について令状主義を潜脱した状態というのはありえます。逮捕・勾留の事件単位の原則を皆さん理解していると思いますが、覚せい剤事件で逮捕・勾留中に、別事件で並行して二重に逮捕・勾留することは珍しくはありません。たとえ、覚せい剤事件についても実体は喪失しておらず、ある程度の捜査を並行して行っているとしても、放火事件について、連日長時間の取調べを受忍義務を課して行うのなら、やはり放火事件についても逮捕・勾留すべきですので、令状主義を潜脱していると評価されることにもなるでしょうね。

[山田君]

　取調べ受忍義務については、そもそも逮捕事実についてすらないとするのが学説の多数だと思いますが、なぜ実務では肯定説なのでしょうか。

[太田]

　刑訴法198条1項但書の逮捕されている被疑者の出頭・滞留義務と223条2項が参考人にもこれを準用している条文の規定ぶりを素直に読むと、刑訴法は、被疑者のみならず、参考人ですら身柄を拘束（自分の事件で）されている場合には他人の事件についてであっても取調受忍義務があると解するのが自然であり、立法者はそう考えていたと読むべきでしょう。しかし、密室の取調べがもたらす弊害から、学説のほとんどが、これらの条文について様々な解釈論で受忍義務を否定してきました。しかし、それらの解釈論は、条文の文理上は無理があるといわざるをえず、取調受忍義務を否定するための目的的な解釈だと感じられます。私は、<u>取調受忍義務について学説と実務が大きく乖離している原因は、条文の解釈論はさておき、根本的に我が国の捜査の構造が、アメリカのような取調べに過度に依存しなくとも犯罪を摘発解明できる様々な強力な捜査の武器が与えられておらず、被疑者らをひたすら取り調べて真実を聞き出すことが捜査の極めて大きな柱になっている</u>、ということにあるのだろうと思います。ですから、学説がいかに受忍義務を否定しようと、捜査官のみならず、裁判所も、被疑者の取調べ受忍義務を一貫して肯定してきたのです。

　<u>古い判例では、被疑者については、逮捕・勾留されている以上、その事実以外の如何なる事実についても取調べ受忍義務があるという非限定説が主流でした。条文の規定ぶりからは、参考人ですら身柄拘束されていれば取調受忍義務があるのですから、ましてや被疑者は逮捕されている</u>

以上、どんな事実でも受忍義務があるのが当然でありと考えられていたのです。しかし、次第に、受忍義務を課すとしても、それは逮捕・勾留されている事実とそれに密接に関連する事実に限るという中間説の判例が主流になりつつあるように思います。これは、おそらく、戦前の旧刑訴法の時代には、訴因制度もなく事件単位の原則も確立しておらず、現行刑訴法が旧刑訴法の骨格や影響を大きく残したまま制定されたこととも無縁でないだろうと思います。

しかし、捜査官であった私でも、非限定説は行き過ぎであると思い、中間説を支持します。事件単位の原則が確立した今日、受忍義務を課すとしてもそれはあくまで逮捕・勾留事実とそれに密接に関連する事実に限るべきだと思います。

ちなみに、都立富士高校放火事件では、一審の○東京地決昭和49・12・9判時763号16頁は中間説に立ち、窃盗罪での逮捕・勾留中にこれと密接に関連しない放火事件を長時間追及したのは、それ自体違法であるとして放火事件の自白調書を排除して無罪としたのに対し、控訴審の○東京高判昭和53・3・29判時892号29頁は、非限定説に立って、放火事件の取調べ自体は適法としましたが、結局自白には信用性がないとして、結論は無罪としました。この両判例を比べると、両説の違いがよく分かるのでよく読んでみてください

[川井さん]

密接に関連する、というのは具体的にどんな場合なのですか。

[太田]

例えば、覚せい剤の所持罪であれば、それを誰から買ったのか、という譲り受けの事実を追及することが密接に関連するのは当然ですね。一般人からたまたま買った場合と、暴力団から常習的に買っていたのとでは、所持罪の量刑にはかなりの違いが生じます。死体遺棄罪と殺人罪では、まず死体遺棄罪で逮捕・勾留し、その間に殺人を追及して自白を得て殺人罪で再逮捕・勾留するのは捜査の常道です。死体遺棄の解明のためには、「なぜ被疑者がそれを死体であると認識し、どういう経緯でそれを遺棄することになったのか」という死体遺棄の前提や経緯となった殺人についても追及することが不可欠です。談合罪で逮捕・勾留し、その談合が恒常的になされ、それは市長から予定価格を聞き出していた疑いがある場合、予定価格の漏えいとそれに対する見返りとしての賄賂の提供についても談合罪の勾留中に追及するのも常道です。それらを一連の事件として解明して、初めて談合罪についてその背景事情、事件に至る経緯、市長に賄賂を送って予定価格を聞き出したことが談合を可能としたことなど談合罪の悪質性の立証が可能となるのです。同種手口による余罪もそうですね。一連の犯行が、特殊性のある手口である場合、特定の1件の捜査に限るのでなく、逮捕事実以外の一連の類似事件の追及も並行して行うことが必要になる場合もあります。

こうして、中間説に立てば、覚せい剤と放火とは密接に関連しないので、本事例のような受忍義務を課した連日の追及は違法であり、本事例においては、Zの放火事件の第一次自白は排除されることとなります。この排除される自白からから生じた派生証拠や第二次自白等については、後で検討することにしましょう。

各証拠の証拠能力

検察官の主張を立証しようとする各証拠の証拠能力は認められるか。証拠能力が肯定されるものと、否定されるものについて、それぞれその根拠を示して論じること。

1　登記簿謄本

　323条1号の伝聞例外の横綱ですね。登記簿謄本には、不動産の所有者、建物の種類、面積、抵当権設定状況等が記載されています。放火事件の訴因における焼損した建造物の特定は、登記簿謄本に基づいて記載するのが通常です。本件では、この家に居住する親子XYZ3名が全員共犯の事案ですから、刑法109条の非現住建造物等放火の訴因になります。そうすると、父親Xの所有家屋なので、自己所有物として同条2項に該当し、軽い法定刑となり、また公共の危険の発生が要件となります。しかし、仮に建物のローンが残っていて抵当権が設定されていれば刑法115条によって他人の所有建物を焼損した者の例によることになります。このように登記簿謄本は放火事件では最も基本的で重要な証拠です。

2　住民AのKS・PS

　KSは321条1項3号該当、PSは同項2号該当です。住民AはZのものと思われる赤いスポーツ車を目撃した重要な参考人ですから、検察官自ら取調べて目撃状況を詳細に聴取、確認してPSを作成したのですね。それに、AはXら親子の御近所さんですから、公判廷で、XYZらの目の前でZに不利なことは供述しにくく、供述を後退させるおそれもあることからもPSの作成は必要でしょう。

3　住民A立会の実況見分調書

　321条3項書面ですね。不同意とされれば、作成した警察官が公判廷で作成名義と記載の真正を供述すれば証拠能力が認められます。赤い車が止まっていた位置、それがAから視認できる距離にあるか、明るさはどうかなど、極めて重要な本来の典型的な実況見分です。もし、Aが、赤い車を目撃した地点を示す現場指示の記載を超えて、例えば、その部分の写真の下部に「車から降りた男が周りを見回しながら家のなかに入っていきました。背格好から息子のZさんだと思いました。朝、お母さんが東京に行くと言っていたのでおかしいなと思いました」などと書いていれば、これは現場指示を超えて「現場供述」になってしまいます。そうすると、その部分にAの署名・押印をさせておかない限り、供述部分の証拠能力は認められません。

4　東京の親族のKS

　321条1項3号書面です。親戚とはいえ疎遠となっていますし、結婚式の有無などは被告人らをかばって虚偽の供述などしようがないため、KSで足りると検察官は判断したのでしょう。

5　火災原因判定書謄本

　火災原因判定書とは、火災が発生した後に、消防機関の職員が火災の発生原因を調査・確認するとともに、今後の火災予防対策等の消防行政上の参考とするために作成される書類の一つです。消防機関は、消防法に基づき、火災が発生した場合にはその原因等を調分析して火災調査書類を作成します。他方、放火や失火の疑いがある場合には、警察も刑事事件として捜査を開始しなければなりませんが、消防と警察との競合を避けるため、消防法第35条は「放火又は失火の疑いのあるときは、その火災の原因の調査の主たる責任及び権限は、消防長又は消防署長にあるものとする。」と定めており、火災現場での主たる調査は消防機関が行います。放火等の犯罪があると認められる場合は、消防機関は通報や証拠保全に努め、それらの火災調査書類が消防機関から警

察に提供されるのです。火災調査書類には、火災原因判定書、実況見分・鑑識見分調書、質問調書などがあります。これらは行政機関が作成した書類ですが、刑訴法上の要件を充たす限り捜査・公判のためにも用いられます。火災原因判定書は、消防機関がその専門的技術経験等に基づいて火災の原因を判定した経過と内容が記載され、321条4項の準用が認められます。火災原因調査自体は、警察からの嘱託によるのではなく消防機関が主体的に行うものですが、ここにも4項の準用が及んでいる訳ですね。

　私も、多数の放火や業務上失火事件の捜査を担当し、これらの書類を読みましたが、消防機関による火災現場の見分は、まず家が焼け落ちた外観の見分に始まり、焼け落ちて倒壊した上側から順に丁寧に焼損物を取り除いていき、何層にもわたってその作業を繰り返してその都度克明に写真を撮影し、また図面化していきます。そうすると、家のどの部分が発火箇所か、それがどのように燃え広がったかということが再現され、時には発火箇所と思われるところに煙草の吸殻やライターなどが発見されることもあります。まさにプロの作業ですね。これらを踏まえ様々な角度から分析検討して火災原因を判定した経過と結果を記載したものが火災原因判定書です。また、火災の原因を知っていると思われる人から事情聴取して作成するのが質問調書であり、それが放火や失火の被疑者でもある場合には、その謄本の提供を受ければ刑訴法322条1項の適用が可能となります。放火事件で逮捕・勾留中の被疑者について、消防機関の方から、消防機関としても事情聴取をして質問調書を作成したいので捜査に支障のない日に身柄を貸してほしいと求められ、捜査機関としてもこれに協力しています。神戸ホステス宅放火事件で自白の証拠能力が問題となり、肯定されたのがこの質問調書でした。

6　各保険会社担当者KS

　321条1項3号書面です。検察官はPSを作成していませんが、保険契約の締結という客観的な事項について担当者が公判で供述を後退ないし変遷させることは考えられないのでKSで十分と判断したのでしょう。しかし、仮に暴力団員らによる保険金目的の放火事件で、契約時に担当者が被告人らの言動等に不審さを感じていたことなどがKSに記載されていた場合には、担当者は、公判において暴力団員の被告人や傍聴人の面前では、恐怖心から捜査段階の供述を後退させるおそれもあるので、検察官はこの担当者の公判での証言に備えてPSを作成しておいた方がよいでしょうね。

7　火災保険契約書写し

　既にお話ししたように、個別の事案ごとに作成される書類は、業務の通常の過程で定型的・機械的・継続的に作成されて323条に該当する書面とは異なり、321条1項3号該当の書面です。契約双方の当事者の供述が合体した書面であり、それに記載されたとおりに契約が締結されたことが真実であることを立証するためであれば伝聞証拠となります。不同意とされれば契約当事者の証人尋問が必要となり、それらの者が死亡などすれば同号の例外要件を検討することになります。事案によっては、契約書の存在・形状・記載事項、の限度で非供述証拠とすれば足りる場合もあるでしょう。本件では、仮にXYらが保険金目的を否定するため「契約すらしたことがない」と弁解して契約書写しを不同意とすれば原則どおりとなりますが、そんな争い方は通常はほとんど想定できませんね。本件でも契約の締結は当然の前提とした上で、自然火災だったと否認しているのですから通常なら同意されるでしょう。でも証拠法の勉強のためには、あくまで、不同意と

なった場合の伝聞例外の適用要件とその当てはめを理論的に考える癖をつけておかなければ力はつきません。

8 被告人らの生活状況の捜査報告書

これには、Xの年金の受給状況とか、Zの雇用・解雇の情況その他、親子の生計状況の捜査結果が取りまとめて記載されています。家計はひっ迫していたのに毎月10万円もの保険料を支払うことが余りに不自然不合理であることから、放火の立証の情況証拠の一つとするためですね。これは警察官による捜査結果をまとめた供述書ですから321条1項3号書面です。不同意となったら、警察官が証人としてこれらの捜査結果を証言しなければなりません。その中に、年金関係の社会保険事務所等によるオリジナルの書類内容が含まれていれば、それらは別個の書証として請求して323条該当書面として採用されることもできるでしょう。

9 民宿経営者のKS 宿泊者名簿

民宿経営者KSは321条1項3号該当書面です。偽名の宿泊者名簿については、証拠物たる書面であり、非供述証拠として証拠能力が認められます。「宿泊者名簿の存在、形状、3月8日欄の記載事項」を立証趣旨とすることになるでしょう。その名簿にXら親子の宿泊が偽名で記載されていること自体に証拠価値があるのです。その記載部分がXら親子の分であることは、民宿経営者のKS（不同意とされれば証言）によって立証できますね。

10 XYZらの各自白調書及びその派生証拠

これらについては、多くの問題があります。まず、Zの覚せい剤事件での勾留中に得られた放火の第一次自白については、既に述べたように排除されますので、それを踏まえて、その後のXやYの自白やZのその後の自白について勉強しましょう。大別して、①XYの第一次自白、②Zの自白により発見された派生証拠である灯油ポリタンクの証拠能力、③XYZらのその後の捜査官に対する反復自白の証拠能力、④XYZらの裁判官や消防局員に対する自白の証拠能力、の問題がありますね。

(1) Yの第一次自白KS、Xの第一次自白KS
ア Yの第一次自白

母親Yは、警察官から「もう息子のZは全部自白したぞ。親子3人で保険金目的で計画的に放火をしたと正直に認めた」と告げられてがっくりとし、全面的な自白をしました。しかし、Zはその時点では、まだ両親をかばってZの単独犯行の限度でしか自白していませんでした。ですからあたかもZが両親の関与まで含めて全面的に自白したかのように告げて行った取調べは偽計によるものといわざるを得ませんね。

それに加えて、Yはまだ任意同行中で逮捕される前の状態でしたが、弁護人Cが来訪してYと会わせるよう求めても警察官はこれを引き伸ばし、約2時間20分待たせた間に自白を得たのであり、任意同行中の面会妨害という重要な問題があります。これについては、福岡高判平成5・11・16判時1480号82頁（百選［9版］38事件）が次のように重要な判示をしています。

「弁護人等は、任意取調べ中の被疑者と直接連絡をとることができないから、取調べに当たる捜査機関としては、弁護人等から右被疑者に対する面会の申出があった場合には、弁護人と面会

時間の調整が整うなど特段の事情がない限り、取調べを中断して、その旨を被疑者に伝え、被疑者が面会を希望するときは、その実現のための措置をとるべきである。任意捜査の性格上、捜査機関が社会通念上相当と認められる限度を超えて、被疑者に対する右伝達を遅らせ又は伝達後被疑者の行動の自由に制約を加えたときは、当該捜査機関の行為は、弁護人等の弁護活動を阻害するものとして違法と評価される」

　したがって、本件では、弁護人との面会時間の調整も整わないのに、一方的に長時間接見を引き伸ばしてその間に自白を得たのであり、その違法も重大であって違法捜査抑制の見地からもこのような自白は排除されるべきですね。なお、本来「接見」とは身柄を逮捕・勾留された被疑者についての制度ですから、任意同行中の弁護士の面会は本来の接見とは異なるのですが、任意同行後に取調べが行われている場合には、事実上、身柄拘束状態に類する状況にあるので接見に関する考え方を及ぼすことができるのです。

　以上からすると、Yの第一次自白の証拠能力は到底認められないでしょう。

　なお、接見問題については、後で他の重要な指導的判例も含めて整理して勉強することにします。

イ　Xの第一次自白KS

　Xに対し、警察官は「もうYも親子3人で計画的に放火したことを全部正直に認めたぞ。抵抗しても無駄だ。正直に罪を認めたらどうか」と説得した結果Xは自白しました。これについては、微妙であり、ZやYの自白ほど、明快な結論は出しにくいですね。Xに対する追及自体では、いわゆる切違え尋問のような直接的な「偽計」や脅迫等はありません。Yが親子3人での犯行を全面自白したということ自体は事実であり、この点には偽計はありません。問題はYの自白に至る経緯における違法が、Xに対する取調べにどのように影響するかの問題でしょうね。Xの自白は、それまでの追及によって時間の問題の情況にあり、Yの自白は若干の契機を与えたに過ぎないと見られるのなら、因果性は低いとしてXの自白までは排除しないという考え方もあるでしょう。逆に、Yが全面自白したということを告げられたことが決定的な動機となってXが自白に至ったと評価でき、Yの自白獲得過程の違法のXの自白獲得への因果性が大きいと判断されるなら、Xの自白も排除される、という考え方もあり得るでしょう。裁判官によっても判断が分かれるような気がします。このような評価が分かれる問題については、皆さんがそれぞれ納得のいく考え方で論じていくべきです。

(2)　灯油ポリタンク、領置調書

　これはZの第一次自白で「放火に使用した灯油のポリタンクは、甲市内の丙川の河川敷に、廃棄物が不法投棄されている場所があるので、放火の直後、高速のインターに乗る前に、そこに寄って捨てました。ポリタンクには、『〇田』と私の家の名前をマジックで書いており、灯油もまだ少し残っていたと思います」と供述したため、現場河川敷に案内させて発見・領置された証拠物です。Zの第一次自白は排除されますので、派生証拠、毒樹の果実論の問題ですね。

　神戸ホステス宅放火事件の最高裁判決の伊藤裁判官の補足意見が示す「第一次的証拠の収集方法の違法の程度、収集された第二次的証拠の重要さの程度、第一次的証拠と第二次的証拠の関連性の程度等を考慮して総合的に判断すべき」ということや、それを踏まえた大阪西成覚せい剤事件の大阪高判が、これに加えて「事件の重大性、捜査機関の意図等を総合的に判断して決すべき」

としたこと、また、杉本町交番爆破事件の大阪高判の判示を参考にして考えてみましょう。

前回の事例講義1の強盗致傷事件において、Yの排除されるべき自白に基づいて川の土手から発見された被害品のバッグ等とも比較しながら考えてみることにも意義があります。

まず、自白獲得過程の違法の度合いですが、前回の強盗致傷事件の場合は、第一次自白の獲得のための取調べは、E女も逮捕するなどとの脅迫や利益誘導的な言辞を伴うものでかなり悪質でした。他方、今回は、追及の方法自体は取調受忍義務に反したもの（中間説に立って）ではありましたが、偽計や脅迫等を用いたのではなく手続的な違法によって得られたものです。しかし、覚せい剤事件による勾留の実体が喪失し、違法な身柄拘束状態となった間に獲得したという視点に立てば、その違法は重大だという評価も有り得るでしょう。微妙ですが、甲乙つけがたいか、前回の方がやや違法の度合いが強いとみるべきでしょうか。次に、第一次証拠と第二次証拠の関連性の度合いですが、これは両者とも、令状取得の司法判断を経由せず、因果関係はいずれも直接的ですね。証拠の重要性は、いずれも被疑者が犯人性を否定している中で、前回は被害品のバッグ等、今回は放火に用いた灯油入りのポリタンクであり、犯人性の立証に極めて重要ですから甲乙つけがたいですね。事件の重大性も、法定刑が死刑または無期懲役の強盗致傷に対し、自己所有非現住建造物等放火であり、法定刑自体は強盗致傷より低いですが、保険金目的の場合は重い量刑がかされるのが通常であり法定刑の差だけでは評価できないように思います。この辺りの違いを各自がどのように評価するかによって結論は異なるかも知れません。いずれにせよ大事なことは、抽象論ではなく、個々の事案の具体的事実関係の中で、意味のある事実を丁寧に漏れなく指摘した上で各自が妥当と考える結論を、説得力を持って論じるべきです。

(3) XYZらのその後の捜査官に対する自白の証拠能力

同一被疑者が、排除されるべき自白をした後に、同一内容の自白をすることがいわゆる反復自白の問題です。第一次自白が排除されるべき場合に反復自白まで排除されるか否かは、自白→自白の類型として派生証拠ないし毒樹の果実論の問題の一場面でもあります。神戸ホステス宅放火事件がその典型例です。この問題については、捜査官によって得られた自白と、捜査官とは独立で中立的な機関によって得られた自白とはかなり異なりますので、まず捜査官によって得られた反復自白の問題について考えましょう。基本的に、①第一次自白が、本来の「任意性」を失わせるような脅迫、偽計、利益誘導等によって獲得された場合であれば、反復自白が、それらの任意性を失わせるような事情が解消された後に得られたものか、あるいは任意性を失わせるような事情がまだ継続しているうちに得られたものかによって判断する、②第一次自白が本来の任意性の問題ではなく、手続の違法（違法な別件勾留や接見妨害など）によって得られたものである場合には、反復自白の獲得手続にその違法性が承継されているとみるべきか否かによって判断する、というのが妥当だろうと思います。また、第一次自白と第二次自白との間の時間的間隔の長短、第二次自白獲得に至る事情として、第一次自白獲得の際の事情のほかに、自白獲得を導くその他の要素が加わったか否か、なども考慮すべきでしょう。

前掲千駄木強盗致傷事件判決（○東京地判平成12・11・13判タ1067号283頁）では、旅券不携帯事件の第一次勾留の延長後に得られた第一次自白は同事件による勾留としての実体を失い、実質上強盗致傷事件を取り調べるための身柄拘束となり、その違法な身柄拘束状態を利用して行われた取調べによって得られたものとして排除し、更に、その後の偽造公文書行使事件の第二次逮捕中や起訴後の勾留中に得られた自白も、「本件違法勾留期間中における違法な取調べの影響下に

あり、それまでに得られた被告人の同事件に関する自白と一体をなすものとして、その違法を承継するものと解するほかない」としてその証拠能力を否定しました。しかし、その後強盗致傷事件で第三次の逮捕・勾留がなされ、その間に得られた自白については、「被告人の自白から独立した客観証拠が順次収集され、固められていっており、〜このような客観証拠を参照しながら行われたことがうかがわれるのであって、右取調べについて本件違法勾留期間中の違法な取調べの影響が次第に薄らぎ希薄化していったものとみられる」などとして排除をしませんでした。

これらを踏まえて本事例を検討しましょう。

ア　Zの警察官・検察官に対する弁解録取書、Zの第二次自白KS、Zの勾留後の自白KS、PS

Zの放火での再逮捕後の弁解録取書の自白は、手続の違法によって排除されるべき第一次自白から時間的経過が浅い時期の反復自白であり、当初の自白獲得の違法性を承継するものとして排除されるべきでしょう。

Zが、両親が逮捕されたことを知り、観念して、自己の単独犯行ではなく、3人共謀によるものであったことを自白した第二次自白KSは微妙ですね。両親が逮捕されたということは客観的事実であり、新たな事情の変化があるので、それまでの手続の違法を承継しない、という見方もあるかもしれませんが、両親の逮捕に至る自白獲得過程でも特にYの自白獲得の違法性は高く、これらの影響が存続していることを重視すれば、Zの第二次自白も排除すべきだという説も十分考えられるでしょう。

Zの勾留後に作成された詳細な調書にまで排除効が及ぶかについては、そこまで厳しく考える説もあるかもしれませんが、そうとはいえないように思います。その段階では、親子の自白以外に、さまざまな裏付け捜査が進展し、客観的証拠も相当集まった上で取調べが進んだと思われます。千駄木強盗致傷事件判決が、強盗致傷事件での第3次の逮捕・勾留後の自白については、違法性が希薄化したとして排除はしなかったことに照らせば、放火事件での再逮捕・勾留後のZの自白についてまでは排除を要しないという考え方もあろうかと思います。

イ　XYの反復自白

母親Yの第一次自白は偽計や接見妨害によって獲得されたものでその違法性は大きく、弁解録取における自白もその影響が解消されていないと見るべきなので排除すべきでしょう。ただ、勾留後の自白については前述のように、その他の客観証拠の収集とこれらに基づく追及の在り方等によっては、排除されない余地もあるかもしれません。

父親Xについても基本的に同様ですが、元々の第一次自白の獲得がZやYに対するものよりも違法の度合いは薄いので、その後の反復自白の排除についてもより緩やかな評価が可能だと思われます。

(4)　XYZらの裁判官や消防局員に対する自白の証拠能力

これについては、神戸ホステス宅放火事件の最判がそのままあてはまりますね。捜査官の影響を受けず、中立的な立場から供述を録取する裁判官の勾留質問調書や消防局員による質問調書に含まれる自白については排除されません。

11　燃焼実験報告書

　燃焼実験は放火事件の捜査で頻繁に行われる捜査方法です。それにも様々なものがあります。放火の手口が単純で、捜査官が、特別の専門的知識経験なく行える燃焼実験は、火をつけて燃え上がる状態を五官の作用で認識する作業ですから検証（実況見分）の性質を有します。しかし、特殊な発火装置を用いるなど、その方法で放火が可能か否かを専門的・科学的な知識経験に基づいて行う燃焼実験は鑑定の性質を有します。前者ならその報告書は321条3項、後者なら321条4項の準用の問題となりますね。

　本件では、前者であり、放火の手口は比較的単純だったので、警察官が廃材を用意して模造の壁による燃焼実験を行いました。火災現場そのものではないので、本来の実況見分とは言えません。しかし「被告人が自白する方法で本件の放火が実行可能なこと」を立証趣旨とする実況見分調書として証拠能力が認められますね。極めて特殊な手口とまではいえませんが、手が届きさえすれば実行可能な電車内の痴漢などとは違って、やはり自白の方法で実際に家が燃え上がるか、ということを確認することには意味があります。

　ただ、これは復習になりますが、この報告書には「ここにこのように廃材が積んでありました」「この廃材のここの部分に、このように灯油を振りかけました」「灯油がかかったこの部分にライターで火をつけました」「2分後くらいにこのくらいにまで炎が上がったので、もう大丈夫と思って逃げ出しました」などとZの供述説明も記載されており、この部分は「供述」証拠です。もともと犯行現場で行われたものではないので現場指示にはそもそも当たりません。とすると、説明部分は供述録取書なので、この供述部分を、もし被告人がその通り放火を実行したことの立証にも用いようとするのであれば、その部分に署名押印がない限り、供述録取書としての証拠能力は認められません。

　他方、被告人が放火の実行状況を15枚の写真で再現した部分は、いわゆる「供述写真」であり、これも捜査官に対して動作で示した視覚的な供述の録取書です。しかし、写真では本人がそのとおり再現していることに疑いはないので、署名押印は不要とされ、この内容は322条1項の不利益事実の承認に当りますし、任意にやらなければこのような再現はできないでしょうから、捜査官が、被告人に無理強いしてそのような動作をさせたという事情でもない限りは任意性も認められ証拠能力が認められるでしょう。

弾劾証拠の問題

　弁護人は、公判で、住民Aの目撃証言を弾劾するために、火災翌日の消防署員による住民Aからの聞き取り内容の報告書を328条の弾劾証拠として証拠請求しました。この請求が認められるかということは大きな問題です。火災直後に何も気が付いたことはなかった、と消防署員に供述していたことは、Aの公判供述と矛盾し、その信用性を揺るがしかねないからですね。

　これが328条の弾劾証拠の問題であり、この機会に、弾劾証拠問題を全般的に勉強した上で本件事例を検討していくことにしましょう。

(1)　弾劾証拠についての論争の経緯等
　ア　320条と328条の関係
　320条は、供述代用書面、伝聞供述のいずれについても、それらを伝聞証拠として証拠能力を認めないのを原則としています。この明文どおりに考えれば、弾劾証拠であっても、それがKS

やPSなどの書証やまた聞きの供述である限りは同条に該当し、伝聞証拠として許容されないことになりますね。したがって、328条が、「……公判準備又は公判期日における被告人、証人その他の者の供述の証明力を争うためには、これを証拠とすることができる」と規定し、弾劾証拠としてなら許容されるとしたのは、この刑訴法の文理に照らせば、独自の意味がありました。ところが、その後定説となった形式説は、伝聞証拠の定義について、320条の文理上は要件となっていない「その供述内容の真実性の証明に用いるもの」との要件を解釈上加えてしまいました。そうすると、弾劾証拠は、その供述内容の真実性の証明には用いるものではないため、通説の形式説からは伝聞証拠でないということになります。これを前提とすると今日においては328条には独自の意味がなく、いわば確認的に規定したものにすぎないということになりますね。いずれにせよ、弾劾証拠はそれに含まれる供述内容の真実性の証明に用いるものではないので、伝聞法則は適用されないという結論において違いはありません。

イ　限定説と非限定説

しかし、残された大きな問題がありました。内容の真実性の証明に用いないのであれば、どんな証拠でも弾劾証拠として許容されるのか否かということです。それが非限定説と限定説の対立でした。

〔非限定とその論拠〕

弾劾の対象となる供述をした者自身の自己矛盾供述に限らず、誰の供述であろうと、それ自体の内容の真実性の証明でなく、対象となる供述の内容と矛盾するということをもってその信用性をぐらつかせる弾劾のためであれば許容される、というものです。328条は、明文でなんらの制限も課していないこと、弾劾証拠はどんな証拠であっても犯罪事実の認定に用いるものではないので限定する必要はないこと、自己矛盾供述に限定されるのなら、もともと非供述証拠として請求すれば伝聞法則は適用されないのだから、わざわざ328条を設ける必要はないこと、欧米の陪審制では、陪審員への不当な影響の防止のために弾劾証拠は限定されるべきであるが、我が国では職業裁判官による裁判であるため、弾劾証拠として採用されたものを犯罪事実の認定に用いるようなことはしないので不当な影響のおそれはないこと、を理由とします。

〔限定説とその論拠〕

弾劾証拠として許容されるのは、公判で供述した者自身の自己矛盾供述に限られるとするものです。そう限定しなければ、弾劾証拠の名の下にあらゆる書証の提出が可能となり、伝聞法則が潜脱されて有名無実化する恐れがある上、争点が混乱してしまうので、自己矛盾供述に限定すべきだとします。また、非限定説に対しては、自己矛盾供述であれば、その内容によるのでなく、一人の人間が前後で矛盾する供述をしているということ自体によって弾劾するのに対し、他人の供述によって弾劾するということは、結局、その他人の供述の内容が真実であるから弾劾できるということになってしまうので、伝聞法則に実質的に反してしまうということ、また、320条の明文は「供述内容の真実性の証明に用いるもの」との限定をしておらず、これはその後の解釈論によって加えられた限定であるため、刑訴法の制定当時は、328条の規定に独自の意味があったことなどの反論がなされます。

ウ　古い判例は非限定説、次第に限定説が有力となる。

古い判例は非限定説が主流でした。その代表例が、△東京高判昭和36・7・18判時293号26頁

です。この事案は、被告人や他の証人の公判での供述を弾劾するため、それらと矛盾する内容が記載された、18名もの警察官や検察官に対する多数の供述調書を、被告人や他の証人の供述の弾劾証拠として許容したものです。これは、今日の常識ではちょっと考えにくいほどの事例です。弾劾証拠の名の下に、自己矛盾供述に限られない書証がいわば湯水のように請求され、裁判所は許容したのですね。非限定説の論拠は、我が国は職業裁判官による裁判なので、素人が判断する陪審裁判とは異なり、証拠調べされる書証が実質的な立証に用いられるものか、弾劾のために過ぎないのかを頭で仕訳して心証形成に用いることができる、ということにあるのですが、いくらなんでも、公判供述と矛盾するからというだけの理由で多数の者の供述調書や捜査報告書などが審理の場に溢れてしまっては、職業裁判官といえども混乱してしまうでしょう。

　それで、その後、このような弊害についての認識が深まり、次第に非限定説の判例が出てくるようになりました。例えば△**東京高判平成5・8・24高刑集49巻1号174頁**は、ある公判供述を弾劾するために、その公判供述をした者以外の者の供述調書、捜査報告書、実況見分調書及び現行犯人逮捕手続書を原審が採用したのを違法としました。このような判例の変化は、伝聞法則問題の総論としてお話ししたように、伝聞法則の経験がないまま戦後にこれを導入し、その運用が定着するまで様々な変遷があったことの表れの一つでしょう。

(2)　◎最判平成18・11・7刑集6巻9号561頁　判時1957号167頁、判タ1228号137頁（百選87事件）

　この非限定説と限定説の争いにとどめを打ち、限定説を明言し、この問題を実務上決着させた重要判例がこの平成18年最判です。

《事案の概要》

　現住建造物放火事件において、火災のあった付近の住民が、火災発生直後の被告人の言動について証言したところ、弁護人が、328条に基づき、消防司令補が、上記証人から公判供述とは実質的に異なった内容の事実を聞き取ったことが記載された「聞き込み状況書」を証拠請求した。その聞き込み状況書に記載された住民の供述録取部分については住民の署名・押印がなかった。一審は却下し、控訴審もこれを支持。弁護人上告。

《判決要旨》

　「<u>刑訴法328条は、公判準備又は公判期日における被告人、証人その他の者の供述が、別の機会にしたその者の供述と矛盾する場合に、矛盾する供述をしたこと自体の立証を許すことにより、公判準備又は公判期日におけるその者の供述の信用性の減殺を図ることを許容する趣旨のものであり、別の機会に矛盾する供述をしたという事実の立証については、刑訴法が定める厳格な証明を要する趣旨であると解するのが相当である。そうすると、刑訴法328条により許容される証拠は、信用性を争う供述をした者のそれと矛盾する内容の供述が、同人の供述書、供述を録取した書面（刑訴法が定める要件を満たすものに限る。）、同人の供述を聞いたとする者の公判期日の供述又はこれらと同視し得る証拠の中に現れている部分に限られる</u>というべきである」

　この判決は、まず、弾劾証拠は、公判で供述をした本人の自己矛盾供述に限定されるとしたことが最大のポイントです。次に重要なのは、自己矛盾供述であれば何でもよいというのでなく、そのような自己矛盾供述が存在すること自体は、厳格に証明されなければならないとしたことです。つまり、まず、本人自身の供述書であれば問題ありません。また、自己矛盾供述を聞いたとする第三者の公判供述は、そのような供述を本当に聞いたのかについて第三者は公判で反対尋問にさらされた上で確認されますのでこれも問題ありません。しかし、供述録取書については「刑

訴法が定める要件を満たすものに限る」としていることは、供述者に対して読み聞かせをした上で署名・押印が必要であるという趣旨です。つまり供述録取書であれば、供述者が録取者に対して本当にそのような供述をしたことが明らかにされるために供述者の署名押印が必要であるのが刑訴法の要件ですが、弾劾証拠としての自己矛盾供述が録取された書面についても同様だ、としたのです。そこで本件事案ですが、弁護人が弾劾証拠として請求した消防司令補作成の「聞き込み状況書」には、証人であった住民の公判証言とは異なる内容が記載されていたのですが、その録取部分には住民の署名押印がなかったため、供述録取書の要件を満たしていないとして、弾劾証拠としての請求を認めなかった訳ですね。

海野君

そこまでは理解できるのですが、この判例が「又はこれらと同視し得る証拠」と言っているのは具体的にどういうものなのでしょうか。イメージが湧かないんですが。

太田

例を挙げてみましょう。例えば、アリバイを立証するために弁護人が申請した証人Aが、公判で「私は事件の日時頃、被告人と一緒に居酒屋で酒を飲んでいた」と証言したとします。ところが裏付け捜査をした結果、Bが「Aから『事件の日時頃、自分はCと居酒屋で酒を飲んでおり、その場に被告人はいなかった。翌日に事件のことを新聞で知り、被告人がやったのではないかと心配していた』と聞いたことがある」との供述を得て検察官がPSを作成したとします。Bが公判でAから聞いたこの内容を証言すれば、それは「同人の供述を聞いたとする者の公判期日の供述」としてAのアリバイ証言に対する弾劾証拠として認められます。しかし、仮にBが公判で証言する前に死亡したり所在不明になれば、Bは公判でこの証言ができません。でも、PSが残っているのですから、Bの供述不能の要件を満たし、PSは証拠能力を有します。そうすると、PSの内容がBの公判証言に代わるものとなり、Aの自己矛盾供述を公判に顕出できることになり、これが「公判供述と同視し得る証拠」になりますね。Bが公判でPSと実質的に相反する供述をした場合、PSの方に相対的特信性が認められれば、それも同様ですね。

(3) 片面的構成説

学説の中には、検察官が請求する弾劾証拠は自己矛盾供述に限定されるが、被告人側が請求する弾劾証拠については厳格な自己矛盾供述に限定されない、という「片面的構成説」も有力です。この考え方は、厳格な証明と自由な証明についての議論の中にも似たようなものがあります。しかし、刑訴法は証拠能力について、例えば321条1項3号は「犯罪事実の『存否』の証明」とするなど、検察官請求によるか被告人請求によるかの区別をしていません。また、検察官側と被告人側の立証の負担のバランスは、検察官は合理的な疑いを容れる余地のない立証を要求される挙証責任を負うのに対し、被告人側はそれに対する疑いを生じさせればよいという立証の要求水準の差によって補われるべきものです。平成18年最判も、弁護人が請求した消防司令補の聞き込み状況書を弾劾証拠として認めなかったのであり、片面的構成説の立場は採っていないと考えられます。

(4) 純粋補助事実説

「補助事実」とは、ある証拠の証明力を増したり減殺させたりする事実であり、それを証明す

るための証拠が補助証拠です。自己矛盾の弾劾証拠も公判供述の証明力を減殺させるための証拠ですので広い意味では補助事実についての証拠に含まれます。しかし、補助事実の中には、自己矛盾供述以外に、供述の信用性に影響を与える事実として、供述者の資質（虚言癖などの人物の信用性など）、能力（目撃証人の視力など）、利害関係（関係者から賄賂を貰って虚偽の証言をした可能性など）もあり、これらは「純粋補助事実」とも呼ばれています。学説の中には、弾劾証拠として許容されるのは自己矛盾供述のほか、純粋の補助事実（証人の性格・能力・利害関係・偏見など純粋に証人の信用性のみに関する事実）も含まれ、平成18年最判が自己矛盾供述の存在については厳格な証明を要するとした趣旨は純粋補助事実についてまでは及んでいないとする説も有力です（大コンメ刑訴法［2版］(7)巻756頁以下〔大野市太郎〕、笹倉宏紀「328条の意義」新刑訴争点176頁以下、成瀬剛「刑訴法328条により許容される証拠」ジュリ1380号136頁以下参照）。

しかし、私はこの説には賛同できません。例えば、犯行の目撃者Aの目撃証言に対する弾劾のためとして、「Aは目が悪く、0.1程度しかないし、事件当日現場は真っ暗だった」と記載されたBの上申書を、純粋補助事実に関する証拠だから弾劾証拠であり、伝聞法則は適用されないとしていいでしょうか。あるいは、「Aは、被告人と敵対する組の者から賄賂を貰って被告人を陥れるために虚偽の供述をしている」というBの上申書を弾劾証拠として認めてよいでしょうか。このような事実は、目撃者Aの供述の信用性にかかわる極めて重要な事実であり、このような重要な事実を含むBの供述でAの目撃供述の信用性を弾劾しようとするのなら、Bを公判で証人尋問して、十分な反対尋問にさらされた吟味が必要なことは当然でしょう。そうでなければ、純粋補助事実としての弾劾証拠の名の下に、信用性が十分吟味されない怪しげな書証が公判に氾濫してしまうことにもなりかねません。

なお、厳格な証明と自由な証明について、もともと補助事実については自由な証明で足りるとの説もあります。しかし、「厳格な証明と自由な証明の概念・区別それ自体にさほど重要な意味はない〜自由な証明とは、証拠上の制約は一切受けないというわけではない〜自由な証明の対象についても、ケースに応じて『厳格な証明』によることを妨げない〜公判手続では、証拠調べ、ないし少なくも当事者の面前に証拠を顕出し、争う機会を与えるといった配慮が不可欠（三井（Ⅲ）10頁）」などの見解もあり、また、実務においては、学説上自由な証明で足りるとされている事実であっても、それが実質的な争点となる場合には、厳格な証明によっているのが通常です（なお、山口雅高「証明力を争う証拠」刑訴百選［9版］188頁以下参照）。したがって、「証人は被告人から賄賂を貰った」とか「目撃者の視力は0.1位なので目撃供述は不正確だ」などによる弾劾は、328条として許容されないことはもちろん、このような重要な事実が自由な証明で許されるということにはならないでしょう。

(5) その他の問題
ア 増強証拠と回復証拠

<u>「証明力を争う」ということは、証明力を減殺する場合に限られ、それを増強する場合は含まれないと解されています。</u>他方、回復証拠については、公判廷での供述が自己矛盾供述で弾劾された後、弾劾された側が公判供述と一致する供述を提出するものであるが、一致供述は、相手方の弾劾証拠に対する弾劾であり、結果として公判供述の証明力を回復させるものとして許容されると解されています。

イ　証人尋問終了後に作成された検察官調書

　通常、弾劾証拠として許容されるものは、本人が公判で供述した場合、それ以前に作成された自己矛盾供述が記載された調書等です。しかし、稀にではありますが、公判供述の後に作成された調書を弾劾証拠として用いることの許否が問題となる次のような事例があります。

　古い判例では、△最判昭和43・10・25刑集22巻11号961頁、判時533号14頁、判タ226号250頁（八海事件第三次上告審判決）が、「証人の尋問終了後に作成された同人の検察官調書を、右証人の証明力を争う証拠として採用した原判決の説示は、必ずしも刑訴法328条の趣旨に違反するものではない」としていました。しかし、この判旨は「必ずしも」という表現をしており、公判での証言後に作成された自己矛盾供述が、常に当然に弾劾証拠として許容される訳ではないことを示唆していました。その後、次の判例が、この問題について具体的な判断を示しました。

○東京高判平成6・7・11高刑速報平成6年78頁

《事案の概要と判決要旨》

　コカインの密輸入事案で、証人の公判供述後に、同人が既に懲役6年の刑で服役中に、作成された調書について、検察官は弾劾証拠として請求したが、弁護人は、一日も早い仮釈放を唯一の希望としていたので事実上捜査官の取調べを拒否できない状況の下にあり、弾劾証拠の必要最低限の要件を欠いていると主張した事案。

　判決は

　「確かに、被告人に有利な公判供述をした証人につき、その後に捜査官が法廷外で取調べをし、法廷供述と相反する供述を得るや、直ちにこれを録取した調書を法328条の書面として法廷供述の弾劾に使用することは、裁判に対する公正感を損なうおそれなしとしないから、かかる調書の取扱いには慎重であるべきである。しかし、そうであるからといって、このような調書を公判供述の証明力を争う証拠として採用しても、必ずしも同条に違反するものではないことは、所論も援用する判例（注：上記昭和43年最判）に照らし、明らかである。そして、所論にもかかわらず、右判例が「必ずしも」という限定を付しているのは、公判供述に対する反対尋問権の活用や証人の再喚問等の手段による弾劾の余地があるのに、安易に同条による書面を提出するような相当性を欠く運用を戒める趣旨と解されるところ……、328条調書の内容をみると、同人が公判廷において同趣旨の供述をする可能性はほとんどないものと言わざるを得ないから、同調書の申請、採用は適法かつ相当であったものというべきである」

　この事案では、証人が密売組織からの報復などを恐れていたため再喚問しても真実を証言することが期待できなかった、という事情があったものです。ですから、検察官は安易にこの方法に依存することなく、まずは公判での反対尋問を十分に行い、それでも真実の供述が得られなかった場合、証人が再度喚問すれば真実を証言してくれる可能性がある場合には、証人の再喚問を申請すべきです。しかし、再喚問をしても真実の証言が得られる見込みがない場合には、その事情について裁判所の理解を得るなどの努力をすべきであり、それらがいずれも期待できないような場合に、初めて公判証言後に作成された自己矛盾供述調書が弾劾証拠として許容されることになります。

接見問題

　本件事例の中では、任意同行されて任意で取り調べ中の被疑者と弁護人との接見（面会）に関する○福岡高判平成5・11・16（百選［9版］38事件）を取り上げましたが、この機会に接見問

題に関するその他の重要判例も勉強しましょう。

1 接見問題についての実務の変化について

　39条1項は、身体の拘束を受けている被告人又は被疑者と弁護人又は弁護人となろうとする者との秘密の接見交通権を保障しています。しかし、被告人の場合と被疑者の場合とは大きく異なり、被告人については刑事施設の戒護等の支障や制約のない限り、接見交通権には制限がなく自由な接見が認められます。しかし、被疑者の場合には、39条3項が、検察官、検察事務官又は司法警察職員は捜査のため必要があるときは、公訴の提起前に限り、接見の日時、場所及び時間を指定することができるとされています。

　この捜査段階の接見指定を巡っては、刑事訴訟法の施行後、検察官と弁護人との間で長い間の争いがありました。私がまだ若手検事だったころの実情は、多くの場合、被疑者が勾留されても弁護人の接見は、検察官の接見指定によって最初の10日間に1～2回、1回20～30分程度認めるという程度でした。しかも、当時の運用は、検察官が被疑者の勾留請求をする段階で、被疑者を留置する警察に対し「接見については別に具体的に指定する」という「一般指定書」というものを交付していました。そして、弁護人が接見の申出をしてきた場合に検察官が初めて、例えば30分程度の「具体的指定書」を弁護人に交付し、これを受領した弁護人がそれを警察に持参することによって被疑者と接見できる、という状況でした。つまり、勾留の段階で接見は具体的指定がない限りはさせない、ということをあらかじめ警察に指示していたわけですね。ですから、弁護人からは、この具体的指定書を「面会切符」と揶揄されるような状況でもありました。私の若いころはそれが当たり前という感覚でいたのですが、今日振り返ってみると、弁護権が余りに軽視されていたという正直な実感を持たざるを得ません。

　このような実情に対し、多くの弁護人がその不当を争い、検察官の接見指定が違法あるいは不当であるとして、検察官の接見指定に対する準抗告を申し立て、あるいは接見交通権が侵害されたとして国賠訴訟を提起するということが活発になりました。それらの弁護人の努力によって積み重ねられたのが以下に勉強する重要・指導的な判例です。また、この間、法務検察当局と弁護士会との様々な協議等により、昭和63年には一般指定書という制度が廃止され、あくまで接見を指定しなければ捜査に支障が生じるという具体的な場合にのみ検察官が接見を指定するという39条の本来の趣旨に沿った運用に改められました。今日においては、過去のような10日間の勾留期間中に1～2回のみなどという運用はなくなり、基本的に弁護人が希望しさえすれば、施設の運営戒護に支障がない限り連日の接見も可能となっており、接見時間も過去より大幅に長くなっています。そのため、今日では検察官の接見指定の不当が訴訟で争われることは極めて少なくなっています。しかし、時には、例えば初回接見を求める弁護人と逮捕直後の慌ただしい捜査に追われる捜査官とのせめぎ合いや、起訴後に再逮・捕勾留された被疑者に被告人としての接見を希望してくる弁護人との調整問題など、依然として接見を巡っては困難な判断を迫られる状況も生じます。

　そのため、以下の判例が、接見指定が許されるか否かについてどのような判断をしたかについてしっかりと理解しておく必要があり、その重要性はいささかも変わっていません。なお、各判例には「杉山事件」などの名称がついていますが、これは接見国賠訴訟等を戦った弁護人の先生の名前が付されているのです。

2 重要判例

(1) 具体的判例

ア ○最判昭和53・7・10民集32巻5号820頁（杉山事件）

接見問題のリーディングケースといえる重要判例。接見交通権は刑事手続上最も重要な基本的権利に属し、憲法34条前段の保障に由来すると述べて、接見に関する指定は必要やむをえない例外的措置であることを強調し、弁護人等から接見の申出があったときは、原則として何時でも接見の機会を与えなければならず、指定による制限は、「<u>現に被疑者を取調べ中であるとか、実況見分、検証等に立ち会わせる必要がある等捜査の中断による支障が顕著な場合に限られ、またその場合も弁護人等と協議して速やかな接見のための日時を指定すべきである</u>」とした。

イ ○最判平成3・5・10民集45巻5号919頁（浅井事件）

「『捜査の中断による支障が顕著な場合』には、捜査機関が、弁護人の接見申出を受けた時に、現に被疑者を取調べ中であるとか、実況見分、検証等に立ち会わせているような場合だけでなく、<u>間近いときに右取調べ等をする確実な予定があって、弁護人等の必要とする接見等を認めたのでは、右取調べ等が予定どおり開始できなくなるおそれがある場合も含むと解すべきである</u>」とした。接見指定が可能な場合について杉山判決よりも多少広げた解釈をした。

ウ ○福岡高判平成5・11・16判時1480号82頁、判タ875号117頁（百選［9版］38事件）

任意同行中の弁護人との面会に関する重要判例。贈収賄事件で任意同行された被疑者の取調べ中、妻から連絡を受けた弁護士が午前9時過ぎころ来署し、再三面会を求めたところ、警察は、被疑者の意思確認をすることなく曖昧な対応に終始したため、午後1時1分ころ弁護人が訴訟を提起する旨伝えて退去した事案について、違法であるとし、国賠請求を認容した。

「（弁護人等は、）当然のことながら、その弁護活動の一環として、何時でも自由に被疑者に面会することができる。その理は、被疑者が任意同行に引き続いて捜査機関から取調べを受けている場合においても、基本的に変わるところはないと解するのが相当であるが、弁護人等は、任意取調中の被疑者と直接連絡を取ることができないから、<u>取調べに当たる捜査機関としては、弁護人等から右被疑者に対する面会の申出があった場合には、弁護人等との面会時間の調整が整うなど特段の事情がない限り、取調べを中断して、その旨を被疑者に伝え、被疑者が面会を希望するときは、その実現のための措置を執るべきである</u>。任意捜査の性格上、捜査機関が、社会通念上相当と認められる限度を超えて、被疑者に対する右伝達を遅らせ又は伝達後被疑者の行動の自由に制約を加えたときは、当該捜査機関の行為は、弁護人等の弁護活動を阻害するものとして違法と評され、国家賠償法1条1項の規定による損害賠償の対象となるものと解される」

エ ○最大判平成11・3・24民集53巻3号514頁、判時1680号72頁、判タ1007号106頁（安藤・斉藤事件〈百選33事件〉）（一審福島地裁郡山支部）大法廷への論点回付

接見指定制度を規定した刑訴法39条3項自体が、憲法34条、37条3項、38条1項に違反すると主張されたのに対し、全員一致で、論旨理由なしと判断した。39条3項の合憲性について初めて判断を示した重要判例。

事案は、郡山支部における恐喝未遂事件について、弁護人からの9回にわたる接見の申出に対して、検察官が指定書の交付による指定を行おうとしたことから、弁護人が、接見指定制度自体

の合憲性、一般指定であることの違法性、指定書の交付による指定方法の違法性等を主張して争われたもの。郡山支部での準抗告審では、一般的指定処分がなされており、指定書による指定を違法として取り消し、国賠訴訟の一審判決も検察官らのとった措置の一部の違法を認めて国の一部敗訴判決を出したが、控訴審では国の敗訴部分を取消したため上告された。上告理由中、接見制度の合憲性の憲法問題について大法廷への論点回付がなされ、合憲の判断が出された。

「刑訴法は、身体の拘束を受けている被疑者を取り調べることを認めているが、被疑者の身体の拘束を最大でも23日間に制限しているのであり、被疑者の取調べ等の捜査の必要と接見交通権の行使との関係との調整を図る必要があるところ、刑訴法39条3項本文の予定している接見等の制限は、弁護人等からされた接見等の申出を全面的に拒むことを許すものではなく、単に接見等の日時を弁護人等の申出とは別の日時にするか、接見等の時間を申出より短縮させることができるものにすぎず、同項が接見交通権を制約する程度は低いというべきである」「捜査機関において接見等の指定ができるのは、弁護人等から接見等の申出を受けた時に現に捜査機関において被疑者を取調べ中である場合などのように、接見等を認めると取調べの中断等により捜査に顕著な支障が生ずる場合に限られ、しかも右要件を具備する場合には、捜査機関は、弁護人等と協議してできる限り速やかな接見雄等のための日時等を指定し、被疑者が弁護人等と防御の準備をすることができるような措置をとらなければならないのである。このような点からみれば、刑訴法39条3項本文の規定は、憲法34条前段の弁護人依頼権の保障の趣旨を実質的に損なうものではないというべきである」

とし、また憲法37条3項は公訴提起後の被告人に関する規定であって被疑者には適用さるものでないこと、憲法38条1項の不利益供述の強要の禁止の定めから、接見交通権の保障が当然に導き出されるとはいえない、とした。なお、「捜査に顕著な支障が生ずる場合」については、浅井判決の判旨を踏襲している。

オ ○最判平成12・6・13民集54巻5号1635頁、判時1721号60頁、判タ1040号133頁（内田事件）

初回接見についての重要判例。午後3時53分に逮捕され、救援連絡センターの弁護士が、午後4時25分ころ即時、初回の接見を申し入れたところ、警察官が、現に取調べ中であるなどとしてこれを拒み、午後5時45分ころ、翌日午前10時以降に指定するとしたため、弁護士は午後6時ころ引き上げたが、結局、取調べを担当していた警察官は、午後6時15分ころから午後8時ころまで実況見分に赴いたため、その間の取調べはなされていなかった事案。

「逮捕直後の初回の接見は、身体を拘束された被疑者にとっては、弁護人の選任を目的とし、かつ、今後捜査機関の取調べを受けるに当たっての助言を得るための最初の機会であって、直ちに弁護人を依頼する権利を与えられなければ抑留又は拘禁されないとする憲法上の保障の出発点を成すものであるから、これを速やかに行うことが被疑者の防御のため特に重要である」

「したがって、右のような接見の申出を受けた捜査機関としては、前記の接見指定の要件（※杉山判決）が具備された場合でも、その指定に当たっては、弁護人となろうとする者と協議して、即時又は近接した時点での接見を認めても接見の時間を指定すれば捜査に顕著な支障が生じるのを避けることが可能かどうかを検討し、これが可能なときは、拘置施設の管理運営上支障があるなど特段の事情のない限り、犯罪事実の要旨の告知等被疑者の引致後直ちに行うべきものとされている手続及びそれに引き続く指紋採取、写真撮影等所要の手続を終えた段階で、たとい比較的短時間であっても、時間を指定した上で即時又は近接した時点での接見を認めるようにすべきで

あり、このような場合に、被疑者の取調べを理由として右時点での接見を拒否するような指定をし、被疑者と弁護人となろうとする者との初回の接見の機会を遅らせることは、被疑者が防御の準備をする権利を不当に制限するものといわなければならない」

「A課長は、(弁護士と)協議する姿勢を示すことなく、午後5時以降も接見指定をしないまま(弁護士を)待機させた上、午後5時45分ころに至って一方的に接見の日時を翌日に指定したものであり、……右の措置は、(弁護士が)防御の準備をする権利を不当に制限したものであって、刑訴法39条3項に違反するものというべきである」
と判示した。

カ △最判平成17・4・19民集59巻3号563頁（百選A11事件）
「面会接見」というフレキシブルな面会方法が創案された。面会接見とは、検察庁によっては、庁舎内に秘密接見が可能な接見室がない所があり、本来の接見を行うためには、被疑者を警察に戻さなければならないが、弁護人が、秘密接見でなく立会者がいても構わないから早急に面会したいと求める場合に、戒護等のため検察事務官等を同室させた上で面会してもらうことを指す。近年は検察庁の古い庁舎でも改築して接見室を設けていることが増えたので、実務上は次第に問題とはならなくなると思われる。本最判は、弁護人の意向も確かめ、弁護人がそのような面会接見でも差し支えないとの意向を示したときは、面会接見ができるように特別の配慮をすべき義務があるとした。

キ ○最決昭和55・4・28刑集34巻3号178頁、判時965号26頁、判タ415号114頁（水戸収賄事件）
起訴後の余罪捜査と接見指定についての重要判例。3月15日、収賄事件で勾留のまま起訴され。4月7日、別件収賄事件で追起訴。さらに余罪の収賄被疑事実で逮捕、4月10日勾留。4月16日、弁護人が、接見指定を受けたため、準抗告。
「同一人につき被告事件の勾留とその余罪である被疑事件の逮捕、勾留とが競合している場合、検察官等は、被告事件について防御権の不当な制限にわたらない限り、刑訴法39条3項の指定権を行使することができるものと解するべきであって、これと同旨の原判断は相当である」

ク △最決平成13・2・7判時1737号148頁、判タ1053号10頁（筋弛緩剤殺人事件）
1月26日、殺人未遂で勾留のまま起訴。別件殺人事件で再逮捕、1月29日勾留。弁護人が、30日、接見を申し出たが、検察官は、31日午前9時からの30分間を指定したため弁護人準抗告。
「同一人につき被告事件の勾留と余罪である被疑事件の勾留が競合している場合、検察官は、被告事件について防御権の不当な制限にわたらない限り、被告事件についてだけ弁護人に選任された者に対しても、同法39条3項の接見等の指定権を行使することができる」

(2) 判例の流れの概観
これらの判例を概観すると、まず、接見指定の要件について、昭和53年の杉山判決が、「指定による制限は、現に被疑者を取調べ中であるとか、実況見分、検証等に立ち会わせる必要がある等捜査の中断による支障が顕著な場合に限られる」としましたが、平成3年の浅井判決は、これに「間近いときに右取調べ等をする確実な予定があって、弁護人等の必要とする接見等を認めたのでは、右取調べ等が予定どおり開始できなくなるおそれがある場合も含む」とし、検察官が接

見を指定できる場合をやや付加しました。この間、昭和63年より、いわゆる一般指定書が廃止され、「通知書」となっています。接見の要件については、平成3年の若松判決や、平成11年の安藤・斉藤判決もこれを踏襲しています。接見指定制度そのものの合憲性については、平成11年の安藤・斉藤判決が合憲性を明示しました。平成12年の内田事件の判決は、たとえ杉山・浅井事件判決が示す接見指定の要件が充たされている場合であっても、初回接見については特に厚い配慮がなされなければならないという初回接見の重要性を明らかにしました。平成5年の福岡高判は、任意取調中の面会の保障の重要性を示しました。

その他、昭和55年には、起訴後の余罪取調べ中の接見についての重要判例が出され、平成17年には、検察庁内における「面会接見」という新たな運用方法が生まれました。平成19年6月以降、限定された範囲であるが、「電話接見」が試行開始されています。平成20年（2008年）5月には、最高検、警察庁が通達を発出し、取調べ中の被疑者について弁護人等から接見の申出があった場合、「できる限り早期に接見の機会を与えるようにし、遅くとも、直近の食事又は休憩の際に接見の機会を与えるとう配慮する」こととされました。このように、今日における弁護人の接見は、弁護人の努力とそれを受けた当局の改善策の推進によって私の若い頃に比べて隔世の感があるというほどに改善されたものになっています。

どのような場合にどのような接見を認めるべきかどうか、という接見指定の要件など古くからの問題については今日ではかなり収斂し、先鋭な対立点は少なくなっています。しかし、接見指定の要件等が確立されるに至った上記の各判例については、しっかりとその基本を理解しておくことが大切です。

近年においては、例えば、捜査機関が取調べにおいて被疑者と弁護人との接見内容を聞き出すことの問題性、弁護人が接見の際に接見室内にカメラやスマートフォンなど電子機器類を持ち込んで使用することが許されるかなど、新たな問題点が生まれています[14]。これらは皆さんが検察官や弁護士になったときに直面し得る実務的に重要な問題ですので、理解しておいてください。

---

(14) 三好幹夫ほか「〈特集〉接見交通に伴う諸問題」刑ジャ46号35頁以下、加藤克佳「刑事訴訟法演習」法教432号（2016年）158頁以下参照

事例講義3　3名共謀による強姦事件

> 事　例

第1　事件の発生と捜査進行・事件処理

1　事件の発生

(1)　Xは、被害者V女と、デパートの配送のアルバイト同士として知り合い、時々、バイト仲間のグループで飲みに行くような間柄になっていた。Xは、V女と肉体関係を持ちたいと思うようになり、V女をデートに誘ったが、V女はXに特別の感情は抱いていなかったためその誘いはやんわりと断っていた。V女は、かねてから、サーフィンをやってみたいと思っており、そのことをグループの飲み会で口にしたこともあった。

Xには、中学時代からの遊び仲間で女癖の悪いYという友人がおり、Yはサーフィンの大会で優勝したこともある名手だった。そこで、Xは、V女に、Yを紹介してサーフィンの手ほどきをしてもらうよう頼んでやると言ってV女の気を引こうと思いついた。そして、Yにそのことを打ち明けて相談したところ、Yは乗り気になり「Vというのはいい女らしいな。呼び出して遊んでから、成り行き次第でそのまま2人でやっちゃおうか」などと言いだした。Xはちょっとためらったが、乗りかかった船だと思い、V女を誘い出すこととした。そして、平成25年7月10日夜、V女のパソコンに「大会で優勝したサーフィンの名人Yが友達だから紹介してやるよ。サーフィンを教えてくれるって言ってるよ。ホテルで会おう。Yの彼女も来るし、4人だから大丈夫だよ。バイトの後で一緒に行こう」とメールを送った。

すると、V女も、Yの名前を雑誌で知っていたため、紹介してもらえるものと喜び、Xに対し「それじゃ、明日楽しみにしてるね。早くYさんに会いたいなあ」と返事のメールを送った。

(2)　7月11日、午後6時ころ、バイトが終わったXとV女は、Yが車で迎えに来たので、3人一緒にラブホテル「パシフィック」に向かった。部屋に入ると、女性はおらずZという男が待っていた。Zは、Xの友人で、Xが声をかけて誘ったものであった。V女は、「Yさんの彼女も来るはずじゃなかったの」と聞いたが、XYらは、「急に予定ができて来れなくなったんだ」とごまかした。

XYらは、最初はサーフィンの話をしてV女の気を誘い、ビールなどをどんどん飲ませ、カラオケなどもしながら2時間位遊んでいたが、V女に酔いが回って来たころ、XがV女を介抱するふりをしながら抱きついて胸などを触り始めた。V女は驚き、身をよじって避けようとしたが、Yも「いいだろう、楽しもうよ」と言いながら、V女の手を強くつかんでベッドに引き倒した。V女は悲鳴を上げながら抵抗したが、勢いづいたXYは、更にV女の手足をつかんで押さえ込み、二人掛かりでV女の衣服をはぎ取って裸にした。そして、Yはタオルでv女の目隠しをした。最初は、Yが手伝って体を押さえながら、XがV女を姦淫した。次いで、今度は、Xが体を押さえ、Yが姦淫した。Zは最初動揺していたが、XYから、「お前もやれよ」と言われ、最後にV女を姦淫してしまった。

この間、Yは、持参していた小型ビデオカメラで、これらの姦淫の模様を密かに撮影していた。

Yにそのような性的趣味があった。
　姦淫が終わった後、V女は「私には彼氏がいるのになんてことしてくれたの」と泣き崩れていたが、XYらは、「泣いてもしかたがない。黙っといてやるから」と言い、Yは「お前が裸になったり、俺たちとやっているところをビデオに撮ったぞ。もし彼氏や警察に言ったら、このビデオの画像をネットでばらまくぞ」と言って脅迫した。XY両名は、ホテルから出た後、「今日のことは絶対なかったことにしよう。ホテルでV女と会ったことも絶対誰にも言うまい。どうせV女は、彼氏がいるし、さんざん脅しておいたから、今日のことは誰にも言わないはずだ」などと口裏を合わせた。

2　告訴による捜査の開始と遂行・事件処理
(1)　V女は、Yの車で夜11時ころ自宅アパート付近まで送られ、帰宅した。V女は衝撃を受け、彼氏であるAに対し、携帯で「もう貴方には会えない。訳は言えない。絶対に連絡しないで」とメールをした。
　Aは驚き、翌日すぐにV女に会いにいったがV女は会おうとしなかった。しかし、約1週間後、V女は、少し気持ちが落ち着くとともにXYらは絶対に許せないと思うようになり、Aと会ってXYらから強姦されたことを泣きながら打ち明けた。
　Aは驚き、怒りに燃えて「絶対に許せない。仕返しをしてやりたいくらいだ。とにかく警察に届けよう」と言い、V女を強く促して、7月19日、甲警察署に出頭し、警察官に対し被害を申告し、告訴調書を作成してもらった。告訴調書には、被害を受けた状況とそれについて告訴するという意思が記載されていた。
　また、Aは、事件の日の夜にV女から送られたメールが記録された携帯電話を任意提出した上、「このように、V女は強姦されてショックを受けたために、僕にこのようなメールを送ってきました」などと供述してその調書が作成された（AのKS）。警察は、当該メール内容画面を写真化した写真撮影報告書を作成した。
(2)　警察官は、V女の被害状況について詳細に聴取し、ホテルパシフィックから裏付けを取るため、その夜利用した客の車のナンバーを捜査したところ、7月11日の午後6時40分にチェックインし、午後10時50分にチェックアウトした客の車のナンバーがY所有の車と一致することが確認できたのでその捜査報告書を作成した。また、使用された客室について、V女の立合いの下に実況見分を行い実況見分調書を作成した。
　また、Xについては、少年時代の窃盗の前歴1件があるだけであったが、Yは30歳で、少年時代に強姦事件で中等少年院送致の前歴があり、21歳になったころ、ホテルに連れ込んだ女性を強姦した罪で逮捕され、親が慰謝料を払って告訴が取り下げられた前歴1件と、24歳になったころ、同様の罪で逮捕・起訴され、執行猶予判決を受けていたことが判明した。これらの事件は、いずれも女性をホテルに連れ込んでから酒を飲ませ、タオルで目隠しをしてから強姦し、その状況をビデオカメラで撮影する、というものであった。
(3)　警察は、V女の話から、強姦の現場がビデオ録画されている可能性が強いと判断し、後日押収を予定しているDVD録画の中にXYらの音声が録音されていれば有力な証拠になると考え、両名の音声を秘密録音するためにXYらを尾行した。7月23日午後、私服の警察官はYの自宅近辺の路上でYが歩いてくるのを発見したので、通行人を装い、衣服の中に小型のICレコーダーを忍ばせ、Yを背後から呼び止めて「貴方、さっき歩きながら小銭入れを落としませんでしたか、

後を歩いていたら、この小銭入れが落ちていましたよ」などと巧みに声をかけ、Yが「あれ、小銭入れなんて落としたかなあ、どんなやつですか」などと応答する音声を密かに録音することに成功した。

(4) これらの捜査を踏まえ、警察官は、XY両名に対し、V女に対する集団強姦の罪（刑法178条の2）で逮捕状を請求するとともに、XY両名の自宅に対する捜索差押許可状を請求し、いずれも発付された。Zについては、警察はその特定ができていなかったので、XYらを追及して特定ができれば後日逮捕することとした。

7月25日、XY両名の自宅に対して捜索を実施するともに、XY両名を逮捕した。

捜索においては、Yについては、令状に、差し押さえるべき物として

「手帳、日記、携帯電話、ビデオカメラ、本件犯行状況を撮影したビデオ録画を記録したDVD等の記録媒体、その他本件に関係すると思料される文書又は物」

と記載されていた。

Yの自宅では、ビデオカメラ1台と携帯電話が発見されたのでこれらを差し押さえた。また、DVD40枚が発見された。これらのうち30枚は、市販のポルノDVDであり、その何枚かを警察官が、Yの機器を使用してその場で確認したところ、強姦・レイプ物であり、他の二十数枚もそのタイトルから同種ないし類似の内容の物と判断されたので、これらを差し押さえた。残りの10枚は、素人による録画のDVDであり、警察官が、その内の数枚をその場で短時間、機器を用いて確認したところ、女性を目隠しして強姦しているようなシーンが確認できた。しかし、いずれの画像も日付が不明で、薄暗い部屋での撮影であり、女性は目隠しをされているので、どれが本件の撮影であるのかはその場での特定は困難であった上、これらのDVD全部の内容を詳細にその場で確認するには時間が不足していたため、警察官は、これら10枚を全て差し押さえた。

また、X方においては、携帯電話を差し押さえたが、警察官は、メールのやりとりは携帯で行っているものと考えていたため、Xのパソコンは差し押さえるべき物に含まれておらず、差押えを行わなかった。

(5) 逮捕されたXY両名は、口裏を合わせていたとおり、V女とホテルに行ったことも含めて全面否認した。Xには、乙弁護人が、Yには丙弁護人が選任された。

(6) 警察官は、直ちに、Yから差し押さえたビデオカメラとDVDについて解析を開始したところ、10枚のDVDの中には、Yが女性とホテルでセックスをしているシーンが多数録画されていた。その中の5件は、Yが女性に目隠しをし、嫌がる女性を姦淫しているものであった。しかし、いずれの画像も日付が不明である上、部屋が暗いのと、女性が目隠しをしているため、いずれがV女に対する事件のものであるか判然としなかった。しかし、そのうちの1件については、男が3人いるのが確認され、これが本件の画像であると強く疑われた。そこで、警察官は、V女の声と、DVDに録画されている女性の声との声紋鑑定を行うこととし、V女の承諾を得てその声を録音した。Yについては路上で秘密録音した音声があったので、Xについては、承諾を得てその声を録音し、科学捜査研究所に対してこれらの声紋鑑定を嘱託した。同研究所の丁技官は、鑑定の結果、この男らのうち2名の声は、それぞれXYと同一人の声であると判断され、女性の声はV女のものである可能性が高いと判断し、それらを記載した声紋鑑定書を作成した。

(7) 警察官は、XYをそれぞれ厳しく追及したが、両名はなかなか自白しなかった。勾留5日目の7月31日に至り、Yは、7月11日のホテルパシフィックにチェックインした時の車のナンバーがYの車のものであったことをつきつけられ、「V女とXと、その友達の男と4人でそのホテルに

行ったことは間違いない。でも、強姦はしていない。Ｖ女も遊び人で、４人でセックスを楽しんだだけだ。Ｖ女が、別れ際に、『自分は彼氏がいるので今日のことは絶対内緒にして。でも、私は、最近彼には愛想が尽き始めたので、今夜が最後と思って彼とは手を切るわ』と言ったので、約束を守ってこれまで話さなかっただけだ」との新たな弁解を始めた。また、Ｙは、ＤＶＤの前記録画を示されると、「これは、名前は言えないが、別の女だ。Ｘらと４人で、相手と合意の上で、ＳＭごっこをやった時のものだ」としらを切った。

(8)　警察官はＸを鋭意取り調べたが、Ｘは勾留６日目から、ＹとＶ女らとホテルパシフィックに行ったことは認めたものの、強姦ではなく、あくまで和姦であったと弁解を続けていた。しかし、警察官の粘り強い説得に対し、Ｘは次第に態度を和らげ、少しずつ真相を語るようになった。勾留10日目の８月５日、Ｘは「嘘をついていてすみませんでした。やはり、余りにＶ女にひどいことをした、と思い続けていました。Ｙと、絶対に白状しないと約束していたので、これまで強姦を否認していましたが、本当は、Ｖ女に酒を飲ませ、目隠しをして３人掛かりで犯したのです。もう一人は僕の友達のＺでした。でも、Ｚとはごく最近、盛り場で知り合って意気投合したのですが「山田」という姓しか知りません。以前万引き事件で逮捕されたことがあると言っていました。金持ちの息子で、○○町のローソンの裏にある大きな屋敷に一人で住んでいます。両親が長期間海外に行っているそうです」などと自供するに至った。また、前記のＤＶＤ画像を示されると、それが本件の事件の際にＹが撮影したものであることも認め、これらの自供調書が作成された。検察官もその後、同様の内容の自供調書を作成した（<u>Ｘの自白ＫＳ・ＰＳ</u>）。なお、ＸＹの取調べに当たっては、担当警察官は、勾留が付いた初日の取調べの際に、黙秘権を告知したが、その後は、毎回の調べで黙秘権を告知することはしていなかった。

(9)　一方、Ｙは、Ｘが自白した後もしばらく否認を続けていたが、勾留12日目の８月７日に至り、警察官の説得に対し、自供を始めた。そして「もう観念しました。Ｘも認めているらしいし、じたばたしません」などと言って、Ｖ女を強姦したことについて素直に供述を始めたので、警察官は午後３時ころから調書の作成を開始した。すると、午後５時ころ、丙弁護人が接見を求めてきたので、警察官が、夕食のための休憩時間直後に20分間接見させた。すると、接見が終わって取調べを再開したところ、Ｙは再び否認に転じ、弁護士の先生から、「君には同種の前科前歴もあるので、絶対実刑だ。それが嫌ならがんばるしかない、と言われました。どうせ、実刑になるんだったら、このまま否認を通します」と言い、後は黙秘してしまった。そのため、<u>作成途中の自白調書</u>について、Ｙは、署名押印を拒否し、調書は未完成に終わってしまった。

(10)　Ｚについては、警察が内偵したところ、Ｘが言うとおり、○○町のローソンの裏に「山田」と表札のある屋敷があり、若い男が一人暮らしをしていることが判明した。警察が数日間張り込みをしたところ、８月10日の朝、その若い男がゴミの沢山入ったビニール袋を持って出て来て、自宅から30メートルほど離れたところの公道上にあるゴミ集積所にそのビニール袋を置いていった。そこで、警察官はこのゴミ袋を拾い上げて警察に持ち帰った。中を確かめると、菓子箱やチリ紙等に交じって、ほとんど使用済みのメモ帳一冊があった。そこで、警察は、科学捜査研究所にこのメモ帳に付着した指紋の照合を嘱託したところ、約２年前に万引き事件で検挙歴がある「山田洋平」の指紋と一致することが判明した（<u>Ｚの指紋照会結果回答書</u>）。こうして、Ｚの身元が特定できたため、逮捕状を請求し、８月15日、逮捕したが、Ｚは当初から素直に「悪いことをしました。ＸＹらがひどいことをするな、と思いましたが、僕も誘惑に負けて、Ｖ女を姦淫してしまいました」などと事実を認めてＫＳが作成された。検察官は、Ｚの自供が重要と考えて、詳細なＰＳを作成した（<u>Ｚ</u>

の自白KS・PS）。

(11) 結局、XとZは自白した状態で、Yは否認のまま、3名は公判請求された。

公訴事実

被告人X、同Y、同Zの3名は、共謀の上、V女（当28年）を強姦しようと企て、平成25年7月11日午後8時ころ、○○市○○町○丁目○番地所在ラブホテル「パシフィック」○号室において、こもごも、同女の手を強くつかんでベッドに引き倒し、手足を押さえ込み、V女の衣服をはぎ取って裸にし、タオルで目隠しをするなどの暴行を用いてその反抗を抑圧した上、順次同女を姦淫し、もって二人以上の者が現場において共同して強姦したものである。

第2　公　判

1　第一回公判における被告人らの認否等

（X・Y及び乙・丙弁護人）

事実は争う。8月20日、4人でホテルパシフィックで遊んだことは間違いないが、V女は、酔余、合意の上で、自分達とセックスをしたものだ。

（Z及び丁弁護人）

事実は間違いない。V女に慰謝料を払うべく準備中である。

認否が分かれたため、今後の公判は、XYの両名とZとを分離する決定がなされた。

2　Zの公判状況

検察官提出のV女の供述調書等の証拠はすべて同意され、次回には、示談による慰謝料の支払等の情状立証を行った上で結審することとされた。被告人質問において、検察官は、XYの公判立証の支えとするため、Zから、犯行状況全体について詳細な尋問を行い、公判調書が作成された。

Zは、万引きの検挙歴はあったが起訴猶予となっており、他に前科はなかったので、弁護人は、V女に慰謝料を払って寛大処分にして欲しいとの宥恕の意思を示してもらえば、強姦を主導したのはXYらであり、Zは従犯格であったので執行猶予が得られる可能性があると判断した。そこで、Zは弁護人を通じ、V女に200万円の慰謝料を支払い、V女から「Zさんは十分反省しているので、気持ちも和らぎました。Zさんについては、できる限り寛大な刑にしてあげてください」という上申書と200万円の領収書を作成してもらった。弁護人は、それを第2回公判で情状証拠として証拠請求した。ところが、弁護人は、検察官に対しこの上申書と領収書を事前に開示せず、いきなり公判廷で請求してきたので、検察官は「これらの書面の成立や内容の真偽が確認できていないので同意できない」とした。しかし、弁護人は「これらの書面は被告人の一般情状についてのものであり、自由な証明で足りるのだから、検察官が不同意であっても採用されるべきだ。迅速な裁判のためにも今日採用して取調べた上、速やかに結審して欲しい」と申し立てた。

3　XYの公判状況

(1)　XY両名は強姦を否認していたので、V女のPSは不同意となり、V女の証人尋問が行われ

ることになった。V女は、公開の法廷で被害を証言することは辛いので検察官にできる限りの配慮を求め、その結果、ほぼPSどおりの被害状況を証言することができた。

(2) Zは、自己の公判では、XYらとの共謀や共同実行も含めて詳細に犯行を認める供述をして公判調書が作成されたが、XYの公判に、検察官側の証人として出廷し、尋問を受けた際、XYらに気兼ねして、供述を大幅に後退させた。

(3) 検察官は、押収したDVDやYの前科の判決謄本について、それぞれ以下の立証趣旨で証拠請求した。

　　ア　声紋鑑定により本件犯行が録画されていることが確認されたDVD 1枚
「XYらによる本件犯行状況」
　　イ　市販の強姦・レイプもののDVD30枚
「被告人Yには強姦嗜好の傾向があること」
　　ウ　Yが女性に目隠しし、いやがる女性を姦淫しているのが録画されたDVD 4枚
「Yは本件と同種の手口の犯行を重ねており、本件性行為も強姦としてなされたと推認されること」
　　エ　Yの24歳当時の強姦事件の執行猶予判決謄本
「Yは本件と同種の手口の犯行の前科があり、本件性行為も強姦としてなされたと推認されること」

(4) 検察官は前記アのDVDの証拠請求とともに、このDVDに録画されている男達の声とXYの声とが一致するとの声紋鑑定書を証拠請求した。

(5) XY及び弁護人は、前記アのDVDについては、声紋鑑定の証明力は薄く、本件の性行為が録画されたものではない、と主張して関連性を争った。イ、ウ、エの各DVDについては、いわゆる悪性立証であり、これらを本件の強姦の立証に用いることは許されないと主張し、取調べに異議を述べた。

(6) XYらは、本件は強姦ではなく合意の上の和姦であったと主張していたので、7月10日夜にV女がXに送ったメールが問題となった。前記のように、V女は事件前夜の7月10日夜、Xに対し「それじゃ、明日楽しみにしてるね。早くYさんに会いたいなあ」とメールを送っていたが、これが記録されたXのパソコンは、警察が押収しておらず、Xの手元に残っていた。XY両名は、V女やZの証人尋問等が終了した頃保釈された。保釈後、両名は密かに会い、Xのパソコンに残っていたV女のメールを悪用することを思い立ち、パソコンの技術に詳しい友人に頼んで、このV女のメールの日付を、7月10日から7月20日に改ざんさせた。そして両名はこの改ざんされたメールを弁護人に見せ、「このようにV女は事件の後にもYに会いたいと連絡までしてきたんですよ」と説明した。弁護人はこれを信じ、このメールがXYらの和姦の弁解を支える証拠になると判断した。

被告人質問が開始され、被告人Xは「その後思い出したことがある。ホテルパシフィックでV女らと会った日から10日位たってから、V女から、また自分達と会いたいと誘われたことがある。それでまた会う約束をしたが、その時にV女から貰ったメールがパソコンに残っていた。V女が自分達に強姦されたというのなら、こんなメールをよこすはずはない」
と虚偽の供述をした。そして、弁護人は、新たな証拠として、立証趣旨を
「本件の後もV女が被告人らに会いたがっていた事実」
としてこの改ざんされたメールの反訳書を証拠請求し、採用された。検察官は、被告人尋問を続

行することを求めてこの日は結審に至らなかった。検察官がＶ女にこのことを質し、Ｖ女のメールの発信履歴を確認したところ、やはりこのメールは７月20日でなく10日のことであったことが確認できた。次回期日において検察官はこれらの裏付けを踏まえて、Ｙらを反対尋問したところ、Ｙらはしどろもどろとなり、裁判所は、メールの日付が改ざんされたものだとの心証を得た。

(7) Ｘについては捜査段階で自白調書が作成されていたので、検察官はこれを証拠請求した。しかし、Ｘ及び弁護人は、「強姦したというのは嘘であり、刑事から厳しく責められたので、認めた調書を取られてしまった。刑事は、毎回の取調べで黙秘権を告知するべきなのに、最初の一回しか告知しておらず、自白した際の取調べでも告知されていなかった。この自白調書には任意性も信用性もない」と主張して不同意とした。

(8) 検察官は、Ｙがいったん自白をしたが、弁護人の接見後、署名押印を拒否した調書を請求した。被告人弁護人は、「署名押印のない供述録取書にはそもそも証拠能力はない」として採用を争い、裁判所は証拠請求を却下した。

証拠構造

　本事例は、他の事例と異なり、被告人らがＶ女とホテルで会って性交渉に及んだことは被告人らも認めた上で、Ｘ及びＹは強姦ではなく和姦であったとの弁解をし、Ｚは強姦についても認めています。ですから、他の事例とは異なり、犯人性が問題とならないので、状況証拠による犯人性の立証は必要ではなく、ＸＹについて、強姦であったか和姦であったかだけが争点です。また、被害と犯行状況についてはＶ女の供述という直接証拠があります。Ｚについては、基本的にＶ女のＰＳとＺの自白調書のみで立証できますが、供述の補強のためにホテル入室の捜査報告書や実況見分調書を加えればよいでしょう。Ｘ及びＹについても、Ｖ女の被害供述の直接証拠はありますが、和姦の弁解をしているので、検察官は強姦行為や犯意の立証のために、共犯者Ｚの供述録取書、犯行状況を録画したＤＶＤ、Ｙに強姦嗜好があったことを示す他の同種事件の録画や、市販の強姦もののＤＶＤ、Ｙの同種前科調書等を証拠請求することになります。証拠構造としては比較的シンプルですが、いわゆる悪性立証の問題など証拠法上の問題点が本事例の中心となります。

　多様な間接事実の積み重ねによる証拠構造に基づいた立証は、犯人性が否認された場合に特にその本領を発揮するものなのです。

捜査法上の問題点

1　警察官が路上でＹの音声を秘密録音したことは適法か。

　警察官は、犯人らが撮影したＤＶＤを今後押収できる可能性があったので、その録画音声とＸＹらの声の声紋が一致するかどうか鑑定するための対象音声を入手しようと考え、無令状で、通行人を装ってＹの声の録音に成功しました。まず、皆さんに、このような秘密録音が適法かどうかを尋ねてみましょう。

[海野君]

　それは適法です。判例もあります。確か、千葉地裁だったと思いますが、過激派が被害者にかけた脅迫電話の録音音声と被疑者の音声の一致を確認するため、そのアジトを捜索した際、警察官が被疑者と思われる者の音声を秘密録音したことが適法とされました。一方当事者である警察官が秘密で録音したのですが、会話する以上その内容が相手方から他の者に伝わることは甘受す

べきなので重要利益を侵害したとは言えず、強制処分には該当しませんし、任意捜査として許容されます。

[太田]
　そう単純に言い切れるでしょうか。それでは海野君は、秘密録音は、一方当事者の同意さえあれば強制処分となることは絶対になく、任意捜査として常に許容されると考えるのですか。ちょっと違う例を考えてみましょう。ある被疑者の男の音声を録音する必要があったので、警察官が、以前事件捜査で面倒を見て恩義を感じていた女性に協力を依頼し、女性の身体に秘密マイクを仕掛けておき、男とホテルや自宅マンションで密会などするとき、密会している間の男との会話を1週間にわたり、すべて秘密録音していたとします。この事例だって、一方当事者である女性の同意・協力を得て行ってますよね。これでも任意捜査として許容できますか。

[山田君]
　常識的にそれは余りに行き過ぎで許されないと思いますが。その理屈はなんなのかな。

[太田]
　仮に、両方の当事者の同意がないのにその会話を秘密録音したとすると、これは強制処分になってしまいますね。誰も聞いていない二人だけの会話というプライバシーの重要な利益を侵害するのですから、重要利益侵害説を始め、いかなる説に立ってもこれは強制処分であり、許されません。このような会話傍受を行おうとすれば、それは強制処分法定主義によって、そのような捜査手法を許容する法律が必要となります。
　その点、一方当事者の同意がある場合には、海野君の言うように、その会話が相手の口から他に伝えられてしまうおそれは甘受すべきなので、その秘密録音も会話の相手方の重要な利益までを侵害したものとはいえず、通常は任意処分となるでしょう。でも、常にそうだと言い切れるかどうか。私が今示した事例ではどうですか。

[川井さん]
　確かに、一方当事者である女性は捜査に協力して自分の声も録音されることを同意しています。でも、このような1週間続けて、密会中の会話等をすべて録音する場合、相手の男はまさかこのような会話等が相手の女性から他に漏れるなどまったく思っていないでしょう。「相手方から漏れることは甘受すべきである」ということはこんな極端な場合には当てはまらず、相手方の重要利益を侵害しており、強制処分に当たるのではないですか。

[太田]
　私もそう思います。あらゆる場合に一方当事者の同意があれば強制処分には絶対に当たらないということはいえず、それは個々具体的な事案に応じて、会話の内容、録音した場所、方法、期間等を総合して、重要利益を侵害したといえるかどうかを判断すべきでしょうね。このような秘密録音はアメリカなどでは捜査に活用されていますが、日本の警察はこんな極端な秘密録音の捜査はしませんので、私たちが検討する具体的事案には上がってこないだけの話です。理論的には「一方当事者の同意さえあれば強制処分には絶対に当たらない」というものではないことだけ、確認しておきましょう。
　それでは、このような極端な秘密録音でない、一方当事者の同意のある会話の秘密録音について考えましょう。一方当事者の同意がありさえすれば、常に任意処分として許容されるのでしょうか。

山田君

　一方当事者の同意がある秘密録音が任意処分として許容されるかどうかは、昭和51・3・16最決が示した「何らかの法益を侵害し、又は侵害するおそれがあるのであるから、状況のいかんを問わず常に許容されるものと解するのは相当でなく、必要性、緊急性などを考慮し、具体的状況の下で相当と認められる限度内であるか」ということを判断基準として考えればいいんですね。

太田

　そのとおりですね。そのような視点から、○**千葉地判平成３・３・29判時1384号141頁（百選９事件）**の事案と判旨をよく読んでみて、それと本事例の秘密録音とを比べてみましょう。

　この事案は、中核派構成員の被告人が、県収用委員会委員である被害者に電話をかけ、脅迫して辞任を迫った強要の事件で、その脅迫電話の録音と、警察官が捜索差押の際に小型マイクを装着して立会人である被告人の声を同意を得ずに密かに録音したものとについての、音声が同一であるとの声紋鑑定書の証拠能力が争われたものです。判決は「捜査機関が対話の相手方の知らないうちにその会話を録音することは、原則として違法であり、ただ、録音の経緯、内容、目的、必要性、侵害される個人の法益と保護されるべき公共の利益との権衡などを考慮し、具体的状況のもとで相当と認められる限度においてのみ、許容されるべきものと解すべきである」とした上

① 令状により適法に差押する際に、本件犯人が中核派の構成員で容疑が濃厚であり、在所していたことからその音声を録音する必要があったこと
② 被告人は相手が警察官であること等を了知した上で会話に応じていること
③ 会話は捜索の立会に関連することのみでプライバシー等に係るような内容ではないこと
④ 警察官らは、被告人に発言されるために強制・偽計等は何らしていないこと

などから、「被告人の法益を侵害する程度が低いのに比し、電話による脅迫という事案の特質から秘密録音によらなければ有力証拠の収集が困難であるという公益上の必要性が高度であることなどにかんがみると、例外的に本件秘密録音を相当と認めて許容すべきである」と判示しました。

　この判示をよく読めば、これは昭和51年最決が示した任意処分の許容性の判断基準を秘密録音に具体的に当てはめて論じていることが分かりますね。本件録音を適法とした理由として挙げる①は、必要性、緊急性に関する事情であり、②③④は、主に相当性に関する事情です。私が講義で繰り返し言っている「具体的事案については抽象的な規範を単純に当てはめるのではなく、個々の事案が含む意味のある事実を丁寧に拾い、判断していくべきだ」ということの典型例がこの判旨です。ただ、この判旨が、捜査機関が行う秘密録音は「原則として違法」とまで述べていることは疑問です。任意処分であるのなら、その事案ごとに具体的に判断すればよいのであり「原則として」というのは言い過ぎだと思います。そうすると、本事例の秘密録音についてはどうでしょうか。

山田君

　本件では、連続強姦事件という重大悪質事件の犯人の特定のために声紋鑑定の資料が必要だったのですから、必要性、緊急性はかなり高いといえます。でも千葉の事案は、電話による脅迫という声紋鑑定がほとんど唯一の証拠となる事案ですが、本件では直接相対した被害者がいる事案であり、ホテルへの車の入車の裏付けその他、XYZの犯行を認定する証拠を集める捜査はかなり可能だったので、千葉の事案よりは声紋鑑定の必要性は低いと思います。

川井さん

　それに本事例では、秘密録音をするについて偽計を用いています。千葉の事案では、偽計など

はまったく用いず、相手が警察官だと分かった上で話した会話を録音したんだから本件の秘密録音のやり方は相当性の見地からかなり問題があると思うわ。

[海野君]

しかし、本件の最大の争点は、ホテルの密室内での姦淫行為が強姦であったか、和姦であったか、ということです。被害者は一人なのに、XYは二人で口裏を合わせて強姦を否認しています。ですから、押収が予想される録画ビデオの音声が被告人らのものであり、それが強姦であることを示していれば決定的な証拠となります。確かに録音の際、偽計は用いていますが、録音された音声は公道上での短い会話であり、Yのプライバシーに関する内容は含まれておらず、非侵害利益は少ないといえます。私としては任意処分として許容されると思います。

[太田]

私も本事例での秘密録音の方法は、警察官がだましの手口でYの音声を録音したものであり、千葉の事案よりは問題があると思います。しかし、海野君の言うように録音内容はプライバシーと関係ない公道上の会話に過ぎませんし、事件の重大性や証拠の重要性等を踏まえた必要性・緊急性は高く、任意処分として許容できる範囲内と考えていいでしょう。仮に、違法だ、と評価するとしても違法は軽微であり、録音音声を違法収集証拠として排除すべきだとまではいえないでしょうね。皆さんがしっかり理解してほしいのは、「一方当事者の同意があれば秘密録音は任意処分として許される」というようなパターン化された規範の当てはめではだめだ、ということです。講義の冒頭でおとり捜査の問題をお話ししましたが、おとり捜査について「犯意誘発型のおとり捜査は違法だが、機会提供型なら許される」というパターン化された規範で事案に当てはめるだけでは足りないことにも通じます。このような視点で千葉地判の判例を読み直すと理解が深まるでしょう。△**東京地判平成2・7・26判時1358号151頁**は、千葉の事案と類似していますが、「対話者の一方が相手方の同意を得ないでした会話の録音は、それにより録音に同意しなかった対話者の人格権がある程度侵害されるおそれを生じさせることは否定できないが、いわゆる盗聴の場合とは異なり、対話者は相手方に対する関係では自己の会話を聞かれることを認めており、会話の秘密性を放棄しその会話内容を相手方の支配に委ねたものと見得るのであるから、右会話録音の適法性については、録音の目的、対象、手段方法、対象となる会話の内容、会話時の状況等の諸事情を総合し、その手続に著しく不当な点があるか否かを考慮してこれを決めるのが相当」としています。任意処分としての適法性を判断するに当たり、最初から「原則として違法」とする必然性はありませんから、私はこの判決の方が一方当事者による録音は「原則として違法」とした千葉地判よりも適切だろうと思います。

[川井さん]

私人が相手との会話を秘密録音し、捜査官に提供した場合には、捜査官による秘密録音とで違いはあるのでしょうか。

[山田君]

私人による録音については、有名なものとして△**最決昭和56・11・20刑集35巻8号797頁、判時1024号128頁、判タ459号53頁（いわゆる検事総長にせ電話事件）** がありましたね。

[太田]

この事件は、ロッキード事件捜査の渦中で、捜査のかく乱を図った現職のKという判事補が、こともあろうに検事総長に成りすまして当時の総理大臣にニセ電話をかけ、総理から指揮権発動的な言辞を引き出そうとしてその会話を録音し、それを新聞記者に聞かせたところ、新聞記者の

方でも判事補とのやりとりを秘密録音していた、という前代未聞の事件でした。判事補は、軽犯罪法の官名詐称の罪で起訴され、弾劾裁判にもかけられて罷免されました。蛇の道はなんとかで、秘密録音した当人が、自分もまた秘密録音されていたという訳ですね。秘密録音の証拠の能力は認められました。

　一般論として、捜査官による秘密録音よりも私人が行う秘密録音の方が、仮にその録音のやり方や内容に行き過ぎがあって違法、とされた場合でも、証拠排除はされにくいということはいえるでしょう。これは私人による違法収集証拠の排除問題にもつながりますので後日勉強しましょう。私人による秘密録音の証拠能力が肯定された他の事件には、次のようなものがあります。

① △松江地判昭和57・2・2判時1051号162頁、判タ466号189頁
　テープのひとつは、一般人であるAが、自己の判断で被告人との山中でのB子殺害に関する会話を録音したもの、もうひとつは、本件に関係ありと思料されるテープをAが売り込んできたため、捜査官が後日問題が生じる場合に備えてAとの会話を喫茶店で録音したもの。

② △最決平成12・7・12刑集54巻6号513頁、判時1726号170頁、判タ1044号81頁
　詐欺の被害者が、被告人の説明内容に不審を抱き、後日の証拠とするために録音したもの。

2　Bの自宅の捜索において、ア、市販のポルノDVD30枚と、イ、その他の素人作成のDVD10枚を差し押さえたことは適法か。

　これはいわゆる包括的差押えの問題ですね。捜査官は、DVDの全てを個別に内容を確認せず、数枚のみを短時間調べただけで全部まとめて差し押さえました。なお、アについて、それが本件強姦事件の犯意等を立証するために証拠能力が認められるか、イのうち、本件の強姦のシーンが録画されたもの以外のDVDが本件強姦事件の犯意等の立証のための証拠能力が認められるか、といういわゆる「悪性立証」の問題点はありますが、これは後で勉強することとして、ここではまず捜索における包括的差押えの可否の問題を一般論から勉強しましょう。

包括的差押えの可否

(1) 重要判例

　まず、包括的差押えが問題となった重要な判例は次の3つがあります。

ア　○最決平成10・5・1刑集52巻4号275頁、判時1643号192頁、判タ976号146頁（百選22事件）

《事案の概要》

　オウム真理教信者による自動車登録ファイルの電磁的公正証書原本不実記載等事件の捜索において、パソコン一台、フロッピーディスク108枚等が差し押さえられた。申立人は、ディスクには何も記録されていないものもあるのに内容確認しないまま無差別に差し押さえたのは違法として特別抗告した。

《決定要旨》

　抗告棄却。

「差し押さえられたパソコン・フロッピーディスク等は、<u>本件の組織的背景及び組織的関与を裏付ける情報が記録されている蓋然性</u>が高いと認められた上、申立人らが記録された情報を瞬時<u>に消去するコンピューターソフトを開発しているとの情報</u>もあったことから、捜索差押の現場で内容を確認することなく差し押さえたものである。令状により差し押さえようとする<u>パソコン、フロッピーディスク等の中に被疑事実に関する情報が記録されている蓋然性</u>がみとめられる場合

において、そのような情報が実際に記録されているかをその場で確認していたのでは記録された情報を損壊される危険があるときは、内容を確認することなしに、右パソコン、フロッピーディスク等を差し押さえることが許されるものと解される」

イ △大阪高判平成3・11・6判タ796号264頁
《事案の概要》
　中核派の構成員らによる偽名による自動車登録事項等証明書の受交付事件について、令状により内容を確認せずにフロッピーディスク271枚を差し押さえたことの適否が争われた。本件事案では、警察官の立ち入りを被告人らが強く拒み、エンジンカッターなどを使用してようやく18分後に立ち入った時には浴槽などに水溶紙が大量に処分されるなど大がかりな罪証隠滅が行われた形跡があった。
《判決要旨》
「捜査機関による差押は、そのままでは記録内容が可視性・可読性を有しないフロッピーディスクを対象とする場合であっても、被疑事実との関連性の有無を確認しないで一般的探索的に広範囲にこれを行うことは、令状主義の趣旨に照らし、原則的には許されず、捜索差押の現場で被疑事実との関連性がないものを選別することが被押収者側の協力等により容易であるならば、これらは差押対象から除外すべきであると解するのが相当である。しかし、その場に存在するフロッピーディスクの一部に被疑事実に関連する記載が含まれていると疑うに足りる合理的な理由があり、かつ、捜索差押の現場で被疑事実との関連性がないものを選別することが容易でなく、選別に長時間を費やす間に、被押収者側からの罪証隠滅をされる虞れがあるようなときは、全部のフロッピーディスクを包括的に差し押さえることもやむを得ない措置として許容されると解すべきである」

ウ ○最判平成9・3・28判時1608号43頁、判タ946号119頁
《事案の概要》
　国税査察官が、令状に基づき、犯則被疑者の取引金融機関に対する捜索において、当該金融機関の職員らが査察官に対して暴行等の激しい妨害行為を繰り返したため、帳簿等の内容の確認がその場では困難であったことから、内容を確認することなく差し押さえた（捜査官は翌日多数の証拠品を還付した）。
《判決要旨》
「本件差押物件の中には、……相当の時間をかけて平穏な状況の下で犯則事実との関連性ないし差押えの必要性を吟味して差押物件の選別を行うことができたならば、右の関連性ないし必要性がないという判断をすることが可能な物件が含まれていたことを否定することができないとしても、本件差押物件の差押えに違法があったということはできない」

(2) 検　　　討
　上記の各判例のうち、オウム越谷事件と、中核派前進社事件は可視性のない多数のフロッピーの包括的差押えが問題となり、東京国税局事件では、可視性のある大量の銀行の預金記録等の包括的差押えが問題となりました。これらの判例の評釈は沢山出ていますが、その多くの論調は、捜索の現場では、令状記載の対象物について、事件と関連性があるかないかを個別に確認するこ

とが必要であり、例外的に個別の確認なく包括的な差押えが許されるためには、そのような個別の確認をしていれば、相手方が証拠を湮滅するおそれがあったり、相手方が物理的な抵抗妨害をするなどの特殊な事情が必要であるとしています。しかし、私は、検察官として捜索・差押えの実務を多数経験したことを踏まえて、このような証拠隠滅や物理的抵抗妨害という特殊事情は、包括的差押えを適法とすることを補強する事情とはなっても、特に複雑大規模事件においては、このような特殊事情が常に必要とされるのではなく、令状記載の対象物に該当し、被疑事実と関連性があるとの蓋然性が認められる限り、可視性のないフロッピーであっても、可視性のある帳簿類等であっても包括的な差押えは許容される場合があると考えています。

　捜索・差押えにおける対象物は、原則としては、その理由となる被疑事実に関連性のある物であり、捜索の現場において発見される物について、被疑事実との関連性が確認される物のみを差し押さえることが許されます。被疑事実が比較的単純な事実であり、差し押さえるべき物が特定少数の証拠物であれば、その関連性の確認は容易です。他方、贈収賄や複雑大規模な経済事犯等になると、その事案の解明のために必要な書類や証拠物は膨大な量となります。しかし、そのような複雑大規模事案であっても、捜索は通常、半日ないし1日程度で終わらせます。捜索に数日かけると、相手方の営業等の業務の邪魔にもなりますし、昼夜にわたってその場所を関係者出入り禁止にもしなければならなくなり、相手方に多大の支障をもたらすからです。また、数十人から100人近い捜査員を投入することも珍しくなく、捜査の密行性を確保するため、捜索の応援要員は、前夜などに突然呼び出され、捜索当日は令状記載の差押対象物の一覧表を片手に、ひたすらその令状に記載された証拠物や書類の類型に該当すると思われる物を選別して差し押さえるのが通常です。段ボール数百箱の大量の書類等の証拠物を差し押さえることも珍しくありません。このような大量の証拠物の中に、例えば経理帳簿類が含まれている場合、賄賂の原資となった支払とかその資金ねん出のための架空経理の処理情況が、どの簿冊のどの部分に潜んでいるかなどを、捜索の現場で判断することは到底不可能です。それは、差し押さえた後、時には数ヶ月にも及ぶ「物読み」といわれる証拠物の精査や、後日被疑者や参考人を取調べてその供述と証拠物とを照合し、裏付けを採る段階において、初めて大量に差し押さえた帳簿類の中のどの簿冊のどの部分に事件と関係のある記載の箇所があるか、ということが解明されていくのです。従って、相手方が証拠隠滅をその場で行うというおそれがない場合であっても、大量の証拠物を短時間で個別に検討する時間的余裕がない事案であれば、令状記載の対象物に類型的に該当し、事件と関連する蓋然性のある証拠物等であると判断されれば、それらの包括的な差押えは許容されるべきです。その場合の「関連性」とは、飽くまで「関連性の蓋然性」として理解すべきです。これらについては、私が論文を書いていますので興味のある人は読んでみてください[1]。

川井さん

　包括的差押えに関する判例評釈等を読むと、捜索においては本来、個々の証拠物の「関連性」を確認して差し押さえるべきであるのに、事件の複雑さ等の特殊事情から、個別の確認を要しないかその判断を緩和するとの考え方は「関連性変動説」として批判されていると思うのですが。

---

(1) 拙稿「いわゆる『包括的差押え』をめぐる諸問題について」曽根・田口古稀（下）435頁。

[太田]

　確かにそのような説が多数といえるでしょうね。その原因は、複雑大規模事件における捜索・差押えの実情というものが、これまで捜査官の側から紹介されることがほとんどなかったため、裁判官や研究者にはなかなか理解されにくい、ということにもあったと思います。しかし、根本的に考えてみると、そもそも、「関連性」というのは、その有無は、最終的に公判段階において確認されるものです。例えば、ある書類が、その記載内容から事件の証拠になると判断されて差し押さえられたが、公判段階においてそれが偽造であったと判明したら、関連性は皆無となり、採用したその書類を証拠排除決定すべきことになりますね。このように「関連性」というものは公判において最終的に確認されるべき客観的なものですから、そのような「関連性」は変動することはありません。しかし、捜索差押段階においては、このような客観的な「関連性」を確認することは、単純な事件でない限り極めて困難ないし不可能に近いともいっても過言ではありません。捜索差押段階において判断すべきは「関連性」そのものではなく、関連性の「蓋然性」なのです。その蓋然性は、捜索・差押え段階から、差し押さえた証拠物の「物読み」の段階、起訴後の証拠請求の段階、公判審理の段階という進展に沿って、より具体的な判断が可能となり、関連性の「蓋然性」は次第に高まっていき、最終的に判決段階で確認されていきます。逆に、差押段階では事件に関連性がある証拠物に当たると判断されたが、物読みの結果、事件に関係がないことが判明すれば、証拠の還付を行うことになります。このように考えると、「関連性」自体は変動しないが、「関連性の蓋然性」は手続の進行に応じて、その判断の要求水準が次第に高まっていくのであり、このような蓋然性が「変動」するのはあまりにも当然のことです。私の捜査経験を踏まえると、複雑大規模事件における大量の証拠物の捜索・差押えが富士山の広大な裾野であるとすると、公判に提出されて審理に用いられる証拠物は、夏の山頂に残る僅かな残雪だという感じがします。このことは身柄拘束にも通じるものがあり、被疑者の逮捕段階、勾留段階、起訴段階、有罪判決段階、の進展に応じて、犯罪の嫌疑についての要求水準が次第に高くなっていくこととも似ていますね。

　したがって、大規模な捜索・差押えを行う場合のいわゆる包括的差押えは、令状に記載された対象物に類型的に該当し、事件との関連性についての「蓋然性」が認められることを前提として、捜索の現場では、個々の証拠物の「関連性」の「確認」が不可能ないし極めて困難である場合には許容されると私は考えています。関連性の「蓋然性」すら認められない物の差押が許されないことはもちろんのことですが、「蓋然性」の要求水準については、一概にはいえず、具体的事案に即して判断されるべきでしょう。

[山田君]

　そうだとすると、上記の判例が、「そのような情報が実際に記録されているかをその場で確認していたのでは記録された情報を損壊される危険があるとき」などの部分は、包括的差押えを許容する要件とはならない、ということですか。

[太田]

　そのような事情や、上記の東京国税局事件のような相手方の物理的抵抗などの特殊事情は、包括的差押えを許容する上で積極的に働く要素であることは間違いありません。しかし、どんな場合でも、これらの特殊事情がなければならない、とまでは言えないと思います。無令状の写真撮影について、◎最大判昭和44・12・24刑集23巻12号1625頁（京都府学連事件）がこれを適法とした理由に「現行犯的状況」を掲げたことについて、かつて、これは必須の要件であるという限

定説と、それは具体的事案における撮影を適法とする一事情に過ぎないとする非限定説の争いがあり、その後非限定説に収斂していったことにも通じるものがあるでしょう。これらの特殊事情はなくとも、例えば、複雑大規模事件で極めて大量の証拠物を差し押さえる必要があり、半日ないし1日程度で実施される捜索の期間中に個別の証拠物について「関連性」を確認するのが不可能ないし極めて困難な場合には、相手方の証拠隠滅のおそれとか妨害などの事情がなくとも包括的差押は許されるべきですし、現に実務ではそのように行われています。これらに関しては、特捜部勤務経験が豊富で、私の優秀な後輩であり、東京大学法科大学院の派遣教員を務めた石山宏樹検事が説得力のある論文を書いています[(2)]。

海野君

検察官であった先生が、捜索・差押えの困難さから「関連性」ではなく「関連性の蓋然性」の判断をすればよいのだ、と言われる気持ちは分かります。でも、それは捜査官の側の都合のようにも感じ、ちょっと抵抗感があるのですが。

太田

一つ別の例を出してみましょう。ある資産家の家に窃盗が入り、主人に発見されたため主人を殺害してロレックスの時計を奪っていきました。犯人は、常習的に現金や高級時計・貴金属を狙う窃盗犯でした。被疑者が特定されたため、「本件被害品と思料される腕時計」を対象物とした捜索差押許可状により被疑者の自宅を捜索したところ、ロレックスの時計が10個発見されました。しかし、遺族は、御主人がロレックスの時計を奪われたことは分かっても、その型番などは知りません。10個のうちの1個がその時計であることは状況から明らかでしたが、どれが被害品かは、現場では到底判断できません。被疑者は不在で、任意提出も受けられません。それでやむなく、警察官は、この10個のロレックス全部を差し押さえました。これは適法ですか。

海野君

うーん、難しいですね。被害品が10個のうちのどの1個であるかを現場では到底判断できませんね。だからといって、10個の全部を差し押さえられないとすれば、捜索が終わったあと、戻ってきた被疑者が被害品を処分してしまうかもしれません。差押えを認めるしかないのではないでしょうか。

太田

そう考えざるを得ないでしょう。このような事案では、差し押さえた後で、10個の時計のそれぞれについて、バンドに付着した皮膚片のDNA鑑定をしたり、遺族に示してできる限りの選別を行い、購入時期等や購入した可能性のある販売店を聞き出して裏付け捜査を行うなどの捜査が必要となり、これには数週間あるいはそれ以上を要するでしょう。このような事案では、捜索段階においては各時計にはそれぞれ10分の1に過ぎませんが、被害品の時計である「蓋然性」が認められるといえますね。他方、遺族の話から、御主人が奪われたのはロレックスであることは確実である場合、発見された時計にオメガとかセイコーが3個含まれていれば、それらは蓋然性すら皆無なので、差押えできるのは7個のロレックスに限られるということになるでしょう。時計の保証書が残っているなど、時計の型番が分かっている場合であれば、差押えができるのはその型番が一致する1個に限られることはいうまでもありません。なお、野球のバットで頭部を殴打

---

(2) 石山宏樹「捜査段階における差押えの関連性について」東京大学法科大学院ローレビュー9号（2014年）240頁。

して殺害した事件で、バットで殴打したことについて目撃者の供述があれば、対象物は「本件の凶器と思料されるバット」と特定し、バットのみを差し押さえるべきことになりますが、目撃者もなく、なんらかの鈍器で殴打したことは認められるが、それが何か分からない場合、令状には「本件の凶器と思われる鈍器類」と特定し、発見された、バット、レンガ、金属棒などが、いずれも凶器になり得ると思われれば、その全部の差押えが許されるでしょう。その場合でも、最終的に関連性が確認されるのは、その後の付着した血痕の鑑定とか、被疑者の自供などから凶器だと判明したいずれかの1個にすぎませんが、捜索段階ではそのそれぞれに関連性の「蓋然性」が認められますね。

　このように、包括的差押えとは、通常は複雑大規模事件について問題となるのですが、そうではないこのような事例でも問題となり得る場合があるのです。それらに共通するのは「関連性」自体ではなく、関連性の「蓋然性」が具体的事案においてどの程度要求されるのか、という問題だといえるでしょう。

海野君

　学説には、捜索の現場で個々の証拠物の関連性が確認できない場合、いったん「必要な処分」としてそれらの物を警察などに運搬した後、それぞれの物をよく確認して関連性の認められる物のみを差し押さえる、という考え方もありますね。

太田

　例えば、施錠された金庫があり、その中に差押え対象の証拠物が隠匿されている疑いがあるが、捜索の現場では金庫の開扉ができない場合などには、必要な処分としていったん金庫を警察に運搬し、鍵職人を呼んでから開扉し、中から発見された物について関連性（の蓋然性）を確認できた物だけを差し押さえる、というような事例を想定すれば、そのような方策も許容され得ると思います。しかし、私が示したように、多数のロレックスのどれが被害品であるかを確認するために長期間の捜査を要するような場合には、時計の持ち出しとその後の長期間の保管の継続等を必要な処分と構成することは無理でしょうね。

川井さん

　複雑大規模事件において富士山のすそ野のような大量の証拠物を包括的に差し押さえることの必要性については、分かった気がしますが、それは、差押えを受ける相手方については、大変な負担ですよね。

太田

　それは川井さんの指摘のとおりです。研究者や裁判官の多くの方々の基本的な発想として、「差し押さえられる証拠物はできる限り最小限に絞るのが人権擁護に資する」という考え方は根強くあるように思います。ところが、視点を変えると、捜索・差押えというものは、有罪立証だけを目的として、それに役立つような証拠物だけを集めようということではないのです。嫌疑を踏まえつつ、実はその嫌疑を薄め、否定する方向に役立つ「消極証拠」をも漏れなく収集しなければなりません。差し押さえた膨大な証拠物の中から、時には、捜査官が当初抱いていた嫌疑を晴らすような消極証拠が発見されることもあるのです。取調べに頼る比重を減らし、客観的証拠による立証の強化が今日求められているのであり、徹底した捜索・差押えによる客観証拠の収集の必要性は増加していると思います。他方、捜査官もこれに安住することなく、できる限り物読みを迅速に行って、関連性のないことが確認された証拠物は早期に還付することなどに努めるべきです。私は検察官時代、押収した証拠物について、例えば、相手方から「確定申告の時期なので帳

簿の写しを撮らせて欲しい」とか「立会人を付けて内容を確認させて欲しい」などの要望があればできる限り柔軟に対応していました。

(3) 事例への当てはめ

そこでようやく、本事例の当てはめですが、Yが捜索の現場でDVDを破損するなどの証拠隠滅を行うおそれは別段ありませんでした。しかし、市販のDVDは40枚、素人作成のDVDは10枚もあります。これらを捜索の現場でいちいち再生し、すべてのDVDに必要な情報が記録されているかを確認しようとすれば、一日の捜索では到底終わりませんね。ですから、捜査官は、これらのDVDの束の中からそれぞれ数枚ずつを抽出して短時間でざっと内容を確認し、市販物はそのタイトルも含めて判断して強姦レイプものであること、素人作成の物についても数枚を確認して強姦シーンと思われるものが録画されていることを確認できれば、そのうちのどの1枚が本件の撮影によるものかはその場で判別できなくとも、残りのすべてのDVDを確認することなく、それらを包括的に差し押さえることは許されるでしょう。

コラム

もともと、現行刑訴法には「関連性」という概念は条文にありませんでした。これが条文に初めて登場したのは、平成16年の法改正で公判前整理手続を創設した際、316条の20に「関連性」という用語が含まれたときです。「関連性（relevancy）」の概念の母国はアメリカですが、もともとアメリカでは「関連性」とは公判段階における陪審裁判を前提とし、陪審員に予断を与えたり争点が混乱することを防止するための証拠の規制概念でした。実はアメリカでは、公判段階の「関連性」という概念は、捜査段階においては証拠収集（捜索差押令状による場合と大陪審サピーナによる場合とがある）の範囲の規制概念ではないのです。ところが、関連性の概念は、戦後、昭和26年ころから江家義男博士らによって我が国に紹介され、判例や学説に採り入れられて定着したのですが、いつの間にか、アメリカでは捜査段階の証拠物収集の規制概念としては用いられていないこの用語が、我が国では捜索差押段階における証拠の収集範囲の規制概念としても用いられるようになり、すっかり定着してしまいました。アメリカでは捜査段階での証拠物収集に関しては厖大な判例の蓄積により、特に複雑事件においては、我が国よりもはるかに広範で大規模な包括的差押えが許容されています。興味のある人は、私が早稲田大学比較法学研究所の「比較法学」に登載した、「捜索・差押えの特定性の要求に関するアメリカ合衆国連邦裁判所判例の諸法理とその実情」（49巻1号から50巻1号に連載）を読んでみてください。

---

3 Xの取調べでは黙秘権を初回のみしか告知していないが、その後の取調べで告知しなかったことに問題はないか。

憲法38条1項は「何人も、自己に不利益な供述を強要されない」と定めており、これは直接的にはアメリカ法に由来する自己負罪拒否特権を意味します。同項の文理だけを見れば、供述を強要されないのは自己に不利益なものだけであり、利益なものについてはこの保障の対象外である、ということになりそうですが、「憲法38条1項の『何人も自己に不利益な供述を強要されない』との規定は、米国の自己負罪拒否特権に由来し、我が国では一般に「黙秘権」と呼ばれている」（松

尾（上）117頁）など、憲法38条は、黙秘権をも保障した規定と解するのが通説です。

刑訴法198条②項は、被疑者の取調べにおいては「あらかじめ、自己の意思に反して供述をする必要がない旨を告げなければならない」とし、また、公判段階の311条1項は、「被告人は、終始沈黙し、又は個々の質問に対し、供述を拒むことができる」と、黙秘権を直接的に定めています。198条の供述拒否権も黙秘権とは、実質的には差がないと考えられています。捜査の実務でも、取調官は、取調開始の際に「君には黙秘権がありますからね。いいたくないことは言わなくていいんですよ」など告げるのが普通です。この供述拒否権の「告知」そのものは憲法38条1項の直接の要請ではありませんが、被疑者として取調べられる者を心理的圧迫感から解放して供述の任意性等の確保に資するとともに取調べる者に戒心の機会を作るための制度です。

捜査においては、捜査官は通常、被疑者としての取調べ開始時には必ず黙秘権を告知します。しかし、取調べが1回で終わらず、その後何度も取調べが行われることは多く、その場合、必ずしも毎回の取調べ開始時に黙秘権告知を繰り返し行うわけではありません。犯罪捜査規範169条2項は、黙秘権の告知は「取調べが相当期間中断した後再びこれを開始する場合又は取調警察官が交代した場合には、改めてこれを行わなければならない」と定めており、このことも黙秘権告知が毎回の取調べに必要的だとまでは考えられていないことを示しています。本事例においては、Xの勾留後10日間ほぼ連日取調べをしていますが、再度の黙秘権告知が必要な特段の事情はないので、2回目以降の取調べの黙秘権の不告知自体が違法であるとまではいえないでしょう。

しかし事案によっては、黙秘権の不告知が違法となり、自白の任意性に疑いを生じさせることもあります。それらの問題については、後で自白法則全般の中で改めて勉強することにします。

4　Zの特定のため、Zが集積所に捨てたゴミ袋を回収したことは適法か。その根拠は何か。

警察は、Zの特定について、「山田」と表札のある屋敷で一人暮らしをしている男、との情報しかなかったため、数日間張り込みをし、8月10日の朝、この屋敷から出てきた男が近くの公道上のゴミ集積所に捨てたビニール袋を無令状で回収し、その中からZの特定につながるメモ帳一冊を発見しました。このような捜査は許されるか、その根拠は何か、ということが問題ですね。

警察によるこのメモ帳の取得行為は、「領置」です。221条は、「検察官、検察事務官又は司法警察職員は、被疑者その他の者が遺留した物又は所有者、所持者若しくは保管者が任意に提出した物は、これを領置することができる」と定めています。

ところが、この一つの条文の中に、随分性質の異なるものが含まれています。<u>まず「任意に提出した物」と「遺留物」とは大きく異なります。任意に提出した物は、所有者等が自ら警察に提出したものですから問題は比較的少ないですね。この規定は、一見地味に見えますが、捜査実務上の役割は極めて大きいです。捜査に協力的な第三者から任意提出される場合のみでなく、被疑者であっても事実を認めている場合には証拠物を素直に任意提出することも少なくありません。令状による捜索押収によって証拠物が確保される場合よりも、任意提出による方が多いというのが実情です。</u>そこで皆さんに質問ですが、関係者が捜査官に任意に提出した物について、その後気が変わったり、それが必要になったりして、捜査官に「やっぱり返してくれ」と求めた場合、捜査官は領置した任意提出物を返却しなければなりませんか？

[山田君]
あくまで任意に提出したのだから、当然返してやるべきでしょう。返したくないのなら令状で

改めて差し押さえるべきではないですか。

[太田]

違います。任意提出物をいったん領置した以上、捜査官は、その物が犯罪捜査のために必要な証拠物である限り返却する必要はなく、保管を継続できるのです。では更に聞きますが、そのような領置は強制処分ですか、それとも任意処分ですか？

[川井さん]

それだったら、強制処分でしょう。だって、相手が返してくれといっても強制的に保管を継続できるんですから。

[太田]

それも違いますね。確かに返却に応じる必要はないのですが、それは領置も「押収」手続の一つであり、保管を継続できるのは、それが押収物であるからなのです。返還に応じる必要がないことから、領置を強制処分の一種であるとする見解もありますが、△最決昭和29・10・26裁判集刑99号531頁は「押収中には、強制処分としての差押の外任意処分たる領置も含まれる」としています。強制か任意か、ということは、あくまで捜査官が当初占有を確保した時点での強制性の有無によって判断されます。領置された押収物の保管を継続できるということが、遡って当初の任意提出による領置を強制処分とすることにはならないのです。

それを踏まえて遺留物の方に話を移しましょう。遺留物についても、性質の大きく異なる二つの類型があります。一つは被疑者が「捨てた」物です。もう一つは「落とした物」です。前者は被疑者が自己の意思で放棄したものなのに対し、後者は、放棄の意思は全くなく、探し出して回収したいと思っている物ですね。でも、221条は、この両者を区別せず、いずれも「遺留物」として捜査官は無令状でこれらの物を領置することができるとしています。

[海野君]

捨てた物なら問題ないでしょうが、落とした物は問題が大きいですよね。だって、落とした物なら、遺失物法にしたがって交番に落し物届をし、その物が発見されたら落とした人に返還されるのでしょう。任意に提出した物でもないのだから、ますます問題であり、警察は、遺失物法に基づいて本人に返還するか、事件の証拠品として別途差押令状を得て保管すべきではないのですか。

[太田]

それも違うんですね。落とした物でも遺留物である以上、捜査官はこれを領置できます。遺失物法は、遺失物の拾得者は、遺失者に返還するか、これを警察署長に提出しなければならないとしています（4条）。しかし、その後この物について刑訴法の規定により押収されたときは、刑事手続の効力が優先し、その限りにおいて遺失物法の働く余地はないとされます（7条5項参照）。領置された物は押収物ですから、犯罪の証拠物となり得る限り、遺失物法の規定よりも刑訴法の規定が優先し、警察は遺失者から返還を求められても返す必要はありません。遺留物の領置が認められる根拠は、所有者や保管者が「占有を喪失した」物であることにあり、占有を喪失した原因が本人の意思によるか否かとは関係がないのです。さて、これらを踏まえて、本件事案で警察官がZの捨てたゴミ袋を回収し、その中から発見された手帳を領置したことの適法性を考えてみましょう。

[山田君]

全く問題ないですよね。本人が任意に提出した物でも警察官は返却の義務はなく、また本人が

うっかり落としてしまい、返してくれと求めている遺失物でさえ、警察は返す義務もないのですから、まして本人が捨てた物を領置することなど当然に許されるでしょう。

[川井さん]
そうかしら。いくら捨てた物だって、ゴミ袋の中には、人から見られたくない物も一杯入っており、そのゴミ袋を誰かが回収して中を探し回るなんて、ぞっとするわ。いくら警察だからといって、そんなことを勝手にしてよいとは思えません。

[太田]
いい着眼ですね。ここで原理に立ち返って検討してみましょう。領置は任意処分だ、と言いましたね。任意処分としての許容性の限度の視点から考えてみましょう。

[川井さん]
そうだわ。何となく直観的に、人が捨てたゴミを警察官が無制限に荒らしまわるのは許されない、と思ったのですが、領置が任意処分だとすれば、最決51・3・16の「必要性、緊急性などを考慮し、具体的状況の下で相当と認められる限度の行為であるか」を具体的に検討していけばいいんですね。

[太田]
その通りです。必要性、緊急性というのは、事件の重大性、嫌疑がどの程度高いものであったか、獲得しようとする証拠の重要性、相手方の対応ぶり、などに加え、そのような捜査方法に頼らざるを得なかったという補充性の視点も考慮に含まれるでしょう。相当性というのは、このような必要性、緊急性と、そのような捜査によってもたらされる被侵害利益の軽重、また捜査手段の妥当性などでしょう。それらを必要性、緊急性と比例原則の下で比較考量して許容限度内の行為であるか否かを判断することになりますね。まず、ゴミの回収がもたらす被侵害利益についてはどう考えますか。

[海野君]
ゴミはもう要らないものとして捨てた物だから、もはや被侵害利益など考えられないんじゃないですか。

[川井さん]
そうはいえないわ。ゴミを集積場に捨てる、ということは、ルールに従ってそこにゴミを捨てれば、みだりに他人から漁られたりせず、そのまま焼却場に持って行って焼却されると期待し、信頼するからそこに捨てるんでしょう。捨てた物であってもその中身をみだりに他人から知られないという期待は、プライバシーとして保護されるべきで、それを被侵害利益と想定することは十分可能だと思います。

[太田]
そう考えていいでしょうね。それでは、本事案とはちょっと違う例を出してみましょう。覚せい剤事件担当の警察官が、覚せい剤取締月間で、小さくてもいいから1件でも覚せい剤事件を検挙したいと焦っていたとします。警察官は、ある家に住む女が、最近覚せい剤に手を出しているらしい、という噂を耳にしました。それで警察官は、この女が捨てるゴミの中に、覚せい剤使用後の空袋とか注射器でも見つかれば、それを資料として捜索令状を得て女の自宅に捜索をかけることを思い立ちました。それで警察官は、それからの2週間、連日、女がゴミ集積場に捨てるゴミ袋を毎回回収して持ち帰り、洗いざらい中を探し続けました。2週間目に、ゴミ袋の中から小さなビニールの空袋と注射器が見つかったのでこれを領置しました。このような領置は任意処分

として許されますか。

[山田君]

そんなことは行き過ぎですよね。大体、重大事件でもなく自分の成績を上げるために小さな事件でも見つけたいという願望に過ぎません。また女が覚せい剤に手を出しているということも噂程度であり、嫌疑は低く、そんな捜査を遂行しなければならない必要性、緊急性はほとんどありませんよね。

[川井さん]

そうよ。そして、2週間にわたり捨てたゴミを毎回回収して洗いざらい中を探し回るということが、女性のプライバシーを極めて大きく侵害しますね。必要性と緊急性の低さに比べ、被侵害利益は極めて大きく、また、そのような方法を採る警察官の捜査手法自体、警察官が検挙件数を上げるためにそこまでひどいことをするのか、と、捜査の公正に対する信頼を損ねてしまいます。このようなゴミの回収は任意処分の許容性の限度を超え、違法であり、その違法性も重大ですし、このような警察官の将来の違法捜査の抑止の観点からも領置された証拠物は排除もされるべきです。

[太田]

そのとおりですね。それではそれを踏まえて本件の事例でのごみの回収の適法性はどう考えますか。

[海野君]

先生が今示した事例とはずいぶん異なりますね。本件は、まず現実に発生した強姦事件という極めて重大悪質な事件です。そして、XYの犯人性は分かっていましたが、もう一人の共犯者であるZについては、XYの供述その他の捜査によっても、具体的に特定できておらず、屋敷に住む男が、共犯者であるZかどうか、ということを特定する必要性は極めて大きかった上、その他にZを特定できるための証拠資料も集まっていませんでした。ですから、共犯者の特定のために、Zが捨てるゴミの中からその特定につながる証拠を発見するための捜査の必要性や緊急性は極めて大きかったと言えます。

[川井さん]

そして相当性については、警察官がゴミを回収したのは1回だけであり、無差別に長期間ゴミを荒らしまわったのではなく、特定するための資料を得るために必要な限度でしかゴミを回収していませんでした。必要性と緊急性との比較考量において、十分に相当な限度内の行為でした。

[太田]

その通りですね。ずいぶん、規範に対する具体的な当てはめができるようになりました。ゴミ回収については「投棄したゴミを回収する領置行為は適法か違法か」というようなパターン化された抽象的な判断ではなく、具体的事案に即して、任意処分の許容性の判断のために意味のある事実を丁寧に指摘していくことが大切です[3]。

これに関しては◎最決平成20・4・15刑集62巻5号1398頁、判時2006号159頁、判タ1268号135頁（京都カード強取強盗殺人事件）の重要な判例があります。この事案は、強盗犯が奪ったキャッシュカードでＡＴＭから現金を引き下ろしている防犯ビデオ画像の男と被疑者の一致を確認するため、無令状で、公道上を歩く被疑者の姿や、パチンコ店で遊ぶ被疑者の姿を録画したことが適

---

(3) 川出敏弘・刑事訴訟法演習法教383号（2012年）170頁以下参照。

法とされた著名な判例です。この判例は、この点に加えて、警察が犯人の特定の資料を得るために、被告人と妻が捨てたゴミ袋の中からダウンベストを発見領置したことの適法性が争われ、次の判示をしてこれを適法としました。

「所論は、……前記ダウンベスト及び腕時計の各領置手続は、令状もなくその占有を取得し、プライバシーを侵害した違法な捜査手続であるから、前記鑑定書等には証拠能力がないのに、これらを証拠として採用した第１審の訴訟手続を是認した原判断は違法である旨主張する。ダウンベスト等の領置手続についてみると、被告人及びその妻は、これらを入れたごみ袋を不要物として公道上のごみ集積所に排出し、その占有を放棄していたものであって、<u>排出されたごみについては、通常、そのまま収集されて他人にその内容が見られることはないという期待があるとしても、捜査の必要がある場合には、刑訴法221条により、これを遺留として領置することができる</u>というべきである。また、市区町村がその処理のためにこれを収集することが予定されているからといっても、それは廃棄物の適正な処理のためのものであるから、これを遺留物として領置することが妨げられるものではない」

コラム

　領置した物について、111条２項（222条が準用）の押収物についての必要な処分（予試験など）が許されるかという問題があります。△東京地判平成４.７.９判時1464号160頁は、拾得物として届けられたビニール袋入りの白色粉末について覚せい剤の予試験を行った点いついて、これは許容されない、とし、111条２項によって許される「必要な処分」の範囲が差押えとは異なるとしています。しかし、領置も押収の一種であり（第９章「押収及び捜索」に、99条の差押えに並んで101条が領置を規定）、占有を取得した後の押収物の取扱いについて、差押えと領置を区別する理由がないとの説が有力です（大コメ第２版第２巻301頁渡辺咲子解説参照）。参考文献として、井上宏「拾得物として警察署に届けられた覚せい剤様粉末につき、何らの令状を取得せずに予試験及び鑑定を実施することの可否（研修543号23頁）」。

公判手続・証拠法上の問題点

１　Ｚの公判において、Ｖ女の上申書と領収書について、裁判所は検察官の同意がなくとも採用して取調べることができるか。検察官としてはこのような場合、どのような対応をすべきか。

　Ｚは罪を認め、寛大な判決を得ようとして、Ｖ女に200万円の慰謝料を払い、寛大にして欲しいという宥恕の意思を示した上申書を書いてもらって公判に提出しようとしました。通常なら、公判の前日までに弁護人は検察官に連絡をとり、これらの写しをファックスで送るなどして検察官に検討させ、検察官がこの内容に虚偽などがないと判断すれば、翌日の公判で弁護人がこれらを証拠請求し、検察官が同意して裁判所が取調べる、というのが本来の手順です。でも、ときどき、忙しい弁護人がこれらの書面を入手するのが公判前ギリギリになってしまい、公判の当日にいきなり証拠請求してくるということも生じるのですね。まず皆さんに聞きますが、検察官が、いきなり見せられたこれらの書面は同意できないとした場合、裁判所は証拠として採用できますか。

[山田君]

　できると思います。このような被害弁償とか宥恕の意思の表明の書面などは、いわゆる一般情状についての証拠です。証明において必要な程度には、厳格な証明と自由な証明の違いがあり、事件と直接関係のない一般情状については自由な証明で足りるとされています。厳格な証明であれば、伝聞法則が適用されるので伝聞例外の要件に該当しなければ証拠能力が認められませんが、自由な証明であれば伝聞法則は適用されないので、不同意とされても裁判所は採用できます。

[太田]

　そうでしょうか。一般情状については伝聞法則の適用はないとしてどんな書面でも採用してしまっていいのですか。稀にではありますが、例えば暴力団の恐喝事件などで、本当はまだ弁償金は支払未了であり、被害者が相手を許す気持ちにはなっていないのに、とにかくまず書いてくれ、と言われ、畏怖してこれらの書面を作成させられる場合だってあり得ます。それに、本件は、XYが主体となってやった犯行でZは従犯格であり、前科もありませんし、200万円を支払ってV女が宥恕すれば執行猶予の可能性が高いでしょう。その反面、これらの事実が虚偽であれば実刑の可能性もあり、慰謝料支払いと宥恕意思の真偽は量刑面で決定的に重要な事実です。

[海野君]

　なるほど。一般情状だからといって意味が小さいとは限らず量刑に決定的な意味を持つ場合もあるのだから、検察官が不同意とすれば裁判所は直ちに採用すべきではないのですね。

[太田]

　弁護人が前の日に連絡してこなかったのが悪いからといって不同意にし、その日は結審せず次回公判で、というのは、忙しい弁護人の立場にも、また裁判所の多数の事件の円滑な公判期日の設定にも支障が生じます。私も若いころにこのような場面に出会ったことがあります。その時は、裁判所に、一時休廷を求め、被害者に電話をかけて、本当に慰謝料の支払いがあったのか、寛大にして欲しいというのは間違いないかということを確認し、「決して完全に許す気持ちはないんですが、弁護人も熱心に頼んできましたし、本人は前科もなく反省しているようなので、お金は受け取り、その書面も内容を了解して書きました」との返答を得て審理を再開し、同意して取調べがなされたことがありました。

厳格な証明・自由な証明

　この機会に厳格な証明と自由な証明の基本をしっかり勉強しましょう。山田君の言うとおり、皆さんは厳格な証明と自由な証明には判然とした区別があると思っている人が多いでしょうね。しかし、実務では、決してそうではなく、自由な証明で足りるとされる事実についても事案に則して厳格な証明によることとするなど、両者を判然と区別してはいないのが実情であり、学説でもそれは理解されています。ただ、だからといって両者の区別に意味がないのではなく、この問題を理論的にしっかりと整理した上で具体的事案に則した適切な判断が求められるのです。まず、これまで一般的に言われてきた両者の証明の違いについて把握しましょう。

　317条は「事実の認定は、証拠による」としており、証明には、次のような厳格な証明、自由な証明及び疎明の3種類があるとされます。

1．それぞれの証明の定義や内容

(1) 厳格な証明
　刑訴法の規定により証拠能力が認められ、かつ、公判廷における適法な証拠調べを経た証拠による証明を意味する。

(2) 自由な証明
　そのような制約に服さない証明をいう。ただ、任意性のない供述を用いることは許されないと解すべきであり、したがって、伝聞法則の適用は受けないということに実質的な意味がある（小林［新訂版］222頁参照）。

(3) 疎　　明
　証拠能力の点については自由な証明とほぼ同様であり、証拠調べの方式については自由な証明よりさらに緩やかである。疎明によるべき場合は、法律等で具体的に明示されている。
　（例）　227条の第1回公判前の証人尋問が認められる要件である「公判期日においては前にした供述と異なる供述をするおそれ」については、「証人尋問を必要とする理由及びそれが犯罪の証明に欠くことができないものであることを<u>疎明</u>しなければならない」

(4) 適正な証明
　厳格な証明と自由な証明の中間にある範疇で、当事者の異議により証拠能力の制限が復活し、証拠調べも公判廷で当事者に証拠を検討し、その証明力を争う機会を与えることが必要であり、簡易公判手続についてはこれが妥当する。刑の量定に関する事実についてもおおむねこれによるべきとの説がある（上記小林222頁参照）。

2．厳格な証明を要する範囲、自由な証明で足りる範囲
　一般に、刑罰権の存否やその範囲を基礎づける事実については厳格な証明を要し、訴訟法的事実や一般情状に関する事実については自由な証明で足りるとされます。各証明の対象事実について、おおむねの整理をすると以下のとおりです。

(1) 厳格な証明
ア　公訴事実の存否
　　構成要件該当性のほか、違法性・有責性の存否と、これに対する違法阻却事由、責任阻却事由の存否
イ　アリバイ
ウ　常習犯罪における常習性
エ　共　　謀
オ　処罰条件やその阻却事由
　　刑法197条2項の事前収賄罪において、「公務員となった」事実
　　親族相盗等における一定の親族関係など
カ　刑の加重減免事由
　　心神耗弱、中止未遂、従犯（必要的減免）

過剰防衛、過剰避難、法律の不知、障害未遂（裁量的減免）
キ　情状のうち、犯罪事実の内容となる情状（動機、手段・方法、被害結果の大小等）

(2)　**自由な証明**
ア　一般情状
　被告人の経歴・性格、被害弁償・示談の成立等、
　酌量減軽事由、執行猶予の情状事由
イ　没収・追徴に関する事実
ウ　訴訟法的事実
①　自白の任意性、伝聞法則の例外要件、要証事実との関連性など証拠能力に関する事実
　しかし、特に自白の任意性の基礎となる事実については、判例・多数説は自由な証明で足りるとするが、厳格な証明によるべきとの反対説がある。任意性が争われれば、取調べの録音・録画の記録媒体や取調官の証人尋問による場合が多い。
②　親告罪等の訴訟条件に関する事実
　ただ、訴訟条件については、いわば刑罰権実現の前提事実として、処罰条件的なものとみることができるので、それを裏付ける事実の存在は、厳格な証明を要するとの反対説もある（三井（Ⅲ）29頁）。
③　起訴状謄本の送達、公判期日の指定、被告人の召喚・勾引、証拠の採否決定における証拠調べ請求の適否、証拠の関連性などの基礎となる事実
④　特信情況の立証は、手続上の事実であるから、自由な証明で足りるとされる。

3．実務や学説の状況
　各証明の定義や内容については、上記のように一般的には整理されていますが、実務・多数説は、このような一般論を踏まえながらも、自由な証明で足りるとされる訴訟法的事実や情状に関する事実であっても、厳格な証明を要するとする場合が少なくないなど、上記の整理を機械的に当てはめている訳ではありません。

(1)　**訴訟法的事実について**
ア　任意性が争われた場合には、取調べの録音・録画の記録媒体や取調官の証人尋問によるのが普通である。ただ、取調状況報告書や留置人出入名簿など、留置場からの出入りや取調の開始・終了時間などの客観的事実のみを記載した書面については自由な証明で足り、伝聞法則は適用されない。
イ　○東京高判平成22．1．26（判タ1326号280頁）
　この判例は、原審が「訴訟法的事実なので自由な証明で足りる」という規範を機械的に当てはめたことを違法としたものであり、この問題を考えるのに大変適した事例です。
　事案は、被告人が、ピッキング用具の不法所持事件（特殊開錠用具の所持の禁止等に関する法律違反）で現行犯逮捕されました。ところが、警察は、被告人が以前に発生した住居侵入・窃盗事案の犯人だと疑っており、犯人が現場に遺留した毛髪があったので、これと被告人とのＤＮＡの一致を確認しようと考え、被告人を逮捕した直後に、その口腔内細胞を任意提出させて領置しました。鑑定の結果、これが遺留された毛髪と一致することが判明したため、被告人はその住居侵

入窃盗の事実で起訴されたのです。弁護人は、そもそも、現行犯逮捕手続が違法であるので、それに伴って得られた口腔内細胞は違法収集証拠であり排除されるべきと主張し、現行犯人逮捕手続書を不同意として逮捕に当たった警察官の証人尋問を請求しました。しかし、原審は、このように現行犯逮捕の適法性が重要な争点であるにも関わらず、現行犯人逮捕手続書は訴訟法上の事実であるから伝聞法則の適用を受けないとして証拠採用し、逮捕の適法性について弁護人による警察官の証人尋問申請も却下し、逮捕は適法であったと認めたのです。本判決は「<u>現行犯人逮捕の適法性は、訴訟の帰趨に直接影響を与える重要な争点の１つであるから、当事者に攻撃・防御を十分尽くさせるべきであった</u>」として、原審は判決に影響を及ぼすことが明らかな審理不尽の違法があったとして原判決を破棄差戻しました。もしこの事案で、現行犯逮捕手続が違法で、しかもその違法性が重大であったとしたら、口腔内粘膜とその鑑定書は違法収集証拠として排除されるかもしれず、排除されたら窃盗犯人が遺留した毛髪とのＤＮＡ一致判断の資料が失われるのですから、まさに現行犯逮捕の適法性は、有罪無罪を決める上で決定的といえる重要な問題ですね。ですから、このような場合「逮捕手続は訴訟法的事実だから自由な証明で足りる」とは到底言えない訳です。ただ、このような現行犯逮捕手続書であっても、その立証趣旨を「現行犯逮捕された日時場所、逮捕事実」のみに明確に限定した場合には、裁判所は、その立証趣旨の限度でなら訴訟法的事実なので自由な証明で足りるとして、証拠採用することはあり得ます。あるいは、弁護人も、立証趣旨をそのように限定するのなら、という前提で同意するかもしれません。ただ、その場合、この手続書に記載された逮捕時の状況を、逮捕の適法性の判断資料とすることは許されません。

(2) 情状について

　上記の整理でも、犯罪事実の内容となる情状（動機、手段・方法、被害結果の大小等）は、厳格な証明を要するとされます。犯行の手段が、素手によるのか、危険な兇器によるのかでは量刑上大違いです。殺人事件の犯行の目的も、保険金詐欺目的であるか、偶発的な激情にかられての犯行であるかによって量刑に重大な差異が生じます。保険金詐欺目的の殺人事件は、無期刑や死刑すら考えられます。偶発的な殺人なら通常は有期刑です。

　それ以外の情状を一般情状と呼んでおり、例えば被告人が気の毒な境遇で育ったというような生育歴や家庭状況とか、犯行後の被害弁償や反省の度合いなどが主なものであり、一般的な整理では自由な証明で足りるとされています。しかし、本事例で示したように、示談の成否や被害者の宥恕意思が量刑を大きく左右するようなものであれば、やはり厳格な証明によるべきです。

(3) これらの問題に関する学説

　学説も、上記を踏まえ、次のような指摘をしています。

　「<u>厳格な証明と自由な証明の概念・区別それ自体にさほど重要な意味はない。厳格な証明の対象は刑罰権の存否及びその範囲を基礎付ける事実と捉えてよい。それ以外の事実は自由な証明で足りるが、自由な証明とは、証拠上の制約は一切受けないという訳ではない</u>」（三井（Ⅲ）10頁）。

　「量刑の基礎となる事実を広く『情状』と呼ぶが、情状には、犯罪事実に関するもの（動機、手段方法、被害の程度など）と犯罪事実から独立したもの（前科、被害弁償など）があり、前者が厳格な証明を必要とすることは明らかである。後者即ち単に量刑の資料となる事実については、自由な証明で足りるとするのが通説であり、判例でもある。しかし、<u>単に量刑の資料となる事実</u>

であっても、刑罰権の量や刑の執行猶予の適否を決定する重要な事実であるから、厳格な証明を要するとする説も実務上有力であり、少なくとも実務上は、厳格な証拠によって証明させようとする運用が多い。訴訟法上の事実は、自由な証明で足りるとするのが通説・判例であるが、訴訟条件、補助事実（証拠の証明力や証拠能力に関する事実とりわけ自白の任意性）の証明については、厳格な証明を要すると解する説もないわけではないし、実務上は、厳格な証拠によって証明させようとする扱いが多い」（石井・刑事実務証拠法［5版］108頁）。

川井さん
「補助事実」については、伝聞法則が緩和されて自由な証明で足りるとする説があると聞いたことがありますが、この点はいかがでしょうか。

太田
確かに、そのような説もあるようですね。しかし、補助事実だからといって自由な証明で足りるという考え方には賛同できません。補助事実であっても実質証拠の証明力を左右するので厳格な証明が必要だと解するのが支配的見解だと思われます。例えば補助事実の例は
① 目撃証言の正確性に関する目撃証人の視力や現場での目撃距離、現場の明るさなど
② 証人の性格・能力・利害関係・偏見など純粋に証人の信用性のみに関係する事実（例えば証人が日ごろから嘘つきであることとか、証人が被告人から賄賂を貰ったことなど）

などが挙げられます。これらは「純粋補助事実」とも呼ばれます。しかし、これらの事実はいずれも証人の証言の信用性に極めて重要な影響を与える事実ですね。目撃証人の視力のような決定的に重要な事実を、伝聞法則の適用を受けない単なる書面で立証しようとするなど到底許されないでしょう。また、証人が賄賂を貰ったことなども、その真実性を確認するためには、到底伝聞証拠では済まされず、賄賂を渡したとする人物の証人尋問は不可欠ですね。そうでなければ、補助事実と称して、証人の信用性をぐらつかせるための怪しげな書面がまかり通ることになってしまいます（拙稿「刑事訴訟法演習」法教432号〈2015年〉138頁参照）。

海野君
検察官が立証する場合には厳格な証明を要するとしても、例えば被告人が、アリバイなど検察官主張の犯罪事実の不存在、正当防衛、責任無能力など違法阻却や責任阻却の事由の存在を立証する場合には自由な証明で足りるという考え方もあるようですね。私は、圧倒的に強い立場にある検察官と比較して、弱い立場にある被告人・弁護人側の反証のためにはこのような事実の証明については自由な証明で足りるとの考え方に合理性があると思うのですが。

太田
確かにそのような説もあります。いわゆる片面的構成説と言われる説です。片面的構成説は、このような問題の場合以外にも、328条の弾劾証拠について、検察官側請求の弾劾証拠については、自己矛盾供述に限定されるが、被告人側請求の弾劾証拠については自己矛盾供述に限定されるべきでない、という場面でも主張されています。しかし、私は、このいずれも妥当でなく、厳格な証明と自由な証明について、検察官と被告人側とに違いを設けることは適切でないと考えますし、実務・通説でもそのように理解されています。その理由は以下のとおりです。
① 現行法は当事者主義の原則を基本方針とすること
② 現行法は、検察官の立証による場合と弁護人の立証による場合とで証拠能力の要件に差は設けていないこと

- ※ 322条①は、被告人の公判廷外における被告人に有利な供述であっても証拠とするには特信情況を要するとしている
- ※ 314条③、321条①－3は「犯罪事実の<u>存否</u>の証明」としており、犯罪事実の存在と不存在についての証明に差を設けているとは考えられない

③ 検察官と被告人・弁護人の立場の強さの違いについては、検察官は事実の合理的疑いを容れる余地のない全面的な立証が要求され、例えばアリバイについては、アリバイが成立しないことまで立証を要求されるのに対し、被告人側は、反対事実の積極的証明までは要求されず、合理的な「疑い」を抱かせる立証ができれば足りることでバランスがとられており、アリバイ等の事実の主張も、アリバイを完全に証明する必要はなくアリバイ成立の可能性を否定できないことを示せば足りること

4．事例問題への当てはめ

[川井さん]

本事例では、弁護人が公判当日に証拠請求した上申書と領収書について検察官が不同意とした場合、これは、Zを実刑とすべきか執行猶予とすべきかという量刑判断に決定的に影響する重要な情状事実ですから、裁判所は自由な証明で足りるとして採用すべきではありません。ただ、検察官も、忙しい弁護人の立場や裁判所の迅速な公判運営の必要性にも配慮し、一時休廷を求めるなどして速やかにこれら書面の真偽等を確認し、問題がなければ同意して証拠採用してもらうような柔軟な対応が必要だと思います。

[太田]

そのとおりですね。理論を踏まえつつ実務における臨機応変の柔軟な対応が大切です。

2　XYの公判において、検察官としてV女が証言しやすくできる環境を整えるためにどのような措置を講ずることができるか。

本件のような強姦という性犯罪では、被害女性が公開の法廷で、被告人や傍聴人等の目の前で、重大なプライバシーに関わり、二度と思い出したくないような被害状況の証言を求められるのは極めて酷なことです。性犯罪の被害者が犯人が憎くても告訴をためらうことが少なくないのは、このようなことも影響しており、性犯罪の被害者は事件自体の被害のみならず、その後の捜査や公判で自己のプライバシーなどが暴露されることによる精神的ショックなどの「二次被害」の深刻さが問題になるのです。過去においては、被疑者の人権については声高に主張されることは多くても被害者の人権は無視・黙殺されることが多いのが実情でした。そのような情況への反省に立って、被害者保護のための様々な施策が推進されてきました。その一つとして、性犯罪の被害者等を主な対象とした証人尋問における被害者保護措置です。それには次の3つがあります。

① 証人が証言に際して著しく不安・緊張を覚えるおそれがある場合に、適切な者を付添人とする制度（157条の2）
② 証人と被告人、傍聴人との間を見えなくできるようにするための遮蔽制度（157条の3）
③ ビデオリンクによる証言（157条の4）

各制度については、条文に当たって基本をしっかり理解して欲しいですが、証拠法との関係で問題となるのは③のビデオリンクですのでこれを中心にお話ししましょう[(4)]。

ビデオリンクとは、本来なら被害者等の証人が公開の法廷で関係者や傍聴人の面前で証言を求

められるところを、法廷外の別室で証人が証言し、それを映像と音声によって法廷に伝える制度です。対象事件は性犯罪や児童を被害とする犯罪と、それ以外でも特に犯罪の性質等を考慮して証人の保護の必要性が高い事件に限定されます。法廷の訴訟関係人も映像と音声を通じてですが、証人に尋問できますので、証人が法廷にいないということを除いては、証人尋問のやり方には変わりがありません。なお遮蔽措置や付添人制度との併用も可能です。そしてビデオリンク方式による証人尋問の内容は、その証人が、同一の事実について再び証人として供述を求められる可能性があり、証人が同意すれば、録音録画され、その記録媒体は訴訟記録に添付して公判調書の一部とすることができます。

[川井さん]
　その公判調書については、321条の2という規定が伝聞法則の例外の要件を定めていますが、読んでもなかなか意味が判りにくいのです。具体的にはどうなるのでしょうか。

[太田]
　まず、従来の伝聞法則をそのまま適用すればどういうことになるか、ということを考えてみましょう。問題となる典型的な例として、V女に対し、XYZの3人が集団で強姦したとして3名が起訴されたというものを想定してみましょう。XYZ3名の審理が併合され、3名が共同被告人として審理されているのなら、V女はその公判期日に、ビデオリンクにより1回証人尋問を受ければ、その後再び同じ証人尋問を受けることはありません。しかし、問題は、XYZの公判が分離され、3人の公判が別々に行われる場合です。それは、共犯者が同時に起訴されず、一人がずっと後になって起訴されたとか、同時に起訴されても、各自の認否や争いの方針が異なるため、公判が分離されて個々人ごとの公判手続が行われる場合です。このような場合、仮にまず被告人Xの公判で、V女がビデオリンクにより証人尋問し、その証言内容の記録媒体を添付した公判調書が作成されたとします。

　この記録媒体添付の公判調書は、321条1項1号の裁判官面前調書です。しかし、この調書は、YやZの公判において、同号によって当然には証拠能力を付与されません。V女がその後死亡するなどすれば供述不能として問題なく証拠能力を付与されますが、そうでない限り、YZらがこの公判調書を不同意とすれば、V女は、Yの公判でも、Zの公判でも再び証人として同じように被害状況を証言しなければならなくなります。これらでもビデオリンクによることは可能ですが、同じ内容を再び証言させられるというのは被害者にとり極めて酷なことです。そして、仮にV女の新たな証言がXの公判での証言と相反点が生じた場合、初めて1号の要件を満たしてXの公判でのビデオリンクによる公判調書がYやZの公判で採用できることになります。このように、せっかくビデオリンクによる証言の記録媒体を作成できたとしても、依然として他の共犯者の公判では同じ証人尋問を繰り返さざるを得ないという問題を解決するため、321条の次に新たな規定が加えられたのです。その規定を見てみましょう。

321条の2
　被告事件の公判準備若しくは公判期日における手続以外の刑事手続又は他の事件の刑事手続に

---

(4)　ビデオリンクの合憲性について争われた事件があり、△最判平成7・4・14刑集59巻3号259頁、判時1904号150頁、判タ1187号147頁は合憲性を肯定した。

おいて第157条の４第１項に規定する方法によりされた証人の尋問及び供述並びにその状況を記録した記録媒体がその一部とされた調書は、前条第１項の規定にかかわらず、証拠とすることができる（注１）。この場合において、裁判所は、その調書を取り調べた後、訴訟関係人に対し、その供述者を証人として尋問する機会を与えなければならない（注２）。
　２　前項の規定により調書を取り調べる場合においては、第305条第４項ただし書の規定は、適用しない（注３）。
　３　第１項の規定により取り調べられた調書に記録された証人の供述は、第295条第１項前段並びに前条第１項第１号及び第２号の適用については、被告事件の公判期日においてされたものとみなす（注４）。

　つまり、注１の部分ですが、記録媒体がその一部とされた調書については、「前条第１項（裁判官面前調書）の規定にかかわらず証拠とできるとしたことにより、１項の伝聞例外要件である供述不能とか相反性の要件は無用となり、当然に証拠採用できることになります。これで、Ｖ女がＹＺの公判で証言する必要性が大幅に薄くなりますね。なお、記録媒体が調書の一部とされた調書を取り調べる場合は、再生が原則とされるものの、相当と認められる場合には再生に代えて内容の告知で済ますことができるとするのが305条４項但書の規定なのです。しかし、同意がなされないため、321条の伝聞例外規定を適用してその公判調書を採用する場合には、内容の告知では足りず原則に戻って再生するべきとしたのが、注３の部分です。
　しかし、だからといってＹやＺの公判でＶ女に対して反対尋問を行う権利を一切奪うことは許されません。Ｘの公判でＸの弁護人がＶ女に反対尋問するのは主にＸの弁護のためであり、その尋問がＹやＺの弁護のためにも有効であるとは限らないからです。そこで、注２の部分が、当初のビデオリンクの記録媒体の公判調書がＹやＺの公判で無条件で採用されたとしても、ＹやＺはＶ女に対する証人尋問権は与えられるとしたのです。
　ところが、そうなると、ＹやＺの公判では、ＹやＺの弁護人は、この証人尋問権に基づいて、それぞれ、Ｖ女に対し、被害状況等を一から尋問し直してしまうことになりかねません。そうなってしまえば、せっかくＸの公判でのビデオリンクによる公判調書を無条件でＹやＺの公判で採用できることとした１項の規定の意味がほとんど失われてしまいます。
　そこで、注４の第３項ですが、Ｘの公判でのビデオリンクによる公判調書として採用された記録媒体に記録されたＶ女の証言は、295条１項前段と、321条１項１号及び２号の適用については、被告人の公判期日においてされたもの、つまりＹやＺの公判においてもその証言がなされたもの、とみなすこととしたのです。295条は、裁判長が、訴訟関係人のする重複尋問を制限することができるとしています。したがって、もしＹやＺの弁護人がＶ女に対し、事件のことを一から尋問し始めれば、それについては記録媒体に記録された証言内容はすでにＹやＺの公判でなされたものとみなされているため、重複尋問として裁判長に制限されることになります。したがって、ＹやＺの弁護人は、それまでのＶ女の証言に現れていない事実について補充的な限度でのみの尋問が許され、Ｖ女は同じ内容の尋問を繰り返されることなく、Ｘの公判では尋ねられていなかった必要最小限の範囲で尋問に答えればよいことになるのです。
　この規定は、ビデオリンクによる証言を活用し、被害者にとっては、いったんビデオリンクで証言すれば同じ内容を再び重複して尋問されることはなく、その負担を最小限に留める一方で、それぞれの被告人・弁護人の反対尋問権を損ねることのないよう、大変よく工夫されたものです

なお、ビデオリンク等による証人の保護制度の前提として、従来からあった158条の裁判所外における証人尋問や、159条の裁判所外での証人尋問に立ち会わなかった当事者の権利についての規定は、基本的なものですからよく勉強しておいてください。

3　Zは、XYの公判で、自己の公判においては正直に供述したXYらとの共謀による犯行状況について大幅に供述を後退させたが、自己の公判の被告人質問で供述した公判調書はXYの公判でどのような方法で用いることができるか。

典型的な321条1項1号書面であり、相反性が十分認められるので、検察官がZの公判調書を請求すれば採用されます。1号書面については、2号書面（PS）に要求されるような「実質的相反性」は求められないので、Zが供述を大幅に後退させたとまではいえなくとも、相反性が認められれば採用できます。

4　押収したDVDやYの前科の判決謄本は、検察官の立証趣旨によって裁判所は証拠採用できるか。

(1)　声紋鑑定により本件犯行が録音録画されていることが確認されたDVD1枚

これは復習ですね。この録画のDVDは、犯行状況そのものが録音録画されたいわゆる現場録音・録画ですから、「XYらによる本件犯行状況」を立証趣旨とする非供述証拠として証拠能力が認められます。非供述証拠は関連性があれば採用されますが、このDVDが本件犯行の録画であることは、声紋鑑定結果から認められますから関連性は問題なく肯定されます。

(2)　次の各証拠について、次のような立証趣旨で証拠能力が認められるか。

ア　市販の強姦・レイプもののDVD30枚
「被告人Yには強姦嗜好の傾向があること」

イ　Yが女性に目隠しし、いやがる女性を姦淫しているのが録画されたDVD4枚
「Yは本件と同種の手口の犯行を重ねており、本件性行為も強姦としてなされたと推認されること」

ウ　Yの24歳当時の強姦の執行猶予判決謄本
「Yは本件と同種の手口の犯行の前科があり、本件性行為も強姦としてなされたと推認されること」

このア、イ、ウに共通するのはいずれもいわゆる悪性立証の問題です。そこで、悪性立証の問題をまず全般的に勉強した上で、上記の各証拠についての当てはめを考えることにしましょう。

悪性立証の諸問題

1　悪性立証についての原則的な考え方

悪性立証の問題とは、犯罪事実を証明するために、被告人の悪性格を証拠とすることは原則として許されないというものです。例えば、暴行罪について、被告人が日頃粗暴であり、激情傾向があることによって立証しようとしたり、詐欺罪について、被告人が日頃から大言壮語癖や虚言癖があることなどで立証しようとするものなどが典型です。このような事実もそれなりに被告人の犯行を推認させる力はあるので自然的関連性は認められるが、不当な偏見等の弊害もあるため

このような立証は許されず、法律的関連性が欠けるとされます。

英米法では「性格証拠排斥の法理」として確立した法理であり、その理由は

ア　不当な偏見の危険

イ　不公正な不意打ちの危険

ウ　争点混乱の危険

にあるとされます。ただ、性格証拠は排斥されるべきことが原則ではあっても、一定の例外的な場合には許容されており、アメリカの連邦証拠規則は、次のように定めています（要旨）。

404条a(1)

「被告人の性格証拠は、①被告人が（善）性格証拠を提出すること、②これに反駁するために検察官が（悪）性格証拠を提出すること、③被告人が被害者の（悪）性格証拠を提出した場合において検察官が被告人の（悪）性格証拠を提出すること」の3つの例外を定める。

404条b

しかし、そのような証拠は、「動機、機会、故意、準備、計画、知識、犯人性又は錯誤や偶然性の不存在」の立証など、他の目的のために用いることができるとする。

2　悪性立証が許されない原則とその例外の具体的内容

(1)　悪性立証の問題の諸場面等

悪性立証の問題は一概に論じることはできず、

ア　どのような悪性の証拠を用いて立証しようとするのか

イ　何を立証するためのものか

の二つの大きな問題があり、これらについての基本的視点を整理しておく必要があります。アについては、悪性の証拠といっても様々であり、①犯罪ではない単なる生活上のエピソードに過ぎないもの、②同種前科、③起訴されて併合審理されている同種の余罪、④起訴されていない同種の余罪、があります。①は、基本的にこのようなエピソードに過ぎない事実をもって被告人の犯行の証明に用いることは許されないというべきです。

②同種前科というのは、過去に同種の犯罪を被告人が行ったということの確定判決があるのですから、その事実があったことには疑いがなく、性格証拠自体の真実性には問題がありません。他方、前科は過去の事実ですから、前科が古いものであるほど、過去にはそのような同種の犯罪を被告人が行ったからといって、そのような犯罪傾向が現在もなお被告人に存続しているのか、という時の経過の問題があります。③の起訴されて併合審理されている同種の余罪については、過去の前科とは異なって現在の時点で併行的に審理されるのですから、時の経過の問題は少ないです。他方、その余罪自体、まだ有罪が確定していないのですから、そのような確定していない余罪を被告人の犯行の立証に用いることには問題もあるでしょう。④の起訴されていない同種余罪については、起訴すらされていないのですからそのような事実を被告人の犯行の立証に用いることの問題は③よりも大きくなるでしょう。

次に、イについてですが、悪性の証拠によって何を立証しようとするのかについては、被告人が犯人性を争っている場合とそうでない場合には大きな違いがあります。被告人がその行為を行ったこと自体は争っていないとか、あるいは他の客観証拠から十分に認定できる場合に、犯行の動機とか、犯意の立証のために同種前科などの悪性の証拠を用いることはアメリカの連邦証拠規則も例外として認めているように、許容されやすいです。しかし被告人が犯人性を争い、犯人

性を証明できる他の客観的証拠がない場合に、同種前科の悪性の証拠をその犯人性の立証に用いること、つまり、「被告人は、前にも似たような事件を起こしたのだから、今回の犯人も被告人なのだろう」と推認するのは大きな危険が伴い、悪性立証の最大の問題点となります。以下に、判例を通じてこれらの問題を考えていきましょう。

なお、常習犯の構成要件がある犯罪について常習性の認定のために同種前科を立証に用いたり、常習累犯窃盗の要件の認定のために累犯前科を用いるのは、当然のことであって、本来の悪性立証の問題ではありません。

(2) 単なるエピソード的な悪性格を動機や犯人性の立証に用いる場合
△和歌山地決平成13・10・10判タ1122号132頁（和歌山カレー事件）
《事案の概要》
和歌山市内の地域の夏祭りで、カレーの鍋に被告人（女性）が砒素を混入させ、それを食べた4人が死亡し67人が中毒症状となった重大事件。このような特異な犯行について、被告人の犯人性に関わる動機の有無・内容が争われ、検察官が、被告人の激高性や非常識な性格を立証するために、「主婦同士の確執による激高から本件殺人事件のような重大な犯行を敢行することのありうる人間であることを立証することが必要かつ重要である」として被告人が以前勤務していた生命保険会社の同僚証人調べを請求したのに対し、立証される非常識さ等は、事件を引き起こした内心的原因と有意的に結びつくかは疑問であるとしてこれを許さなかったもの。

《判決要旨》
「悪性格の立証については、そのような悪性格が要証事実を合理的に推認させる証明力の程度の幅が大きいことや、偏見や憶測を生んで事実認定を誤らせる危険が内在することに加え、動機の有無、内容が、事実上、犯人性の立証につながる側面も否定できないことから、性格立証の必要性やその具体的範囲については、より慎重な配慮が必要である。……検察官が立証しようとする事実関係は、本件証人が、被告人から『気に入らない同僚に夜いたずら電話をする』旨聞いたことがあること、本件証人にも夜中に無言のいたずら電話がかかってきたことがあり、それが被告人からであろうと思っていること、同僚のＩＤカードを捨てたことがあると被告人から聞いたことがあること……などである。上記事実関係は、<u>被告人の性格的側面や常識に欠ける面の立証として意味がないわけではないが、本件殺人事件の特異性を考えれば、上記で立証される非常識さ等が、本件殺人事件を引き起こした内心的原因と有意的に結びつくかははなはだ疑問であり、検察官がこれまで立証しようとしてきた他の動機関係の事実に比し、有意的な関連性が乏しいといわざるを得ない。……上記事実関係は、被告人が甲社に勤務していた時代の同僚に対する嫌がらせという一定の時期に限定された極めてエピソード的なものである上……必ずしもその性格の実像を反映しない危険性のあるつまみ食い的な立証となるおそれが大であり、このような立証を許すことは、事実認定に供する意味合いが低いばかりか、不当な証拠評価をするのではないかとの疑念を生むだけといわざるを得ない</u>」

この判旨は、単なるエピソード的な過去の事実に過ぎないものを犯行や犯人性の立証に用いることが許されないことを端的に示していますね。

(3) 犯意や計画性などの主観的な事実の立証に用いる場合
○最決昭和41・11・2刑集20巻9号1035頁（百選[9版]66事件）
《事案の概要と判決の要旨》
　被告人が、生活費に窮し、社会福祉のための募金名下に寄付金を多数回にわたり合計20万円を詐取したという事案。被告人は、詐欺の犯意を争ったが、第一審が被告人の故意を認定するための証拠として同種詐欺事件の判決を採用したところ、原審の大阪高裁は、「被告人自身、（過去に）同様手段による詐欺罪により懲役刑に処せられ現在なおその刑執行猶予中の身であり、本件行為もその態様に照らし詐欺罪を構成するものであることの認識があったと思われる」ことを認定し被告人に犯意がなかったとは到底認められないとしたが、本決定は、次の判示によりこれを是認した。
　「犯罪の客観的要素が他の証拠によって認められる本件事案の下において、被告人の詐欺の故意の如き犯罪の主観的要素を、被告人の同種前科の内容によって認定した原判決に所論の違法は認められない。」

　この事案が和歌山カレー事件などと基本的に異なるのは、和歌山カレー事件は、鍋に砒素を混入させたという行為自体の犯人性が強く争われたものであるのに対し、この事案は、被告人が、社会福祉のための募金と称してお金を集めた行為自体には争いがなく認められ、問題は、それが本当に募金の意思であったのか、募金とは嘘で被告人が利得する詐欺の意思であったのか、だけが問題となったのです。被告人は、同じ手段による詐欺罪で以前起訴されて有罪となり、現にその刑の執行猶予中だったのですから、今回も同じ手段でお金を集めたのは前科の事件と同様、詐欺の犯意を有していたことが強く推定されるので、最高裁はこのような判示をしたのですね。なお、△大判昭和15・3・19（判決全集7巻12号26頁）は、被告人が故意を否認している結婚詐欺の事案において、公判廷で同種前科3犯の内容について説明した被告人の供述を有罪認定の証拠とすることを是認しています。これは古い判例ですが、結婚詐欺の前科が3件もある被告人が、今回も女性から似たような手口で財産を交付させた場合、そのような同種前科を詐欺の犯意の認定に用いることは、今日においても妥当するといえるでしょう。

(4) 密接かつ一連の事犯の場合
　やや特殊なものとして、同種手口の犯行が時間的場所的に密接した一連のものである場合があります。
○静岡地判昭和40・4・22下刑集7巻4号623頁
《事案の概要》
　三島市を根城にいわゆる常磐グループと称するスリ集団と行動を共にしていた被告人らによるもので、走行中の列車内での7号車と9号車で連続して発生した2件窃盗と同未遂の集団スリ事件。午後3時42分に7号車で第1の窃盗事件が発生後、午後4時14分に、9号車で被告人らが被害者を取り囲んでスリ取ろうとしたところを窃盗未遂の現行犯として逮捕された。
《判決要旨》
　「第1の窃盗の事実は……第2の窃盗未遂の事実と時間的にも、場所的にも共に接着し、その犯行の方法と態様も同類であって、両罪事実は互いに密接かつ一連の関係にあるものと見られるから、そうであれば、……第2の窃盗未遂の事実が証明された場合には、この事実は、……第1

の窃盗の事実との関係において、同事実の存在を必然的に推理する蓋然性があり、……右窃盗の事実も被告人等の犯行であるとする関連性が認められるし、またそれは情況証拠として、高い証明価値があるものとして許容することができる……一般的には、窃盗犯人が、以前に他の窃盗をした事実があるということは、起訴にかかる窃盗も、その人の犯行であるとすることは、刑事司法上の政策及び公正の立場から排除されなければならないが、この他の犯罪証拠排斥の原則は、前述の通り、両犯行が密接に関連して相互に補足する関係にある本件の場合には適用がないのである」

　列車内の集団スリというのは、私も若い頃このような事件の捜査を担当したことがありますが、極めて専門化されたプロの犯罪です。財布を抜き取る役が「真打ち」、抜き取った財布を素早くリレーで受け取って隠す役が「吸い取り」、犯行が見つからないように真打らの傍に立ってスリの動作を隠す役が「立ち幕」などと呼ばれます。競馬場での集団スリでは、更に、被害者が勝ち馬の賞金の札束を受け取ろうとして窓口の小さな穴から手を入れたら、横から手を突っ込み、被害者の腕が抜けないようにして、その間に背後の真打が財布をすり取る「突っ込み」の役もあります。この判例は、事案の手口を詳しくは書いていませんが、「集団スリ事件であり～その犯行の方法と態様も同類であって」としているので、おそらくこのようなプロ集団の犯行だったと思われます。そうすると、走行中の列車内で、立て続けに起きた犯行であり、第２の事実で被告人らは現行犯逮捕されたのですから、両事実は相互に補強し合って、第１窃盗未遂も被告人らの犯行であると認定することができたのでしょう。なお、判決は、第１の窃盗事件の被害者所有の名刺等が第２の被害現場に落ちていたことも指摘していることも見逃せません。集団スリという犯行の手口には、かなりの特殊性はありますが、集団スリのグループというのは、離合集散を繰り返しながら全国にかなり多数存在します。従って、この手口が特定少数の者についてのみの極めて特殊・顕著な犯行手口の特徴とまでは言えません。ですから、このような犯行手口の類似性のみでは、直ちに犯人性認定の証拠として利用することは許されないでしょう。しかし、複数の事件が、日時場所が極めて接近して発生しているためそれらが同一人ないしグループによって犯されたという可能性が高いという場合には、その事実と相まって、手口の特殊性についても犯人性の認定の証拠に含めることは許される場合があるといえるでしょう。古い判例ですが、このような考え方は今でも妥当すると思われます。

(5)　**手口が同一・類似性等を有する同種前科や余罪等を被告人の犯人性の立証に用いる場合**
　これが悪性立証の最大の問題点です。古い判例では、△**水戸地下妻支判平成４・２・27判時1413巻35号**が前科の強姦の手口が起訴に係る事件の手口と酷似していることを犯人性の根拠の一つとしたものがあります。しかしこの判例は、あっさりした判示であり、それほど参考となるものではありませんし、後記の近年の最高裁判例の厳しい判断に照らせば、現在では先例価値があるとは思われません。現在では、単に手口が類似している、と言う程度ではそれを犯人性の立証に用いることは許されず、手口が顕著な特殊性、類似性がある場合でなければこのような立証に用いることは許されません。この問題について重要な判示をした後述の平成24年と25年の二つの最高裁の判例が出る以前の判例として、次の和歌山カレー事件の大阪高裁の判決があります。
　○**大阪高判平成17・６・28判タ1192号186頁**（原決定　和歌山地決平成12・12・20判タ1098号10頁）
《**事案の概要**》

前掲の和歌山カレー事件の地裁判決に対する控訴事件であり、カレー毒物混入事件について情況証拠の一環として、検察官が、カレー内の砒素（亜ヒ酸）と被告人宅や被告人の知人宅から収集された砒素との同一性や夏祭当日のカレー鍋周辺の人の動きを立証するとともに、被告人が保険金取得目的でヒ素を人に使用したとするヒ素使用事案7件、および同目的で人に睡眠薬を飲ませたという事案12件（起訴されていないもの）についても立証活動を行った。弁護人は、類似事実によって立証しようとするばかりか、類似性の程度は「被告人が疑わしい」という程度のものなので違法であると争った。原審は、本件は例外的に許される場合であるとして許容したが被告人が控訴。本判決は下記の判示により原審判断を是認して控訴を棄却した。

《判決要旨》
「起訴されていない被告人の犯罪事実を立証することは、裁判所に不当な偏見を与えるとともに、争点の混乱を引き起こすおそれもあるから安易に許されるべきでないが、一切許容されないものではなく、<u>特殊な手段、方法による犯罪について、同一ないし類似する態様の他の犯罪事実の立証を通じて被告人の犯人性を立証する場合など、その立証の必要性や合理性が認められ、かつ、事案の性質、審理の状況、被告人の受ける不利益の程度等に照らし相当と認められる場合には、許容されると解するのが相当である</u>」「まず、被告人の周辺において複数の者が繰り返し急性ヒ素中毒を発症させたという事実は、<u>それらが被告人の犯罪行為によるものであると否とにかかわらず</u>、それ自体、<u>被告人と凶器であるヒ素との結びつきやその殺傷力に対する知情性</u>を推認させるものということができる。また、被告人が、過去において亜ヒ酸等を飲食物に混入させて人に摂取させた事実が認められる場合には、<u>その手段及び方法の類似性から、前記殺人、同未遂事件における被告人の犯人性をも推認することが可能となる。さらに被告人がヒ素等を混入させた飲食物を人に摂取させることを繰り返していたという事実からは、規範意識が鈍磨していたことや、人にヒ素等を摂取させて殺傷することに対する罪障感、抵抗感が薄れていたことも推認でき、殊に、明確な犯行動機の見出しがたいカレー毒物混入事件にあっては、その犯人性を見極める上で検討に値する事実ということができる</u>。このように、本件類似事実から導かれる推認は経験則に基づく合理的なものであって、何ら不当な予断偏見ではない。また、本件は、飲食物の中にヒ素を混入させるという匿名性の高い態様による犯罪行為について、被告人の犯人性や殺意の存在が争われている事案であり、しかも、直接的な証拠がなく、情況証拠の積み重ねによるほかにその犯人性等を立証する方法がない事案でもあるから、類似事実による立証の必要性も高いと認められる。他方、本件とりわけカレー毒物混入事件は、4名の死者を出した重大な事案であって争点も多岐にわたっており、被告人には捜査の当初から複数の弁護人が選任され、精緻な弁護活動が行われてきたことにもかんがみると、本件類似事案の立証を許すことが被告人に過度の負担を生じさせ、その防御権を不当に侵害するものとはいえない」

　この事案は、前掲の平成13年の和歌山地裁の判断が、単なる過去のエピソードに過ぎない事実で到底悪性立証としては許容しなかったものとは大きく異なります。一方、この判示に係るヒ素使用事案7件と睡眠薬を飲ませたという事案12件は、いずれも起訴された事実ではないという問題はありました。この判決は、それにも関わらず、このような起訴されていない余罪等を「<u>その手段及び方法の類似性から、前記殺人、同未遂事件における被告人の犯人性をも推認することが可能</u>」として、犯人性が争われているカレー事件の犯人性の証明に用いることを許容したのです。このような判断は、後掲の平成24年と25年の最高裁の判例が、同種手口の前科や余罪を犯人性の

立証に用いることについて厳格な判断を示したことに照らし、今日でも支持されるものであるかはやや問題だともいえるでしょう。

　しかし、この事案の最大の特徴は、犯行に用いられたものがヒ素という極めて特殊な薬剤であったことですね。皆さんが住む普通の住宅で、自宅にヒ素を置いている家などあるでしょうか。私が若い頃、地方都市の地検勤務の時に、ヒ素の不法な貯蔵等の事件を取り扱ったことがありますが、それはみかん栽培農家をめぐる事件でした。当時、みかん栽培農家では消毒殺菌のためにヒ素を使用していました。ですから、仮にカレー事件のような事件が、附近のどの農家でもヒ素を蓄えているような状況の下で起こったなら、自宅でヒ素が用いられるということは、被告人の家のみでしか生じ得ない特異なことだともいえませんね。しかし、カレー事件が起きたのは和歌山市の住宅街です。そんな住宅街で自宅にヒ素を置いてしょっちゅう使っている家などないでしょう。それにも関わらず、被告人の家では、過去に被告人がヒ素を人に与えて保険金詐欺を働いた事件が7件も起きていたことなどは、極めて異常なことだったといえるでしょう。これらに照らせば、このようなカレーの鍋にヒ素を混入させるという極めて特殊な手口の犯行の立証のために、過去の多数のヒ素使用等の事実を犯人性立証のために用いることができるとした本判決は、今日でも妥当するように思われます。また、この判旨が指摘している、ヒ素の殺傷力についての知情性や、ヒ素を用いて人を殺傷することについての規範意識の鈍麻や罪障感・抵抗感の薄れについては、従来からも基本的に理解されている、悪性証拠は故意や知情性などの主観面の立証については許容され得るということにも沿うものといえるでしょう。

　ただ、留意すべきは、起訴はされていなくとも、公判に顕れた証拠によって、過去の多数のヒ素使用等の事実は十分に認定できることが前提ですね。起訴しても有罪を取れる見込みはないような不確実な事実であればこのような認定に用いることは許されません。和歌山カレー事件では、検察官は、過去のヒ素使用等の事件を多数起訴することは公判での膨大な審理が必要となるため、最大の重要事件であるカレー事件に起訴事実を絞ったものと思われますが、それ以外の多数のヒ素使用等の事実も公判に顕れた証拠により認定できたのでしょう。

3　最近の最高裁の重要判例

ア　○最判平成24・9・7刑集66巻9号907頁、判時2164号4頁、判タ1382号85頁

《事案の概要》

　被告人は、平成21年9月8日に東京都内で犯した侵入窃盗、放火により起訴された。放火は侵入した室内でめぼしい金品が得られなかったため、腹いせに石油ストーブの灯油をカーペットに散布したものであるが、被告人は犯人性を争った。

　被告人は平成3年4月から同4年6月までに犯した15件の窃盗と11件の放火で起訴され、同6年4月に懲役15年等の刑の判決を受けて服役したが、それらの放火は、いずれも金品が得られなかったことの腹いせにその住居に放火したもので、うち7件がストーブ内の灯油を散布したものであった。検察官は、前刑の窃盗・放火の手口や動機が本件のそれと類似していることから、前刑の窃盗・放火等事案の判決書謄本や供述調書を、本件の犯人性の推認に用いるため証拠請求した。一審では、このような同種前科による立証は許されないとしてその証拠請求を却下したが、二審では前刑放火事件は本件と特徴的類似性ありとして、一審の却下は違法とし「前刑放火による行動傾向が固着化している」と判示したため被告人が上告した。

《判決要旨》

「前科も一つの事実であり、前科証拠は、一般的には犯罪事実について、様々な面で証拠としての価値（自然的関連性）を有している。反面、前科、特に同種前科については、被告人の犯罪性向といった実証的根拠の乏しい人格評価につながりやすく、そのために事実認定を誤らせるおそれがあり、また、これを回避し、同種前科の証明力を合理的な推論の範囲に限定するため、当事者が前科の内容に立ち入った攻撃防御を行う必要が生じるなど、その取調べに付随して争点が拡散するおそれもある。したがって、前科証拠は、単に証拠としての価値があるかどうか、言い換えれば自然的関連性があるかどうかのみによって証拠能力の有無が決せられるものではなく、前科証拠によって証明しようとする事実について、実質的根拠の乏しい人格評価によって誤った事実認定に至るおそれがないと認められるときに初めて証拠とすることが許されると解すべきである。本件のように、前科証拠を被告人と犯人の同一性の証明に用いる場合についていうならば、前科に係る犯罪事実が顕著な特徴を有し、かつ、その特徴が証明の対象である犯罪事実と相当程度類似することから、それ自体で両者の犯人が同一であることを合理的に推認させるようなものであって初めて証拠として採用できるものというべきである」「被告人は、本件放火に近接した時点に、その現場で窃盗に及び、充分な金品を得るに至らなかったという点において、前刑放火の際と類似した状況にあり、また、放火の態様に類似性もあるが、本件前科証拠を本件放火の犯人が被告人であることの立証に用いることは、帰するところ、前刑放火の事実から被告人に対して放火を行う犯罪性向があるという人格的評価を加え、これをもとに被告人が本件放火に及んだという合理性に乏しい推論をすることに等しく、このような立証は許されないものというほかない」

そして、判決は、このような立証を許さないとする具体的理由について
① 窃盗目的で侵入し、期待したほどの財物が窃取できなかったために放火に及ぶことは放火の動機として特に際立った特徴を有するとはいえないこと
② 放火の態様もさほど特殊なものとはいえないこと
③ 単に反復継続しているからといって、「行動傾向が固着化」とはいえないこと
④ 前刑放火は、服役期間を挟んで17年前の犯行であること
⑤ 本件放火の前後1か月間に31件の窃盗に及んだと上申しているが、これらは起訴されておらず、その中に充分な金品を得ていないものも多数あるのに、それらで放火がなされたことは窺われないこと
を挙げました。

イ　〇最決平成25・2・20刑集67巻2号1頁、判時2180号142頁、判タ1387号104頁
《事案の概要》
被告人は約4か月間に、20件の窃盗と、その半数における放火の事実で起訴された。その内訳は、
① 平成16年8月から同17年3月下旬まで、住居に侵入して現金や女性下着を盗んだ事実9件
　→　自白
② 同17年4月上旬から8月中旬まで、住居に侵入して現金等を盗んだ上（1件のみ未遂）衣類等に火を放って居宅を焼損した事実10件
　→　2件について、侵入窃盗・放火とも犯人性を全面自白
　　　2件について、侵入窃盗のみ自白、放火は否認
　　　6件について、侵入窃盗も放火も犯人性を全面否認

③　同17年8月上旬、住居に侵入して現金を盗んだ事実1件
　　　→　自白

である。他方、被告人の前科は2件あり、
① 昭和50年、現住建造物等放火、窃盗で懲役6年
② 平成4年、住居侵入窃盗、現住建造物等放火で懲役9年

であった。

　原判決は、同種前科による立証を認め、被告人には住居侵入・窃盗の動機についていわゆる色情盗という特殊な性癖があること、手口態様が、下見により女性の居住者がいるという情報を得て、主目的は女性用の下着等を入手することにあったこと、留守中に窓ガラスを割って侵入する特徴があること、女性用の物を盗んだ際に独特の複雑な感情を抱いて放火するという特異な犯罪傾向が認められるとして、前科や他の犯罪事実から、否認事件についても犯人性の間接事実とした。

《判決要旨》
　原審の判断を否定し、「色情盗という性癖はさほど特殊なものとはいえない」「手口態様もさほど特殊とはいえない」「(被告人の) 行動傾向は曖昧なものである」などとし、前掲の平成24年の最判を引用して、原判決の判断を違法とした。
　しかし、金築裁判官は補足意見で「上記第二小法廷の事案（注　前記平成24年最判）が、窃盗の件数は31件の多数に上るのに、放火は1件にとどまるのに対し、本件は、20件のうちの半数において放火が起訴され、しかも約4か月という短期間に多数の類似犯罪事実が連続的に犯されたというものであって、事案に重要な差異がある。また、前述のように、本件においては、被告人が上記多数の住居侵入・窃盗の犯人であることは、他の証拠によって立証されており、その犯人と放火犯人との同一性という、限局された範囲における推認であることも、考慮すべき点といえよう。さらに、併合審理される類似事実については、前科についてみられる、その存在自体で人格的評価を低下させる危険性や、同判決が指摘する争点拡散のおそれは、考え難い。これらの点を総合的に考慮すれば、本件において『顕著な特徴』という要件が満たされていると解する余地もあるのではないかと思う」などと述べた。

　皆さんは、この二つの判例の判示をどう考えますか。両方とも賛同できるでしょうか。

[山田君]
　24年最判の方は、全く賛同できます。同種前科と言ったって、15年近く前のものですし、その間、金目の物がなかった腹いせに放火するという犯罪傾向が、ずっと被告人に付着していたとはいいきれないでしょう。それに決定的だと思うのは、出所後に起訴された事件はたった一件であり、起訴されていない窃盗が他に30件もあるのにそれらではいずれも放火は行われていない、ということです。石油ストーブで放火するという手口も平凡ですね。それに照らせば、25年最判の事案だって、色情盗という窃盗や放火の手口についても顕著な特殊性があるとはいえませんから、同種前科による立証を否定したことはやむをえないと思います。

[川井さん]
　そうかしら。24年最判の方は納得できるんだけど、25年最判の方は、金築裁判官が指摘しているように、たった1件しか起訴されていなかった24年最判の事案とは随分違うように思います。

[太田]

　私も川井さんに同感です。24年最判については私も納得できます。でも25年最判の事案は随分違いますね。まず、同種前科もこの場合、2回あり、いずれも同様の手口の事案です。色情等というのは、必ずしも顕著な特殊性とまではいえないとしても、単なる金品の窃盗よりはある程度の特殊性があるといえるように思います。それと、起訴された事件は20件もあり、そのうち10件までが同様の手口で放火がされていますね。しかも被告人は、そのうちの2件については、窃盗・放火とも全面自白しています。また、少なくとも窃盗については、すべて被告人の犯行であることは証拠によって認定された事案です。そうすると、10件の放火を伴う窃盗のうち、被告人が放火を否認している8件については、一体誰が放火したことになるんでしょうね。

[川井さん]

　そうだわ。もし8件について被告人が放火したのではなかったとしたら、それらについては、被告人が窃盗をしてその家を出た直後に「ミスターX」がその都度被告人と入れ替わりにその家に侵入し、放火だけをして逃げたということになってしまいますね。そんなことは到底考えられません。被告人の行動を誰かが終始見張っていて、被告人が出た後、その都度入れ替わりに家に入るなんて、そんな目的は理解できません。被告人が窃盗に入って出てきた直後に、偶然、ミスターXがその家に被告人と入れ替わりに窃盗のために侵入しようとすることが、8件も続いて起きるなんてあり得ませんよね。

[太田]

　私も同感です。私は、金築裁判官の意見は補足意見とはされていますが、実質的に反対意見に近いようにも読めますし、この法廷意見には疑問を感じます。確かに、犯行手口の特殊性という観点のみからは、色情盗と腹いせの放火という犯行には顕著な特殊性があるとまではいいにくいので、それを直ちに犯人性の推認に用いることは許されないでしょう。しかし、既に立証がなされている10件の窃盗の直後に毎回放火が行われたという点に着目すれば、被告人の侵入・退去の直後、入れ違いに別人が忍び込んで放火だけを行ったとは考え難いのですから、その窃盗の犯人と放火の犯人とは同一人物であるということは合理的に推認でき、手口の類似性ともあいまって、放火の犯人性を推認することは許されるように思います。むしろ、この点では、昭和40年の静岡地判が、同一列車内で立て続けに起きた2件の集団スリ事犯においては、二つの事件が同一犯人グループの仕業だと判断したことに通じるものがあるように思います。

[海野君]

　ちょっと疑問なのは、被告人は、10件の窃盗・放火のうち、なぜ2件だけは全面自白し、他の事件については一部否認、あるいは全面否認というようなバラバラの認否をしたのでしょうか。

[太田]

　それは事件の記録を読んでみないと分からないことではありますが、具体的事案を離れて、私の経験から一般論としてお話しすると、多数の事実が起訴された場合、すべての起訴事実が認定されて有罪とされると刑は当然に極めて重くなります。被告人にとっては、一部でも無罪となりその件数が多い方が刑はずっと軽くなります。そこで、請求された証拠を検討して、否認しても絶対に有罪と認定されてしまうほど証拠が明白であるものについては公判で自白し、証拠関係に争える余地のある事件については、否認して一部でも無罪を狙うという戦術をとることはときどき見受けられます。本件がそうであったかどうかは断定できませんが、あるいはそのような事情

第2編 実践編 事例講義

があったのかもしれませんね。

いずれにせよ、悪性立証の問題は、犯人性を認定するために同種前科等を用いることについてはこの二つの最高裁判例をよく理解して、的確な判断を行うことが大切ですね。

4　事例問題への当てはめ

さて、悪性立証の一般論をしっかり勉強しましたので、それを踏まえて、本件の事案を検討してみましょう。本件で検察官が立証に用いようとした悪性証拠は3つありましたね。それぞれについて次のような立証趣旨で証拠請求されましたが、皆さんが裁判官だったとしたら採用できますか。先ほど話したように、犯人性は十分立証できている場合に、故意や計画性などの主観面の立証に用いる場合と、犯人性自体の立証に用いる場合とでは大きな違いがあります。本件では、XYは、公訴事実記載の日時場所でV女と性行為をしたことは認めた上で、強姦ではなく和姦であったと主張しています。

① 市販の強姦・レイプもののDVD30枚
「被告人Yには強姦嗜好の傾向があること」

② Yが女性に目隠しし、いやがる女性を姦淫しているのが録画されたDVD4枚
「Yは本件と同種の手口の強姦事件を重ねており、本件性行為も強姦としてなされたと推認されること」

③ Yの24歳当時の強姦の執行猶予判決謄本
「Yは本件と同種の手口の強姦の前科があり、本件性行為も強姦としてなされたと推認されること」

[海野君]

本件では、Yらは、事件当日ホテルに行ってV女と性行為をしたこと自体は争っていません。ですから、問題は、それが和姦であったのか、強姦であったのか、という犯意の問題です。したがって、①についても、強姦レイプものばかり30枚ものDVDをYが持っていたことは、かなり特徴があり、Yにそのような主観的傾向・性癖があることを示すと思います。②も、女性に目隠しして嫌がるところを姦淫し、それを録画する、という非常に特徴のある異常な性癖を示しています。③も同様の手口の犯行の前科です。それに、ここでは挙げられていませんが、Yは、少年時代に強姦事件で中等少年院送致の前歴があり、21歳になったころ、ホテルに連れ込んだ女を強姦した罪で逮捕され、親が慰謝料を払って告訴が取り下げられた前歴1件もありますよね。これらの前科前歴は、それほど古いものでもありません。性交渉を行ったこと自体には争いがないのですから、これらの証拠は強姦の性的嗜好や本件性行為が強姦としてなされたものであったことを証明するために用いてよいと思います。

[太田]

おおむねそう考えていいでしょうね。①については、自分が行った犯罪についてのDVDではありませんが、30枚ものDVDがすべて強姦ものであったということにはかなりの特徴があり、Yに強姦嗜好という主観的傾向があったという限度では立証に用いることを許容され得るでしょう。②については、自らが犯した同種の犯罪についての証拠であり、手口にも相当程度の類似性はあるので、そのような別件の同種の犯行が証拠上認められる限り、本件の強姦の犯意の立証のためには用いることは許容され得るでしょう。ただ、②については何年も前の事件なので、この

1件の前科のみから直ちに本件の強姦の犯意の推認は困難で、①や②とあいまって、という限度かなという気がします。

では仮に、Yがその日時にホテルに行ったこともなく、V女と会ってセックスしたことすらない、と否認している場合にはどうでしょうか。

川井さん
その場合にはこれらの証拠をYが強姦の犯人であったことの証明に用いるのは無理だと思います。確かに、強姦の手口にはかなりの特殊性はあるかもしれませんが、そのような傾向や性癖を持っている若者は他にいないとも限りませんよね。少なくとも、その日時場所でV女と会ったこと自体が他の証拠によって認められることが最低限必要だと思います。

太田
私もそう思います。「嫌がる女性に目隠しして強姦し、それを録画する」という犯行の手口は、「窃盗に入ったが金目の物がなかったので腹いせにそこにあったストーブの灯油で放火する」という手口よりは、かなりの特徴を有するともいえます。しかし、平成24年最判の「前科に係る犯罪事実が顕著な特徴を有し、かつ、その特徴が証明の対象である犯罪事実と相当程度類似することから、それ自体で両者の犯人が同一であることを合理的に推認させるようなもの」とまでいえるかどうかは疑問だといわざるを得ないでしょうね。

5　声紋鑑定書の証拠能力は認められるか。そのためにはどのような要件・手続が必要か。

次は声紋鑑定の問題です。本件では、DVDに録画されている女性の声と男の声が、V女やXYの声と同一であるかについて、科学捜査研究所の丁技官が声紋鑑定を行い、その結果、この男らのうち2名の声は、それぞれXYと同一人の声であり、また、女性の声はV女のものである可能性が高いと判断し、それらを記載した声紋鑑定書を作成しました。この機会に、声紋鑑定の問題とそれに合わせて他の様々な科学的証拠の問題の基本を勉強しましょう。

声紋鑑定書の諸問題

声紋鑑定書とは、科学的証拠の一つであり、声紋鑑定書の証拠能力は認められるか、そのためにはどのような手続が必要か、また声紋鑑定に関する重要判例にはどのようなものがあるかという問題があります。声紋鑑定を用いた端緒として著名事件は、1963年3月に発生した吉展ちゃん誘拐事件です。犯人小原保が、当時4歳だった吉展ちゃんを誘拐して殺害し、1週間後に、連日電話により脅迫を繰り返して身代金を要求しました。捜査は難航しましたが、脅迫の電話の声と小原の声の同一性についてその異同識別が声紋鑑定で行われ、同一性が認められたことが小原の特定に役立ち、起訴に結びつきました（ただ、一審判決△東京地判昭和41.3.17判タ189号188頁はこの鑑定結果を有罪認定の証拠には掲げていない）。

〜〜〜〜〜〜〜〜〜〜　コラム　〜〜〜〜〜〜〜〜〜〜
この事件は当時世間を震撼させた。警察は脅迫電話の音声を報道で公開するなど異例の捜査を行った。逮捕された小原を取調べ、自白を得たのは警視庁の名刑事として有名だった平塚八兵衛。平塚刑事が、自白寸前の小原を取調べた生々しい録音が残っており、テレビ報道されたことがある。平塚刑事は、静かな声で「のう、保」などと云いながら、諄々と、ひたすら真実の自白を求め、自白寸前の小原の「ハア、ハア」と逡巡する息遣いが聞こえ

てくる。全面自白をした小原は、死刑が確定し、執行の前、看守に対し「平塚刑事さんに伝えてください。今度生まれ変わった時には真人間になって戻ってきます」と言い残して絞首台に上っていったと伝えられている。小原は死刑を待つ間、教誨師の勧めで短歌の世界に導かれ、370首の歌を残した。死刑前日に小原が詠んだ短歌は

・怖れつつ想いをりしが今ここに　終るいのちはかく静かなる
・世をあとにいま逝くわれに花びらを　降らすか窓の若き枇杷の木
・静かなる笑みをたたえて晴ればれと　いまわのみずに写るわが顔
・明日の日をひたすら前に打ちつづく　鼓動を胸に開きつつ眠る

　この4首であり、死刑執行後被害者の母親は小原の遺した歌を読み、「あの人がこんなきれいな気持ちになれた代償が、吉展の死だったとしたら、やはり私どもにとっては大きすぎる犠牲ですね。まあ、あの人がこんな人間になって死んでいったことは、せめてもの救いですけど…天国で、吉展をかわいがってほしいですね」と語ったという（ウィキペディアなどによる）。

(1) 声紋鑑定に関する判例

（証拠能力を認めて採用した判例）

最高裁判例はまだありませんが、下級審では有罪認定の証拠として採用されたいくつかの判例があります。

ア　△名古屋簡判昭和52・4・27（昭和50年（ろ）383号）
　　免許状に記載されていない周波数を使用して無線局を運用した電波法違反事件

イ　△大阪地判昭和53・10・11（判例集未登載）
　　公衆電話から大阪ガス株式会社にかけた電話の音声

ウ　△富山地判昭和55・1・22（昭和54年（わ）166.186号）
　　物置小屋に放火し119番通報した電話の音声

エ　△名古屋地判昭和55・6・25（昭和55年（わ）615号）
　　長女の交通事故死の精神的動揺に乗じて電話で恐喝した音声

（証拠能力・証明力等について判示した判例）

○東京高判昭和55・2・1判時960号8頁、判タ407号558頁（百選［9版］68事件）

これは秘密録音のところですでに勉強した「検事総長ニセ電話事件」の判例です。判決は声紋鑑定についても次の判示をしました。

「（声紋鑑定の）その結果の確実性について未だ科学的に承認されたとまではいえないから、これに証拠能力を認めることは慎重でなければならないが、他面陪審制を採らず、個別・具体的な判断に親しむ我が国の制度の下では、各種器械の発達及び声紋識別技術の向上に伴い、検定件数も成績も上昇していることにかんがみれば、一概にその証拠能力を否定し去るのも相当でなく、<u>その検査の実施者が必要な技術と経験を有する適格者であり、使用した器具の性能、作動も正確でその検定結果は信頼性あるものと認められるとき</u>は、その検査の経過及び結果についての忠実な報告はその証明力の程度は別として、証拠能力を認めることを妨げない。～原審がその作成経緯の証言を経て証拠として採用したことは相当と認められる。……（ニセ電話の音声と被告人の音声とを比較した結果は）信頼性が低いとはいえず、少なくとも原判決の前示の判断を補強するも

のと認められる」

なお、証拠能力については、321条4項の準用を認めました。

(2) 科学的証拠に関する判例の論旨の全体的特徴

声紋鑑定のみならず、筆跡鑑定、血液型鑑定、足跡鑑定、ポリグラフ検査、警察犬による臭気選別等はいずれも科学的証拠の問題としてほぼ共通する面があります。これらについては、証拠能力が肯定されるためには次の三条件が満たされるべきことが求められます[5]。

① 検査の実施者が必要な技術と経験をもつ適格者であること
② 使用器具の性能・作動が正確であり、検定結果に信頼性が認められること
③ 検査の経過・結果の忠実な報告であること

伝聞法則との関連では、いずれも刑訴法321条4項の準用によります。ただ、留意すべきは、検察側申請のこれらの科学的証拠は上記の要件を満たせばほぼ証拠採用されているが、全体として、主要な証拠としてではなく他の証拠を補強するもの、あるいは状況証拠と捉え、証明力については慎重に判断していることです。他に犯人性を証明する証拠がないのに、これらの鑑定を唯一の証拠として犯人性を認定するのには、まだ危険を伴いますので、そこまで認めた判例はありません[6]。

ただ、科学的証拠の中でも、DNA鑑定は別格です。従来の血液型鑑定は、A型とかB型、RH+、-という程度の鑑定しかできなかったのに対し、DNA鑑定は飛躍的に精度が高く、その鑑定結果が犯人性の決定的な証拠となり得る場合もあります。ただ、切れ味の鋭い刃物は、両刃の剣であり、その使用方法を誤れば間違った部位を切ってしまう危険が大きいように、DNA鑑定については、その鑑定資料の採取、保存等、鑑定方法等で完璧を期さなければ、足利事件の菅谷さんの冤罪を招いたような事態が生じますので、十分な留意が必要です。

6 XYの公判において、Yらが日付を改ざんしたメールについて、裁判所は、弁護人の立証趣旨とは異なる検察官の主張する事実を認定するための証拠資料とすることができるか（更問） 事件の夜、V女が、Dに対し「もう貴方には会えない。訳は言えない。絶対に連絡しないで」とのメールを送ったことについて、検察官がこのメール記録を、立証趣旨を「被害者が事件でショックを受けた余り、恋人に今後の交際ができない旨伝えた事実」として証拠請求して採用されたが、弁護人が、「このメールの意味は、V女がDに愛想がつきていたので、交際を断ろうとしたものだ」と主張した場合、裁判所は、この立証趣旨に拘束されるか。

Yらは、事件前夜にV女が「早くYさんに会いたいなあ」などと書いたメールの日付を改ざんし、事件後に送ったように装い、弁護人はそれを信じて、これを「本件の後もV女から被告人らに会いたがっていた事実」の立証趣旨で証拠請求しました。しかし公判でのYらの反対尋問の結果、Yらはしどろもどろとなり、裁判所は、メールの日付が改ざんされたものだとの心証を得ました。検察官はこれを踏まえ、論告においてこのメールを引用し、Yらが本件犯行のために巧み

---

(5) ポリグラフ検査に関する△東京高決昭和41・6・30高刑集19巻4号447頁、臭気選別に関する△最決昭和62・3・3刑集41巻2号60頁などもこれに沿っている。
(6) 科学的捜査については、三井(Ⅲ)133頁以下に詳しい解説がある。

にV女を呼び出したという事実を主張しました。このような場合、裁判所は弁護人の立証趣旨と異なる事実を認定することが許されるか否かの問題です。更問の問題も同じですね。これらについては、立証趣旨の拘束力の問題であり、まず基本からしっかり確認していきましょう。

自由心証主義と立証趣旨の拘束力

1 自由心証主義

刑訴法318条は「証拠の証明力は、裁判官の自由な判断に委ねる」と定め、自由心証主義を採用しています。立証趣旨の拘束力の問題を考える前提として、この自由心証主義の基本についてよく理解しておく必要があります。

(1) 自由心証主義が確立した歴史的経緯

自由心証主義は、大陸法系の刑事手続の歴史の中で、法定証拠主義を克服する形で確立しました。法定証拠主義は、近世初期の糾問主義手続と結びついて現れ、16世紀のフランスの1532年カロリナ刑事法典では、有罪判決のためには自白及び2人以上の一致した証言を必要とする厳格な法定証拠主義が採用されていました。これが拷問の温床となったのです。自由心証主義はこのような拷問の温床の弊害を克服するために登場し、1791年、フランスの大革命により刑事陪審制度が導入されたのですが、同年の法により法定証拠主義を排して内的確信を要求する自由心証主義が採用されるに至り、これが大陸法系の国々に浸透しました。1877に成立したドイツ刑事訴訟法では、261条が「証拠調べの結果については、裁判所は、自由な公判審理の全体から得た確信に従って判断する」と自由心証主義採用を宣言しました。ところで、自由心証主義は、このように大陸で生まれたのですが、英米では、自由心証主義という原則はないものの、逆に法定証拠主義の経験もなく、合理的推論による認定が原則とされてきたのです（三井（Ⅲ）46頁以下、田口［6版］346頁以下など参照）。

(2) 我が国における歴史的経緯

江戸時代は、有罪とするためには自白を必要とする法定証拠主義であり、様々な拷問が用いられていました。これは明治に入ってからも、初期までは自白が有罪判決の必要十分条件で、ある種の法定証拠主義でした。1873年の改定律例では「凡罪ヲ断ズルハ口供結案ニヨル」とされていたのです。しかし日本に近代的司法制度を導入するためお雇い外国人としてフランスから来日したボアソナードは、このような法定証拠主義と拷問制度を批判しました。それらの声の高まりを受け、1876年の太政官布告86号は「凡罪ヲ断ズルハ証ニヨル」と上記律例を改定し、また同年の断罪証拠に関する司法省達も「前件ノ証拠ニ依リ罪ヲ断ズルハ専ラ裁判官ノ信認スル所ニアリ」とし、我が国に自由心証主義が誕生しました。これは、その後ボアソナードの主導によるフランス法に倣った我が国初めての近代的刑事法典である治罪法146条2項、や旧旧刑訴法（明治刑訴法）90条にも受け継がれました。更にドイツ法に倣った旧刑訴法（大正刑訴法）337条にも「証拠ノ証明力ハ判事ノ自由ナル判断ニ任ズ」と引き継がれ、これは異論なく戦後に制定された現行刑訴法に引き継がれたのです。

(3) 現行刑訴法の自由心証主義

現行刑訴法は、英米法の影響を受けて、伝聞法則を導入するなど旧法より証拠能力の制限を強

め、自白についても憲法と共に、補強証拠を必要とすることとしました。このような現行法の下での自由心証主義は「制限された自由心証主義」「相対的な自由心証主義」といわれます。旧法との主な違いは①当事者主義の採用によって、裁判所の証拠判断及び事実認定の適正化を図ること、②自白法則や伝聞法則によって証拠能力を制限し、証明力を判断する「証拠」の範囲が制限されたこと、にあります。

自由心証とは、裁判官の裁量の大きい直感型ではなく、「自由」は「専断」を意味せず、自由心証も、いわば内在的制約として、経験上及び論理上の一般法則すなわち経験則及び論理則にかなった合理的なものでなければならなりません。「自由心証主義は実体的真実の目的からみとめられたものであるから、自由といっても、裁判官の恣意を許すものでないのはむろんのこと、また、その純粋な自由裁量をみとめるものでもない。～証拠の評価は、性質上、直感的要素を含むが、全体として経験上の法則と論理上の法則にしたがって行われることを要する。しかも、その経験上の法則は、素朴的なそれでは不充分で、科学的経験法則でなくてはならない。かようにして、自由心証主義は当然に合理心証主義であり、さらに科学的心証主義である」（団藤［七訂版］282頁）とされます。

(4) 自由心証主義の合理性の担保と自由心証主義の例外

そのような自由心証主義の合理性を担保するための関係規定には次のようなものがあります。

ア　職権による排除決定：規則207条
イ　有罪判決における証拠標目の提示：335条

裁判所は、取調べた証拠が証拠とすることができないものであることが判明したときは、職権でその証拠の全部または一部を排除する決定をすることができます。これによって事実認定に用いることができない証拠によって事実認定をしたものではないことを客観的に明らかにできます。また、有罪判決に証拠標目を提示することによって、自由心証主義が裁判官の恣意的判断によるものでないことを客観的に示すのです。

また、自由心証主義の例外としては、
ア　自白には補強証拠が必要とされること
イ　上級審による破棄差し戻し、移送における判断は差戻審や移送を受けた裁判所の判断を拘束すること（裁判所法4条）

などがあります。被告人が公判廷で涙を流して罪を認め、裁判官がそれを真実だと思っても他の補強証拠がなければ有罪にはできませんし、控訴審の破棄差戻し判決で示されて破棄の理由を差戻審の裁判所が納得できないとしてもそれには従わざるを得ないのです。

2　立証趣旨の拘束力

立証趣旨とは、その証拠の取調べを請求する当事者が、その証拠によってどのような事実を立証しようとするのかを、裁判所は相手方に示すものです。立証趣旨の基本的な意味等については、既に総論のところでお話ししましたのが、復習しましょう。

立証趣旨の拘束力が問題になるのは、自由心証主義の下では証拠の証明力は裁判官の自由な判断によるべきだから、立証趣旨の拘束力を認めるのはこれに反するのではないかという疑問によります。

(1) 立証趣旨の明示が求められる理由

その前提として、当事者が証拠調べを請求する際、立証趣旨の明示が要求されるのはなぜか、ということを考えなければなりません。

関連規定を見ましょう。

まず、証拠調べの請求段階では、規則189条1項が、

「証拠調べの請求は、証拠と証明すべき事実との関係を具体的に明示して、これをしなければならない。」

としています。これが立証趣旨の明示を意味します。

公判前整理手続が開かれる場合には、法316の5、5号が、

「前号の請求にかかる証拠について、その立証趣旨、尋問事項等を明らかにさせること」

としています。「立証趣旨」という用語自体は、これによって初めて刑訴法の明文に登場したのです。また、規則217の20は、公判前整理手続において、

「検察官、被告人又は弁護人は、証明予定事実を明らかにするに当たっては、事実とこれを証明するために用いる主要な証拠との関係を具体的に明示することその他の適当な方法によって事件の争点及び証拠の整理が円滑に行われるよう努めなければならない。」

としており、これも立証趣旨の明示を踏まえた規定です。これらによって、裁判所は、「このような立証趣旨であればこの証拠を採用する意味があるし、その証拠調べについてどのくらいの時間が必要だろうか」などの判断が可能となります。

更に、公判が開始されてからは、法295条1項が

「裁判長は、訴訟関係人のする尋問又は陳述が既にした尋問もしくは陳述と重複するとき、又は事件に関係のない事項にわたるときその他相当でないときは、訴訟関係人の本質的な権利を害しない限り、これを制限することができる。」

とし、規則199の3①が、

「主尋問は、立証すべき事項及びこれに関連する事項について行う。」

としています。裁判長は、当事者が請求した証拠の立証趣旨を踏まえて必要かつ十分な尋問がなされるよう訴訟指揮をしなければなりません。例えば、弁護人が情状証人として請求し採用された証人について、突然被告人のアリバイの存在を示す尋問を始めてしまったら、証人採用をした前提が崩れますし、検察官に対しては不意打ちとなってしまいますね。 これらから分かるように、立証趣旨の明示が要求される理由は、①裁判所による証拠採否の決定や、証人尋問等が適正に行なわれるための参考ないし基準を提供すること、②当事者に不意打ちを与えず、効果的な防御や反証活動を可能にすること、にあります。

(2) 立証趣旨の拘束力

しかし、このように適切な立証趣旨の下に採用された証拠であっても、公判審理において、請求者が期待したような証言が得られなかったり、証拠に対する評価が、請求者の意図に反し、裁判官に異なる心証を形成させてしまうことがあります。このような場合に、裁判所は、請求者が示した立証趣旨に拘束されるのか否かが、この問題です。例えば、「被告人にアリバイが成立すること、との立証趣旨で採用された証人が、反対尋問で崩れ、被告人と口裏を合わせた虚偽のアリバイ証言であったことが明らかとなった場合、裁判所は、この証言から、アリバイが成立しない、と認定することができるか？」というもので

ア 判例には、古いものですが△東京高判昭和27・11・15高刑集5巻12号2201頁、判タ27号61頁があります。この事案は、詐欺事件で、原審弁護人が「お願い」と題し、被害金弁償を受領するよう求めた書面を、犯罪後の情状を有利とする趣旨で提出したにもかかわらず、原審が犯罪事実認定のための証拠としたことが違法であったとして控訴されたものです。

判決は、

「わが刑事訴訟法は、当事者主義をかなり強く採りいれてはいるもののなお職権による証拠調の制度を認めていること等からしても当事者主義のみに徹底しているものとは考えられない」「規則189条が立証趣旨を明らかにすることを求めているのは、さし当り採否の決定をする参考のためであって、立証趣旨なるものにそれ以上の強い効力を認めることは法の精神とするところではない」「いやしくもこれがされた限り自己の不利益にも使用されることのあるのを予期すべきなのであって」とし、ただ強いて言えば、として328条の弾劾証拠として提出した場合、伝聞法則との関係で、立証趣旨の如何により同意の意味が異なる場合があり、証人に対する反対尋問の範囲に相違を生ずることが考えられるので、それらの場合に証明すべき事実との関係で証拠能力の認められないことがありうるが、「これはいずれも証拠能力の問題に帰着するのであって、厳密にいうと裁判所が当事者の立証趣旨に拘束されたということはないのである」

とし、本件は、それらの場合に当たらないとしました。

この判決が「当事者主義のみに徹底しているものとは考えられない」としたことは、当事者主義が確立した今日ではそぐわない面もありますが、立証趣旨の拘束力等に関する後半部分の判示はおおむね妥当だと思います。

[川井さん]

よくわからないのは、もしこの事案で詐欺罪の成否が争われているとすれば、なぜ弁護人側は被害者に「被害金弁償」の受領を求めたりするのでしょうか。

[太田]

判文からは具体的状況が明らかでないのですが、一般論として言えば、実務では、被告人側が詐欺等の財産犯について無罪だと主張している場合でも、「詐欺の犯意はなかったので犯罪は成立しないが、少なくとも相手方から財産給付を受け、迷惑をかけたことは事実なので、それは返還する」という趣旨でこのような対応をすることがあります。こうしておけば、万一有罪と認定されてしまっても、実刑を回避できる、などという予防策的な意味もあるからです。

学説では、拘束力を否定するのが多数説です。証拠調べの結果、請求者の意図とは反対事実を立証させることになることもあり得るのであり、自由心証主義の下では、理論的には立証趣旨の拘束力は否定されるのが当然だからです。

イ 制約を受ける場合

立証趣旨の拘束力を認めないのが原則ですが、次のような場合には、制約があります。

① A訴因の立証のために取り調べた証拠は、原則としてB訴因の立証には供し得ない。
    → 訴因制度の実効性確保のためであり、立証趣旨の拘束力を否定するからではない。必要ならB訴因をも趣旨に含めればよい。
② 共同被告人の一部に対する犯罪立証のために提出された証拠は他の共同被告人の犯罪立証のためには利用できない。
    → もともと共同被告人といっても訴訟法律関係は別個であるためである。

③　訴訟法的事実を立証するための証拠、例えば親告罪の告訴の存在を示す告訴状、自白の任意性を立証するために尋問した警察官の証言から、犯罪事実の存否について心証を得ることはできない。
④　証拠の証明力を争うために提出された証拠を、犯罪事実の認定に使用することはできない。
⑤　量刑事情として証拠調べの申請があった情状証拠については、これを直ちに犯罪事実の認定資料としてはならない。
　　→　③、④、⑤については、立証趣旨の拘束力を肯定するからではなく、同意や伝聞法則の例外として与えられた証拠の証拠能力の問題である。その立証趣旨の限度で証拠能力が付与されたのだから、それを超える証明のためには用いられない。
⑥　伝聞証拠について、要証事実との関係で伝聞性がないとして採用された証拠については、その内容の真実性の証明の資料とはできない。
　　→　例えば東京地決昭和56.1.22のロッキード事件児玉ルートの児玉領収書がその典型である。これを認めてしまうと伝聞法則が骨抜きとなる。これも立証趣旨の拘束力の問題ではなく証拠能力の問題である。

ウ　同意の効力と立証趣旨の関係

　これは、請求された証拠について「そのような立証趣旨であるならば同意する」「その立証趣旨に限定して同意する」などと同意意見を述べた上で採用された証拠について、その立証趣旨と異なり、あるいはその範囲を超えた証明に用いてよいのか、という問題です。これは、かつては、立証趣旨の拘束力の問題として論じられていました。しかし、現在は、同意の効力の問題と捉えられており、同意の効力は立証趣旨の範囲内に限られるという説（限定説）、これをまったく否定する説（非限定説）、および、原則的には非限定説によりながら特別な場合には立証趣旨による限定を肯定する説（折衷説）があります（石井・刑事実務証拠法［5版］97頁以下に詳しい）。折衷説が妥当であり、実務も基本的にこれによっていますが、立証趣旨に限定される「特別な場合」とは、例えば次のようなものがあります。
①　検察官が請求した告訴状（告訴の意思のみでなく被害の具体的状況も記載されているのが通常）について、被告人が「告訴がなされたこと」という訴訟法的事実に限るとして同意した場合には、その告訴調書を犯罪の証明に用いることは許されない。
②　検察官が、被疑者による犯行再現実況見分調書を、「自白通りの方法で犯行が可能であること」という立証趣旨で請求し、被告人が、「その立証趣旨に限定して同意する」として採用された場合には、被告人がその犯行をしたこと自体の証明に用いることは許されない。
③　検証・実況見分調書の立会人の指示説明部分に、現場指示を超えた供述までが記載されているため、被告人が、供述に至らない現場指示に限るとして同意した場合、供述部分を犯罪の証明に用いることは許されない。

　ただ、問題は、被告人側が、このような明示的な限定を付さず、漫然と同意した場合には問題が生じることがあります。これについては、立証趣旨の拘束力はないという原則を踏まえつつ、具体的事案に即して、被告人の同意の真意を判断することとなります。被告人が無罪だと争っている場合と、事実は認めている場合では事情は異なるでしょう。例えば、告訴状について、検察官が「告訴の事実等」などのファジーな立証趣旨で請求し、被告人が限定を付さず同意した場合、もし被告人は犯罪を認めて情状だけを争っている場合には、この告訴状に記載された被害の状況を犯罪の認定に用いることは許されるでしょう。

実務的に大切なことは、裁判所は、当事者が請求する証拠の立証趣旨に問題があると考えた場合、適宜、請求者にその立証趣旨の意図を質し、相手方に的確に対応させるとともに、証拠の証明力を争う機会を与えるなどして、不意打ちにならないような手続の運営が必要です（上記石井102頁参照）。なお、例えば告訴状に被害状況も記載されているが被告人が無罪を争っているような場合、弁護人としては検察官に対し「告訴状記載の被害状況に関する部分を削除するなら同意する」などと求め、検察官がこれに応じてその部分をマスキングし、告訴状の「抄本」として証拠請求すれば問題は回避され、実務ではこのようなことも行われています。

3 事例問題の検討

以上、勉強した基本を踏まえれば、設問の答えはおのずと出てきますね。いかがですか。

[山田君]

Yの公判において、Yらが日付を改ざんしたメールについて、検察官の反対尋問により、裁判所は、そのメールが事件の前に送られたものだ、という心証を得た場合には、立証趣旨に拘束されず、検察官主張にそった事実認定をすることができます。

[太田]

そのとおりですね。では、検察官が本件の告訴調書について、「告訴がなされた事実」として証拠請求し、弁護人が同意して採用された場合、裁判所はこの告訴調書を強姦の事実の心証形成のために用いることができますか。

[海野君]

できません。検察官の立証趣旨も告訴という訴訟法的事実に限定して請求していますし、被告人は無罪を主張しているのですから、立証趣旨はそれに限定されます。

[太田]

そのとおりです。ただ、もしこの事案で被告人が事実を争っておらず、漫然と同意した場合には、裁判所は告訴状記載の事実を犯罪の認定に用いることも許してよいと思います。また、更問についても同様です。事件の夜、V女が、Dに対し「もう貴方には会えない。訳は言えない。絶対に連絡しないで」とのメールを送ったことについて、検察官がこのメール記録を、立証趣旨を「被害者が事件でショックを受けた余り、恋人に今後の交際ができない旨伝えた事実」として証拠請求して採用されたが、弁護人が、「このメールの意味は、V女がDに愛想がつきていたので、交際を断ろうとしたものだ」と主張した場合、裁判所は、検察官の立証趣旨に拘束はされません。ただ、本事案では裁判所は検察官の立証趣旨に沿った認定をするでしょうね。

7 警察官がV女のメールの画面を撮影して作成した写真撮影報告書は、いずれの規定によって証拠能力が認められるか。

警察官は、その五官の作用によって、メールの内容を読み取り、メールの画面を写真撮影してそれを添付した捜査報告書を作成しました。この作業は検証の性質を有するので321条3項により、その警察官がこの報告書を作成した作成名義の真正と、メール内容を正確に記録した記載の真正を証言すればその伝聞過程が解消されてこの報告書が証拠採用され、メールの内容が証拠となります。この、メールに記載されていたのは「もう貴方には会えない。訳は言えない」という内容であり、これはV女の供述書に該当します。しかし、この記載内容は過去の事実についてV

女の知覚・記憶に基づくものではない、V女のメール作成当時の精神状態に関する供述であるので、伝聞法則の適用はなく、「V女がDと今後会えないとの心理状態になっていたこと」を立証することができます。

8 検察官が、Xの自白の任意性を立証して自白調書を採用させるためにはどのような対応が必要か。

Xは、捜査段階で自白調書が作成されていたが、公判では「刑事から厳しく責められたので、認めた調書を取られてしまったが、強姦したというのは嘘である」旨弁解し、自白調書の任意性を争いました。任意性については訴訟法的事実ではありますが、実務ではだからといって自由な証明で足りるとはされず、特に取調べの具体的状況・内容については取調べを行った警察官等の証人尋問によるのが通常でした。これによって弁護人は、警察官に対する反対尋問で、取調べの過程で脅迫や偽計、利益誘導があったのではないか、と問い質し、裁判官がそのような心証形成をすれば任意性が否定されて自白調書は採用されないことになります。ただ、近年は、取調べの録音録画がなされた事案においては、自白の任意性の立証は、まず録音録画媒体によるという運用が定着しつつあります。

このような取調べの具体的内容等ではなく、取調べの開始時間や終了時間、調書作成の有無等の客観的な事実については、自由な証明で足り、実際には刑事訴訟規則に基づいて作成される取調状況報告書とか留置人出入簿による立証によることができます。

198条の4「検察官は、被告人又は被告人以外の者の供述に関し、その取調べの状況を立証しようとするときは、できる限り、取調べの状況を記録した書面その他の取調べ状況に関する資料を用いるなどして、迅速かつ的確な立証に努めなければならない。」

9 検察官は、Yの署名押印のない調書に記載された自白の内容を公判に顕出するなんらかの方策があるか。

Yは、V女を強姦したことを警察官にいったんは素直に自白したのですが、弁護人と接見した後に再び否認に転じ、作成途中の自白調書への署名押印を拒否したため調書は未完成に終わってしまいました。供述録取書には供述者の署名押印が必要ですから、この自白調書はそのままでは証拠能力がないことは当然です。

まず、仮に、検察官がこの署名押印のない未完成の自白調書を証拠請求し、被告人弁護人が、326条の同意をした場合はどうでしょうか？

[川井さん]

326条の同意は証拠能力付与説が実務通説ですから、署名押印の要件を書いた調書でも同意があれば証拠能力は与えられると思います。

[海野君]

いくら同意があるからといって、供述録取書の基本的な要件である署名押印を欠くような調書まで証拠能力が与えられるのは問題じゃないかな。

[太田]

二人の言うとおり、学説や裁判例は分かれています。署名押印は、供述録取書の必須の要件なので同意によっても認められない、という説もある一方、実務・通説的な立場では、同意があれ

ば署名押印のない供述録取書でも証拠能力を付与されるとしていますね。今話したような事態が生じることは稀でしょうが、捜査段階では否認していた被告人が、公判段階で、罪を認めて寛大な量刑を得ようとする場合に、起きる場合もあり得ます。また、犯行再現状況の実況見分調書のところで勉強しましたが、再現写真の下部に、被疑者の説明部分があり、その部分は現場指示を超えた供述になっている場合、その箇所ごとに被疑者の証明押印が必要とされますが、この署名押印がなかった場合でも、その実況見分調書全体を同意した場合、その供述部分についても証拠能力が与えられるという場合は想定できますね。

次に、あくまで被告人が罪を争い、このような同意をしなければ、未完成の自白調書に証拠能力はないのは当然ですが、せっかくYはいったん自白し、その内容を取調官が把握していたのですから、これをなんとか公判での証拠として用いる方法はないでしょうか。ヒントを出しますが、324条1項は使えませんか。

[山田君]
324条1項は、被告人以外の者の供述で、被告人の供述を内容とするものについては、322条1項が準用されるので、被告人が不利益事実の承認を任意に行ったものである場合には、その供述内容に証拠能力が認められます。あっ、そうか、警察官だって被告人以外の者であることに変わりはないし、被告人Yが警察官に罪を認めて自白し、その取調べ過程に任意性を疑わせる事情はないようなので、324条1項の適用が可能になりますね。とすれば、取調べ警察官が、証人として、自分がYの取調べを行って得られたYの自白内容を証言すれば、それがYの公判での供述に「代わる」ものになるのですね。

[川井さん]
そうかしら。被告人以外の者だからといって、一般市民と対立当事者である警察官を一緒にするのはしっくりこないわ。324条の「被告人以外の者」に警察官まで含めるのは行き過ぎだと思います。

[太田]
川井さんの気持ちは分かりますが、判例・通説では、取調官も324条1項の証言主体から除外されず、取調官の証言する被告人の供述が322条、319条の要件を満たす任意性のあるものであれば、証拠能力が認められるとしています。これが争点になった判例として○東京高判平成3・6・18判タ777号240頁があります。これは殺人等事件で、当初犯行を否認していた被疑者が、検察官に対し身元不明の死体と被害者との結びつき等の秘密の暴露を含む重要な自白をしたのですが、被疑者は検察官調書への署名押印を拒否したためPSは作成されていませんでした。そのため取調べた検察官が公判廷で取調の状況や内容を詳細に証言しました。弁護人は検察官の公判証言は伝聞証拠に当たるとして採用を争いました。

本判決は、

「刑訴法324条1項が、『被告人以外の者』の範囲について法文上なんら限定を加えていないばかりでなく、証人がした供述は宣誓によってその信用性が担保され、一方、被告人としても、公判廷で証人に対し被告人が供述したとされる内容が正確に再現されているか否か十分に反対尋問をすることができ、更に、いつでも右証言内容に関する被告人自身の意見弁解を述べることができるのであるから、被告人の供述がその署名押印のある供述調書に記載されている場合とを比較して、証人の供述により公判廷に顕れた被告人の捜査官に対する供述内容のほうが、その信用性や証明力が劣るということはできない」と判示して、このような場合の取調官の証言について

324条1項が適用されるとした上、本件においては、①被告人が供述を二転三転させたり真摯な態度で取調べに臨まず、供述調書への署名指印を拒否していること、②上申書によれば、同房者から「調書に署名したらおしまいだよ」と教えられていたこと、③取調検察官は、調書作成ができなかった都度その供述内容を記載した捜査報告書を作成していたこと、④取調検察官は、自ら作成した捜査報告書によって記憶を喚起しながら被告人の伝聞供述を証言したこと、などを指摘して、任意性を肯定した原審の判断を是認しました。

　この判例を踏まえれば、本件においては、刑事のYに対する取調自体には任意性を疑わせるような事情はなく、Yが弁護人の助言を受けて署名押印を拒否したために調書が作成できなかったに過ぎませんので、取調警察官が公判廷でYの取調べ状況と自白の内容を証言すれば、324条1項に基づき322条1項が準用され、その自白内容に証拠能力が与えられることになりますね。

事例講義4
暴力団の組織的覚せい剤密売事件

事　例

第1　覚せい剤密売事件の状況と捜査遂行・事件処理状況

1　密売事件の内偵捜査

(1)　甲市の繁華街に事務所を置く暴力団A組は、かねてから、大阪の系列暴力団を経由して韓国から大量の覚せい剤を密輸入し、甲市やその周辺地域において密売しており、警察はその内偵捜査を続けていた。A組の組員Bは、別件の恐喝事件で逮捕・起訴されていた。Bは、暴力団から遠からず足を洗いたい意向を示していたため、警察官からA組の覚せい剤密売についての情報提供を求められると、「ほぼ毎月、定期的に、大阪からA組の若頭Xの愛人W女のマンション宛てに宅配便が送られており、これが覚せい剤の仕入れだ」と警察官に打ち明けた。

(2)　警察は、W女のマンション近辺の宅配便業者に聞き込みをしたところ、ある業者の集配所が、W女のマンションに毎月1回程度、大阪方面からの宅配便の配達を行っていることが判明した。そこで警察は、その所長に協力を求め、次回にそのような宅配便が届いた場合には、直ちに警察に連絡し、配達前の数時間その荷物を借り受けることを依頼し、承諾を得た。平成23年3月3日午前9時ころ、所長からの連絡で警察官が集配所に急行したところ、大阪の「C某」が荷送人、W女宛てで、内容物は「菓子」とされた重さ約3キログラムの荷物1個が届いていた。警察官は直ちにこれを借り受けて空港に急行し、税関の設備を利用して内容物のX線検査を行ったところ、大きな袋入りの固形物の塊らしきものが3個入っていることが確認され、それは覚せい剤入りのビニール袋3個で、1個が1キロ入りであると強く疑われた。そこで、警察はこの荷物を宅配便業者に返還し、できるだけ配達時間を遅らせてもらうよう依頼する一方、直ちに、これらの状況をX線検査に係る捜査報告書にまとめた上、それまでの同組の密売状況についての内偵捜査の報告書と共に、裁判官に対しW女マンションに対する本件覚せい剤の捜索・差押えのための令状請求を行った。

2　捜索・差押えとW女の逮捕

(1)　同日午後0時30分ころ令状は発付されたので、警察官数名が直ちにW女宅マンションに赴いた。ところが、入れ違いにマンション駐車場から、W女の愛人の若頭Xのベンツが発進し、警察官が追尾する間もなく走り去った。警察官は、後刻、この現認状況について捜査報告書を作成した（Xのベンツの立ち去り状況についての捜査報告書）。W女宅にはW女が在室しており、警察は直ちに同女に令状を示して捜索を開始した。しかし、宅配便業者の配達が予定より早くなされ、捜索執行開始の30分ほど前にW女宅に届いていたものであったため、既にその荷物の箱は開けられており、内容物は何も残っていなかった。警察官が、W女に「この荷物の中身はどうした。覚せい剤が入っていたんだろう。Xが持ちだしたんだな」と問い質したが、W女は平然として「私は何にも知りませんよ。あんた達が勝手に調べればいいでしょ」などと言を左右にするのみであっ

第2編　実践編　事例講義

た。警察官は、マンション居室内をくまなく捜索したところ、洗面所から、数本の注射器が発見されたので差し押さえた。また、W女はやせて目をぎらつかせて汗をかいており、覚せい剤の使用が強く疑われた。そこで警察官は、同女に、尿の提出を促したが同女がこれを拒否したので、直ちに裁判官に対する強制採尿令状の発付を求める手続を、警察官の1名に指示して開始させた。

(2)　一方、捜索を続け、注射器以外に前記の宅配便の空箱も証拠物として差し押さえた（宅配便の空箱）。また、電話機が置かれた台の上にメモ用紙があり、それに鉛筆で「明日PM8、ホテル太陽512号室、Yに1k×2」と記載されていた。警察官が、W女に対し「このメモは何だ。あんたが書いたんじゃないのか」と問い質したところ、W女は顔色を変え、明らかに動揺していたが「私が書いたんじゃない。何のことか分かりません」と白を切るだけであった。警察官は、このメモを差し押さえた（電話機台上のメモ）。また、これらの捜索差押経過について捜索差押調書が後刻作成された（W女宅捜索差押調書）。本署から、間もなく強制採尿令状が発付される見込みだとの連絡があったので応援を求め、来場した警察官にW女を警察署まで任意同行させた。その後、同女は、強制採尿令状が発付されたことを知ってあきらめて任意に尿を提出し、覚せい剤が検出されたので覚せい剤使用の罪で緊急逮捕され、所要の手続を経て勾留された。

(3)　他方、捜索当日の午後6時ころ、保釈中であった組員Bから警察に電話があり、「今日W女宅をガサしたそうですね。ブツは何も出なかったでしょう。俺が今日午後1時過ぎころ組事務所に顔を出したら、若頭Xが、どこかに電話しており『間一髪だった。早くブツを処分しないといかん。安くするから、2でなく3全部を引き取ってくれ。太陽には、俺は夕方早めに行って待ってるから』と言ってましたぜ。太陽というのは、時々Xが使っていたホテルで、Xは『500何号室』とか言っていました。下二ケタの数字は聞き取れませんでした。多分、W女宅から持ち出したシャブをホテル太陽で売りさばくんじゃないですかね」と情報提供してきた。前記のメモと照らし合わせれば、同日8時に、XがYという人物に対し大阪から仕入れた覚せい剤3キロのうち2キロを売りさばく予定であり、Xは追加でもう1キロも含めて全部処分しようとしていることが強く窺われた。

3　ホテル太陽での捜査遂行と被告人らの逮捕

(1)　しかし、もう午後6時を回っており、ホテル太陽512号室の捜索差押許可状を取得する時間的余裕がなかったため、警察官数名は、高性能のマイクと録音機を持って直ちにホテル太陽に赴いた。そして支配人と交渉し、512号室の隣の511号室を借り受けた。すでに、512号室には、偽名ではあるが、午後5時50分頃男がチェックインして入室しており、Xであろうと思われた（512号室の入室に関する捜査報告書）。そこで、警察官は、集音力の強い高性能マイクで壁越しに512号室の声や物音を聞き始めた。しばらくして、Xの声と思われる「もう部屋に来て待っているぞ。W女もぱくられた。やばくなってるからいつ足がつくか分からん。とにかく早く来てくれ」と誰かに電話している声が聞こえたので警察官はこれを録音した。

(2)　約1時間後の午後7時30分ころ、ホテル周辺に張り込んでいた警察官から「今、駐車場にクラウンが来て駐車し、男が一人でホテルに入っていった。男は手ぶらだ」と無線連絡があった（Yのホテル太陽到着の捜査報告書）。そこで、511号室の警察官が、注意深く512号室の様子を窺っていると、高性能マイクにより、ドアがあいて誰かが入室し、Xと話し始めたる声が聞こえてきた。会話は「そんならこれ、三つだ」「今は二つ分しか金を持って来ていない。今度必ず渡すから」などとのやりとりであり、5分もしないうちに、誰かがドアから出て行った様子が聴き取れたの

で録音した(512号室録音結果報告書、(1)の分の録音も含む)。令状は用意していないため職務質問・所持品検査を行うしかなく、511号室の警察官が駐車場付近に潜んでいる警察官2名に無線連絡し、「今男がブツを持って出て行った。すぐ職質をかけろ」と指示した。

(3) ホテルから出てきた男は、入るときには持っていなかったデパートの買い物袋を下げており、まっすぐクラウンの方に近寄って運転席に乗り込んだ。警察乙が直ちに駆け寄り、運転席のドアを開けて「ちょっと待て。聞きたいことがある」と声をかけた。男は顔色を変え「なんだ、切符（令状の暗語）はあるのか。俺は関係ない」と言ってエンジンのスイッチをかけ、発進しようとした。警察官乙は「何で逃げるんだ。とにかくちょっと待て」と言いながら、半開きのドアから腕を伸ばし、エンジンスイッチを切ってキーを取り上げた。また、それと同時にもう1名の警察官が、附近に停めていた警察車両に乗り込み、発進させて駐車場内に入り、男のクラウンの目の前に停車してその発進を阻止した。

そして、警察官乙が、男に「その紙袋はなんだ。シャブが入ってるんだろう」と言いながら、紙袋の吊り手を掴んで持ち上げた。男は「こんなん違法捜査だろう。弁護士を呼ぶぞ」と叫んだが、警察官乙は、それを無視して紙袋の口を軽くつまむようにして開くと、新聞紙に包まれた三個の塊状の物が入っているのが見えた。警察官乙は、手を袋に差し入れて新聞紙の端を少しめくるようにすると、白い結晶がぎっしり詰まったビニール袋であることも確認された。警察官乙は「これは、誰が見てもシャブじゃないか。予試験させてもらうぞ」と言うと、男は、ふてくされ「どうにでもしろ。弁護士に頼んで徹底的に争うからな」と言って後は黙り込んでしまった。警察官乙は、ビニール袋の端を少し破って取り出した微量の白い結晶を試薬を用いて検査したところ覚せい剤の反応が得られたので、午後7時40分ころ、直ちに男を覚せい剤所持の現行犯として逮捕し、これらの覚せい剤を差し押さえた(Yの現行犯人逮捕手続書、覚せい剤約3キログラムの差押調書、覚せい剤約3キログラム)。

(4) 警察官乙らは、直ちに511号室にいる警察官丙に連絡し「今、男とブツを確保した。予試験結果も陽性だ」と伝えた。そこで、警察官丙らは、直ちに廊下に出て512号室をノックし、顔を出したXに対し「今覚せい剤3キロを男に譲り渡したな。緊急逮捕する」と告げてXを緊急逮捕した。その後、所要の手続により逮捕状は発付された(Xの緊急逮捕手続書)。

4　その後の捜査等

(1) 駐車場で逮捕した男は、A組の系列組の幹部Yであることが確認された。しかし、XもYも勾留後の取調べには一切応じず、完全黙秘した。その上Yは、数日後に心筋梗塞を起こし、留置場内で死亡してしまった。

(2) Yの死亡が新聞で報道された翌日、またBから警察官に電話が架かってきて、Bは「Yが死んだそうですね。実は、前回、Xがホテル太陽で誰かに覚せい剤を売るような電話のやりとりをしたと話してましたが、その相手はYだったんですぜ。俺は当時からそのこと知ってましたけど、余り刑事さんに話し過ぎると情報源は俺だとばれてしまうので、全部は話してなかったんです。事件の前の3月1日に喫茶店でYと会ったとき、Yは『Xからは何回も覚せい剤を買ったことがある。Xは大阪からいいネタを仕入れている。大阪から覚せい剤が届くたびにXは俺に買わないかと声をかけてくるんだ』と言ってました。Yが逮捕された3月3日の午後にも、Yは私に電話をかけてきて、『今夜ホテル太陽でXと会う。大口の取引だ。Xが追加でもう1キログラムなんとか引き取ってくれと言ってる。俺も今のところ2キロは捌く先があるが、1キロはあてがない。

お前の人脈で誰か売り捌き先がないかなあ』と言ってました。私は内々、組から足を洗おうと思っていたので、やばいことはごめんだと思って口を濁してました」などと情報を提供してきた。

(3) W女宅の電話機の台から差し押さえられたメモについては、その筆跡とXが書いたその他の書面等の筆跡との同一性を確認するため科学捜査研究所に鑑定を嘱託したところ、「同一人の筆跡であると判断される」との鑑定結果が得られた（筆跡鑑定結果報告書）。

5 事件処理

検察官は、本件捜査によって得られた下記の各証拠を検討し、Xについて、Yに対する覚せい剤約3キログラムの譲渡の罪で公判請求は可能であると判断し、勾留延長満期の日に、Xを公判請求した。また、W女についても覚せい剤の自己使用の罪で公判請求したのち、Xの覚せい剤譲渡しの幇助罪として再逮捕・勾留され、追起訴された。

公訴事実

被告人Xは、法定の除外事由がないのに、営利の目的で、平成23年3月3日午後7時30分ころ、○市○町○丁目○番地所在ホテル太陽512号室において、Yに対し、フエニルメチルアミノプロパン塩酸塩を含有する覚せい剤約3キログラムを譲り渡したものである。

【収集された証拠】※Bが調書作成に応じなかったものとする
X線検査に係る捜査報告書
Xのベンツの立ち去り状況についての捜査報告書
宅配便の空箱
電話機台上のメモ
筆跡鑑定結果報告書
W女宅捜索差押調書
512号室の入室に関する捜査報告書
Yのホテル太陽到着の捜査報告書
512号室録音結果報告書
Yの現行犯人逮捕手続書
覚せい剤約3キログラムの差押調書
覚せい剤約3キログラムとその鑑定結果報告書
Xの緊急逮捕手続書

第2 公　判

XとW女の公判は併合されずそれぞれ審理されることとなった。

1 Xの公判

Xは全面否認し、宅配便のX線検査の違法性、512号室の秘密録音の違法性、YやXの逮捕手続の違法性などを強く主張し、検察官請求の全書証を不同意とし、覚せい剤及びその鑑定結果報告書について証拠排除を申し立てた。

2　W女の公判

W女は覚せい剤自己使用についてのみは認めたが、Xの譲渡しの幇助については、Xと同様に捜査手続の違法性を主張し、書証を不同意とし、覚せい剤の鑑定結果報告書謄本について証拠排除を申し立てた。

―――― 証拠構造（Xの覚せい剤譲渡事件）の参考例 ――――

1　3月3日午後7時30分ころ、Yが、ホテル太陽に来てクラウンを駐車場に駐車し、ホテルに入って間もなく、買い物袋に入れた本件覚せい剤約3キログラムを持って出て来てベンツに乗り込んだところを職務質問されて本件覚せい剤を発見され、午後7時40分ころ、現行犯逮捕されたこと

　　　　Yの現行犯人逮捕手続書　　覚せい剤約3キログラムの差押調書
　　　　覚せい剤約3キログラムとその鑑定結果報告書

2　被告人Xは、その時、ホテル太陽の512号室におり、Yが逮捕された直後に、Yに本件覚せい剤約3キログラムを譲渡した罪により緊急逮捕されたこと(注1)

　　　　被告人Xの緊急逮捕手続書

3　本件覚せい剤は、被告人Xが、営利の目的でYに対して譲り渡すため、大阪方面から仕入れ、3月3日午前11時30分ころ、箱の中に約1キログラムずつ3つのビニール袋に入れられた宅急便で愛人W女のマンションに配達された物を、被告人Xが同日午後0時30分ころ、同マンションから持ち出し、同日午後7時半ころ、ホテル太陽512号室でYに譲渡したものであること

(1)　同日午前9時ころ、宅急便集配所に届いた本件宅急便の内部をX線で検査したところ、荷物の重さは約3キログラム余りで、覚せい剤と思われる大きな袋入りの固形物の塊のような物が3個入っており、一個が約1キログラムであることが推認されたこと

　　　　X線検査に係る捜査報告書

(2)　宅急便は捜索が開始される前の同日午前11時30分ころW女宅に配達され、警察が、同日午後0時30分頃、捜索のためW女宅に赴いた際、警察官が到着したのと入れ違いに、被告人Xが同女宅マンションの駐車場からベンツで走り去ったこと(注2)

　　　　Xのベンツの立ち去り状況等についての捜査報告書

(3)　警察がW女の捜索を開始した際、宅急便の箱は既に開封されており、内容物は残存していなかったこと

　　　　宅急便の空箱　　W女宅捜索差押調書

(4)　W女宅の電話機台上に「明日PM8、ホテル太陽512号室、Yに1K×2」と記載されたメモが残存しており、筆跡鑑定の結果、被告人Xの筆跡によるものと認められ、被告人Xがホテル太陽でYに少なくとも2キログラムの覚せい剤を譲り渡す意思を有していたこと(注3)

　　　　W女宅捜索差押調書　　電話機台上のメモ　　筆跡鑑定結果報告書

(5)　被告人Xは、3月3日の午後5時50分ころ、ベンツでホテル太陽に赴き、512号室

に入ったこと

512号室の入室に関する捜査報告書

(6) 警察官が、ホテル太陽511号室において待機し、512号室の様子を高性能マイクで秘聴したところ、Xが入室した男と覚せい剤をやりとりする会話をしていたこと(注4)

512号室録音結果報告書

(7) Yは、午後7時30分頃ホテルに入るときは手ぶらであったが、午後7時45分頃出てきた時には、本件覚せい剤が入った紙袋を提げていたこと(注5)

Yのホテル太陽到着の捜査報告書　Yの現行犯人逮捕手続書

捜査法上の問題点

1　無令状で行ったX線検査の適法性とその捜査報告書の証拠能力

(1) **最決平成21・9・28刑集63巻7号868頁、判時2099号160頁、判タ1336号72頁（百選29事件）**

この問題は、この判例を踏まえて考えるべきことになります。まず、このような無令状のX線検査は適法なのか違法なのか、違法である場合、それが強制処分であるために違法となるのか、任意処分ではあるがその許容性の限度を超えているために違法となるのか、が問題です。そして違法とされれば、その違法性が重大であり排除も相当とされるのか、排除まではすべきでないのか、の問題になります。この事案では、一審と二審では本件のX線検査は任意処分であり許容性の限度を超えていなかったとして適法としたにもかかわらず、最高裁はこれを強制処分とした上で重大な違法とまではいえなかったとして証拠排除はしなかったのです。このように原審と上級審の判断や論理が異なる事案については、上級審の判断の結論だけを丸暗記するのではなく、原審の判決と上級審の判決をよく読み比べることが特に大切であり、最も勉強になります。

《事案の概要と一審二審の判断》

被告人経営の大阪の会社事務所に東京の暴力団関係者から、宅配便により覚せい剤が送られてきている疑いを掴んだ警察官らが、宅配便業者の協力を得て、無令状で、5回にわたり、配達予定の宅配便荷物を借り受け、大阪税関においてX線検査を実施した。2回目以降の荷物の内容が覚せい剤と思われる袋の射影であると判断されたため、5回目の射影写真等に基づいて捜索差押許可状を取得し、返還されて配達された荷物を差し押さえて開披したところ覚せい剤が発見されたので、受領した被告人らを現行犯逮捕した。

一審判決（○大阪地判平成18・9・13判タ1250号339頁）は、本件X線検査は、プライバシー侵害にあたることは否定できないとしつつも、<u>その射影により内容物の形状や材質を窺い知ることができるだけで、内容物が具体的にどのようなものであるかを特定することは到底不可能であって、そのプライバシー侵害の程度は極めて軽微なものにとどまる</u>として、<u>強制処分に当たらない</u>

注1　構成は幾つか考えられるが、本件では、動かぬ事実として、まずXとYが、緊急逮捕あるいは現行犯逮捕され、本件覚せい剤が押収された外形的・客観的事実を冒頭に持ってくるのが分かりやすいであろう。時系列的にはX線検査から始まるが、必ずしも時系列構成によらなくともよい。証拠構造の構成の仕方は唯一ではない。
注2　捜査報告書には、ベンツの立ち去り状況のほか、宅配業者から聴取した配達日時等も記載されているという前提。
注3　このメモは、メモの存在と記載事項等を立証趣旨として非供述証拠として用いることも可能であるが、XがYに対して覚せい剤2キロを譲渡する犯意を有していた精神状態の供述としても証拠能力は認められよう。
注4　証拠能力は否定されるであろうが、一応掲げた。
注5　3の主要事実は、(1)ないし(7)の間接事実で立証する。これらは時系列に並べた方が分かりやすいであろう。

とした上、①嫌疑が相当深まっていたこと、②代替手段の不存在、③実施方法の相当性、等から、任意捜査として許されると判示した。

二審判決（△大阪高判平成19・3・23刑集63巻7号911頁）も、「宅配荷物の外部から照射したX線の射影により内容物の形状や材質を窺い知ることができるにとどまり、プライバシー等の侵害の程度が大きいとはいえないこと、本件会社の関係者が何者かから宅配荷物により覚せい剤を譲り受けている嫌疑が相当高まっていたこと、本件のエックス線照射は、宅配荷物の直接の占有者である宅配業者の承諾を得て行っている上、検査の対象としたのは、（送り主が）実名で発送しあるいは偽名で発送した宅配物4個に限定されていることなどに照らすと、本件のエックス線照射は、任意捜査として許容される限度のもの」とした。

《決定要旨》

上告を棄却したが、理由中で以下の判示をした。

「承諾を得ることなく、これに外部からエックス線を照射して内容物の射影を観察したものであるが、その射影によって荷物の内容物の形状や材質をうかがい知ることができる上、内容物によってはその品目等を相当程度具体的に特定することも可能であって、荷送人や荷受人の内容物に対するプライバシー等を大きく侵害するものであるから、検証としての性質を有する強制処分に当たるものと解される。そして、本件エックス線検査については検証許可状の発付を受けることが可能だったのであって、検証許可状によることなくこれを行ったエックス線検査は、違法であるといわざるをえない」

としつつ、

「本件エックス線検査が行われた当時、本件会社関係者に対する宅配便を利用した覚せい剤譲り受け事犯の嫌疑が高まっており、更に事案を解明するためには本件エックス線検査を行う実質的必要性があったこと、警察官らは、荷物そのものを現実に占有し管理している宅配便業者の承諾を得た上で本件エックス線検査を実施し、その際、検査の対象を限定する配慮もしていたのであって、令状主義に関する諸規定を潜脱する意図があったとはいえないこと、本件覚せい剤等は、司法審査を経て発付された各捜索差押許可状に基づく捜索において発見されたものであり、その発付に当たっては、本件X線検査の結果以外の証拠も資料として提供されたものと窺われることなどの諸事情にかんがみれば、本件覚せい剤等は、本件エックス線検査と上記の関連性を有するとしても、その証拠収集過程に重大な違法があるとまでは言えず、その他、これらの証拠の重要性等諸般の事情を考慮すると、その証拠能力を肯定することができる」とした。

(2) 検　　討

この事案では、一審二審ではX線検査を「任意捜査」であるとしたが、最高裁は「強制処分」であるとしました。その判断の分かれ目は、一審二審が「X線の射影によりその内容物の形状や材質を窺い知ることができるだけでプライバシー侵害の程度は極めて軽微ないし大きいとは言えない」としたのに対し、最高裁は「その射影によって荷物の内容物の形状や材質をうかがい知ることができる上、内容物によってはその品目等を相当程度具体的に特定することも可能であって、荷送人や荷受人の内容物に対するプライバシー等を大きく侵害する」としたことにあります。同じ事案に対する評価が裁判所によって随分異なり得る場合がある典型例ですね。ところで、最高裁はこれが強制処分に当たるとしたことと強制処分の定義について重要な判示をした最決昭和51・3・16との関係をどう考えますか。

[山田君]

　51年最決は強制処分の定義をした指導的判例であり、強制処分とは「個人の意思を制圧し、身体、住居、財産等に制約を加えて強制的に捜査目的を実現する行為」であるとしています。ただ、秘密録音とか相手の同意を得ないX線検査では、意思の制圧という表現は直ちにあてはまりません。しかし、もし相手方がそれを知ればそのような捜査に同意するはずがなく反対ないし抵抗するでしょうから、意思を制圧したものと同視し得ると考えます。

[川井さん]

　それは納得がいかないわ。意思を制圧したものと「同視する」という論理自体に無理があると思います。相手方がもし自分たちの会話が秘密録音されていると知れば、たちまち会話を止めてしまうだけの話でしょう。捜査官が「会話を続けろ」と命令して当事者の意思を制圧して会話を続けさせるなどありえませんよね。先生が度々言われるように、判例が示す規範というのは当該具体的な事案についての適切な判断を行う前提としての規範なのですから、判例が示す規範を文字通りすべての事案に通じる規範として画一的に用いる必要はなく、判例が示す規範をより普遍性があるものに解釈していけばよいと思います。私は、強制処分の定義は51年最決の判示を適切に解釈し「相手方の明示又は黙示の意思に反して、その重要な権利利益を実質的に制約侵害する処分」という重要利益侵害説が妥当だと思い、この説によれば、X線検査の強制処分性について適切な判断が可能となります。

[海野君]

　そうすると川井さんは、51年最決の事例のような相手方に対する有形力を行使する場合についても、その重要利益侵害説ですべて説明すると考えるのですか。学説によっては、有形力の行使の類型事案については、51年最決の概念が妥当し、秘密録音やX線検査のような事案では、重要利益侵害説が妥当する、という強制処分の二類型を示唆する説も有力ですね。

[川井さん]

　でも、強制処分と言う重要な定義概念は普遍的なものであるべきで、定義概念に２類型があるということは問題ではないでしょうか。有形力行使の事案であっても、意思を制圧してまで相手方の権利利益に制約を加えるのであれば、すなわち重要な利益を制約侵害したものになると評価してよいでしょうし、強制処分の定義概念としては、重要利益侵害説のみを用いるのが妥当だろうと思います。

[太　田]

　この問題は、皆さん自身が、よく考えて、自分が一番納得いく強制処分の定義概念を考えておくべきですね[1]。私自身は、様々な捜査手法が発展してきた今日、強制処分の方法も極めて多様ですから、あらゆる類型の強制処分を、統一した概念で説明しきる必要まではなく、二類型説の方に親和性を感じます。本決定も、51年最決の強制処分の概念は用いることなく、端的に「荷送人や荷受人の内容物に対するプライバシー等を大きく侵害する」から強制処分であるとしており、少なくともこの事案に関しては重要利益侵害説に立っていると思われますね。また、既に〇**最決平成11・12・16刑集53巻９号1327頁**も、無令状の通信傍受について「電話傍受は、通信の秘密を侵害し、ひいては個人のプライバシーを侵害する強制処分であるが」としており、意志制圧と

（１）　井上正仁「強制捜査と任意捜査の区別」新刑訴争点54頁以下、川出敏裕「任意捜査の限界」小林＝佐藤古稀（下）23頁以下）。

いう概念は用いていません。だからといって、平成21年の本最決は、51年最決の強制処分の概念は今は通用しないとして否定している訳ではないでしょう。ですから、判例では、事案に応じて意思制圧の類型とそうでない類型について強制処分の定義を使い分けており、二類型説に親和性があるといえるでしょう。ところで、皆さんのレポートなどを見ると、強制処分の定義について「個人の意思を制圧して重要な利益を侵害する処分」とするものが少なくありません。これについてはどう考えますか。

[川井さん]
　何かおかしいのかしら。51年最決に重要利益侵害説の観点を加えたものですから別に問題はないと思うんですけど。

[海野君]
　いややっぱりおかしいよ。だって、51年最決の定義では、侵害される利益については「重要な」という限定はなされていません。このような定義だと、意思の制圧という要素はそのままにして、侵害される利益に「重要な」という更に限定を加えることとなるので、従来の定義では意志の制圧が認められるため強制処分に含まれていたものでも、侵害される利益が重要でない場合には強制処分ではないこととなり、強制処分の範囲が、51年決定より限定されることになってしまいます。

[太田]
　私もそう思います。このような定義は、51年決定の定義と重要利益侵害説を、よく考えないままごっちゃにしてしまい、その結果強制処分の範囲を狭めてしまうことになります。ですから、重要利益侵害説に立って統一的な定義概念を用いるか、あるいは、二類型説に立ち、強制処分とは「個人の意思を制圧してその権利利益に制約を加え、あるいは、個人の明示又は黙示の意思に反してその重要な権利利益を実質的に制約侵害する処分」と丁寧な定義をするかのいずれかによるのが妥当だろうと思います。相手方と相対しないため意思の制圧ということは考えられない秘密録音等の捜査の場合、意思を制圧したと同視できるとする意思制圧説にはやはり無理があり、私は賛同できません。

[山田君]
　この事案では、一審二審は任意処分とした上でその許容性を判断するについて、①嫌疑の深まり、②代替手段の不存在、③宅配便業者の承諾を得ていたこと、④対象の荷物を限定するなど実施方法の相当性、などを指摘して任意捜査として許されると判示しています。他方、最高裁は違法な強制処分であるとしながら、証拠排除の可否を検討するに当たって、一審二審と同じような事実を指摘して違法は重大でなかったとしています。同じような事実が、任意処分としての許容性判断と強制処分とした上での違法の重大性の判断のいずれにも用いられるというのはどういうことなのでしょうか。

[太田]
　そのこと自体はなんら不自然ではありません。任意処分とされた場合の許容性の判断基準は、51年最決が示した「必要性、緊急性などを考慮し、具体的状況の下で相当と認められる限度」のものであるか否かということになり、本件では山田君が指摘した①ないし④の事実はまさにそのような考慮すべき事実となります。ただ、強制処分の問題となると、強制処分に当たるかどうかということ自体は、相手方の意思が制圧されたり、侵害される利益が重要なものであったりすれば、それだけで直ちに強制処分とされるのですから、必要性や緊急性、相当性の事情については、

強制処分であるか否かの判断には関係しません。どんなに必要性や緊急性があろうと、現行犯逮捕の要件である犯人と犯罪の明白性が認められないのに手錠をかけてしまえば、直ちに違法な強制処分となってしまいますね。しかし、違法な強制処分とされた場合には、それによって得られた証拠物が排除されるか否か、あるいは違法な逮捕後の勾留が認められるか、という問題が生じます。それらの場面では違法の重大性や排除の相当性などを検討することになりますが、その際には、任意処分として適法か否かについて判断するとした場合の考慮要素としての必要性、緊急性、相当性に関する諸事情も考慮の対象となり、両者は重なり合うのです。本決定は、X線検査を違法とした上で、その検査結果とそれによって得られた覚せい剤の証拠が排除されるかどうかを検討するに当たって、原審が任意処分の許容性の判断の考慮要素とした事実を指摘したのはそのためです。ただ、排除の相当性判断の考慮要素は、これらに限られず、更に本件覚せい剤等が司法審査を経て発付された各捜索差押許可状に基づく捜索において発見されたものであることや、その発付に当たっては、本件X線検査の結果以外の証拠も資料として提供されたものと窺われることをも指摘して、排除の要まではないとしたのです。

さて、これらを踏まえて、本事例の当てはめを考えてみましょう。

|川井さん|

本件のX線検査も、平成21年最決に照らせば強制処分といわざるを得ず、無令状で行ったことは違法です。しかし、違法の重大性については、警察は暴力団A組がかねてから大量の覚せい剤を密売している重大事犯についてその状況を把握して内偵捜査を続けていたこと、組員Bから、大阪からの宅配便でW女宅に定期的に覚せい剤が送られてきているとの確度の高い情報が得られたこと、その情報のとおり、附近の宅配業者がW女宅に毎月宅配便の配達を行っていることが確認できたこと、本件X線検査は、宅配業者の協力を得て、重さ3キログラムという中身が覚せい剤だとの疑いのある宅配便についてX線検査を行ったものであり、検査の対象も必要性が高く嫌疑が濃いものに限定していたことなどに照らせば、本件X線検査には重大な違法があるとはいえません。また、検査の結果得られた覚せい剤は、司法審査を経た令状により押収されたものです。暴力団の組織的密売という事件の重大性や3キロの大量の覚せい剤という証拠の重要性にも照らせば、捜索により差し押さえられた覚せい剤とその鑑定書の証拠排除が相当だとはいえないと考えます。

|太田|

裁判官並みの評価と認定ができるようになりましたね。一点、その令状請求に当たっては、それまでの密売状況の内偵捜査の報告書等、X線検査以外の資料も含まれていたことも加えるとよいでしょう。ただ、平成21年最決が確立、周知されている今日においては、もはやこのようなX線検査は無令状では行えないでしょう。

2 ホテル太陽512号室室内の会話の秘密録音

XとY双方の同意のない秘密録音であり、ホテルの居室内という極めてプライバシーの高い空間内の会話の音声を録音したものですから、重要な利益を侵害したものとして強制処分に当たります。性質的には検証に当たります。しかし、218条1項の検証は、このような双方当事者の同意のない会話という重要なプライバシーの利益を侵害するようなことまでは想定しておらず、検証令状を請求しても発付されません。会話の傍受が認められるのは、通信傍受法による電話の傍受の場合に限られます。このような秘密録音には強制処分法定主義に反する重大な違法がありま

す。このようなことを許容すれば、将来の同様の違法捜査は抑制できませんので排除の相当性も大きく、証拠能力は到底認められません。このような会話傍受は、アメリカでは日常的に行われており、ドイツでも最近立法化されました。我が国でも警察や法務検察当局はこのような会話録音の制度化を求めてきた経緯はありますが、反対が強く実現できていません。

3　Yの現行犯人逮捕の適法性

現行犯人逮捕手続書は321条1項3号書面であり、不同意とされれば、Yが現行犯人として逮捕された事実とその日時場所の限度でなら証拠能力が認められますが、逮捕手続の適法性の立証のためには証拠能力は認められません。前掲東京高判平成22・1・26は、現行犯逮捕の適法性が強く争われたにもかかわらず、逮捕手続は訴訟法上の事実であるとして、現行犯人逮捕手続書を不同意のまま採用して取り調べた原審の判断を違法としたことは既に勉強しました。

ここで、捜査法の復習として、本件におけるYの現行犯逮捕の適法性を検討しておきましょう。この現行犯逮捕の適法性は、警察官がホテルから出てきたYに対し職務質問を行うべく停止を求め、クラウンを発進させようとしたYに対し、警察官が、腕を伸ばしてエンジンスイッチを切ってキーを取り上げ、警察車両をクラウンの前に停車して発進阻止したことの適法性とそれに引き続く所持品検査・予試験の適法性の問題となりますね。

(1) 職務質問のための停止の適法性

ア　まず停止を求めた行為の適法性について重要な参考判例を復習しましょう。なお、①と③の判例は、いずれも被告人自身に対する停止・職務質問の際の有形力行使が問題となった事案ですが、②については、被告人自身のみでなく、被告人が紛れ込んだ集団全体を停止させた、という特徴があることに留意しましょう。

① △鯖江エンジンスイッチ切り事件・最決昭和53・9・22刑集32巻6号1774頁、判時903号104頁、判タ370号70頁

《事案の概要》

交通違反の取締りに従事していた警察官が、赤信号を無視して交差点に侵入した被告人運転の車を認め、停車させて違反事実を告知。一応自認して免許証を提示したが、更に事情聴取をするためパトカーへの任意同行を求めたところ、被告人は当初拒否。説得により被告人は下車したが、その際、警察官は被告人の酒臭を感知し、酒気帯び運転の疑いが生じたので、酒気検知を行うことを申し向けると被告人は急激に反抗的態度を見せ、怒鳴りながら<u>警察官から免許証を奪い取り、自車に乗り込んでギア操作をして発進しようとしたので警察官は運転席の窓から手を差し入れ、エンジンキーを回してスイッチを切り、運転行為を制止</u>。憤激した被告人が警察官に暴行・傷害を加えたので、逮捕・起訴された事案。一審は無罪としたが、控訴審では有罪とされ、最高裁はこれを支持。

《決定要旨》

「<u>原判示の事実関係のもとでは、Q巡査が窓から手を差し入れ、エンジンキーを回転してスイッチを切った行為は、警察官職務執行法2条1項の規定に基づく職務質問を行うため停止させる方法として必要かつ相当な行為であるのみならず、道路交通法67条3項の規定に基づき、自動車の運転者が酒気帯び運転をするおそれがあるときに、交通の危険を防止するためにとった、必要な</u>

応急の措置にあたるから、刑法95条1項にいう職務の執行として適法なものである〜。」

② ○在日韓国大使館抗議事件・最決昭和59・2・13刑集38巻3号295頁、判時1121号144頁、判タ530号104頁

《事案の概要と決定要旨》

在日韓国大使館に、百数十名の男女が抗議行動に押しかけた際、警備の警察官と揉みあいになり、集団の先頭部分にいた男が警察官の顔面を手拳で2回殴打して10日間の怪我をさせた上、集団の中に逃げ込んだため、数十名の警察官が、犯人を集団の中から探索して検挙するため、抗議活動を終えて立ち去りかけていた集団を停止させた。その上で犯人でないと思われる者を順次立ち去らせ、この間集団を6〜7分停止させていたが、犯人と思われる男を発見し、男が立ち去ろうとしたため、「ちょっと待ってくれ」と言いながら男の背後から肩に手をかけたところ、男は振り向きざま警官の顎を殴打して逃走した。警察官が追尾して男を逮捕した事案。一審二審とも公務執行妨害罪を認定した。

本決定は、軽微とはいえない犯罪が発生し、集団を停止させて犯人を発見する必要性と可能性が高かったこと、集団を停止させる以外に適切な方法はなかったこと、停止の方法も説得の手段に止まる程度のものであったこと、時間も比較的短時間であったこと、男の肩に手をかけた行為も説得の手段の域にとどまることなどを総合し、集団に対する停止措置、被告人に対する行為も含め、適法な職務執行であるとした。

③ ◎会津若松エンジンキー引抜き事件・最決平6・9・16刑集48巻6号420頁、判時1510号54頁、判タ862号267頁（百選2事件）

《事案の概要》

駐在所に意味不明の電話をかけてきた被告人に対し、覚せい剤使用の容疑ありと判断した警察官が、雪道の国道上を走行していた被告人の車を停止させ、職務質問を開始したが、被告人の挙動に覚せい剤使用を疑わせる不審さがあり、運転逃走の素振りを見せたので、エンジンキーを引き抜いて取り上げ、約6時間半以上現場で説得等を続ける一方、車両・身体と強制採尿のための捜索差押許可状を取得した上これを執行し、警察車両に乗せて病院において強制採尿を実施した事案。

《本決定の要旨》

「（エンジンキーの取り上げ行為は）職務質問を行うため停止させる方法として必要かつ相当な行為であるのみならず道路交通法67条3項に基づき交通の危険を防止するため取った必要な応急の措置に当たる」として適法とした。他方、6時間半にわたって留め置いた行為は、任意捜査として許容される範囲を逸脱したもので違法ではあるが、本件の具体的状況のもとでは、その違法の程度は、いまだ令状主義の精神を没却するような重大なものではないとして、鑑定書の証拠能力を肯定した原審の判断を妥当として上告を棄却した。

イ　本事例の検討

そこで本件の当てはめですが、結論として、警察官がYがクラウンを発進できないようにするためにエンジンキーを取り上げた行為と、クラウンの前に警察車両を停車させて林路を塞いだことは、職務質問を行うための停止を求める行為として適法というべきでしょう。キーを取り上げたのは、あくまで発進を阻止するための一時的なものであり、キーの占有を奪うことに目的があったのではありません。会津若松エンジンキー引抜き事件の上記最決が参考になります。進路を塞

いだこともそれがYの身柄を実質的に拘束する意味まではありませんでした。従ってこれらの有形力の行使等が強制処分にまでは至っていないので、任意処分としての許容性の問題となります。

本件は3キログラムという大量の覚せい剤の暴力団員による密売事件で極めて重大事件であり、確度の高い事前情報とXYの行動の一致、電話機台上のX記載のメモ内容との一致、宅配便の中味がなくなっておりXが持ち出したことは明白であること、Yはホテルに手ぶらで入り、買い物袋を提げてでてきたことから、Xから受け取った覚せい剤が入っている可能性が高いことなどから、犯罪の嫌疑は非常に高く、職務質問のために停止させる必要性や緊急性は極めて高いです。これらに照らせば、本件のような停止のための行為は具体的状況の下で相当な限度内の行為だと認められます。会津若松エンジンキー引抜き事件のような運転行為の危険性という面はありませんが、事件の重大性と嫌疑の高さにははるかに大きなものがありますね。

(2) 所持品検査、予試験の適法性

そこで次に所持品検査の相当性の問題となります。米子銀行強盗事件の最高裁判例を復習しましょう。

ア 米子銀行強盗事件

◎最判昭和53・6・20刑集32巻4号670頁、判時896号14頁、判タ366号152頁

《事案の概要》

米子市内の銀行で凶器を所持した4人の若者が現金600万円余を強奪して逃走。警察は緊急配備検問を実施し、事件から約10時間余り後に手配人相に似た若者二人X・Y乗車の車を停止させ、強く促して警察署に同行を求め、職務質問を実施。ボーリングバッグとアタッシュケースの開披を求めたが、黙秘して拒絶。警官がバッグのチャックを開けると大量の紙幣を発見。さらにアタッシュケースをドライバーでこじあけると被害銀行の帯封のある札束をも発見。両名を緊急逮捕するとともに、これらを押収した。一審二審とも有罪。弁護人が違法な捜索差押であるとして違憲・違法であり、証拠能力排除を主張して上告。

《判決要旨》

「所持品の検査は、口頭による質問と密接に関連し、かつ、職務質問の効果をあげるうえで必要性、有効性の認められる行為であるから、同条項（2条1項）による職務質問に付随してこれを行うことができる場合があると解するのが、相当である」「職務質問ないし所持品検査は、犯罪の予防、鎮圧等を目的とする行政警察上の作用であって、流動する各般の警察事象に対応して迅速適正にこれを処理すべき警察の責務にかんがみるときは、所持人の承諾のない限り所持品検査は一切許容されないと解するのは相当でなく、捜索に至らない程度の行為は、強制にわたらない限り、所持品検査にいても許容される場合があると解すべきである」「状況のいかんを問わず常にかかる行為が許容されるものと解すべきでないことはもちろんであって、かかる行為は、限定的な場合において、所持品検査の必要性、緊急性、これによって害される個人の法益と保護されるべき公共の利益との権衡などを考慮し、具体的状況のもとで相当と認められる限度においてのみ、許容されるものと解すべきである」などとした上、本件の具体的状況に照らし、ボーリングバッグの開披行為については適法とし、アタッシュケースのこじ開けについても、すでに緊急

---

(1) 拙稿「いわゆる『包括的差押え』をめぐる諸問題について」曽根・田口古稀（下）435頁。

逮捕の要件が整っており、極めて接着した時間に緊急逮捕に先行して行われた捜索手続と同一視し得るものとして証拠能力は排除されず、違憲違法はないとした一審・原審の判断を是認した。

イ　これを踏まえて本事例の当てはめを検討しましょう。いかがですか。

海野君

　警察官は、男に「その紙袋はなんだ。シャブが入ってるんだろう」と言いながら、紙袋の吊り手を掴んで持ち上げ、男は「こんなん違法捜査だろう。弁護士を呼ぶぞ」と叫んだが、警察官は、それを無視して、買い物紙袋の口を軽くつまむようにして開くと、新聞紙に包まれた3個の塊状の物が見えました。そこで警察官は、手を袋に差し入れ、新聞紙の端を少しめくるようにすると、白い結晶がぎっしり詰まったビニール袋と確認できました。
　Yは素直に所持品検査に応じたのではなく、むしろ抗議までしているので「承諾があった」とはとてもいえません。しかし、前提として職務質問のところで前述した必要性や緊急性の高さはそのまま所持品検査の必要性緊急性の高さとしても共通です。予試験については、Yは、ふてくされ「どうにでもしろ」と言って黙り込んだのであり明確な拒絶の意思も示していません。予試験の結果、覚せい剤と判明したので現行犯逮捕したのです。米子銀行事件判決に照らしても、これらの手続は適法だと思います。

太田

　妥当でしょうね。付け加えると、警察官は、いきなり紙袋を開いて中身を取り出したのではなく、口を軽くつまむようにして開き、新聞紙に包まれた3個の塊状のものが見え、これがそれまでの捜査情報と一致する3キログラムの覚せい剤であることの疑いがますます強まったので、新聞紙の端を少しめくるようにすると白い結晶が確認でき、更にその疑いが強まったのです。これらの行為は、時系列的に手順を踏み、嫌疑が高まるにつれてそれに合わせて必要な程度の強い行為に移行しています。仮に、新聞紙の中にバナナが入っているのが見え、その他に覚せい剤だと疑わせるような物が入っていなければ、それ以上の行為には及ぶことは即座に止めるべきです。警察比例の原則に則って事案を検討する場合、物事を静的に捉えて、嫌疑の高さと手段の強さとを比較衡量するだけでは足りません。時系列を追って、嫌疑が強まるに従ってより強い手段の行為が許されていくかどうか、という動的な検討も必要となります。この検討は、警察官に令状主義潜脱の意図があるかどうかという視点からも重要です。例えば、上着のポケットに指を差し入れて物を取り出す行為が適法かどうかを判断する場合、行為自体としては同じであっても、①まず口頭で説得し、②ポケットを外から軽く叩いて何か固いものが入っていることを確認し、③ポケットの口を軽く指で開いて覗き込み、細長い物が入っていそうな封筒が見えたので、④端をつまんで引き出す、という手順を踏む行為と、いきなり最初から指を突っ込んで封筒を取り出す行為とでは、適法性の評価には格段の違いが出てきます。本件では、手順を踏んでいくうちに更に嫌疑が高まったのでそれに応じて、より強い手段の行為に及んだという着眼が大切です。

川井さん

　覚せい剤の予試験とは具体的にどういうものなんですか。本件では、Yがしぶしぶ予試験を承諾したともとれますが、仮に「予試験なんか嫌だ」と明示的に拒絶した場合はどうなるのでしょうか。

|太田|

　覚せい剤事件で捜索をしたり、パトロールで職務質問を行う警察官は、予試験キットというものを携帯しています。これは、小さな試験管のようなものに試薬が入っており、この口から覚せい剤の疑いのある結晶を一つまみ入れると、覚せい剤であれば試薬が青く変色します。その精度は非常に高いです。このような予試験は、通常は相手方の承諾を得て行うのが基本です。しかし、相手によっては、検挙を免れようとして予試験を拒否する場合も稀ではありません。承諾のないままで予試験を行うことの根拠については議論があります。まず、捜索差押許可状によって捜索する場合、対象物に覚せい剤が記載されていれば、222条が準用する111条の必要な処分として行えます。しかし、対象物に覚せい剤が記載されていなかったり、職務質問・所持品検査によって発見された物については必要な処分としては許されませんね。これを可能とするにはどんな理論が考えられますか。

|海野君|

　予試験によって覚せい剤だと確認されれば、覚せい剤所持の事実で現行犯逮捕ができ、現行犯逮捕をすれば無令状の差押えが許されます。この場合、予試験と差押えの順序が逆転するのですが、時間的には僅かのずれでしかないので、これらを一連一体の行為と見れば、逮捕に伴う無令状の捜索・差押えと構成し、111条1項ないし2項の「必要な処分」として予試験が可能という構成はできないでしょうか。

|太田|

　ちょっと技巧的な論理ですね。予試験をして覚せい剤であると確認できて初めて逮捕が可能となるのですから、まだ逮捕が可能かどうか確認できていない段階で無令状差押えに伴う必要な処分として予試験を許すという論理には無理があると思います。ただ、例えば、覚せい剤中毒者特有の幻覚症状を示し、腕に新しい注射痕があり、覚せい剤の前科もある男のポケットから、白い結晶入りのビニール袋と注射器が発見され、男がそれは覚せい剤だとその場で自白したような場合であれば、予試験をするまでもなく、覚せい剤所持の現行犯として逮捕が可能といえるでしょう。私の捜査経験上、このような事案において、発見された白い結晶が結果的に覚せい剤ではなかった、などということを耳にしたことはありません。それであれば、原則に従って、予試験前に逮捕し、覚せい剤であることを更に確認してビニール袋を差し押さえるための必要な処分として予試験を行うということは可能となるでしょう。また、逮捕行為が結果的に後になったとしても、予試験をする前に、すでに現行犯逮捕も可能なくらい覚せい剤であることに疑いがない状況になっていたとすれば、逮捕と予試験との前後関係について警察官が手順を誤ったに過ぎず違法とまではいえない、という評価も可能な場合があるでしょう。しかし、<u>怪しいけれど現行犯逮捕できるほどの確信が持てず、予試験をしてみなければ覚せい剤であることの確認ができないとすれば、予試験を逮捕に伴う無令状の差押えのための必要な処分と構成するのにはやはり無理があるように思います。そうであれば、視点を変えて、任意捜査として予試験を行うことができないか、を考えるべきでしょう。</u>

|川井さん|

　そうだわ。51年最決の、必要性、緊急性、相当性の判断枠組みで考えればいいんですね。所持品検査時の具体的状況から発見された白い結晶が覚せい剤である疑いが濃厚であれば、その場で予試験をしなければ、相手方が瞬時に捨てるなどして証拠隠滅をするおそれは明らかですので必要性、緊急性は高いです。問題は相当性ですが、予試験による被侵害利益は、ビニール袋の隅を

少し破いて、一つまみ程度の結晶を取り出して検査するというもので、予試験によって損なわれる財産的価値などはほとんど無に等しいといえます。検査の方法はきちんとしたキットによるもので、手段としても相当であり、問題はありません。ですから、このような予試験は任意処分として許容されます。

[太田]

この問題にはまだ定説といえるものはありませんが、私も、理論づけるとすれば川井さんのように、任意処分の許容性の判断枠組みで予試験の適法性を判断するのが妥当だと思います。ただ、あくまで任意処分としての許容性を判断するのですから、予試験をするために相手方の意志を制圧するような有形力の行使まではしないことが前提です。その適法違法は具体的事案によって異なりますね。例えば、相手方に特段の覚せい剤所持や使用の疑いなどはなく、所持品検査で発見された薬の瓶が、きちんとした薬品の瓶であり、相手方がこれは自分の病気の治療用の高価な錠剤だ、と主張している場合、警察官が、ひょっとしたら覚せい剤「かもしれない」という程度の疑いで、その錠剤を取り出して予試験するようなことは、必要性、緊急性もなく、相当性も否定されることになるでしょう。

4　Xは緊急逮捕されているが、本件において、Xを「現に罪を行い終わった」ものとして現行犯逮捕することはできなかったか。できるとすればどのような理由によって可能か。

本件では、警察官は、Yを現行犯逮捕した直後に、ホテルの502号室にいたXを緊急逮捕しました。緊急逮捕の要件は十分ですので問題はありません。でも、本件のような場合、緊急逮捕によるのではなく、「現に罪を行い終わった」現行犯として逮捕することは許されなかったでしょうか。捜査法の復習の応用問題として考えてみましょう。まず皆さんはどう考えますか。なお、室内の覚せい剤のやりとりの会話を秘密に傍受したことは除外して考えましょう。

[海野君]

それは無理だと思います。警察官は、Yの逮捕直後にドアをノックして顔を出したXを逮捕していますが、XのYに対する覚せい剤の譲り渡しは、ホテルの室内で行われたもので、警察官はまったく現認していません。逮捕事実は譲渡しであり、その行為を警察官はなんら確認していないのですから、現行犯逮捕は到底無理だと思います。

[太田]

確かに、そのように考えて緊急逮捕によるのが最も堅実でしょうね。敢えて皆さんにこんな応用問題を出しているのは、現行犯逮捕における犯罪と犯人の明白性の判断資料にはどのようなものを含めることができるのか、ということを考えてもらうためです。より堅実に、慎重を期して緊急逮捕によることは望ましいことでしょうが、ぎりぎりのケースの場合に、現行犯逮捕とか準現行犯逮捕ができなかったか、ということを考えることが、皆さんの理論勉強の力をつけることになります。仮に、本件で警察官が緊急逮捕によらず現行犯逮捕をしてしまった場合、その後の勾留が認められるか、という問題も生じ得ますね。まず、現行犯逮捕の判断資料について西ノ京恐喝未遂事件という重要な判例があります。◎京都決昭和44・11・5判時629号103頁（百選11事件）です。これはどういう事案でしたか。

[川井さん]

これは、恐喝未遂の被害を受けた人が警察に通報し、駆けつけた警察官に被害状況や犯人の服装人相などを説明し、警察官が、被害から20分位経過後に、被害現場から20メートル位離れた路

上にいた被告人の服装人相がよく似ていたので職務質問をしました。被告人は犯行を否認したのですが、被害者と対面させたら被害者が犯人に間違いないと供述したので現行犯逮捕したという事案です。京都地裁は、この現行犯逮捕には重大な違法があるとして検察官の勾留請求を却下し、検察官は準抗告しましたが、それも棄却されたという事案です。

[太田]

その通りですね。本決定は、

「被疑者が現に特定の犯罪を行い又は現にそれを行い終わった者であることが、逮捕の現場における客観的外部的状況から、逮捕者自身においても直接明白に覚知し得る場合であることが必要……」「逮捕者である司法巡査とすれば犯行現場に居合わせて被疑者の本件犯行を目撃していたわけではなく、……被害者の供述に基づいてはじめて被疑者を本件被疑事実を犯した犯人と認めえたというのにすぎないのである」「司法巡査が被害者の供述に基づいて被疑者を『現行犯逮捕』した時点においては被疑者について緊急逮捕をなしうる実体的要件は具備されていたとは認められるけれども、現行犯逮捕……をなしうるまでの実体的要件が具備されていたとは認められないといわなければならない」

などと判示しました。つまり、現行犯逮捕における犯罪と犯人の明確性の判断は、伝聞の資料に基づくことは許されず、逮捕者である警察官が自ら覚知した事情によらなければならないという原則を示したのです。なお、この事案では、準抗告が棄却されていったん被告人を釈放しましたが、その後検察事務官が直ちに被告人を緊急逮捕し、それに基づく勾留請求については認められました。これは同一事実による再逮捕の可否の問題についても重要な事例ですので、その点はよく勉強しておいてください。

ところで、現行犯逮捕の場合、犯罪と犯人の明白性の判断資料は、原則として逮捕者自身が覚知した事情でよるべきであるとしても、具体的事案によっては、判断資料はそれに限られないという場合もあり得ます。常に、すべての場合、逮捕者が犯人と犯罪の明白性の判断資料を直接覚知していることが要求される訳ではなく、これに加えて事前の内偵捜査等によって得た情報資料や、現場での関係者の供述等をも補充的に判断資料に含めることも許される場合があるのです。次の重要な判例があります。

○東京高判昭和41・6・28判タ195号125頁

「現行犯について常人逮捕が許される所為は、一般的に言えば、何人が見ても犯罪実行中であることが明瞭であることによるものであるけれども、競馬における呑み行為や又は賭博行為の如く隠密のうちに行われる犯罪の場合においては、事情の内偵、張り込み等によって得た客観的資料に基づく知識を有しない通常人には現行犯であるということは認知できない場合であっても、警察官はそれらの資料に基づく知識によって容易に現行犯の存在を認知し得る場合があるということを理解すべきであり、このような場合に同様資料を警察官でない通常人に供給すれば、その者は直ちに現行犯逮捕の要件があるということを認知し得る場合が多々存するというべきである」「警察当局はかねてから被告人高橋方で競馬の呑み行為が行われていることを疑い、検挙すべく内偵をしていたが、昭和39年9月23日に張り込み中、前から高橋方へ呑み行為の申込のため出入しているものと認められていた飲食店の店員綾部が出前でもないのに高橋方に出入したのを認め、午後2時頃綾部が競馬新聞をもって高橋方に入ったのを見とどけ、その帰路を待ち、高橋方から約2百米位の場所で職務質問をしたところ、同人は競馬新聞、呑み行為申込のメモに番号を記入してあるものを所持しており、且つ呑み行為の申込をして来たことを認めたので、同人

を現行犯人として逮捕した。一方、右綾部が呑み行為の申込をしたことを認めた場合は高橋方で呑み行為の現行犯が行われているわけであるから、直ちに踏込んで犯人を逮捕する手筈を整えあらかじめ被告人方附近に待機していた警察官は、綾部の逮捕の連絡を受け、殆んど同時に高橋方に踏込んだところ、同家二階奥三畳間で塚田彰兵が現に首藤省三から呑み行為の申込みを受けているのを現認したので、直ちに塚田を現行犯人として逮捕し、そのとき被告人高橋は右三畳間に接続する台所に下着姿でいたが更に警察官は台所に接続する応接室に、被告人高橋の着物が脱いであり、テーブルの上には呑み行為のメモ、競馬新聞、万年筆、高橋の財布、眼鏡等が置かれてあつたのを現認した。なお、これより先同日警官らは高橋方の近隣の家から高橋方を監視中大矢和彦が呑み行為のメモらしきものを応接室の高橋の所に持つていつて示しているのを現認したので、以上により被告人高橋も塚田と共謀して呑み行為を行つているものと認めて、現行犯逮捕に及んだものである。果して然らば、本件において被告人高橋が現行犯人として現認され逮捕されたことについては違法と認むべき点はなく、従つて逮捕に伴い施行された捜索、押収の手続も敢て違法視すべきではないわけである」

　つまり、<u>この事案で警察官は被告人を現行犯逮捕した際、被告人自身が呑み行為を行っていたことを現認していません。また、その直前に呑み行為をして家から出てきた男が現行犯逮捕されたことは別の警官からの連絡で知ったことです。しかし、それまでの内偵捜査で得られた、被告人方で呑み行為が行われていたことを示す事実、被告人方で現に呑み行為を行っていた共犯者塚田の現行犯逮捕、被告人の脱いだ服が置いてある部屋のテーブル上に被告人の財布などと一緒に呑み行為のメモなどが発見されたこと、などの状況を総合して、被告人も塚田という男と共謀して呑み行為を行っていると認めて現行犯逮捕したことが適法とされたのです。</u>この判例を参考にしながら、本事例について、Xを「現に罪を行い終わった」ものと認めて現行犯逮捕することは可能とは考えられませんか。

|川井さん|

　どうも許されるような気がしてきたわ。本件の場合、Yを現行犯逮捕し、その直後にXを逮捕したのですが、その日の朝にX線検査により覚せい剤が入っている疑いの強い宅配便の配達、それが空になっており、中身をXが取り出して逃げ去ったことは明らかであること、Bの確度の高い情報との一致、電話機横のXのメモの記載内容とXの行動情況の一致などの捜査結果を、密行性の高い本件の覚せい剤密売の事案では、現行犯逮捕の判断資料に含めることは、この東京高判に照らせば許されますね。それに、502号室にいたのはX一人であり、Yに覚せい剤を譲り渡した人物がXとは別人である可能性は皆無です。また、Yの逮捕と時間的場所的には密着しており、現に罪を行い終わった、と十分に評価できると思います。

|太田|

　そう言っていいでしょう。なお、犯人と犯罪の明白性の判断資料に、例えば、被疑者がその場で罪を認めたとか、被害者が「この男が犯人だ」と名指すなど、供述を含めてよいのか、という問題もあります。供述のみを判断資料とすることは許されませんが、その他に犯人と犯罪の明白性を示す客観的な判断資料がある場合に、補充的にこのような供述を資料に含めることは許されます。例えば、本件で、ドアを開けて出てきたXに対し、警察官が「たった今、この部屋でYと会って、Yに紙袋を渡したな」と聞き、Xが「それがどうした。中身は何か知らん。人から頼まれただけだ」などと答えたら、Xは、覚せい剤の認識は否認していますが、Yに紙袋を渡したことは認めているので、この供述も現に罪を行い終わったと認めるための補助資料と

してよいでしょう[2]。

[山田君]
　本件では、Yを逮捕したのは警察官乙らであり、乙が直ちに511号室にいる警察官丙に連絡し「今、男とブツを確保した。予試験結果も陽性だ」と伝え、丙がXを逮捕しています。丙自身はYが覚せい剤を所持していたことを現認していません。この場合でも、丙はXを現行犯逮捕してよいのでしょうか。

[太田]
　通常は、逮捕した警察官自身が犯人と犯罪の明白性の判断資料を自らすべて認識しているのが理想ですが、複数の警察官が役割を分担してチームで動いている場合に、犯罪と犯人の明白性の判断資料を緊密な連携のもとに連絡し合って伝え合い、認識を共有しているのであれば、1名の警察官がその判断資料のすべてを自ら覚知していなくとも、これらチームによって認識されている判断資料を総合した上での現行犯逮捕は許されるでしょう。上記の東京高判の事案でも、被告人方に踏み込んで被告人らを逮捕した警察官は、表路上で綾部という男が逮捕されたことは現認しておらず、同僚警察官から連絡を受けてこれを認識したのです。

証拠法上の問題点

　これまで検討した以外の証拠の証拠能力を検討しましょう。

1　Xのベンツの立ち去り状況についての捜査報告書
　321条1項3号書面です。

2　宅配便の空箱
　証拠物です。空箱であるとはいえ、これは証拠構造上重要な意味を持ちます。3袋の覚せい剤と思われるものが入った宅配便が捜索直前に配達されたこと、その後まもなくの捜索時にはそれが開封されて内容物が無くなっていたこと、警察官と入れ違いにXが車で走り去ったこと、Yが現れた時には手ぶら、表に出てきたときは買い物袋を提げており、その中に覚せい剤が入っていたことに加え、後記の電話台のメモも併せれば、この空き箱がしっかりと一塁ベースを守って証拠構造上重要な役割を占めることが理解できるでしょう。違法な室内の録音結果が証拠排除されても、立証は十分可能でしょうね。

3　電話機台上のメモ
　このメモは、筆跡鑑定によりXのものと判明したのでXの供述書です。「明日PM8、ホテル太陽512号室、Yに1k×2」と記載されていました。これはいわゆる犯行メモですね。このメモは、実際に行われた覚せい剤の譲り渡し事件の当事者の自宅から発見されたものであり、その記載内容は、実際に行われたXによるYへの譲り渡しと日時場所や覚せい剤の量が一致しており、真摯性は十分に認められます。これ自体には、覚せい剤という文言はありませんが、1k×2という語は、他の意味には解せられません。明日、と書かれているので、これから行おうとする覚せい

---

(2)　大コンメ刑訴法［2版］(4)506頁〔渡辺咲子〕参照。なお、拙稿・「刑事訴訟法演習」法教415号（2015年）140頁参照。

剤譲り渡しの犯意として精神状態に関する供述であり、このメモによってXがそのような譲り渡しの犯意・計画を有していたことの立証に用いることができます。

4　W女宅捜索差押調書

捜索差押の執行を担当した捜査官の供述書ですので321条1項3号書面です。訴訟法的事実に関するものではあるが、捜索差押の適法性が争われる場合であれば、自由な証明では足りませんので、不同意とされれば捜査官が証人に立たなければなりません。捜索差押が行われた日時場所と何が差し押さえられたかという客観的事実の限度であれば、訴訟法的事実であり自由な証明で足りるので、その限度なら不同意でも証拠能力を有します。

5　512号室の入室に関する捜査報告書とYのホテル太陽到着の捜査報告書

いずれも321条1項3号書面です。

6　覚せい剤約3キログラムの差押調書

前同様、差押の日時場所や対象物という限度でなら訴訟法的事実として証拠能力が認められます。

7　覚せい剤約3キログラムとその鑑定結果報告書

覚せい剤は証拠物で、鑑定結果報告書は、鑑定受託者による鑑定書として321条4項が準用されます。

8　Xの緊急逮捕手続書

緊急逮捕がなされた事実と日時場所の限度では訴訟法的事実として証拠能力が認められますが、緊急逮捕手続の適法性の証明のためであれば、厳格な証明を要するので、逮捕に当たった警察官の証人尋問が必要となります。

9　筆跡鑑定結果報告書

321条4項が準用されます。

応用問題

少し事案をアレンジして伝聞法則の応用問題を勉強しましょう。

1　Bは組事務所に顔を出したとき、Xが誰かに電話をかけており、「間一髪だった　早く物を処分せんといかん。安くするから、2でなく3全部を引き取ってくれ。太陽には俺は夕方早めにいって待ってるから」と話しているのを立ち聞きした。仮に、Bが聞いたこのXの電話でのやりとりの内容について、Bが検察官の取調べ・調書作成に応じたとする。Bが、公判廷でその通りの内容を証言した場合、その供述内容中のXの電話でのやりとりの部分に証拠能力は認められるか。

海野君

これは、被告人以外の者であるBの公判における供述で、被告人であるXの供述を内容とするものですので、324条1項の問題です。同項は322条を準用していますので、同条1項によりXの

その供述が不利益事実の承認であり、任意にされたものであればBの公判供述中に含まれるXの供述に証拠能力が認められます。Xの供述は覚せい剤取引に関する不利益な供述ですし、密売相手にこっそり電話で話したのですから任意になされたことは当然です。したがって、Xが覚せい剤を発見されそうになって間一髪であったことや、相手方に覚せい剤を2キロではなく3キロ引き取ってもらうことを求め、そのためにホテル太陽で待ち合わせようとしていたことを立証趣旨として証拠能力が認められます。また、間一髪であったことは過去の事実ですが、これから覚せい剤を譲り渡そうとする意志を有していたことについては、精神状態の供述ですから、その部分については伝聞法則の適用はないので、この面からも証拠能力は認められます。その前提として真摯性が認められることが必要ですが、Xの供述は、その後実際に発生した譲り渡し事件と一致しており、真摯性は十分に認められます。

[太田]
そのとおりですね。伝聞例外等の当てはめがだんだん板についてきました。

2　Bは、事件の前の3月1日にYと喫茶店で会ったとき、①Yから「Xからは何回も覚せい剤を買ったことがある。Xは大阪からいいネタを仕入れている。大阪から覚せい剤が届くたびにXは俺に買わないかと声をかけてくるんだ」と聞かされた。また、3月3日の事件当日の午後にも、②Yから電話で「今夜ホテル太陽でXと会う。大口の取引だ。Xが追加でもう1キログラムなんとか引き取ってくれと言っている。おれも今のところ、2キロは捌くあてがあるが、1キロは当てがない。お前の人脈で誰か売り捌き先がないかなあ」と言われた。
　これらについて、Bが検察官の取調べ・調書作成に応じたとする。Bが、公判廷でその通りの内容を証言した場合、その供述内容に証拠能力は認められるか。

[川井さん]
これも被告人以外の者であるBの公判期日における供述ですが、前の場合と異なるのは、それに含まれる原供述が被告人X以外の者であるYの供述であることです。

まず①については、Xを被告人とする公判で、YがXから以前に何回も覚せい剤を買わないかと声をかけられて覚せい剤を買ったことがあるという過去の事実を立証趣旨とするのであれば、被告人以外の者であるBの供述で、被告人以外の者であるYの供述を内容とするものとして、324条2項の問題となります。同項は321条1項3号を準用していますので、Yについて、同号の供述不能、犯罪事実証明のための不可欠性、絶対的特信性が認められる必要があります。Yは死亡しているので供述不能であり、また覚せい剤の密売を否認しているXについて、過去にYに何回も覚せい剤を売ったことがある事実は重要な間接事実として不可欠性も認められますし、Yは親しい仲間であるBに打ち明けたもので嘘をつく動機も考えられず、特信性も認められるでしょう。そうすると、Bの公判供述中のYから聞いた供述が、Yの公判供述に代わるものとなり、Y自身がXの公判で証言したのと同じものとなって、証拠能力が認められますね。

[海野君]
それは分かるのですが、「Xは大阪からいいネタを仕入れている」とか「大阪から覚せい剤が届く」という部分についても同じように考えていいのでしょうか。

[太田]
ここはちょっと微妙ですね。一つは、立証趣旨を「YはXが大阪から仕入れた覚せい剤を何度も買ったことがあること」というように一体のものと考えて321条1項3号の該当性を認めると

いう考えもあり得るでしょう。しかし、厳密に考えると、Xから買った覚せい剤は本当に大阪から仕入れたものか、はYが確認できることではなく、それはXがそう言っていたに過ぎないことです。したがって、この部分から、Xの仕入れ先が大阪であることを直接証明することは無理でしょうね。そうすると「(ア) Yは過去にXから何度も覚せい剤を買っており、(イ) その覚せい剤の仕入れ先についてYは大阪からだとXから聞いていたこと」とするのがより論理的でしょうね。すると、(イ)の部分はYがXからそう聞いたことはY自身が体験した事実ですから、Xの供述部分の伝聞性はなくなりますね。

[山田君]

②についてですが、この場合のYの供述は、知覚記憶に基づく過去の事実ではなく、Yが今夜Xと会って覚せい剤を譲り受けようとしていることや、それを他に売りさばきたいと考えている精神状態の供述です。実際に発生した事件と一致・符合する内容なので真摯性も認められ、伝聞法則の適用はありません。したがって、Yについて①のように321条1項3号の要件を検討するまでもなく、証拠能力が認められると思います。

[太田]

そのとおりです。

3 　仮に公判廷でBが、前記の調書の内容どおりの証言をしなかった場合、検察官としては、Bの聴き取ったXあるいはYとのやりとりを証拠として活用することは可能か。そのための要件は何か。

　これが再伝聞の問題であることはもう皆さんわかりますね。Bが公判できちんと証言してくれれば324条該当や精神状態の供述として伝聞法則の例外ないし適用外となるのですが、Bが公判でそのとおり証言してくれなければ、真実の供述はPSで立証せざるを得なくなります。それで検察官としては、BのPSを321条1項2号書面として請求することになります。BがXに気兼ねして公判ではPSどおりの供述をしなかったのですから、実質的相反性は認められます。そこで、Bの公判での変遷した供述と、PS記載の供述のいずれの信用性が高いかの相対的特信性の問題となります。その判断は、Bと被告人Xとの人的関係などの外部的付随事情を中心に判断することとなりますが、Bは今でも組から足を洗えてはおらず、組の若頭であるXの面前でXに不利なことは供述しにくい状況にあることは容易に推認できますし、組から足を洗いたいと思っていたBが、進んで警察に情報を提供してきたこと、またその供述内容が、客観的に発生した具体的事件の状況とも一致していることなどに照らせば、PS記載の供述内容の方が信用性が高いと認められるでしょう。そうすれば、PSは証拠能力が認められます。

　そうすると、PSの伝聞性が解消され、それに記載された供述内容が、Bの公判供述に「代わる」ものとなり、Bが公判で供述したのと同じ状況がもたらされます。そうなれば、前記1、2に従って証拠能力が認められることになりますね。

4 　仮に、本件捜索の当日、W女のマンションから、W女の日記帳が発見・押収され、それには次のような記載が認められたとする。これらの記載には、証拠能力が認められるか。認められるとすればいかなる根拠によるか。

① 　2月28日（捜索の3日前）の欄

「昨日Yさん来訪。大阪からの物、2欲しいとのこと。Xに伝えた。」

川井さん

　Xを被告人とする公判においては、日記はW女の供述書であり、記載された内容は被告人以外の者であるW女の知覚記憶に基づく過去の事実ですので321条1項3号書面となります。したがって、W女について供述不能等の3要件が必要となります。W女が供述不能でない限りその要件は充たされませんが、W女が死亡するか、あるいは公判でXをかばって証言を固く拒絶すれば、供述不能の要件は充たされます。そうすれば、本件の取引自体に関するメモで虚偽の記載をする動機はまったくありませんので、不可欠性と絶対的特信性は認められ、例外要件を満たすことになります。

太田

　そのとおりですね。仮にW女が公判で証言したが、この日記の記載を「間違えて書いたのでなんのことか分からない」などと否定したとします。その場合、W女は供述不能ではないので、このメモ自体に3号該当は認められませんが、W女の公判証言と矛盾する内容が記載されたW女の自己矛盾供述として、328条の弾劾証拠としての証拠能力は認められますね。また、この記載部分を「日記の存在、記載事項（その真偽は他の証拠による）」とし、非供述証拠として証拠構造の中の間接事実の一つに用いることも可能でしょう。このような記載があること自体が、他の証拠によって認められるYやXの行動等と合致することから、それらと相まって犯罪事実の立証に役立つこととなります。

　では、仮に、W女も、Xの覚せい剤譲り渡し等の罪の幇助犯として起訴された場合、W女自身を被告人とする公判においては、この日記の記載はどのように立証に用いられますか。

山田君

　その場合は、被告人であるW女の供述書であり、不利益事実の承認であって、日記の記載には任意性にまったく問題がないので、322条1項によって証拠能力が認められます。

太田

　そのとおりです。同じ伝聞証拠でも、どの被告人の公判で立証に用いるかによって適用される伝聞例外規定が異なってくることをしっかり身に付けましょう。

② 3月2日（捜索前日）の欄
「明日朝一番、大阪から届く予定。Xが取りに来るので、必ず部屋にいること」

　これは、同じW女の日記に記載されていても、それは過去の事実についてではなく、明日朝に覚せい剤が届く予定をW女が認識し、それをXに渡すために部屋で待機しようとする意志を有していることの精神状態に関する供述です。真摯性も認められます。従って、伝聞法則は適用されないので、「大阪から届く予定の覚せい剤をW女がXに渡す意思であったこと」を立証趣旨として、Xの公判で証拠能力が認められます。W女を被告人とする公判においても同様ですが、その場合は、同時に322条1項の適用も可能ですね。

事例講義5
取り込み詐欺事件

事例

第1 事件の発生と捜査遂行・事件処理状況

1 事件の発生

(1) Xは、商店街で家電の販売業を営む甲株式会社を家族と高校時代からの友人Aと共に営んでいた。以前は人気店で営業も順調であったが、大手家電販売店の進出や景気の低迷で次第に営業成績は低下していた。それに加え、Xは、商店街に勢力を持つ暴力団の組員Bとも親しかったことから、その組が開帳している野球賭博に手を出すようになって、負け金の借金を抱えて苦労するようになり、家庭も不和で妻とも離婚するに至った。

Aは、それでも、なんとかXを支えて店の営業を立て直そうと日々営業活動に励んでいた。

同社の経理関係の帳簿は、事務員のC女が作成していたが、それらとは別に、几帳面なAは、「業務日誌」という3年日記形式の簿冊に毎日の営業関係や経理の主な収支関係等について生じた出来事を客観的に欠かさず記載していた（Aの業務日誌）。また、A自身の手帳には、仕事関係やプライベートな行動などについて、感想なども交えてメモを記載していた（Aの手帳）。

(2) Xは、経営が傾き始めてから、時々Aに「もう会社をたたもうかなあ」などと弱音を吐くようになったが、その都度Aから激励されて気を取り直していた。しかし、平成22年5月9日、Xは、野球賭博で100万円以上大負けをし、以前の負け金も払っていなかったため、翌日から組員Bがちょくちょく店舗に顔を出すようになり、Xがいないと、Aに対し「Xはどこへ行った。払ってもらわんといかん金がやまほどある。Xに事務所に来るよう言ってくれ」などと催促するようになった。Aは、詳しくは分からないものの、以前からXが野球賭博に手を出していることは感づいていたため、負け金が沢山溜まっていることに察しがついていた。それで、業務日誌には、「B来訪。Xへの伝言を受ける」などと、差しさわりのないことだけを記入し、手帳には、「Bがまた来た。Xはやばい。賭博の負け金多額の模様」などとリアルに記載し、これらの記載は多数回に及んでいた。

(3) 同年6月に入ったころから甲社はいよいよ資金繰りに窮した。そして同月5日、会社の事務所でAがXと一緒に執務していた時、Xが仕入れ先である乙商事株式会社販売部長のVに電話をする声が聞こえてきた。Xは「新しくできる町営団地の全戸にエアコンをつけることとなり、うちに注文が来た。40戸分だ。できるだけ早く納品して欲しい」などと話しており、これを耳にしたAは、そんな注文の話は初耳であったため不審に思った。それで、電話の後でXに尋ねたところ、Xは「俺に任せておけばいいから」というだけで言葉を濁した。その後、Xは、Aに聞かれないようにするためか、Aが席を外した時にどこかに電話をかけており、Aが戻ったとき、あわてて「またかけるから。品物は40、すぐにそっちに回す」とだけ言って電話を切った。Aは、Xが乙商事の担当者に言った町営団地の話は嘘で、ひょっとしたら、Xが乙商事から納品されたエアコンを横流しし、代金を貰ってから夜逃げでもするのではないかと疑った。それでXに「ど

うしたんだ。早まったことしたらだめじゃないか」と言ったが、Xは「心配するな」の一点ばりであった。Aはこのことを、業務日誌に「Xがエアコン40台乙商事に注文？」とのみ書き、手帳には、「エアコンの件、やばいことになりそうだ」と記載した。

(4) 一週間後の6月12日、乙商事営業部長Vが、エアコン40台を乗せたトラックを甲社事務所に差し向け、待っていたXに引き渡した。Xは別のトラックを待機させており、「役場には自分で納品する」と言ってそれに積み替えさせた。しかし、その日の夜、Xは会社に戻らず、トラックと共に所在不明となってしまった。

乙商事からは、Aに対し、エアコン40台分の納品書と代金320万円の請求書が届いたが、Aはなすすべもなく、乙商事の担当者に「私も訳がわかりません。Xはいなくなってしまいました」としか弁解できなかった。

Xから注文を受けた乙商事のVは、甲社との取引が20年以上に及ぶためXを信じ切っており、事前の契約書は作成せず、エアコンを納品してから請求書を回せばよいと甘く考えていた。担当者は、町役場に町営団地のエアコン発注について問い合わせたところ、その計画はあるが、エアコンの発注は入札を行う予定であり、甲社も指名業者に入ってはいるが入札は来月なのでまだ決定はしていないとのことであった。

(5) そこで、乙商事は、本件は、Xが計画的に、エアコン受注の確実な見込みはなく代金支払いの意思も能力もないのに、これがあるように装ってエアコンを納品させ、そのエアコンを横流しで売り飛ばしてから逃走する、いわゆる取り込み詐欺の被害を受けたものと判断し、6月20日、警察に対し告訴をした。

2 捜査の遂行

(1) 警察は、告訴状を受理して検討したところ、詐欺事件として起訴の見込みがある事件と判断したため鋭意捜査を開始した。また、Xの周辺を内偵したところ、Xは、かねてから警察が摘発しようと努力していた、商店街に縄張りをもつ組の野球賭博の客であるとの情報も掴んだ。

そこで、警察は、Xはまだ所在不明であるが、本件の捜査においては、①町役場からのエアコンを受注した、ということの虚偽性、②甲社の乙商事に対するエアコン代金320万円の支払意思と能力の有無、③Xが納入を受けたエアコンを横流しした先の特定と転売代金額の確定、等が立証の鍵であると判断した。

警察は、町役場の担当者を取り調べたところ、町営住宅のエアコンについては、近く入札が行われる予定であり、甲社はその指名業者には入っていたが、入札はまだで発注はなされていないことが確認されたので、担当者の調書を作成した（町役場担当者KS）。

これらを踏まえ、まず、甲社事務所とXの自宅を捜索し、支払い能力等の解明のために経理関係帳簿の一切や、会社とX個人それぞれの預貯金その他の資産の有無と額等についての文書や証拠物一切を差し押さえることとした。捜索差押許可状の請求書には、差押えの対象物として「本件エアコンの仕入れ及び売却に関する記載のある連絡メモ、日誌、日記、手帳、甲社の経理関係帳簿、伝票、その他甲社の代金支払い能力に関する一切の文書及び記録類」と記載されていた。

また、これらの経理関係書類や資産関係の資料は、併せて、Xが野球賭博につぎ込んでいた金の解明のための資料にもなると予想し、捜索には、野球賭博事件を担当する係の警察官も加えることとした。

(2) 請求どおりの令状が発付され、警察は、6月30日、甲社の事務所とXの自宅に対する捜索

を実施した。会社事務所からは経理関係帳簿の一切を差し押さえた（甲社経理帳簿）。

また、XとAの執務机等を捜索したところ、Xについては業務に関する日誌類や手帳はすべてを廃棄していたようで何も見当たらなかったが、Aのデスク上にあった前記のAの業務日誌を差し押さえた。また、Aの手帳も発見されたが、これは差押えの対象物に含まれるか疑義があったので、警察官は、Aから任意提出を受け、領置した。

(3)　野球賭博事件を担当する係の警察官Dも捜索要員に加わっていた。Dは、野球賭博事件の立証にも役立つような証拠はないか、との視点で捜索に当たっていたところ、Xのロッカーの中から一冊の手帳が発見された。これはロッカーの棚の奥にあったためXが廃棄し忘れていたものであった。この手帳には、「○月○日、巨人・阪神　1－0　3本　9万、○月○日、巨人・中日　3－4　5本15万」などと、連日の野球試合の結果メモと、それに賭けたであろうと思われる口数・金額がボールペンで記入されていた。そして、別のページには、これまでの累積の勝金額と負け金額を対照させたと思われる一覧表があり、その差額の多額の負け金額について累積額が日ごとに記載され、その横には「Bに10万支払い」などと記載され、負け金額の総額から、Bに支払った額を差し引きすると、5月末の時点で252万円となっていた。警察官Dは、この手帳は、令状記載の対象物に含まれると判断し、この手帳を差し押さえた（Xの手帳）。

(4)　Xの自宅からは、詐欺事件の証拠物と思われるものは発見されなかった。しかし、中庭に植物の鉢が10個並んでいた。警察官Eは、薬物犯罪捜査の経験が豊富であり、この植物が大麻に酷似していることからXが大麻草を栽培しているものと強く疑ったが、しかし家人も不在で任意提出を受けることもできなかった。Eは、早急にこの大麻草を差し押さえなければ、ひょっとして捜索終了後にXがこっそり戻ってきてこの大麻草をどこかに隠匿・廃棄するかもしれないと懸念した。そこで、急いで令状を取得してこれを差し押さえようと考え、その植物の鉢をポラロイドカメラで写真撮影した。そして、その写真を添付した簡単な報告書を作成し、すぐに警察官1名を裁判所に令状請求に走らせた。詐欺事件での捜索の終了間際に大麻取締法違反の被疑事実による捜索・差押え許可状が発付されたので、警察は夕刻までにそれを執行し、大麻と思われる植物の鉢を差し押さえた。翌日これらの植物を鑑定したところ大麻と確認された。

(5)　警察官は、会社事務所から押収した証拠物を精査し、甲社の過去1年程度の営業取引の状況、収支の状況、預貯金等の資産と借入金や未払い金等の負債の状況等を分析した。すると、甲社の営業は、同年1月ころから急速に悪化し、収入は激減する一方、仕入れ先等への支払いが遅延し、多数の約束手形をジャンプして支払を繰り延べしており、明らかに債務超過状態であることが確認された。

また、乙商事からのエアコン40台の仕入れについては、仕入れ台帳には記載がなく、買掛金も計上しておらず、正当な営業上の仕入れとは到底考えられなかった。

(6)　一方、警察官は、Aを取り調べたところ、Aは、Xの最近の不審な行動について、組員Bとの野球賭博にからむ接点やトラブルの状況、エアコン40台の注文に関するXの不審な言動等についてありのまま供述し、調書が作成された（AのKS）。

(7)　これらに基づき、警察はXの詐欺事件の立証の見通しは十分にあると判断し、Xについて、乙商事に対する詐欺罪による逮捕状を請求し、発付された。

3　Xの逮捕と事件処理

(1)　Xの所在はしばらくの間不明であったが、逃走に疲れたXは、7月20日、自ら警察に出頭

して逮捕された。しかし、Xは、詐欺事実については否認し「騙すつもりはなかった。乙商事の担当者Vには、町営住宅用のエアコンについて口に出したことはあるが、それは既に受注したという意味ではなく、入札に参加するので、いずれ発注を受けることも期待できる、と話題にしただけだ。組員Bを窓口にした野球賭博に手を出し、負けが込んでBから負け金の支払いを催促されて金に困っていたところ、Bから「俺の親戚筋の会社がエアコンを大量に買い付ける話がある。紹介して儲けさせてやる。その売上金から3分の1でも負け金を払えば、当分残額は猶予してやる。俺の組への立場もあるからなんとかしろ」と言われ、話に乗って、乙商事に注文したものだ。ところが、Bが親戚筋の会社に直接エアコンを納入するといってトラックを用意したので、それを信じていたところ、仕入れたエアコンはそのままどこかへ横流しされてしまい、自分には一銭も金が入らなかった。そのため、乙商事の支払いができなくなり、万事休して夜逃げしてしまった。乙商事を騙すつもりはなかった」などと弁解した。なおXは大麻を違法に栽培していたことは自白した。

(2) 組員Bは所在不明となっており、Xの弁解の裏付けは困難であった。乙商事の担当者Vに確認したところ、「Xは、町営住宅のエアコン40台を受注した、とはっきり言っており、そのために納品して欲しいということだったのは間違いない」と言い、当時つけていた手帳を任意提出した。その手帳の6月5日の欄には「Xさんからエアコン40台の注文あり。町営住宅からの受注」とメモが記載されていた（乙商事担当者Vの手帳）。

(3) 勾留後もBの所在は依然として不明であった。しかし、警察官と検察官は、証拠関係を検討したところ、Bの供述が得られず、エアコンの横流し先の解明はできていなくとも、Xが乙商事の担当者Vに対し、町営住宅用のエアコンの受注を受けていないのに、受けたかのように嘘をいって騙したこと、当時の営業状況の悪化による債務超過状態に照らせば、Xの弁解を前提としてもエアコン代金を支払う能力はなかったことの立証は可能であると判断した。検察官は、乙商事担当者VやAを取り調べ、詳細な検察官調書を作成し、Xについては前記弁解を維持したままで否認の被疑者調書を作成した（乙商事担当者VのPS、APS、XのPS）。そして、勾留延長満期の8月10日、Xを逮捕事実どおりの詐欺罪で公判請求し、更に、大麻取締法違反の罪についても立件送致されたので追起訴した。

―――― 公訴事実 ※大麻取締法違反については略 ――――
　被告人は、○市○町○丁目○番地において電気製品販売業を営む甲株式会社の代表取締役であるが、経営不振等により経理状態が悪化し業績回復の見込みがなくなったことから[1]、取引先であった乙商事株式会社から商品仕入れ名下にエアコンを騙取しようと企て、○町役場からエアコンを受注した事実はなく、仕入れにかかるエアコンの代金を支払う意思も能力もないのにこれあるように装い、かつ、納入を受けたエアコンは直ちに転売する意図であるのにその情を秘し、平成22年6月5日、同社営業部長Vに対し「新しくできる町営団地の全戸にエアコンをつけることとなり、うちに注文が来た。40戸分だ。できるだけ早く納品して欲しい」などと嘘を言い、Vをしてその旨誤信させ、よって、同月12日、同社からエアコン40台（代金合計320万円）を甲株式会社事務所に運搬納入させてこれを騙取したものである。

----
(1) 野球賭博で負債を抱えたことまでは記載の要はなく、冒頭陳述等で明らかにすれば足り、公訴事実としては「等」に含めればよいであろう。

第2　公　判

1　第一回公判期日における認否等

被告人は「騙すつもりはなかった。Bを信じて、Bの親戚筋の会社にエアコンを売れば相当の利益が上がり、乙商事に仕入れ代金を払えると思っていた。乙商事の担当者Vには、町営住宅のエアコンを受注できるかもしれないと口にしたことはあったが、受注したとまでは言っておらず、そのために納入するエアコンであるということで仕入れたものではない。経営は苦しかったが、がんばればなんとか乗り越えられると思っていた」と述べ、詐欺の犯意を否認した。又、弁護人は、請求された証拠のすべてについて不同意とした。大麻取締法違反の罪については、Xの自宅に対する捜索の被疑事実は詐欺事件であり、大麻取締法違反ではないので警察官EがXの自宅で大麻草の写真撮影をしたのは重大な違法であり、写真撮影報告書は証拠排除されるべきであるので、これを資料として発付された令状による差押えも違法であり、大麻草の鑑定書も証拠排除されるべきであるので無罪であると主張した。

2　その後の審理

(1)　乙商事担当者VはPSどおり証言し、町役場からエアコンの受注はなかったことなどの立証も終え、焦点は、Xが最初から仕入れたエアコンを横流しするつもりであったか否かと、甲社の支払い能力とに絞られた。

Aの証人尋問が行われたが、AはXに気兼ねをしてか、甲社の経営が極めて悪化していたことやXがBとの付き合いで野球賭博にのめり込み、負け金がかさんでBから取り立てを迫られていたことについて、相当程度自分も認識していた旨のPSの記載については、全否定まではしないものの随所で曖昧、抽象的な証言に終始した。

(2)　検察官は、Aが曖昧な証言に終始したため、証人尋問の3日後にAを呼び出したところ、Aは「申し訳ありませんでした。法廷で本人の顔を見ると情が移ってしまい、煮え切らない証言をしてしまいました。後で後悔しました。彼が立ち直るためにも、ここは厳しく白黒をつけるべきだと思いました」などと言って、再度、従来どおりの供述をしたので検察官は、PSを作成した(Aの第二次PS)。

3　Bの逮捕と捜査・公判の進展

(1)　警察は野球賭博事件の捜査も鋭意行っていたが、証拠が固まったのでBを含めた組員3名を逮捕・勾留して捜査を進めた。その証拠の中には、Xの詐欺事件の捜索の際に差し押さえられたXの手帳やAの供述調書も含まれていた。

(2)　Bについては、野球賭博事件について取り調べる過程で、客の一人であるXが賭博に加わった状況等についても取調べたが、Bはそれを認め、Xの負け金は累積して252万円に及んでいたことを供述した。また、Bに対しては、Xが供述する「負け金の支払いのためにBから親戚筋の会社にエアコンを販売する紹介をすると言われて仕入れたがBにエアコンを横流しされてしまった」旨の弁解の真偽について取調べたところ、Bは「それは話が違う。自分がXに厳しく負け金の支払いを請求していたら、Xの方から『今度エアコンを多数仕入れて転売できる当てがあるので、それがうまく行ったら、負け金の半分以上支払える』というので、しばらく請求を猶予して

やっていたらXはそのままいなくなった。自分は転売先の紹介も横流しもしておらず、金はまったく受け取っていない」と、Xと真っ向から対立する供述をしたBのKS。

(3) Bら組員は賭博開帳図利の罪で公判請求され、事実を認めたので公判は速やかに結審した。弁護人は、検察官が請求した、前記のXの手帳、AのPSについてもすべて同意した。Bは保釈されたが、判決言渡し前にBは動脈瘤破裂により急死してしまった。

証拠構造

上記の捜査の結果に基づき、公判担当検察官として、主張立証しようとする事実を証拠構造に基づき、主要事実、間接事実等に整理せよ。また、これらの各事実を立証するために請求すべき証拠を、各事実の右側に適示せよ。なお、関係証拠は次のとおりである。なお、野球賭博に関する証拠は、詐欺罪の立証上、意味を持つか、持つとすれば、どのような根拠によるか、という視点からも検討すること（大麻取締法違反の罪についての証拠は除く）。

【収集された証拠】
Aの業務日誌
Aの手帳
Xの手帳
町役場担当者KS
甲社経理帳簿
乙商事担当者Vの手帳
乙商事担当者VのPS
AのPS
BのKS
XのPS

―― 証拠構造の例 ――

1 ６月５日、被告人Xが、乙商事営業部長Vに対し「町役場から町営住宅に設置するエアコン40台を受注したので納品して欲しい」と注文し、Vはそれを信じたため、同月12日、エアコン40台を甲社事務所に運搬して納品したこと
　　　　　乙商事担当者VのPS　　乙商事担当者Vの手帳

2 被告人Xの上記注文は虚偽であり、町役場からのエアコンの受注はなく、被告人Xにはエアコン代金の支払いの意思及び能力はなく、納品を受けたエアコンは直ちに他に転売する意思であったこと
(1) 町役場では、町営住宅に設置するエアコンについて、被告人X経営の甲社は入札の指名業者には入っていたが、入札は未実施であったので甲社はエアコンを受注してはいなかったこと
　　　　　町役場担当者KS
(2) 被告人X経営の甲社及び被告人X自身には、エアコン40台の代金を支払う意思も能力もなく、納品を受けたエアコンは直ちに他に転売する意思であったこと

ア 当時甲社の経営は著しく悪化し、債務超過状態に陥っていたこと
　　　　　　　　　甲社経理帳簿　Aの業務日誌
イ 被告人Xは、当時、暴力団組員Bらが開帳していた野球賭博に耽り、負け金252万の負債を抱えてBから取り立てを強く迫られていたこと
　　　　　　　　　Xの手帳　Aの手帳
ウ 本件の仕入れは、被告人がその右腕であるAに対しても隠そうとし、仕入れ台帳に記載されず買掛金も計上されないなどの異常な取引であったこと
　　　　　　　AのPS　Aの業務日誌　Aの手帳
エ ６月12日に納品されたエアコン40台は、町役場には納入されず、直ちに他に運搬され、被告人Xはそれと同時に所在をくらましたこと
　　　　　　乙商事担当者VのPS　AのPS

3　被告人Xの弁解は虚偽であること
(1) 乙商事営業部長Vに申し向けた町役場からの受注の事実については、Vが手帳にメモしていたこと
　　　　　　乙商事担当者VのPS　乙商事担当者Vの手帳
(2) 組員Bが転売先を紹介すると言って、それを信じたところBからエアコンを横流しされた旨の被告人Xの弁解は信用できず、仮にそれを前提としても、被告人Xにはエアコン代金支払いの意思能力は到底認められないこと[(1)]
ア 被告人Xは、当初から前記[(2)]の嘘をつくなど、その弁解の信用性は乏しいこと
イ 仮にその弁解を前提としても、エアコンを転売して得た代金の一部から賭博の負け金をBに支払えば、当時の債務超過状態の下で、乙商事への仕入れ代金を支払えなくなるのは明らかであること

捜査法上の問題点

1　Xの手帳の差押えの適法性と証拠能力

Xの手帳には、「○月○日、巨人・阪神　1－0　3本　9万、○月○日　巨人・中日　3－4　5本15万」などと記載されており、これは一見して野球賭博をした本数や掛け金等を記載したものであると判断されます。

(1) 別件捜索・差押え等の問題

本件ではこの手帳の記載内容の証拠能力を検討する以前に、まず、詐欺事件を被疑事実とする捜索差押許可状で野球賭博に関する証拠物を差し押さえたことが問題となります。つまり、<u>ア　そもそも、野球賭博に関する文書等は、詐欺事件の証拠物として関連性が認められるのか、イ　認められるとしても、発付された令状の対象物に該当するといえるか否か、ウ　詐欺事件の証拠物としてのみならず別の事件である野球賭博の証拠物としても利用する意図がある場合</u>

---

(2) これらの部分は、それまでに記載した事実と証拠を踏まえた上での評価の記載である。

に、その差押えは許されるか否か
の問題です。

ア　野球賭博の結果や賭け金等が記載されたXの手帳は、詐欺事件について関連性のある証拠物といえるか。

　X経営の甲社は株式会社ではありますが、商店街で家族や友人と営んでいた小さな企業でした。このような企業では、会社の経理は実質的には経営者個人の経理と峻別されず、会社の金が足りなければ経営者個人が資金を持ち出し、また会社の金で個人の支出をまかなうことや会社の債務に経営者が個人で連帯保証することは珍しくありません。経済的には会社の経理と個人の経理は一体的な面が強いです。本件でもまさにX個人の賭博の負け金を会社のエアコンの仕入れと売却で得た金で支払おうとしていたこと自体がそれを示しています。

　このような場合、会社として仕入れたエアコンの代金の支払い能力は、純粋の会社の資産のみでなく経営者であるXの資産をも含めて判断することとなります。したがって、詐欺事件における代金支払いの意思及び能力について、Xが賭博で多額の借金を抱えてその支払いに窮していたことは重要な意味を持つのですから、野球賭博の負け金の債務に関する証拠は詐欺事件の証拠としても意味を持つことになり、それを差し押さえることは可能です。

　しかし、仮に、大きな会社で、会社の経理と役員個人の家計の経理が実質的にも峻別されているのであれば、会社の支払い能力の判断に役員個人の資産を考慮に含めることができるか否かについては、役員が個人で連帯保証でもしていない限り、慎重な判断が必要となるでしょう。

イ　発付された令状の対象物に該当するといえるか否か。

　差押えが可能であるためには、まずもって令状に記載された対象物に該当しなければなりません。関連性が認められる証拠物であっても、令状請求の際にそれを対象物に記載することを怠ったため、発付された令状記載の対象物に読み込めない物の差押えが許されないことは当然です。本件では、令状には野球賭博関係の証拠は明示されていませんが、仮に令状請求の際にそれが明示され、それが詐欺事件の支払い能力に関するものであることが示されていれば、裁判官はそれを含めた令状を発付してくれたでしょうし、差押えは完全に適法であったでしょう。しかし、そのような明示的記載がない場合には、記載された対象物に読み込めるか否かの問題となります。

　本事例の捜索差押許可状の請求書には、対象物としてエアコンの仕入れ等や経理関係帳簿等に続いて「その他甲社の代金支払い能力に関する一切の文書及び記録類」と記載されていました。まず、このような記載自体が差押え対象物の特定の要求を充たしているか（憲法35条1項、刑訴法219条1項）ということが問題です。

　これについては、○最大決昭和33・7・29刑集12巻12号2776頁（百選A5、都教組事件）が指導的な判例です。この事案は、教職員組合員による勤務評定反対のストライキ事件ですが、令状には対象物の具体的例示に続いて「本件に関係ありと思料せらるる一切の文書及び物件」という記載が特定性を満たしていないと争われました。本決定は、「本件許可状に記載された「本件に関係ありと思料せられる一切の文書及び物件」とは「会議議事録、闘争日誌、指令、通達類、連絡文書、報告書、メモ」と記載された具体的な例示に付加されたものであって、同許可状に記載された地方公務員法違反被疑事件に関係があり、且つ右例示の物件に準じられるような闘争関係の文書、物件を指すことが明らかであるから、同許可状が物の明示に欠くところがあるということもできない」としました。

これに照らせば、本件では、「経理関係帳簿、伝票、その他甲社の代金支払い能力に関する一切の文書及び記録類」の令状の記載は特定性を充たしており、むしろ、都教組事件の場合よりも、「代金支払い能力に関する」という限定が付されているので特定性は更に十分だといえるでしょうね。

そして、野球賭博という文言の記載こそないものの、前述のように、野球賭博による負け金の負債は、エアコン代金の支払い能力に大きく影響するのですから、これは「その他甲社の代金支払い能力に関する一切の文書及び記録類」に読み込むことができるでしょう。

　ウ　詐欺事件の証拠物としてのみならず、捜査官が別の事件である野球賭博の証拠物としても利用する意図がある場合に、その差押えは許されるか否か。

次が、本件では警察官が、詐欺事件のみならず野球賭博事件の捜査の証拠も得ようとの目的を有していたので、いわゆる別件捜索差押の適法性の問題になります。

これについては、○最決昭和51・11・18裁判集刑202号379頁、判時837号104頁（大阪南署賭博開帳事件、百選21事件）が指導的判例です。

《事案の概要》

暴力団幹部による県会議員に対する恐喝事件についての捜索差押許可状に、差し押さえるべき物として「本件に関係ある　1　暴力団を標章する状、バッチ、メモ等、2　拳銃、ハトロン紙包みの現金、3　銃砲刀剣類等」と記載されていたところ、警察官は、被告人らが賭博場を開帳した際の賭博関係者の名前、寺銭等についての記載メモ等を押収し、その後被告人は、賭博開帳図利、賭博の罪で起訴され、一審は有罪としたが、原審（大阪高判昭和49.3.29高刑集27巻1号84頁）は、上記賭博関係の押収物は、令状の対象外であるとして証拠排除し、無罪としたため検察官が上告したが、最高裁は破棄自判した。

《判決要旨》

「本件メモ写しの現物であるメモには、O組の組員らによる常習的な賭博場開帳の模様が克明に記載されており、これにより被疑者であるXと同組との関係を知りうるばかりでなく、O組の組織内容と暴力団的性格を知ることができ、右被疑事件の証拠となるものであると認められる。してみれば、右メモは前記許可状記載の差押の目的物に当たると解するのが相当である。憲法35条1項及びこれを受けた刑訴法218条1項、219条1項は、差押は差し押さえるべき物を明示した令状によらなければすることができない旨を定めているが、その趣旨からすると、令状に明示されていない物の差押が禁止されるばかりでなく、捜査機関が専ら別罪の証拠に利用する目的で差押許可状に明示された物を差し押さえることも禁止されるものというべきである。そこで、さらにこの点から本件メモの差押の適法性を検討すると、それは、別罪である賭博被疑事件の直接の証拠となるものではあるが、前記のとおり、同時に恐喝被疑事件の証拠となりえるものであり、O連合名入りの腕章、ハッピ、組員名簿等とともに差し押さえられているから、同被疑事件に関係のある『暴力団を標章する状、バッチ、メモ等』の一部として差し押えられたものと推認することができ、記録を調査しても、捜査機関が専ら別罪である賭博被疑事件の証拠に利用する目的でこれを差し押さえたとみるべき証跡は、存在しない」

海野君

私は、この最高裁の判例には、どうも納得できません。捜索差押許可状の被疑事実は恐喝なのに、それが暴力団員による犯行であったからといって賭博事件の証拠まで差し押さえることがで

きる、というのはちょっと屁理屈に近いように思うのですが。

[太田]
　私も海野君の感覚的意見には同感できますよ。捜査官であった私でさえ、この判例はやや理論としては苦しいものがあり、いわゆる「救済判例」的な印象を持ちますね。ただ、この事案の令状には、「暴力団を標章する状、バッチ、メモ等」と対象物の記載があります。この記載からは、被疑者や犯行内容が暴力団的性質を有するものであり、それを示す「メモ」も対象物とされているので、この部分で賭博に関するメモ類も読み込める、とぎりぎり言えるでしょう。この部分の記載がなければ、差押えは違法と言わざるを得なかったでしょうね。原審は令状の対象外として証拠排除までしたのですから、海野君の疑問ももっともなものだといえます。

[川井さん]
　先生は「救済判例」という言葉を使われましたが、どういう意味でしょうか。聞いたことがないのですが。

[太田]
　救済判例という言葉は、法律用語でないのはもちろん、基本書や判例評釈などでも使われていませんから皆さんが耳慣れないのは当然です。でも、実務においては、時々使っていますよ。例えば、ある手続が違法かどうか検討すべき時に、若手の検事がある類似事案で適法とした判例を見つけてきて、部長とか次席とかに「こんな判例がありますから本件も適法だと思います」などと言ってくることがあります。そんな時、その検事に「君、その判例の具体的事実をよく読みこんだか？　それは特殊な事案だよ。適法とはしたけど、これは救済判例だな。もっと本件の事実関係とよく照らし合わせて比べてみなさい」などと指導することもあります。法律の解釈や事実認定は、数学や物理学とは違って絶対的画一的な正解というものがないことは珍しくありません。仮に適法とした判例があっても、それは誰が見ても明らかに適法とされる事案の場合もあれば、評価によっては違法との判断をする裁判官がいる場合もあるでしょう。大阪南署事件でも原審は差押えを違法としたのであり、評価は分かれ得る事案なのですから、検察官にとっては最高裁の「救済判例」によって助かった、という面もあるのですね。ですから、この判例があるからといって「暴力団が組織的に実行したAという犯罪を被疑事実として捜索・差押えを行う場合、他のBという犯罪が同じ暴力団によって組織的に行われたのだから、Aの事件についての令状によってBの事件に関する証拠も当然に差押えてもよい」ということにはならないのです。それは事案の具体的内容によって異なります。仮に、恐喝事件の事案が、その暴力団が行っている賭博の負け金を相手方が支払わないので組員がその相手方に暴行脅迫を加えてむりやり取り立てた、という事案であったとしたら、恐喝がなされた原因が賭博そのものにあるのですから恐喝事件の解明のためには賭博事件の解明も必要であり、被疑事実とする捜索差押許可状によって賭博関係の証拠物をも差し押さえることは全く問題ないでしょう。もちろん、令状に記載された対象物に類型的に該当することが必要ですが。

　大阪南署事件は、原審の大阪高裁が賭博のメモは差押の対象外として差押えは違法として証拠排除したのを破棄したもので、ボーダーラインのケースであり、あまり一般化できる判例ではないですね。暴力団により行われた犯罪という特質と、対象物に「メモ等」記載されていたことから、ぎりぎり適法とされたといえるでしょう。

　ただ、一般論として「専ら別罪の証拠に利用する目的での差押えが禁止される」ということと「別罪である賭博被疑事件の直接の証拠となるものではあるが、同時に恐喝被疑事件の証拠となり得

るものであり」という判示部分については、基本的に別件捜索・差押えの許容性の判断基準として妥当だといえます。別件捜索・差押えの問題は、おおむね別件逮捕・勾留の問題とパラレルな面があり、実務・判例では基本的に別件基準説によっていることとも対応関係にあるといえるでしょう。

次に、○広島高決昭和56・11・26判時1047号162頁、判タ468.148（呉給料紛失仮装事件、百選26事件）も参考となります。

《事案の概要》

被告人の業務上横領事件の嫌疑を得て捜査を進めていた警察が、別の者のモーターボート競争法違反事件の捜査の過程において、被告人も一口1,000円の賭け客となっていたことを掴み、同法違反の嫌疑で被告人方を令状により捜索した際、幼児を抱いた被告人の不審な挙動から、所持品を任意で確認し、通帳3冊を任意提出させて押収した。なお、捜索差押許可状の対象物には「本件を立証するメモ、ノート類、日記帳、通信文、預金通帳、スポーツ新聞」と記載されていた。結局、業務上横領事件については、証拠が十分でなく控訴審で無罪となったが、弁護人が、その事件の証拠とされた前記通帳について、違法な別件捜索・差押えであると主張して証拠能力を争った。

《判決要旨》

「多数の賭け客のうち、被告人方だけを捜索する必要性に疑問があること、預金通帳は、結局捜索の事実についての証拠物としては押収されておらず、その事実については起訴もされなかったことなどから、軽微な同法違反の事件を利用して捜索を行ったもので違法の疑いが強い」とする一方、「捜索の場に被疑者が居合わせた場合、差し押さえるべき物を被疑者が所持している疑いがある以上、限度を超えない限り被疑者の所持品検査を行うことができることを考慮すると、本件捜索が前記認定のとおり違法の疑いが強く、右預金通帳等の押収が右捜索の際に行われたものであることを考慮しても、右押収は、叙上認定のような経緯で任意に提出されたものを領置したものであるから、その押収手続に令状主義の精神を没却するような重大な違法があるとまではいえず、その証拠能力を否定すべきものではなく」と判示して証拠能力は肯定した。

この事案は、僅か1,000円を賭けたという呑み行為を被疑事実として捜索したもので、少なくとも私の捜査官としての経験からは、通常このような軽微・少額の事案で強制捜査を行うことは考え難いです。呑み行為の胴元の側を被疑者とする捜査であれば、直接の捜索の被疑事実は一口の呑み行為であってもそれは多数の呑み行為の一端に過ぎず事案は悪質な場合が通常でしょうから、それを被疑事実とする令状を請求することは十分考えられます。しかし、客の側を捜査する場合、もっと多額の申し込みをした客は大勢いるでしょうし、その中からたった一口1,000円を賭けた客にすぎない被告人だけを対象として捜索・差押えを行うというのは非常に疑問です。現に被告人は、呑み行為については起訴もされていません。令状請求書に「預金通帳」と記載したのは、捜査官の狙いが業務上横領事件の証拠を発見することにあったのが歴然としており、典型的な別件捜索だと感じます。被告人に業務上横領の嫌疑がなかったのであれば、おそらくこんな捜索・差押えは実施していなかったのではないかと疑われます。令状には「預金通帳」と記載されていたのに、差し押さえずに任意提出させたということには、捜査官のうしろめたさようなものが感じられますね。判決が、「違法の疑いが強い」としたことは無理もなく、むしろ、私は違法である、と言い切ってもいいように思います。これも典型的な「救済判例」でしょう。このような事案では、姑息な別件捜索などせず、正面から業務上横領事件を被疑事実として被告人方を

捜索するか、被告人の預金について銀行照会をするのが本来のあり方でしょう。

別件捜索・差押えの適法性は、①別件に関する捜索・差押え自体は適法であるか否か、②別件捜索・差押え時における捜査方針（本件捜査目的の有無と程度）、③押収物と別件・本件各被疑事実解明上の必要性と関連性、④別件の処分結果（別件も起訴されていたか、つまり起訴価値があるほどの事件であったか）などの諸事情を考慮し、別件について捜索の必要性が薄いのに、もっぱら又は主として本件の証拠物を発見押収する目的でなされたものであれば違法な別件捜索・差押えとなるでしょう（百選［9版］30事件渡辺修解説参照）。

本事例においては、警察は、野球賭博事件の捜査も行っており、その事件の証拠物を発見する目的も併有してはいましたが、捜索・差押えの被疑事実は多額の悪質な詐欺事件であり、野球賭博の負け金の有無や額は、支払の意思・能力に関する証拠物として意味があり、それらを発見押収する必要性は高かったのですから、捜索・差押えは適法というべきです。ただ、後に疑義を招かないよう、令状請求の段階から、差押えの対象物に「Xの野球賭博に関する負債関係の書類等」を含めておくに越したことはありませんでした。

(2) 手帳の証拠能力について

Xの手帳の差押えは適法ですので、その記載内容について証拠能力の問題となります。この手帳は、Xが野球賭博の結果や負け金の状況について記録したものですのでXの供述書です。巨人阪神1－0などから過去の事実の記録であることは明らかです。賭博をやっていたことやそれに負けて負債があるということは、詐欺罪における支払意思・能力に関する事実であり、Xにとり不利益な事実ですし、自分で記載した手帳ですから任意性は全く問題ありません。ですから、322条1項により、その記載内容の真実性を立証でき、立証趣旨は「被告人の野球賭博による負債の発生とその金額等」などとすべきでしょう。しかし、このような断片的なメモ程度の記載では、伝聞例外の横綱である323条の2号や3号の該当性は認められませんね。

2 大麻草の写真撮影の適法性と大麻草や鑑定書の証拠能力

捜査官は、Xの自宅で、大麻草と思われる植物の鉢を発見し、写真撮影した上でその写真撮影報告書を資料として令状を取得して大麻草の鉢を差し押さえました。この写真撮影報告書の証拠能力が問題となりますね。差し押さえられた大麻草自体は、その派生証拠の問題です。

まず、この問題を考える基本的な前提として、本来、捜索・差押えの際に、写真撮影はどのような場合にどのような限度で許されるかということを理解しなければなりません。

(1) 捜索・差押えの際に許される写真撮影

一般に、捜索・差押え実施の際における写真撮影は、通常、①対象物の発見場所、発見時の状態等を視覚的に記録することが差押物の証拠価値の保存に有効である場合、②当該証拠物の押収手続の適法性が争われる場合に備えて執行状況の適法性を担保する必要がある場合、に行われています。①の典型は、例えば覚せい剤事件で覚せい剤を発見押収するために捜索する場合、タンスの引き出しを開けると白い結晶が入ったビニール袋が見えたとします。そのような場合、捜査官はいきなりそれを取り出すようなことはせず、まず引き出しを開けた状態でビニール袋が置かれた外観を撮影します。もし、経験未熟な若い刑事が、こんなビニール袋を見つけて興奮し、「覚せい剤が見つかりましたよ！」などと叫んでそれを取り出そうとしたら、先輩の刑事が「ばかも

ん、触るな！　写真写真！」と叫んですぐカメラ担当の刑事を呼ぶでしょう。そして、引き出しに入ったままの状態でまず撮影し、次にそれを取り出してからビニール袋全体を撮影します。それから、袋の端を少し破って微量の結晶を取り出して予試験をしている状況を撮影します。そして予試験により覚せい剤と確認されてから初めて差し押さえます。覚せい剤と思われる物が発見された場合、それがどの場所にどのような状況で隠匿されていたのか、ということを写真によって明らかにすることは、その証拠価値の保存のために極めて重要です。覚せい剤事件では、覚せい剤が自宅から発見押収されても、被疑者が「それは俺のものじゃない、誰かが勝手に置いていったんだろう」などと弁解し、所持を否認することは珍しくありません。ですから、どこからどのような状態で覚せい剤が発見されたのかということは、否認や弁解の信用性判断のために極めて重要なのです。したがって、このような撮影は通常行われており、その写真は捜索差押調書に添付される場合もあれば別途写真撮影報告書にされる場合もありますが、いずれにしてもこのような撮影は捜索・差押えに付随する必要最小限のものとして許されます。

　次に②ですが、この典型は、捜索・差押えの立会人、例えば被疑者などに対し、捜索開始の際に令状を呈示している光景を撮影することです。被疑者が、令状の呈示もされなかった違法な捜索だ、と争うおそれだってあるのですから、このような写真撮影には意味があり、これも捜索・差押えの一環として許されます。写真撮影自体は、検証の性質を有するのですが、捜索・差押えに付随するものとして捜索差押許可状の効力として許容されるのです。「必要な処分」だと整理する考え方もあるかもしれませんが、このような通常の捜索・差押えの執行でほとんどの場合に行われる写真撮影はあえてそのように考えるまでもないでしょう。

　なお、このような写真撮影を行う場合に、それに伴って、被処分者の姿や差押え対象物の存在場所周辺の状況等も写真に写ってしまう及ぶ場合もあります。証拠物の発見状況は、それが置かれていた周囲の状況をも含めて保存しなければならないので、必然的にその周辺にある差押え対象物以外の物も写真に写ってしまいます。また、令状を呈示する際には、相手方の容貌・身体も撮影されてしまい、プライバシーに対する一定の侵害は伴います。しかし、それらの撮影が捜索・差押えに伴う写真撮影の目的範囲を逸脱しない程度のものであれば相手方もこれを甘受すべきであり、許容されるのです。

　他方、その反面、前述の目的を離れ、捜索・差押えの機会を利用してその場所に現存する人の容貌等や対象物以外の物を殊更に撮影することは許されないということになります。

　一つ質問しますが、本件事例において、捜査官はXの手帳を差し押さえました。しかし、仮に、差押えまではせず、記載のある手帳の各頁の記載内容を接写してその写真撮影報告書を証拠とすることは許されますか。

[山田君]

　それはちょっと違法なのではないですか。今先生が言われた①にも②にも該当しませんよね。差押えが可能な証拠物であれば差し押さえるのが筋であり、写真を撮影するというのは捜索令状の執行としては無理なんじゃないでしょうか。

[川井さん]

　そうかしら。元々、Xの手帳自体の差押えが許されるのであり、差押えの目的は差し押さえた物の内容外観を見分して証拠資料とするためなのですから、そのような撮影は違法とはいえないと思います。

|太田|

　川井さんのいうとおりでしょうね。確かに写真撮影自体は差押えとは異なりますが、相手方に与える権利利益の制約という観点からは、相手方は手帳自体の占有を奪われることなく手元に置いておけるのですし、手帳自体をはく奪されてその使用ができなくなるよりは権利利益の制約はずっと軽いものです。元々内容を捜査官が認識することは許されるのですから、より謙抑的な手段によったものとして許容されるでしょう。なお、差し押さえた証拠物について差押え後に写真撮影をすることはしばしばありますが、差押えられた証拠物の内容確認行為として当然に許容されるとするか、押収物に関する必要な処分（111条2項）と整理するかはともかく、これについて改めて検証令状を取得することは必要ありません。

　ここまでの勉強を踏まえ、本件事例のXの自宅で発見された大麻と思われる植物の鉢の写真撮影の適法性を考えていきましょう。皆さんいかがですか。

|海野君|

　当然に違法ですよね。だって、差押えの対象物は詐欺事件に関する物で大麻は無関係ですし、令状執行の手続の適法性とも無関係であり、目的外の撮影ですから許されません。

|山田君|

　僕もそう思います。判例もあります。○**最決平成2・6・27刑集44巻4号385頁、判時1354号60頁、判タ732号196頁（百選32事件）**は、建造物侵入未遂被疑事件について居室を捜索した際、犯行計画メモやA名義の通帳等を差し押さえることを許可する令状を執行中、同室内にあった令状に記載のない印鑑・背広等を、床に並べあるいは接写の状態で写真撮影したことが違法とされた事案です。

|太田|

　その最高裁決定は、その撮影が違法だと直接に判示したのでなく、原審である準抗告審の東京地決平成2・1・11刑集44巻4号392頁が、「本件写真撮影にかかる印鑑、ポケットテイッシュペーパー、電動ひげ剃り機、洋服タンス内の背広は、本件捜索差押許可状記載の『差し押さえるべき物』のいずれにも該当せず、かつ、これらの物件の写真が、床面に並べられ、あるいは接写で撮影されており捜索差押手続の適法性の担保にも資するものではないことから、これらの写真撮影は、右の捜索差押えに付随する写真撮影としては許容される範囲を逸脱し、違法であるといわなければならない……」としたものですね。しかし、刑訴法430条、426条の準抗告の対象には、検証が含まれておらず、写真撮影自体は検証の性質を有するので、写真の廃棄や返還を求める準抗告としては不適法、としたのが最高裁決定です。ただ、前提としては、差押えの対象外の物を殊更に写真撮影することは許されないということは当然のことと考えられているのでしょう。でも、本事例とこの事案は全く同じと考えていいのかな。確かに、差押えの対象物でない物を殊更に撮影した、という点では、最決の事案も本件事例も同じです。でも、どこか重要な違いがありませんか。

|川井さん|

　そうだわ。最大の違いは、最決の事案は、撮影されたのは背広とか印鑑などそれ自体犯罪とは関係のない物であるのに対し、事例では法禁物である大麻の疑いの強い植物であるということです。

|太田|

　そこがポイントですね。アメリカでは、令状等によって適法にその場に立ち入った場合、法禁

物が発見されれば無令状での差押えが許されるというプレインビューの法理が判例法上確立していますが、我が国では認められていません。しかし、捜索の際に差押えの対象物以外の法禁物が発見されることは珍しくありません。被疑者がその場にいれば、その法禁物の不法所持の現行犯として逮捕し、逮捕に伴う無令状の差押えが許されますし、あるいは、被疑者ないしその場に居る家族などから任意提出を受けるという方法もあります。しかし、被疑者等が不在でそのいずれの方法も不可能な場合、捜査官としては困ってしまいますね。一旦捜索を終了した後、法禁物を発見した状況の捜査報告書を作成して改めて捜索差押令状の発付を受けて現場に戻り、差押えすれば問題はないでしょう。しかし、被疑者や関係者が、捜査官が退去した直後に戻って来て、差押えを免れるためにその法禁物を廃棄したり別の場所に持ち出して隠匿するおそれもあるでしょう。ですから、以前から、アメリカのプレインビューの法理に倣った「緊急捜索・差押え」を法律で認めて欲しいという捜査官側からの強い要望はあったのですが、法制審議会などでは合意を得るに至らないままで今日まできたのです。だからといって捜査官として手をこまねいていてよいのか。少なくとも、本件事例のように、大麻と思われる植物の鉢を写真撮影するということは、我が国の刑訴法の下でも許容されるとする理論構成はないのか、ここが法律家としての知恵の出しどころだといえるでしょう。皆さん、何か良い知恵はありませんか。

[山田君]

確かに、法禁物が目の前にあるのに捜査官として何もできず、証拠隠滅されるのを手をこまねいて放置するしかないというのは常識的におかしいですよね。でもプレインビューの法理も、緊急捜索・差押えも認められていない我が国では、どうしようもないのじゃないかな。

[太田]

ヒントを出しましょう。このような場合、大麻と思われる植物の鉢を写真撮影することは強制処分ですか。

[山田君]

やはり強制処分と言わざるを得ないと思います。だって、令状による捜索は強制処分として行われるのですから、それに伴う写真撮影も捜索に付随する行為として強制処分でしょう。本来許される①対象物の証拠価値保全、②手続の適法性を担保するための写真撮影も強制処分なのですから、ましてや本来の捜索が予定していない物を、捜索に伴って写真撮影することは強制処分というほかないと思います。

[太田]

そのような論理もまったく考えられないではないですね。確かに①や②の写真撮影は強制処分である捜索に付随するものですから強制処分というべきでしょう。しかし、新たに法禁物を発見した場合、その撮影は、本来捜索が予定している撮影ではないのですから、「捜索に付随する」ものではなく、捜索の「機会」に行われたもの、と整理してよいと思います。だとすれば、捜索の「機会」に行われた対象物以外の写真撮影が強制処分となるかどうかは、強制処分の定義に立ち返って個々具体的に論じるべきでしょう。相手方が写真を写されまいと抵抗するのに身体を押さえつけて意思を制圧し、無理矢理に撮影すればそれが強制処分になるのは当然ですね。しかし、相手方が不在でそのような抵抗などがないとすれば、そのような撮影については、それが重要利益を実質的に侵害制約したものかどうか、ということを具体的に考えるべきでしょう。

[川井さん]

そうだとすると、まず、本事案では、撮影のために相手方の意思を制圧していませんよね。ま

た、警察官は、無令状で望遠レンズを使って家の中を撮影したような場合とは違って、適法に室内に立ち入った上で、自然に目に映った植物を撮影したにすぎません。このような場合、相手方としては、捜索・差押えの対象物以外の物についても捜査官の眼にさらされることは甘受すべきです。ですから、そのような撮影をされることはXの重要な権利利益を実質的に侵害制約したともいえず、強制処分とは言えないと思います。

|山田君|

でも、そもそもプライバシー空間である室内に捜査官が立ち入っていること自体が、既に重要利益を侵害しているのだから、捜索の「機会」に行われる写真撮影でもやはり強制処分性は否定できないと思いますよ。

|川井さん|

でも、室内に立ち入ること自体は捜索令状によって適法になされるのだから、室内に存在する物が対象物以外であっても捜査官の眼にさらされるということは当然であり、そのこと自体は相手方は甘受すべきですよね。そして捜査官の眼に自然に留まった法禁物が写真撮影されるということは、法禁物という保護価値性の低い物であることに照らせば重要利益の侵害とまではいえないんじゃないかしら。

|山田君|

そのような考え方を一般化してしまうと、およそ令状によって適法に立ち入りさえすれば、室内にある対象物以外の法禁物の撮影は何でも許されるということになり、捜査官が、最初から、何かの令状を取っておいて、その執行にかこつけて、対象物以外の法禁物を発見してやろうというような令状主義を潜脱するような写真撮影を助長してしまうと思いますよ。やはり法禁物であっても対象物でなければ無令状の写真撮影は許すべきでなく、せいぜい、捜査官が大麻と思われるものを発見したという捜査報告書を作成し、それを資料として令状請求に走る、という努力をすべきです。

|太 田|

鋭い対立になりましたね。山田君の指摘する乱用のおそれは理解できないではありません。しかし、山田君のいう「一般化」ということですが、そもそも、「令状により適法に室内に立ち入りさえすれば、対象物以外の法禁物の写真撮影は許される」というような「一般化」はすべきではありません。あくまで個々体的な事例に応じた判断をすべきです。「一方当事者の同意さえあれば秘密録音は任意捜査として適法だ」とか「犯意誘発型のおとり捜査は違法だが、機会提供型なら適法である」というような抽象的な規範の画一的な適用ではだめだ、ということにも通じます。捜索の「機会」に発見した法禁物の撮影といっても事案によって様々です。例えば、詐欺事件の令状での捜索で、既に取引や帳簿関係資料など対象物の捜索・差押えは終了し、いつでも引き揚げられる状態になっているにもかかわらず、その相手方は大麻を栽培しているらしい、とのうわさを耳にしていた捜査官が、大麻を発見するために、令状の執行上は必要がなかった裏庭やベランダなどをくまなく探し回って大麻草を発見して写真撮影したとします。この場合、本来の捜索が予定している室内にある物が捜査官の眼にさらされる、ということをはるかに超えた新たなプライバシーの侵害をもたらすものであり、これは新たに重要な利益の侵害をもたらしているというべきでしょう。このような法禁物を探し回る行為やその写真撮影は、もはや強制処分に至っているといわざるを得ず、それが法禁物であったとしても違法であり、重大な違法とさえ評価されるかもしれません。なお、捜査報告書の作成、ということは時間的にも捜査官に与える負担は

大きいですし、裁判官にとっても、言葉の説明よりも写真を示される方がはるかに理解しやすいですから現実的とはいえないでしょうね。

[海野君]

少なくとも本事案のように、捜索の過程で自然に目に留まった法禁物と疑われる物の写真撮影は強制処分とまではいえないということですね。そうだとすると、この写真撮影を、51年最決の任意処分の許容性の判断基準である「必要性、緊急性などを考慮し、具体的状況の下で相当と認められる限度」内の行為であるか否かを検討すればいいんじゃないかな。

[太田]

そのとおりですね。警察官は、その経験に照らして植物が大麻であると強く疑ったのですから、その時点で大麻取締法違反事件について任意の捜査段階に入ったといえるでしょう。そうすると51年最決に沿って考えるとどうなりますか。

[海野君]

まず、必要性、緊急性ですが、薬物犯罪の経験豊富な捜査官が大麻草であると強く疑い、また10鉢並べられた栽培の形態などから、大麻取締法違反の嫌疑は非常に強いといえます。Xはその場にはいませんが、警察官が退去した後で戻ってきてこの大麻の鉢を廃棄するなど証拠隠滅がなされるおそれもあります。したがって、令状を取るための証拠資料として写真撮影を行う必要性、緊急性は非常に高いといえます。

[山田君]

僕も考え直しました。まず相当性を検討すると、相当性とは、当該処分が相手方にもたらす被侵害利益の内容程度や、司法の廉潔性の観点から捜査官の捜査手段の適正さや公正さへの信頼を損なう程度のいかんであり、これらと必要性・緊急性との利益衡量の問題です。被侵害利益の観点からは、もともと、大麻草という物自体が法禁物ですから、それを撮影されることの権利の侵害性の程度は軽いというべきです。また、撮影された物は大麻草と疑われる鉢に限定されており、その他のプライバシーを侵害するような撮影ではありません。撮影の手段についても、捜査官は令状によって適法にX方に立ち入ったのであり、その過程で目に止まった物を、令状を請求するという必要最小限の目的のために撮影したものです。捜査官は発見した法禁物と思われる物について令状を請求しようとしたのですから、令状主義を潜脱するような姿勢態度もありませんでした。これらに照らせば、この撮影行為は、必要性・緊急性を考慮して相当と認められる限度内の行為だといえます。

[太田]

そのとおりでしょうね。このように、51年最決の意義、強制処分とは何か、任意処分の適法性の判断基準、について、しっかりとその原理を理解していれば今まで出会ったことのないような問題についても応用力が養われるのです。平成2年最決の事案を勉強して単に「差押えの対象物以外の物の写真撮影をするのは違法だ」という結論だけを丸暗記するのではだめだ、ということですね。

なお、平成2年最決では、撮影により得られたネガや写真の廃棄又は返還を求めて準抗告したことが、準抗告の対象には検証は含まれていないとして不適法であるとされました。

準抗告は、捜査段階で極めて頻繁に用いられる制度であり、検察官も弁護人もこれを活用していますので将来法律実務に携わる皆さんはしっかりと勉強しておく必要があります。検察官が申し立てる準抗告の典型は、勾留請求をしたら裁判官に却下されてしまい、被疑者を釈放したら捜

査が困難となる場合です。このような場合、検察官は直ちに準抗告申立ての作業を開始しますが、通常2〜3時間で一気に申立書を作成するので、他の捜査を中断するなど大変です。弁護人はこの逆で、勾留請求却下を期待していたら勾留されてしまった場合、また捜索の際に差し押さえられた物が対象物とは思われない上、それが手元から奪われてしまったら仕事などに支障が生じる場合、更には検察官の接見指定が違法であると考える場合などに準抗告を申し立てます。また接見指定が違法だとする準抗告もしばしばなされます。429条1項2号は、「勾留、保釈、押収又は押収物の還付に関する裁判」を準抗告の対象としています。なお、これが「抗告」ではなく、準抗告として抗告の規定が準用されるのは、準抗告は、捜査段階ないし起訴後第一回公判前に単独の裁判官が行う裁判が対象になるからです。保釈の裁判でも、第一回公判後であれば、既に裁判所が審理を行っているので、これに対する不服の申し立ては抗告によります。しかし、第一回公判前は、予断排除のために、裁判所自体が事件に関する記録を読むことは許されません。それで、勾留や保釈の裁判は裁判官が単独で行うので、その不服申し立ては準抗告によるのです。準抗告審自体は3人の裁判官の合議体で行いますが、これは事件を起訴されて審理する合議体とは別に準抗告審の審理のためだけに構成される裁判体です。

[川井さん]

捜査段階で不当な捜査がなされた場合の救済策は必要だと思うんですが、どうして検証は準抗告の対象にならないんですか。これは立法の不備ではないのでしょうか。

[太田]

被疑者の勾留を認めるかどうかは、これを必要とする検察官にとっても、また自由を拘束される最大の権利侵害を受ける被疑者にとっても、一刻も猶予を許されない深刻な問題ですね。また、関係者が事件と関係ない物を押収されてしまい、ましてそれを仕事などで使う必要がある場合には、受ける不利益・負担は深刻です。ですから、これらの場合、迅速にその適法性を判断し、もし違法であれば直ちに身柄の釈放や押収物の返還など関係者の権利利益の救済を図らなければなりません。準抗告は、検察官なら直ちに申し立てますし弁護人も基本的に同様です。また準抗告の審理は極めて迅速になされ、例えば勾留却下に対する準抗告は、数時間内に申し立てられ、その審理は1〜2日以内になされるのが通常です。

これらに比べると検証というのは、対象物等の外観・形状等を捜査官が五官の作用によって認識し、写真等にそれを保存するというものに過ぎません。その対象となった物等は引き続き相手方の占有は維持され、対象物になんらの物理的損壊や変更も加えられません。したがって、捜査官に概観等を認識・保存されるという以外に受ける格別の不利益はありません。ですから勾留されたとか、手元で必要な物を押収されてしまったというような場合に比べれば、違法な検証だとして迅速に救済されなければならない緊急性は薄いのです。ですから、準抗告は、検証を対象に含めていないのです。

[山田君]

それは分かる気がしますが、それだったら、違法な検証に対して相手方にはなんらの救済策がないということになってしまい、不当ではないでしょうか。

[太田]

救済策がないということではありません。一つは、違法な検証をされたことに対する国賠訴訟の提起は考えられます。また、仮に検証に重大な違法がある場合、検証調書等を裁判の証拠として用いようとすれば、違法収集証拠として排除されるということもあり得るでしょう。

なお、平成2年最決では藤島裁判官が補足意見を書いておられ、検証は準抗告の対象でないという法廷意見には賛同しつつ「日記帳の内容を逐一……撮影するなど、捜査の帰すうに重大な影響を及ぼす可能性のある、あるいは重大事件の捜査の対象となるような文書の内容等について……写真撮影が行われた場合を考えると……このような場合、実質的にみれば、捜査官が日記帳〜を差し押さえてその内容を自由に検討できる状態においているのと同じであるから、写真撮影という手段によって実質的に日記帳〜が差し押さえられたものと観念し〜準抗告の対象とし〜426条2項によりネガ及び写真の廃棄又は引渡を命ずることができるとする考え方もあり得よう」としておられ、示唆に富むご意見であり、私も賛同します。

証拠法上の問題点

1　Aの業務日誌及びAの手帳

Aの業務日誌は、3年日記帳形式の簿冊に毎日の営業関係や経理の主な収支関係等について生じた出来事を欠かさず記載したもので、生じた出来事については「B来訪。Xへの伝言を受ける」などと、差しさわりのないことだけを記入していました。他方、Aの手帳は、仕事関係やプライベートな行動などについて感想なども交えてメモしていたもので、「Bがまた来た。Xはやばい。賭博の負け金多額の模様」などとAの主観も交えてリアルに記載されていました。

この問題については、○東京地決昭和53・6・29判時893号3頁（百選85事件）が参考になります。この判例については、既に、事例講義1で323条の法意を的確に判示したものとして勉強しました。この事案で問題となった書証には

① 銀行支店次長Aが自身の業務資料とする目的で作成していたものの一部であり、ほぼ毎日終業後に、当日の業務の要点を、本人の主観を抜きにして箇条書きの形式で記載していた日誌

② 同支店長Bが、私生活に関する事項や、主観的な所感・意見等を、業務上ではなく個人的な心覚えのために記載していた3年当用日記

③ 護岸用六脚ブロックの特許を持つ会社の設計部所属のCが、私人の依頼に基づいて、護岸工事に必要な右ブロックの重量・個数を算出した検討書

の2つが含まれていました。

この決定は、まず、①については「その作成目的、作成方法に照らし、誤りの入り込む余地が少なく、高度の信用性があるものと認められる」として323条3号該当を認め、②については、「個人的な心覚えのため記載していたものであって、支店長としての業務上記載していたという性質のものではなく〜」などとして、323条3号該当性を否定しました。

これらを踏まえて本事例を検討すると、Aの業務日誌は、323条3号該当性が認められますが、Aの手帳については、プライベートな行動予定も含み主観を交えた覚書程度のメモですから、323条3号該当は認められないでしょう。そうすると、これはAの供述書ですから、原則に戻り、321条1項3号の該当性を検討することになります。同号は、供述不能を要件としていますからAが死亡したなどの場合でなければ同号の要件は満たしません。ただ、Aが法廷で、Xをかばって「「やばい　賭博負け金多額の模様」「エアコンの件やばいことになりそう」などと記載した部分を否定する供述をした場合には、Aの自己矛盾供述として328条の弾劾証拠として用いることは可能となりますね。

2 町役場担当者KS

321条1項3号書面ですので、不同意になれば、供述不能等の3要件を満たさない限り証拠能力はありません。

3 甲社経理帳簿

典型的な323条2号書面として証拠能力が認められます。

4 乙商事担当者Vの手帳

この手帳には「Xさんからエアコン40台の注文あり。町営住宅からの受注」と書いてありました。これはVその知覚と記憶に基づいて過去の出来事を記載した供述書です。ですから、この記載内容どおりの注文を受けた事実を立証するためには321条1項3号該当性が必要です。その担当者が死亡でもしない限りは証拠能力は認められません。でもまったく使い途がないかというとそうではありません。Vが公判で注文を受けた状況を証言し、Xの供述と対立した場合、いずれの供述の方が信用性が高いか、ということを判断する上でこの手帳は意味があります。つまり、単なる記憶同士の対比であれば水掛け論になってしまいかねませんが、Vは、注文を受けた際に自己が記憶した内容を手帳に書き留めていたのですから、その記載日時や内容が同人の公判供述と一致すれば公判供述の信用性を高めることになります。つまりこの場合、この手帳について、その記載内容の真実性の立証に用いる供述証拠としてではなく「乙商事担当者Vの手帳の存在、記載事項」を立証趣旨とし、非供述証拠として請求すれば採用されることになるでしょう。

5 乙商事担当者VのPS及びAの第1次PS

検察官はVのPSも作成していましたが、Vは公判でPSどおりの被害状況を証言したので、PSは不要となりますし、請求しても実質的相反性がないので、321条1項2号の要件を満たさず、証拠能力は認められません。

しかし、Aの方は、公判ではXに気兼ねをしたため、甲社の経営が極めて悪化していたことや、XがBとの付き合いで野球賭博にのめり込み、負け金がかさんでBから取り立てを迫られていたことについて相当程度自分も認識していた旨のPSの記載については、全否定まではしないものの、随所で曖昧、抽象的な証言に終始しました。

このような場合、まず「曖昧、抽象的」な証言であることが、321条1項2号の相反性といえるか、の問題ですが、同号は1号の裁判官面前調書が単に相反すれば要件を満たすのとは異なり、実質的相反性を要件としています。

この実質的相反性とは、立証事項との関係で、<u>公判期日等の供述と検察官面前調書の供述が、表現上明らかに矛盾しているか、もしくは、表現自体は矛盾していないように見えるが、前後の供述などを照らし合わせると結局は異なった結論を導く趣旨の供述をいう</u>、とされます。したがって、本件では、Aの供述の曖昧さの程度のいかんにより、それが異なった結論を導くほどのものであるか否かによって判断されることになります。

同号は、実質的相反性を充たすだけではなく、公判供述よりも前になされた供述、つまりPSに記載された供述の方が信用できるという特信性、つまり相対的特信性を必要とします。その特信性は訴訟上の事実であるから厳格な証明を必要とせず自由な証明で足りるとするのが通説です

（大コンメ刑訴法［2版］(7)605頁〔中山善房〕）。この相対的特信性は、一般的には供述した際の外部的付随事情を基準として判断されます（同上603頁〔中山善房〕）。これについては事例講義1でも勉強したので復習です。

　外部的付随事情とは、当該事案の性質、証人と被告人との関係等で、要するに公判ではその証人が真実を語りにくい、という外部的状況があるか否かです。本件の場合、Aは長年仕事で苦楽を共にしてきた中ですから、公判廷で被告人を目の前にしてXが不利になることを証言しにくくかばってしまいがちになりますので、これは肯定されるでしょう。また、特信性の立証について、Aの手帳を自由な証明として用いることも可能です。Aの手帳には、「Bがまた来た。Xはやばい。賭博の負け金多額の模様」「エアコンの件、やばいことになりそうだ」などと記載されていました。この手帳の記載は、Aの公判供述とは矛盾しますので、この手帳は328条の弾劾証拠として用いることが可能であるほか、特信性の立証にも用い得るでしょう。なお、近年は、参考人についても取調べの録音録画がなされるようになっており、PS作成の際に取調べの録音録画がなされていたのであれば、特信性の立証は、まずはその録音録画媒体によって行うこととなるのも事例講義1でお話ししたとおりです。

6　Aの第二次PS

　検察官は、Aが曖昧な証言に終始したため、証人尋問の3日後に、Aを呼び出したところ、Aは、「申し訳ありませんでした。法廷で、本人の顔を見ると、つい情が移ってしまい、煮え切らない証言をしてしまいました。後で後悔しました。彼が立ち直るためにも、ここは厳しく白黒をつけるべきだと思いました」などと言って、再度、従来どおりの供述をしたので検察官はPSを作成しました。検察官が、このAの第二次PSを証拠請求した場合、採用されるでしょうか。なお、第一次PSを請求することは、本来の321条1項2号の問題ですので、実質的相反性が認められ、相対的特信性が認められれば問題はありません。ここでは、このことはさておいて、公判供述の後に作成されたPSの問題として考えましょう。

[山田君]

　321条1項2号書面としては無理です。同号は、「前になされた供述」ですから、この第二次PSは公判供述の後に作成されたものなので、採用はできません。Aが証人として再喚問を受け、再度PS内容と相反する供述をしなければ許されません。

[太田]

　そのとおりですね。では、既になされたAの公判供述を弾劾するための自己矛盾供述として328条によって請求された場合はどうですか。

[川井さん]

　それは許されるのではないでしょうか。328条は自己矛盾供述に限定されるという判例は確立していますが、それが作成された時期について条文ではなんら限定していません。

[海野君]

　そうかな。確かにそのような明文等の制約はないけれど、ある証人が公判で証言した後で警察官や検察官が証人を呼び出し「公判での供述は嘘でした」と言わせてその供述調書を弾劾証拠として請求することが無制限に許されるのは、感覚的にだけどやり過ぎのように思います。

> 太田

　海野君のその感覚は大切ですね。確かに自己矛盾供述が作成された時期についての明文での制約はありません。だからといって公判供述の後に「公判では嘘をついた」などと記載された捜査官の調書が無制限に許されるとすれば、客観的・公平な審理の場である公判に対して捜査官の側が不当な影響を及ぼすという懸念も生じてしまいます。このことについては、古い判例ですが、△最判昭和43・10・25刑集22巻11号961頁、判時533号14頁、判夕226号250頁（八海事件第三次上告審判決）があり、「証人の尋問終了後に作成された同人の検察官調書を、右証人の証明力を争う証拠として採用した原判決の説示は、必ずしも刑訴法328条の趣旨に違反するものではない」としました。しかし、この判例が「必ずしも」としたことは、このような調書が弾劾証拠として無制約に許されていいという訳ではないことを示唆しています。

　その後、○東京高判平成6・7・11高刑速報平6号78頁は、この最判を踏まえて重要な判示をしました。

《事案の概要》

　コカインの密輸入事案で、証人の公判供述後に、同人が既に懲役6年の刑で服役中に作成された調書について、弁護人は、一日も早い仮釈放を唯一の希望としていたので事実上捜査官の取調べを拒否できない状況の下にあり、弾劾証拠の必要最低限の要件を欠いていると主張して採用を争った。

《判決要旨》

「確かに、被告人に有利な公判供述をした証人につき、その後に捜査官が法廷外で取調べをし、法廷供述と相反する供述を得るや、直ちにこれを録取した調書を法328条の書面として法廷供述の弾劾に使用することは、裁判に対する公正感を損なうおそれなしとしないから、かかる調書の取扱いには慎重であるべきである。しかし、そうであるからといって、このような調書を公判供述の証明力を争う証拠として採用しても、必ずしも同条に違反するものではないことは、所論も援用する判例（上記最高裁昭和43年判決）に照らし、明らかである。そして、所論にもかかわらず、右判例が『必ずしも』という限定を付しているのは、公判供述に対する反対尋問権の活用や証人の再喚問等の手段による弾劾の余地があるのに、安易に同条による書面を提出するような相当性を欠く運用を戒める趣旨と解されるところ～、328条調書の内容をみると、同人が公判廷において同趣旨の供述をする可能性はほとんどないものと言わざるを得ないから、同調書の申請、採用は適法かつ相当であったものというべきである」とした。

　つまり、公判での証言の後に作成された自己矛盾の調書については、まずは、当初の証言の際の十分な反対尋問や、証人の再喚問を申請するなどの努力の必要性を指摘し、安易な運用は戒めるべきことを判示した訳です。

　したがって、本件においても、Aの第二次PSは当然に弾劾証拠として認められるべきものではなく、本来はAを再度証人喚問すべきです。しかし、具体的状況の下で、再喚問を行っても当初の公判供述を変更する可能性はほとんどない、というような事情が認められれば再喚問をせずに弾劾証拠として採用してもよい場合があるでしょう。このような事情がなければ安易に採用すべきでないことになりますね。本事案では、Aは当初の証言で真実を言えなかったことを後悔し、やはり真実を話そうと考えていたというのですから、第二次PSを弾劾証拠として請求することは許されませんね。

7　XのPS

　XのPSは、支払の意思能力はなかった、と犯意を認める供述ではないので、自白ではありません。しかし、少なくとも、乙商事にエアコン40台を注文して納品を受けたこと、その代金は支払っていないことは認め、これを前提として詐欺の犯意を争っています。ですから、例えば、そもそもエアコンは自分は注文もしていないとか、納品を受けていないとか、あるいは金は支払った、などと犯行を否認ないし弁解している事案と比べると、PSの記載内容は不利益事実の承認に当ります。不利益事実の承認の他の例としては、例えば、犯人性が問題となる事案で、犯行は否認するものの、犯行時刻頃、現場付近にいたこと自体は認める調書とか、相手方に暴行を加えたことは認めるが、正当防衛を主張しているような場合に、犯行時刻頃現場付近にいたこととか、暴行自体は加えた、ということの限度で認める調書は、不利益事実の承認として322条に該当し、それが任意になされたものであれば、その限度では証拠能力が認められる訳です。

その他の公判上の問題

Bの死亡により、裁判所はどのように対応するか。

　339条1項4号により訴訟条件の欠如として公訴棄却の決定を行うことになります。公訴棄却については、判決によって行う場合と、決定によって行う場合とがあります。決定による場合は、その事由の存在が容易に発見でき、また、その存否を認定するための確実な証拠資料が、口頭弁論を経ないでも容易に入手できるようなものです。338条の判決による場合は、訴訟条件の欠如の事由が比較的重大で、かつ、必ずしも一見して明白でない場合です。被告人死亡の場合には、公訴が維持できないことは誰の目にも明らかですので、決定により公訴を棄却することになります。このような基本的な問題は、よく条文に当たって頭に入れておかなければなりません。

事例講義6
暴力団の抗争による殺人事件

事　例

第1　事件発生から捜査処理

1　事件の発生と捜査の難航

(1)　都内のある繁華街では、日本人の暴力団甲組の覚せい剤密売組織と、香港系の中国人グループの密売組織が密売の縄張りを巡って勢力争いを続けていた。平成22年11月10日午後11時30分ころ、通行人から「繁華街の裏通りで、人が刺されて倒れている」との通報があった。警察が現場に急行すると、男が倒れており、その男は、警察がかねてから香港系の中国人密売グループの首領核であると把握していたV男であった。同人は、胸部、腹部、大腿部等を身体を営利な刃物で滅多突きにされて出血多量により死亡しているのが明らかであった（V男殺害現場の実況見分調書、V男の遺体に係る司法解剖結果報告書）。警察は、直ちに殺人事件として捜査を開始した。警察は、甲組と香港系中国人グループによる抗争事件だとみて内偵を進めたが犯人の割り出しは難航していた。警察は、両グループの覚せい剤密売状況や対立状況について、これまで内偵した結果を捜査報告書に取りまとめた（密売に係る対立抗争状況に関する捜査報告書）。

(2)　約1か月後の12月上旬、路上における少量の覚せい剤所持事件で逮捕された香港系中国人Wが、勾留中の12月20日ころ、警察官に対し、「V男が殺されたのは、甲組の幹部のAとBともう2人位に襲われたためだ。V男が、相手側から襲撃されたとき、我々の仲間のYの携帯電話に助けを求めて電話してきたが、自分もYの傍にいた。午後11時ころだった。Yは顔色を変えてVと話しており、『大丈夫か、すぐ助けに行く。今どこだ』などと聞いていたが、しばらくして電話は切れてしまった。それからYが自分に『今V男がやられた。場所は、裏通りだ。もう間に合わないだろう。V男は、《甲組のAとBとほかに二人いる。Aから刺されて今必死で逃げている》と言った後、《ギャアー》という悲鳴が聞こえてから電話が切れてしまった』と言った。自分は、Yに、警察にこのことを話して捜査をさせたらどうか、と言ったが、Yは『警察には任せられない。警察に知らせたら俺たちの組織も警察にやられてしまう。V男の仇は、俺たち自身でとる。仕返しにAかBかを殺るしかない』と言っていた」などと供述したが、Wは調書の作成には応じなかった。

(3)　その約1か月後の翌年1月20日ころ、警察に差出人不明の小さな小包が届き、その中にビデオテープ一巻が入っていた。警察官がそれを再生したところ、一人の男が縛り上げられ、数名の男達から袋叩きにされている生々しい状況を約30分にわたり録画したものであった。暴行をされている男は、警察もかねて人相を熟知している甲組員のBであり、暴行を加えている男達は、覆面をして人相の特定はできないものの、中国人らしいたどたどしい日本語や時々香港系の中国語も混じっていた。Bは絶叫する位激しく暴行されており、終わりのころに「V男を襲って殺したのは自分達だ。自分とAとC、Dの4人で襲った」と白状させられていた。これらの情況から、Bにリンチを加えたのは仲間のV男を殺された中国人グループの者達である疑いが極めて濃厚であった。警察は直ちにこのビデオテープを領置した（Bに対する暴行状況のビデオテープ）。

(4) 警察は、直ちに甲組関係者への聞き込みを開始したが、口が堅くなかなか具体的な情報は得られないものの、1月15日、Bが大怪我をして病院に入院し、1月末に退院していることが判明した（Bの入院歴、負傷状況等に関する病院担当医のPS及びカルテの写し）。警察は、Bを暴行傷害事件の被害者として取調べることを抗争事件捜査の突破口にしようと考えてBへの接触を試みた。しかし、Bは自己が受けた暴行傷害の被害について警察に被害届を出して捜査に協力すること固く拒否したため、捜査は進展しなかった。

2 覚せい剤事件を突破口とするCの逮捕と捜索・差押えの実施

(1) 警察は、V男の殺人事件とBに対する傷害事件のいずれについても捜査の突破口が得られないため、両方の組織の構成員達を覚せい剤の密売・所持・自己使用等の事件でできる限り多く検挙し、これらの関係者から両事件の参考情報を得て積み重ねていくしかないと判断した。

(2) 2月5日、Eという覚せい剤常習者が覚せい剤約1グラムを所持していた罪で逮捕されたが、同人は、自分が使用した覚せい剤は、甲組の組員Cから、10日ほど前に譲り受けた約5グラムの覚せい剤の使用後の残りであると供述した。この事案も、甲組の組員らが組織的に行っている覚せい剤密売の一端であることは状況から明らかであった。そこで、警察は、組員Cについて、Eに対する覚せい剤5グラムの営利目的譲渡の罪で逮捕状を、また、この罪について、Cの自宅マンション、同人使用の自動車及び甲組事務所について、それぞれ捜索差押許可状の発付を受けた。それらの令状には、差し押さえるべき物として「本件に関係ありと思われる覚せい剤、秤、ビニール袋等の小分け道具、覚せい剤の密売に関する情報が記載された日記、日誌、手帳、メモ、電話帳、携帯電話、その他本件に関係すると思料される一切の書類及び物品」と記載されていた。

(3) 2月10日、警察は、大規模な態勢を組んで一斉に捜索を開始した。捜査員らは、Cの覚せい剤5グラムの譲渡や、組織による密売状況と営利目的の立証に役立ちそうな証拠物を徹底的に収集することを目的としていたが、合わせて、これらの中に、V男の殺害事件あるいは、組員Bが被害者である傷害事件についての証拠ともなり得るものがないかということも念頭に置いて徹底的な捜索を行った。

すると、甲組の事務所の組員Dが使用していると思われるデスクの引き出しの奥から小さな手帳が発見された。その手帳には、種々雑多な事項が乱雑にボールペンで記載されていたが、その中のあるページに「11. 10 PM10. 30 事務所に集合。A、B、C、Dの4人 道具→A、車→B、 道具の処分→C これをCに忘れず伝えること、香港グループには容赦しない 息の根を止めてやる」などと記載されていたので、この手帳も差し押さえた（Dの手帳）。捜索ではその他にめぼしいものは発見されなかった。

Cは、捜索当日の2月10日、自宅マンション内で、Eに対する覚せい剤譲り渡しの罪で逮捕され、勾留されたが、完全黙秘で一切の供述を拒んだ。

(4) 警察は、Dの手帳記載の上記メモについては、手帳からDの指紋が検出されたこと（指紋照会回答書）、手帳にDの住所氏名の記載があったことから、Dが自分の手帳に、組員ABCDら4名でV男を襲撃する前にその犯行計画をメモにして書き留めたものであると判断した。

3 ABCD及びXの逮捕・勾留による捜査の遂行と事件処理

(1) そこで、警察は、ABCD4名に対し、共謀によるV男の殺害の被疑事実での逮捕状と各自の住居、身体、自動車に対する各捜索差押許可状を請求して発付を受け、2月15日、4名を一斉

に逮捕するとともに関係個所を捜索した。捜索によって４名の携帯電話も発見し、差し押さえた。なお、Cについては、既に５日前に覚せい剤事件で逮捕されていたが重ねて殺人罪でも逮捕した。

(2) ABCD ４名は、完全黙秘で取調べには一切応じなかった。押収した各携帯電話の通話歴を電話会社に対して照会したところ、11月初めころから、相互にしばしば携帯の通話歴があり、11月10日には、午後10時ころから11時ころまでの間に、これら４名の間に頻繁な通話歴があることが確認された（ABCDらに係る携帯電話通話記録回答書）。

(3) ABCDらの逮捕後、警察は、覚せい剤事件で起訴後勾留中であった中国人Wに対し、V男がYに助けを求めて電話してきた時の状況について調書作成に応じるよう説得した。Wは、もし執行猶予の判決が出たら自分は強制送還されるし、これを機会に香港グループとは縁を切るつもりである上、殺されたV男は自分の幼馴染の友達だったので、ABCDらが逮捕されたのなら、連中を厳しく処罰させるために調書作成に応じるが、その時期は自分が強制送還される直前まで待ってくれと懇願した。２月25日、Wは執行猶予の判決を受けて釈放されたが、入管当局が強制退去のためWの身柄を確保した。警察から依頼を受けた検察官が、入管局の収容所を訪ねてWを取り調べたところ、Wは約束通り、V男がYに対し電話で助けを求めてきた状況について記憶どおり供述し、退去強制直前の３月５日、PSが作成された。また、その際、検察官が、甲組のBがリンチを受けたことについて思い当たることはないかと尋ねたところ、Wは「自分が勾留されていたころ、仲間のXが面会に来てくれ、係官の目を盗み、中国語で『V男の仇は取ってやった。この前、Yと自分ともう一人仲間のZとの３人で、Bを捕まえて袋叩きにし、BからV殺害はBやAらがやったことを白状させて、そのビデオテープを警察に送ってやった』と話していた」とも供述し、これらについても調書の作成に応じた（WのPS）。Wは、３月７日、退去強制されて帰国した。

(4) 警察はYについて洗い出したところ、３年前に覚せい剤所持事件での検挙歴があり当時の指紋が残存していた。送付された前記ビデオテープから指紋が検出され、これがYのものと一致することが確認された（ビデオテープ遺留指紋についての回答書）。

(5) ３月９日、検察官は、ABCD ４名を、全員否認のまま、V男に対する共謀による殺人の罪で公判請求した。

公訴事実

被告人A、同B、同C、同Dの４名は、共謀の上、平成22年11月10日午後11時ころ、東京都○区○町○丁目○番地先路上において、V（当時38歳）に対し、殺意をもって、鋭利な刃物でその胸部、腹部、大腿部等を多数回突き刺し、よってそのころ、同人を腹部大動脈切断により出血失血死させて殺害したものである。

＊ より詳細な公訴事実の記載としては次のようなものも考えられる。

「被告人A、同B、同C、同Dの４名は、覚せい剤を密売していた暴力団甲組の組員であるが、覚せい剤の密売の縄張り争いで対立していた中国人覚せい剤密売組織の幹部であるV（当時38歳）を殺害しようと企て（ア）、共謀の上、平成22年11月10日午後11時ころ、東京都○区○町○丁目○番地先路上において、被告人Aにおいて（イ）、V（当時38歳）に対し、鋭利な刃物でその胸部、腹部、大腿部等を多数回突き刺し、よってそのころ、同人を腹部大動脈切断により出血失血死させて殺害したものである。

（ア）については動機の記載であるが、被告人らが暴力団員であることを記載するのは予断排

除の観点から疑義があろう。殺意については、この記載では確定的殺意を意味し、また事前共謀であることも示している。近年は、殺人事件であっても動機を記載しない場合も少なくない。(イ)について、実行行為者の記載は訴因の特定上不可欠ではないが、明白である場合には記載する場合もある。これらの事実を公訴事実に記載しない場合には、証明予定事実、冒頭陳述あるいは釈明によって明らかにするのが通常である。

(6) Bに対する傷害事件についても警察は捜査を進めたが、YとZは既に出国していた。Xのみが残留していたので、警察は鋭意捜査を進め、XをY及びZとの共謀によるBに対する傷害の事実で逮捕・勾留し、検察官も鋭意捜査を遂げてXを公判請求した。

第2　公　判

1　ABCDの公判

ABCD4名は、殺害の共謀及び実行をすべて否認して無罪を主張し、請求された一切の書証を不同意とした。また、Bに対する暴行状況のビデオテープについては、その中に含まれるBのV男殺害の犯行を認めた供述部分については、私人によるものではあるが激しい暴行によって得られたものなので任意性も信用性も認められないと主張した。

2　Xの公判

Bに対する傷害の事実を全面否認した。ビデオテープについては、写っている暴行のシーンは自分たちの暴行ではなく関連性がないと主張した。

【収集された証拠】
V男殺害現場の実況見分調書
V男の遺体に係る司法解剖結果鑑定報告書
密売に係る対立抗争状況に関する捜査報告書
Bに対する暴行状況のビデオテープ
Bの入院歴、負傷状況等に関する病院担当医のPS　カルテの写し
Dの手帳　指紋照会回答書
ABCDらに係る携帯電話通話記録回答書
WのPS
ビデオテープ遺留指紋についての回答書

―― 証拠構造の例（ABCDの殺人事件）――

1　11月10日午後11時ころ、○区○町○番地路上において、V男が、胸部、腹部、大腿部等を鋭利な刃物で滅多突きされ、腹部大動脈切断に基づく失血により即死したこと
　　V男殺害現場の実況見分調書　V男の遺体に係る司法解剖結果鑑定報告書

2　本件は、犯行現場付近の繁華街において、覚せい剤密売の縄張り争いをしていた暴力団甲組と、香港系中国人の外国人密売グループの抗争によるもので、V男は、その外国人密売グループの首領格であり、甲組の組員である被告人ABCDの4名がV男の殺害

事例講義6　暴力団の抗争による殺人事件

を企て、共謀の上、襲撃して殺害したものであること
(1) 犯行現場付近の繁華街において、被告人らの所属する暴力団甲組と、V男らの香港系中国人の外国人密売グループが縄張り争いをしており、V男は、外国人密売グループの首領格であったこと
　　　密売に係る対立抗争状況に関する捜査報告書　　WのPS
(2) 本件犯行については、被告人Dが、A、B、Cの3名との共謀により殺害を実行する意図を有し、その犯行計画の日時や集合場所、役割分担等について、自己の手帳に記載し、その手帳が甲組事務所内のデスク引き出し内から押収されたこと[1]
　　　Dの手帳　　指紋照会回答書　　甲組事務所の捜索差押調書
(3) 事件前後の11月10日の午後10時ころから11時ころまでの間、被告人ABCD 4名の間で、携帯電話の頻繁な通話歴があること[2]
　　　ABCDらに係る携帯電話通話記録回答書
(4) V男を襲撃したのは、被告人A及びBを含む4人であり、被告人AがV男を刺し、V男は必死に逃げたが間もなく絶命したこと。V男は、その襲撃を受けた際、密売グループ仲間のXに助けを求める電話を架けて襲撃された情況を伝え、Xは、その内容を、傍で聞いていた仲間のWにも伝えたこと[3]
　　　WのPS
(5) V男の仲間であった外国人グループのXとPとQの3名が、翌年1月15日、本件の報復のため、被告人Bを拉致し、袋叩きにする激しい暴行を加え、その際、被告人Bが、V男を襲ったのは自分達ABCDの4人であると白状し、この状況をXらがビデオテープに録画して、そのテープをQが警察に送付したこと
　　　Bに対する暴行状況のビデオテープ　　ビデオテープ遺留指紋についての回答書
　　　Bの入院歴、負傷状況等に関する病院担当医のPS　　カルテの写し　　WのPS

証拠法上の問題点

　本事例は、証拠法上の問題点が中心です。弁護人が、上記各証拠をすべて不同意とした場合、裁判所は、これらの証拠を採用できるか、できる場合、できない場合のそれぞれについて根拠は何か、ということを順次考えていきましょう。

1　V男殺害現場の実況見分調書

　復習です。典型的な本来の実況見分調書です。Vが倒れていた位置や状況、路上に飛散した血痕などを克明に確認して写真や図面に記載します。実況見分調書には321条3項が適用されますので、調書を作成した警察官が、作成名義の真正と、自己が見分した結果を正確に記載したことを証言すれば証拠能力が認められます。その作成主体は捜査官に限られています。

---
(1) Dの手帳記載は犯行メモである。しかし、このメモ自体から、D以外のA,B,Cも含めた4名全員の共謀が直接立証できるものではないことに注意。なお、このようなメモは、非供述証拠としても用いることも可能である。
(2) 非供述証拠としての用い方である。
(3) 前段部分のVの被害状況とABらの犯人性については、WのPSの再々伝聞過程が解消されることにより立証可能となる。

2　V男の遺体に係る司法解剖結果鑑定報告書

　捜査官が法医学者に死因等の鑑定を嘱託し、その鑑定受託者による鑑定書ですので、321条4項が準用されます。同項は、捜査官でない弁護人等の私人が依頼した鑑定者による鑑定書にも準用が認められることも既に述べたとおりです。なお、V男が、胸部、腹部、大腿部等を鋭利な刃物で滅多突きされ、腹部大動脈切断に基づく失血により即死したことはこの鑑定書によって明らかなので、殺人の確定的故意はこの鑑定結果から優に認められます。

3　密売に係る対立抗争状況に関する捜査報告書

　321条1項3号書面であり、不同意となれば、作成した捜査官が証人となるほかありません。

4　Bに対する暴行状況のビデオテープ

　これには、何を立証しようとするかによって、異なる2つの面があります。まず、中国人グループによるBに対する傷害については、まさに暴行傷害の犯行そのものを録音録画したものですから、いわゆる現場録音・録画として非供述証拠であり、中国人グループによって暴行傷害の犯行が行われたことを立証趣旨として当然に証拠能力が認められます。後に逮捕されたXの傷害事件の公判では最も重要な証拠となりますね。

　◎最決昭和59・12・21刑集38巻12号3071頁、判時1141号62頁、判タ546号107頁（新宿騒擾事件：百選89事件）が、「現場写真そのものは、科学的・機械的証拠として非供述証拠として取扱うのが相当」としたことの応用です。

　しかし、それに記録されている、Bの「V男を襲って殺したのは自分達だ」というのはBらのV男に対する殺人事件についての自白の供述です。これは、Aらを被告人とする殺人事件の関係では、私人による供述録取書であり、本来は供述者の署名・押印が必要ですが、録音録画は機械的に正確になされるため例外的に署名押印は不要です。犯行再現の実況見分調書についての○最決平成17・9・27刑集59巻7号753頁が「写真については、撮影、現像等の記録の過程が機械的操作によってなされることから、再現者の署名押印は不要」としています。

　したがって、もしBの自白が、リンチによってではなく、説得等により任意になされたものであれば、B本人を被告人とする公判においては、322条1項該当の供述録取書として証拠能力が認められます。しかし、本件ではリンチによって得られた自白ですので、それが私人によるとはいえ、到底任意性はなくこの自白部分の証拠能力は認められません。

　なお、Bの公判ではなく、共犯者であるA、C、Dの公判においては、Bは「被告人」ではありません。したがって、仮にこの自白がリンチによらず任意になされたものであったとしても、322条1項は適用されません。BはA、C、Dとの関係では被告人以外の者ですので、321条1項3号の該当性の問題となります。Bが死亡するか、あるいはAらの公判において供述を拒否した場合には、供述不能となり、不可欠性と絶対的特信性が認められれば、Aらとの関係においても証拠能力を付与されます

　しかし、Bがリンチによって自白したものなら任意性は到底認められません。325条は、書面の伝聞例外判断の前提として、全ての伝聞証拠について任意性の調査を必要としています。この規定については証拠能力の問題か、証明力の問題であるのか、について説が別れており、通説・判例は、後説を採っています（大コンメ刑訴法［2版］(7)713頁以下〔大野市太郎〕参照）。ただ、この規定自体が証拠能力の問題ではなくとも、321条1項3号の要件には絶対的特信性が含まれ

ます。リンチによって得られた被告人以外の者の供述は苦し紛れに嘘を言った可能性もあるので絶対的特信性は認められないでしょう。

一般論ですが、任意性のない供述書について同意された場合はどうなりますか。

山田君

それは、勉強しました。同意があっても、326条は「書面が作成され又は供述のされたときの情況を考慮し、相当と認めるときに限り」としており、通説は、任意性のない自白については同意によっても証拠能力は付与されないとしています。任意性の問題でなく手続上の違法の場合には、同意によって瑕疵が治癒されるとするのが、最高裁や高裁の古い判例です。しかし、○福岡高判平成7・8・30判時1551号44頁は、ねつ造した調書を疎明資料として得られた令状で押収された覚せい剤の証拠能力を否定しており、違法があまりに重大である場合には、瑕疵は治癒されず、同意があっても証拠能力は認められません。リンチによって得られた供述については、任意性の面からも、違法の重大性の面からも到底証拠能力は認められないと思います。

太田

そのとおりですね。

5　Bの入院歴、負傷状況等に関する病院担当医のPS　カルテの写し

PSについては既に何度も述べたとおりです。カルテについても復習ですが、323条2号該当性が認められます。同じ医師が作成するものでも、診断書は321条4項の準用によるのとは大きな違いがあります。

6　指紋照会回答書

指紋照会回答書は、指紋の照合等に従事する科学捜査研究所の技官などの専門家による鑑定の性質を有しますので、321条4項が準用されます。

7　Dの手帳

(1)　手帳の差押えの適法性

警察はCの覚せい剤営利目的譲渡の罪を被疑事実として甲組の事務所を捜索し、Dの手帳を発見押収しました。警察は、V男に対する殺人事件の証拠も発見する目的も併せ有しており、いわゆる別件捜索の問題がありますが、Cは甲組の組員であり、覚せい剤は組による組織的密売の疑いが強いので、営利目的、組織性、常習性等を立証できる証拠獲得のために組の事務所を広汎に捜索することは許されます。他の事件の証拠発見目的も有していたとしても、そのことだけで違法となる訳ではありません。

しかし、令状には「覚せい剤の密売に関する情報が記載された日記・日誌・メモ、電話帳、携帯電話、その他本件に関係すると思料される一切の書類及び物品」と記載していますので、これに該当しない証拠物を発見して差し押さえることは許されません。これにDの手帳が読み込めるか、が問題です。その手帳には、種々雑多な事項が乱雑にボールペンで記載されていたが、その中のあるページに「11.10 PM10.30　事務所に集合。A、B、C、Dの4人　道具→A、車→B、　道具の処分→C　これをCに忘れず伝えること、香港グループには容赦しない」と書かれていました。この記載部分自体は、覚せい剤事件のことではなく、V男に対する殺人に関する

ことだと強く疑われます。しかし、その他にも記載されている種々雑多な事項の中に、覚せい剤の密売に関することも記載されている蓋然性が認められれば、手帳を部分的に切り取って差し押さえるということはできませんのでこの手帳全体の差押は許されるでしょう。簡明な事件で限られた少数の証拠物のみ発見押収すれば足りる事件ではなく、複雑で組織性があるような事件について、短時間で多数の証拠物を発見押収しなければならない捜索・差押えにおいては、個々の証拠物をその場で仔細に検討することは極めて困難ですので、事件と証拠の関連性についてはその蓋然性が認められれば許されると考えるべきことは、既にお話ししましたね。

海野君

　仮に、この手帳に記載された事項が殺人事件のことのみであり、覚せい剤密売に関することは一切記載されていなかったとすれば差押えは許されるのかな。

川井さん

　それは無理だわ。だってCの覚せい剤密売とV男の殺人事件とは全く異なる犯罪だから、殺人事件のみに関する証拠の差押えは許されないでしょう。

山田君

　しかし、殺人事件は、覚せい剤と無関係に発生したのではないですよね。V男の殺害は甲組と外国人グループとの覚せい剤の組織的密売の縄張り争いによって発生したのです。つまり甲組は、対立するグループの者を殺害してまで密売の縄張りを確保しようとしていたのであり、Cの譲渡は甲組の組織的密売の一端だと合理的に疑われていたのだから、その事件の背景や重要な情状事実として、殺人事件の証拠もCの密売と関連があると考えていいと思います。

太田

　ここは微妙なところですね。山田君のような考え方もあり得るでしょう。でも裁判所がそれを認めてくれるかどうかは、断言できませんね。これまで皆さんが勉強した多くの判例の中には、原審は違法としたが上訴審は適法とし、最高裁の大法廷で裁判官の意見が分かれるようなことも珍しくありません。このような場合には、それぞれがしっかり考えて、いかに説得力を持って自説を考えるかが大切です。私は山田君に賛成したいですが、仮に対象物には含まれないとしても、殺人事件という事件の重大性、犯行に関するメモという証拠の重要性、覚せい剤密売事件と少なくとも無関係ではなく、ある程度の関連性は認め得ることなどに照らせば、重大な違法としてこの手帳の証拠排除が相当だとまではいえないだろうと思います。違法収集証拠の問題は改めてしっかり勉強することにしましょう。

(2) Dの手帳の記載内容の証拠能力

　Dの手帳の差押えが適法あるいは少なくとも重大な違法まではないとして証拠排除されないとした場合に、その記載内容が何を立証できるかという問題になります。この手帳には

　「11．10　PM10．30　事務所に集合、A、B、C、Dの4人　　道具→A、車→B、道具の処分→C　これをCに忘れず伝えること　　香港グループには容赦しない　息の根を止めてやる」

と書かれていました。手帳はDのものでDの指紋が検出されたので、Dが作成したいわゆる犯行メモであることは明らかです。

　犯行メモは、精神状態に関する供述の一つの類型として、それが真摯に作成されたものであり、現在あるいは将来のことに関する犯行の決意や共謀等についての記載であれば、伝聞法則の適用はなく、その記載内容である精神状態の立証のために証拠能力が認められます（その理由付けに

ついては、非伝聞供述とするか、明文のない伝聞例外とするか、あるいはそもそも非供述証拠と考えるかの違いはありますが)。

　真摯性とは、そのメモが現実に発生した事件についてのものであるか否かということであり、その判断は、メモの記載内容が現実に発生した事件と一致しているか否かや、その保管・発見状況等によって判断されます。本件の当てはめを考えてみてください。

海野君
　まず、V男の殺人事件は、11月10日午後11時頃発生しており、このメモではその30分前に集合すると記載され、時間的に一致します。また、Wの供述するVが襲われた事件内容では「A、Bともう2人」に襲われたとなっていますが、これはこのメモの「ＡＢＣＤ」という人物ともほぼ一致しますし、「香港グループに容赦しない」という記載も、被害者V男は香港グループの一員であることと一致します。これらからこのメモは、現実に発生したV男殺害事件の犯行についてのDの決意や役割分担等を記載した犯行メモと認められます。また、メモには記載の日付まで書かれていませんが、記載内容自体から過去に起こった事件を知覚や記憶に基づいて書き留めた記録ではなく、これから行おうとする犯行についてのメモですから、精神状態の供述が記載されているといえます。

太田
　そのとおりですね。では、この犯行メモは、少なくともこれを記載したDがこのような犯行の決意、意図、役割分担の認識を有していたことは立証できますが、他の共犯者との関係ではどこまでを立証に役立てることができるのでしょうか。

山田君
　どうも疑問なのですが、○**東京高判昭和58・1・27判時1097号146頁（百選79事件）**では、20数名の被疑者らが、被害者を監禁して怪我を負わせた監禁致傷、恐喝未遂事件で、「確認点　しゃ罪と慰謝料」と記載されたノートについて、「数人共謀の共犯事案において、その共謀にかかる犯行計画を記載したメモは、それが真摯に作成されたと認められる限り、伝聞禁止の法則の適用されない場合として証拠能力を認める余地があるといえよう。ただ、この場合においてはその犯行計画を記載したメモについては、それが最終的に共犯者全員の意思の合致するところとして確認されたものであることが前提とされなければならない」としています。この「最終的に共犯者全員の意思の合致するところとして確認される」とは具体的にどういう場合を指すのでしょうか。

太田
　典型的な例を挙げましょう。皆さん、高校の日本史の勉強で、江戸時代などに農民たちが領主に実力で反抗する「一揆」が頻発したこともあることを覚えていますか。一揆を起こす前に、これに加わる者が決意を表明して離脱しないことを約束するため、参加者全員が紙や布に円陣状に自分の名前を書き、その下に血判を押した文書が歴史資料として保存されています。なぜこういう円陣の血判状を作るかというと、まず参加者全員の不退転の決意を示すためです。それと、円陣上に名前を書くのは、一揆後に役人から捕らえられた場合、仲間のうちの誰が主犯者であるかを悟られないようにするためです。一揆が現実に発生した場合、それが今日の社会で起訴されると仮定すれば、この血判状は、まさしく「共犯者全員の意思の合致するところ」として確認され、精神状態の供述の一種である犯行メモでもあり、参加者全員に一揆の共謀が成立していたことを立証趣旨として伝聞法則の適用なく証拠能力が認められますね。もう一つの例は、例えば、共犯者の一人が犯行計画や役割分担を記載したメモを作成し、それを参加者全員に順次回覧したり、

読み上げたりした結果、全員が異論なく賛同したとします。当該メモが押収され、謀議に参加していた一人がその回覧状況等を具体的に供述した場合には、当該メモは、参加者全員による共謀の成立や内容を立証できる犯行メモとして証拠能力が認められます。また、そのメモが共謀成立のための「手段」として用いられたという意味で、非供述証拠である「証拠物たる書面」としても証拠能力が認められます。しかし、本事例では、このどちらにも当たりませんね。ABCD4名の共犯者の一人に過ぎないDが自分の手帳に犯行計画を記載していたにすぎませんから。

[山田君]

でも、本事例のように暴力団の組織的犯罪で、共犯者の一人であるDが、「A、B、C、Dの4人　道具→A、車→B、道具の処分→C　これをCに忘れず伝えること」と、D自身のことだけでなく、共犯者のABC3人の役割分担まで具体的に記載しているのですから、このメモ自体が「共犯者全員の意思の合致するところとして確認できる」として、このメモ自体から4人全員についての共謀の成立・内容を立証できないのでしょうか。そう考える方が事案の実態に即していると思うのですが。

[太田]

事案をシンプルにして考えてみましょう。例えば、XYの二人がV男を殺すことを相談したとします。XがYに「Vは許せんからぶっ殺してやろう。明日決行だ。Vの家の前で夜10時に待ち合わせよう」と犯行を持ちかけました。Yは内心はそんなやばいことはできないと思いました。しかし世話になった仲間のXにはっきり断ることができなかったので、「分かった、俺も行く」と言いました。しかし、本音はそうではなく、翌日夜の約束はすっぽかし、後でXには「交通事故にあったので間に合わなかった」と言い訳するつもりでした。しかし、Xは、Yも殺害計画に乗ってくれたと信じて、その夜、日記に「明日Vを始末してやる。Yも加わってくれるから心強い。やっぱりYは俺を裏切らない。頼りになるやつだ。待ち合わせは午後10時だ」と書きました。当日、Xは約束どおりV方前に行きましたが、Yは来ていなかったので、仕方なく自分一人でV方に押し入り、Vを殺害したとします。捜査でこのXの日記が発見・差し押さえられました。警察官や検察官は、この日記から、本件は、XYの両名の共謀による殺人だと立証できる、と思い込んでXのみならずYまで逮捕し、Yも起訴されたら、大変な冤罪事件になりますね。

犯行メモが精神状態の供述のひとつの類型として伝聞法則が適用されないという考え方が定着したのは、最初の講義で話したように、明文の規定にはないが、判例学説が、形式的には伝聞証拠に当たりそうなものでも、実質的にその弊害がない状況にあれば、伝聞法則を適用しなくてもよい場合のひとつとして解釈論によって形成してきたものです。ですから、そのあてはめについては真に伝聞の弊害がないものに厳しく限定しなければなりません。精神状態の供述に伝聞法則が適用されないのは、犯行の決意などの精神状態は、過去の事実の知覚・記憶に基づいた事実ではなく、リアルタイムの本人の内心の状況だからです。自分の気持ちを一番よく知っているのは自分自身ですから、本人が真摯に書いたり語ったりした場合に、その正確性には疑いがないのです。ところが、内心の意図というものは、他人にはなかなか分かりません。本心を隠して他人に話すことは珍しくありません。「他人が真に何を考えているかは分からない」ということは常識ですよね。今の事例でも、Yはその言葉とはうらはらに、本音では犯行に加わる気持ちはなかったのですが、いわばお愛想でXに嘘の答えをしたため、XはYも犯行に加わってくれる、と勝手に思い込んでそう日記に書いたのです。「人は、自分の気持ちは一番よく知っていても、他人の精神状態までは代弁できない」のです。共謀事案における犯行メモについて、東京高判が「最終

的に共犯者全員の意思の合致するところとして確認され」ることが必要としたのは、「他人の精神状態は代弁できない」からだ、と考えればよく理解できるでしょう。

[川井さん]
　そこはよく分かりました。でも、そうすると、共謀事犯において、共謀者の一人のみが作成した犯行メモは、共謀の立証には何の役にも立たないということになってしまうのでしょうか。本事例でも、このDのメモは、ABCについての立証には一切使えないのでしょうか。

[太田]
　そうとは限りませんよ。Dの手帳の記載によって、「DとしてはABCと役割を分担して犯行を実行しようと決意していたこと」は立証できます。つまり、「ABCが真にその共謀に参加していたかどうかはさておき、Dの認識としては」という限度なら、Dの犯行の決意と共謀の意図の存在の立証に用いることができます。Dの手帳の記載自体から直接に立証できるのはD自身の犯行の決意とDとしての共謀の意図にすぎず、この記載からABCの犯行の決意の存在とかABCD全員の共謀の「成立」や「存在」まで直接には立証できません。しかし、「Dとしてはそのような共謀の意図を有していたこと」は立証でき、それは、ABCについても、間接事実としての限度では意味をもちます。つまり、ABCについても、「共犯者の一人であるDがABCらと役割を分担して犯行をしようと考えていたこと」という間接事実が、その他の様々な間接事実とあいまって、ABCDの共謀の成立や共同実行の立証において、一定の役割を果たすことができるのです。それは、講義の最初に話した「証拠構造」の的確な組み立てによって可能となります。本件事例では、ABについては、Wの供述に現れた、YがV男から電話で聞いた「甲組のAとBとほかに二人いる。Aから刺された」という被害時の供述があり、また午後10時ころから11時ころまでに4人の頻繁な携帯通話歴もあります。これらもDの犯行メモの記載内容と合致するものであり、これらがあいまって、ABCDらの共謀を認めることが可能となるでしょう。しかし、場合によっては、メモを作成した時点では共謀に加わっていた者であっても、その後共犯関係から離脱し、結果的に実行には加わらなかったということだってありえます。ですから、犯行メモに記載された共謀の内容がそのとおり共犯者間において成立し、犯行の実行時点において維持されていたものであるか否かについては様々な情況証拠の検討による慎重な判断が求められます。

　メモの作成者が他人との共謀の意図を記載していた、ということが重要な意味を持つ場合について、さっきの例を少しアレンジしましょう。組長のXと組員のYが共謀してVを殺害したとします。しかし、Xは、自分では現場に行かず、Yに行かせて、Yが単独でVを殺害した共謀共同正犯事案だったとします。Yは逮捕されましたが、Xをかばって、自分が単独で計画した犯行でXは一切関係ないと弁解し、Xとの共謀を否認しました。ところが、Xの日記が押収され、それには事件前日の欄に「いよいよ明日だ。Vを始末できる。Yはきっとやってくれるはずだ」と書いていたとします。このような場合であれば、この日記の記載はXの共謀の立証に極めて大きな意味を持ちますね。ですから、犯行メモが、精神状態の供述として犯行の決意や共謀の立証にどのように役立つかは、具体的事案によって様々なのです。

　なお、東京高判の「共犯者全員の意思の合致」の考え方は、多数の共犯者がいる場合、その全員についてではなく、一部の者に関しても妥当する場合もあるでしょう。例えば、A,Bを含む5～6人の共犯者により実行されたと思われる事案において、Aが作成したメモに共犯者Bの指紋が検出されたとか、メモの筆跡はAであるが、それがBの家から押収され、Bも事件当日現場に行ったことが他の証拠から立証できるような場合には、このメモは「ABを含む共犯者らにおける共

謀の成立と内容」について立証に用いることができるでしょう。

[川井さん]

犯行メモについて、メモの記載内容自体の犯意や共謀の成立の真実性の立証に用いるのでなく、「犯行メモの存在・記載事項」という立証趣旨で、非供述証拠として共謀の立証に用いることができる、という説もあると聞いたことがありますが。

[太田]

そのような考え方は十分あり得ますし、私も賛同します。つまり、犯行メモ自体から犯意や共謀を立証するのでなく、とにもかくにも、メモが存在し、そのような記載がある、ということ自体を立証するのなら、それは非供述証拠です。これは、ロッキード事件の児玉領収書について、検察官が領収書記載の金銭の授受を立証しようとして証拠請求したのに対し、裁判所が、領収書の存在と記載事項、の限度に立証趣旨を縮減して非供述証拠として採用したことにも通じる面がありますね。このような非供述証拠としての用い方は、犯行メモを精神状態の供述として伝聞法則を適用せずにその内容の真実性の立証に用いる方策と対立するのではなく、その双方の証拠の用い方が存在するということでしょう[1]。

[川井さん]

でも、犯行メモの存在と記載事項のみを立証趣旨とし、記載された犯意や共謀の立証に用いるのでないなら、そんな犯行メモは共謀の立証のための証拠として役に立たないのではないですか。

[太田]

そこが、まさに私が講義の冒頭でお話しした「証拠構造」が力を発揮するところです。

犯行メモを内容の真実性までの証明に利用しようと「欲張る」ことはせず、「存在と記載事項」のみの非供述証拠として用いるだけでも、その他の様々な間接事実とあいまって、共謀の立証のために役割を発揮することはできます。いわば、犯行メモには一塁だけをしっかり守らせれば足りる場合もあるのです。私が、領収書についてその記載内容である金銭の授受の事実の真実性までを立証趣旨としなくとも、非供述証拠として証拠構造の中で役割を発揮させる贈収賄事件の事例を示したことを思い出してください。

[海野君]

東京高判は、「それが真摯に作成されたと認められる限り」としています。犯行メモの証拠能力について「真摯性」の要件が必要だといわれていますが、証拠能力に関する問題の中で「真摯性」というのはほかでは余り聞いたことがありません。これは具体的にどういう意味なのでしょうか。

[太田]

例を示しましょう。ある学校で、ひどいいじめっ子の少年Vが日ごろから同級生のAやBに乱暴を働いており、二人はVを恨んでいたとします。Aは、その悔しさから、自分の部屋で、ノートに「V抹殺計画」という題で、自宅で両親が庭仕事に使っている農薬を給食時間にVの給食にこっそり投げ入れ、それを食べたVが激しく苦しんで死んでしまう、というリアルな殺人計画を詳細に書いていました。しかし、Aはそのような恐ろしいことを本気でやるつもりはまったくなく、それを書くことでVへの恨みのストレスを発散しているだけでした。ところが、その後、学

---

(1) 堀江慎司「伝聞証拠の意義——犯行計画モの証拠能力——」刑ジャ31号（2012年）37頁、同「心理状態の供述について」鈴木古稀（下）451頁、小西秀宣「伝聞証拠についての覚書」河上古稀331頁。

校で放課後に屋上からVが何者かに突き落とされて転落死する事件が発生しました。Vの襟は破れるなどは犯人と激しくもみ合った形跡がありました。これは実はBが実行したものでした。Vは身体も大きかったですが、Bも負けないほどの体力の持ち主で、屋上でもみ合った末、B君がVを突き落としたのでした。しかし、A君は虚弱体質で小さな子供でした。警察は、当初、いじめられていたABそれぞれについて嫌疑をかけ、捜査したところ、Aの「抹殺計画」のノートを発見押収して色めき立ち、Aを逮捕しました。こんな場合、検察官としては、この抹殺計画のノートを「犯行メモ」としてAの殺意と犯行の立証に用いてよいと判断できるでしょうか。

[海野君]
　確かに「抹殺ノート」の犯行計画はリアルですよね。しかし、そのノートに記載された農薬による殺害は、実際の事件とは一致しません。犯行方法はまったく違います。

[川井さん]
　それに、A君は、身体も小さく、Vと争って突き落とせるような体力もありませんね。

[太田]
　そのとおりですね。つまり、この「抹殺計画」には、A君の殺意がリアルに書かれてはいますが、その犯行方法等は、実際に発生した事件とはまったく異なっています。このような記載には「真摯性」は到底認められません。真摯性とは、そのメモの記載が「実際に発生した事件についての犯意や共謀を記載したものと認められるか」という問題です。A君の場合は、まったく「空想」レベルの事例です。こんな「V抹殺計画」を鵜呑みにしてA君を逮捕すればとんでもない冤罪事件になってしまいます。他方、本気で書いた犯行メモでも、実際に発生した事件とは違う場合もあり得ます。例えば、暴力団甲乙丙の3つの組がみつどもえで抗争しており、甲組が丙組長を襲撃して殺害する計画を立ててその犯行メモが押収されましたが、甲組が襲撃する前に既に乙組が先に襲撃して丙組長を殺害したため甲組の犯行は計画倒れに終わったとします。この場合でも、甲組で作成された犯行メモはA君の「V抹殺計画」とは違い、作成当時は本気で書かれたものですが、それは発生した乙組による襲撃事件とは無関係ですから「真摯性」はまったく認められません。真摯性の有無の判断の最も大きな要素は「メモに記載された犯行計画等と実際に発生した事件がどれだけ具体的に一致しているか」ということです。メモ自体が本気で書かれたものでない場合はもちろん、本気で書かれたものであっても、実際に発生した事件とは関係ない場合もあり得ますので、その判断は慎重になされなければなりません。ただ、本気で犯行を計画してそれを実行した場合でも、その後の情況により犯行の具体的実行方法等がある程度変化する場合もありますので、微細なところまでの一致は必ずしも要求されない場合もあるでしょう。

　もう一つ重要なのは、そのメモの保管・発見状況です。本気で書いた犯行計画なら、他人には見せられないので、誰にもわからないところに隠すのが普通ですね。しかし、リアルな犯行計画のようなものを書いた男が、推理小説の作家で、その原稿の素材のための「犯行計画メモ」を書き、友人に見てもらうために渡し、友人の家から発見された、というのなら、到底本気で書いた犯行計画とは思われないでしょう。

　なお、今は犯行メモについて説明しましたが、犯行メモは精神状態の供述の類型の一つですから、紙媒体に記載されたものではなく、精神状態の供述がまた聞きの伝聞供述である場合にも真摯性の判断が必要になります。例えば、Aが「Xから『あのVの野郎、ぶっ殺してやろう』と言うのを聞きました」という供述の場合、そのXの供述が真摯になされたものかどうかの判断が必要になります。「Aが組の仲間であるXからこっそり呼び出され、Xから真剣にそう言われた」と

いう場合ならXは本気で殺意を有していると考えられるでしょう。しかし、居酒屋で同窓生たちが集まって飲んでいるとき、仲間が大勢いるところでXが笑いながら「あいつぶっ殺したろか」と大声で言ったというのならそれは冗談であることは明らかで、これらには雲泥の差がありますね。このような又聞きの場合には、Aから、Xの発言を聞いた時の場所や状況、Xの話し方の真剣度などについて十分確認して真摯性の有無を判断しなければなりません。

山田君

よくわかりました。真摯性とは、そのメモが当該犯罪の決意や共謀を記載したものであるということで、そのための判断要素としては、メモの記載内容と発生した事件とどの程度一致するかどうかに加え、メモの保管や発見状況も重要なのですね。ところで、証拠能力の基本的な要件としては、自然的関連性、法律的関連性、証拠禁止に当たらないこと、と言われますが、この「真摯性」とはこれらのどれに属するのでしょうか。これらとは別の第4の要件になるのでしょうか。

太田

これについてはあまり詳しく述べられたものは見当たりませんが、私の理解としては、第4の新たな要件ということではなく、真摯性とは自然的関連性の中に含まれるものだと考えます。自然的関連性とは、一般に、要証事実に対して最小限の証明力があること、とされていますね。犯行メモがリアルに記載されていても、それが現実の犯行のために記載されたものでなければ証明力はまったくないのですから、自然的関連性は完全に否定されます。ただ、一般には最小限の証明力があれば関連性は認められるのですが、犯行メモの場合は、伝聞法則が適用されないのですから、その判断は慎重になされるべきです。そのため、発生した事件との一致と保管発見状況等により、当該事件のために作成されたものだということが明らかでなければ証拠能力は認めるべきではないことから、その判断のために「真摯性」という概念を用いていると考えてよいでしょう。

8　ＡＢＣＤらに係る携帯電話通話記録回答書

通話記録には消去されているものが多かったので、警察は電話会社に通話記録の復元を依頼しました。これは鑑定嘱託であり、その回答書は鑑定受託者である電話会社の担当者による鑑定書ですので、321条4項が準用されます。もし、通話記録が消去されておらず、捜査官が普通の操作で読みだすことができるものを読みだして報告書に記載したのであれば、その性質は検証ですので、321条3項が適用されます。

川井さん

電話会社が消去されている場合、それを復元するのに鑑定処分許可状は要らないのですか。

太田

電話会社は、専門的技術を用いて通話記録を復元解析しますが、その作業はそのデータを破壊するのではなく読み出すだけであり、また携帯電話本体に原状回復が困難となるような何らかの破損やデータの抹消などを伴うものではありません。ですから、このような嘱託を行う場合、鑑定処分許可状までは必要としていないのが実務です。

9　ＷのＰＳ

これには再伝聞の複雑な問題がありますので後でじっくり勉強しましょう。

10 ビデオテープ遺留指紋についての回答書

321条4項の準用です。

その他の問題点

1　ABCDらの公判が始まる前に、Y及びZは既に密出国していたことが判明した。また、Wについては、退去強制手続が進む一方、Wが上記の事情で検察官調書作成に応じる時期を強制送還直前まで待ってくれと懇願したことから、3月5日のPS作成後間もない7日、Wは退去強制されてしまった。この場合、上記の証拠関係はどのような影響を受けるか。検察官がWのPSを活用する方策にはどのようなものがあるか。

　これはいわゆる退去強制と検察官調書の問題ですね。○**最判平成7・6・20刑集49巻6号741頁、判時544号128頁、判タ890号80頁（百選81事件）**は、管理売春の売春防止法違反の事件において、タイ人の14名の女性が、検察官調書を作成された後、退去強制されたので、検察官が2号書面取調べを請求しましたが、弁護人は、刑訴法321条1項前段は憲法37条2項違反であり、これを合憲とするには、反対尋問に代わる程度の信用性の情況的保障が必要であるなどと主張して上告しました。本判決は、憲法違反の点は既に最大判昭和27.4.9の判例があるから所論に理由はないなどとした上、職権で次の判断をしました。

《判決要旨》

「本件の場合、供述者が国外にいることになった事由は退去強制によるものであるところ、退去強制は、出入国の公正な管理という行政目的を達成するために、入国管理当局が出入国管理及び難民認定法に基づき一定の要件の下に外国人を強制的に国外に退去させる行政処分であるが、<u>同じく国家機関である検察官において当該外国人がいずれ国外に退去させられ公判準備又は公判期日に供述することができなくなることを認識しながら殊更そのような事態を利用しようとした場合（①）</u>はもちろん、<u>裁判官又は裁判所が当該外国人について証人尋問の決定をしているにもかかわらず強制送還が行われた場合（②）</u>など、当該外国人の検察官面前調書を証拠請求することが手続き的正義の観点から公正さを欠くと認められるときは、これを事実認定の証拠とすることが許容されないこともあり得るといわなければならない」とした上、結論においては、本件ではそのような手続き上の公正さを欠くような事情はなかったとして証拠請求を許容する判断をした。

　この判例は、結論的にはこれらのPSを証拠として許容したものの、①や②の場合には証拠が許容されないこともあり得るとしたことには、特に検察官側からは疑問が呈されました。

　確かに、検察官も入国管理局も確かに同じ国家機関であり、しかも検察庁は法務省の特別の機関で、入国管理局も法務省の一組織です。しかし、両組織に上下の関係はなく、検察官が入管局に対して、捜査や公判の便宜のために証人となるべき者についての退去強制にストップをかけたりそれを遅らせるよう指示や依頼をする権限はありません。裁判所にもそのような指示や命令の権限はありません。入管局としては、捜査や裁判の進行にかかわりなく退去強制が可能となれば速やかにその手続を行う義務があるのです。また、退去強制のためには帰国の便の確保やその費用の調達など入管局には多くの困難があり、退去強制が可能となればその機会を失せずに速やかに退去を実現しなければなりません。ですから、裁判所が証人喚問の期日を決定したとしても入管局はそれに拘束されないのです。

ですから、検察官として可能なことは、入管局との連絡協力関係を密にし、裁判における証人喚問の時期等についても裁判所に理解を求めるなどして、退去強制に不当な遅延を招かない限度で、できる限り退去強制前の証人尋問が可能となるよう努力することに留まります。裁判所に事情を説明して退去強制前に証人尋問の期日を入れてもらうことも不可能ではないのに、検察官がそのような努力をせず、放置すればそのうち退去強制になるのでPSの供述不能の要件を満たすと安易に考えるようなことがあれば、①の場合に該当することもあり得るでしょう。これらを踏まえて、本件事例の場合はどうでしょうか。

海野君

本件では、ABCDらの起訴が3月9日であり、2月25日に入管がWを収容しています。その後、まだABCDらが起訴される前の5日にPSが作成され、二日後にWは退去強制されました。検察官は、PS作成後間もなく退去強制されることを認識してPSを作成しているのであり、「同じく国家機関である検察官において当該外国人がいずれ国外に退去させられ公判準備又は公判期日に供述することができなくなることを認識しながら殊更そのような事態を利用しようとした場合」に当たるような気もするのですが。

山田君

でも、本件では、検察官のPS作成が遅れたのは、Wが強制退去直前まで待ってくれと懇願したためですよね。その気持ちには日本の公判では証言したくない、という意図があったと思われます。でもそれは、捜査官側から退去をことさらに利用しようとしたのではなく、元々任意の取調べなのだから、相手方がそう言う限り、その時期よりも早くPSを作成することは不可能ですよね。検察官が退去強制を殊更に利用しようとしたとまではいえないと思います。

太田

山田君のいうとおりでしょうね。2月25日に収容されれば、その後遠からず退去強制が行われるべきことは当然です。他方、起訴は3月9日であり、通常、起訴後公判が開始されるのは、1～2か月あるいはそれ以上かかることも珍しくないので、公判開始まで退去強制を遅らせることは到底できません。第1回公判すら開始されていないのですから、Wの証人尋問期日の決定はなされておらず、それがいつになるのかも分かりません。Wの供述は、本件立証の最大の柱（襲われたリアルタイムの時点でのV自身の供述を含むこと、Yも帰国しており、Wが唯一の立証源であること）であり、検察官がPSを作成する必要性は極めて高いものでした。これらに照らすと、本件は平成7年最判がいうような、検察官が退去強制を殊更利用しようとしたものとはいえず、退去強制後にWのPSをWの供述不能として採用することは許されるでしょう。なお、事案によっては、刑訴法226条や227条による第一回公判期日前の証人尋問を行うことが可能であり、妥当な場合もあります。それによって作成された証人尋問調書は、321条1項1号の裁判官面前調書としてPSよりも高い証拠能力を有し、信用性も認められやすいので、検察官としては、時間的余裕があれば本事例のようなキーパーソンであるWについてはこれを実施しておく方がベターでしたね。しかし、本件ではPS作成のわずか2日後に退去強制になってしまったので、そのような証人尋問の実施は難しかったかもしれません。

この問題については、最近、平成7年の上記最判を踏まえつつ、具体的事案において、手続的正義の観点から公正さを著しく欠いていたとしてPSの証拠能力を認めなかった判例が出ました。
○東京地判平成26・3・18判タ1401号373頁で、この事案では、検察官としては証人となるべ

き者が退去強制となる高度の蓋然性を踏まえて、起訴後直ちに弁護人に対して法179条に基づく証拠保全としての証人尋問請求の機会を与えるか、検察官として法227条による第一回公判期日前の証人尋問請求を行うなどの尽力が求められ、それらについての最低限の配慮もなされていなかったとされたものです(2)。

ところで、皆さんは、「不公正手続証拠排除法則」という言葉を聞いたことがありますか。これは中谷雄二郎先生が書いておられることで、証拠として許容されない場合の一つの類型として、「国内にそのような捜査を許す法律がないために、そのような捜査によって得られた証拠を許容することが不公正な手続となるため、そのような証拠は排除される」という法則です(3)。

平成7年最判に則していえば、例えば②の裁判所の証人尋問が決定されているのにそれにもかかわらず退去強制されてしまった場合、というのがこれに当たります。つまり、もし何らかの法律で、裁判所による証人尋問が決定されたなら、それに基づいて退去強制手続の進行を停止できると規定すれば、退去強制にストップをかけて証人尋問が実施できますが、今の日本にはそのような法律がないため、証人尋問の期日が決まってもその前に退去強制を実行しなければなりません。このように、法律の定めがないために手続的に不公正な状態がもたらされる場合にも証拠が排除される場合があるという考え方です。

この不公正手続排除法則の考え方が現れているもう一つの重要な判例として、ロッキード事件に係る嘱託尋問調書に関する○**最大判平成7・2・22刑集49巻2号1頁、判時1527号3頁、判タ877号129頁（百選66事件）**があります。

これはロッキード事件において、我が国からの捜査共助の要請に基づき、我が国にはない刑事免責を利用して得られたロッキード社のコーチャンらの嘱託尋問調書の証拠能力が争われた事件です。地裁と高裁は、この嘱託尋問調書を321条1項3号書面として許容したのですが、最高裁は逆転してこれを否定し、「国際司法共助によって獲得された証拠であっても、それが我が国の刑事裁判上事実認定の証拠とすることができるかどうかは、我が国の刑訴法等の関係法令にのっとって決せられるべきものであって、我が国の刑訴法が刑事免責制度を採用していない前示のような趣旨にかんがみると、国際司法共助によって獲得された証拠であるからといって、これを事実認定の証拠とすることは許容されないものといわざるを得ないからである」と判示しました。つまり、我が国には刑事免責の制度を法律で定めていないため、それによって得られた証拠を証拠として許容することはできないとしたものであり、不公正手続排除法則の考え方が妥当するものです。

ただ、注意すべきは、この判決は、コーチャンらが、本国のアメリカにおいて付与された刑事免責を問題としたのでなく、我が国において、検事総長が不起訴を確約し、最高裁も、検事総長の約束が将来にわたり遵守されるとの宣明を行った極めて特殊な事案についてのものです。我が国で刑事免責を付与したことが問題とされたのであり、アメリカ国内での刑事免責の付与が問題とされたのではありません。一般に外国に対して捜査共助を行った場合、その外国としては自国の法律に基づいて証拠の収集を行うものであり、その証拠収集の方法には我が国にはない様々なものがあり得ます。もし我が国にない捜査手法を用いて得られた証拠は、我が国の裁判では不公

（2） 評釈等として、古江頼隆「退去強制と伝聞法則」刑ジャ31号（2012年）47頁、山内由光「退去強制により出国した者の検察官に対する供述調書につき、刑訴法321条1項2号前段により証拠採用することが許されないとした事例」研修812号17頁。
（3） 中谷雄二郎「手続の公正と証拠の許容性」中山退官221頁参照。

正手続であるとして一切許容できないとすれば、法制度の異なる外国に対する捜査の嘱託の多くの場合が無意味に帰してしまいます。ですから、我が国にない捜査手法を用いて得られた証拠がすべて否定される訳ではないことに留意が必要です[4]。アメリカでは我が国よりはるかに広範に通信傍受やおとり捜査がなされていますし、双方当事者の同意のない秘密録音など、我が国では認められていないような捜査の手法がたくさんあります。それら一つ一つが我が国の刑訴法が認めていないからということを理由に捜査嘱託によりこれらの捜査の手法を用いて得られた証拠がすべて我が国での公判では証拠能力を認められないということではありません。川出教授は「外国での証拠獲得手続をわが国の憲法ないし刑訴法に引き直して評価した場合に、それが憲法あるいは刑訴法の基本理念に反していると評価されるような場合に限り、証拠が許容されない場合もありうる[5]」としており妥当な見解でしょう。しかしここでは「憲法あるいは刑訴法の基本理念」に反しているかどうかが問題であって、我が国の刑訴法にその外国と同様の捜査手段が明文で認められていることまで必要とされるわけではありません。わが国では拷問ということは絶対に認められないので、拷問を捜査手段として認めるような刑訴法は絶対に制定できませんから、これはまさに「基本理念」に反します。しかし、司法取引とか刑事免責を導入するかどうか、通信傍受の範囲を拡大するかどうか、などは我が国の憲法には抵触しない立法政策上の問題です。ですから、現在我が国ではこれらの捜査手法が明文では認められていなくとも、外国でこれらの捜査手段によって得られた証拠を国際捜査共助によって入手された場合、それを我が国の刑事裁判の証拠として用いることは許されるでしょう。

川井さん

証拠の許容性については、まず関連性が必要であり、それには、①自然的関連性と②法律的関連性があります。また、その他にも「証拠禁止に当たらないこと」という要件があり、違法収集証拠がこれに当たるとされていますね。だとすると、不公正手続排除法則というのは、これらのいずれに属するのでしょうか。

太田

そのとおり、自然的関連性が認められても、更にその証拠は、信用性につき、裁判所の心証形成に対して類型的に誤った影響をもたらす危険のないものであることが必要で、それには、①伝聞法則に反する証拠、②任意性のない自白、③悪性格や同種前科による立証などがあるとされます。任意性のない自白については、証拠禁止の方で説明する考え方もあるようですね[6]。不公正手続排除法則をこれらのどこに位置づけるかについては、私としては、法律的関連性の問題というよりも、違法収集証拠と並んで、証拠禁止に当たらないことの中に含める方が適当かなと思っています。

2　WのPSについては、どのような立証趣旨と根拠によって証拠能力が認められるか。

(1) 事件発生時に、V男が電話でYに助けを求めてきた際、傍にいたWが聞いたYの発言内容について

WのPSには、事件発生時にV男が電話でYに助けを求めてきた際、傍にいたWが聞いたYの発

---

(4) 拙稿「国際捜査共助の要請に基づき、中華人民共和国において同国の捜査機関が作成した共犯者の供述調書等の証拠能力」〔最判平成23・10・20刑集65巻7号999頁の判例評釈〕刑ジャ32号（2012年）154頁参照。
(5) 川出敏裕、「国際司法共助によって獲得された証拠の許容性」研修618号（1999年）3頁。

言内容については次のような記載がありました。
① YのV男に対する「大丈夫か、すぐ助けに行く。いまどこだ」
② YのWに対する「今V男がやられた。場所は裏通りだ。もう間に合わないだろう。」
③ YのWに対する「V男は『甲組のAとBとほかに二人いる。Aから刺されて今必死に逃げている』と言った後『ギャアー』という悲鳴が聞こえて電話が切れてしまった」
④ YのWに対する「警察には任せられない。警察に知らせたら俺たちの組織も警察にやられてしまう。V男の仇は俺たち自身でとる。仕返しにAかBを殺るしかない」

ア　V男の殺人の被害事実について
　上記の③が中心です。まず、V男からの電話があり、Yがこれを受けてV男の言葉を聞き、それを傍にいたWに伝え、Wがそれを検察官に供述してPSが作成された伝聞過程を、V男の殺人の被害事実について整理してみましょう。
　（ア）　V男のYに対する被害状況の電話での話（殺人被害者の原供述）
　（イ）　YがV男から聞いた内容の供述（第一次伝聞）
　（ウ）　WがYから聞いたVの電話の内容の供述（再伝聞）
　（エ）　Wの供述がPS化（再々伝聞）

　これらのうち、（ア）のV男の発言が原供述であり、V男を襲ったのはABら4名で、刺したのはAであり、逃げるVを追いかけていたこと自体を立証しようとするなら、本来、Vが公判で証言し、反対尋問にさらされなければなりません。しかし、Vは死亡し、それができないので、ここまでたどり着けるかどうかは、これら再々伝聞の過程がどこまで解消されるか否かにかかります。
　以前講義で話したように、伝聞形成過程は時系列的に進行しますが、伝聞証拠の証拠能力の判断は、時系列とは逆に、遡及的に伝聞性を解消していく作業になります。つまり、伝聞とは、原供述が伝聞過程、つまりパッケージによって包まれている状態です。次に再伝聞とは、そのパッケージが更にもう一つのパッケージによって包まれている状態であり、再々伝聞とは更にもう一つのパッケージがこれを包んでおり、原供述が3重のパッケージによって包まれている状態です。いきなりパッケージに横からナイフで穴を空けて原供述を引っ張り出すことは許されず、外側のパッケージから順にほどいていかなければなりません。このパッケージをほどくためのツールが、各種の伝聞例外規定等である訳です。
　まず、そもそも（エ）のWのPSの伝聞性については、前述のようにこれが平成7年判例の趣旨には反しないと考えられるので、Wの供述不能としてPSの証拠能力が認められます。つまりこれによって一番外側のパッケージである再々伝聞過程が解消され、すなわち、WのPSの記載内容が、Wが公判での証言に代わるものとなります。
　したがって、Wが電話の現場に同席し、Yが電話を受けていた外形的状況などについては、W自身が見聞したものですので証拠能力が認められます。しかし、その中の（ウ）のVの電話内容については、W自身が直接Vから聞いたものではなく、Yからの「また聞き」であり、これが再

（6）　小林［新訂版］230頁は、任意性のない自白、無効な証拠調べ手続で調べられた証拠（宣誓を欠く証言）、必要的弁護事件で弁護人不在のまま取り調べられた証言、違法収集証拠、令状主義に反する違法な身柄拘束により得られた自白、を証拠禁止として捉える。

第 2 編　実践編　事例講義

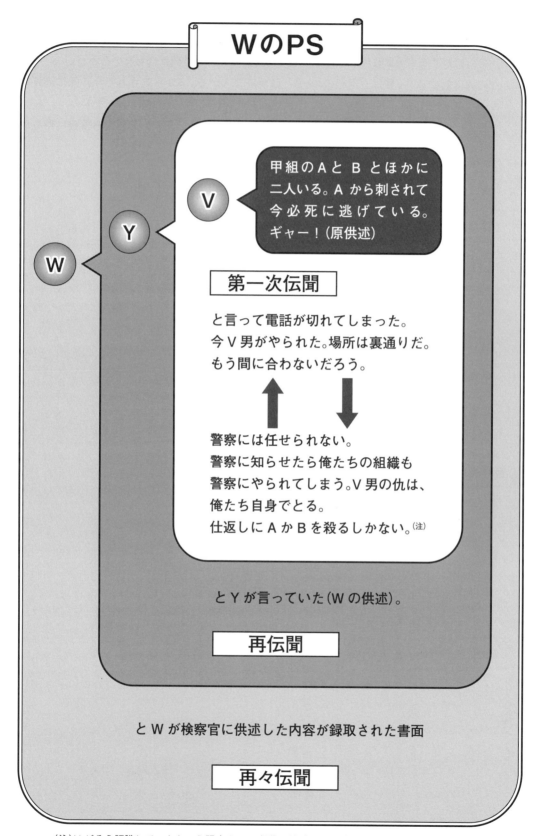

（注）Y がそう認識していたという限度や Y の報復の注意という意味で、精神状態の供述として伝聞法則非適用（V の原供述より伝聞供述が 1 回少ない）。

伝聞であるのでこのパッケージをほどかなければなりません。この又聞きは、324条2項の「被告人以外の者であるWの供述で、被告人以外の者であるYの供述を内容とするものに当たります。そうすると、本来は、Y自身が公判で供述しなければならないのですが、Yは国外にいるために証言できません。そうすると324条2項は、321条1項3号を準用していますので、その要件を満たすか否かの問題になります。Yは帰国しているので供述不能の要件を満たし、その内容は、被害者V自身から聞いた被害状況そのものですから不可欠性も充たします。殺される直前の悲痛なVの訴えを、Yが聴き取ってほとんどリアルタイムで傍にいたWに伝えたのですから、虚偽が入る余地はなく絶対的特信性も充たされます。したがって、Yからの又聞きの再伝聞過程が解消されて再伝聞のパッケージがほどかれ、WがYから聴き取った内容は、Yの公判供述に代わるものとなり、Yが公判でその内容を供述したのと同じ状態がもたらされます。

[海野君]
先生もう分かりました。そうすると、今度は、被告人以外の者であるYの公判供述で被告人以外の者であるV男の供述を内容とするもの、の問題になるのですね。この最後のパッケージが再び324条2項の問題であり、Vについて、供述不能、不可欠性、絶対的特信性の3要件が充たされるかどうかによります。Vは死亡したのですし、死亡直前の発言で嘘を言う訳もなく、不可欠性も絶対的特信性も充たします。とすればVが生きていれば公判で供述したのと同じ状態となり、Vが襲撃されてABらがその犯人であることを立証趣旨として証拠能力が認められます。

[太田]
そのとおりですね。再伝聞や再々伝聞は一見難しそうですが、原理を踏まえてひとつひとつ丁寧に考えていくと、それほど難しくはありません。

[山田君]
学説は明文の規定のない再伝聞や再々伝聞を許容することには否定的であり、仮に再伝聞や再々伝聞を認めるとするなら、少なくとも再伝聞や再々伝聞の供述がなされたこと自体については「肯定確認」が必要だという説があると聞きました。これはどういうことでしょうか。

[太田]
再伝聞や再々伝聞であっても、それが供述書や供述録取書という書面である場合には、そのような伝聞供述の存在自体はこれらの書面で明らかです。しかし、伝聞過程が供述代用書面でなく、口づてのまた聞きである場合には、そのような供述の存在自体を客観的に示すものがありません。伝言ゲームという遊びがありますが、最初の伝言者が耳打ちして伝えた内容が、4人、5人と順次伝言されていくと、最後に聴き取った人の話す内容が、一番最初の伝言者が伝えたことからまるで変わってしまうということがありますね。このように、書面によらないまた聞きには、聴き取りの正確性という問題がつきまといますので、少なくともそのような供述がなされたこと自体については当該供述者が「自分はそのようなことを話したことは間違いない」ということの肯定確認が必要だ、という説なのです[7]。本件事例に即していえばVから電話で聞いた内容をWに伝えたYが「自分はその内容をWに伝えたことは間違いない」という肯定確認が必要とされることになります。この説は、また聞き供述の正確性のあやふやさに警鐘を与えるものとしてその趣旨は理解できます。ただ、この説に立つ限り、本件のような事例では、帰国してしまったYからそのような肯定確認を得ることは不可能であり、伝聞過程の解消はできなくなってV男の原供述を立証に用いることはできなくなります。しかし本件のような事例で、それが許されないということ

に合理性があるとは思えません。論理的には三次、四次のまた聞きの伝聞過程が重なることはあり得ますが、実務では、これらの数人のまた聞きの供述者全員が死亡するなどして供述不能になることなどは稀有というべきでしょうし、また、そのような多重の伝聞過程を経た供述について絶対的特信性を肯定することも困難でしょう。証拠能力とは、証拠が許容されるための最小限の自然的関連性が認められれば足りることも考慮すれば、再伝聞や再々伝聞に肯定確認が常に必要だとするのではなく、これは不要とした上で、その証明力については、個々の事案において、複数の伝聞過程の中にある肯定確認のない伝聞供述の信用性を慎重に判断することで足りると考えていいでしょう。

イ　Yのその他の供述

WのPSの証拠能力が認められたことを前提としますと、まず、Wは、その場にいてYが電話を受ける状況を現に目撃し、Yの電話のやりとりの発言を直接聞いているので、Yが電話を受けてやりとりをしていたという外形的事実の限度では伝聞性はありません（その場にはおらず、翌日にWがYからVの電話があったことやその内容等を聞いたというのなら電話があったこと自体について伝聞性が生じます）。順次検討しましょう。

① 　YのV男に対する「大丈夫か、すぐ助けにいく。いまどこだ。」

これは、Yの供述ですが、過去の事実についての知覚・記憶に基づく発言ではなく、いわゆるとっさになされた供述です。したがって、Yが相手方の危険を認識し、助けなければならないとの意思を有していたことの立証に用いることが許されるでしょう。

② 　YのWに対する「今V男がやられた。場所は裏通りだ。もう間に合わないだろう。

Vがやられた、ということは過去の事実ですから、この発言自体から、直ちにV男がやられたこと、もう間に合わない、という客観的な事実までは立証できません。しかし、少なくとも、Yとしてはそのように認識していた、という限度では立証に用いることができるでしょう。

③ 　YのWに対する「警察には任せられない。警察に知らせたら俺たちの組織もやられてしまう。V男の仇は俺たち自身でとる。仕返しにAかBを殺すしかない」

これは、典型的な精神状態に関する供述であり伝聞法則は適用されません。YがV男の仇をとるためABらに殺害の報復の決意を有していたことの立証に用いることができます。

(2)　Wの供述に含まれるXの供述

次に、「Wの勾留中に仲間のXが面会に来た際『V男の仇は取ってやった。この前、Yと自分ともう一人仲間のZとの3人で、Bを捕まえて袋叩きにし、BからV殺害はBやAらがやったことを白状させて、そのビデオテープを警察に送ってやった』と話していた」というWの供述が問題となります。(1)と同様、WのPSの証拠能力が認められれば、この調書の記載がWの公判での供述に代わるものとなります。

この供述内容は、V男殺害の報復としてのXらによるBのリンチ事件に関するものです。そうすると、この供述はXがBに対する監禁や傷害の罪で起訴され、被告人となった場合に大きな意味を持ってきます。その事件の関係では、Wは被告人以外の者であり、Xは被告人です。ですから、324条1項の問題となり、322条が準用されますので、被告人であるXがWに打ち明けた内容が、

（7）　光藤（Ⅱ）257頁以下、寺崎［3版］453頁以下など。

不利益事実の承認であり、任意になされたものであればその真実性の証明のために証拠能力が付与されます。XがWに話した内容はBへの傷害等の自白という不利益事実の承認であり、親しい仲間に対する告白ですから任意性に疑いはありません。したがってXの公判においては、このWのPSは、Xの監禁や傷害の罪の立証のために証拠能力が認められます。

　なお、共犯者のYやZは、既に帰国しているので起訴されていませんが、仮に再来日して起訴された場合、このXの供述はYやZとの関係では「被告人の供述」ではないので、Xについて321条1項3号の要件を満たさなければYやZの犯行の立証に直接用いることはできませんね。

3　Bに対する傷害事件については、国内に在住する被疑者はXのみとなっていたので警察は、Xを逮捕・勾留して捜査を行った。しかし、Bは自らが殺人罪で起訴されていながらも、自己が被害にあったことについては依然として供述を拒んだ。この場合、検察官としては、Xをどのような証拠によって起訴することができるか。

　まず、Bが暴行を受けて負傷したことについては、Bが被害状況の供述を拒んだとしても診療した医師の調書やカルテによって立証できますね。また、リンチの状況から数名の外国人らしい男がBを袋叩きにしたことは、警察に送られたビデオ録画テープが非供述証拠として証拠能力があるのでこれにより立証できます。犯人性については、WのPSが上記のように証拠能力を認められますので、それに含まれるXの自白の供述によって立証できることになります。証拠構造としては比較的簡単ですね。

4　捜査共助に関する諸問題

　さきほど、ロッキード事件の嘱託尋問調書の証拠能力に関する最判について触れた内容に関係しますが、この機会に、捜査共助に関する主な判例を勉強しておきましょう。既に申したように、捜査共助においては、通常、我が国にない捜査手法によって得られた証拠であっても、我が国での裁判での証拠として用いることは許されます。次のような判例があります。なおこれらの問題の前提として、捜査共助によって得られた供述証拠等は、外国の裁判官や検察官、警察官等によって作成されたものが多くあります。<u>しかし、321条や322条の伝聞例外規定にいう「裁判官、検察官、司法警察職員」というのは、あくまで我が国の裁判官等のことを言い、外国の裁判官等は含まれません。したがって、外国の裁判官や検察官等の捜査官が作成した供述録取書面等は、321条1項1号や2号は適用されず、すべてその他の一般的な供述ないしその録取書面である321条1項3号該当性の問題となります。</u>

(1)　△東京高決昭和58・10・28刑月15巻10号515頁、判時1107号42頁

　ロ事件に関連して、米国連邦地裁大陪審における証言調書が321条1項3号書面として採用されたもの

(2)　△最決平成12・10・31刑集54巻8号735頁、判時1730号60頁、判タ1046号107頁

　大手出版社社長であった被告人による米国からのコカインの密輸入事件について、米国公証人の面前で作成した宣誓供述書が321条1項3号該当書面として採用されたもの

(3)　△最決平成15・11・26刑集57巻10号1057頁、判時1842号158頁、判タ1139号80頁

覚せい剤密輸入事件について、大韓民国の裁判所に起訴された共犯者の公判廷における供述を記載した公判調書が321条1項3号該当書面として採用されたもの

(4) ○大阪高判平成8・7・16判時1585号157頁

オーストラリアへのヘロイン密輸出事件について、オーストラリア連邦警察が共犯者である女性に対して行った電話通信傍受による録音テープやホテルの客室に設置したビデオカメラにより同女と被告人の会話状況等を撮影、録音したビデオテープが証拠採用されたもの

(5) △東京地判平成19・10・25判時1990号158頁

偽造国際運転免許証を米国内で行使した事案について、行使の相手方である米国警察官の宣誓供述書が321条1項3号書面として採用されたもの

(6) ○最(一小)判平成23・10・20刑集65巻7号999頁[8]

黙秘権の認められていない中国に対する捜査嘱託により得られた自白調書の証拠能力

《判決要旨》

本判決は、「上告趣意のうち、共犯者らの供述調書に関して憲法38条違反をいう点は、実質は単なる法令違反の主張であり、(ロ判決)違反をいう点は、事案を異にする判例を引用するものであって、本件に適切でな」いなどとした上、刑訴法411条を適用すべきものとは認められないとし、取調べが供述の自由を保障された状態でなされたものではないなどとして証拠能力を否定すべきであるとの弁護人の主張に対して「上記供述調書等は、国際捜査共助に基づいて作成されたものであり、(本件)犯罪事実の証明に欠くことができないものといえるところ、日本の捜査機関から中国の捜査機関に対し両名の取調べ方法等に関する要請があり、取調べに際しては、両名に対し黙秘権が実質的に告知され、また、取調べの間、両名に対して肉体的、精神的強制が加えられた形跡はないなどの原判決及びその是認する第一審判決の認定する本件の具体的事実関係を前提とすれば、上記供述調書等を刑訴法321条1項3号により採用した第一審の措置を是認した原判断に誤りはない」とし、量刑についても事案に照らして原判決が維持した一審の死刑判決を是認し、上告を棄却した。

これらの判例が示すように、我が国では認められていない秘密会話録音(上記(4))や、黙秘権保障の規定がない中国において捜査官が取調べて得た自白調書(上記(6))も、捜査共助によって得られた場合には我が国の裁判で証拠能力が認められています。上記(4)の大阪高判の事例が注目されるのは、電話の通信傍受によって得られた録音テープのほか、ホテルの居室内での会話等の録音録画のビデオテープについても証拠能力を認めたことです。判決では、

「しかしながら、本件ビデオテープは、オーストラリア連邦警察において、連邦裁判所裁判官の発付するオーストラリア国内におけるB子の会話を聴取・録音することを許可した令状を取得した上で、平成三年八月三〇日、メルボルン市内のビクトリアホテルの四二八号室にビデオカメラを設置し、隣室に待機した連邦捜査官ヒックスらにおいて、午後七時二二分から同三三分まで

---

[8] 拙稿・前掲注(4)154頁以下参照。

の間、B子とAの会話状況や物品授受の状況を撮影、録音したものであるところ、右ビデオテープは、原審公判廷において証拠物として異議なく取り調べられ、反訳文については、弁護人から取調べに異議があったが、反訳・翻訳の正確性については争わなかったことから非供述証拠として取り調べられている上、連邦警察は右ビデオカメラの設置に先立ち、同室の捜索許可状も取得しており、前記の電話傍受の結果などから得た情報により、密輸に係るヘロインの不正授受という重大犯罪がまさに行われようとする状況下で、その授受の状況を立証するために撮影、録音したものであって、これを我が国の憲法及び刑訴法の精神に照らしてみても、本件ビデオテープ等の証拠能力を否定すべき事情はない。」

としています。電話の通信傍受については、諸外国での電話の通信傍受は我が国よりはるかに要件が緩やかとはいえ、我が国にも通信傍受法がありますので、我が国にまったくない捜査手段ではありません。しかしホテルの客室内というプライベートな空間にビデオカメラを設置して中にいる人の会話や行動を録音録画するという捜査手法は、我が国では強制処分に当たり、新たな法律がなければ認められません。また、会話等の録音録画や性質的には検証に当たるとはいえますが、我が国の刑訴法上の検証は、室内での会話の秘密録音録画のような権利侵害性の極めて強いものまで対象としておらず、検証許可状を請求しても発付はされないでしょう。しかし、大阪高判は、このような秘密録音録画についても外国への捜査共助によって得られた証拠を許容したのは注目すべきです。ただ、上記ビデオテープは原審で異議なく取り調べられたという事情や、これはまだ高裁段階の判例ですので、その射程距離については慎重な判断が必要でしょう。また、(6)の平成23年の最判については、黙秘権のない中国で取調べにより得られた共犯者の自白調書が許容されたものです。黙秘権という我が国では憲法により保障されている権利について、それが保障されていない中国に対する捜査共助要請によって得られた共犯者の自白調書も最高裁は証拠能力を認めたのです。ただ、この事案では、共助要請に当たって、日本の検事が中国当局と打ち合わせ、そして、我が国での裁判で証拠として許容されやすいように、「黙秘権が実質的に告知」されるよう中国当局の配慮を要請し、それが受け入れられたという事情があったことが考慮されたものです。

このように、我が国にはない捜査手段によって得られた証拠の許容性については、そのことだけで我が国の裁判では許容できないというものではなく、個別具体的事案に即して判断されるべきです。しかし、だからといって例えば、拷問による取調べを認めている国があったとして、その国に捜査共助を行い、拷問によって得られた自白調書を我が国の裁判の証拠として用いることまでは我が国の司法の廉潔性・無瑕性を損なうものとして許されないでしょう[9]。

|川井さん|

さきほど勉強したロッキード事件の嘱託尋問調書の証拠能力についての平成7年の最判では、「国際司法共助によって獲得された証拠であっても、それが我が国の刑事裁判上事実認定の証拠とすることができるかどうかは、我が国の刑訴法等の関係法令にのっとって決せられるべき」と言っていますよね。我が国にない捜査手法によって得られた証拠は、我が国の刑訴法にのっとって考えれば違法なのですから、なぜそれが許容されるのか釈然としないのですが。

|太田|

平成7年最判では、嘱託尋問調書の許容性を考察する冒頭で「その証拠は、刑訴法の証拠能力

---

(9) 拙稿・前掲注(4)158頁参照。

に関する諸規定のほか、『刑事事件につき、公共の福祉の維持と個人の基本的人権との保障とを全うしつつ、事案の真相を明らかにし、刑罰法令を適正且つ迅速に適用実現することを目的とする』<u>刑訴法全体の精神に照らし、事実認定の証拠とすることが許容されるものでなければならない</u>」と判示しています。「刑訴法等の関係法令にのっとって」とか「刑訴法の証拠能力に関する諸規定のほか」などの部分だけを見れば、川井さんのような疑問も生じるでしょうね。しかし、既に指摘したようにこの事案は、我が国にはない刑事免責の制度を検事正等の不起訴約束によって我が国において認めた、という極めて異例なものであることに留意すべきです。むしろこの判旨で重要なの「刑訴法全体の精神に照らし〜」と言っていることにあります。刑事司法制度の異なる国に対する捜査共助要請によって得られた証拠は、我が国の憲法や刑訴法全体の精神に照らして、それが許容され得るか、という判断をすべきであり、そのような捜査手法が直接的に我が国の刑訴法に定められているかどうか、という問題ではありません。現在はそのような捜査手法が我が国の刑訴法上は認められていなくとも、そのような捜査手法を認めるかどうかは立法政策の問題であり、それを認めても憲法や刑訴法全体の精神には反しない、というようなものであれば許容され得るということなのです。

　なお、共助によって得られた証拠が、我が国での刑事裁判において採用できるかどうかは、我が国の刑訴法の証拠能力の規定によるべきことは当たり前のことです。共助によって得られた証拠は多くの場合、参考人や共犯者の供述調書・録取書です。それらは通常321条1項3号該当書面ですので同号の伝聞例外要件を充たすべきことは当然です。同号適用には、供述不能、不可欠性、絶対的特信性の3要件該当性が必要です。ですから、嘱託尋問によって得られた調書がある場合でも、もしもその供述者がその後来日して裁判所での証言が可能となったのであれば、供述不能の要件を充たしませんね。

第 3 編

証拠法・公判手続の重要問題

はじめに

　証拠法の中で皆さんが最も難しいと感じる伝聞法則については、事例講義に入る前の第1編でまず全般的な講義をし、その後、様々な事例講義を通じて実践的に勉強しました。自白法則と違法収集証拠排除法則についても証拠法上重要で難しい問題を多く含んでおり、既に事例講義の中でも様々な形で取り上げてきました。ある程度具体的な問題を含む実践的な勉強をしてから、改めて全体を網羅的に勉強しなおすことでより理解が深まるはずです。本編においては、これらの二つの問題に更に焦点を当てて、総括的な講義により勉強を深めることとします。また訴因と公訴事実の問題は、公判手続上、実務的にも理論的にも極めて重要で難しい問題ですので、本編において勉強することとします。

第1章　自白法則

第1　自白法則をめぐる諸問題の概観

　自白法則をめぐる問題には憲法38条の各項とその延長線上の刑事訴訟法上、多岐にわたるので、まずそれらの問題の所在の概観を把握しておきましょう。様々な論点を含む重要な問題を理解するためには、頭の中に問題点の所在のマップを作っておくことが有効です。
　憲法38条は、
　1項　何人も、自己に不利益な供述を強要されない。
　2項　強制、拷問若しくは脅迫による自白又は不当に長く抑留若しくは拘禁された後の自白は、これを証拠とすることができない。
　3項　何人も、自己に不利益な唯一の証拠が本人の自白である場合には、有罪とされ、又は刑罰を科せられない。
と定めていますが、これらの各項の問題ないしそれに由来する問題として様々なものがあります。
　まず、1項に関しては
　ア　これはアメリカの自己負罪拒否特権に由来する規定であるが、これと「黙秘権」とはどのような関係にあるのか。同項は、黙秘権そのものを保障したものなのか
　イ　この権利は、被疑者の氏名や住居についても及ぶのか
　ウ　この権利は刑事事件以外の行政上の諸手続においても保障されるのか
　エ　同項は、黙秘権の「告知義務」まで定めているのか。黙秘権の告知がなされなければ自白は排除されるのか。排除されるとしたらどのような根拠により、どのような場合か
などの問題があります。
　次に、同条2項に関しては、
　ア　刑訴法319条1項は「その他任意にされたものでない疑いのある自白」も証拠とすることができないと定めているが、これは憲法38条2項の保障の範囲に付加したものか、あるいは憲法38条2項自体がそれを含んでいるのか
　イ　自白法則の根拠として、任意性説（虚偽排除説、人権擁護説）と違法排除説があるがそれぞ

れの説の妥当性や問題点にはどのようなものがあるか
ウ　任意性のない自白を排除すること（狭義の自白法則）と、違法な手続によって得られた自白を排除することとの関係

などの問題があります。

更に、同条3項に関しては、

ア　同項の自白とはどの範囲の自白を指すか（公判廷における自白を含むか、共犯者の自白も含むか、被告人本人が作成した自己に不利益な内容の書面であっても、捜査とは無関係に過去に作成されたものも含むか否かなど）
イ　自白に補強証拠を必要とする範囲や程度

などの問題があります。これらについて順次勉強していきましょう。

第2　憲法38条1項に関する諸問題

1　同項は、「黙秘権」を保障したものか。

同項の明文自体は、「自己に不利益な供述」は強要されないというものですから、黙秘権を直接には定めておらず、自己に不利益でない供述については及ばないようにも読めます。

刑訴法では311条1項が「被告人は終始沈黙〜することができる」と定め、また被疑者段階では198条2項が、取調べに際して「自己の意思に反して供述をする必要がない」ことの告知義務を定めていますので、これらの刑訴法上のレベルでは自己に不利益と否とを問わず、黙秘権が保障されていることが明らかです。

しかし、「憲法38条1項の『何人も自己に不利益な供述を強要されない』との規定は、米国の自己負罪拒否特権に由来し、我が国では一般に「黙秘権」と呼ばれている[1]」など、憲法38条は、黙秘権をも保障した規定と解するのが通説です。なお、「黙秘権」という言葉と「供述拒否権」という言葉があり、厳密には同一ではないのですが、自己に不利益と否とを問わず被疑者被告人には自己の意思に反して供述をする義務がないという意味で、両者に実質的な違いはないと考えてよく、本講義では「黙秘権」の語を用いることとします。

ところで、黙秘権は被疑者被告人の氏名・住居等についてまで及ぶか、という問題があります。被疑者被告人が黙秘権を有する以上、氏名・住居についてもこの権利が及ぶともいえそうですが、△最大判昭和32・2・20刑集26巻9号554頁は次のように判示してこれを否定し、被告人の氏名の記載のない弁護人選任届を却下したことの違憲性を主張する上告を退けました。

「憲法38条1項本文では単に『何人も自己に不利益な供述を強要されない』とあるに過ぎないけれど、その法意は、何人も自己が刑事上の責任を問われるおそれのある事項について供述を強要されないことを保障したものと解すべきことは、この制度発達の沿革に照らして明らかである。されば、氏名のごときは、原則としてここにいわゆる不利益な事項に該当するものではない」

この判示は、「氏名は不利益な事項に該当しない」として憲法38条1項本文が本来の自己負罪拒否特権のみを定めたものとしているようにも読めますが、その法意を「自己が刑事上の責任を問われるおそれのある事項」とし、「不利益な供述」との限定をしていないことから、有利か不利益かは問わないとの前提に立った上で、氏名についてまでは同項の保障が及ばないとしたものと

---

[1]　松尾（上）117頁。

解されます。なお、氏名・住居等を黙秘することによって勾留理由があるとされたり、権利保釈の除外事由があるとされる場合があり、これも黙秘権の侵害には当たらないとするのが実務ですが（△東京高判昭和27・4・8高等裁判所刑事判例集5巻4号560頁参照）、これには批判もあります。しかし、この点は、氏名・住居を黙秘したこと自体がその理由とされるのではなく、そのことが被疑者被告人の罪証隠滅や逃亡のおそれを推認させる事情の一つとなったり、住居を黙秘するため住居が判明しないので住居不定と同様に取り扱わざるを得ないという考え方によるのです。

2　行政上の供述義務について黙秘権が及ぶか。

黙秘権は本来刑事手続において認められる権利ですが、刑事以外の行政手続においても関係者に対して法が様々な供述等の義務を課している場合が少なくなく、それが引いては刑事事件手続にも波及することがあります。そのため、行政手続においても黙秘権の保障が及ぶか否かは重要な問題となります。

(1)　脱税案件における質問調査

ア　○川崎民商事件判決（最大判昭和47・11・22刑集26巻9号554頁）

この判決がこの問題に関する指導的判例であり、憲法38条1項の法意について「右規定による保障は、純然たる刑事手続においてばかりではなく、それ以外の手続においても、実質上、刑事責任追及のための資料の取得収集に直接結びつく作用を一般的に有する手続には、ひとしく及ぶものと解するのを相当とする」という重要な判示をしました。しかし、この事案で問題となった旧所得税法が定める税務職員による検査、質問については、「（旧所得税法上の質問は）もっぱら所得税の公平確実な賦課徴収を目的とする手続であって、刑事責任の追及を目的とする手続ではなく、また、そのための資料の取得収集に直接結びつく作用を一般的に有するものでもないこと」などを理由に、それが、憲法38条1項にいう「自己に不利益な供述」を強要するものとすることはできないとしたのです。この判旨は、現行所得税法にもあてはまり、234条2項は、同法に基づく税務職員の質問検査権について「前項の規定による質問又は検査の権限は、犯罪捜査のために認められたものと解してはならない」としています。

イ　△最判昭和59・3・27集38巻5号2037頁、判時1117号8頁、判タ528号77頁

この判決は、国税犯則取締法に基づく質問調査について、「国税犯則取締法は、収税官吏に対し、犯則事件の調査のため、犯則嫌疑者等に対する質問のほか、検査、領置、臨検、捜索又は差押等をすること～を認めている。しかして、右調査手続は、国税の公平確実な賦課徴収という行政目的を実現するためのものであり、その性質は、一種の行政手続であって、刑事手続ではないと解されるが（※川崎民商事件判決を引用）、その手続自体が捜査手続と類似し、これと共通するところがあるばかりでなく、右調査の対象となる犯則事件は、間接国税以外の国税については同法一二条ノ二又は同法一七条各所定の告発により被疑事件となって刑事手続に移行し、告発前の右調査手続において得られた質問顛末書等の資料も、右被疑事件についての捜査及び訴追の証拠資料として利用されることが予定されているのである。このような諸点にかんがみると、右調査手続は、実質的には租税犯の捜査としての機能を営むものであって、租税犯捜査の特殊性、技術性等から専門的知識経験を有する収税官吏に認められた特別の捜査手続としての性質を帯有するものと認められる。したがって、国税犯則取締法上の質問調査の手続は、犯則嫌疑者については、自己の刑事上の責任を問われるおそれのある事項についても供述を求めることになるもので、『実

質上刑事責任追及のための資料の取得収集に直接結びつく作用を一般的に有する』ものというべきであって、前記昭和四七年等の当審大法廷判例及びその趣旨に照らし、憲法三八条一項の規定による供述拒否権の保障が及ぶものと解するのが相当である」と判示しました。ただ、同法が犯則嫌疑者への質問の際に供述拒否権の告知を義務付けていないことや、この告知を欠いたこと自体は、憲法38条1項に違反するものではないということも判示しています。

山田君

ちょっとピンときません。所得税法に基づくのであれ、国税犯則取締法に基づくのであれ、それらはいずれも脱税調査のための行政手続ですよね。なぜ前者については供述拒否権の保障が及ばず、後者についてだけ及ぶのでしょうか。

太田

これは、上記の昭和59年最判が詳しく述べてはいますが、実情をお話しするとよく理解できるでしょう。所得税法違反等の脱税案件の数は、大小取り混ぜて非常に多いです。その大半は、税務署が所得税法等の違反の疑いをつかむと、関係者に質問調査をし、脱税が確認されれば行政上のペナルティとして本来の納税額以上の加算税を賦課します。偽りや仮装による脱税の場合には、更に高額の重加算税が課されます。しかし、その場合であっても、それはあくまで行政手続で終結します。ところが、偽りや仮装による場合で、特にその脱税額が大きく、手口も悪質な事案については、脱税Gメンと呼ばれる国税局の査察官らが国税犯則取締法に基づいた調査を開始します。この案件は、極めて多数の脱税案件の中で、僅かであり、私の経験でも、地方の小さな県では年に数件、大都市がある都道府県でも二ケタいくところは少ないほどです。この調査は、いずれ、脱税の刑事事件として検察官に告発することを前提として、大掛かりで長期間の調査が行われるのが通常です。国税犯則取締法に基づく調査では、臨検、捜索又は差押等、刑訴法に類する強制処分の権限も与えられています。そして、調査の結果悪質で多額の脱税が解明されれば、国税局が検察官に告発を行います。時には、調査段階から、国税局と検察庁が合同で調査・捜査を遂行し、脱税者を検察官が逮捕・勾留してこれらの手続を遂行する場合もあります[(2)]。このように同じ行政調査ではあっても、国税犯則取締法に基づく調査は限りなく刑事事件の捜査に接近・類似するのです。したがって、この手続において、犯則嫌疑者に供述拒否権の保障が及ぶべきことは川崎民商事件判決に照らして当然だということになりますね。

(2) そのほかに問題となるもの

そのほかにも問題となる行政上の手続が少なくありません。判例に現れた主なものを示します。

ア 呼気検査

△最判平成9・1・30刑集51巻1号335頁（百選A9）

呼気検査は、酒気帯び運転の続行を阻止するための行政警察上の応急措置の一環であり、拒否すれば呼気検査拒否罪に問われるため、これが憲法38条1項に反するとして争われた事例ですが、本判決は川崎民商事件判決を引用しつつ、「酒気を帯びて車両を運転することの防止を目的として運転者らから呼気を採取してアルコール保有の程度を調査するものであって、その供述を得ようとするものではないから、右検査を拒んだ者を処罰する右道路交通法の規定は、憲法38条1項

---

(2) 拙著『応用刑事訴訟法』159頁以下「私の事件帖」参照。

に違反するものではない」としました。

　この判決は、「供述を得ようとするものではない」ことを理由としているので、本判例は、憲法38条1項による強要禁止の対象が、言語を用いた意思、観念の伝達行為に限定される旨の先例となっています。したがって、面通し、身体検査、血液・筆跡・音声等の鑑定資料の採取、公判廷での態度の観察等は、憲法38条1項の埒外にあることになるでしょう。

　　イ　道路交通法上の事故の報告義務
　　　△最大判昭和37・5・2刑集16巻5号495頁（百選A10）
　道路交通法は、交通事故を起こした場合の報告義務と負傷者の救護義務を罰則付きで課しており、これを怠った場合、いわゆる轢き逃げ事件として重く処罰されます。しかし事故を起こした者がその報告義務を課されることは、交通事故についての刑事責任を問われるおそれのある事実の報告を伴います。この判決は、「法の目的に鑑みるときは、……警察署をして、速に、交通事故の発生を知り、被害者の救護、交通秩序の回復につき適切な措置を執らしめ、以て道路における危険とこれによる被害の増大とを防止し、交通の安全を図る等のため必要かつ合理的な規定として是認せられねばならない。しかも、……『事故の内容』とは、その発生した日時、場所、死傷者の数及び負傷の程度並に物の損壊及びその程度等、交通事故の態様に関する事項を指すものと解すべきである。したがって～必要な限度においてのみ右報告義務を負担するのであって、それ以上に刑事責任を問われるおそれのある事故の原因その他の事項までも右報告義務ある事項中に含まれるものとは解せられない」と判示しました。その後、△最判昭和45・7・28刑集24巻7号569頁や最判昭和50・1・21刑集29巻1号1頁でも報告義務の合憲性が肯定されています。

　　ウ　外国人登録の義務
　　　△最判昭和56・11・26刑集35巻8号896頁、判時1023号131頁、判タ457号88頁
　以前は、外国人登録法という法律があり、我が国に中長期の在留をしようとする外国人は同法によって外国人登録の義務がありました。しかし、不法入国者や不法在留者にとってこの義務は自己の不法入国等の事実を申告させられるようなことにもなるため、この義務が憲法38条1項に違反するとして争われました。しかし、本判決は、「登録申請は、外国人の居住関係及び身分関係を明確にし、もって在留外国人の公正な管理に資することを目的とする手続であって、刑事責任の追及を目的とする手続でないことはもとより、そのための資料収集に直接結びつく作用を一般的に有するものでない。また、この登録申請は、有効な旅券等を所持しない不法な入国者であると否とを問わず、すべての入国者に対し一般的に義務づけられているものであり、前記行政目的を達成するために必要かつ合理的な制度というべきである」としました。

　なお、平成21年、同法は廃止され、それに代えて出入国管理及び難民認定法が新たに在留カードという制度を導入しています。

　　エ　異状死体の届出義務
　　　△最判平成16・4・13刑集58巻4号247頁、判時1861号140頁、判タ1153号95頁
　医師法21条は、医師が死体を検案して異状があると認めたときは、24時間以内に警察に届ける義務を課しています。しかし、仮にその死亡原因が医療過誤に基づく業務上過失致死の事案であるとした場合、この届出義務が、医師みずから自己の刑事事件の報告を義務付けられることになるとして憲法38条1項に反するとして争われた事案です。本判決は、「憲法38条1項の法意は、何人も自己が刑事上の責任を問われるおそれのある事項について供述を強要されないことを保障したものと解するとした上、同義務の履行が、自己の犯罪発覚の端緒を与えることにもなり得るな

ど一定の不利益を負う可能性があるとしても、公益上の高度の必要性、届出人と死体とのかかわり等、犯罪行為を構成する事項の供述までも強制されるものではないことなどから、憲法38条1項には反しない」としました。

3 黙秘権告知と黙秘権の侵害との関係、自白が排除される論拠
(1) 問題の所在

「黙秘権」と「供述拒否権」という二つの言葉があり、その違いについて若干の議論はありますが、両者は実質的には差がないと考えてよいでしょう。

黙秘権の告知そのものは、△**最判昭和25・11・21刑集4巻11号2359頁**が、「憲法第38条は、裁判所が被告人を訊問するに当り予め被告人にいわゆる黙秘の権利あることを告知理解させなければならない手続上の義務を規定したものではなく、従つてかような手続をとらないで訊問したからとて、その手続は違憲とは言い得」ずとしており、憲法38条1項の直接の要請ではありません。前記最判昭和59・3・27も同旨の判示をしています。

捜査段階の黙秘権の告知は、刑訴法198条2項がこの義務を定めています。これは被疑者として取調べられる者を心理的圧迫感から解放して供述の任意性等の確保に資するとともに取調べる者に戒心の機会を作るための制度です。黙秘権の告知は初回の取調べでは必ず行いますが、その後の取調べでは、必ずしも毎回の告知までは必須でないことは、事例講義3の中で既にお話ししました。

しかし、黙秘権の不告知が許容される限界を超えた場合、自白の証拠能力に影響を及ぼすことになります。

(2) 黙秘権の不告知と黙秘権の侵害との関係、自白の証拠能力の問題

黙秘権そのものの実質的な侵害があった場合に、その自白調書は証拠能力を否定されることには異論はありませんが、黙秘権の不告知が直ちに黙秘権侵害を意味するのか、また、自白が排除される根拠について、ア、憲法38条1項、刑訴法198条そのものに違反するからなのか、イ、自白の任意性を欠くからなのか、ウ、取調べの違法に基づく証拠排除によるのか、という問題があり、説が分かれています[3]。

アの説は、憲法38条1項それ自体が黙秘権の告知義務を含んでいるとするのですが、これは同項の条文にはそぐわないですし、前記の最判昭和25・11・21等はこれを否定しています。黙秘権の告知をしなかったというだけで憲法違反となり、事情の如何を問わず直ちに自白が排除されるということは実務的にも妥当とはいえないでしょう。

イの説は、黙秘権の不告知が直ちに黙秘権の侵害を意味するものではないとしても、それにより任意性の不存在が推定されるとするものです。

ウの説は、黙秘権の不告知が憲法違反となるわけではないが、刑訴法198条2項違反という違法はあるので、その不告知に重大な違法がある場合には違法収集証拠排除法則適用の一場面として自白が排除されるとするものです。

このイ・ウの両説は、自白法則について任意性説と違法排除説の二元説が支配的になっていることを踏まえると、イの説は任意性説、ウの説は違法排除説に親和性があると思われます。両説

---

(3) これらの説については、小川佳樹「黙秘権の告知と自白」刑訴百選［9版］160頁以下参照。

は対立的なものではなく二元的なものであると考えれば、いずれも妥当性のある考え方だといえるでしょう。

(3) 検　討

黙秘権の告知を怠った取調べは、刑訴法に反する違法なものであるが、それが直ちに、その自白の任意性を否定し、あるいは、重大な違法として自白調書の証拠能力が否定されることにはなりません。△浦和地判平成3・3・25　判タ760号261頁（百選72事件）は、弁護人選任権も告げず、取調べ期間中、一度も黙秘権告知を行わなかった事案について、この判決は「被告人に対する～取調べは、被告人の供述するような違法・不当な方法で行われた疑いがあるといわなければならず、その結果作成された員面は、いずれも任意性に疑いがあるものとして証拠能力を否定されるべきである」と判示しました。この判旨は、結論的に黙秘権の不告知が任意性に疑いを生じさせたとしていますが、他面、警察官の取調べの違法不当や、黙秘権を尊重しようとする基本的な態度がなかったことなども指摘しており、違法排除の観点をも含んでいるとの評価もあります(4)。このような事案では黙秘権の不告知によって得られた自白が排除されることは当然です。

黙秘権の不告知は、例えば不告知により供述の義務があると誤信させたり、被疑者が黙秘権の存在を知らないことに乗じて供述を得たような場合には、法319条1項の解釈適用に当たり、供述の任意性を強く疑わせる一事情として考慮されることとなるであろうし、告知の手続違背が、違法な手続により得られた自白として「違法収集証拠」と評価する方向に導くことにもなるでしょう。具体的事案に則して判断すべきです。ではどのような場合に、黙秘権の不告知が黙秘権を実質的に侵害したものとして自白の証拠能力を失わせることになるでしょうか。

例えば、これまで何回も逮捕歴・前科があるような暴力団員で、黙秘権の存在は捜査官から一々告知されなくとも当たり前のこととして知っている場合や、過激派の構成員で、逮捕当初から捜査官に一言も口をきかず、既に黙秘権を完全に行使しているような被疑者に対しては、黙秘権の不告知が被疑者の供述意思に与える影響は皆無といっても過言ではなく、黙秘権の不告知が黙秘権を実質的に侵害することにはなりません。もちろん、そのような場合でも、捜査官としては少なくとも初回の取調べの際に黙秘権を告知すべきことは当然です。したがって、違法であることは明らかですが、このような場合であれば重大な違法にまではならないでしょうね。

他方、外国人被疑者で初めて我が国で逮捕され、その母国の刑事司法では黙秘権が保障されておらず（今日でも世界にはこのような国もあります）、日本に黙秘権があるなどとは全く知らない場合、捜査官がそのことを知り、それに乗じて、日本には黙秘権など保障されていないかのように装い、被疑者の思い込みを利用して自白を得たような場合には、任意性も否定されるでしょうし、黙秘権の不告知は手続的にも重大な違法があったとして自白は排除されるべきでしょう。

第3　憲法38条2項に関する諸問題

1　問題の所在

自白については、憲法38条1項、刑訴法311条1項、198条2項が黙秘権の保障を、憲法38条2項、刑訴法319条1項が不任意自白の排除法則を定めています。他方、最判昭和53・9・7が違法収集

---

(4)　小川・前掲注(3)160頁以下参照。

証拠の排除法則を確立した後、その射程範囲は、当該判例の事案であった覚せい剤事件における職務質問や所持品検査の問題から、他の様々な場面等における違法な捜査によって得られた証拠についての排除にまで拡大し、多くの判例が蓄積されています。

そこで、任意性に疑いのある自白、黙秘権を実質的に侵害して獲得された自白、その取得手続・方法等に問題のある自白について、それが排除されるのは、自白法則のみを根拠とするのか、自白法則のみならず、違法収集証拠の排除法則も適用されるのか、が問題となり、具体的には

(1) 自白法則の論拠をどのように考えるか。
(2) 自白に「違法収集証拠排除法則」の適用があるか。
(3) 任意性の判断と違法収集証拠排除法則適用可否の判断の順序はどう考えるべきか。

が問題となります。

2 憲法38条2項と刑訴法319条1項との関係

319条1項は、憲法を拡張しているのか否か、憲法と刑訴法の適用範囲が同一であるのかについて、判例学説に差異があります。学説では、ア、「強制、拷問、脅迫」は不任意自白の例示であって、憲法はその全体を通じて不任意自白の排除を規定したもので、刑訴法319条はこの点を確認したに過ぎないとする説と、イ、憲法は拷問ないしそれに準じる重大な違法を根絶しようとしたものであるのに対し、刑訴法はこれに加え、不任意一般を排除するものとしたものであるとする説があり、考え方が分かれています。

△最大判昭和45・11・25刑集24巻12号1670頁は、任意にされたものでない疑のある自白を証拠に採用することは、「刑訴法319条1項の規定に違反し、ひいては憲法38条2項にも違反する」としていることから、両者の適用範囲は同一であると考えているようです。

3 自白法則の根拠をめぐる諸説

これについては、任意性説と違法排除説があることは皆さん理解していると思いますが、それぞれの説の特徴や批判などの要点を整理してみましょう。

(1) 任意性説

自白法則を不任意自白のみを排除するための規定と解しますが、その理由づけに二説があります。

ア 虚偽排除説

憲法38条2項と刑訴法319条1項の規定を、不任意の自白を排除するものと理解し、その根拠は、任意性に疑いのある自白は、虚偽である蓋然性が高く信用性に乏しいため、誤判防止の見地から排除されるとします。この説に対しては主に次のような批判や問題があります[5]。

① 嘘をつくという心理状況の認定は困難であり、また、自白内容が結果的に真実であれば排除すべきでないという判断に傾きがちとなる。

② 結局、自白内容の真実性を判断することになってしまい、証拠能力と証明力の区別がなくなってしまい、自白の証拠能力を証明力とは切り離した自白法則の性質にそぐわない面がある

---

(5) 大澤裕＝朝山芳史「約束による自白の証拠能力」法教340号（2009年）86頁以下参照。

③ 強制等による自白に基づいて他の証拠を発見したとき（派生証拠）は、自白の真実性が確認されたことになり、証拠能力が認められがちで、憲法38条2項の趣旨にもとることになる。

イ　人権擁護説

黙秘権を侵害したり、強制、脅迫など被疑者の人権を侵害するような取調べによって得られた自白は人権擁護の見地から排除されるとします。この説には次のような批判や問題があります。

① 黙秘権と自白法則を同視する点で理論的に問題がある。
② 約束や欺罔による自白については、人権を侵害したものとはいえない場合もあり、そのような自白の排除の論拠としては不十分である。
③ 供述者の自由意思を侵犯するかどうかとの自白する側の心理に着目するため、虚偽排除説と同様、その認定は困難である。
④ 黙秘権が侵害されたか否かの判断をするには、とりわけ被疑者の取調べの状況を把握しなければならないが、密室での取調べの状況は外部には見えにくい。

(2) 違法排除説（違法収集証拠排除法則一元論）

この説は、憲法31条を根拠として、自白採取の過程における適正手続を担保する手段として、これに違背して得られた自白は排除されるとするものです。違法収集証拠の排除法則の供述証拠の側面が自白法則であり、自白法則自体を証拠排除法則の一環ととらえます。排除の根拠規定は憲法31条であり、38条2項、刑訴法319条1項はそれを確認した規定だとします。刑訴法319条1項の「任意にされたものでない疑いのある」とは「適正かつ任意にされたことに疑いのある」と解釈することになります。この説に対しては次のような批判があります。

① 任意性を要件とする319条の文理にそぐわず、解釈論の設計には再検討の余地がある。
② 憲法38条、刑訴法319条に明文の根拠があり、確立している自白法則に対し、明文の法的根拠がなく学説や判例法によって次第に形成されてきた違法収集証拠排除法則を論拠とした一元論が上位概念に立つということはおかしい。
③ 取調べ準則が法規として存在せず、「不適当」とはいえても「違法」といえるか否かの判断が困難である。
④ 違法とはいえないが、不任意自白として排除すべき場合もあり（後掲児島税務署事件の例など、約束による自白で約束内容自体には違法性がない場合など）、これらの説明が困難である。なお、約束による自白の問題が違法排除説の試金石といわれる。

(3) 総合説（二元論）

このように、上記の3説にはそれぞれ一長一短があり、どれか一つの説で自白法則のすべてを理論づけることは困難です。そのため、自白が排除される場合には、任意性が問題となる場合、黙秘権侵害の場合、違法収集証拠排除法則が適用される場合等があり、これらを統一的に説明することはできないとして、虚偽排除説、人権擁護説、違法排除説を総合した上で自白排除を考えようとするものです。つまり、伝統的な任意説の考え方は維持しつつ、違法収集証拠の排除法則を最判昭和53・9・7が認めたことにより、その趣旨・根拠から自白についても排除法則は適用可能であるとします。自白の排除について、すべて自白の「任意性」の解釈による必要性は乏しいとし、自白の証拠能力に関して、不任意自白の排除については虚偽排除と人権擁護の併用説（伝統的な自白法則）で対処し、それとは別に、不任意とまではいえない自白であっても、取調べや

捜査手続に違法があれば、一般的な排除法則が適用されるとするのです。現在はこの説が支配的となっています⁽⁶⁾。

4　自白と違法収集証拠排除法則との関係
⑴　自白にも違法収集証拠排除法則が適用されるとした判例

前述のように、現在では、自白法則の根拠としては伝統的な任意性説と違法排除説とを総合的ないし二元的に考える説が支配的となりつつあります。これによれば、違法の排除も自白法則の根拠の一つですので、判例法上確立した違法収集証拠の排除法則が違法な手続によって獲得された自白についても適用されることになります。

このことを明確に判示したのが、○東京高判平成14・9・4（松戸市殺人事件・ロザール事件）であり、この判決は、9泊10日の宿泊を伴う取調べによって得られた自白を排除したもので、「自白を内容とする供述証拠についても、違法収集証拠排除法則を採用できない理由はないから、手続の違法が重大であり、これを証拠とすることが違法捜査抑制の見地から相当でない場合には証拠能力は否定すべき」「事実上の身柄拘束にも近い9泊の宿泊を伴った連続10日間の取調べは明らかに行き過ぎであって、違法は重大であり、違法捜査抑制の見地からしても（自白調書の）証拠能力を付与するのは相当でない」としました。

しかし、この判例よりずっと前から、手続の違法によって自白を排除した判例は次のようにいくつもあるのです。

① 金沢地七尾支判昭和44・6・3刑月1巻6号657頁

「かかる違法な手続の下に得られた被告人の自白に証拠能力を認め得ないことも、蓋し当然」として違法とされた別件逮捕・勾留中の自白を排除

② 最判昭和58・7・12刑集37巻6号791頁（神戸ホステス宅放火事件）の伊藤正己裁判官補足意見

「右逮捕は～いわゆる違法な別件逮捕にあたるものというべきであり、これによって収集された自白は、これを違法収集証拠として裁判の資料から排除するのが、適正手続の要請に合致し、また将来において同種の違法捜査が行われることを抑止し、司法の廉潔さを保持するという目的からみて相当」

③ 大阪高判昭和59・4・19高刑集37巻1号98頁（神戸祭り事件）

「本件殺人の事実に対する取調べは、具体的状況に照らし、実質的に憲法及び刑事訴訟法の保障する令状主義を潜脱するものであつて違法で許容されえない」「逮捕・勾留期間中に被告人両名を本件殺人の事実について取り調べて作成した各供述調書は、……違法収集証拠としてその証拠能力は否定されるべき」

④ 浦和地判平成2・10・12判時1376号24頁（三郷パキスタン人放火事件）

「本件第一次逮捕・勾留中になされた本件放火に関する取調べは、明らかに許される余罪取調べの限界を逸脱した違法なものであり、これによって作成された被告人の自白調書は、証拠

（6）「このようにみるならば、……自白の排除を違法排除の視点から説明しなければならない理由は存在しない。自白法則については、不任意自白の排除という伝統的理解を維持しつつ、（虚偽排除、人権擁護、違法排除が複合して根拠をなす）、それに収まらない部分について、違法収集証拠排除の一般原則を適用するという解釈論の組み立ても十分可能であり、むしろその方が『より明文に合致し、かつ、より実務にもなじみやすい無理のない考え方……』であるように思われる」（大澤裕「自白の任意性とその立証」刑訴争点［3版］172頁。

能力を欠き、また、その後の第二次逮捕・勾留は、右証拠能力のない自白調書を資料として請求された逮捕状、勾留状に基づく身柄拘束であって、違法であり、従ってまた、その間に作成された自白調書も証拠能力を欠く」

⑤ 東京地判決平成12・11・13判タ1067号283頁（千駄木強盗致傷事件）

（いわゆる実体喪失説に立ちつつ）「憲法及び刑訴法の所期する令状主義の精神を没却するような重大なものであり、かつ、右取調べの結果得られた供述証拠を証拠として許容することが、将来における違法な捜査の抑制の見地からも相当でない〜〜以上、右期間中に得られた被告人の供述調書〜〜の証拠能力はすべて否定されるべき」

⑥ 福岡地判平成12・6・29判タ1085号308頁（太宰府市殺人事件）

「第一次逮捕・勾留中及び起訴後勾留中の殺人事件に関する被告人の取調べは、いずれも許された余罪捜査の限界を超えた違法なものであって、その違法性の程度は重大であり、違法捜査抑制の見地からしても、このような取調べにより得られた供述調書は、憲法31条、38条1項、2項の趣旨に照らし、証拠能力を欠く」

これらの判例は、得られた自白の「任意性」については言及していません。このように、違法性が重大な手続によって得られた自白が排除され得ることは、ロザール事件判決以前からも既にいくつも判例があって実務に定着しているのです。

(2) 自白法則と、排除法則の判断順序はどう考えるべきか？

総合説ないし二元説に立つ場合、自白を排除すべきか否かを検討するについて、任意性の有無と、手続の違法の重大性とのどちらを先に検討すべきか、という問題があります。これは、総合説ないし二元説に立つ場合、任意性と手続の違法とのいずれの論拠により大きな重点を置くか、ということの視点の違いによるともいえるでしょう。この点について、前掲ロザール事件の東京高判は、「任意性判断との関係では、本件のように手続過程の違法が問題とされる場合には、取調べ方法自体の違法の有無程度等を個別具体的に判断するのに先行して、違法収集証拠排除法則の適用の可否を検討し、違法の有無、程度、排除の可否を考えるほうが、判断基準として明確で妥当と思われる。」と述べています。

しかし、私は、まず手続の違法性の方を先に検討すべきだとするこの判旨が、当該事案を離れて一般的な指針を示しているものだとすると賛同できません。

本来の任意性の有無を先に検討すべきか、手続の違法を先に検討すべきか、は一般的に言えることではなく、個々具体的な事案に応じて、より検討が容易で的確な判断ができる事柄を先に検討すればよいと思います。

[山田君]

でも、ロザール事件の高裁判決は、明確に手続の違法性を先に検討すべきだ、と言っていますね。先生が言われる、個々具体的な事案に応じて検討する、というのでは判断が恣意的になってしまいそうなので、やはり手続の違法性の判断を先行させる、という方が判断手順として明確だと思うのですが。

[太田]

具体的に考えてみましょう。例えば、手続の違法が問題となる宿泊を伴う取調べや徹夜・長時

間の取調べについては、それが違法であるか、違法である場合にそれが重大な違法といえるか、という評価は容易ではありません。グレーゾーンの事案も少なくなく、同じ事件における裁判官によっても、また原審と上級審の間でも、判断が分かれることは珍しくありません。例えば、徹夜の22時間の取調べの適法性が問題となった平塚ウエイトレス殺害事件（○最決元・7・4刑集43巻7号581頁）では、最高裁の多数意見はこれを違法とはせず自白の証拠能力を認めましたが、少数意見はこれに反対し、取調べを違法であり自白は排除されるべきだとしました。このように手続の違法やその重大性について事案によっては評価が別れ、判断が困難であることは少なくありません。しかし、このようなグレーゾーンの事案において、仮に、ある日の取調べで、捜査官が被疑者に「自白しなければ愛人を逮捕するぞ」と脅迫して自白させた、という事実が認められるのなら、宿泊や長時間の取調べの適法性の問題に入るまでもなく、直ちにそのような取調べによって得られた自白には任意性がないとして排除すれば足りるでしょう。逆に、捜査官がそのような脅迫を用いたか否かに争いがあり、その判断は容易ではないが、厳しい監視を伴う実質的逮捕に近い宿泊を伴う取調べが行われことが認められるなら、任意性の問題の明確な判断を行うまでもなく手続に重大な違法があったとして自白を排除すればよいでしょう。このように、いずれの判断を先行すべきか、ということは画一的判断になじまず、事案によって柔軟な検討を行えばよいのです。

5　主な判例を踏まえた検討

次に、自白の証拠排除が問題とされた様々な類型について主な判例をみていきましょう。

(1)　約束による自白

ア　○最判昭和41・7・1刑集20巻6号637頁、判時457号63頁、判タ196号149頁（児島税務署収賄事件〈百選70事件〉）

《事案の概要と判決要旨》

事案は、税務署職員の収賄事件で、逮捕された被疑者が収賄を否認していたところ、検察官は、被疑者がいったん収受した賄賂を贈賄者に返却したと認識しており、金額も多額でなかったため、弁護人に対し、起訴猶予処分も考えられるので無益な否認をやめて自白するよう勧告することを示唆した。それで、弁護人は、金を返却しているとの検察官の認識には触れず、被疑者に「検事は君が見え透いた嘘を言っているから、真実貰ったものなら正直に述べたがよい」などと被告人に勧告したため、起訴猶予になることを期待した被告人が収賄を自白して供述調書が作成された。ところが、その後返却したとされる賄賂は実は返却していなかったことが判明し、検察官は起訴した。そのため、起訴猶予を期待して自白した自白調書の証拠能力が争われた。原審は捜査官の取調べ自体には違法性が認められないとして任意性を否定せず有罪としたが、最高裁は、次のように判示して自白の証拠能力を否定した。

「本件のように、被疑者が、起訴不起訴の決定権をもつ検察官の、自白をすれば起訴猶予にする旨のことばを信じ、起訴猶予になるものと期待してした自白は、任意性に疑いがあるものとして、証拠能力を欠くものと解するのが相当である」

一審判決（岡山地判昭和37・12・20刑集20巻6号544頁）をみると、この事件での賄賂は現金10万円と若干の物品供与・接待でした。私の捜査官の経験上、賄賂がこの程度の少額にとどまり、しかもいったん現金を収受しても被疑者が費消せずに返還し、反省していれば起訴猶予は十分に考

えられます。他方、収受して費消していれば公判請求も妥当です。ですから、賄賂は返還されていたと思っていた検察官は、いわば善意で、被疑者ではなく弁護人に対し、認めれば起訴猶予も考えられると示唆したに過ぎません。しかし、弁護人が検察官の意図を被疑者に正確に伝えなかったために、被疑者は賄賂の返還の有無にかかわりなく自白して反省さえすれば起訴猶予になると思いこんだのです。ですから、検察官には悪意はなく、取調べに違法はまったくありませんでした。したがって、違法排除の視点からは自白は排除できません。違法排除説の試金石は、約束による自白の排除の論拠が困難であるといわれるゆえんです。

　イ　△福岡高判平成5・3・18判時1489号59頁
　《事案の概要》
　熊本の警察が捜査中の事件で、被疑者に飲食喫煙等で便宜を図った上、他の事件（福岡における元愛人宅からの窃盗容疑）を送検しない約束の下で作成された疑いのある自白調書及び自白を前提とした引き当たり捜査報告書は任意性に疑いがあるとして次のように判示し、証拠能力を否定して一部無罪を言い渡した。

　《判決要旨》
　「およそ、被告人の自白で任意性に疑いがあるものは証拠能力が認められないが、その判断にあたっては被告人の供述の自由を妨げる違法な圧迫の存否（人権擁護）ないし虚偽自白を誘引する状況の有無（虚偽排除）を検討すべきところ、取調べ中に煙草やコーヒーの提供を受けたことや餞別として多少の金品を受領したことなどの利益供与は、いわゆる世俗的利益であって、人権擁護の面は考慮する必要はないし、定型的に虚偽の自白がなされる状況にあったとみることもできない。しかしながら、<u>他の事件を自白すれば福岡事件を送致しないという約束は、いわゆる不起訴の約束に等しいものであって、福岡事件を起訴してもらいたくないという被告人の弱みにつけこんだものであって、到底許容される捜査方法ではない。そうすると右捜査官の約束に基づいてなされた疑いのある平成2年10月以降の被告人の自白は、すべて任意性に疑いがあるものとして、その証拠能力を否定すべきであり</u>、したがって、これに反し、これらの証拠を有罪の認定に供した原判決には訴訟手続の法令違反がある」
　この判示は、人権擁護説と虚偽排除説に立っていることが理解できます。

(2)　偽計による自白
　ア　○最大判昭和45・11・25刑集24巻12号1670頁、判時613号18頁、判タ256号95頁
　《事案の概要》
　いわゆる切違い尋問で、偽計による自白のリーディングケース。被告人が、妻と共謀して旧軍用拳銃1丁及び実包3発を隠匿所持していた嫌疑の銃刀法違反について、被告人と妻との切り違い尋問により双方から共犯関係の自白を得た。原審は、偽計による自白は、その動機に錯誤があるにとどまり虚偽の自白を誘発する蓋然性は少ないから、偽計に虚偽の自白を誘発する蓋然性の大きい他の要素が加わった場合にのみ、自白は任意性なきものとして排除されるべきであるとした上で、本件については、虚偽自白を誘発するおそれのある事情は何ら認められないとして両名の自白の任意性を肯定したのに対し被告人側が上告した。

　《判決要旨》
　本判決は次のように判示して原判決を破棄差戻しし、差戻審の大阪高裁は無罪とした。

「捜査手続といえども、憲法の保障下にある刑事手続の一環である以上、刑訴法1条所定の精神に則り、公共の福祉の維持と個人の基本的人権の保障とを全うしつつ適正に行われるべきことにかんがみれば、捜査官が被疑者を取り調べるにあたり偽計を用いて被疑者を錯誤に陥れ自白を獲得するような尋問方法を厳に避けるべきであることはいうまでもないところであるが、もしも偽計によって被疑者が心理的強制を受け、その結果虚偽の自白が誘発されるおそれのある場合には、右の自白はその任意性に疑いがあるものとして、証拠能力を否定すべきであり、このような自白を証拠に採用することは、刑訴法319条1項の規定に違反し、ひいては憲法38条2項にも違反するものといわなければならない。これを本件についてみると、原判決が認定した前記事実のほかに、P検察官が、被告人の取調にあたり、『奥さんは自供している。誰がみても奥さんが独断で買わん。参考人の供述もある。こんな事で2人とも処罰される事はない。男らしく云うたらどうか』と説得した事実もあることも記録上うかがわれ、すでに妻が自己の単独犯行であると述べている本件被疑事実につき、同検察官は被告人に対し前示のような偽計を用いたうえ、もし被告人が共謀の点を認めれば被告人のみが処罰され、妻は処罰を免れることがあるかも知れない旨を暗示した疑いがある。要するに、本件においては前記のような偽計によって被疑者が心理的強制を受け、虚偽の自白が誘発されるおそれのある疑いが濃厚であり、もしそうであるとするならば、前記尋問によって得られた被告人の検察官に対する自白およびその影響下に作成された司法警察員に対する自白調書は、いずれも任意性に疑いがあるものといわなければならない」

イ　△東京地判昭和62・12・16判時1275号35頁、判タ664号252頁（百選［9版］75事件）

《事案の概要》

学生寮に侵入した犯人が強盗強姦未遂事件を犯して逃走したが、近辺に住んでいた被告人が別件窃盗事件で逮捕され、執行猶予判決で釈放された直後本件で逮捕され、遺留したデッキシューズの臭気選別結果にある程度の反応が出ていたところ、警察官が、大声で怒鳴り、頭を小突くなどの執拗な取調べを行うとともに、「今の発達した科学では、人間の分泌物から、その細かく枝分かれした血液型を知ることができ、指紋と同様、同じ分泌物の人間は一億人に一人しかいないが、本件のデッキシューズがおまえのと一致した」などと虚言を述べて自白調書を多数作成した事案。デッキシューズ内の足型や汗等の体液から判明した血液型は被告人のものと異なることも判明した。

《判決要旨》

「被告人に対し前記のような強い心理的強制を与える性質の分泌物検出云々のあざとい虚言を述べて自白を引き出した点のみで既に許されざる偽計を用いたものとして、その影響下になされた被告人の自白調書等はすべてその任意性を肯定できないと解すべきところ、加えるに、その余の既述の苛烈な取調方法をも併せ考えると、とうていその任意性はこれを認めることはできない」

ウ　△宇都宮地判平成22・3・26判時2084号157頁

無実であったSさんが起訴されて服役した後に、DNA鑑定の結果が誤りであったことが判明し、再審により無罪とされたいわゆる足利事件における判決です。捜査官が、後に誤りであることが判明したDNA鑑定結果を示した上で得た自白について、捜査官は、証拠能力が認められない証拠であると認識したうえで、本件ＤＮＡ鑑定を被疑者に示したものではないから、偽計による自白としてその任意性が否定されることはないとしました。

エ　検　　討

上記の3つの判例は、いずれも偽計を用いた取調べによって得られる自白については任意性の

問題として判断し、アとイは任意性を否定し、ウは否定されないとしました。ただ、偽計を用いる取調べは、約束自白とはやや異なり、偽計の内容いかんによってはそのような取調べ自体が違法であるとして、違法排除の視点を含めることも可能なように思われます。特にイのような極めて悪質な偽計の場合にはそういえるでしょうね。

|川井さん|

アとイの判示には納得できるのですが、ウは腑に落ちません。確かに捜査官としてはDNAの鑑定結果が真実だと誤信していたので悪意の偽計は用いていないのですが、客観的には虚偽の鑑定結果に基づいて追及した結果、絶望的になった被疑者が虚偽の自白をしてしまったのですから、捜査官の悪意の有無にかかわらず、任意性は認められないのではないでしょうか。

|太　田|

よいところに気が付きましたね。もし、違法排除説に立つのであれば、捜査官に悪意がない以上偽計とはいえないとして自白の排除はできない、とすることになるでしょう。しかし、前記の児島税務署事件では、検察官は、被疑者が既に賄賂を返却したものと信じていたために、それなら起訴猶予もあり得ると考え、いわば善意で弁護人に話したことが被疑者に正確に伝わらなかったため、被疑者が金の返却にかかわりなく罪を認めれば起訴猶予にしてくれると思い込んで自白した調書の任意性が否定されました。違法排除説に立つのなら自白は排除できなかったはずです。しかし、虚偽排除の任意性説に立つ以上、取調べの違法がなくとも任意性が認められない場合はあるのです。

足利事件のこの判旨については、「偽計による自白の証拠能力を否定する根拠を取調べの違法に求める見解であればこれは肯定されるであろうが、心理的強制の下で虚偽の自白を誘発する危険に根拠を求める見解によれば、捜査官の認識にかかわらず証拠能力を否定する余地があろう」[7]との批判があり、私もこれに賛同します。

(3)　接見妨害中などに得られた自白

接見妨害中に得られた自白については、二元説に立つとして、手続の違法を主眼として違法排除を中心に考えるか、接見妨害が被告人の自白の任意性に疑いを生じさせたものとして任意性を中心に考えるか、という問題があります。この点に関して、最高裁は明確でないが、事案の具体的状況如何にもよるでしょう。古い判例では、△最判昭和28・7・10刑集7巻7号71474頁が、警察での身柄拘束中に接見が2～3分に制約され、しかも警察官が立ち会ったという事案において、これらの措置が不当であったとしつつ、「これらの措置から検察官に対してなされた自白の任意性は直ちに疑いがあるとは断定できず、任意性の有無は自白した当時の情況に照らして判断すべきとした上で、上記不当な措置と自白との間に因果関係が認められない」として証拠能力を認めたものがありますが、接見交通権の保護が高まった今日では、この結論は妥当しないでしょう。

比較的最近の判例では、△最決平成元・1・23判時1301号155頁、判タ689号276頁（百選74事件）があります。

---

(7)　川出敏裕「偽計による自白」刑訴百選［9版］158頁以下参照。

《事案の概要》

恐喝罪で起訴前勾留中、逮捕されていない余罪である贈収賄事件について県察官が取調べ中、午後4時半ころB弁護人が接見を求めたが、検察官は直ちに接見させず、午後9時からの接見を指定して接見させた事案。違法な接見制限の下で得られた自白調書を証拠とするのは、憲法31、34、38条違反であるとしてなされた弁護人上告を棄却。

《判決要旨》

「<u>右自白は、A弁護人が接見した直後になされたものであるうえ、同日以前には弁護人四名が相前後して被告人と接見し、B弁護人も前日に接見していたのであるから、接見交通権の制限を含めて検討しても、右自白の任意性に疑いないとした原判断は相当と認められる</u>」と判示して、憲法違反の所論は前提を欠き、適法な上告理由に当たらないとした。

このように、<u>最高裁は、これまで、接見妨害という捜査手続上の違法を任意性の問題に還元しています。しかし、自白法則について二元説が支配的となり、違法な別件逮捕・勾留中とか違法な接見妨害中に得られた自白については、取調べ自体は脅迫や偽計等の本来の任意性を疑わせる事情はなく適正に行われたとしても、違法排除論によって自白を排除するという考え方も、今後判例には現れそうな気がしますね。</u>

(4) 捜査官でなく、弁護人、同房者、上司、知人等による暴行脅迫、偽計、約束等がなされた場合の自白法則適用の問題

任意性説によるときは、自白の相手方は捜査官でなく私人でもよいとされ、自白法則が適用可能です。捜査官の違法不当な取調べによってでなくとも、第三者の働きかけによって被疑者の自白の任意性が失われる場合もあるからです。△**大阪高判昭和61・1・30判時1189号134頁**は、被害者の内縁の夫の暴行・脅迫による自白の疑いがあるとして、当該自白は任意性に疑いがあり、これを内容とする内縁の夫の公判証言の証拠能力を否定しました。

また、例えば、私人が被疑者に激しい暴行を加えてむりやり自白させたような場合には、任意性説からの説明ももちろん可能ですが、私人の重大な違法な行為によって自白が得られたものであり、違法排除の面からは、私人による重大な違法によって得られた証拠排除の問題ともなり得ますね。

(5) その他違法不当な取調べ等によるもの

これについては、様々な類型について極めて多くの判例がありますので、余裕のある人は少しずつでも原文に当たってみてください。

ア 連日夜間に及ぶ執拗な取調べ

△東京高判昭和60・12・13、刑月12巻12号8頁、判時1183号2頁（日石・土田邸事件）

イ 手錠をかけたままの取調べ

問題のある取調べ方法であるが、直ちに任意性を否定すべきかどうかは事案による。

① △最大判昭和26・8・1刑集5巻9号1684頁（百選A33）
② △最判昭和38・9・13刑集17巻8号1703頁（百選A33）
③ △最決昭和52・8・9刑集31巻5号821頁（百選A33）
④ △東京高判昭和58・6・22判時1085号30頁

ウ　暴行・脅迫等を伴う取調べ

任意性が否定されるのは当然である。

① △最判昭和32・7・19刑集11巻7号1882頁、判時118号1頁
② △大阪地決昭和59・3・9刑裁月報16巻3-4号344頁

エ　その他参考判例

① △浦和地決平成3・5・9判タ796号272頁
② △浦和地判平成4・1・14判タ778号99頁
③ △京都地決平成13・11・8判時1768号159頁

6　被告人以外の第三者の任意性を欠く供述の証拠能力

325条は、321条から324条までの伝聞例外規定により証拠とすることができる書面又は供述であっても、あらかじめそれらが任意になされたものかどうかを調査した後でなければこれを証拠とすることはできない、としています。被告人の自白や不利益事実の承認である場合には、任意性は証拠能力の要件ですので、弁護人が任意性を疑わせるような具体的事情を主張した場合には、自白調書の採否の決定の前に、取調べの録音・録画の記録媒体や取調官の証人尋問等によって任意性の有無を確認し、これが肯定されて初めて証拠能力が認められるのが通常です。

325条の条文の規定ぶりだけを見ると、「あらかじめ」とありますので、被告人の自白等と同じように被告人以外の第三者の供述等であっても、任意性は証拠能力の要件であるようにも読め、そうだとすると任意性の調査を先行させるべきことになります。

しかし、同条の解釈については、それが必要とする任意性の調査が証拠能力の要件なのか、証明力の問題であるのか、について議論があります。

325条の明文に即して証拠能力の問題であると考える説もありますが、通説・判例は、325条は証拠能力に関する規定ではなく、裁判所に任意性の調査義務を課すことにより、その証拠価値（証明力）の判断に当たり、供述の任意性を考慮に入れさせようとする趣旨であって、任意性に疑いがある場合にはすべて証拠能力がないとする趣旨ではなく、任意性の調査時期は必ずしも証拠調べの前でなくともよいとしています。△**最決昭和54・10・16刑集33巻6号633頁**は、「刑訴法三二五条にいう任意性の調査は、任意性が証拠能力にも関係することがあるところから、通常当該書面又は供述の証拠調べに先立つて同法三二一条ないし三二四条による証拠能力の要件を調査するに際しあわせて行われることが多いと考えられるが、必ずしも右の場合のようにその証拠調べの前にされなければならないわけのものではなく、裁判所が右書面又は供述の証拠調後にその証明力を評価するにあたつてその調査をしたとしても差し支えないものと解すべきであり」としています。

被告人の自白等でなく、任意性に疑いのある第三者供述については、多数説は基本的には証明力の問題であり、例外的に、違法な強制力が加えられて任意性がまったく欠如するような場合には証拠能力が否定され、それ以外の場合は証明力の問題であるとします。

ただ、共犯者の自白については、まったくの第三者とは異なり、被告人の自白に準じて証拠能力を否定すべきとの考え方もあり、△**大阪地判平成20・3・11LEX/DB28145296**は、

「検面中の自白は……人権擁護及び虚偽排除の観点から、その任意性に疑いがあるものとして、同人に対する関係においてばかりでなく、他の被告人に対する関係においてもその証拠能力を否定すべきである」としています[8]。

第4 憲法38条3項に関する諸問題（補強証拠）

1 憲法38条3項にいう「自白」は公判廷での自白も含むか。

これを肯定すると、被告人が公判廷で自白している場合でもそれのみでは有罪とされず、補強証拠が必要になります。

学説は、「とくに危険な自白は公判廷外の自白であるから、公判廷自白に補強証拠を要求しなくても憲法違反とは言えないであろう[9]」などとして、公判廷での自白は含まないとするものと、「憲法38条第3項に『自白』とは公判廷における自白と公判廷外における自白とをあわせ含むものと解しなければならない（団藤　新刑事訴訟法綱要七訂版285頁）」などとする説に分かれています。

判例は、△最大判昭和23・7・29刑集2巻9号1012頁（百選A34）が、「裁判所の面前でなされる自白は、被告人の発言、挙動、顔色、態度並びにこれらの変化等からも、その真実に合するか、否か、又、自発的な任意のものであるか、否か、は多くの場合において裁判所が他の証拠を待つまでもなく、自ら判断し得る……、公判廷の自白は、裁判所の面前で親しくつぎつぎに供述が展開されていくものであるから……裁判所はその心証が得られるまで種々の面と観点から被告人を根堀り、葉堀り十分訊問することもできるのである。そして、若し裁判所が心証を得なければ自白は固より証拠価値がなく、裁判所が心証を得たときに初めて自白は証拠として役立つのである。従って、公判廷における被告人の自白が、裁判所の自由心証によって真実に合するものと認められる場合には、公判廷外における被告人の自白とは異なり、更に他の補強証拠を要せずして犯罪事実の認定ができると解するのが相当で（あり）、憲法38条3項の自白には公判廷における自白を含まない」としています（△最大判昭和24・6・29刑集3巻7号1150、△最判昭和42・12・21刑集21巻10号1476頁も同旨）。

しかし、この問題については、刑訴法319条2項が「公判廷における自白であると否とを問わず」としているため立法的に解決されており、現在ではこの議論の実益はありません。ただ、将来我が国の刑事訴訟にアメリカ的なアレインメント制度を導入し、被告人が公判で有罪答弁をすれば実質的な証拠調べなしに有罪判決をすることができるようにすべきか否かの問題が生ずれば、この憲法解釈が結論を左右し得ることとなります。

2 補強証拠として許容される証拠はどのようなものか（補強証拠適格）

補強証拠も犯罪事実立証の証拠であるから、証拠能力のある証拠であることを要し、基本的には、それで足ります。しかし、被告人自身の自白については、自らの自白に対する補強証拠となり得ないのは当然です。自白調書が何通あろうとも、相互の補強証拠とはなり得ません。

しかし、被告人の発言や被告人が作成した書面であっても、実質的に「自白」に当たらなければ、補強証拠となり得るのであり、それはどのような場合であるか、また、共犯者の自白は補強証拠となり得るか、などが問題となります。

---

(8)　これらの議論については大コンメ刑訴法［2版］(7)712頁以下〔大野市太郎〕を参照。
(9)　田口［7版］413頁、田宮・354頁。

第1章　自白法則

(1) 被告人の供述が録取ないし記載されているもの

　被告人が作成した書面や録音された被告人の音声やであっても、捜査とは無関係に過去に作成等されていたものは「被告人の自白」とはいえず、補強証拠となる場合があります。例えば、脅迫事件で、被告人の被害者に対する脅迫電話が録音された録音テープは、犯罪行為そのものの機械的な録音であり、そもそも非供述証拠ですので「自白」でないのは当然です。被告人作成の脅迫状も、犯罪行為を組成し、あるいは犯罪行為の用に供したものとして非供述証拠ですので同様です。

　また、被告人作成のいわゆる裏帳簿なども、それが犯罪事実を直接示すものであっても、「自白」とはいえない場合があります。次の二つの判例が指導的なものです。

ア　△最決昭和32・11・2刑集11巻12号3047頁（百選A35）

《事案の概要》

　食糧管理法違反事件について、買受人63名中16名については被告人の自白のほかに買受人の調書があったが、47名については、それがなく、被告人が犯行当時販売日時、数量、金額、相手方等を記入していた未収金控帳があるにとどまったので、弁護人は、これらの記入は自白に当たるので補強証拠とならない旨主張して争った事案。

《決定要旨》

　「所論未収金控帳は、〜〜被告人が犯罪の嫌疑を受ける前にこれと関係なく、自らその販売未収金関係を備忘のため、闇米と配給米とを問わず、その都度記入したものと認められ、その記載内容は被告人の自白と目すべきものではなく、右帳面はこれを刑訴323条2号の書面としての証拠能力を有し、被告人の第一審公判廷の自白に対する補強証拠たりうるものと認めるべきである」

イ　△仙台高判昭和27・4・5高集5巻4号549頁

《事案の概要と判決要旨》

　貸金業法違反被告事件で、判決は、「原判示事実中所論の昭和二十四年十二月二十五日相沢助太郎に金十万円から月一割を天引して貸付けた事実は、原判決の挙示する被告人の自供調書と原審押収の前記手帳一冊中の記載により之を認め得るのであつて、記録を精査しても原判決の右事実認定に誤があることは認められない。右手帳は、被告人が本件犯罪の嫌疑をうける前に之と関係なく、本件その他の貸金関係を備忘の為、その都度記載したものである。かかる記載は所謂自白に該らないものと解するのが相当であり、その真実性と信用性は極めて高度であつて、刑事訴訟法第三百二十三条第三号によつて証拠とすることができるものと謂うべく、しかも独立の証拠価値あるものと認められるので、原判決が前記自白のほか、その補強証拠として右手帳を挙示したことは極めて相当である」とした。

　そこで皆さんに質問ですが、ある傷害事件で、被告人が、事件を起こした夜、日記に「今日はVをぶん殴ってしまった。ちょっとやりすぎたかもしれない。まずいことをした」と記載していました。被告人が1か月後に逮捕され、起訴されたとします。この日記の記載は、被告人の自白の補強証拠として認められますか。

[海野君]

　それは認められます。これらの判例で示されているように、被告人が作成した供述書等であっても犯罪の嫌疑を受ける前に捜査と関係なく作成されたものについては、「自白」とはいえず、補強証拠の適格性が認められます。自白が補強証拠とならないのは、被疑者と対立する立場にあ

る捜査官が犯罪の嫌疑を抱いて被疑者を追及して得られた自白には、任意性や信用性に疑いが生じ得るからです。捜査官の影響をまったく受けずに、自ら犯行直後に記載したような場合には、その任意性や信用性に疑いが生じる余地はまったくないのですから、捜査官の取調べによって得られた自白と異なり、補強証拠として認めてよいと思います。

山田君

でも、憲法が自白に補強証拠が必要だとした根本的な意義は、被告人を訴追するについては、被告人自身の自白のみによらず、なんらかの客観的な証拠を必要とするということにあり、捜査官の取調べによって得られたものではない、ということだけで、被告人自身が作成した供述書等を補強証拠として許容するのは、少なくとも妥当性がないように思うのですが。

太田

山田君のその感覚は大切ですね。この二つの判例をよく読むと、被告人が作成・記載した裏帳簿や手帳を補強証拠として認めていますが、アについては、その未収金控帳が323条2号書面に、イについてはその手帳が、同条3号書面に該当するとしています。これらの書面は、記載者が業務の過程で日常的、継続的、客観的に事実を記載していくため、伝聞例外の横綱として無条件に証拠能力が認められる書面ですね。ですから、これらの判例が、323条に該当しないような被告人作成の日記やメモの類にまで直ちに及ぶとはいえず、具体的事例に即して慎重な検討が必要でしょう[10]。

川井さん

仮に、323条該当性が認められないような被告人作成の供述書等については補強証拠として認めない、という考え方に立つとすれば、このような被告人が、事件後に犯行を記載した日記は、証拠として用いることはできないのでしょうか。

太田

そうではありませんよ。この日記は、323条該当性は認められませんが、不利益事実の承認であり、任意に記載されたものとして322条1項の伝聞例外要件を充たすので証拠能力は当然に認められます。今議論しているのは、「補強証拠」として認められるかどうかという問題です。補強証拠の問題は、被告人の自白が十分に信用でき、それだけで裁判官が完全に有罪の心証を得られる場合であっても被告人を有罪にできず、なんらかの補強証拠が必要だ、ということです。つまり、今の傷害事件の例で、被告人の自白以外には、その日記のほかに一切他の証拠がない、という場合に、この日記を補強証拠として有罪にできるか、ということになります。しかし、こんな例は教科書事例であり、実際の事件ではそんなことは生じ得ないといってもいいでしょう。傷害事件なら必ず被害者の供述、目撃者の供述、診断書等の補強証拠があります。それらの補強証拠がある場合に、この被告人の日記を、補強証拠としてではなく、322条1項該当書面として犯罪の認定に用いることにはなんらの問題はありません。実際にはあり得ないちょっと意地悪な例を出しましたが、補強証拠適格というものをしっかり考えるための教科書事例でした。

(2) 共犯者の自白は補強証拠となり得るか

被告人本人の自白は補強証拠となり得ませんが、共犯者の自白が補強証拠となり得るかについては大きな対立があります。学説では、否定説に立つ団藤重光先生と肯定説に立つ平野龍一先生

---

(10) 古江［2版］302頁以下参照。

が真っ向から対立しています[11]。否定説と肯定説が先鋭な結論の違いをもたらすのは、ＡＢ2名共犯の事件で、Ａは自白し、Ｂは否認し、他に客観証拠がない場合、Ａについては、自己の自白しか証拠がないので無罪となり、Ｂについては、Ａの自白が補強証拠として認められるため有罪となる、という不均衡が生じてしまうことにあります。

【団藤説：否定説】
① 憲法38条3項が自白偏重を避けて誤判を防止する趣旨である以上、本人の自白と共犯者の自白に差異はない。
② 誤判の危険の観点からは、共犯者甲の自白を唯一の証拠として乙を処罰することは、本人の自白を唯一の証拠として処罰することよりもむしろ危険は大きい。
③ 共犯者は、捜査官に迎合しがちで、他の共犯者に不利な事実を誇張するなども稀ではない。
④ 不要説によれば、自白をした者は自己の自白しかないので無罪となり、否認をした者は共犯者の自白があるから有罪というはなはだしい非常識な結論となり、なるべく合一的に法律関係を確定するべきことにも反する。

【平野説：肯定説】
① 自白に補強証拠を必要とするのは、自白が反対尋問を経ないにもかかわらず証拠能力が認められるからであり、共犯者に対しては被告人は反対尋問を行えるのだからこれを同一視はできない。
② そもそも自白強要の危険があるのは、「共犯」の自白に限らず、およそ広義の自白も同様である。したがって、共犯の自白だけを本人の自白とするのは理由がない。
③ 自白した方が無罪となり、否認した方が有罪となるのは、自白が反対尋問を経た証拠より証明力が弱い以上当然であり、不合理ではない。

学説は、一般に共犯者の自白は、自己の責任を逃れて共犯者に罪をかぶせるいわゆる「引っ張り込み」の虚偽供述のおそれがあることなどから、共犯者の自白は独立の補強証拠にはなり得ず、他の補強証拠が必要であるとする否定説が根強いように思われます。学界の最高権威であった団藤・平野両先生がこれほどまでに対立しているのは、法律の世界では数学のような唯一の客観結論があるのでなく、自己の説をしっかりと確立すべきものだということを示していますね。

他方、判例では、下記の練馬事件大法廷判決により不要説が確立しています。しかし、同判決において、6名の裁判官は、補強証拠必要説の立場から反対意見を述べていますし、その後、△最判昭和51・2・19刑集30巻1号25頁、判時807号101頁、判タ335号317頁では、被告人の否認にかかわらず、必要的共犯関係にある受供与者Ｙの自白により、選挙運動に関する金員供与の事実を認定した事案につき、練馬事件判決を引用してこれを是認したが、団藤裁判官は、必要説に立って反対意見を述べています。

△最大判昭和33・5・28刑集12巻8号1718頁、判時150号6頁（練馬事件）
《事案の概要》
被告人Ｘが、同Ｙほか多数名と順次共謀して巡査に暴行・傷害を与えて死亡させた傷害致死事案。有罪判決中、ＸとＹの共謀については、共同被告人であるＹの検察官に対する供述調書7通が挙示されていたところ、被告人側が「被告人たる共犯者の供述は、他の被告人に対する関係で

(11) 久岡康成「共犯者の自白」刑訴争点［3版］178頁以下参照。

も、憲法38条3項の「本人の自白」に当たるとして、控訴・上告したもの。

《判決要旨》

上告棄却。

「憲法38条3項の規定は、被告人本人の自白の証拠能力を否定又は制限したものではなく、また、その証明力が犯罪事実全部を肯認できない場合の規定でもなく、かえって、証拠能力ある被告人本人の供述であって、しかも、本来犯罪事実全部を肯認することのできる証明力を有するもの、換言すれば、いわゆる完全な自白のあることを前提とする規定と解するを相当とし、従って、わが刑訴318条で採用している証拠の証明力に対する自由心証主義に対する例外規定としてこれを厳格に解釈すべきであって、共犯者の自白をいわゆる「本人の自白」と同一視し、又はこれに準ずるものとすることはできない。けだし、共同審理を受けていない単なる共犯者は勿論、共同審理を受けている共犯者（共同被告人）であっても、被告人本人との関係においては、被告人以外の者であって、被害者その他の純然たる証人とその本質を異にするものではないからである。されば、かかる共犯者又は共同被告人の犯罪事実に関する供述は、<u>憲法38条2項のごとき証拠能力を有しないものでない限り、自由心証に委かされるべき、独立、完全な証明力を有するものといわざるを得ない。</u>」

なお、共犯者が一人ではなく複数いる場合について、複数の共犯者の自白が相互に補強証拠となり得るかについては、肯定説ではもとよりですが、否定説の立場からも、基本的に共犯者が一名の場合よりも肯定的にとらえる見解が多いのです。例えば、△**最判昭和51・10・28刑集30巻9号1859頁**では、4名共犯による交通事故を装った保険金詐欺事件について、Xは犯行を否認したが、他の3名は認め、詳細な供述をしました。この事案について、本来は否定説に立つ団藤裁判官も、「わたくしは、二人以上の共犯者の自白は相互に補強し合うものであって、否認している本人をこれによって有罪とすることは、憲法三八条三項に反するものではないと解するのである」としています。

3　補強の範囲（いかなる範囲に補強が必要か）

自白には補強証拠が必要であるが、では、補強証拠はどの範囲において必要なのか、という問題です。自白は、裁判官によって過信される性質の証拠であるため、自白のみで有罪とするのは誤判のおそれがあるという観点、また、自白だけで有罪にできるとすると、捜査機関による自白強要、人権侵害が生じるおそれがあるという観点から検討すべきです。

罪体説と実質説の対立があり、折衷的な説もあります。学説は罪体説が多いが、判例は実質説に立っています。しかし、特別法犯を中心に、近年、その対立は相当程度解消されていることに留意すべきです。

(1)　罪体説と実質説

ア　罪体説（形式説）（①誤判防止説・②自白強要防止説）（通説）

まず、前提として、「罪体」とは何か、ということを確認しておきましょう。次の各説があります。

　A説　客観的な法益侵害で足りるとの説（例えば死体の存在）
　B説　それが犯罪行為に起因することを含むとの説（例えば殺人事件では「他殺」死体の存在、放火事件であれば「火災が何人かの放火によること」）
　C説　被告人の犯罪行為であることまで含むとの説

B説が通説であり、一般に、罪体とは、誰かの犯罪行為によって生じた法益侵害の事実を指すとされます。私の事例講義でもこのB説によって証拠構造を組み立ててきました。補強証拠の範囲についての罪体説は、<u>犯罪の客観的側面である罪体の全部又は主要部分について補強証拠が必要であるとします</u>。学説の多数説といえるでしょう。

イ 実 質 説

補強の範囲は、罪体に限らず自白された内容の真実性を担保するに足りる証拠があればよいとするものです。判例・実務はこの立場を採っています。なお、併合罪については、個々の事実に補強証拠が必要ですが、常習一罪や包括一罪については、包括的な評価を受ける各行為の独立性・可分性の度合いによります。無登録の医薬品販売や、焼酎の密造等では、継続的に同種の行為が繰り返されるので、個々の行為すべてについては必要とされないでしょう。しかし、常習累犯窃盗については、個々の行為の独立性が強いので、それぞれについて補強証拠が必要とするのが一般です。

ウ 折 衷 説

公判廷における自白については実質説を採り、公判廷外における自白については罪体説を採るものです。

(2) 判　　例
ア 従来の裁判例

実質説に立っていますが、犯罪事実の主観的部分については不必要、客観的構成要件について事案の中核的部分について必要とするというのがこれまでの概ねの傾向だといえます。次のような判例があります。

△最判昭和24・4・7刑集3巻4号489頁
「客観的には架空な、空中楼閣な事実が犯罪としてでっち上げられる危険……を防止するためにある」

△最判昭和2v3・10・30刑集2巻11号1427頁
「自白を補強すべき証拠は～自白にかかる事実の真実性を保障し得るものであれば足りる」

△最判昭和38・9・27判時356号49頁
将来反復継続の意思を持って犯行を行ったという点について不要とする。

△最判昭和32・12・17法律新聞86号6頁
収賄罪の主観的要件について不要とする。

△最判昭和24・7・19刑集3巻8号1348頁、△最判昭和25・6・13刑集4巻6号995頁、△最大判昭和30・6・22刑集9巻8号1189頁
被告人と犯人の結びつきについて不要とする。

イ 近年の判例は、実質説を踏まえながらも、ある程度罪体説に親和性を示し、特別法犯を中心に、実際には重要部分の一部とか、本質的部分については、補強証拠が必要とする判断が確立しつつあります。

① △最判昭和42・12・21刑集21巻10号1476頁、判時505号19頁、判タ216号114頁（百選77事件）

《事案の概要》
無免許運転と業過致死の併合罪で起訴された事案について、控訴審判決は無免許というような消極的身分の如きその主観面については、被告人の自白だけで認定して差し支えないとした上、

被告人が公判で終始無免許を自白しているとして有罪としたのに対し、被告人は、憲法38条違反として上告した。

《判決要旨》

最高裁は、憲法38条3項の「本人の自白」には判決裁判所の公判廷における自白は含まれないのが判例（※27年最判）であるとして憲法違反は認めなかったが、上告棄却に当たり、「<u>無免許運転の罪においては、運転行為のみならず、運転免許を受けていなかったという事実についても、被告人の自白のほかに、補強証拠の存在することを要するものといわなければならない。原判決が、……無免許の点については、……自白のみで認定しても差し支えないとしたのは法319条2項の解釈を誤ったものといわざるを得ない</u>」とした。

② △最判昭和47・2・8裁判集刑183号99頁

無免許運転の罪について、無免許の点のみでなく「運転行為」の点にも補強証拠を要することは判例上確立しているとした。

③ △仙台高判昭和43・3・26高刑集21巻2号186頁

無許可で古物の売買を営業として罪に関する自白には、営業行為自体の他、無許可の事実についても補強証拠が必要とした。

これらの判例が示すように、特別法犯を中心に、補強の範囲は罪体説的な考え方がかなり浸透しているといえます。ただ、△**東京高判昭和56・6・29判時1020号16頁**は、覚せい剤取締法違反事件における法定の除外事由の不存在については、補強証拠を要しないとしています。これは、自動車の運転や古物売買営業については、一般的に禁止されているのではなく、許可を得ないで行う場合のみが犯罪となるので、その許可を得ないということについては、補強証拠により裏付けられていなければならないのに対し、覚せい剤については、およそ一般的に所持使用等が禁止されているので、法定の除外事由がないということは例外的であり、これについてまでは補強は要らない、とする点に違いにあるといえるでしょう。

4 補強証拠の程度と証明の方法（絶対説と相対説）

補強の範囲とはやや異なる視点として補強の程度という問題があります。

(1) 判例の考え方

△最判昭和24・4・7刑集3巻4号489頁

「各具体的の事件においては、<u>被告人の自白と補強証拠と相待つて、犯罪構成要件たる事実を総体的に認定することができれば、それで十分事足るのである。犯罪構成要件たる各事実毎に、被告人の自白の外にその裏付として常に補強証拠を要するというものではない</u>。そもそも、被告人の自白の外に補強証拠を要するとされる主なる趣旨は、ただ被告人の主観的な自白だけによつて、客観的には架空な、空中楼閣的な事実が犯罪としてでつち上げられる危険……例えば、客観的にはどこにも殺人がなかつたのに被告人の自白だけで殺人犯が作られるたぐい……を防止するにあると考える。だから、自白以外の補強証拠によつて、すでに犯罪の客観的事実が認められ得る場合においては、なかんずく犯意とか知情とかいう犯罪の主観的部面については、自白が唯一の証拠であつても差支えないものと言い得るのである。それ故に、原判決の事実認定には、何等の違法もなく、論旨は採用することができない。」

このような考え方は「補強証拠の証明力は個々具体的ケースにおける被告人の自白の信用性と

補強証拠収集の難易等によって<u>相関的に決められる</u>」⁽¹²⁾という相対説の考え方です。

(2) 学説の多数説

補強証拠自体の証明力の程度が必要との絶対説が多数説で、判例には批判的です。公判廷自白と公判廷外自白とで、補強の程度を区別する説もあります。

なお、ここでよく認識しておくべきことは、<u>補強法則とは、自白の信用性が十分で、それのみでも裁判所が有罪の心証をとれるという場合であっても、自白だけでは有罪にできず補強証拠が必要とされる</u>、ということです。<u>自白自体で、ある程度の心証は採れるが、有罪にするには十分でない場合は、自白とその他の客観証拠とを総合して有罪認定をすることになります。その場合の客観証拠が必要になるのは当たり前の話であり、これは本来の「補強証拠」の問題ではありません</u>（ただ、実務では、このような場合でも「補強証拠」と表現することがあります）。ですから、上記昭和24年の最判が「被告人の自白と補強証拠と相待って」としていることの意味については誤解しないよう留意すべきですね⁽¹³⁾。

〈参考文献〉

本文中に掲げたもののほか、

・小林充「自白法則と証拠排除法則の将来」現刑4巻6号（2002年）58頁。
・米山正明「利益誘導と自白の任意性」大阪刑事実務研究会編『刑事証拠法の諸問題（上）』（2001年、判例タイムズ社）283頁。
・大澤裕＝川上拓一「任意同行後の宿泊を伴う取調べと自白の証拠能力」法教312号（2006年）75頁。
・石井一正「任意性を欠く第三者の供述の証拠能力」判タ445号（1981年）48頁。
・三井誠「自白と補強証拠（1）〜（4）」法教257号（2002年）104頁、258号76頁、259号113頁、260号81頁。
・三井誠「共犯者の自白と補強証拠」法教261号（2002年）93頁。
・山田道郎「自白の証拠能力・証明力」法教197号（1997年）48頁。
・笹倉宏紀「自己負罪拒否特権」法教265号（2002年）103頁。

---

(12) 横井大三・証拠法大系Ⅱ259頁。
(13) 古江［2版］302頁以下参照。

第2章　違法収集証拠とその排除法則

　これまでの講義の事例問題等の中でも既に違法収集証拠とその排除法則についてもかなり勉強してきました。ここで、この問題を全般的・総括的に整理するとともにこの問題に焦点を当てた事例問題を通じて完全にマスターしてください。

第1　違法収集証拠排除法則の生成・発展の歴史の概観

　違法収集証拠の排除法則（以下「排除法則」という。）は、アメリカの判例法に由来し、昭和30年代後半から我が国の学説・判例にも次第にその考え方が導入され、定着するに至りました。伝聞法則や後に勉強する訴因制度もアメリカ法に由来するのですが、これは戦後の現行刑事訴訟法の制定に伴い明文の規定によって我が国の刑事訴訟に導入されたものであるのに対し、違法収集証拠排除法則については、それよりもかなり遅れて判例法理として我が国に導入されるに至ったという大きな違いがあります。その歴史的経緯のアウトラインを知っておくことが、違法収集証拠排除法則に関する諸問題や多数の判例の位置付けや重要性等をよりよく理解する上で重要かつ有効です。「急がば回れ！」ということはここでも通用しますね。

1　アメリカにおける排除法則生成発展の経緯等

　排除法則の母国であるアメリカにおいてすら、昔からこれが当然のものとして受け入れられていたのではありません。一方では、アメリカの警察官は西部劇や銃器社会の伝統や背景もあるからでしょうか、かなり荒っぽく、犯人らに対して随分手荒なことをしていたようで、それに対する批判から、違法な捜査によって得た証拠は排除すべきだという主張が根強くありました。他方、古い時代においては、排除論は「社会の安全を犠牲にする誤った感傷の所産である（ウイグモア）」「お巡りがへまをしたから犯人が放免されるのは筋違いである」などの根強い批判がありました。ウイグモアとは、「ウイグモアの証拠法」と呼ばれるほどの証拠法の権威で、若い頃来日して慶応大学で教鞭を執り、帰国後はアメリカ大学協会会長を務めたりアメリカ刑法学犯罪学会を立ち上げるなど日米の法律学界で大きな活躍をした人です。そのウイグモアですら排除法則無用論を唱えていたのです。また、排除の抑止効自体疑わしいとの実証的研究も相次いでいました。このように排除法則の是非についてはアメリカにおいてすら大きな議論があったのであり、激しい論争を経て、次第に違法収集証拠の排除を認める判例が蓄積され、排除法則が確立するに至ったのです[1][2][3]。

　（その経緯の概略）
　1886　ボイド事件（Boyd v. U.S. 116 U.S. 616,630（1886））

---

[1]　アメリカでは排除法則の理論的根拠について、適正手続論や司法の無瑕性論も指摘されてはいるが、現在、判例は違法捜査の抑止論に一元化されているといわれる。ただ、アメリカにおいては、違法捜査の抑止が極めて強く求められる捜査の実情や社会的背景があったのと比較し、日本では捜査の実情を始めとする社会的基盤はかなり異なっていることが認識されるべきであろう。

違法押収物の排除を初めて宣言
- 1914　ウイークス事件（Weeks v. U.S.232 U.S. 383（1914））
　　　　郵便を違法に利用した連邦犯罪について、違法に押収したものを被告人に不利益な証拠として用いることを認めれば、不合理な捜索・押収を受けない権利を保障する14修正は無意味になるとし、排除法則が憲法上の要求であることを明らかにした。
- 1946　連邦刑訴規則41条に明文化
- 1961　マップ対オハイオ事件（Mapp v. Ohio 367 U.S. 643　81 S. Ct. 1684（1961））
　　　　ウイークスの排除法則は、第4修正の本質的要素を構成するものであるから、第4修正がデュープロセスの内容として各州に強要できるのであれば、連邦の排除法則もまた州に対して強要できることとなるとし、排除法則がアメリカの全域で一律に適用されることが確立した。

―――――――――― コラム ――――――――――

[山田君]　先生、アメリカの警察官ってそんなに荒っぽいんですか？

[太田]　もちろん警察官のすべてがそうだというのではないが、銃器社会のアメリカでは警察官は命を張って犯罪者と戦っており、その戦いの激しさは日本の比ではないですね。私は若い頃、在外研究で四つの州の連邦地方検察庁（U.S.Attorney's Office）でアメリカの刑事司法実務を勉強したとき、アメリカの検事に、どうしてミランダルールのようなものが生まれたのか、と聞いたことがありました。彼が言うには「警察官は命を賭けて犯罪者と戦っている。僕が知っていた刑事も奴らから銃器で殺された者が何人もいる。だから、彼らは凶悪犯を逮捕したときなど、その恨みや怒りから被疑者に殴る蹴るなどの暴力を振るって取調べることは珍しくなかった。しかし、そんなやり過ぎへの歯止めをかけるという意味でもミランダ判決は生まれたんだと思う」と言っていました。有名なロドニーキング事件でも、検挙した黒人青年を数人の警察官が袋叩きにしているのがビデオに録画され、その警察官らが起訴されたが、郊外の白人が多い地区での陪審裁判で無罪となってしまったため、ロスアンジェルス等で激しい黒人の暴動が起きたこともありましたね。最近でもそれに似たような事件が発生しています。日本の警察でも時々捜査や取調べで荒っぽいことをする行き過ぎが生じることは散見され、残念なことですが、ほとんどの警察官は真面目に職務を果たしており、全体的に見てアメリカほどの荒っぽさは日本にはないと思います。アメリカの刑事法や判例を勉強するに当たっては、このような歴史や国情の違いということを意識しておくことが大切ですね。排除法則については、井上正仁先生の「刑事訴訟における証拠排除」（弘文堂、1985年）が、金字塔ともいうべき権威ある著作であり、刑事訴訟法により深い関心を持つ諸君は、機会あれば一読を勧めます。

（2）　なお、アメリカ連邦憲法の修正条項については、我が国の憲法31条以下の諸規定を始め、刑訴法上の様々な条文等にその理念が反映されているものが少なくなく、これを知っておくことが我が国の刑事訴訟法の理解をより深めることになるので、インターネット等で一読しておくことを勧めたい。
　　※　修正4条（不合理な捜索・逮捕・押収からの保障、令状主義）、5条（大陪審、二重の危険、自己負罪拒否特権）、6条（陪審、証人、弁護人の援助）、14条（全ての州での適正手続等の保障）が特に重要。
（3）　ドイツでは、「証拠禁止」の概念が発達した。

2　我が国における排除法則の生成発展の経緯

　我が国においても、古くは△最判昭和24・12・13集刑15号349頁が「押収物は押収手続が違法であっても、物其自体の性質、形状に変異を来す筈がないから其形状等に関する証拠たる価値に変わりはない」とするなど排除法則は存在しませんでした。しかし、アメリカにおける排除法則の生成発展の経緯や内容を学者が研究して紹介し、裁判官もそれらを学んで我が国の実務に採り入れようという動きが強まりました。昭和30年代半ばには、違法収集証拠は原則として証拠能力を有しないとするのが学説上の支配的見解となりました。

　そして、アメリカをかなり大きな時間差の下に追いかけつつ、まず下級審において、更に上級審においても、排除法則を具体的事件に適用する事例が生じ、次第に増加したのです。排除法則の適用を論じた判例は現在までには極めて多数に及んでいますが、皆さんが重要で指導性のある判例を勉強するに当たっては、このような我が国での判例の生成・発展の流れのアウトラインを把握しておくことが理解をより深めることとなります。大きな流れは次のようなものです。

(1)　△大阪高判昭和31・6・19高裁特報3巻12号631頁、判時79号7頁（西成ヘロイン事件控訴審判決）

　これは、我が国において、裁判所が排除法則を適用した初めての判決です。ウイークス事件に遅れること42年ですね。

(2)　○最大判昭和36・6・7刑集15巻6号915頁、判時261号5頁、判タ119号22頁（西成ヘロイン事件上告審判決）

　これは、(1)の大阪高判の上告審判決で、皆さんは捜査法で勉強したはずです。ヘロインを譲渡した被疑者の自宅に被疑者を緊急逮捕するつもりで麻薬取締官が立ち入り、被疑者がまだ帰宅していないのに室内を捜索してヘロインを発見し、無令状で差し押さえた後に被疑者が帰宅した事案で、逮捕の現場における無令状捜索・差押えの適法性が激しく争われた事件ですね。結論において多数意見はこれを適法とし、大阪高判を破棄差戻ししたのですが、6名の裁判官が排除法則を肯定し、そのうち証拠能力も否定すべきとする2名の裁判官の反対意見等がありました。最高裁における排除法則の萌芽とも評価できるでしょう。この判決はマップ事件判決と同じ年に出されたことも印象深いですね。

　その後、昭和4〜50年代にかけて、下級審では、収集手続の違法を理由として非供述証拠及びその派生証拠の証拠能力を否定する裁判例が累積していきました。

(3)　◎最判昭53・9・7刑集32巻6号1672頁　判時901号15頁、判タ369号125頁（百選90事件）

　言わずと知れた、最高裁として初めて違法収集証拠の排除法則を肯定した画期的な判決です。マップ事件に遅れること17年ですね。我が国においても排除法則は適用され得ることを最高裁自身が宣言し、その後の排除法則の最も指導的な判例となったのです。ただ、当該事案での結論としては排除を認めませんでした。

　その後、最高裁では排除法則は肯定して証拠収集手続を違法としながら当該事案においては排除を認めなかったもの、下級審では、証拠収集手続を違法とした上で排除は認めなかったものや、手続に重大な違法があるとして排除を認めた判例が相次ぎました[4]。

(4) ◎最判平15・2・14刑集57巻2号121頁（大津違法逮捕事件：百選92事件）

　これも皆さん周知の、警察官が逮捕状を持たずに被疑者宅で被疑者を逮捕し、その後警察に連行して尿を提出させ、覚せい剤が検出されたので翌日令状により被疑者宅を捜索して覚せい剤を発見押収した事案について、尿の鑑定書を排除した事案です。これが最高裁として初めて具体的事案において排除を認めた画期的判例です。最判昭和53.9.7から25年もかかったことになりますね。

第2　最判昭和53・9・7を踏まえた普遍的な排除法則の検討

　繰り返し話しているように、判例が示す規範は、あくまで当該事案についての具体的な解決を導く前提としてのものであり、すべての事案について網羅的・普遍的に妥当する規範として記載されるわけではありません。判例の記載は、網羅的・普遍的な規範という観点からは、俗な言い方をすると、ときには「書きすぎ（他の事案すべてにも妥当する規範とまではいえないもの）」が含まれていたり、逆に「書き足りない」場合があったりします（最決昭和51・3・16の強制処分の定義は有形力行使類型の事案には当てはまっても、そのままでは宅配便のX線検査など、相手方が知らないところで行われる強制処分の定義としては十分でないために重要利益侵害説や二類型説が有力となっていることを想起せよ）。

　最判昭和53・9・7（以下「53年最判」という）は、排除法則について「令状主義の精神を没却するような重大な違法があり、これを証拠として許容することが、将来における違法な捜査の抑制の見地からして相当でないと認められる場合」と判示しました。法科大学院生の答案やレポートには、排除法則について、この文言のみを暗記して機械的に引用するに留まるものが少なくありません。

　上記判示部分から直接読み取れる排除の要件としての違法の重大性については、「令状主義の精神を没却するような」とされ、これを文字通り読めば、令状主義とは関係のない場面での重大な違法（私人によるものなど）についてはおよそ排除の対象とならないはずです。また、排除の相当性については、「将来における違法な捜査の抑制の見地」としか書いておらず、排除法則の論拠は違法捜査の抑止効のみによっているように読めます。また、排除の要件該当性を判断するために考慮すべき要素として「事件の重大性」や「証拠の重要性」などについてはまったく触れていません。

　したがって、53年最判を核としつつ、より普遍性のある排除法則を構築していくことが必要であり、その検討の視点としては、①排除法則の論拠をどのように考えるべきか、②排除の要件は何か、③その要件該当性を判断する際の具体的考慮要素にはどのようなものがあるか、が三つの大きな視点となります。

1　排除法則の論拠

　排除法則を考える上でまず重要なことは、排除法則の論拠は何か、という問題です。

　排除法則の論拠として、一般に指摘されるのは、適正手続の保障、司法の無瑕性（廉潔性）の保持、違法捜査の抑止効、の3つです。アメリカでは、判例の蓄積により、現在では違法捜査の抑止効

（4）　石井・刑事実務証拠法［5版］130頁以下には、違法収集証拠に関する70もの判例が紹介されている。

の一元論が排除法則の論拠とされています。

しかし、我が国では必ずしもそうではなく、例えば「抑止効説を中核的根拠としつつ、他の2つの根拠も考慮しながら総合的に排除法則の根拠を考えていくべきであろう」[5]とされるなど、我が国では違法捜査抑止効説に一元化されている訳ではないことを理解しておく必要があります。53年最判の判旨の解釈・射程距離の検討や、多くの判例の判旨を理解するためには、下記の各論拠とそれらに対する批判をも含めてよく理解しておかなければなりません[6]。

(1) 適正手続論

違法収集証拠の利用は適正手続や令状主義に関する憲法の規定やそれを具体化した刑事訴訟法の規定が保障するプライバシーの権利を侵害するものであることが排除の論拠だと考える説です。「規範説」「憲法保障説」とも呼ばれます。この説は、これらの保障規定に反する違法により得られた証拠は直ちに排除すべきとする絶対的・画一的排除説になじみやすいといえます。ただ、適正手続論、という概念自体が、論者によって必ずしも一様ではありません。適正手続違反が直ちに憲法違反となるとまでの意味は含めずに「被告人の権利利益を違法に侵害する手段によって獲得された証拠を用いて当該被告人を処罰することは、それ自体、正義（手続的正義）に反するものであり、『適正手続』の保障を害する考え方」と説明される場合もあり、あるいは司法の無瑕性論も含めてより広い意味で、捜査の適正・公正さに対する一般的な信頼に反するような手続、という視点で用いられる場合もあります[7]。本講義では、「規範説」「憲法保障説」などの考え方を「固い適正手続論」、と呼んでお話しすることにします。また、アメリカの判例法上は適正手続論が証拠排除の根拠となるのは、「当の被告人に対する証拠収集の手続に、後続の訴訟手続を一体として不当なものとするほどの実質を有する違法（明白かつ著しい違法）が存在し、その結果たる証拠を利用して被告人を処罰することが基本的な『正義の観念』に反すると認められる場合に限られる」と解されており、適正手続論の妥当範囲はかなり限定されています[8]。本講義ではこれを「アメリカの適正手続論」と呼んでお話ししていきます。

(2) 司法の無瑕性（廉潔性）論

違法収集証拠の使用は司法に対する国民の信頼を裏切るので、違法な証拠収集行為の結果の利用を拒否することにより、司法の汚れなき性質を保持し、国民の司法に対する尊敬・信頼を確保しようとすることが排除の論拠だと考える説です。アメリカでは「judicial integrity」という言葉で表現されています。反面、重要な証拠を排除することによって犯人を逃してしまうことこそ司法に対する国民の信頼を裏切るものであるということもいえます。つまり、司法の無瑕性の保持の要請は、排除を相当としない方向にも働く場合があり、二面性があるといえます。

(3) 抑止効論

将来の違法捜査の抑制のためには違法収集証拠の排除が最善の方法である、と考える説です。

---

(5) 田口［7版］398頁。
(6) 大谷直人「違法に収集した証拠」刑訴争点［3版］194頁以下、秋吉淳一郎　新刑訴争点180頁以下参照。
(7) リーガルクエスト385頁以下参照。
(8) 井上正仁『刑事訴訟における証拠排除』(1985年、弘文堂) 547頁参照。

ただ、今日の抑止効論は、単なる違法捜査の抑制の必要性、という一面的な視点ではなく、違法収集証拠の排除によって真犯人の処罰を犠牲にすることになっても、将来の違法な証拠収集活動を一般的に抑止・予防することの方がより重要な場合に限り、違法収集証拠を排除するとの考え方がとられているとされます(9)。抑止効論に対しては、アメリカでは、その効果は実証されていないとの根強い批判も古くからあったのですが、今日では違法捜査抑止効論に一元化されており、それは、排除に伴うコストを凌駕するだけの抑止効果が期待される場合に限って排除法則が適用されるという判例が定着しているようです。なお、抑止効論については、抑止効のみを排除の論拠とするのであれば、同種の違法行為が再発することがほとんど考えられないようなレアケース(たまさかの違法)の場合や、私人の違法な行為によって収集された証拠については、その違法性がいかに重大であっても排除を論じる余地がなくなるなどの問題もあります。

(4) 53年最判が示す排除法則の論拠の検討

まず、この判旨は、明文上は違法捜査抑止論のみしか論拠としていないように見えますが、我が国における排除法則の論拠に司法の無瑕性論(廉潔性)も含まれることについて異論はなく、その後の判例もこれを前提としているといえます。神戸ホステス宅放火事件の◎**最判昭和58・7・12刑集37巻6号291頁**の伊藤正己裁判官の補足意見は、毒樹の果実論に関する記述ですが「将来における同種の違法捜査の抑止と司法の廉潔性の保持という目的に合致するものであって」とされ、また、○**大阪高判昭和56・1・23判時998号126頁(大阪要撃5号事件)**は、「将来における違法な捜査の抑制の見地および条理上要求されるいわゆる司法の廉潔性の見地から相当でない」と判示しています。

しかし、適正手続論が排除法則の論拠に含まれるかどうかについては議論があります。

53年最判は、「憲法及び刑訴法になんらの規定もおかれていないので、この問題は、刑訴法の解釈に委ねられているものと解するのが相当」などと述べていることから、最高裁は「固い適正手続論」に立っていないことは明らかです(10)。

[川井さん]

それでは、適正手続論は、およそ排除の論拠とはなり得ない、ということでしょうか。そんな話を聞いたこともあるのですが。

[太田]

そうではありません。本判例は、「他面において、事案の真相の究明も、個人の基本的人権の保障を全うしつつ、適正な手続のもとでされなければならないものであり、ことに憲法35条は、憲法33条の場合及び令状による場合を除き、住居の不可侵、捜索及び押収を受けることのない権利を保障し、これを受けて刑訴法が捜索及び押収につき厳格な規定を設けていること、また、憲法31条が法の適正な手続を保障していること等に鑑みると」としています(11)。

この判旨に対する評価には様々なものがありますが(12)、本判例は、「憲法の趣旨に照らして刑訴法を解釈した」とみるのが有力であり、そのような評価が妥当でしょう。また、「適正手続論

---

(9) 古江[2版]391頁参照。
(10) この判示は、学説的な意味での適正手続の保障が排除法則の根拠とされているわけではない、とするのが一般的見方とされる(大澤裕=杉田宗久「違法収集証拠の排除」法教328号(2008年)65頁以下参照)。

に基づく証拠排除を積極的に排斥するまでの意図は含まれていないと見るのが相当」であり、「この点の判断は将来に委ねられている」との理解が有力です[13]。

これらを踏まえて、私は、より普遍的な排除法則の論拠としては「違法捜査の抑止を中心としつつ、適正手続の理念ないし要請及び司法の無瑕疵性（廉潔性）の保持にある」とするのが妥当だと考えます。53年最判は、記述はやや舌足らずですがそのような考え方を踏まえているものと見てよいだろうと思います。「理念ないし要請」としたのは、「固い適正手続論」によるのでないことを示すためです。

2　排除の要件と要件該当性判断の具体的考慮要素
(1)　普遍的な排除要件

53年最判は「令状主義の精神を没却するような重大な違法があり（①）、これを証拠として許容することが、将来における違法な捜査の抑制の見地からして相当でない（②）と認められる場合」としました。②については、排除の論拠について違法捜査抑止論のみでなく、適正手続の理念ないし要請や司法の無瑕性の保持も含まれると解する以上、排除の相当性判断についても、違法捜査抑制の見地のみでなくこれらも含めて判断すべきでしょう。また、①の「令状主義の精神を没却するような」という部分も、司法の無瑕性をも排除の論拠に含まるのなら、例えば、私人による重大な違法行為によって得られた証拠であっても排除すべき場合もあり得ます。また、捜査官による場合でも、令状主義とは関係のない、違法なおとり捜査（「おとり捜査」の令状はない）や、弁護権侵害による捜査等により得られた証拠については、「令状主義の精神を没却するような」とは言えないため、前段の要件を充たさず、排除の余地がなくなってしまいます。

したがって、普遍的な排除法則の要件としては、「違法の重大性」「排除の相当性」とすればよく、大方の論者も排除要件をこのようなものとしています。

なお、「適正手続の理念ないし要請」「違法捜査抑止論」「司法の無瑕性論」の排除の論拠が、「違法の重大性」と「排除の相当性」のどちらの要件に対応するのか、という議論があります。例えば、重大な違法を要件とすることは、軽微な違法の場合に証拠排除して真犯人を逃してしまうと司法への信頼を失うことになるのでそれは無瑕性論になじむとか、抑止効論は、排除のコストを凌駕しても抑止する必要があるような重大な違法を前提としているので、排除の相当性と共に違法の重大性の論拠ともなるというような考え方、あるいは逆に、違法が軽微であっても抑止の必要性はあるのだから、違法の重大性は抑止効論とは論理的に結びつきはない、などの分析です[14]。

ただ、違法性が重大であるほど抑止の必要性は高いのですし、後から述べるように私は、この

---

(11)　判例が、憲法や刑訴法の条文を引用する際、「〜条によれば」「〜条に基づき」などとせず、「〜に鑑みると」「〜条の趣旨に照らせば」「〜条の理念を踏まえると」などの語を用いることが少なくないが、それは当該条文が直接適用される根拠規定としてではなく、その理念や趣旨が尊重ないし考慮されなければならないという、一段抽象的なレベルで引用されているものである。
(12)　鈴木茂嗣『刑事訴訟法の基本問題』（1988年、成文堂）204頁。
(13)　「排除法則を1つの手段として保持すべき価値としては、憲法上の価値も考慮されている（大澤＝杉田・前掲注（10）69頁）、「当該証拠を用いて被告人を処罰することの『適正性』ではなく、より一般的観点から手続の公正への一般的信頼や将来の手続の適正化を問題とするものと解される。とすれば、判例のいう『適正な手続』の保障は、司法の無瑕性論ないし違法捜査抑止論の内容に含まれるものともいうことができ、「別個独立の論拠として位置付ける必要はない」松田岳士「違法収集証拠の証拠能力」法教389号（2013年）24頁以下」など。

二つの要件を重畳的な要件と考えており、違法の重大性の判断要素と排除の相当性の判断要素はその多くが重なりあうものですから、排除の論拠と排除の要件の個々の結びつきについて厳密に整理区分する必要性は薄いだろうと考えています。

(2) 要件該当性判断のための具体的考慮要素

「違法の重大性」「排除の相当性」の2要件は抽象的ですので、その要件該当性を検討・判断する場合には様々な具体的考慮要素があります。その点、53年最判は舌足らずであり、例えば証拠の重要性とか事件の重大性などにはなんら触れていません。

この点について、大方の支持を得ている考え方は、「手続違反の程度、手続違反がされた状況、手続違反の有意性、手続違反の頻発性、手続違反と当該証拠獲得との因果性の程度、証拠の重要性、事件の重大性等の諸要因を総合的に検討すべきだ」とするものです。これは、一定の違法があれば直ちに証拠を排除する絶対的排除論の考え方ではなく、様々な考慮要素を総合的に検討して排除の可否を判断する「相対的排除論」と呼ばれる考え方であり、判例・実務も同様の立場に立っていると言えます[15]。

この「手続違反の有意性」には、「特に令状主義潜脱の意図の有無・程度」を加えるとよいでしょうし、手続違反の有意性の中には、組織性や計画性も含まれ得るでしょう。また、これに加えて「他の適法な捜査によってその証拠を獲得することが可能であったか」という補充性の観点も加味してよいでしょう。これらの様々な考慮要素は、特定の事案において常にすべて含まれるとは限りませんが、具体的事案に応じて、これらの考慮要素の有無や程度を発見・検討し、適切な総合的判断を導くべきことになります。

これらの考慮要素のうち、証拠の重要性、事件の重要性、手続違反と当該証拠獲得の因果性の程度については、違法の重大性自体とは関係がなく、もっぱら排除の相当性の考慮要素です。しかし、それ以外の要素は、違法の重大性判断の考慮要素であるとともに、排除の相当性判断の考慮要素でもあるといえるでしょう。

(3) 違法の重大性と排除相当性の二つの排除要件は、並列的（競合的）か、重畳的か。

かねてから、これには二つの説がありました。

ア 重畳要件説[16]

違法が重大であり、かつ、排除が相当である場合に証拠能力が否定されるとする。したがって、違法が重大な場合であっても、排除は相当でないとして証拠能力が否定されない場合も生じ得る（重大な違法はあったが、極めてレアケースで将来の再発の可能性は低い場合など。いわゆる「たまさかの違法」）。

イ 競合説（並列的要件説）[17]

司法の無瑕性説的な観点から違法の重大性が、抑止説的な観点から排除相当性の各要件が導か

---

(14) 古江 [2版] 387頁以下参照。
(15) 大谷・前掲注(6)196頁参照。
(16) 大澤＝杉田・前掲注(10)71頁参照。
(17) 田口 [7版] 399頁、古江 [2版] 393頁参照。

れるとし、双方は並列的・競合的要件と理解する。この説によると違法が重大ならそれだけで当然に排除（「たまさかの違法」であっても常に排除される）。また違法は重大でなくとも、将来の抑止の必要性があれば排除するということになろう（警察官が軽微な違法行為を反復している場合など）。排除される場合は重畳要件説より広くなる。

　53年最判が示す「令状主義の精神を没却するような重大な違法があり、これを証拠として許容することが、将来における違法な捜査の抑制の見地からして相当でない」の文言を素直に見る限り、重畳要件説を採っているものと解釈する方が自然でしょう。

　重畳要件説では、「違法が重大かつ排除が相当」でなければなりません。したがって、この説に対しては、違法が重大であっても排除が相当でないとされる場合を認めるため、排除法則が骨抜きにされてしまうとの批判がありました。また、例えば、警察官による違法行為自体が客観的には軽微であり、重大とはいえないが、警察官がそのような違法行為を頻発させているため違法捜査抑止の観点からは排除すべき場合であっても重大な違法の要件を充たさない以上排除ができなくなる、との批判もあります。

　このような観点から、違法が重大ならそれだけで当然に排除、また、違法が重大とはいえなくとも排除される場合もある、という競合説が生まれたのです。

　競合説は、重畳要件説の欠点を補うように見えますが、実は競合説にも問題があります。例えば、「たまさかの違法」という、再発することがおよそ考えられないようなレアケースで、将来の違法捜査抑止の必要性はない場合であっても、常に排除すべきこととなり、排除を過度に拡大してしまうおそれがあります。したがって、重畳要件説も、競合説も一長一短があるといわざるを得ません。

　しかし、前述のように、53年最判の文言をより広く引き直し、普遍的な排除基準を「違法の重大性」「排除の相当性」と考えれば、この二つの要件は重畳的なものと考えてよいと思います。

　つまり、違法が重大であれば、通常は排除の相当性が認められるでしょうから、多くの場合は重畳要件と考えても支障は生じません。また、「たまさかの違法」のケースでは、違法は重大であっても排除は相当といえない場合も認め得るので、競合説ならその余地がまったく否定されて排除を拡張しすぎてしまう不合理性をクリアできますね。

海野君

　そこまでは納得できました。でも、一つ残る疑問は、警察官の当該行為自体は一見軽微で客観的には重大とはいえないような場合でも、その警察官が、似たような違法な捜査をしょっちゅう繰り返しているのでその抑止の必要性が高いような場合には、競合説なら違法は重大でなくとも排除は相当である、として妥当な結論が得られます。しかし、重畳要件とするのなら、違法が重大でない以上排除の余地はなくなってしまうので、競合説の問題提起には答えていないのではないでしょうか。

太田

　それは「違法の重大性」ということをどう捉えるかの問題でしょうね。当該行為の外形のみを単純に捉えて評価すればそのような問題が生じるでしょう。しかし、違法の重大性の判断は、単なる行為の外形面にとどまらず、違法の有意性（違法だと分かっていながら意図的にやったか否か）、頻発性（しょっちゅうそのような違法を繰り返しているかどうか）などをも含めるべきでしょう。ここで考えるべき違法は手続の違法ですから、それは手続の客観面のみならず主観面も含めて総合

的に判断するのがむしろ合理的だといえますね。刑法での違法性は結果無価値論だけでなく行為無価値論の考え方もあることや、常習窃盗が、少額であっても常習性の発露であるために極めて刑が重くなるのとどこか通じるかもしれません。外形的には一見軽微なように見えても、「こんな程度の軽微な違法ならどうせ証拠は排除されないんだから」などと高をくくって似たような違法捜査を繰り返しているような警察官の行為は、まさに頻発性も令状主義潜脱の意図も認められ、違法は重大になると考えてよいでしょう。

[川井さん]

まだよく納得できないのは、重畳説による場合、違法は重大なのに事件が重大でその証拠が重要であるからといって排除が相当でなくなる場合を認めるのは問題ではないでしょうか。これを認めれば排除法則は骨抜きになってしまうと思います。重大事件の重要証拠であっても捜査に重大な違法があれば排除してこそ捜査官がこれに懲りて反省し、将来の違法捜査が抑止できるのだと思うのですが。

[太田]

確かにそのような説も有力で、違法の重大性は「臨界点」であり、違法が重大である場合には、それだけで排除すべきであり、事件の重大性や証拠の重要性が考慮されるのは、違法が重大とまではいえない場合に限るべきだとする説もあります[18]。この問題は、理屈よりも、現実の例で検討してみましょう。例えば、国際的な貴金属の窃盗団が数億円の高級貴金属を盗み、その犯人の一人が逮捕されたとします。刑事が被疑者をこんこんと説得した結果、被疑者が数億円の貴金属を埋めて隠している山に案内すると約束したとします。刑事が被疑者の案内でその山に行きましたが広大で隠し場所は到底分かりません。しかし、被疑者はいったんその約束をしたものの、途中で迷いはじめ、現物が発見されたら起訴・有罪は決定的で、共犯者の仲間から報復されるかもしれないと考え、現場に着くと前言を翻して居直り、隠し場所を教えようとしなかったとします。刑事が数時間被疑者を説得してもらちが明かず、業を煮やして冷静さを失い、被疑者の胸ぐらをつかんでゆすぶり「貴様、約束が違うじゃないか、盗品の隠し場所を教えるといっただろう、どこにあるんだ」と詰問し、被疑者の顔面を平手で1回殴ってしまったとします。被疑者もここまでくればもはやシラは切れない、と観念し、山の一角の地中深くに埋めていた場所を指示し、そこから数十点、数億円の貴金属が発見、領置されたとします。皆さんが裁判官なら、この貴金属を証拠排除しますか。

[川井さん]

うーん。参ってしまいました。胸ぐらをつかんでゆすぶり、平手で顔を殴るなんて違法は重大であることは当たり前ですよね。競合説なら領置された貴金属類は証拠排除。被疑者も窃盗団一味も無罪放免です。仮に殺人事件で、発見されたのが死体だとすると問題はもっと深刻ですよね。やはり、常識的にもこんな場合には領置された貴金属類の排除まではすべきでないと思います。

[太田]

理論は、つまるところ健全な常識に合致するものでなければなりません。古くからアメリカでも日本でも、証拠を排除することが真犯人を無罪放免することになるのは不当であるとの考えが根強くあったことも忘れてはならないでしょう。排除法則が確立した今日、昔に回帰することはできませんが、排除法則を適切に構築・運用していく上でこのような考え方の底にある国民の素

---

(18) リーガルクエスト389頁参照。

朴な正義感情や公平感というものは無視すべきでないと思います。このような事例の場合、警察官の暴力行為については、刑事事件としての立件処理、懲戒処分、国家賠償請求など、別途の方策によりその違法行為に対する是正措置を加えることで対応するのが妥当であり、重大事件における重要な証拠を犠牲にしてまで排除するのは行き過ぎというべきでしょう。ましてや川井さんが触れたように、殺人事件であった場合、遺体を埋めた場所を発見するため被疑者が現場に案内した際に、警察官が言を左右にする被疑者に対ししびれをきらして平手で顔を1回殴ったことにより、発見された死体自体が証拠として排除されてしまい、殺人事件が起訴できなくなるという結果を国民は受け入れるでしょうか。警察官の不手際や違法行為のツケを被害者・遺族にすべて回してしまうことが許されていいでしょうか。競合説は、排除法則が骨抜きになることを懸念するのですが、重畳要件説に立てば、このような事案では、判決で捜査の違法が重大であったことを明確に指摘した上で排除は相当でない、とすることになるでしょう。しかし、捜査官にとって、証拠は排除されなくとも自分たちのやった捜査が違法であり、しかもそれが重大であった、ということを判決で指摘されることは衝撃的なことです。これは私の検察官の経験からもそういえます。捜査が違法であったと司法的に明確にされることは、捜査官にとって厳しい反省を迫られ、その過ちを繰り返さないよう教養訓練などの素材ともされ得るでしょう。その上、当人は民事・行政上の制裁を受けたり、場合によっては特別公務員暴行陵虐罪で告訴されるなどの可能性もあるのですから、違法捜査の抑止の観点からも排除が唯一の手段ということではないのです。こう考えると、具体的事案の適正妥当な解決の途の選択肢を狭める競合説よりも重畳要件説が妥当だというべきでしょう。

　これまで述べたことを整理すると、次頁の図のようなことになるでしょう。

第3　排除法則をめぐる問題点

　排除法則をめぐっては、様々な問題点があります。しかし、これまで検討した排除法則の論拠や普遍的な排除法則の要件等を踏まえると、それらの問題点に対する解答は自ずと導かれるはずです。皆さん考えてみてください。

⑴　**私人の違法行為によって収集された証拠については、排除法則の適用があるか否か。**

海野君

　既に答えは出ています。抑止効説の一元論に立てば、私人の違法行為については抑止効を論じる余地がないので、およそ排除の余地はないこととなってしまいますが、排除法則の論拠を抑止効論のみでなく、司法の無瑕性論にも求めるとすれば、いかに私人によるものといえども重大な違法行為によって奪ってきた証拠物を裁判に用いるのは司法の無瑕性を損ねるものですので排除されるべきです。例えば私人が相手方に半殺しのリンチを加えて携帯電話を奪ってきた場合、そのような重大な犯罪行為によって得られた証拠物を裁判に用いるのは司法の無瑕性を損なうことになり、許されないと思います。

太田

　そのとおりでしょう。ただ、私人の場合には、警察官と違って法的な素養訓練がないのですから、驚愕狼狽した場合などには行き過ぎた行為に及んでしまう場合もあります。警察官による行

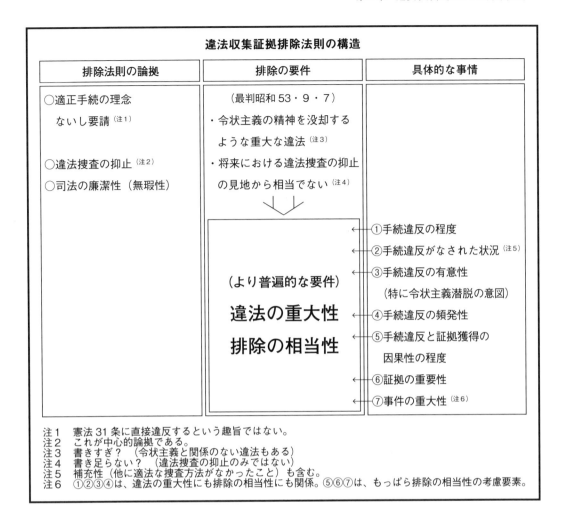

為の場合には重大な違法として排除が相当とされる場合であっても、それが私人による場合には排除が相当ではなくなることもあり得るでしょう。私人の違法行為で証拠を排除するのは、その違法性が極めて重大な場合に絞られるべきでしょうね。なお、もし警察官が、私人の違法行為を積極的に利用しようとしたという事情があれば、それは警察官自身に重大な違法があったとして排除が相当とされるでしょう。

(2) **申立適格**　排除の申立てをする資格を当該証拠収集手続における違法行為の被害者等に限定すべきか、他の被疑者等もその手続の違法性を申立てることが許されるか。

山田君

アメリカの適正手続論のように「当の被告人に対する証拠収集の手続に、後続の訴訟手続を一体として不当なものとするほどの実質を有する違法が存在し、その結果たる証拠を利用して被告人を処罰することが基本的な『正義の観念』に反すると認められる場合に限られる」のであれば、申立適格は、当該違法な手続の相手方のみに認められます。しかし、我が国の排除法則はこのような適正手続論には立っていませんし、違法が重大な場合、当該相手方以外の被告人の関係においても証拠を排除することが違法捜査の抑止や司法の無瑕性の保持に役立つのですから、申立適格は第三者についても許容されるべきです。

太田

　そのとおりですね。申立適格（standing）について、アメリカでは、侵害された捜索場所に客観的に合理的なプライバシーの期待を有する者に限定されることが判例上確立しています[19]。日本では、地裁レベルでは△東京地決昭和55・3・26判時968号27頁、判タ413号79頁が、「違法収集証拠が証拠として排除され得るのは、当の被告人に対する証拠収集手続に重大な違法があり、その収集の結果得られた証拠を利用してその被告人を処罰することが、正義の観念に反することを理由とするものと考えられるから、第三者の権利が侵害されることを理由に異議を申し立てることは許されないと解される」としたものがあります。この決定は、多分にアメリカの適正手続論に影響を受けていますね。しかし、学説では、申立適格を厳格に解する説は少なく、排除法則が相対的判断であることを踏まえて、申立人と違法捜査との関係は、総合的判断の一要素として考慮すれば足りるとするのが多数説です[20]。排除の論拠について、司法の無瑕性論や抑止効論に立てば、これに限定すべきことにはならず、上記東京地決が一般性のあるものかどうかは疑問というべきでしょう。

(3)　証拠物に限らず、違法な手続によって得られた自白についても排除法則の適用があるか。

海野君

　これはもう既に十分勉強しました。現在の通説・判例は、自白法則について、任意性説と違法排除説の二元論ないし総合説に立っています。神戸ホステス宅放火事件の最高裁判例、松戸市殺人事件（ロザール事件）の東京高判など、いくつもの判例が、違法な別件逮捕・勾留など、手続の違法が重大である場合に、それによって得られた自白を排除しています。

(4)　違法収集証拠に対して被告人側が同意し、あるいは取調べに異議がない場合には証拠能力が認められるか。

山田君

　例えば、違法な別件逮捕・勾留中に得られた自白調書について被告人が326条の同意をしたり、違法な捜索によって得られた証拠物について取調べに異議がないとしたような場合のことをいうのですね。排除法則の性質を、違法な行為の相手方に対する救済策的なものと考えるのであれば、当人がその証拠調べに反対しない場合には排除の要はないとするのが自然だと思います。しかし、排除の論拠について、違法捜査の抑止を中心とし、司法の無瑕性等も含めて考えると、当人が反対していないとしても、これらの論拠からは排除を相当とすべき場合もあり得るのではないでしょうか。

太田

　山田君の考え方で基本的に妥当でしょう。違法な手続によって得られた自白調書について被告人が326条の同意をしたとします。復習になりますが、326条の同意の性質については証拠能力付与説が通説ですね。証拠能力付与説に立てば、違法に収集された書証であっても基本的には証拠能力が認められるということになるでしょう。ただ、326条は、同意さえあれば当然に証拠能力が付与されるのでなく「相当と認めるとき」という限定があります。手続の違法が余りに重大で

---

(19)　小早川義則『毒樹の果実論』（2010年、成文堂）137頁。
(20)　大谷・前掲注(6)197頁参照。

あるなどの場合には相当とは認められず、証拠能力が認められない場合もあり得ますね。

　証拠物の場合には、326条の同意ではなく、取調べに異議がないという責問権の放棄と考えられていますが、考え方には共通するものがあるでしょう。通常は、取調べに異議がなければ証拠物は採用されるでしょうが、その収集手続に極端な重大な違法があれば、違法捜査抑止や司法の無瑕性の保持の観点から採用を否定すべき場合もあると思います[21]。

　判例も、基本的には、違法収集証拠であっても被告人の同意等があれば証拠能力を肯定しています。○最判36・6・7刑集15巻6号915頁（西成ヘロイン事件）は、「本件麻薬取締官作成の捜索差押調及び麻薬を鑑定した厚生技官作成の鑑定書は、第一審第一回公判廷において、いずれも被告人及び弁護人がこれを証拠とすることに同意し、異議なく適法な証拠調べを経たものであることは、右公判調書の記載によって明らかであるから、右各書面は、差押手続の違法であったかどうかにかかわらず証拠能力を有するものである」としています。他方、○福岡高判平成7・8・30判時1551号44頁は、警察官が参考人に署名・押印させた白紙の供述調書用紙を利用して虚偽の供述調書を作成し、その調書を被疑事実の裏付けとなる唯一の資料として捜索差押許可状の発付を受け、覚せい剤を差し押さえた事件につき、原審では被告人が差押調書・鑑定書の取調べに同意し、覚せい剤の取調べに異議なしとしたが「当事者が放棄することを許されない憲法上の権利の侵害を伴う〜〜重大な違法が存するのであり、このような場合に右同意等によって右各証拠を証拠として許容することは、手続の基本的公正に反することになるから、右同意書があっても右各証拠が証拠能力を取得することはないといわなければならない」として同意等の効果を認めませんでした。これは、警察官が虚偽の調書を作成したという極めて重大悪質な事案であり、違法捜査抑止や司法の無瑕性の視点から、たとえ同意があったとしても証拠が排除されるべきことを示した事例ですね。

(5)　違法収集証拠排除法則の捜査段階への適用の要否ないし可否

[太田]

　排除法則は、本来は、当該証拠を、当該事件の公判廷における事実認定の証拠として用いることができるか、という理論であるが、捜査段階においても適用されるのか、という問題があります。例えば、捜査機関が違法に収集された証拠を疎明資料として令状請求してきた場合、裁判官は、排除法則を適用して、疎明資料から排除して審査すべきか、という問題です。これについて詳しく述べた判例学説等は見当たらないが、令状段階においては、疎明資料等は訴訟手続に関するものとして厳格な証明の対象ではないことや、実際上、裁判官が令状審査の時点で捜査の違法性に立ち入って判断することは困難であることなどから、余り現実的な問題とはいえないように思われます。

第4　派生証拠をめぐる問題点

　これまでは、違法な捜査によって得られた第一次証拠の問題を中心に考えてきました。しかし、違法収集証拠の問題には、第一次証拠排除が排除される場合、それにとどまらず、第一次証拠に基づいて更に得られた第二次証拠（派生証拠）まで排除すべきか、という問題があります。すで

---

[21]　田口［7版］401頁。

に事例講義１のひったくり強盗致傷事件で、偽計や脅迫によって得られたＹの自白が排除される場合、その自白に基づいて発見された被害品のバッグや財布も排除されるのか、また事例講義２の保険金目的放火事件で、覚せい剤事件で勾留中のＺに対する違法な余罪取調べにより得られた自白が排除される場合に、その自白に基づいて発見された灯油入りポリタンクも排除されるのか、また、その後のＺらの反復自白も排除されるのか、などの問題点を考えてきました。それらを復習しながら、派生証拠をめぐる問題点をより理論的に整理して勉強しましょう。

1 「違法承継論」「密接関連論」「毒樹の果実論」の内容等

派生証拠の排除の論拠についてはこの三つの論があることは知っていますね。

[川井さん]
そのことは知っているのですが、いろいろ書かれているものを読んでも、これらの論の一体どれが中心ないし優位にあるのか、またそれぞれの論は相互にどのように関係するのかなど、論者によって様々な感じもして、正直なところ私の頭の中でちっとも整理できていないのです。

[太田]
学生諸君から同じような悩みをよく聞きます。私が講義の最初からしばしば話しているように、ある問題を考える場合、議論の前提としての基本的な概念を各自が明確にしておかなければ同床異夢の状態になってしまい、議論が噛み合わないということはこの問題についてもいえることです。この「違法承継」「密接関連」「毒樹の果実」という概念は、法文にもなく、それぞれの意味について画一的な理解が共有されているわけではありません。まず、それぞれの論がどのような意味のものであるかについて、私の理解するところをお話ししましょう。

(1) 違法承継論

違法承継論は、もともとは行政法上の概念です。「先行行為と後行行為とが同一の目的を達成する手段と結果の関係にあり、これらが相結合して１つの効果を完成する一連の行為となっていると認められる場合には〜一連の行為の目的ないし法的効果は最終の行政行為に留保されているとみることができ、したがって一連の行為のどこかに存在する違法事由は、最終の行政行為の違法事由ともみられる」などと説明されます。違法承継論の考え方を初めて刑事手続に用いたのは、○最決昭和61・4・25刑集40巻3号215頁、判時1194号45頁、判タ600号78頁（百選91事件）の「奈良生駒覚せい剤使用事件」です。この事案は、覚せい剤事件捜査の目的で被告人の自宅に警察官が赴いて警察署まで任意同行し、その任意同行手続に違法があったが、その後警察署での留め置きの際の採尿手続自体には違法性がなかった事案です。最高裁は、

「本件においては、被告人宅への立ち入り、同所からの任意同行及び警察署への留め置きの一連の手続と採尿手続は、被告人に対する覚せい剤事犯の捜査という同一目的に向けられたものであるうえ、採尿手続は右一連の手続によりもたらされた状態を直接利用してなされていることにかんがみると、右採尿手続の適法違法については、採尿手続前の右一連の手続における違法の有無・程度も十分考慮しこれを判断するのが相当である」

「採尿手続前に行われた前記一連の手続には、被告人宅の寝室まで承諾なく立ち入っていること、被告人宅からの任意同行に際して明確な承諾を得ていないこと、被告人の退去の申し出に応ぜず警察署に留め置いたことなど、任意捜査の域を逸脱した違法な点が存することを考慮すると、

これに引続いて行われた本件採尿手続も違法性を帯びるといわざるを得ない」
としました。しかし、結論においては違法の程度は重大でなく、尿の鑑定書の証拠能力は否定されるべきではないとしています。

また、事例講義2でも勉強した○**千駄木強盗致傷事件**（東京地判平成12・11・.13、判タ1067号283頁）では、旅券違反の違法な別件勾留中に得られた自白を排除し、その後の再逮捕・勾留中に得られた反復自白について、第一次自白の違法性が承継されるとして証拠能力を否定しました。

奈良生駒事件と千駄木事件に共通するのは、いずれも、先行する任意同行や第一次勾留の段階から、覚せい剤事件や強盗致傷事件の捜査目的があったことです。奈良生駒事件で最高裁が「同一目的・直接利用」という概念を用いたのはそのためだといえるでしょう。ただ、「違法の承継」という概念自体が論理必然的に同一目的直接利用の場合のみに限定されるという訳ではありません。違法承継論をもっと広く考え、同一目的・直接利用というのは、違法が承継される典型的な場合をいうのであり、違法が承継されるのはその場合に限らずもっと広く捉えるという考え方もあり得ます。しかし、私は、違法の承継論はもともと行政法上の概念であり、前記のように「同一の目的」というのがキーワードとなっているのですから、これを刑事手続において応用するについては、最高裁が奈良生駒事件で示したような同一目的・直接利用の関係にある場合に限るべきであり、この概念を拡散し過ぎるのは妥当でないだろうと思います。

海野君
覚せい剤使用等の疑いのある者に対して職務質問を行って所持品検査をし、発見された白い粉に予試験をして覚せい剤と確認できたので現行犯逮捕したという場合、職務質問で有形力を行使するなどの違法があった場合、その違法性が所持品検査や予試験に承継されてこれらも違法になる、と考えてよいのでしょうか。まさに同一目的・直接利用ですよね。

太田
学生諸君の答案にも、しばしば、職務質問の違法性が所持品検査に承継され、さらにそれが予試験にも承継されるなど、各過程を分断していちいち違法の承継論で書くものが見られます。それは、論理的には間違いといえないでしょう。しかし、このような同じ場所で短時間に行われる手続については、それらを一連一体のものと評価して違法が重大であるか否かを検討すれば足りるのであり、あえて違法承継論を持ち出す必要はないでしょう。印象としても、くどい書き方になってしまいます。違法承継論が役立つのは、先行する違法行為と後行行為の間にある程度時間的・場所的な隔たりがあり、後行行為だけを見れば違法とはいえない、という場合であり、上記両事件がその典型ですね。

山田君
先行行為も後行行為もそれぞれ違法ではあるが、それ自体では重大な違法とまではいえない場合、先行行為の違法性が承継されることにより、後行行為が重大な違法となる、ということはあるのではないでしょうか。

太田
それは言えると思いますね。違法承継論の典型は、後行行為自体には独自の違法性がない場合ですが、同一目的・直接利用の関係にある場合、先行行為の違法性が承継される結果、いわば合わせ技で後行行為が重大な違法と評価されるという構成も十分あり得ると思います。ただ、両行為が時間的場所的な隔たりがない場合には、さきほど話したようにあえて違法承継論を持ち出す

までもなく一連一体の行為として違法の重大性を検討すればよいと思います。

(2) 密接関連論

この概念を始めて最高裁が用いたのは、皆さんもよく知っている◎**最判平15・2・14刑集57巻2号121頁（百選92事件）**の「大津違法逮捕事件」です。

この事案では、逮捕状を持参せずに窃盗事件の被疑者を逮捕して警察に引致した後、尿を提出させたら覚せい剤の反応が得られたので、これに基づいて覚せい剤事件での捜索差押許可状を取得し、その数日後に、未執行だった窃盗での捜索差押許可状にも基づき、被疑者自宅を捜索して、覚せい剤を押収し、窃盗、覚せい剤使用、所持で起訴された事案です。最高裁は、逮捕状もなく被疑者を逮捕したことは重大な違法であるとした上、採尿については、

「本件採尿は、本件逮捕の当日にされたものであり、その尿は、上記のとおり、重大な違法があると評価される本件逮捕と密接な関連を有する証拠であるというべきである」

として、鑑定書の証拠能力を否定した原審判断を是認しました。

他方、覚せい剤所持の事実については、

「しかし、本件覚せい剤の差押えは、司法審査を経て発付された捜索差押許可状によってされたものであること、逮捕前に適法に発付されていた被告人に対する窃盗事件についての捜索差押許可状の執行と併せて行われたものであることなど、本件の諸事情にかんがみると、本件覚せい剤の差押えと上記の鑑定書との関連性は密接なものではないというべきである。したがって、本件覚せい剤及びこれに関する鑑定書については、その収集手続に重大な違法があるとまでは言えず、その他、これらの証拠の重要性等諸般の事情を総合すると、その証拠能力を否定することはできない」

として、覚せい剤の証拠能力を認め、有罪を是認しました。この事案では、奈良生駒事件で最高裁が用いた違法承継の概念は用いずに密接関連論で判断したのです。この事案では、当初の逮捕は窃盗罪であり、覚せい剤事件捜査の目的はもっていなかったので「同一目的」は認められません。したがって、違法承継論を広く捉えるならともかく、奈良生駒事件で最高裁が示した「同一目的・直接利用」の考え方に基づく限り、違法承継論を用いることができないため、密接関連論を用いたと考えてよいでしょう。この判決は、第一次証拠である尿と鑑定書は違法な逮捕と密接に関連するとした一方、派生証拠である発見された覚せい剤については、第一次証拠である鑑定書とは密接に関連しない、とし、第一次証拠についても第二次証拠についても密接関連性の概念を用いて判断しています。

(3) 毒樹の果実論

これは既に事例講義1でも2でも勉強した神戸ホステス宅放火事件（◎**最判昭和58・7・12刑集37巻6号791頁**）での伊藤裁判官の補足意見が

「このような違法収集証拠（第一次的証拠）そのものではなく、これに基づいて発展した捜査段階において更に収集された第二次的証拠が、いわゆる「毒樹の実」として、いかなる限度で第一次証拠と同様に排除されるかについては、それが単に違法に収集された第一次的証拠となんらかの関連をもつ証拠であるということのみをもって一律に排除すべきでなく、第一次的証拠の収集方法の違法の程度、収集された第二次的証拠の重要さの程度、第一次的証拠と第二次的証拠の関連性の程度等を考慮して総合的に判断すべきものである」

としたのがその典型です。この事案では住居侵入罪での違法な別件逮捕中に得られた放火事件の自白が排除され、それを毒樹として得られた放火事件での勾留中の捜査官による反復自白がその果実として排除されました。

　毒樹の果実論はアメリカの判例法理として形成されたものです。また、毒樹の果実論を単純に適用すると、第一次証拠が排除される場合、派生証拠もすべて排除されることは妥当でないので、毒樹の果実であっても排除されない場合を認める論拠として、稀釈法理、不可避発見の法理、独立入手源の法理が判例法によって形成されています。

　我が国の判例でも、裁判官がこれらの法理を勉強し、明示的には書かなくともその考え方を応用しているとみられるものは少なくありません。例えば、大津違法逮捕事件の最判が、「逮捕前に適法に発付されていた被告人に対する窃盗事件についての捜索差押許可状の執行と併せて行われたものである」としましたが、これは、平たく言えば「もともと窃盗罪での捜索差押許可状はあったのだから、その執行をすればこの覚せい剤もどうせ発見されていただろう」という意味でしょう。これには、不可避発見の法理の考え方がにじんでいるように思います。また、○**大阪高判平成4・1・30高刑集45巻1号1頁、判タ920号16頁（大阪西成覚せい剤使用事件）**は、重大な違法のある任意同行の後、第一次証拠である尿から覚せい剤の反応が認められ、その後これを資料として発付された捜索差押許可状に基づいて被告人自宅から覚せい剤が発見押収された事案です。

　判決は

　「本件採尿行為は、違法な連行に引き続き、かつ、これを直接利用してなされたもので、その違法性も重大であるといわなければならない」「本件のような違法捜査が許されてよいはずはなく、こうした違法収集証拠の証拠能力を肯定することは相当でない」

として、尿の鑑定書等の証拠能力を否定しました。他方、第二次証拠である覚せい剤の証拠能力については

　「いわゆる第2次証拠の証拠能力については、結局は第1次証拠の証拠収集の違法の程度、第2次証拠入手との関連性、第2次証拠の重要性、事件の重大性、捜査機関の意図等を総合的に判断して決すべきであるところ、前示のように違法に収集された第1次証拠に基づき発付された逮捕状による逮捕が証拠入手に先行しているとはいえ、逮捕状の被疑事実の嫌疑は十分で、発行につき司法判断を経由している上、逮捕の時点で覚せい剤が発見され、被告人の新たな覚せい剤の使用は発覚したのは全くの偶然であって、右逮捕状執行とは別に職務質問を行うことによっても発覚した可能性がなかったとはいえない。もとより、警察官において当初の職務質問、採尿行為又は逮捕状請求時点でこのような事態を予想したとは到底思われず、その意味では第2次証拠入手との関連性は希薄であるともいえる。また、第2次証拠である覚せい剤及び被告人の尿、その鑑定結果の証拠の重要性は明らかであり、追起訴にかかる覚せい剤の所持、使用はそれぞれに重い犯罪である。これらを総合すると、本件では、証拠の排除は前記程度に止め、追起訴にかかる証拠物である覚せい剤、逮捕後被告人から任意提出された尿、その鑑定結果並びに被告人の捜査段階の自白調書等の証拠については証拠能力を認めるのが相当である」

としています。この「司法判断の経由」の部分には稀釈法理の考え方が窺え、また、「右逮捕状執行とは別に職務質問を行うことによっても発覚した可能性がなかったとはいえない」という部分には、不可避発見の法理を勉強した跡が垣間見えますね。また、この判決は、伊藤裁判官が示した毒樹の果実論に「第2次証拠の重要性、事件の重大性」などを肉付けしたり、覚せい剤事件が重い犯罪であることや証拠の重要性をも加えていることは、裁判所が伊藤裁判官の補足意見を

踏まえつつ、より具体的な排除要件やその当てはめに工夫をした跡がうかがえます。

2　三つの論の相互の関係等

　三つの論の意味を押さえたところで、これらの論のいずれが中心的であるかということや、相互の関係などについて考えましょう。これも論者によって一様ではないので、皆さんは自分自身で納得のいく整理の仕方を考える必要があります。

　まず、違法承継論及び密接関連論と、毒樹の果実論には大きな違いが一つあります。毒樹の果実論は、まず第一次証拠が違法収集証拠であるとして排除される場合に、それに基づいて得られた第二次証拠の排除の問題に関するものです。第一次証拠が毒樹で第二次証拠が果実です。これに対し、違法承継論及び密接関連論は、違法な手続によって得られた第一次証拠の排除の可否の場面と、またそれが排除される場合の第二次証拠の排除の可否の場面とのいずれにも用いられるものです。奈良生駒事件では、違法な任意同行の後に得られた尿の鑑定書の排除の可否が問題となったもので、もともと一次証拠しかない事案ですが、違法承継論を用いて判断しています。他方、千駄木強盗致傷事件では、違法な別件勾留中に得られた排除される自白が第一次証拠であり、それにより得られた第二次証拠である反復自白を排除するについて違法承継論を用いています。また、大津違法逮捕事件では、違法な逮捕に基づいて得られた第一次証拠である尿についても、またその後に得られた第二次証拠である覚せい剤についても、いずれも密接関連論で排除の可否を論じています。なお、毒樹の果実論について、第一次証拠を得ることになった違法な「手続」自体を「毒樹」に含めるのなら、第一次証拠についてもこの論を適用できるでしょうが、それは「毒樹」の概念を拡散し過ぎてしまうでしょう。違法な手続が毒樹となるのではなく、それによって得られた第一次証拠が毒樹であるとするのが妥当でしょう。

　次に違法承継論と密接関連論ですが、これは相対立し、いずれが正しいかという二者択一のものではなく、それぞれが排除の論理として妥当し得るものであり、問題は、いずれの論を上位概念と捉えるか、またそれぞれの論がより適切に妥当するのはどのような場合か、ということにあるでしょう。

　私自身は、密接関連論が上位概念であり、違法承継論は密接関連論の中に包含されるとい考えます。同一目的・直接利用の関係にあるために違法性が承継されるのは、密接関連の一場面だと整理します。ですから、奈良生駒事件で最高裁が違法承継論を用い、大津違法逮捕事件では密接関連論を用いましたが、これは最高裁が違法承継論を捨てて密接関連論に変わったということではなく、前者では同一目的・直接利用の関係があったため違法承継論になじんだが、後者の場合には、同一目的の関係がなかったため違法承継論を用いるのが適切でなく、より上位概念の密接関連論を用いたものと私は理解しています。なお、違法承継論自体を、同一目的・直接利用の場合に限らずもっと広く捉えるのであれば、違法承継論が中心であり、あるいは違法承継論と密接関連論とは並立的なものであるという整理もあり得るかもしれませんね。

　なお、違法承継論の場合、先行行為に違法があるために、後行行為それ自体は違法とは言えなくとも違法性が承継されるため後行行為も違法になる、と整理するのですが、この点では密接関連論と毒樹の果実論は、やや異なります。というのは、この両論の場合は、後行行為が「違法になる」と敢えて擬制しなくとも、要するに第一次証拠を獲得することになった手続の違法性が、第一次証拠についてのみならず、その後の第二次証拠までも排除を要するような重大なものであるか、また第二次証拠獲得との因果関係はどうか、などを考えればよいわけです。しかし、これ

を突き詰めると、違法の承継論が妥当する場合でも同じことであり、あえて違法性が承継されて後行行為までも違法になる、と構成しなくてもよいだろうということになります。こう考えると、大津違法逮捕事件の判旨が、第二次証拠である覚せい剤について、「本件覚せい剤及びこれに関する鑑定書については、その収集手続に重大な違法があるとまでは言えず」とした部分は、敢えてこう書かなくとも、密接に関連したかどうかだけを論じても足りたはずでしょう。

　川出教授は、「派生証拠も、第一次証拠を介して当初の違法行為と因果関係を有しており、その意味で違法行為に基づいて獲得された証拠であるがゆえに、それを排除の対象とする必要があるということになろう。つまり、派生証拠も違法収集証拠にほかならないのであって、その点では第一次証拠と質的に異なるものではない」とした上、違法の承継論と毒樹の果実論との関係については、「最終的に獲得された証拠の証拠能力の有無を判断するために、直接の証拠獲得手続が先行手続の違法性を承継するか否かを論じる必要はない。端的に、当該違法行為と因果関係を有する証拠が、どのような場合に、その証拠能力を否定されるのかを検討すればよい。そのため、違法承継論や密接関連論、毒樹の果実論を敢えて区別する合理性はない」[22]とされておられ、的確な指摘だと思います。川出教授は派生証拠の排除の問題については毒樹の果実論で統一的に論じることを示唆されるのですが、そうすると、密接関連性や違法の承継、ということの位置づけは、伊藤裁判官が言われる毒樹の果実論の中の、「第一次的証拠と第二次的証拠の関連性の程度」に対応するものと考えていいでしょう。

　いずれにせよ、違法承継論、密接関連論、毒樹の果実論は、そのいずれが正しいか、という問題ではありませんので、皆さんは、これらの論の意味をよく理解した上で、具体的事案に応じ、最も適切な説明がしやすい仕方で検討すればよいのです。

[川井さん]
　それでやっと納得できました。私は、判例が、例えば反復自白について、神戸ホステス宅放火事件で伊藤裁判官は毒樹の果実論で判断されたのに、千駄木強盗致傷事件では裁判所は違法承継論で判断したのが何故か判らなかったのですが、両説の区別には格別の意味はないということなのですね。

[太田]
　そういうことでしょう。これらの事件はいずれも違法な別件逮捕・勾留によって獲得された第一次証拠である自白が排除される場合に、第二次証拠である反復自白の排除が問題となったものです。千駄木強盗致傷事件の場合に毒樹の果実論を用いることも、あるいは神戸ホステス宅放火事件の場合に違法承継論を用いることもそれぞれ可能でしょう。神戸ホステス宅放火事件の最判は昭和58年で、当時最高裁はまだ違法承継論を用いた判示をしたことはなかったですし（奈良生駒事件は昭和61年）、伊藤裁判官はアメリカ法の権威ですから、毒樹の果実論を用いられたのかもしれませんね。でも今は、違法承継論も毒樹の果実論も我が国で定着した概念ですので、どちらの論を用いて説明してもおかしくはないでしょう。ただ、同一目的・直接利用の関係がない場合には違法承継論はなじまず、また、毒樹の果実論は第一次証拠の獲得手続においては妥当しない、という点だけ押さえておけばよいと思います。

---

(22)　川出敏裕「いわゆる『毒樹の果実論』の意義と妥当範囲」松尾古稀（下）517頁以下。

3　派生証拠の類型

派生証拠の類型としてはおおむね

ア　自白　→　反復自白

イ　自白　→　他事件の自白

ウ　自白　→　証拠物

エ　証拠物　→　証拠物

に整理されるでしょう。

アについては、第一次自白が排除される理由が任意性が認められないことにある場合には、反復自白については、任意性を失わせた事情が反復自白を得る段階で解消されていたか否か、で判断するのが明快だと思います。当初の自白が違法な別件逮捕・勾留中に得られたなど、手続の違法にある場合には、違法性承継論でも毒樹の果実論でも説明できるでしょう。

イについては杉本町交番爆破事件の大阪高判の事案に見られるように、任意性のない自白をしたり、違法な手続による自白をした被疑者が、それが原因となって捜査官も知らなかったような新たな事実を自白した場合などがこれに当たります。同一目的はないので違法承継論はなじまないでしょうが、事案に応じて、任意性欠如の面から考えるか、手続の違法との密接関連ないし毒樹の果実論で考えるか、適切に判断すべきですね。しかし、一般的には反復自白の場合よりも第二次の自白が排除される可能性は低いといえるでしょう。

ウについては、事例講義1や2で勉強したような、排除される自白によって発見された証拠物の問題ですね。エについては、大津違法逮捕事件の排除される尿の鑑定書と令状で発見された覚せい剤がその例です。いずれの場合も、事案に応じてより説明がしやすい論を用いて判断すればよいでしょう。

第5　応用問題

さて、これまで勉強したことを踏まえて、排除法則に関する主な問題点について、実践的に様々な応用問題を勉強してみましょう。

事例1

警察官甲は、以前、職務質問・所持品検査により覚せい剤所持の被疑者の上着の内ポケットから覚せい剤を取り出して予試験をして検挙したことがあった。その事件では、判決はこれらの捜査は違法であったとしたが、違法性は重大とまではいえないとしていえないとして証拠は排除されず有罪となっていた。甲はその後も覚せい剤事件捜査に従事していたが、裏通りで、数年前に覚せい剤自己使用で検挙したことのあるXが歩いて来るのを見かけた。Xは、甲を見ても慌てることなく平然と近寄ってきた。甲は、ひょっとしたらXはまだ覚せい剤を所持・使用しているかもしれない、と思いつき、「お前、覚せい剤まだやってるんじゃないか。ポケットの中のものを見せろ」と言った。しかし、Xは「俺はシャブからはもう手を切った。急いでいるから」、と言って立ち去ろうとした。甲は、いきなり、「ポケットの中を見せてもらうぞ。この前の事件でも、この程度のことは裁判所も目くじら立てなかったんだ」と言い、驚いて「何をするんだ。令状もないのにそんなことしていいんか」といって身体をよじって所持品検査を拒む態度を意に介さず、上着の内ポケットに手

を差し入れて封筒を取り出し、中に入っていた白い結晶入りのビニール袋を発見し、Xの承諾も求めずに予試験をしたところ、覚せい剤の反応が得られたので、Xを現行犯逮捕し、覚せい剤を差し押さえた。

[山田君]
　この手続の違法性は重大ですね。内ポケットに手を差し入れたという行為だけを見れば前の事件とも、53年最判の事案ともほぼ同じですね。でも、違法の重大性の判断は、外形的行為だけをみるのでなく、違法の有意性、頻発性など主観面も総合して判断すべきです。甲は前回は排除されなかったことに味をしめて、違法だと分かっていながら、いわば横着な態度で同じ違法行為を繰り返したのであり令状主義潜脱の意図も認められます。このような違法捜査抑止の必要性は非常に大きく排除の相当性があるのは当然です。

[川井さん]
　それに、この事例では、Xは、甲を見かけても慌てることなく、逃げようともせず、不審な挙動はありません。甲がXを疑った根拠は数年前に覚せい剤自己使用で検挙したことがあるということだけでした。つまり職務質問や所持品検査を行う必要性や緊急性は乏しいです。しかもXは所持品検査を明確に拒否し、その場を立ち去ろうとしていました。

[太田]
　そのとおりですね。覚せい剤の証拠能力は到底認められないでしょう。ひとつ付け加えると、職務質問や所持品検査は、必要性・緊急性が高まるにつれ、より程度の高い捜査行為が許され、反面、それらが薄まればそれ以上の行為を警察官は差し控えるべきであり、これも警察比例の原則の現れの一つです。警察比例の原則に従った捜査行為を行うには、「手順を踏む」ということが大切です。例えば、内ポケットに手を差し入れるにしても、①まず口頭での説得、②不審さが消えず相手が応じないので外側から軽く叩いてみる、③異物が隠されている感触があれば、更に口頭で提示を求める、④それにも応じないのでやむを得ず指を差し入れて取り出す、などの手順を踏むことが基本でしょう。①や②などをせずにいきなり④に及ぶのとでは大きな違いがあります。「内ポケットに手を入れることが適法か否か」という単純な視点ではだめです。職務質問における有形力の行使などでも、必要性・緊急性の具体的状況の検討なしに、いきなり「停止を求めるために肩に手をかける程度の行為は許される」などとする答案が見られますが、それがだめなのと一緒ですね。事案を検討するには、適法に傾く事実、違法に傾く事実を漏らさず丁寧に指摘して論じることが必要です。

───── 事例2 ─────

　小川署の警察官甲、乙、丙は、ビル荒らしの窃盗が頻発しているので、警戒のため、午後11時ころ、オフィスビルの地下街をパトロール中、あるカフェバーの中に、Xと数名の男達がたむろしているのを発見した。警察官らは、店内に入り、Xらに対し「君たちは、ここで何をしているんだ。ちょっと立って持ち物を見せなさい」と言い、Xらを全員立ち上がらせ、順次、その着衣のポケット附近を表から軽く手のひらで叩いた。すると、Xの胸ポケット附近に、細長く固い物が入っている感触があったので、警察官甲は「これは何だ。見せてもらうぞ」と言うと、Xはぶつぶつ言いながら煮え切らない態度だった。警察官甲は、

手をXの胸元内側に差し入れ、指先に触れた物を引き出すと、封筒であり、その中に注射器と白い結晶の入ったビニール袋が入っているのが見えた。そこで警察官甲は「これはシャブと注射器だな。予試験するからね」と言い、試薬で検査すると覚せい剤の反応が得られたので、Xを覚せい剤所持の現行犯として逮捕し、覚せい剤と注射器を差し押さえた。

[海野君]

この事案は、事例1とは少し異なり、甲は、まず口頭で提示を求め、次に衣服の外側から軽く触れ、固い物の感触があったので、手を胸元内側に差し入れて封筒を取り出すという手順は踏んでいますね。Xも所持品検査を明確には拒否していません。適法かなと思います。

[太田]

確かに事例1の場合よりは、警察官の行為は一応の手順を踏んでいますね。しかし、何か重要な点を見落としていませんか。警察官らは一体なんのためにパトロールしていたのですか。

[山田君]

そうだ。この事例は、警察官はビル荒らしの窃盗事件警戒のためにパトロールしていたのですね。Xらは、カフェバーにたむろしていただけであり、窃盗を働いた疑いもなく、覚せい剤を所持・使用していると疑わせる不審な状況はなにもありませんでした。職務質問・所持品検査の必要性・緊急性はほとんどありませんね。もし、Xらが覚せい剤を所持・使用していると疑わせる具体的な状況があったのなら、この捜査は、違法だとしても重大な違法とまではいえず証拠は排除されないと思いますが、そんな状況はなかったのですから、違法は重大であり、覚せい剤は証拠排除されるべきです。

[太田]

そういわざるを得ないでしょう。仮に、ビル内の店舗で貴金属が盗まれたという通報で警察官が駆け付け、Xらが警察官を見て逃げようとし、そのポケットが膨らんで重みで垂れ下がっていた、というのなら窃盗を疑わせる不審事由があり、職務質問・所持品検査の必要性・緊急性は大きいですね。そのような場合であれば、このような職務質問・所持品検査は適法ないし違法だとしても軽微だということになるでしょう。その結果発見されたのが貴金属でなく覚せい剤であったとしても証拠は排除されないでしょう。この事例からも警察官の行為の外形面だけを見て適法違法や排除の可否を判断するのでは足りないということが分かるでしょう。なお、この事例は前掲の○大阪高判昭和56・1・23判時998号126頁（大阪要撃5号事件）をストーリーベースにして加工したものです。この判決は、「ポケットへ手を入れて内容物を取り出すような所持品検査、すなわち捜索については、更にその必要性も緊急性も、ともに全然存在しなかったことは明白である。～被告人の容疑は窃盗であって、覚せい剤取締法違反の容疑は毫もなく、しかも右職務質問をなすべき場所は営業終了後の被告人経営の喫茶店内であるうえに、警察官らの前記人数からみて職務質問が妨害されるおそれも皆無であったと認められる」などとして、覚せい剤を証拠排除しました。

---- 事例3 ----

清原署の警察官甲は、当時Y女と交際していたが、Y女は、甲の知らないところで覚せい剤を常用するようになっていた。甲はそのことを知って驚き、Y女に対し、覚せい剤に

手を出しているような女性とは交際できない、と言い渡した。最後に食事をしたとき、Y女は、腹いせに、甲が飲もうとしていたビールにこっそり自分の覚せい剤少量を入れて溶かし、そのビールをそのまま飲ませた。何も知らない甲は、飲んでからしばらくして動悸が激しくなり、異様な気分となったが、その夜は交番での夜間勤務があったため、出勤した。深夜、同僚の警察官乙が、路上で不審な男Xを見つけたとして、任意でXを派出所に同行してきた。警察官乙は、当初、Xを椅子に座らせ、穏やかな口調で、覚せい剤所持の疑いはないか、質問をしていたがXは煮え切らない返事に終始していた。それを見ていた警察官甲は、覚せい剤のせいで、異様な気分・心理状態になっていたため、突然横から口を出し、Xの胸ぐらをつかんで立ち上がらせ、「何をぐずぐず言ってるんだ。薬持ってるなら早く出さんか」と怒号し、左手でXの肩を押さえ付けながら右手をいきなりXの上着ポケットに突っ込んだ。警察官乙は、驚き、あわてて警察官甲の肩に手をかけて「荒っぽいことしたらだめだ」と諫めたが、警察官甲は聞き入れず、ポケットの中の物を掴んで取り出すと財布であり、それを開くと白い結晶の入ったビニール袋が発見された。

警察官乙は、やむなく試薬で検査すると、覚せい剤の反応が得られたため、警察官乙は、Xを現行犯逮捕し、覚せい剤を差し押さえた。甲は、それまで、職務質問や取調べなどで手荒なことをしたことは一度もなく、真面目な勤務態度の警察官であった。

[川井さん]

これはひどい事案ですね。甲は知らずに覚せい剤を飲まされたことが影響したからとはいえ、胸倉をつかんで立ち上がらせ、肩を押さえ付けながらいきなり手をポケットに突っ込んで財布を取り出したのは、53年最判が「捜索に類する行為」としたよりも更に強度の有形力の行使であり、捜索そのものというべきであって無令状の強制処分であり、その違法性は重大ですから、覚せい剤は当然証拠排除されるべきです。

[山田君]

確かに、客観的には違法性は重大ですね。でも、甲は、それまで職務質問等で手荒なことはしたことがない真面目な警察官ですよね。しかも覚せい剤は甲が自ら使用したものではなく、知らないうちに服用させられたもので、この影響がなければ甲はこんな手荒なことはしていなかったでしょう。

[海野君]

それに、乙は、驚いて甲の行為をやめさせようとしています。甲の行為を乙が意図的に利用しようとした訳でもないですね。乙としては、結果的に目の前に覚せい剤らしいものが出てきてしまえば、それをそのままXに返して帰宅させる、という訳にもいかないと思います。予試験をするのはやむを得ないでしょうし、覚せい剤と判明したら放置はできませんよね。

[太田]

つまり、違法性は客観的に重大であっても、排除は相当といえるか、の問題ですね。競合説の立場に立つのなら、違法性が重大であれば、それだけで排除すべきこととなり、本件覚せい剤も当然に排除されます。でもそのような結論でよいのか、ということですね。このような事案が、典型的な「たまさかの違法」、つまりレアケースだ、ということです。甲はそれまで、職務質問等で手荒なことをしたこともなく、今回甲がとった行動は、知らずに飲まされた覚せい剤の影響

による一過性のものであり、同種の違法行為を甲が今後も繰り返すというおそれはありませんね。また、乙はあわてて甲の手荒な行為をさせまいと諫めていますね。もし、乙が漫然と甲の手荒な行為を放置して、むしろそれを利用しようという意図が生じていたとすれば、乙自身のそのような態度・行為の違法性の問題が生じるでしょう。しかし、少なくとも本事例では、そのような事情はありません。また、甲がこのような行為に出なくとも、乙が進めていた職務質問と所持品検査によっていずれこの覚せい剤は発見されていた可能性もあるでしょう。

[川井さん]
 だとすると、本事案では、少なくとも違法捜査抑止の観点から排除を相当とすべきということにはなりにくいですね。つまり、違法性は重大であっても排除の相当性までは認めら得ないと考えてよいと思います。

[太田]
 司法の無瑕性の視点からは問題なしとはいえず、判断は分かれるところかもしれませんが、私は川井さんの考えに賛同します。

---- 事例4 ----

 上記の派出所内での所持品検査は、当初、乙により平穏に行われ、覚せい剤が発見された。警察官甲は、この様子を最初はおとなしくずっと見ていたが、Xが覚せい剤を所持していたことが分かると、警察官甲は急に興奮し、「この野郎、こんな違法薬物に手を出しやがって」と怒号し、Xの胸ぐらをつかんでゆさぶり、足払いをかけて床に転倒させた。警察官乙があわてて甲を制止し、それ以上の暴行はさせなかったが、Xは、床に転倒した時、膝に加療1週間の打撲傷を負った。

[海野君]
 これは前の事案よりももっとひどいですね。暴行を振るって怪我までさせたのですから。いくらなんでも証拠能力は認められないでしょう。

[川井さん]
 確かにひどい事案だけど、職務質問と所持品検査は乙がきちんと行った上で覚せい剤が発見されたのよね。甲の暴行と覚せい剤の発見との因果関係はありません。排除の相当性判断の考慮要素には証拠発見との因果性も含まれますが、因果関係がまったくないという場合には排除は相当とはいえないと思います。

[太田]
 参考となるのは和歌山西署捜索中暴行事件の○**最決平成8・10・29刑集50巻9号683頁**です。この事案は、令状によって被疑者の自宅を捜索し、覚せい剤が発見された際、被疑者が「そんなあほな」と言ったところ、数名の警察官が被疑者の襟首をつかんで引っ張り、倒れた被疑者の脇腹などを蹴ったという事案です。この決定は「警察官が捜索の過程において関係者に暴力を振るうことは許されないことであって、本件における右警察官らの行為は違法なものというほかはない。しかしながら、前記捜索の経緯に照らし本件覚せい剤の証拠能力について考えてみると、右警察官の違法行為は、捜索の現場においてなされているが、その暴行の時点は証拠物発見の後であり、被告人の発言に触発されて行われたものであって、証拠物の発見を目的とし捜索に利用す

るために行われたものとは認められないから、右証拠物を警察官の違法行為の結果収集された証拠として証拠能力を否定することはできない」としました。本事案でも、甲の暴行と覚せい剤発見には因果関係なく、証拠能力は肯定されるでしょう。もちろん、警察官が暴行を振るうことは絶対に許されませんから、この行為に対しては、警察官について特別公務員暴行陵虐事件の立件処理、懲戒処分、国家賠償訴訟などによって対処すべきです。

---- 事例5 ----

桑田署の警察官甲、乙は、覚せい剤密売所のある裏通りをパトロール中、Ｘが、覚せい剤密売所と目されていた暴力団員経営のスナックから出てきた上、警察官の姿を見るなり方向を変えて逃げようとしたので、職務質問を開始した。警察官は、Ｘが覚せい剤を所持しているのは確実だと判断したが、どうせ所持品検査で覚せい剤を発見できるのなら、ついでにＸが出てきたスナックの中も捜索できるに越したことはない、と考えた。そこで警察官甲は、Ｘに対し、「こんな路上で職務質問しているところ人に見られたくないだろう。今君が出てきたスナックの中に行ってそこで調べさせてもらおう」と言い、Ｘをスナック店内に同行した。スナックの店長Ｙは警察官の姿を見て顔色を変えたが、警察官甲は、「今この男がここから出てきた。覚せい剤を持っているようなのでちょっと場所を借りて調べさせてもらう」と言った。Ｘは観念したのか、「しゃあないから調べるなら早くやってくれ」と言ったので、警察官甲がＸのポケット内を探ると、封筒が見つかり、それを引き出すと、白いビニール袋入りの結晶が見つかった。警察官甲が試薬で検査すると、覚せい剤の反応が得られたので、Ｘを現行犯逮捕し、覚せい剤を差し押さえた。警察官甲は、さらに「Ｘをこの場で逮捕したのだから、この店の中も調べさせてもらうぞ」と言い、とまどう店長Ｙにお構いなく、警察官乙をも指示して、店内のレジや店員の控室内をくまなく捜索したところ、レジ横の小物入れから白い結晶の入ったビニール袋10個が発見された。予試験をすると覚せい剤の反応が得られた。甲乙らは、この覚せい剤はＹが所持していたものと認め、Ｙを現行犯逮捕するとともに、その逮捕に伴う差押えとしてこれを差し押さえた。

[山田君]
まず、Ｘ自身に対する関係では、違法とまではいえず、ポケット内から発見・差し押さえられた覚せい剤の証拠能力は認められると思います。警察官に、店内まで捜索したいとの下心はあったにせよ、職務質問の際に相手方の名誉等を考慮して別の場所に任意同行すること自体は許されていますし、Ｘに対して有形力を行使した跡もありません。Ｘは観念してポケット内を警察官が調べるのを承諾していますので、これらの行為は違法とはいえないでしょう。

[川井さん]
でも、Ｘを逮捕したことにより、その逮捕の現場がスナック店内であるからといって、店内をくまなく捜索したのは問題ですよね。逮捕に伴う無令状捜索が許されることについて緊急処分説と相当説（合理説）の対立があり、通説・判例は相当説に立ちますが、あくまでこれが認められるのは、逮捕事実であるＸの覚せい剤の所持に関する証拠物がその場に存在する蓋然性があり、そのような証拠物を発見する目的の限度内です。本件ではＸはこの店内で覚せい剤を譲り受けた可能性は高いとしても、逮捕事実はあくまでＸが現に所持していて発見された覚せい剤の所持な

のですから、これを根拠として密売元の店内に存在する覚せい剤密売の関連物すべてに対してまで無令状捜索・差押えが許されるとするのは行き過ぎです。それに、元々、路上においてもXに対して職務質問・所持品検査を行って覚せい剤を発見押収することもできたはずであり、警察官が店内に移動させたのは、店内を無令状で捜索しようという下心があったためです。本来なら店内については別途捜索差押許可状を得た上で改めて捜索を実施すべきですから、警察官には令状主義を潜脱する意図も認められます。違法性は重大であり、違法捜査抑止の観点からも、店内の小物入れから発見・差し押さえられたビニール袋10個入りの覚せい剤は排除されるべきです。これと似た事例は、○福岡高判平成5・3・8判タ834号275頁（百選24事件）があります。この事案は、路上で職務質問を開始した後、居宅に移動して職務質問・所持品検査を続行したところ、覚せい剤が1キログラムが発見されたので、更に居宅内もくまなく捜索し、台所から更に2キログラムの覚せい剤を発見差し押さえた事案で、このような場合、逮捕に伴う無令状捜索としては違法だとしたものです。

|太田|

　少なくとも、本設例については、Xに対しては路上で所持品検査を行って覚せい剤を発見・逮捕することも可能であったのに、店内をも捜索しようという下心のもとに店内に移動したことは許されないでしょう。X自身については素直に店内に移動しているので、店内で所持品検査を行って逮捕したこと自体は違法とまではいえないでしょう。しかし、そこを逮捕の現場としてスナック店内まで捜索したことには重大な違法があり、小物入れから発見された覚せい剤は排除されるべきですね。ただ、川井さんが指摘した福岡高判の事例は本設例とはかなり異なっています。この事案は、暴力団組長Aが覚せい剤5キロをベンツのトランクに隠して売りさばく予定との情報を得た警察官数名が、AがB女とともにそのベンツに乗ってB女方マンションに至り、二人でトランクから荷物を取り出してB女方に運ぶのを認めたため、職質をかけたところ、Aがペーパーバッグ等を隣家の敷地に投げ捨てて逃走し、さえぎる警察官と衝突・転倒した。Aは質問にも答えず、雨も降っていたことから、B女の承諾を受けて同女方に入り、質問を続行したが、「もう往生した」などと言ってペーパーバッグの開披を承諾したので開披してポリ袋入りの覚せい剤約1キロを発見（第1）。さらに他の覚せい剤を出すよう促され、Aは「B子みせんでいいぞ」とは言ったが、B女は室内の捜索を了承し、更に流し台下から新聞紙に包まれた覚せい剤2キロ（第2）を発見押収したというものです。一審は有罪。被告人は、違法収集証拠を主張して控訴しました。

　控訴審は、結論として捜索を違法としたが、重大な違法ではないとして証拠能力は肯定しました。判決は、捜索を違法とした理由について

　「同条項にいう逮捕の現場は、逮捕した場所との同一性を意味する概念ではあるが、被疑者を逮捕した場所でありさえすれば、常に逮捕に伴う捜索等が許されると解することはできない。すなわち、<u>住居に対する捜索等が生活の平穏やプライバシー等の侵害を伴うものである以上、逮捕に伴う捜索等においても、当然この点に関する配慮が必要であると考えられ、本件のように職務質問を継続する必要から、被疑者以外の者の住居内に、その居住者の承諾を得た上で場所を移動し、同所で職務質問を実施した後被疑者を逮捕したような場合には、逮捕に基づき捜索できる場所も自ずと限定されると解さざるを得ないのであって、B子方に対する捜索を、逮捕に基づく捜索として正当化することはできない</u>というべきである。更に、B子方に対して捜索がなされるに至った経過からすれば、同女方の捜索は、被告人が投げ捨てたペーパーバッグの中から発見された覚せい剤所持の被疑事実に関連する証拠の収集という観点から行われたものではなく、被告人

がすでに発見された覚せい剤以外にもＢ子方に覚せい剤を隠匿しているのではないかとの疑いから、専らその発見を目的として実施されていることが明らかである。そして右二つの覚せい剤の所持が刑法的には一罪を構成するとしても、訴訟法的には別個の事実として考えるべきであって、一方の覚せい剤所持の被疑事実による捜索を利用して、専ら他方の被疑事実の発見を目的とすることは、令状主義に反し許されないと解すべきである。そうすると、原判決のようにＢ子方に対する捜索を現行犯逮捕に伴う捜索として正当化することもできないといわざるを得ない」
としています。

しかし、私はこの判旨には次のように大いに疑問があります。

① この事案における「逮捕の現場」は被告人と行動を共にしていた共犯者とも疑われるＢ女の居宅であり、そこに更に覚せい剤が隠匿されている可能性が高かったこと、職務質問の開始から一連の流れの下にそこに至り、その場所で最初の覚せい剤が押収されていること、残余の覚せい剤の所持は、逮捕事実に係る覚せい剤の所持とは実体法上一罪の関係にあること（判決は刑法上一罪の関係にあるとしつつ訴訟法的には別個の事実であるとするがこれは観念的に過ぎる）、逮捕事実以外の覚せい剤も、逮捕事実にかかる覚せい剤所持についての薬物性の認識や営利性の認定上重要な意味を持つ証拠であること、などに照らせば、本件押収を違法とした控訴審判決の論旨は説得力がない。

② 222条は220条による無令状の捜索・差押えの場合についても102条を準用しているところ、同条2項は「被告人以外の者の身体、物又は住居その他の場所については、押収すべき物の存在を認めるに足りる状況のある場合に限り、捜索をすることができる。」と定めている。本件では、被告人とＢ子との関係、被告人とＢ子とがいっしょにトランクから荷物を運び出すなどしていたことから、Ｂ子方にも覚せい剤が隠匿されている疑いは強かったのであり、この点を判旨は無視している。

このように、少なくとも福岡高判の事案においては、私は、警察官が居宅内を無令状で捜索し、覚せい剤2キロを発見押収したのは適法と考えます。

しかし、本設例の場合は、事案は随分異なります。まさに上記判旨が指摘している問題がそのまま当てはまるのであり、路上で職務質問・所持品検査を行って逮捕し、無令状捜索・差押えを行うことも可能であるのに、あえて店内まで捜索する目的で、Ｘを店内に移動させて逮捕し、そこを「逮捕の現場」であるとして店内の捜索をすることは令状主義の潜脱として許されないでしょう。福岡高判の事案とは似て非なるものですね。

事例6

黒田署の警察官甲ら3名は、覚せい剤密売所のある附近の路上をパトロール中、午後4時頃、以前覚せい剤使用で検挙歴のあったＸが歩いてくるのを見つけた。Ｘは、甲らの顔を見てもあわてず、「相変わらず弱い者いじめしてるんだろ」と憎まれ口を言いながら通り過ぎようとした。甲らは、Ｘの周りを取り囲み「お前、また覚せい剤やってるんじゃないか。持ってる物見せろ。署にいって尿を出してもらおうか。」と言ったが、Ｘは、「嫌なこった。俺は最近シャブには手を出してないから尿なんか出す必要ない」と言って応じなかった。それで警察官甲らは、二人掛かりでＸの小脇を抱えるようにしてパトカーの横まで10メートルほど歩いて連れていき、Ｘをパトカーに乗せようとした。Ｘはパトカーのドアの柱に手を当てて身体を突っ張り、乗り込むのを抵抗した。しかし甲らが更にＸの背中を強

く押したので、Xは「あんたらこんなことやってたら違法捜査だろう」と言いながら、しぶしぶ最後は素直に車に乗り込んだ。署についてから取調べ室に入ったが、警察官甲が、「今は素直に出さないのなら、どうせ強制採尿令状が出るのだから時間の問題だ」と言って排尿を促したところ、Xは、観念したのか「令状まで取られるんならもうじたばたはしない」と言い、素直に尿を提出した。その日は時間も遅かった上、Xには妻子がおり、仕事もしていたので、警察官は、いったんXを帰宅させた。翌日、尿から覚せい剤の陽性反応が得られたので、警察官はその尿の鑑定結果回答書を資料として逮捕状と捜索令状を取得し、X方に赴いてXを逮捕すると共に、身体や居室内を捜索したところXの上着のポケットから、ビニール袋に入った覚せい剤が発見されたので、差し押さえた。

[太田]
　だんだん問題のレベルが上がってきました。本事例では、職務質問、任意同行、留め置きによって採尿したことの適法性と、採尿した尿の鑑定結果報告書の証拠能力の問題と、それを資料として取得した令状によって発見、差し押さえた覚せい剤の証拠能力の問題があり、後者がいわゆる派生証拠、毒樹の果実の問題です。まず、第一次証拠である尿の鑑定結果報告書についてはどうですか。なお、厳密は、尿という証拠物があり、その尿の鑑定結果報告書があるので、後者が前者の派生証拠であるということもいえそうですが、尿は鑑定によって費消されるものであり尿自体が証拠物として残存しているのではなく、採尿するのはその鑑定自体が目的なのですから、あえて派生証拠と捉える必要はなく、尿とその鑑定結果報告書とは一体のものとして証拠能力を論じれば足りるでしょう。

[海野君]
　この鑑定結果報告書は、重大な違法性のある行為によって得られたものであり、違法捜査抑止の観点からも排除すべきです。まず、職務質問を開始した路上付近には覚せい剤密売所があり、Xには覚せい剤の検挙歴はあったので、警察官がXが覚せい剤を所持ないし使用していると疑うことは、まったく根拠のないことではありません。しかし、Xは警察官を見てもあわてて逃げ出そうとしたりせず、堂々としており、その挙動自体に不審な点はありませんでした。にもかかわらず警察官は、Xの周りを取り囲んで任意同行と尿の提出を求め、これを明示的に拒否するXに対し、二人掛かりで小脇を抱えるようにして10メートルも離れたパトカーのところまで連れて行き、身体を突っ張って抵抗するXの背中を強く押すなどして車に乗り込ませました。Xは違法捜査だろう、と明示的に拒否しており、最後はしぶしぶ乗り込んだとしてもそれが違法性を否定する理由にはなりません。これは実質逮捕に近い重大な違法行為というべきです。

[太田]
　ただ、その後の留め置きは比較的短時間のようであり、Xは強制採尿されるくらいなら、といって素直に尿を出している点はどう考えますか。

[川井さん]
　強制採尿をするぞ、ということ自体は、若干脅迫めいた面はありますが、警察官はその請求をすることもあり得るので偽計や脅迫とまでは言えず、直ちに違法とはいえないと思います。しかし、素直にXが提出した尿を警察官が取得した行為自体の場面を見れば違法とはいえないとしても、この採尿行為は、それ以前の職務質問と任意同行における重大な違法を承継していると見る

べきだわ。警察官がXに職務質問を開始した時点から、すでに覚せい剤事件で検挙しようという考えを有していたのであり、この採尿は、重大な違法のある職務質問と任意同行を、同一目的の下に直接利用した、というべきで、前者の違法性が採尿行為に承継されます。したがって尿の鑑定結果報告書は排除されるべきです。

[太田]

妥当な結論ですね。では、排除されるべき尿の鑑定結果報告書を資料として発付された令状に基づいて発見、差し押さえられた覚せい剤の証拠能力についてはどうですか。

[山田君]

これについては、証拠排除までの要はないと思います。いわゆる毒樹の果実に当たりますが、果実である覚せい剤は、裁判官が発付した令状によって差し押さえられたものであり、司法審査を経たことによって、当初の採尿の違法性は稀釈され、重大な違法とはいえなくなるので、覚せい剤については証拠能力を認めてよいと思います。アメリカの毒樹の果実論では、果実である証拠が排除されない場合として、違法性が稀釈されることによる稀釈法理、排除されるべき証拠に基づかずとも、いずれは発見されていたであろうという不可避発見の法理、捜査機関が違法捜査とは無関係の独立の情報源からすでに「果実」の存在を把握していた場合という独立入手源の法理があります。裁判官の司法審査を経たということは、稀釈法理が適用される典型例です。

[川井さん]

でも、ちょっと納得できないわ。本事例では、裁判官の令状発付の資料となったものは排除されるべき尿の鑑定結果報告書が唯一ではないのかしら。もし、令状請求の際の資料にそれ以外にXの自宅に覚せい剤が隠匿されている可能性を示す他の証拠も用いられていたとすれば稀釈法理が適用されてよいと思うんだけど。それに、裁判官は、採尿の経過に重大な違法があった、ということなど令状の請求資料から判断することはできないのではないかしら。それなのに、司法審査を経た、ということだけで覚せい剤の証拠排除はありえないとするのは行き過ぎだと思います。

[太田]

山田君もよく勉強しているし、川井さんの指摘も鋭いですね。確かに、令状発付の司法審査を経たことのみで排除を否定することについては学説でも批判はあるのです。ただ、令状審査は媒介せず、ストレートに派生証拠が発見された場合と比較すると、とにもかくにも令状審査を経ている、ということについて一定の稀釈法理的な考え方をすることはあながち不当とまではいえないでしょう。

本事例は、前掲の○大阪高判平成4・1・30高刑集45巻1号1頁、判夕920号16頁（**大阪西成覚せい剤使用事件**）をストーリーベースとしています。この判決は、神戸ホステス宅放火事件の伊藤裁判官の補足意見の毒樹の果実論に肉付けをした上で、令状によって差し押さえられた覚せい剤までは排除を認めなかったものです。よく判文を読んでおいてください。

―― 事例7 ――

ある工事現場の作業員宿泊所で、作業員のV男が何者かに殺害された。捜査していた村田署の警察官甲らは同僚のXが犯人であると強く疑っていたが、有力な証拠はなかった。そこで、Xについては、工事現場の近くのコンビニで約5,000円相当の食品を万引きして店員に発見され、警察に通報されたが未処理となっていた事件があったので、警察は、この窃盗罪で、4月10日朝、Xを通常逮捕した。この事件の被害品は返還済みであり、Xは

当初から万引きしたことを認めていた。しかし、逮捕の当日から、甲は、窃盗罪については短時間取調べたのみで、午後からはいきなり殺人事件の取調べに入り、厳しい追及を開始した。その日の夜、XはV男殺害を自白したので、警察は直ちに殺人罪での逮捕状を請求し、発付を受けた後、Xを逮捕した。窃盗罪については、殺人での逮捕と同時に釈放し、検察官には後日事件を在宅送致したため、勾留はされなかった。検察官は後日窃盗罪について起訴猶予とした。殺人罪での勾留中、Xは、警察官、検察官の弁解録取書、裁判官の勾留質問調書のほか10通のＫＳとＰＳが作成され、いずれも殺人を自白する内容の調書であった。

[海野君]

この捜査はひどいと思います。5,000円相当の万引きの被害は僅少とまではいえないにしても、犯行を現認されて万引きを認め、被害品も返していたのですから、罪証隠滅のおそれはなく、到底逮捕の必要性はありません。警察は当初から殺人罪を追及する目的で必要性のない窃盗罪を口実にして身柄を拘束したのであり、典型的な違法な別件逮捕です。その後の殺人罪による逮捕・勾留もこの違法な別件逮捕中に得られた自白に基づいてなされており、これらの一連の身柄拘束中に得られた殺人罪の自白調書は、すべて重大な違法性のある手続において得られたものであり、違法捜査抑制の観点からすべて排除されるべきです。

[太田]

この事案は、私が以前話した、典型的なA類型で、窃盗については逮捕・勾留の実質的必要性が皆無だった事案です。殺人事件についての捜査官が作成した第一次の自白調書については排除されるべきは当然ですね。ただ、殺人事件で勾留請求された場合、裁判官の勾留質問に対してXが殺人を認めた勾留質問調書についてはどうでしょうか。

[山田君]

それだって、殺人罪での逮捕・勾留自体に重大な違法があるとすれば、裁判官による勾留質問調書だって違法な身柄拘束中の自白ですからやはり排除されるべきだと思います。

[太田]

そのような考え方もあるかもしれませんが、勾留質問調書については排除は及ばないと考えるべきでしょう。殺人事件の捜査は極めて広汎に行われ、被疑者を特定して追及を開始する以上、その嫌疑が相当強いことを疑わせる様々な証拠が収集されているのが通常です。ですから、Xの殺人罪の逮捕状請求に当たっては違法な別件逮捕中に得られた排除されるべき自白以外にも様々な証拠が資料として裁判官に提供されているはずですから、窃盗による逮捕は違法な別件逮捕であるとしても、引き続く殺人罪の逮捕・勾留の身柄拘束自体が違法になる、とまではいえないでしょう。そうすると排除されるべき違法な別件逮捕中の第一次自白の反復自白である、殺人罪での逮捕・勾留中に反復して得られた自白をどこまで排除すべきか、という問題になりますね。

これについて参考となるのは◎最判昭和58.7.12判時1092号127頁、判タ509号71頁）の神戸ホステス宅放火事件です。

[川井さん]

この判決に照らせば、本事例も同様ですね。窃盗罪での逮捕の必要性はないのに、殺人事件追及の目的で逮捕し、すぐに殺人の追及を開始して得た第一次自白は違法な別件逮捕中の自白とし

て排除されます。その後の殺人罪での逮捕・勾留中の自白については、裁判官による勾留質問調書については排除されませんが、捜査官により得られた反復自白調書はすべて排除されるべきです。

> **コラム**
>
> 　長く検察官を務めた私としては、神戸ホステス宅放火事件を始め、違法な別件逮捕・勾留だとして自白調書などの証拠が排除された事案を見ると、情けなくなります。これらの事件捜査において、検察官は警察に対し、捜査の行き過ぎがないよう事前に適切な指導助言ができていなかった、ということが痛感されます。皮肉なのは、大多数の事件では、重要困難事件の場合、被疑者の逮捕以前の段階から、警察が検察官に事前相談を行い、緊密な連携の下に、違法捜査のそしりを受けず、事案を解明できるような捜査方針を立て、それを踏まえて強制捜査を遂行する場合がほとんどです。事案によってはいきなり本件での逮捕・勾留をするだけの資料が整わない場合、別件の逮捕・勾留を先行させ、それを解明の突破口とする場合も少なくありません。しかし、その場合でも、別件逮捕・勾留期間中における本件取調べの開始時期、それを行う時間配分などについても十分に検討し、違法な別件逮捕・勾留との批判を受けない配慮のもとに捜査を遂行しています。ところが、このような適切な捜査を遂行した事案においては、捜査の適法性が公判で争われることがほとんどありません。したがって、争点にならないので粛々と有罪判決がなされ、判例集に登載されるような判例にはならないのです。しかし、時として警察の捜査に行き過ぎがあり、検察官がそれに対する適切な指導チェックができていなかったような事件が公判で厳しく争われて判例となっていくのです。数としてはむしろ稀ともいうべき、まずい捜査を行った事案のみが学生諸君の勉強材料としての判例となっていく訳ですね。

〈参考文献〉

本文中に掲げたもののほか、
・吉田雅之・事例研究Ⅱ556頁。

第3章　訴因と公訴事実に関する諸問題

第1　違法収集証拠排除法則の生成・発展の歴史の概観

　訴因と公訴事実の諸問題は、捜査法と証拠法のいずれにも直接には属せず、いわば狭間にあり、学生諸君はなかなか十分に勉強する機会や余裕がないようですね。しかし、実務においては、この問題は極めて重要であり、特に公判段階でこの問題が具体的な争点として厳しく争われることが少なくありません。実務家を目指す皆さんはこの問題を十分修得することが大切です。

　訴因制度は、戦後、現行刑事訴訟法が制定された際に初めて我が国の刑事訴訟に採り入れられたものです。現在では、訴因制度は公判実務に完全に定着していますが、それに至る過程には、様々な制度運用の変化や判例・学説の理論の発展・積み重ねがありました。現行刑訴法の条文は、訴因制度の経験なしに規定されたものであるため、これらの過程を経て今日定着している訴因の概念と公訴事実との関係や訴因変更に関する理論と実務の運用には、刑訴法の条文の規定ぶりと文理上は整合しない点が少なくありません。これは既に勉強した伝聞法則や違法収集証拠排除法則の問題にも似たところがあります。それが訴因制度とそれをめぐる諸問題について学生諸君の理解を困難にしている大きな原因の一つなのです。ですから、訴因制度導入から定着に至るまでの経緯を把握することは、訴因と公訴事実の諸問題をよりよく理解する上で極めて重要です。ここでも「急がば回れ」ですね。

1　訴因及び公訴事実の語は、どのような過程で条文内に登場したか。

　旧刑訴法291条1項は、「公訴ヲ提起スルニハ被告人ヲ指定シ犯罪事実及罪名ヲ示スベシ」と定めており、「公訴事実」という概念は、法律上の用語ではありませんでした。ただ、この概念は、旧旧刑訴法時代から判例・学説では使用され、いわゆる講学上の概念だったのですが、「公訴事実」「訴因」の語が法文上で使用されたのは現行法になってからのことです。現行刑事訴訟法の起草作業に際して、GHQは、起訴状一本主義を基軸とする公訴提起の方式につき新たな提案をし、「訴因」の概念導入の修正案を提出しました。しかし、これは、旧刑訴法の運用に慣れていた日本の立案担当者側にとっては「原子爆弾」とさえいわれる衝撃だったそうです。その趣旨目的は、裁判所の職権探知活動を制限して当事者主義を導入し、訴因の明示によって被告人側に防御の対象を告知することにありました。なお、「訴因」という用語はアメリカ法に由来し、「COUNT」の訳語です。

2　旧刑訴法下の「公訴（犯罪）事実」と現行法下の「公訴事実」とは同義語か。訴因と公訴事実とはどのような関係に立つか。

(1)　旧刑訴法下における実務の運用

　旧刑訴法においても、刑事裁判は公訴提起によって開始され、検察官は「犯罪事実」を起訴状に表示しました。しかし、公訴の効力はその記載に拘束されず、「公訴事実（講学上の概念）」全体に及び、裁判所は起訴状に記載された「犯罪事実」を手掛かりとしつつ、捜査段階の「嫌疑」を

引き継いで、「事件が同一なる限り」自由に真実を探索し、事実を確定する権限・責務を有していました。つまり、起訴状記載の「犯罪事実」だけでなく、これと公訴事実の同一性のある事実が審判の対象でした。例えば起訴状の記載は窃盗罪でも裁判所が強盗罪を認定し、あるいは甲地における傷害の起訴に対して乙地における傷害を認めることも行われていました[1]。検察官の起訴状に記載された「犯罪事実」は真実発見の手掛かりに過ぎず、裁判所は、実体法上一罪の関係にある公訴事実の同一性の範囲内では、裁判所自らが真実を発見して事実を認定していたのです。

(2) 「訴因」概念導入後の実務の運用の変化と訴因制度定着に至るまでの経緯

このような戦前からの伝統があったので、訴因制度導入当初数年の間は、旧法になじんでいる実務家を中心に、訴因制度の実施に抵抗が強かったのです。一部には「訴因の観念と公訴事実の観念が混淆してなお実務にかなりの混乱を生じているので、従前の公訴事実の同一性の観念でも被告人の防御にそれ程不利益を生ぜしめるものではないという観点から、訴因の観念を全廃すべし」という意見（訴因抹殺論）まであり、昭和26年の法制審議会で取り上げられたのです。ちょっと皆さんは想像できないでしょうね。ただ、当時、結論は留保され、訴因制度が廃止されるには至りませんでした。しかし、その後、この問題は、「審判の対象は訴因か公訴事実か」という論争に引き継がれることとなりました。

(3) 審判の対象論についての公訴事実説と訴因説との論争

訴因制度の導入後、かなり長い期間、「公判における審判の対象は、公訴事実か、訴因か」という激しい論争が続きました。この背景には、旧刑訴法の伝統的な職権審理主義の下で裁判所が自ら真実を発見していくという公判実務の運用が、訴因制度導入後も、多くの裁判官を中心に根強く続いていたことにあるのです。伝統的な職権主義の審理になじんだ裁判官らは公訴事実説をとり、アメリカ法に精通した学者やそれを勉強する若手の裁判官らを中心に訴因説が主張されたのです。各説の要旨は次のようなものです。

ア 公訴事実説

公訴事実は、検察官の主張を越えた、手続の背景にある「実体」ないし「客観化された犯罪の嫌疑」であり、旧法下の「公訴（犯罪）事実」と同趣旨である。この「実体」ないし「嫌疑」、すなわち、起訴状に書かれていない部分も含めた公訴事実全体が審判の対象である。「訴因」とは、公訴事実の「法律構成」を示したものであり、被告人の防御を図り、裁判所による法律判断に関する不意打ちを防ぐという手続面にその機能がある。

イ 訴因説

訴因とは、検察官が審判を求める、特定化された具体的犯罪事実の主張である（事実記載説）。訴因自体が審判の対象であり、単に被告人に対してその防御の便宜のために警告を与えるだけのものではない。一方、公訴事実は、「実体」や「嫌疑」ではなく、256条2項の「公訴事実」は実質的に訴因の同義語である。312条1項の「公訴事実の同一性」は、その語が独立して訴因変更可能な範囲を示す概念である。

---

(1) 松尾（上）173頁参照。

しかし、長い論争を経て、次第に訴因対象説が優位化し、通説・判例として定着するに至りました。皆さんは、審判の対象は訴因である、ということを自明のものとしているでしょうし、この論争は既に決着しています。しかし、訴因と公訴事実をめぐる様々な論点については、このような訴因制度導入と定着の経緯に由来するものが少なくないので、これを理解することに大きな意味があるのです。

審判対象論争

この論争は過去のものとなったが、これを理解しておくことは現在の問題を考える上でも大切である。

公訴事実説

審判の対象は公訴事実（検察官の主張を超えた手続の背景にある犯罪の「実体」ないし客観的な「嫌疑」）

公訴事実
　訴因（公訴事実を法律的に構成したもの）
　→ 変更後の訴因

※旧法下の職権探知主義の影響を残している。
※訴因は「法律的構成」なので、その判断は本来、裁判所の専権的事項（訴因変更命令の実質的根拠）もここにある。
※具体的防御説に親和性がある。

訴因説

審判の対象は訴因（検察官が審判を求める特定化された具体的犯罪事実の主張＝事実記載説）

訴因（事実の記載）
→ **変更後の訴因**

公訴事実の同一性（実体法上の一罪の関係）

※当事者主義の確立に伴って定説化。
※訴因の特定は検察官の専権事項（訴因変更「命令」は死文化）。
※「訴因」と「公訴事実」は実質的に同義語。訴因よりも広い「公訴事実」というものはない。
※抽象的防御説に親和性がある。

(4) 両説によってどのように具体的問題についての考え方が分かれるか。

まず、現行刑訴法の条文を見てみましょう。

256条

② 起訴状には、左の事項を記載しなければならない。

　２号　公訴事実

③ 公訴事実は訴因を明示してこれを記載しなければならない。訴因を明示するには、できる限り日時、場所及び方法を以て罪となるべき事実を特定してこれをしなければならない。

312条　裁判所は、検察官の請求があるときは、公訴事実の同一性を害しない限度において、起訴状に記載された訴因又は罰条の追加、撤回又は変更を許さなければならない。

② 裁判所は、審理の経過に鑑み適当と認めるときは、訴因又は罰条を追加又は変更すべきことを命じることができる。

これらの条文の解釈をめぐっては様々な論点があります。しかし、その少なくない部分は、審判の対象は公訴事実か、訴因か、という長年の論争に根差しています。それらを例示してみましょう。

ア　「訴因」は法律構成説に立つか事実記載説に立つか。

審判の対象が公訴事実であるとするなら、訴因はその法律構成を示したものに過ぎないことになります。しかし、訴因は事実を記載したものであるとするなら、審判の対象は訴因そのもの、ということになりますね。

イ　256条２項の「公訴事実」とは何か。同条に言う「公訴事実」と「訴因」との関係はどのようなものか。312条の「公訴事実の同一性」とは何を意味するか。

上記各条文の文理を素直に読めば、公訴事実と訴因とは同じものとは考えられませんね。もし、訴因はすなわち公訴事実であり、審判の対象は訴因自体である、と考えるのなら、訴因＝公訴事実ですから、「公訴事実」に「訴因」を代入すれば、これらの条文は「訴因は訴因を明示してこれを記載」「訴因は訴因の同一性を害しない限度で（変更を許す）」ということになり、同義反復、トートロジーになってしまいます。つまり、現行刑訴法制定当時は、訴因制度を導入するとしても、立案担当者としては、訴因は公訴事実そのものではなく、訴因の背後に審判の対象としての公訴事実が存在する、と考えていたのでしょう。それが、戦後強力に主張された審判の対象は訴因ではなく公訴事実である、との考え方の背景になっていたのです。

審判対象論争を経て、今日では、訴因は事実を記載したものであり、訴因自体が審判の対象であるとする訴因対象説が定着しました。しかし、これは現行刑訴法制定当時の立案担当者の考え方や条文の規定ぶりとは異なるものとなったため、これらの条文は、その文理によらず、訴因対象説に則した読み替え的な解釈がなされることになりました。皆さんが、条文を形式的に読むと通説や実務との間に乖離があるように感じて混乱する大きな原因はここにあるのです。

ウ　訴因変更の必要性の限界の判断については、具体的な訴訟の場での審理の経過に照らした被告人の防御の利益を考えて決定されるか（具体的防御説）、訴因に記載された事実が同一であるかによるかの「訴因」自体の違いによるか（抽象的防御説）。

この論争も審判の対象論争に根差しています。審判の対象は訴因の背後にある公訴事実である

と考えるのなら、その公訴事実について具体的に攻撃防御が尽くされているのなら、法律構成に過ぎない訴因と異なる認定をすることは当然に許される、という具体的防御説になじみます。反面、審判の対象は訴因そのものであり、訴因は犯罪事実を記載したものであるとする訴因対象説に立てば、その訴因に記載された事実と異なる事実を認定することは、それ自体で被告人の防御に影響を与えることになるとする抽象的防御説になじみますね。

　エ　**訴因変更命令の性質について、公訴事実の全体につき審理の権限と義務を有する裁判所の義務であると解するか、当事者主義の下では、訴えの設定は当事者の専権に属するので、変更命令は例外的な場合であり、原則として義務ではないと考えるか。**

　裁判所が職権的に訴因の背後にある公訴事実を審判の対象として審理していく、という公訴事実対象説は、それによって裁判所が心証を得た事実が訴因と異なる場合に、裁判所から積極的に訴因の変更を命じる義務がある、という考え方につながります。しかし、訴因自体が審判の対象であると考えるのなら、検察官が設定した訴因に対して裁判所が変更命令を出すのは義務でないことはもちろん、よほどの事情がない限り許されない、ということになります。

　オ　**訴因変更命令には形成力があるか、形成力はないか。**

　これは、既に完全に過去のものとなった論点ですね。当事者主義と訴因制度の定着に伴い、裁判所が訴因変更命令を出したからといって、検察官がこれに応じなくとも訴因が変更されてしまう、と形成力を認めるのは今日では全く考えられません。

　カ　**訴因逸脱認定の控訴理由について、相対的控訴理由（312条違反としての379条の訴訟手続の法令違反）となるか、378条3号後段の絶対的控訴理由（審判の請求を受けない事件につき判決をした）になるか。**

　公訴事実対象説は、前者の考え方になじみ、訴因対象説は後者の考え方に親和性があります。

⑸　「訴因説」の定着

　長く続いた上記の論争も、当事者主義の定着の流れの下で、次第に訴因説が優位となり、現在では訴因説が完全に定着し、この論争は過去のものとなりました。そこで、審判の対象は訴因そのものである、という考え方に立ってその基本を見て行きましょう。

　ア　訴因説による「訴因」の定義

　訴因の概念の定義は、論者によって必ずしも一様ではありませんが、「**検察官が審判を求める特定化された具体的犯罪事実の主張である**」[2]とするのが最も適切なように思われます。

（その他の定義の例）
　※　「起訴状において、犯罪の特別構成要件に当てはめ、具体的に記載された事実」[3]
　※　「検察官によって公訴提起の対象とされた犯罪事実」[4]

（2）　三井（Ⅱ）179頁。
（3）　小林［新訂版］134頁。
（4）　松尾（上）174頁。

イ　その基本的な考え方

　訴因事実より広い「公訴事実」というものはないと考えます。訴因の追加や変更の場合も、変更等の前に公訴事実の一部が既に起訴されていたとみるのでなく、追加等により膨らんだ部分はその時点ではじめて公訴事実となるものと考えます。新しい訴因が問題となるときに初めて、現在の訴因との間に「一定の関係」があるか否かが問題となり、この一定の関係というものが、訴因の追加・変更の限界を画する「公訴事実の同一性」であり、現訴因と新訴因を比べて、実体法が、一罪として処断しなさい、あるいはいずれか一方の罪で処罰しなさい、と命じているか否かによって決すべきこととなります[5]。また、256条2項の「公訴事実」は実質的に訴因の同義語です。312条1項の「公訴事実の同一性」とは、その語が独立して訴因変更可能な範囲を示す概念であって、その中の「公訴事実」という言葉自体に独自の意味があるのでないことになります[6]。審理途中で訴因変更がなされた場合には、変更の時点で審判の対象が新たに設定されたことになるのです。

第2　訴因の特定・明示に関する諸問題

　これまで述べたように、訴因は「**検察官が審判を求める特定化された具体的犯罪事実の主張**」であり、これが裁判所による審判の対象であるとともに、被告人・弁護人による防御の対象です。256条③項は「公訴事実は訴因を明示してこれを記載しなければならない。訴因を明示するには、できる限り日時、場所及び方法を以て罪となるべき事実を特定してこれをしなければならない。」としていますので、訴因の記載が適法であるためにはどの程度のものを要するかが、最初に重要となる訴因の特定・明示の問題です。

　通常の実務における起訴状の公訴事実の記載は、いわゆる六何の原則に従い、当該特定の犯罪に関して、誰が、いつ、どこで、何を（誰に対し）、どのような方法で、何をした（行為と結果）、を記載します。しかし、起訴状に記載されるこれらの事項は、そのすべてが訴因の特定上不可欠なものとは限りません。中には単なる余事記載に過ぎないものもあります。他方、事案によっては、収集された証拠からこれらのすべてを特定して記載することができない場合もあります。その場合に、その許容性の限界については、記載できない事実が訴因の特定上不可欠なものであるか否かが問題となります。

1　識別説と防御権説及び近年の議論の進展等
(1)　従来の識別説と防御権説

訴因の特定が必要とされる論拠については、
① 訴因の記載が他の犯罪事実と識別可能な程度であれば足りるという説（識別説）
② 訴因の記載が他の犯罪事実との区別だけでなく被告人の十分な防御権の行使に支障がないまで必要とする説（防御権説）

---

(5)　佐藤文哉「訴因制度の意義」刑訴争点［3版］114頁以下参照。
(6)　酒巻匡「公訴の提起・追行と訴因(4)」法教302号（2005年）64頁では「『公訴事実の同一性』とは、刑事手続による一つの刑罰権（実体法）の具体的実現に際して、別訴で二つ以上の有罪判決が併存し二重処罰の実質が生じるのを回避するための道具概念と理解するのが適切」としている。なお、同教授による「公訴の提起・追行と訴因(1)～(3)」法教298号65頁、299号74頁、300号（2005年）121頁をも参照されたい。

とがあります。防御権説は、被告人に対して防御の範囲を示すという訴因の機能に、裁判所に対する審判対象の確定とは独立した意味を認める見解です。しかし、識別説も、審判対象を確定すれば、そのいわば裏返しとして訴因が防御の範囲を示すことになるものと考えるもので、被告人の防御のための訴因の機能を否定しているわけではありません。

現在の実務は、(ア)審判の対象が他の犯罪事実と識別できる程度に明確であればおのずと防御も可能であること、(イ)防御の便宜の観点を強調して訴因の記載の具体性を過度に追求すると裁判所の予断を招くこと、(ウ)何が防御のために重要な事実であるかの判断は様々であり、その基準の設定は容易でないこと、(エ)防御の範囲等の一層の明確化は、起訴状に記載された訴因のみでなく、証明予定事実記載書面や冒頭陳述書、釈明、争点顕在化措置等の諸段階での具体的手続の中で実質的に可能となるので訴因の記載のみに頼る必要はないこと、などの理由から、基本的に識別説の立場に立っています。

識別説における「他の犯罪事実との識別」の意味については、
① 他の事件との識別
　※ 単に「被告人は人を殺害したものである」だけでは、誰に対する殺人かが識別できないので被害者の特定が不可欠
② どの具体的犯罪構成要件に該当するかの識別
　※ 単に「被告人はBを死亡させたものである」だけでは、殺人なのか傷害致死なのか、過失致死なのかが識別できないので、それが識別できる記載が必要

が基本です。

識別説からは、上記の2点が特定されることが、訴因特定の最低限の要求ですが、256条③項が、「できる限り日時、場所及び方法を以て罪となるべき事実を特定して」としていることの意味が問題となります。これについては、「同項は、可能である限りは、他の事実と識別可能であるという以上の具体的な記載を要求したものと解する」[7]、「訴因の特定の要求を充たしている場合であっても、審判対象のなお一層の具体化と、防御の範囲のより一層の明確化のために、訴因の特定のための必要最低限の要求を超えた具体的な事実の記載を『できる限り』の限定の下に要求しているものと解するほかない」[8]などの説があり、妥当でしょう。なお、防御権説の立場からは、256条3項は、当然のことを確認した規定と見るか、識別説による以上に防御の観点から訴因に必要な事実を記載した上で、更にそれ以外の事実であっても記載が可能であれば記載すべし、とする規定と解釈することになるでしょう。

(2) 訴因記載の具体例

殺人罪の訴因の記載例を挙げてみましょう。

「<u>被告人は</u>、住宅建築を業とする甲株式会社の営業部員として勤務していたものであるが、同社の営業部長V（当時56歳）が、かねてから被告人の営業成績が悪いと叱咤していたことを恨んでいたところ、<u>平成21年3月10日午後5時ころ、甲市乙町1丁目1番地所在の同社本社営業部室内において</u>、同僚の面前で「お前は役立たずのお荷物だ」などと面罵されたことに憤激し、<u>殺意をもって</u>、卓上にあったカッターナイフで、Vの胸部・腹部等を5回突き刺し、よって、そのころ、

---

(7) 川出敏裕「訴因の機能」刑ジャ6号（2007年）123頁。
(8) 古江［2版］199頁。

同所において、Vを腹部大動脈切断による出血により**死亡させて殺害した**ものである。」
　識別説と防御権説の違いを踏まえて説明しましょう。
　識別説に立てば、ゴチックで示した「被告人は、殺意をもってVを死亡させて殺害した」という部分だけが訴因の特定上不可欠な事実です。アンダーライン部分が、日時場所方法であり、識別説によれば256条3項に基づいてできる限り記載すべき事実となります。
　防御権説によれば、これらのアンダーライン部分も被告人の防御のために重要な事実ですので、これらも訴因の特定に不可欠な記載事項となるでしょう。動機についても、動機が何であるかは量刑上重要な事実ですから、防御権説では記載が求められるといえるでしょう。
　他方、被害者の年齢は、いずれの説に立っても訴因の特定上は不可欠とはいえません。しかし、例えば18歳未満の者のみが被害者となる児童買春罪の訴因なら、被害者の年齢の記載は不可欠となりますね。勤務会社の名称や被告人の肩書きなどは、余事記載とまではいえなくとも、少なくとも、訴因事実として重要な事実とはいえないので、訴因変更なしに異なる認定（営業部長が企画部長の誤りであったなど）をしても差し支えないでしょう。ナイフが「卓上にあった」なども余事記載ですね。卓上にあろうがどこにあろうが訴因の特定のための事実としての意味はなく、防御権説に立っても必要ではありません。
　動機は、識別説に立てば訴因の特定の見地からは記載する必要はありませんが、動機が訴因に記載された以上、それと異なる認定をすることが被告人に不利となる場合には、訴因変更が必要となります。例えば、同僚の面前で面罵されたのではなく、部長室で懇切に訓戒指導していたのを逆恨みした、と訴因と異なる動機を認定するのであれば、犯情は重くなるので訴因変更が必要となるでしょう。これらについては訴因変更の要否に関する最も指導的な判例である◎**最決平成13・4・11刑集55巻3号127頁**を勉強する際の様々な応用問題の一つの場面ですので、後で勉強することにしましょう。
　私の若い頃は、古い時代の名残か、起訴状には動機を始めかなり詳しく長く書く起訴状が多かったです。上記の記載例もそのような起訴状の例です。しかし、最近は、だんだん、訴因の特定上不可欠な事実や256条3項が求める必要最小限の事実を記載し、それ以外の事実はそぎ落とす傾向にあるようです。動機については、重大事件については書くこともありますが、軽微な事件では書かないのが通常です。起訴状の公訴事実には動機は原則的に記載せず、それは証明予定事実記載書面や冒頭陳述書で明らかにする、という運用が定着しつつあるようです。殺人でも、保険金目的殺人のように目的に重要な意味がある場合には書きますが、その他の殺人事件では書かないことも多いようです。
　被害者の年齢は、生命身体に対する罪では書くのが通常です。財産犯の場合、強盗や恐喝なら被害者の年齢も書く場合が多いですが、窃盗、横領、器物損壊などの場合には書いていません。このような任意的記載事項を書くか書かないか、書く場合にどの程度書くか、については全国統一の明確な基準があるというわけではなく、ある程度は当該検察官や上司のスタイル・流儀による部分もあります。
　なお、「殺意をもって」との記載は、確定的故意か未必的故意かを明らかにしていません。識別説に立てば、これらを区別して記載することは訴因の特定上は必要ではありません。私の若いころは、訴因でこれを明らかにするよう指導されていました。訴因で最初から確定的故意として書くのなら「殺害しようと決意し」と書き、未必的故意として書くのなら「死に至らしめるかもしれないことを認識しながら、敢えて……」などと記載します。しかし、最近は、訴因には単に「殺

意をもって」とのみ記載し、確定的故意か未必的故意かは、証明予定事実記載書面や冒頭陳述等で明らかにする場合が多いようです。確定的故意か未必的故意かは、量刑上かなりの違いがありますので、訴因や証明予定事実記載書面に記載しなければ、公判前整理手続において必ず問題となります。

(3) 従来の両説の対立図式を見直そうとする見解

　従来の識別説の立場からは、256条3項の「日時・場所・方法」は、訴因の特定上不可欠な事項ではないとされるのが一般です。これに対しては、古い時期から平野龍一先生は次のことを鋭く指摘しておられました。

　「訴因は防御の対象にすぎないと速断してはならない。……検察官の申立の内容を、換言すれば検察官が審判の対象たらしめようとしている事柄を、裁判所及び被告人に提示することを要求したものに外ならない。訴因が右のようなものである結果、<u>それはその存在が確定されれば直ちに有罪を認定しうるような事実の記載でなければならない</u>。換言すれば、いずれかの構成要件を充足する事実が掲げられていなければならない。……罪となるべき事実は現実の事実であると共に具体的な事実である。したがって日時、場所もまたその要素をなすといわなければならない。方法に至ってはなおさらである。罪となるべき事実から方法を抜き去ってしまったのでは、罪となるべき事実は全く抽象的な事実となってしまうであろう。」(9)

　また、近年でも、次のような説が有力となっており、これらの見解からすれば、従来の識別説と防御権説との隔たりは狭いものとなることに留意する必要があります。

　「ただ『他の犯罪事実と識別できる』といういわば消極的な確定の仕方だけで、裁判所に対して審判の対象を必要十分に示し得たといえるかは疑問である。……<u>ただ消極的に『他の犯罪事実と識別できる』ということを示すにとどまらず、より積極的に刑罰権発生事由たる事実的及び法律的根拠を示すことを意味する</u>。……かかる特定構成要件に該当することの確信を裁判所に抱かせるに足る（最低限の）具体性を備えた事実を『罪となるべき事実』として摘示しなければならない。」(10)

　「単に『人を殺した』という程度の記述で足り、方法などは訴因に不可欠な事項ではなく、訴因記載と異なる事実を認定するに当たっても訴因変更が不要というのであれば、それはもはや（既に否定されたはずの）法律構成説に他ならない。……<u>識別説も、事実記載説を前提とする限り、他の犯罪事実との識別を前提の上、さらに同一犯罪事実の内部での識別をも要求しなければならないはずである</u>。……窃盗罪の中でも被害者の住居内で奪われたのか又は屋外に駐車中の自動車内で奪われたのかは、事実レベルでの識別が要求されるのである。<u>このように解することで、識別説も事実記載説と整合的に理解され得るのであり、これは防御権説から主張される結論と実質的に異なるものではないともいえよう。このように解するならば、識別説と防御権説との対立は視点の両面に過ぎないものとなる</u>。」(11)

　私も、これらの説が、訴因の機能・目的が単に他の犯罪との識別にとどまるものではないことを指摘することは基本的に妥当だと思います。訴因の審判対象確定機能というのは、単に「他の

---

(9) 平野龍一『訴因と証拠』（1981年、有斐閣）102〜104頁。
(10) 堀江慎司「訴因の明示・特定について」研修737号（2009年）5-6頁。
(11) 辻本典央「訴因変更の必要性」研修774号（2012年）10〜11頁。

犯罪との識別」という視点のみでは充たされません。訴因に記載された事実が認められれば、最低限、それによって被告人の有罪が言い渡せるものでなければならないでしょう。例えば、「外国人の被告人Xが殺意をもって外国人の被害者Vを殺害した」と記載していれば、他の犯罪との識別の要請は満たしています。しかし、仮にその犯行場所が日本国内でなく外国であれば、刑法3条の国民の国外犯規定にも4条の日本国民を被害者とする国外犯規定にも該当せず、この訴因の記載では有罪を認定できる罪となるべき事実たりえません。したがって、この場合には、犯行場所が日本国内であったことを訴因に記載することは必要不可欠でしょう。また「被告人Xは、東京都内のV宅において、V所有に係る自動車1台（登録番号○○○）を窃取した」と記載していれば、他の犯罪との識別はできています。しかし、窃盗罪の公訴時効は7年ですので、これが10年前の事件だったとしたら時効成立で免訴ですね。したがってこの訴因のままでは有罪判決の罪となるべき事実としては足りないので、時効にかかっていない犯行の日時を記載しなければならないでしょう。したがって、単に他の犯罪との識別のみを目的とする識別説では不十分であり、訴因に記載された事実は、そのまま有罪判決の罪となるべき事実となり得るように最低限の日時場所等も含めた記載が必要となる場合もあるというべきです。

　なお、このような従来の識別説に、有罪認定のための罪となるべき事実としての審判対象確定の要請をも加えた説に立つ場合、256条3項の解釈については「他の犯罪事実との識別がなされ、かつ特定構成要件に該当することの確信を裁判所に抱かせるに足るだけの（最低限の）具体性を備えた事実の摘示がなされたとしても、さらにそれ以上に事実を具体化－絞り込み－『できる』のであればそれを起訴状に示すべきだとするのが、256条3項後段の趣旨であると解される」[12]との考え方は基本的には妥当だと思われます。ただ、この説が、例えば共謀共同正犯事案について、謀議の日時場所まで必ず記載すべきだということまで意味するのであれば、私は異なる考え方であり、それは後で論じることにします。

(4)　これらの各説の違いが現れる場面

訴因の特定にどの程度の記載が要求されるという問題については

ア　収集された証拠によって明らかにし得る事実に限界があるために犯罪事実を概括的にしか表示できない場合に、どの程度の概括的表示であれば許されるか

イ　捜査段階で収集された証拠に基づき犯罪事実を比較的詳細に表示することが可能である場合に、どの程度の事実を訴因に表示すれば足りるのか

という二つの場面があることに留意すべきです。

　アの場合には、識別説や上記（2）の有力説のいずれによっても、他の犯罪事実との識別が可能であるとともに有罪認定のための審判対象の特定の要請が充たされている限り、日時場所や方法等についてそれ以上の具体的記載が不可能な場合には、訴因の特定・明示としては適法であるとの結論については異論がありません。また、防御権説の立場であっても、このような場合まで、訴因の特定明示が足りないとして違法とするまでの考え方ではないと思われます。

　問題となるのは、イの場合であり、識別説の立場からは、識別のために必要な事実が記載されている限り、訴因の特定としては欠けることがなく、256条3項の違反が生じ場合があり得るとするに留まるのに対し、防御権説の立場からは、より詳しい記載ができる以上、それを記載すべ

---

(12)　堀江・前掲注(10)11頁。

きであり、それを記載しなければ、訴因の特定明示を欠いたものとなる、との考え方につながることとなります。これは、例えば後でお話しする、共謀事案において、謀議の日時場所が特定できるのに、これを記載せず単に「共謀の上」と記載するだけで足りるのか、という問題などにおいて先鋭な対立が生じます。

なお、識別のために必要な事実の記載はなされているが、更に証拠上はより具体的な記載が可能であるにも関わらず、検察官があえてこれをせずに、不特定な部分を残したまま訴因を構成することが許されるか、ということについては、識別説に立って、訴因が不特定であるとして公訴が棄却されることはないとしても、検察官が256条3項後段の「できる限り……」の義務を怠ったもの、ないしは裁判所が検察官に対する求釈明の義務を怠ったものとして相対的控訴理由となり得る場合があるでしょう（後掲△東京高判平成6・8・2参照）。

2 特定性が問題となった主な事件

幾つかの重要な判例を復習しましょう。

(1) ◎最大判昭和37・11・28刑集16巻11号1633頁（白山丸事件）

事案は出入国管理令違反で、起訴状記載の訴因は、「被告人は、昭和27年4月頃より同33年6月下旬までの間に、有効な旅券に出国の証印を受けないで、本邦より本邦外の地域たる中国に出国したものである」というものでした。

判決は、訴因の明示につき「裁判所に対し審判の対象を限定するとともに、被告人に対し防御の範囲を示すことを目的とする」とした上、「犯罪の日時、場所及び方法は、……訴因を特定する一手段として、できる限り具体的に表示すべきことを要請されているのであるから、犯罪の種類、性質等の如何により、これを詳らかにすることができない特殊事情がある場合には～法の目的を害さないかぎりの幅のある表示をしても、その一事のみを以て、罪となるべき事実を特定しない違法があるということはできない」と判示しました。

そのような特殊事情として、①国交が回復していない国への出国でその確認が困難であること、②日時、場所、方法の内容については自供に依拠せざるを得ないこと、③出国の証印がなく、一方中国から帰国した事実があること（したがって密出国は容易に推認できる）が挙げられています。

なお、いかに詳細な記載ができない「特殊事情」があるとしても、その程度の記載では識別ないし罪となるべき事実としての特定すらできない、というのであれば、どの説によろうとも訴因の特定・明示は果たされず、違法であるのは当然です。したがって、この判決がいう「特殊事情」とは、256条3項が「できる限り具体的表示をすべきことを要請している」ことの次元において、「特殊事情」があれば、それ以上の具体的表示は求められないという意義を有するものと解すべきでしょう。

(2) ○広島吉田町覚せい剤使用事件　最決昭和56・4・25刑集35巻3号116頁、判時1000号128頁、判夕441号110頁

自己使用を否認する覚せい剤使用事件について「昭和54年9月26日ころから同年10月3日までの間、広島県高田郡吉田町内びその周辺において、覚せい剤若干量を自己の身体に注射又は服用して施用し、もって使用した」との訴因について、特定に欠けるところはないとしたものです。実務ではこのような事件は少なくありません。このような訴因を「否認形式の訴因」と実務では

通称しています。

　このような覚せい剤使用事件では、白山丸事件とは異なり、訴因に記載された幅のある期間中に複数回の使用があり得ます。覚せい剤常習者は、一日に何回も覚せい剤を注射することも珍しくありません。そこで、このような訴因については、(ア)鑑定結果に対応する最終の直近使用1回を起訴したもの(最終行為説)、(イ)特定の期間中に少なくとも1回覚せい剤が使用された旨の起訴である(最低一行為説)、(ウ)特定の期間中に行われた複数回の使用を包括一罪として起訴したもの、との3説があります。それぞれに一長一短はありますが、実務は最終行為説によっています(13)。

(3)　△最決昭和61・10・28刑集40巻6号509頁、判時1213号140頁、判タ624号140頁

　常習賭博罪事件の訴因の特定について、「原判決は、罪となるべき事実として、被告人が賭博遊技機を設置した遊技場の所在地、右遊技場の営業継続期間、遊技機の種類・台数、賭博の態様を摘示したうえ、被告人が、『中山和民と共謀のうえ、右期間中、常習として、鈴木正美ほか不特定多数の賭客を相手とし、多数回にわたり、右遊技機を使用して賭博をした』旨判示している。このように、多数の賭博遊技機を設置した遊技場を経営する者が、不特定多数の遊技客との賭博を反覆継続した場合につき、右遊技場の営業継続期間の全般にわたつて行われた各賭博行為を包括した一個の常習賭博罪と認定する際は、右の程度の判示で常習賭博罪の罪となるべき事実の具体的摘示として欠けるところはない」と判示しました。

(4)　△東京高判平成6・8・2高刑集47巻2号282頁、判タ876号290頁

　これは、覚せい剤の自己使用について、使用日時を「平成6年1月上旬ころから同月18日までの間」、場所を「千葉県内またはその周辺地域」と記載された否認形式の訴因で起訴された事案です。この事案では、証拠上、被告人が覚せい剤を使用した日時を示すものが含まれており、日時場所の特定は可能である事案でした。原審は、このような否認形式の訴因を適法としたのですが、本判決は、「<u>公訴提起にあたって、犯罪の日時、場所等が、詳らかでない場合に、本件程度に公訴事実を概括的に記載することは、それが検察官において、起訴当時の証拠に基づきできる限り特定したものであるときは、訴因の特定に欠けるところはないとして許容されるけれども、証拠上これが判明しているときには、これを具体的に記載すべきものであることは自明の理である。～原審はこれをせず、漫然、前記のように概括的で不特定な事実を認定判示したことが明らかであるから、原審は、訴訟手続の法令違反を冒したものというべきであり、これが判決に影響を及ぼすことが明らかである</u>」として原判決を破棄しました。この事案が、先に述べた、「特定しようとすれば特定できるのに、訴因で特定しないことが許されるか」という問題の事例の一つです。

(5)　○最決平成14・7・18刑集56巻6号307頁（前原遺体白骨化事件）

　一審は傷害罪の限度で有罪。二審では、これを破棄自判し、控訴審で予備的に追加請求して許された第一次予備的訴因に基づいて傷害致死の罪の成立を認めました。

　訴因は、「被告人は、<u>単独又はX及びYと共謀の上</u>、平成9年9月30日8時30分ころ、ビジネス

---

(13)　渡辺修「訴因の特定（覚せい剤自己使用罪）」刑訴争点[3版]116頁参照。

旅館甲において、被害者に対し、その頭部等に手段不明の暴行を加え、頭蓋冠、頭蓋底骨折等の傷害を負わせ、よって、そのころ、同所において、頭蓋冠、頭蓋底骨折に基づく外傷性脳障害又は何らかの傷害により死亡させた」というものでした。弁護人は、訴因不特定を理由に上告しましたが、本決定は、「第一次予備的訴因は、暴行態様、傷害の内容、死因等の表示が概括的なものであるにとどまるが、検察官において、当時の証拠に基づき、できる限り日時、場所、方法をもって傷害致死の罪となるべき事実を特定して訴因を明示したものと認められるから、訴因の特定に欠けるところはない」と判示しました。このように殺害の実行行為者、日時、場所、方法、死因等が判明しないため、抽象的ないし択一的な記載しかできない事案はしばしば見られます[14]。

3 共謀事案に関する問題点

共謀事案については、やや特殊で重要な問題があります。共謀事案といっても様々であり、実行行為を共同している場合と、謀議のみの参加者がいる共謀共同正犯の事案があります。また、共謀の成立も、事前に謀議が行われた事前共謀と、現場で初めて共謀が成立した現場共謀があり、前者については、一回の謀議で共謀が成立した場合もあれば、数回の謀議を経て共謀が成立したり、数人の仲間が一同に会することなく順次謀議内容を伝え合うことによって全員の間で謀議が成立する順次共謀の場合もあります。更に、共謀は明示的になされる場合もあれば、暗黙の了解による黙示の共謀の場合もあります。これらの様々な共謀の態様が、訴因の特定問題として、それらを訴因にどの程度記載することが必要とされるか、について先鋭な問題を生じさせるのです。

実務においては、検察官は、これらの全ての場合において、訴因の特定上不可欠の記載としては「共謀の上」という記載のみで足りるとしています。実行共同正犯の場合は、例えばAB2名の共謀事案である場合、ABが具体的にどのような実行行為をしたかについては、訴因としては明示する必要がない、という立場をとっています。また、共謀共同正犯の場合にも、単に「共謀の上」と記載すれば足り、謀議が成立した日時場所や謀議の方法などについては記載する必要はない、という立場をとっています。しかし、これに対して、被告人・弁護人は、強く争い、①実行共同正犯の場合、どの被告人がどのような実行行為をしたかが訴因で示されなければ適切な防御ができない、と主張し、また、②共謀共同正犯の場合、特に実行行為を共同せず謀議のみに参加した共謀者にとっては、謀議の日時場所や方法、内容等が訴因で示されなければ到底適切な防

---

(14) ① ○京都地判平成18・5・12刑集62巻5号1422頁は、被害者を殺害してキャッシュカードなどを奪った強盗殺人事件について、犯行日時は約2日間の間とし、犯行場所は被害者自宅と特定したが、死体が発見されず死因がまったく解明できなかったため、「不詳の方法」により殺害した、との訴因で起訴された事案について適法とした。なおこの事案は、被疑者特定のためのビデオ撮影や被疑者が投棄したゴミ袋の領置の適法性が問題となった著名な○最決平成20・4・15刑集62巻5号1398頁の一審判決である。

② 東京高判平成20・9・25LEX/DB25450073（田淵浩二・速報判例解説（法学セミナー増刊）5号189頁に評釈あり）は、「本件殺人の公訴事実は、殺害の日時が「平成18年11月25日午前3時9分ころから同日午前9時53分ころまでの間」、殺害の場所が「岐阜県、愛知県ないしそれらの周辺地域」と概括的な記載にとどまり、さらに、殺害の方法が「不詳」となっているが、殺害の対象については「B（当時24年）」（以下「被害者」という。）と特定されている。本件においては、被害者が既に死亡し、遺体の損傷がひどく、また、犯行の目撃者もいない上、被告人も捜査の当初から一貫して犯行を否認又は黙秘しており、殺害の日時、場所、方法及び死因をつまびらかにすることができない特殊な事情がある。本件殺人の公訴事実については、検察官において、当時の証拠に基づいて、できる限り、犯行の日時、場所、方法等を特定したものと認められる。前記の公訴事実程度の記載であっても、他の犯罪と十分に識別されて限定されている上、被告人の防御の範囲を示しており、訴因の特定を欠いているとまではいえない。本件殺人の公訴を棄却しなかった原審の措置は相当であって、原判決に判決に影響を及ぼすことが明らかな訴訟手続の法令違反はない」と判示した。

第3章　訴因と公訴事実に関する諸問題

御ができない、と主張するのが通例です。

この中でも②の問題が理論的にも実務的にも最も争いがあり、

ア　事前共謀の事案における謀議の日時場所を収集された証拠によって明らかにすることができない場合には、それらの具体的な記載がなくとも訴因の特定・明示には問題がないか。

イ　捜査段階で収集された証拠に基づき、謀議がなされた日時場所を明示することが可能である場合には、これらの事実を訴因に記載することは必要か。

という具体的問題となります。これらの問題を考えてみましょう。

(1)　共謀共同正犯における謀議の日時場所等
ア　証拠によって具体的に明らかにすることができない場合

典型的な例として、暴力団による組織犯罪等においては、被疑者らが黙秘するなどして、具体的に謀議がなされた日時場所・内容等を関係者の供述によって明らかにすることが不可能ないし極めて困難である一方、様々な情況証拠から、当該犯罪が共謀（成立の日時場所等は不明であるが）に基づいて実行されたものであることは立証できるとして検察官が起訴することは少なくありません。その場合、弁護側が執拗に、「謀議の具体的な日時場所等が明らかにされない限り有効な防御ができない」として、訴因における明示や求釈明を求めるのが通常です。特に問題が先鋭となるのは、実行行為には関与せず共謀のみに参加した共謀共同正犯としての被告人の場合です。

①　実務の実情及び多数説・判例の主流（識別説）

起訴状の書き方としては、単に「共謀の上」としか記載しないのが通例であり、謀議の日時場所等が特定できない以上、訴因としてはこの記載で足りるとする。

（主な理由）

（ア）「共謀」とは「謀議行為」ではなく「共同遂行の合意」であり、それは実行行為の時に存在すれば足りるのであって「謀議行為」は共同遂行の合意を推認させる間接事実にすぎない。

（イ）　謀議の日時場所等を示さなければ他の訴因と識別・特定できないという訳ではない。

②「防御権説」からの批判

訴因は被告人・弁護人にとって防御の対象である点に意義があるとすれば、特に共謀にのみ関与した被告人にとっては、防御を全うするには、共謀の日時、場所、内容等の明示は必須である。理論的にも、共謀は「罪となるべき事実」であり、謀議行為と解されるものである。

③　参考となる主要判例

判例は、下記のように、謀議の具体的日時場所等が明らかとならなくとも、訴因の特定としては足りるとしています。

（ア）　○最大判昭和33・5・28刑集12巻8号1718頁（練馬事件）

《事案の概要》

練馬区の製紙会社で、共産党支配の第一組合のストライキに対し、争議に反対する第二組合が結成され、警察の協力の下に出荷行為等を行ったことから、被告人Xを委員長とする第一組合員ら10数名が、P巡査に暴行を加えることを共謀し、P巡査を襲撃して脳損傷により死亡させた傷害致死事件。Xは共謀の事実のみによって一審で有罪とされ、控訴審の東京高裁は「共謀に基く犯罪行為において、その共謀自体に関する事実、即ち何時何処で如何なる内容の謀議がなされたかと言う点は本来の『罪となるべき事実』には属さないのであるから、共謀即ち犯行謀議者間における犯行についての意思の連絡ができたことが認定判示され、且つそれが挙示の証拠によって

認められる以上、共謀についての具体的事実関係即ちその共謀が何時如何にしてなされ、その内容が如何なるものであったかと言う点については必ずしも逐一これを認定判示し、且つ証拠によってこれを認めた理由を説示することを要するものではな（い）」としたので被告人側上告。

《判決要旨》

上告棄却。

「『共謀』または『謀議』は、共謀共同正犯における『罪となるべき事実』にほかならないから、これを認めるためには厳格な証明によらなければならないことはいうまでもない」としつつ「『共謀』の事実が厳格な証明によって認められ、その証拠が判決に挙示されている以上、共謀の判示は、……二人以上の者が、特定の犯罪を行うため、共同意思の下に一体となって互いに他人の行為を利用し、各自の意思を実行に移すことを内容とする謀議をなしたという～趣旨において成立したことが明らかにされれば足り、さらに進んで、謀議の行われた日時、場所またはその内容の詳細、すなわち実行の方法、各人の行為の分担役割等についていちいち具体的に判示することを要するものではない。」

この事案では、「謀議」について、控訴審判決は罪となるべき事実に属さない、としたのに対し、最高裁は、これが罪となるべき事実に当たる、としたことの違いに注目すべきです。

（イ）　△東京高判昭和32・12・27東高刑時報8巻12号443頁

窃盗事案についての判例です。

《判決要旨》

「数人共謀の上共同一体となって犯罪を実行した場合において共謀したという事実自体は犯罪行為に属せず、実行行為から見れば予備的なものであって、時効や管轄に影響のない事柄であり、又、既に犯罪の実行があった以上は、共謀者中、何人が直接実行の衝に当り、且つ具体的に如何なる実行行為を担当したかを問わず、共謀者全員が共同正犯の罪責に任ずべきものであるから、起訴状にかかる犯罪事実の訴因を示すについても、数人共謀の上、共同一体となって犯罪を実行した旨を、実行行為について犯罪の日時、場所、行為の態様を特定して記載すれば足り、敢て、共謀者の氏名、共謀の日時、場所、具体的内容、実行行為の担当者、又は各自の分担した実行行為の態様等の点までも明示することを要しないものと解するのを相当とする。」

イ　謀議の日時場所等を証拠によって明らかにすることが可能である場合

アのように、謀議の日時場所を明らかにすることができない場合には記載しないのはやむを得ないとしても、証拠上これを明らにすることができる場合には、それらの事実を訴因に記載すべきか否かについて説が分かれ、次のような必要説が有力です。これは、前記東京高判平成6・8・2が、覚せい剤の使用日時場所が特定できる場合にはその特定が必要である、としていることとの対比においても、「共謀」が罪となるべき事実である以上は、同様に特定が必要である、との論理だといえます。

「およそ無条件に……たとえ共謀の日時等が詳らかになっている場合であっても（単なる『共謀の上』との記載方法が）……かかる記載で足りるとされるのであれば批判を免れないであろう。共謀共同正犯における共謀の事実が『罪となるべき事実』に当たる以上、その日時等を『できる限り』絞り込んで記載することが法の要求するところであると思われる」[15]

---

(15)　堀江・前掲注(10)15頁。

「共謀を罪となるべき事実と認める以上は、日時、場所、態様等が記載できるにもかかわらず記載しないのは、〜刑訴法256条3項に反することになると考えられる。」[16]

しかし、実務はこれを要しないとしており、謀議行為のなされた日時場所等が証拠上は特定できる場合であっても、訴因の記載としては、単なる「共謀の上」と記載すれば足りるとしています。

ウ 検 討

まず、アの、関係者の全員黙秘などのために謀議の日時場所が判明しない場合においては、「共謀の上」とだけ記載すれば訴因の特定としては足りるということは、基本的に肯定されています。それすらも許されないとすれば、組織防衛の極めて強い暴力団やテロ組織の犯罪の摘発・起訴はできません。その場合には、犯行が被告人らの謀議によって行われたことを、訴因には記載しなくとも、様々な間接事実の積み重ねによって立証していくことになります。

しかし、関係者の供述などにより、謀議の日時場所等が特定可能である場合については、それでも訴因としては「共謀の上」という記載で足りるとする説と、日時場所まで訴因に記載が必要だとする説が対立するのです。この対立は、「共謀」ないし「謀議」が果たして「罪となるべき事実」に属するかという基本的な問題に起因します。

まず、「共謀の上」という最低限の記載が、「罪となるべき事実」であることは当然です。これが記載されなければ、刑法60条の適用はできませんし、共謀のみに参加した者についての刑罰権の発生根拠が訴因上まったく示されないことになります。

【「謀議」は「罪となるべき事実」か？】

問題は「謀議」が「罪となるべき事実」に属するのか否かです。謀議について、練馬事件の最高裁判決は、「『共謀』または『謀議』は、共謀共同正犯における『罪となるべき事実』にほかならない」と判示しました。しかし、練馬事件の原審である控訴審判決は、謀議行為については罪となるべき事実に属さない、としており、また前記（イ）の東京高判昭和32・12・27も、「共謀したという事実自体は犯罪行為に属せず、実行行為から見れば予備的なもの」としています。私は、練馬事件の最判の表現は、誤解を招くものであり、「共謀の上」は罪となるべき事実であっても、「謀議行為」自体はそれには属さないと考えるべきだと思います。練馬事件の最判の表現が誤解を招くのは「共謀」または「謀議」とし、両者の違いを明確にしていないことにあります。この問題を整理して検討するためには「共謀」と「謀議」の概念の違いを明確にしなければなりません。「共謀の上」というのは、犯行を遂行する時点において、共犯者間に犯行を共同して実行する意思が共有されていることです。

それには事前の「謀議」に基づく事前共謀の場合もあれば、現場でとっさに意を通じた「現場共謀」の場合もあり、事前共謀の場合でも共犯者が一同に会して犯行計画を打ち合わせた場合もあれば、共犯者間で複数の日時にわたり電話なども使って順次に謀議がなされる場合もあります。これらの事前共謀における「謀議」については、私はこれ自体は「罪となるべき事実」には属さないと考えています。その理由は次のとおりです。

① 「共謀の上」ということは、犯罪実行時点における共同遂行の意思の存在をいうのであり謀議行為の存在は、それが犯罪実行時点における共同遂行の意思の存在を推認させる「間接事実」にすぎないと考えるべきである。「謀議」がなされた場合、特段の事情がなければそ

---

(16) 川出・前掲注(7)123頁。

の謀議のとおり犯罪が実行され、その謀議内容が犯罪遂行時点における共同遂行の意思となることが多いであろう。しかし、事案によっては、謀議はなされたものの、計画倒れに終わって実行が取りやめになったり、謀議には参加したがその後翻意して離脱する者もいたり、謀議内容と異なる犯行態様等で犯罪が実行される場合もあり得る。謀議がなされたからといって、犯罪実行の時点で必ず謀議内容どおりの共同遂行の意思が存在していたとは限らない。

② 我が国では、アメリカと異なり「謀議（コンスピラシー）」自体が独立して犯罪を構成するものとはされていなかった[17]。また、謀議自体が罪となるべき事実に属するのであれば、謀議自体に犯罪実行の着手を認めるべきであると考えるのが合理的であるが、それは認められていない。

③ 仮に謀議自体が「罪となるべき事実」であるとすると、共犯者が全員黙秘するなどして謀議の日時場所・内容等がまったく判明しないが、犯行が共犯者の共謀に基づいて実行されたことは様々な間接事実の積み重ねによって認定できる場合に、起訴状にそれらの間接事実を逐一記載すべきだとする説につながる。しかし、訴因にそれらの間接事実を記載すれば、起訴状一本主義、予断排除の原則に抵触する事態も生じ得る[18]。

このように考えると、私は、事前の謀議自体は罪となるべき事実に属さないとした練馬事件の控訴審判決や上記東京高判の判旨の方が適切だろうと思います。

（謀議の日時場所が明らかな場合には訴因にそれを記載すべきか否か？）

それを前提とした上で、謀議の日時場所等が明らかにならない場合は別として、共犯者がこれを自白するなどしてそれが証拠上明らかになる場合であれば、それを訴因に記載すべきだとする前記の有力説についてはどうでしょうか。

この点についても、「謀議」が「罪となるべき事実」に属するかどうか、ということが問題です。これを肯定するとなると、刑訴法256条3項が「できる限り日時、場所及び方法をもって罪となるべき事実を特定」すべきだとしていますので、訴因に記載すべきだということになるでしょう。しかし、今申したように、謀議行為自体はあくまで間接事実にすぎず、本来の罪となるべき事実には属さないと考えるべきです。

批判説は、この記載を必要だとする論拠として、謀議のみに参加し、実行行為は行っていない被告人にとっては、謀議の日時場所を検察官が示さない限りは防御ができない（例えば謀議がなされた日のアリバイを主張できないなど）ことなどを挙げており、確かにその趣旨は理解できます。

---

(17) なお、2017年5月に成立したいわゆるテロ等準備罪においては、組織的犯罪集団が団体の活動として、当該行為を実行するための組織により行われるものの遂行を二人以上で計画した者は、その計画をした者のいずれかが、犯罪実行のための準備行為をした場合に処罰することとしているが、この構成要件においては、犯行の計画（謀議）自体が、犯罪の実行行為の一部をなすので、罪となるべき事実となることは当然であり、訴因の不可欠かつ中心的な記載事実となる。

(18) その典型はいわゆるスワット事件に係る△最決平成15・5・1刑集57巻5号507頁、判時1832号174頁、判タ1131号111頁の事案であり、暴力団組長の護衛2名が拳銃を携帯して随行していた事案について、事前謀議の有無や組長による具体的指示・了解の有無等は関係者の供述拒否等のため一切判明しないため、情況証拠によって共謀を認定したものである。このような事案においても「共謀の上」のみの記載は許されないとすれば、被告人の暴力団における地位と護衛組員との組織における関係、暴力団抗争が激化して被告人が生命を狙われる危険性があったこと、組事務所等における警護体制を強化していたこと、被告人の行動に護衛2名が常に随行していたこと、など様々な間接事実についても、「共謀の上」の具体的内容を示す事実として起訴状に記載すべきこととなるが、これは予断排除等の観点から別の問題が生じ、許されないであろう（同事件の詳細な解説は、亀井源太郎「共謀共同正犯における共謀概念」法学研究84巻9号〈2011年〉87頁以下参照）。

しかし、今論じているのは、それが欠ければ訴因自体が特定性を欠いて違法となるかどうか、あるいは、256条3項の「できる限り日時、場所及び方法をもって罪となるべき事実を特定」する要求を充たさないものとして違法になるかどうか、という問題です。その観点からは、謀議行為自体は罪となるべき事実に属さないと考える以上（練馬事件の最判の文言には反しますが）、これらが違法とされる問題ではないというべきです。

実質的な問題は、被告人の防御の実効性をどう確保するか、ということにあります。実務においては、被告人が謀議の成立を争う場合、訴因には記載しなくとも、防御権を実効性あるものとするために、謀議の成立を示す様々な事実を証明予定事実記載書面や冒頭陳述書に記載することも多いですし、釈明や争点顕在化措置等の様々な方策も採られています。これは後で具体的にお話ししましょう。

起訴状の訴因の記載を過度に要求すれば、様々な間接事実の積み重ねで謀議の存在を立証すべき場合には、訴因の中に被告人の暴力団組織の地位や立場その他の事実を詳しく記載することになり、予断排除の上で問題が生じます。また、共謀には、事前謀議による共謀以外にも、現場共謀もあり、また事前共謀の場合、その形態は、共犯者全員が集まって文言等のやりとりをする明示的な謀議以外に、3人以上の共犯者が一同に会せず、電話などで順次謀議を行う場合や、暗黙の了解による黙示の共謀もあり、これらを訴因に個別具体的に記載することも過剰な要求というべきでしょう。

これらに照らせば、これらの様々な共謀の形態を通じて起訴状の訴因として記載すべきものとしては、「共謀の上」のみで足りるとした上で、被告人の防御権の実質的な保護のためには、後述の様々な手続段階における措置によって対応するのが妥当でしょう[19]。

(2) 共謀事案による実行行為者や各被告人の行った実行行為の特定

これも、謀議の日時場所等と並んで、検察官がこれを訴因に記載しないため、弁護人から強くその明示を求める例が少なくありません。判例は、これらの記載は訴因の特定に不可欠な事項ではないとしています。この問題点については、最重要判例である後記平成13年最決を中心に後で勉強しましょう。

4 起訴状の訴因には謀議の日時場所等や実行行為者・各自の行為等が記載されていない場合の対応

理論的には、前述のように、基本的に識別説に基づき、これらの事項について訴因に記載することは必要的ではありませんが、実際の訴訟においては、弁護人が強くその特定や明示を求め、裁判所が検察官に対して任意的な訴因変更を促したり、裁量的な求釈明をし、検察官がこれに応じて訴因の変更をしてこれを明示したり、釈明によってこれらの明示を行うことも少なくありません。これらの攻防が、共謀事案について、実質審理に入る前の第一次段階の主戦場といっても過言ではありません。検察官は、訴因の特定上は不可欠な記載ではないと考えても、事案によっては、訴因を任意的に変更することによって、謀議の日時場所や実行行為者の特定や実行行為者

---

[19] 加藤克佳「訴因の特定」法教364号（2011年）19頁は、「共謀とは、他人との犯罪遂行の合意すなわち内心の意思連絡状態であり、謀議行為はそのような意思状態の存在を推認させる間接事実にとどまると考えるなら、現在の運用も不合理とまではいえないこととなろう」とする。

が具体的に行った実行行為位等を訴因に記載することもあります。検察官がこのような訴因の変更によって対応した場合には、それは本来は訴因の特定のために不可欠な記載事項ではないとしても、訴因に明示された以上、訴因の一部を構成する事実となり、それと異なる事実を認定するためには原則として訴因変更が必要となるでしょう。これは後で勉強する最決平成13・4・11の問題です。

また、訴因の変更によらないで明示を行う方法としては

　ア　検察官が証明予定事実記載書面や冒頭陳述書に記載すること
　イ　弁護人からの求めに応じて裁判長から求釈明がなされ、これに応じて釈明すること

などの方法があります。これらによって、謀議の日時場所等を明らかにし、それに対する攻撃防御がなされた場合、判決で、これと異なる日時場所等を認定するのは、被告人側の防御権を侵害し、不意打ちとなるおそれがあるので、裁判所としてはいわゆる争点顕在化措置を採る義務があります。争点顕在化措置とは、法令上の概念ではなく判例によって形成・蓄積された運用の方策です。争点顕在化措置の問題についての指導的判例は、よど号ハイジャック事件の○最決昭和58・12・13刑集37巻10号1581頁、判時1101号17頁、判タ516号86頁です。

《事案の概要》
　検察官は釈明・冒頭陳述で、謀議の日時場所を「3月12日から14日までの3日間、喫茶店白鳥において」と特定した。被告人は、13日夜の第一次謀議についてアリバイを主張するなどして争った。一審は、これを排斥して「13日及び14日」に謀議を遂げた旨認定。控訴審は、13日夜のアリバイを認めたが、被告人の捜査段階の詳細な自白の信用性を認め、謀議の日の違いについて何らの措置を講じることなく「一審が認定した13日夜の謀議は、実は12日に行われた」ものであると認め、更に「13日昼、14日にも謀議が続行されていた」と認め、共謀の成立を肯定した。被告人は、この認定は不意打ちで防御権を侵害すると主張して上告（なお、釈明・冒頭陳述では、謀議は12日から14日までの3日間とされているので、訴因の特定や訴因逸脱認定の問題ではない）。

《決定要旨》
　「（12日の謀議については）第一審の検察官も最終的には主張せず、第一審判決においても認定されていないのであり、右12日の謀議が存在したか否かについては、前述のとおり、原審においても検察官が特段の主張・立証を行わず、その結果として被告人・弁護人も何らの防御活動を行っていないのである。したがって、前述のような基本的認識に立つ原審が、第一審判決の認めた13日夜の第一次協議の存在に疑問をもち、右協議が現実には12日夜に行われたとの事実を認定しようとするのであれば、少なくとも、12日夜の謀議の存否の点を控訴審における争点として顕在化させた上で十分の審理を遂げる必要があると解されるのであって、このような措置をとることなく、13日夜の第一次協議に関する被告人のアリバイを認めながら、卒然として右第一次協議の日を12日夜であると認めてこれに対する被告人の関与を肯定した原審の訴訟手続は、本件事案の性質、審理の経過等にかんがみると、被告人に対し不意打ちを与え、その防御権を不当に侵害するものであって違法である」

　つまり、この事案では、検察官は釈明等で、謀議が行われた日として12日も含めていたので、原審の認定はこれを逸脱してはいないのですが、実質的に12日の謀議の可能性について審理されておらず、いわば12日についてはエアポケット状態になっていたのですね。

　このような場合における争点顕在化の措置としては、公判手続で被告人に争う機会を付与し（308条）、適切な訴訟指揮を行い（294条）するほか、下記の公判準備手続での争点の明確化、公

判前整理手続や期日間整理手続での争点整理などが考えられます。具体的には、例えば、裁判長が検察官に対し「検察官は12日の謀議の存在について主張を維持し、なんらかの立証計画がありますか」などと促し、弁護人に対しては「弁護人は12日の謀議の可能性について争う主張立証がありますか」などと促すことが考えられます。そこで、検察官は、「裁判所は12日謀議の可能性も念頭に置いているのだな」と察知して対応策を考え、弁護人も直ちにこれを悟ってその反証の準備を行うことになりますね。

5 訴因の明確化のために、法は具体的にどのような手続を予定しているか。

訴因の明確化を行うために法令上の根拠を有する手続としては次の3段階があり、刑訴法や刑訴規則に規定があります。なお、訴因の変更とは異なる「訴因の補正」という概念があります。これは、訴因の特定が細かな点で多少欠ける場合であっても、基本的に他と区別できる程度の具体的記載がある限り、検察官による補正を認めるという実務です。

(1) 事前準備段階

規則178条の6③－1

検察官及び弁護人は、第一回の公判期日前に、前二項に掲げることを行うほか、相手方と連絡して次のことを行わなければならない。

1 **起訴状に記載された訴因若しくは罰条を明確にし、又は事件の争点を明らかにするため、**相互の間でできる限り打ち合わせておくこと

規則178条の10①

裁判所主導による打ち合わせの実施について定める。

(2) 公判前整理手続段階

刑訴法316条の5
（公判前整理手続において行える事項として）
1 **訴因又は罰条を明確にさせること**
2 訴因又は罰条の追加、撤回又は変更を許すこと
3 公判期日においてすることを予定している主張を明らかにさせて事件の争点を整理すること

(3) 冒頭手続等における釈明の段階

当事者間で意見がまとまらず事前準備で対処できなかったような場合や、公判開始後にこの問題が発見され、それが訴因の明確化のために必要な事項であると考えられた場合には、冒頭手続等において、裁判長は、被告人・弁護人の求めに基づき、または職権で検察官に釈明を求めます。

(4) 期日間整理手続（刑訴法316条の28）

公判期日の釈明等では対応できないほどの問題であれば、期日間整理手続を行って適切な対応をする必要もあります。

6 上記の明確化の措置を採った上でも訴因の特定性を欠くとき、裁判所はどうすべきか。

その訴因が訴因特定の最低限の要請すら充たしていない場合には、裁判所は、刑訴法338条4号に基づいて公訴棄却の判決を言い渡さなければなりません[20]。

最低限の識別の要請は充たしてはいるものの、256条3項のできる限り〜の要請は充たしていない場合は、直ちに公訴棄却とされることはないとしても、その手続違反が、訴訟手続の法令違反として相対的控訴理由になる場合があり得ます。

第3 訴因変更の要否の問題

訴因の特定性の要件が充たされ、公判での審理が開始されても、審理の経過いかんによっては、当初検察官が設定した訴因のままでは、それに記載されたとおりの事実が認定できないため、全部または一部の無罪や、検察官が主張するのとは異なる犯罪の認定等、検察官が所期しない裁判がなされ得るおそれが生じる場合が生じます。また、当事者主義の下では、検察官の主張する訴因に記載された具体的犯罪事実の有無を巡って攻防を尽すものであり、裁判所は、訴因から離れて自ら事実を探知・判断することは許されないため、仮に審理の経過において、当初の訴因とは異なる事実が発見・証明されるに及べば、その異なる事実を裁判で認定するためには、新たな事実を踏まえて訴因を変更することも必要となります。

しかし、当初検察官が起訴状に記載して主張立証しようとした事実は、さきほど殺人事件の訴因の記載例で示したように、

① 訴因の特定のために不可欠な事実
② 訴因としての記載は本来不可欠ではないが、任意に訴因に記載され、審理では重要な争点となるもの（謀議の日時場所、実行行為者の特定、具体的犯行方法、動機等）、
③ 記載が必要でも重要でもなく単なる余事記載に過ぎないもの

まで多岐にわたります。これらの事実のうち、訴因の特定のために不可欠な事実について変化が生じた場合には訴因変更が必要であるのは当然ですが、それ以外の事実については、そのすべてについて常に訴因変更が必要となるわけではありません。

また、訴因は、審判の対象を確定するとともに被告人の防御の対象を明確化することに目的があるので、具体的事件の審理において、どのような攻撃防御が行われてきたかということも、訴因変更の要否を判断する上で考慮すべき場合もあります。

更に、事案によっては、訴因の変更までは要しないものの、被告人に対する不意打ちを防止し、その防御権を尽させるために、検察官に対する求釈明や「争点顕在化」の措置が必要となる場合

---

[20] △大阪地判昭和51・11・18刑裁月報8巻11-12号504頁は、公正証書原本不実記載・同公使事件の起訴状の訴因について「しかしながら本件公訴事実には、以上に述べたように、およそ公正証書原本不実記載、同行使の罪となるべき事実を特定するに当り最も重要であるというべき不実記載の内容自体に関して、右（一）のように一見してその誤記であることが明らかでなく、保存登記、表示登記のいずれともとれるような誤記（ちなみに当裁判所は、保存登記と表示登記の双方について各不実記載罪が成立する場合には、それらは併合罪の関係に立つものと解する。）や、右（二）のようにその範囲をきわめてあいまいなものにする余事記載があり、更に訴訟における攻撃防御の重要な焦点ともなるべき被告人らの行使の日時、方法ないしその態様について、右（三）ないし（五）のように非常に不正確な記載があるために、本件の訴因は、全体としてこれをみると、もはやその訂正ないし補正の許される余地のないほどに不特定であるものといわざるをえない。よつて検察官の右訴因の補正申立はこれを却下することとし、本件公訴提起の手続は、刑事訴訟法二五六条三項に違反するため無効であるので、同法三三八条四号により本件公訴を棄却する」と判示した。

も少なくありません。

　訴因変更が必要であるにもかかわらず、それを行わないまま、当初の訴因と異なる事実を認定した場合、不告不理原則違反として絶対的控訴理由（378条3号）となったり、訴訟手続の法令違反（379条）として相対的控訴理由となります。

　※　378条3号「審判の請求を受けた事件について判決をせず、又は審判の請求を受けない事件について判決をしたとき」

　これらを踏まえ、裁判所が、罪を認定するに当たって訴因変更を要する場合とそうでない場合との区別の判断が極めて重要となり、これが訴因変更の要否の問題です。

1　訴因の機能の面からの訴因変更の要否についての基本的考え方

　訴因の本質的機能が、具体的犯罪事実を明らかにすることによって、審判の対象を識別・確定することにあることに照らせば、訴因の拘束力は事実記載面に求められます。したがって、訴因の内容をなす具体的事実に変動があれば、法的評価には変わりはなくとも訴因変更を要するが、具体的事実には変動がなく、法的評価だけが異なる場合には、訴因変更は不要です。また、事実記載説でも、極めて狭い範囲でしかずれを許容しない厳格な事実記載説もありますが、多数説は、わずかな事実の変更の場合にもすべて訴因変更が必要となるのではなく、「事実に重要な、あるいは実質的な差異が生じた場合」に訴因変更が必要としています（緩やかな事実記載説）。

2　抽象的防御説と具体的防御説、これに関する判例の変遷等

　事実に重要な、あるいは実質的な差異が生じた場合に訴因変更が必要とされる場合の、「重要」あるいは「実質的差異」の判断に関する基本的な視点については、かねてから、「具体的防御説」と「抽象的防御説」の2説がありました。この説の違いは、既に指摘しましたが、審判の対象が公訴事実であるか、訴因であるか、の論争にも対応していました。判例の主流は、当初は具体的防御説であり、その後抽象的防御説を経て、近時二段階説に移行したと評価されています。

ア　具体的防御説

　被告人の防御の仕方、審理経過や具体的状況等を考慮し、具体的・個別的な見地から、訴因変更手続を経ないことが被告人の防御に実質的に不利益を与えるか否かによって訴因変更の要否を判断します。この説は、審判の対象は公訴事実であるとする考え方や、職権審理主義の色彩を残しています。

（具体的防御説に立つ判例）

△最判昭和29・1・21刑集8巻1号71頁

「法が訴因及びその変更手続を定めた趣旨は、原判決説示のごとく、審理の対象・範囲を明確にして、被告人の防御に不利益を与えないためであると認められるから、裁判所は、審理の経過に鑑み、被告人の防御に実質的に不利益を生ずる虞がないものと認めるときは、公訴事実の同一性を害しない限度において、訴因変更手続をしないで、訴因と異なる事実を認定しても差し支えないと解するのを相当とする。」

　この説に対しては、現在定着している審判の対象が訴因であるとの考え方にはなじまず、また、個々の訴訟の展開次第で訴因変更の要否が決定されることになり、基準として不安定であるとの批判がされてきました。

イ　抽象的防御説

被告人の具体的な防御や審理経過等を個別的具体的に判断するのでなく、訴因事実と認定事実のずれを、抽象的・一般的な観点、つまり、一般的に、そのような事実の変更があれば通常は被告人の防御に不利益を及ぼすであろうという場合に訴因変更を必要とします。近時有力となっていた立場です。審判の対象は訴因であり、訴因は具体的事実を記載するものとの考え方の定着は、この説のように訴因自体の記載から変更の要否を検討するという考え方の浸透をもたらしたといえます。

（抽象的防御説に立つ判例）

① △最判昭和36・6・13刑集15巻6号961頁、判時268号28頁

《事案の概要》

収賄の共同正犯の訴因について、訴因変更手続を経ることなく、贈賄の共同正犯を認定したことを違法としたもの。

《判決要旨》

「本件公訴事実と原判決認定の事実とは、基本的事実関係においては、同一であると認められるけれども、もともと収賄と贈賄とは、犯罪構成要件を異にするばかりでなく、一方は賄賂の収受であり、他方は賄賂の供与であって、行為の態様が全く相反する犯罪であるから、収賄の犯行に加担したという訴因に対し、訴因罰条の変更手続を履まずに、贈賄の犯行に加担したという事実を認定することは、被告人に不当な不意打ちを加え、その防御に実質的な不利益を与える虞があるといわなければならない。」

この事案では、被告人側が、むしろ贈賄の立場であると主張して争ったものであり、認定はその主張に沿うものであるので、具体的防御説からは、訴因変更は必要ないということになりますね。

② △最判昭和41・7・26刑集20巻6号711頁、判時459号75頁、判タ198号146頁

《事案の概要》

業務上横領の訴因が特別背任に変更された後に、再度の訴因変更手続を経ることなく、前者の事実を認定したことは違法であるとした事案。当初訴因について被告人の防御の機会は付与されていた。

《判決要旨》

「一審で、当初起訴にかかる業務上横領の訴因につき被告人に防御の機会が与えられていたとしても、既に特別背任の訴因に変更されている以上、爾後における被告人側の防御は専ら同訴因についてなされていたものとみるべきであるから、これを再び業務上横領と認定するためには、更に訴因罰条の変更ないし追加手続をとり、改めて業務上横領の訴因につき防御の機会を与える必要があるといわなければならない。」

ウ　二段階説に立つ主な学説

上記の両説の対立について、学説には、両説を対立的に捉えるのでなく、次のように、抽象的防御説の考え方に具体的防御説の観点をも加味して合理的な結論を導こうとするものが現れました。例えば、松尾教授は、

「罪となるべき事実の記載を、(a) 審判の対象を特定するために必要不可欠な部分と、(b) そ

の他の部分とに分けて考え、(a)の変動は常に訴因変更を要するが、(b)の変動は必ずしもそうでない……被告人の防御によって重要であったかどうかを判断し、重要でない場合には変更を要しない……と解釈すべきであろう。」「また、防御にとって重要か否かを判断するには、起訴状記載の訴因と異なる事実を認定することが、類型的・一般的に見て防御上不利益を生じないかを基準とすべきであるが（抽象的防御説）、訴訟の実際の経過に対する配慮（具体的防御説）もまったく無視することはできない。」(21)

としています。このような説が、次に勉強する平成13年最決の布石となったともいえるでしょう。

3　二段階説に立ったとされる平成13年最決の登場

両説の対立の経緯の後、この判例が、極めて重要かつ指導的なものとして登場しました。

(1) ◎最決平成13・4・11刑集55巻3号127頁、判時1748号175頁、判夕1060号175頁

《事案の概要》

被告人Xが、Y、Zらと共謀して犯した保険金詐欺についての口封じのため、Yと共謀してZを殺害・死体遺棄した事件。当初公訴事実は「被告人はYと共謀の上、頸部を締め付けて殺害」とし、実行行為者を特定しなかったが、第一審係属中に、検察官は、「被告人が、Zの頸部を締め付けるなどして殺害」に訴因変更した。審理の結果、一審判決は「Yまたは被告人あるいはその両名においてZを殺害した」と認定したため、被告人は、訴因変更手続を経ない認定は法令違反であるとして上告したが、最高裁は次の判示をしてこれを棄却した。

《決定要旨》

「殺人罪の共同正犯の訴因としては、その実行行為者がだれであるかが明示されていないからといって、それだけで直ちに訴因の記載として罪となるべき事実の特定に欠けるものとはいえないと考えられるから、訴因において実行行為者が明示された場合にそれと異なる認定をするとしても、審判対象の画定という見地からは、訴因変更が必要となるとはいえないものと解される」（判示①）。「とはいえ、実行行為者が誰であるかは、一般的に、被告人の防御にとって重要な事項であるから、当該訴因の成否について争いがある場合等においては、争点の明確化などのため、検察官において実行行為者を特定するのが望ましいということができ、検察官が訴因においてその実行行為者の明示をした以上、判決においてそれと実質的に異なる認定をするには、原則として訴因変更手続を要するものと解するのが相当である」（判示②）。「しかしながら、実行行為者の明示は、前記のとおり、訴因の記載として不可欠な事項ではないから、少なくとも、被告人の防御の具体的な状況等の審理の経過に照らし、被告人に不意打ちを与えるものではないと認められ、かつ、判決で認定される事実が訴因に記載された事実と比べて被告人にとってより不利益であるとはいえない場合には、例外的に、訴因変更手続を経ることなく訴因と異なる実行行為者を認定することも違法ではないものと解すべきである」（判示③）とした上、本件について具体的に検討し、被告人が自己の実行行為を争った審理経過や、その主張を一部受け入れた判決内容等に照らし、不意打ちでなく、被告人にとってより不利益でもなかったとして、訴因変更手続を経なかったことは違法でないとした。

---

(21)　松尾（上）262頁。

(2) 本最決の評価等

まず、判示①部分が、実行行為者について訴因と異なる認定をしても審判対象確定の見地からは訴因の変更は必要でない、としていることは基本的には識別説に立っているといえます。

この判断枠組みを整理すると次のようになります。

ア 審判対象の画定のために必要な事項（訴因の記載として不可欠な事項）

→ 「拘束力ある訴因事実」であり、訴因変更が必要。

※ 抽象的防御説的な基準で判断される。

※ 訴因変更がなされないまま新たな事実が認定されれば、378条3号（審判の請求をうけた事件について判決をせず、又は審判の請求を受けない事件について判決をしたこと）の絶対的控訴事由となる。

イ 訴因の記載として不可欠ではないが、訴因に記載され、被告人の防御にとって重要な事項

→ 「拘束力のない訴因事実」であり、原則的には訴因変更が必要だが、具体的審理状況に照らし、例外的に不要となる場合あり。

※ 具体的防御の視点も含めて判断される。

※ 訴因変更が必要なのにそれがなされなければ、379条の相対的控訴事由（訴訟手続の法令違反）となる。

ウ いずれにも当たらない事項

→ 訴因変更は不要。

本最決は、基本的には識別説や抽象的防御説を踏まえつつ、被告人の具体的な防御の視点をも加味するもので、実務的にも妥当な結論を導くことができ、上記の判断枠組みは、一般的な射程を持ち得るものと評価・支持されています。

4 緩やかな事実記載説による具体的適用の諸問題

(1) 問題の所在

訴因の拘束力については、既に述べたとおり、「緩やかな事実記載説」が通説です。しかし、緩やかな事実記載説において、訴因変更が必要となるのは「訴因の記載事実に重要な、あるいは実質的な差異が生じた場合」であるところ、平成13年最決は、共謀事案における実行行為者の特定が問題になった事案について判示したにとどまります。

また、実務においては、識別説に立つとはいえ、起訴状の公訴事実（訴因）として記載される事実は、訴因の特定のために不可欠な事実、刑訴法256条3項により記載されるべき事実はもとより、記載は任意的であるが記載された以上訴因事実を構成し、被告人の防御の上で重要な事実、これら以外の余事記載的な事実などが、六何の原則に即してかなり詳しく記載されることが少なくありません（前記殺人事件の訴因の記載例参照）。したがって、同最決が具体的に判断した、共謀事案における実行行為者の特定という問題以外の様々な事案における訴因について、どのような事実の差異が訴因変更を必要とするのかについては、同最決はそれを網羅的に示してはいないので、その整理検討が重要な課題となります。

(2) 訴因変更を要する事実の差異の具体例

緩やかな事実記載説に立った上で、訴因に記載された事実の中で訴因変更の要否が問題となる様々なものについて勉強しましょう[22]。

ア 審判対象確定の見地から訴因として記載を要すべき事項が変化する場合

これは平成13年最決の判示①の部分に相当するものかどうか、という問題です。「罪となるべき事実」及びこれを特定するために起訴状に記載された「日時、場所、方法」について、以下の各場合が、被告人の防御の情況等に関わりなく、抽象的・画一的に訴因変更を要します。なお、下記判例や実務を見ると、基本的には識別説に立っているとはいえ、単に他の犯罪との識別ができさえすれば訴因の目的機能が果たされるのではなく、有罪の認定が可能となる具体的事実の記載（例、過失の態様や実行行為の具体的内容など）も訴因に記載されるべきで、その認定が変わるのであれば訴因変更が必要となるとの考え方に立っていることが窺えます。

[山田君]

「日時、場所、方法」については、識別説に立てば訴因の特定上不可欠な事実ではなく、刑訴法256条3項が「できる限り」記載すべき、としている事実ですね。これは、平成13年最決判示①の部分に相当する「審判対象確定の見地から特定が必要な事実」に当たるのか、判示②の部分に相当する「訴因の特定上不可欠ではないが、被告人の防御にとって重要な事項で訴因に記載された以上、異なる認定をするには訴因変更が原則的に必要となる事実」のどちらなのでしょうか。

[太田]

平成13年最決の判示②の部分は、実行行為者の明示は訴因の特定上不可欠ではないが、検察官がそれを特定するのが「望ましい」と言っていますね。しかし、256条3項は、日時場所方法については、単に記載が「望ましい」としているのでなく、「訴因を明示するには、できる限り日時、場所及び方法を以て罪となるべき事実を特定してこれをしなければならない」としています。日時、場所及び方法は、単なる任意的な記載事項ではなく、それを明らかにできない特殊事情があれば格別、それを明らかにできる限りは記載すべき事実なのですから、これも審判対象確定の見地から訴因として記載すべき事項の方に属すると整理するべきでしょう。

これに対し、実行行為者の特定とか、謀議の日時場所等（謀議自体は罪となるべき事実には属さないとの私の説の下で）については、防御権説に立たない限りは、256条3項の問題ではなく、あくまで任意的な記載事項であり、これらは平成13年最決の判示②の部分に相当すると考えるべきだと思います。ただ、日時、場所、及び方法は、256条3項によりできる限りの記載が必要とされますが、アリバイの主張等に影響しない日時場所の僅かなずれとか、量刑にも影響しない方法の多少の変化などについては訴因変更が必要でない場合もあるでしょう。

それでは、判示①の部分に該当する、審判対象確定の見地から訴因として記載を要すべき事項として、訴因と異なる認定をするためには訴因変更の要否が必要となる場合を挙げていきましょう。

（構成要件的評価が異なるに至る場合　※後述の縮小認定等の場合は除く）
① 特別背任　→　業務上横領（前掲最判昭和41・7・26）
② 収賄共同正犯　→　贈賄共同正犯（前掲最判昭和36・6・13）

---

[22] 香城敏麿「訴因制度の構造（中）」判時1238号（1987年）3頁以下に詳細な整理がある。

③ 幇助犯 → 共同正犯

△最大判昭和40・4・28刑集19巻3号270頁、判時406号20頁、判タ174号223頁

「共同正犯を認めるためには、幇助に含まれていない共謀の事実を新たに認定しなければならず、また法定刑も重くなる場合であるから、被告人の防御権に影響を及ぼすことは明らかであって、当然訴因変更を要するものといわなければならない。」

※ この判例は、訴因変更命令には形成力がないとした重要判例でもある。

なお、これとは逆に、共同正犯の訴因で幇助犯を認定するについては、事案によります（後述）。

④ 未遂 → 既遂

△大阪地判平成11・7・13判タ1038号299頁

強制わいせつ未遂罪の訴因での起訴について、裁判所は、既遂罪の心証を得たが

「右の各犯罪の既遂罪と未遂罪とはいわば大小の関係（包含関係）にあることや起訴便宜主義の趣旨にも照らすと、本件においては、あえて右各事実を（準）強制わいせつの既遂罪として処断するのは適当とは考えられない。そこで、右各事実については、検察官の主張どおりこれが（準）強制わいせつ未遂罪を構成するものとして法令を適用し、それを前提として量刑判断をすることとした。」

と判示しました。未遂の訴因には、犯罪結果を生じさせた事実が記載されておらず、刑も重くなるのですから、既遂を認定するためには訴因変更が必要なのは当然です。ただ、その逆に、既遂の訴因で未遂を認定するのは、後述の縮小認定に当たり、許されます。

（構成要件的評価は同一であっても、犯罪の日時場所、実行行為そのもの、または犯罪の結果そのものが変動する場合）

① 犯罪の日時場所が異なってくる場合

日時場所は256条3項によりできる限りの記載が求められます。犯罪の認定や量刑に影響のない若干の違いに過ぎないなら訴因変更は必要ではありません。しかし、例えばその違いがアリバイ主張その他被告人の犯罪の成否等に重要な影響を及ぼす場合には訴因変更が必要です。そのような場合ではなく、若干の日時場所の認定の違いに過ぎないとしても（例えば番地の違いなど）、実務上は、任意的に訴因変更をすることの方が多いようです。

② 過失の態様に変化が生じる場合

過失罪、という構成要件そのものには変化がなくとも、過失犯というのは非定型であり、結果の発生をもたらした過失の態様には極めて様々なものがあり得るので、訴因変更を要するのはどのような事実の変化の場合か、ということは難しい問題です。いくつかの判例を見てみましょう。

△最判昭和46・6・22刑集25巻4号588頁（百選A18）

（起訴事実の訴因）

濡れた靴を履いていたため、交差点で一時停止の状態から発進するに当たりクラッチペダルから足を踏み外した過失

（一審判決）

訴因変更を経ることなく、交差点前で一時停止中の他車の後に進行接近する際のブレーキのかけ遅れとして有罪

（上告審判旨）

原判決及び一審判決を破棄し、第一審に差し戻し

「両者は明らかに過失の態様を異にしており、このように起訴状に訴因として明示された態様

の過失を認めず、それとは別の態様の過失を認定するには、被告人に防御の機会を与えるため訴因の変更手続を要する」

△最決昭和63・10・24刑集42巻8号1079頁、判時1299号144頁、判タ683号.66頁（高知五台山業過事件）

「不用意な制動措置を取ることのないよう予め減速して進行すべき注意義務」の前提となる、道路が滑走しやすくなっていることの理由として、「石灰の粉塵の路面への堆積凝固」という事実については、公訴事実中にいったんは記載され、その後訴因変更の手続によって撤回されたものであっても、そのことによってその事実の認定が許されなくなるわけではない、とした。

△最決平成15・2・20判時1820号149頁

対向車線にはみ出した衝突事故事案について、「前方不注視で漫然進行した過失」の訴因についての一審の無罪判決に対し、控訴審が「前方を注視し、対向車線にはみ出さないよう左車線を進行すべき注意義務」を認定しつつ、そのためには訴因変更をすべきであったとしたが、最高裁は、「原判決が認定した過失は、当初の訴因の過失の態様を補充訂正したにとどまる」として訴因変更は要しない」とした[23]。

過失の態様については

ア　注意義務を課す根拠となる具体的事実

イ　注意義務の内容

ウ　注意義務違反の具体的行為

が記載されますが、これらのいずれが変動した場合に訴因変更を要するかについては、考え方が分かれています。アについては、上記昭和63年最決が訴因変更は不要としていますが、イやウについては、訴因変更を必要とするのが、大勢であるといえます。

③　作為犯　→　不真正不作為犯

例えば、殺人について、作為犯の訴因で起訴されたが、保護責任のある者が意図的に保護義務を尽さないことにより死亡させたという不真正不作為犯で有罪としようとすれば、保護義務の発生根拠やそれを尽さなかったという当初訴因に含まれていない重要な事実の認定が必要となるので、訴因変更が必要となります。

④　傷害致死の訴因で、「頭部を手拳で殴打した」が、「路上に押し倒して転倒させた」などと、行為態様が大きく変化

256条3項によりできる限り記載が必要とされる犯行の「方法」についての変化です。実行行為の態様がまったく異なってきたり、行為の態様に新たな行為が付加されるのであれば、訴因変更が必要です。量刑に影響しない程度のわずかな違いに過ぎないのであれば不要でしょう。△東京高判昭和45・12・22判タ261号356頁は、顔面を手拳で数回殴打し左肩部挫創等の傷害を負わせたことに「足で左そけい部を蹴り、左そけい部打撲傷を負わせた」を付加して認定する場合、訴因変更が必要としています。

なお、○最決平成24・2・29刑集66巻4号589頁は、現住建造物放火罪で、一審が「ガスコンロの点火スイッチを頭部で押し込み、作動させて点火した」と認定して有罪としたのに対し、控訴審は、訴因変更手続を経ないまま「何らかの方法により～ガスに引火」と認定し有罪を維持し

---

(23)　辻本・前掲注(11)3頁以下参照。同論文はこの判旨に批判的であるが、過失犯における訴因変更の問題について詳細に論じている。

ました。しかし、最高裁は、「ガスに引火、爆発させた方法は～一般的に被告人の防御にとって重要な事項である」とし、訴因変更手続を経ないで上記認定した原審の訴訟手続は違法であったとしています[24]。

⑤　「宝石の窃取」　→　「時計の窃取」

窃盗罪の対象物の変化です。単なる「財物を窃取した」の記載は、識別説に立っても特定は不十分で、誰のどんな財物を窃取したかという対象物の記載は不可欠ですから、訴因変更は必要でしょう。ただ、元の訴因には宝石等多数の被害品が記載され、それに時計を付加する程度であれば不要の場合もあるでしょう。実務的には、任意的に訴因を変更して付加するのが妥当ですね。

イ　審判対象確定の見地から訴因として記載を要すべき事項に変動がなくても、訴因に任意的に記載され、防御に重要であるため、その変動の有無により判決に影響を及ぼすに至るような場合

これが平成13年最決の判示②の部分におおむね相当するものといえるでしょう。

（未必的行為故意から確定的故意へ）

訴因には、単に「殺意をもって」とのみ記載し、確定的故意か未必的故意かを区別せず、その別は訴因によらず釈明でまかなう、ということも実務では多いです。しかし、訴因自体で「死に至らしめるかもしれないことを認識しながら、敢えて～～」などと、未必の故意であること明らかにした場合には、「殺害しようと決意し」という確定的故意を認定するためには、量刑にかなりの差が生じ、防御上重要な事実の変化ですので訴因変更が必要となるでしょう。逆に、確定的故意の訴因から未必的故意を認定する場合には、縮小認定的なものとして訴因変更は必要ないでしょう。

①　現場共謀の訴因に対して事前共謀に基く犯行であると認定する場合

通常は、起訴状には「共謀の上」とのみ記載し、現場共謀か事前共謀かの区別や、事前共謀の場合の謀議が行われた日時場所は記載されません。しかし、これが争点となる場合には、証明予定事実への記載や冒頭手続段階の釈明などで対応されることが多いです。その場合には、訴因と異なる認定をするためには、争点顕在化手続や再度の釈明等で対応すれば足りるでしょう。しかし、これらが訴因レベルで任意的に記載されて明らかにされていたのであれば、現場共謀の訴因から事前共謀を認定するためには、訴因変更が必要となります。とっさに共謀した現場共謀よりも、事前共謀の場合には計画性や組織性が強く量刑も重くなるからです。特に、被告人が犯行現場で実行行為を共同したとして現場共謀の訴因で起訴されたが、審理の過程で、実は被告人は犯行現場にはおらず、事前共謀に加わっていたことが明らかになった場合には、事前共謀への参加のみが被告人を有罪とできる根拠となりますので事前共謀への訴因変更が必要です。△最判昭和58・9・6刑集37巻7号930頁（日大闘争事件）は、そのような事案について裁判所の訴因変更命令の義務について判示したものですが、これは後で勉強しましょう。

逆に、訴因は事前共謀と記載されていたのを現場共謀と認定するのであれば、被告人に有利な方向の認定で縮小認定的なものですので訴因変更は不要でしょう。

---

(24)　笹倉宏紀「訴因と異なる放火方法の認定と訴因変更の要否」平成24年度重判解181頁以下参照。

② 殺意の発生時期等

殺意の発生時期については、通常は単に「殺意をもって」としか記載されずその発生時期までは記載されません。しかし、これが訴因に任意的に記載されており、その発生時期如何によって犯罪の認定に影響が出たり、犯情が重くなり得るような場合には、異なる認定をするには訴因変更が必要となります。次の判例があります。

△東京高判平成元・3・2判時1322号156頁

第一暴行では殺意はなく、第二暴行のみを殺人の実行行為として起訴された事案において、被告人側は、第二暴行時点での殺意と責任能力を争って審理がなされたところ、原審は、訴因変更手続を経ることなく、第一暴行時点から殺意が認められ、第二暴行時において被告人は限定責任能力であるから、第二暴行時における限定責任能力による刑の減軽は認めるべきでないとした。

本判決は、①起訴訴因と認定訴因とには殺意の発生時期に差異があること、②殺意の発生時期は犯情に影響を与えること、③検察官、被告人双方共、第一暴行時には殺意がなかったことを前提として本証、反証活動を行っていたので、第一暴行時点からの殺意の存在については被告人に防御の機会が十分に与えられていなかったこと、などを理由として、原審が訴因変更のないまま第一暴行時点での殺意を認定した手続の違法は原判決に影響を及ぼすとしました。

③ 加療期間が大幅に伸びるなど、結果が拡大して量刑上大きな影響が生じる場合

傷害罪などでの加療期間については、訴因の特定のためには、「肋骨骨折の傷害を負わせた」と記載すれば足り、256条3項も、「方法」の中に傷害の加療期間まで含めて記載を求めてはいないと思います。しかし、実務では、加療期間が不詳であるような例外的な場合を除いて、加療期間を訴因に記載するのが通常です。このように加療期間は任意的記載事項ですが、加療期間の増減は量刑に直結しますから、被告人の防御に影響を大きく与えるものであり、平成13年最決の判示②部分に相当する事実として、加療期間が長くなる認定のためには訴因変更が必要となるでしょう。△高松高判平成15・3・13裁判所ウェブサイトは、「加療見込み約3か月」の訴因で、入院治療53日間、退院後約2年間の通院を要する見込み」と認定するについて、

「殺人未遂の被害者が被った傷害の加療期間は、訴因の記載として不可欠な事項でないとはいえ、その行為態様と並んで、一般的に刑の量定に相当程度影響を及ぼすものであり、被告人の防御にとって重要な事項であるということができるから、検察官が訴因の中でそれを明示した以上、判決においてそれと実質的に異なる認定をするには、原則として訴因変更の手続を要し、仮にこの手続を採ることなく訴因と異なる事実を認定することが可能な場合があるとしても、少なくとも釈明権を行使するなどして不意打ち防止の措置を採っておく必要があると解される。しかるに、原審裁判所は、訴因変更の手続はもとより、そうした不意打ち防止の措置すら採らないまま、上記のように訴因で明示された期間を大幅に上回る加療期間を認定したのであって、こうした点において、原審の訴訟手続には判決に影響を及ぼすことが明らかな法令違反があるというべきである」

としています。

④ 動機が変化する場合

犯行の動機は、訴因に記載される場合とそうでない場合、様々です。軽微な事件では動機まで記載しないのが通常です。殺人事件などの重大事件では、私の若いころは、動機を書くのが通常でしたが、近年は書かないことも多いようです。ただ、保険金目的のような動機が極めて重要で

あるような場合には最近でも動機を訴因に記載しているようです。訴因に動機が記載されていなければ、冒頭陳述等で明らかにされた動機と異なる認定をするには争点顕在化措置等で足りますが、動機が訴因に任意的に明示され、重要な争点となっている場合に、被告人に不利な方向の動機を認定するためには原則的に訴因変更が必要となるでしょう。

△大阪高判平成12・7・21判時1734号151頁（訴因変更を不要としたもの）

恐喝事案における動機について、①恐喝の原因動機は構成要件ではなく訴因の特定上必要的記載事項でないこと、②恐喝の動機原因の相違によって社会的事実の同一性が失われないこと、③被告人に実質的な不利益をもたらさない限り公訴事実と異なる恐喝原因、動機を認定するために訴因変更を行う必要はないこと、④恐喝原因・動機を公判廷で争点として顕在化させ、被告人に防御の機会を与えれば足りることなどから、訴因変更は不要であるとした。

△東京高判平成7・1・27判タ879号81頁　葛生事件控訴審判決（訴因変更を必要としたもの）

「犯行の動機は、厳密にいえば、罪となるべき事実そのものからはみ出すものであるが、本件のように動機が問題となり、被告人の犯意あるいは犯行そのものが争われているような事案においては、動機の有無は犯意・犯行の認定とも密接な関係を持ち、事実認定上の重要な争点となってくるのである。したがって、動機犯の場合においては、通常起訴状にも、犯行の原因として、動機の点が記載され、検察官の冒頭陳述でもこの点について詳しく言及するのが通例である。かかる訴因に記載された犯行の動機とは別個の、これまで防御の対象とされていない動機を認定していきなり犯意を肯定することは、不意打ちともなりかねず、すこぶる問題であるといってよい。したがって、訴因に明示された動機と異なる動機によって犯行を認定するためには、やはり、訴因変更の手続をとり、これを争点として顕在化させることが必要であるように思われる。本件においても、Tとの結婚の障害になる美智子をうとましく思って殺害したという訴因をそのままに、いきなり保険金目的による殺人等を認めて有罪とすることは、被告人に対する不意打ちとなり、相当ではないというべきであろう。したがって、本件訴因が維持される限りにおいては、Tと結婚するうえで、邪魔になる美智子を殺害したという動機を前提に、被告人の犯意・犯行が認められるかどうかを判断するほかないのである。」

(3) 縮小認定の理論とその関連問題

ア　いわゆる縮小認定等の場合は、当初の訴因に包含された事実の範囲内での変化であり、訴因事実と異なる事実を認定することが被告人に不利益をもたらさないような場合には、訴因変更なしに異なる事実を認定することが許されることには異論がありません。

（縮小認定であるので訴因変更を要しないとした判例）

①　△最判昭和26・6・15刑集5巻7号1277頁

強盗の訴因に対し、訴因変更を経ることなく、恐喝を認定

②　△最判昭和29・1・21刑集8巻1号71頁

窃盗の共同正犯の訴因に対し、訴因変更を経ることなく、窃盗幇助を認定

※　しかし、すべての場合に認められるわけではないことは後述

③　△最決昭和55・3・4刑集34巻3号89頁（百選A19）

被告人は酒酔い運転の罪で起訴され、一審はその罪で有罪となったが、控訴審において、酒酔い状態は認定できないとして原判決を破棄し、訴因変更を経ないまま酒気帯び運転の罪を認めて自判したが、最高裁はこれを是認した。

第3章　訴因と公訴事実に関する諸問題

《判決要旨》
「酒酔い運転も、……酒気帯び運転も基本的には（道路交通）法65条1項違反の行為である点では共通し、前者に対する被告人の防御は通常の場合後者のそれを包含し、もとよりその法定刑も後者は前者より軽く、しかも本件においては運転開始後飲酒量〜〜につき被告人の防御は尽くされていることが記録上明らかであるから、前者の訴因に対し原判決が訴因変更の手続を経ずに後者の罪を認定したからといって、これにより被告人の実質的防御権を不当に制限したものとは認められない」

※　ただ、この判例については、酒酔い運転と酒気帯運転との関係は、厳密にはこのような「縮小認定」の問題ではないとの評価もある（酒酔い運転に該当しても、酒気帯び運転の規定が定める量のアルコールを摂取していなくとも、酒に極めて弱い者が酒気帯びには至らない微量の酒を摂取しても酒酔い状態となるという場合もあり得るため）。

　縮小認定の場合には、通常訴因変更を要しないとされる根拠については、<u>①認定される縮小犯罪事実は、当初から検察官により黙示的・予備的に併せ主張されていた犯罪事実と考えることができるので、縮小認定は、そもそも訴因の記載と『異なる』事実認定の問題ではなく、訴因の記載どおりの認定の一態様であること</u>[25]や、<u>②縮小認定の場合には定型的に被告人の防御に不利益を与えることはないと考えられること</u>、とされています。

　イ　しかし、<u>単に法定刑が軽くなる、あるいは量刑上有利になる、というだけで縮小認定が許される訳ではないこと</u>に留意すべきです。訴因は事実を記載するものであり、当初の訴因記載の事実には黙示的にも包含しきれないような事実の変化がある場合には、訴因変更が必要となります。次のような場合が問題となります。

【殺人の訴因に対する過失致死の認定】
　<u>被害者を死亡させた事件について、殺人の訴因に対し、訴因変更を経ずに傷害致死を認定することは、典型的な縮小認定として許されます。しかし、故意が認められないため過失致死罪を認定しようとするのであれば、訴因変更なしには許されません。</u>量刑上は過失致死罪は殺人よりもはるかに軽いので被告人にとって有利な認定ではあります。しかし、殺人の故意犯の訴因は黙示的・予備的に過失致死の訴因をも主張しているのではありません。そもそも構成要件的な重なり合いがありません。<u>過失犯を認定する以上は、注意義務の内容や注意義務違反の態様など、殺人の訴因には含まれない様々な事実を認定する必要があります。訴因は事実を記載するものですから、訴因変更をして過失致死罪を構成するに足りる事実を記載しなければなりません。</u>なお、実務的には、殺人や傷害致死の訴因が認定できないおそれが生じた場合、検察官としては第一次の殺人等の訴因を維持したままで過失致死罪の訴因を予備的に追加する、「訴因の予備的追加」の手段によるのが通例です。

【共同正犯の訴因に対する幇助犯の認定】
　これは具体的事案によって異なります。縮小認定の一類型として訴因変更が不要な場合もあります。例えば、窃盗の見張り行為のみを行った者が当初窃盗の共同正犯として起訴されたが、見張り行為の事実の変化はないままで、その評価のみが正犯ではなく幇助に留まるとされる場合で

---

(25)　酒巻匡「公訴の提起・追行と訴因(3)」法教300号（2005年）129頁。

あれば、縮小認定が認められるでしょう。

　しかし、見張り行為をしていた事実自体が認められなくなったが、その代わりに「窃盗の本犯を車で犯行現場まで送り届けた」という別の行為が認められるため、その送り届けた行為を捉えて幇助犯を認定しようとする場合には、訴因変更が必要となります。幇助行為は非定型的であり、当初の訴因事実はこのような運転行為を含んでいないからです。ただ、被告人側が、見張りはしていないが車で送ったことは自ら主張し、その限度で幇助が成立することは争っていないような場合には、訴因変更は必要でないという考え方もあり得るでしょう[26]。参考になる主な判例を挙げましょう。

　△名古屋高判平成18・6・26判タ1235号350頁
《事案の概要》)
　被告人が開設したホームページの電子掲示板に児童ポルノ画像を公然と陳列した事件で、訴因は共同正犯（作為犯）であったが、原判決は、「投稿者らが当該ポルノ画像を上記電子掲示板に送信して記憶・蔵置させ、公然陳列しようとした際、上記電子掲示板を管理しうる立場にあった被告人が、違法画像が上記電子掲示板に受信・掲載されているのを発見した場合には、不特定多数の者に閲覧等されるのを防止すべき義務があるのに、敢えてこれを放置し、もって、これを幇助した」という不作為の幇助犯を、訴因変更手続を経ることなく認定した事案についての控訴審判決。

《判決要旨》
　「一般に、共同正犯の訴因に対し、幇助犯を認定する場合には、いわゆる縮小認定として、訴因変更の手続を必要としないこともあるといえるが、その認定の変更（ずれ）が、被告人の防御方法につき抜本的な変更を生ぜしめるような場合には、訴因変更手続を経ないまま変更した事実を認定すれば、被告人の防御に実質的な不利益を生じるのであり、訴因変更の手続を経る必要があると解される。～本件は、作為犯である共同正犯の訴因につき、同じく作為犯の幇助犯を認定するという場合とは異なり、作為犯である共同正犯の訴因につき、不作為犯の幇助犯を認定する場合に該当するのであり、更なる検討を要する。この場合、作為犯と不作為犯の両者の行為態様は基本的に異質であり、被告人の防御の重点も、当然に、共謀の存否、作為犯における作為の存否などから、不作為犯における作為義務の存否、作為義務違反の存否などに移行することになると思われる。被告人の防御方法が抜本的に修正を余儀なくされることは明白であり、本件は、訴因変更の手続が必要とされる場合に当たるというべきである。

　なお、本件では、原審において、原審弁護人から本件は幇助犯に該当する旨の主張もなされており、具体的には、ある程度の防御権の行使があったことが窺われるが、本件は、前述のように、作為犯である共同正犯の訴因につき、不作為犯の幇助犯を認定する場合に該当し、一般的にいって、防御の観点から訴因変更が必要と解される場合である上、現実にも、審理対象を不作為による幇助犯と明確にしなかったことから、十分な防御活動が展開されなかったように思われる。」などとした上、「訴因変更手続をしないで、原判示第2の事実を認定した原審の訴訟手続には法令違反があり、その違反が判決に影響を及ぼすことは明らかである。」とした。

　△福岡高判平成20・4・22判例集未登載、中島宏・季刊刑事弁護56号〈2008年〉185頁参照）
《事案の概要》

---

(26)　三井誠「共同正犯・幇助犯の限界と訴因変更の要否」研修544号（1993年）3頁以下参照。

被告人がBと共謀の上、Vの腹部を刃体の長さ約18センチメートルの包丁で突き刺すなどして死亡させたとの殺人の共同正犯の訴因に対し、一審は、訴因変更手続をしないままで「被害者を腹部刺創による血管損傷に基づく出血性ショックにより死亡させて殺害した際、これに先立つ同月中旬ころ、Bから被害者を殺害する手伝いを頼まれてこれを承諾し、その後被告人自らがBと一緒に被害者を殺害する行為に出ることは断ったものの、被害者を殺害した後の事後処理等について、Bから協力を求められればこれに協力する気持ちを持ち続けるとともに、Bにもそのことを期待させ、もって、Bの殺人の犯行を容易にさせてこれを幇助した」と認定した事案の控訴事件。

《判決要旨》

「一般に、共同正犯の訴因に対し、訴因変更の手続を経ることなく幇助犯を認定することは、いわゆる縮小認定として許容されることがあるとしても、これまでみたとおり、1審での当事者の攻防は、被告人に関していえば、もっぱら、被害者殺害の場面を含めそれまでの被告人の有形的・物理的関与を巡って行われたと評価することができる。これに対し、1審の裁判所が認定した犯罪事実は、被告人が、被害者殺害後の事後処理等についてBに協力してもよいと考えており、Bも、それに期待していたというもので、黙示の無形的・心理的幇助であるが、両者は質的にかなり異なるものであるといわざるを得ない。このような場合、被告人の防御の対象も、当然に異なってくるが、1審においては、この点について訴因変更の手続がとられていないことはもちろん、明示にも黙示にも争点となっていなかったため、4回の公判期日にわたって行われた被告人に対する質問において、弁護人だけでなく、検察官や裁判所も、共謀が解消した後、なお被害者殺害後の事後処理等の協力の意思があったか否かなどに関して、被告人に対し、まったく質問していないのである～ そうであるのに、1審の裁判所が無形的・心理的幇助犯の成立を認めたのは、被告人の防御が尽くされないままされた不意打ちの認定であるといわざるを得ない。したがって、1審の訴訟手続には法令違反があり、その違反が判決に影響を及ぼすことは明らかである。」

(4) 単独犯の訴因に対する共同正犯の認定の問題

単独犯であった訴因について共同正犯と認定しようとする場合、あるいはその逆に、共同正犯の訴因を単独犯と認定しようとする場合については、一概に論じられません。この問題は、実務ではしばしば重要な争点となっています。単独犯と共同正犯とでは、構成要件的評価が異なる場合であるので、検察官が訴因変更を必要と考えた場合には、当然訴因変更は認められるし、実務的にはそれが適切です。

しかし、問題は、単独犯の訴因に対し、審理の過程で裁判所が被告人の単独犯に疑義を持ち、被告人以外に共犯者がおり、その共犯者と被告人との共謀による犯行ではないか、との心証を形成した場合です。裁判所が釈明や訴因変更の勧告をして検察官がこれに応じれば全く問題はないのですが、検察官としては、あくまで被告人の単独犯を確信しており、共同正犯への訴因変更の必要はないとして、これに応じない場合が問題となるのです。つまり、裁判所が、訴因は単独犯でも事案は共謀共同正犯であるとの心証を形成した場合、訴因変更なしで共謀共同正犯を認定してよいのか、ということが問題となるのです。

なぜこのような問題が生じるかというと、被告人が、自己が犯罪を実行したことは争わないが、実は自分の背後に黒幕である共犯者がおり、真に悪いのはその黒幕であるとか、盗品を山分けした共犯者がおり、利益は自分が独り占めしたのではないなどと弁解して軽い量刑を得ようとするような事案がしばしば見られるからです。このような弁解が真実であると検察官が納得できれば、

共謀共同正犯への訴因変更を請求するでしょう。しかし、時には、被告人が自己の刑責を軽くするための作り話である場合もあるため、検察官がその弁解が嘘だと考えれば単独犯の訴因をあくまで維持するということになるのです。

なお、前提として、単独正犯と共同正犯のいずれに認定する方が被告人に有利であるかは場合によって異なり、一概にはいえないということを理解しておくべきです。

例えば、殺人罪を例にとると、暴力団の下っ端組員である被告人が殺害行為を実行したが、実は背後の組長が主犯で、被告人に殺害を命じ、被告人は嫌々その命令に従って殺害せざるを得なかったという事案であったが、捜査段階では被告人は組長をかばって自己の単独犯行だと供述したために単独犯として起訴されたとします。しかし、公判段階で被告人が翻意し、背後に首謀者である組長が存在することを打ち明けた場合、裁判所がそれを信用できると認めれば量刑は軽くなります。真に悪いのは組長であり、被告人が自発的に犯した殺人ではないからです。他方、路上での殺人事件で、被告人は、たまたま出会った相手と偶発的な口論となってとっさに殺意が生じた偶発的な犯行であると弁解しているとします。しかし、実はこの殺人は対立する組の幹部を殺害しようとした計画的な犯行であり、いきずりの事件を装って被告人が偶発的に殺害しようとしたことを装い、被告人は服役後に組での出世を約束されているという組織的・計画的な犯行だったとすれば、これは極めて悪質な事件です。背後に組幹部の共謀者が存在することは被告人の量刑を重くする事情となります。

これらの問題を検討する上で、まず区別すべきことは、単独犯の訴因に対し共同正犯が認められる場合において、①被告人が殺害の実行行為のすべてを単独で行った場合と、②実行行為自体が、被告人の単独ではなく他の共犯者と分担して実行したという場合です。②の場合であれば、当初被告人の単独犯行として記載され、実行行為はすべて被告人が行ったという訴因に対し、その実行行為を他の共犯者も分担したものとして実行行為の内容自体に変化が生じ得るのですから、平成13年最決に照らせば訴因変更が必要ということになるでしょう。例えば、XとYの両名がこもごもVを殴打・足蹴にして殺害したが、当初Xは、Yをかばって自分の単独犯行だと供述し、検察官はそれを信じてXの単独犯行の訴因で起訴したとします。ところが公判で、Yも実行行為を共同したものであり、X自身が行った行為のみで殺人は実行できない疑いが生じた場合、単独犯の訴因のままではXの殺人は認定できません。共同正犯への訴因変更が必要になります。それがなされなければ、X自身が行った行為のみを前提として、傷害致死あるいは傷害の限度でしか有罪の認定はできなくなります。これについては異論のないところでしょう。

そこで実務上先鋭な問題となるのは、被告人がすべての実行行為を単独で行ったという事実に変わりはないが、被告人が「背後に主犯格の共謀者がおり、その指示で犯行を実行した」と公判で弁解し、裁判所がこの弁解が信用でき、あるいは少なくともその疑いはあるとの心証を得た場合に、訴因変更なしに共謀を認定してよいか、ということです。

この問題についての考え方は大きく分けて三つあります。
① 訴因の設定権は検察官にあり、単独犯か共同正犯かは訴因の特定上不可欠な事実であるので、検察官が単独犯の訴因を維持する以上、裁判所は単独犯を認定せざるを得ない。
② 裁判所は、「被告人が単独で、又は○○と共謀の上」と択一的な認定を行う。
③ 裁判所が、背後の共謀者の存在について心証を形成した以上、それが被告人の弁解に沿い、被告人に量刑上有利であるのなら、訴因変更なしに共謀を認定してよい（共謀者が存在することが被告人の量刑上不利になるのなら許されない）。

これについて、判例は分かれています。△最判平成21・7・21刑集63巻6号762頁、判時2096号149頁、判タ1335号82頁は、窃盗等事件について、共謀共同正犯の事実が認められても、裁判所は当初の単独犯のままで認定してよいとしました。他方、△札幌高判平5・10・26判タ865号291頁は、③の考え方に沿い、暴力団組員の被告人が拳銃による殺人等の罪で単独犯として起訴されたのに対し、組長の指示によって実行した、と主張した事案について、「単独犯の起訴事実には合理的疑いが残るので、被告人に利益に判定し、組長らとの共謀に基いて犯行をしたものと認定すべきである」、としています。

皆さんはどう考えますか。

[川井さん]

単独犯か共謀共同正犯か、ということは、後者であれば刑法60条の適用が必要になって、罪となるべき事実には「共謀の上」と書くことが不可欠ですね。だとしたら、それは訴因の特定上不可欠な記載なのですから、平成13年最決を踏まえれば、単独犯の訴因に対し共謀を認定するためには、訴因の変更が不可欠になるということではないでしょうか。したがって、検察官が単独犯の訴因を維持する以上、裁判所が共謀を認定することは許されないのではないでしょうか。

[海野君]

そうかなあ。下っ端組員の被告人が組長の指示で殺害し、単独犯として起訴されたが、実は背後にもっと悪い組長がいて、その指示で実行したということを被告人が公判で打ち明けて弁解し、それが信用できることが明らかになった場合、単独犯として事件の全責任を負う重い刑は課すべきではないですよね。その場合、共謀を認定するのは、不意打ちでもないし被告人の量刑上軽くなるのですから、例外的に訴因の変更なしに共謀を認定してよいと思うのですが。

[山田君]

僕も海野君の考えに近いです。確かに平成13年最決は、訴因の特定上不可欠な事項については、訴因変更が必要だとしていますが、それには一切の例外を認めるべきでないとまではいえないと思います。だって、縮小認定は異論なく肯定されていますが、殺人の訴因に対して傷害致死を認定するのは明らかに構成要件事実が異なります。しかし、それでも許容されているのですから、背後の共謀者の存在が被告人の弁解に沿い、被告人の量刑上有利になる方向での認定であるのなら、札幌高判のようにこれを認めてよいと思います。

[川井さん]

でも、縮小認定の場合とはちょっと違うわ。縮小認定が認められている論拠はさっき勉強したように、殺人の訴因にはもともと傷害致死の訴因も黙示的に包含している、という考え方がありますよね。でも単独犯の訴因がもともと共謀まで包含している、とまではいえないと思います。

[海野君]

共謀の認定が許されないとすれば、被告人には単独犯として事件の全責任を負う重い量刑がなされますよね。裁判所が、背後に黒幕がいる共謀事犯だ、と心証を得ているのに被告人に全責任を負わせる重い量刑はすべきでないですよ。その点は川井さんの説によればどのように解決できるのでしょうか。

[太田]

なかなか難しい問題ですね。川井さんのような考え方の方が多数説と言っていいでしょう。札幌高裁の判例は必ずしも大方の支持は得ていないように思います。だからといって、海野君のい

うように、裁判所が共謀事案だとの心証を得ているのに、被告人に単独犯の重い量刑をすることは許されません。ですから、実務的には、裁判所は単独犯を認定した上で、量刑が不利とならないよう、共謀が認められるとした場合の限度で刑を科すという運用が有力なようです。また、被告人単独、あるいは第三者との共謀、という択一的な認定をする、ということもあり得るでしょう。平成24年の司法試験問題はこれが論点となっていますね。

なお、上記札幌高判の事例は、被告人が実行行為をしたことには疑いがなく、背後に共謀者がいたか否かが問題となった事案です。単独犯の訴因について共犯者との共謀が認定できる場合において、仮に、<u>被告人の単独実行そのものに疑義が生じ、被告人ではなく他の共犯者が実行行為を行い、あるいは実行行為を共同した可能性が生じたような場合にまで、この判例の射程が及ぶものではない</u>、ということはしっかり認識しておかなければなりません。

なお、この問題の前提としては、そもそも、被告人が実行行為の全部を一人で行い、それにより犯罪構成要件のすべてが満たされる場合に、他に共謀共同正犯者がいる場合には、単独犯は成立しないことになるのか、つまり、他の共謀共同正犯者の不存在（共同正犯の不成立）が単独犯の成立要件となるのか、という実体法上の問題もあるのです。これらに関しては様々な議論がありますので、余裕があれば勉強してみてください[27]。

第4　訴因変更の可否の問題

審理の過程において、検察官が当初設定した訴因に記載された事実がそのとおりには認定できない状況が生じた場合、前記第3で論じたように、訴因を変更することが必要になります。しかし、それは無制限にできるのではなく、312条①項が「裁判所は、検察官の請求があるときは、<u>公訴事実の同一性を害しない限度において</u>、起訴状に記載された訴因又は罰条の追加、撤回又は変更を許さなければならない。」と定めているため、「公訴事実の同一性」が、訴因変更の可否を決する概念です。つまり訴因変更が可能な限界を画する外縁の範囲内かどうかという問題です。

前にも述べましたが、現在は、審判の対象は訴因であり、訴因は「検察官が審判を求める特定化された具体的犯罪事実の主張である」とする事実記載説が定着しています。ですから、今日では、「訴因＝公訴事実」であると考えられていますので、「訴因は公訴事実の同一性を害しない限度において変更できる」ということの「公訴事実」に「訴因」を代入すれば、「訴因は訴因の同一性を害しない範囲で変更できる」という意味のないトートロジーになってしまいます。そこで、今日では、これらの条文は、その形式文理によらず、訴因対象説に則した読み替え的な解釈がなされることになりました。「公訴事実の同一性」という言葉の「公訴事実」の語に特段の意味はなく、このフレーズが、それ自体で、訴因変更の可否を判断する上での道具概念にすぎない、といわれるゆえんです。

その基本的な考え方は、<u>訴因事実より広い「公訴事実」というものはないと考えます</u>。

訴因の追加や変更を行う場合も、変更等の前に公訴事実の一部が起訴されていたとみるのでなく、追加等によりふくらんだ部分はその時点ではじめて公訴事実となるものと考えます。新しい

---

(27) 前記最決平成21・7・21の評釈として、岩崎邦生・ジュリ1447号（2012年）97頁以下、亀井源太郎・平成21年度重判解221頁以下」「植村立郎　ジュリ1421号（2011年）122頁以下」など。なお、拙稿「刑事訴訟法演習」法教426号（2016年）156頁以下参照。

訴因が問題となるときに初めて、現在の訴因との間に「一定の関係」があるか否かが問題となり、この一定の関係というものが、訴因の追加・変更の限界を画する「公訴事実の同一性」であり、現訴因と新訴因を比べて、実体法が、一罪として処断しなさい、あるいはいずれか一方の罪で処罰しなさい、と命じているか否かによって決すべきこととなります（佐藤文哉「訴因制度の意義」刑訴争点［3版］114頁）。また、256条2項の「公訴事実」は実質的に訴因の同義語であるとし、312条1項の「公訴事実の同一性」は、その語が独立して訴因変更可能な範囲を示す、道具ないし機能概念であるとされます。

1 「公訴事実の同一性」の意義と判断基準
(1) 基本的な視点

公訴事実の同一性が認められる範囲においては、1回の手続で訴因の変更による同時処理が可能ですので、その範囲内の事実を別に起訴することは二重起訴として禁止の効力が及ますし、判決確定後の再訴に対しては一事不再理の効力が及びます。更に、公訴時効停止の効力も同じ範囲に及ぶのです。

このような公訴事実の同一性の概念について、伝統的な考え方によれば、広義の公訴事実の同一性は、「公訴事実の単一性」と「狭義の公訴事実の同一性」からなるとされてきました。

公訴事実の単一性とは、実体法上の牽連犯、観念的競合や包括一罪、あるいは法条競合など罪数評価において一罪とされる場合に単一性ありとされます。反面、現訴因事実と、変更しようとする訴因事実とが、併合罪の関係にあるのなら、単一性が認められません。その場合には、訴因変更は許されないので、①当初の訴因を維持したまま追起訴する、②当初の訴因に係る公訴を取り消して新たな事実で再起訴する、などをすべきことになります。

この単一性が肯定される場合における「狭義の公訴事実の同一性」が問題となります。

(2) 狭義の公訴事実の同一性についての諸説[28]

狭義の公訴事実の同一性とは、単一性が肯定されることを前提とした上で、公訴提起の際に起訴状に記載された訴因事実甲と、審理の過程で浮かび上がってきた検察官が変更しようとする訴因事実乙を比較し、実質的に両者を同一のものと扱ってよいかということです。

この問題についての学説は、まさに百花繚乱という感じの諸説があります。

① 歴史的事実同一説
旧訴因と新訴因とで表象内容が異なっていても訴因として掲げた事実の背後・奥にある歴史的事実経過が共通の対象となっていること。『主張される以前の事実』の同一性を問題とする。

② 社会的嫌疑（関心）同一説
検察官の公訴提起は、特定の歴史的時点ではなく特定の犯罪の嫌疑に関係づけられた行為過程に重点があるから、歴史的事実というよりも両訴因が社会的嫌疑・関心において同一であること。

③ 法益侵害同一説
全体としての刑事訴訟法は法益侵害の存否をめぐって展開されるものであるから、訴訟課題の基礎となる法益侵害が同一である限り公訴事実は同一であるといってよいとする。

④ 訴因共通説

---

[28] 三井（Ⅱ）214頁以下参照。

主張された事実と事実を対比し基本的部分が共通であれば同一性を肯定する。

⑤ 刑罰関心同一説

訴因共通説の手法を支持しつつ、ただそれは概念として不明快であるとし、公訴事実の同一性は一回の訴訟による問題解決を相当とするものであるから、国家の刑罰関心が一個と評価できれば、換言すれば旧訴因と新訴因において国家的関心が同一であれば同一性があるとする。国家的刑罰関心の一個性を意味する。

⑥ 罪質同一説

公訴事実は単なる自然的・社会的事実ではなく、一定の罪名すなわち構成要件の類型的本質の観念に関係をもつから、公訴事実の同一性を維持するには公訴において予定された罪名によって限定される犯罪の本質〜罪質を変更することはできないとする（収賄と恐喝、暴行と強盗との間では否定）。

⑦ 構成要件共通説

罪質同一説は厳格にすぎるし憲法39条の趣旨を没却するおそれがあるとして、初めのA事実が甲構成要件に当たり、のちに判明したB事実が乙構成要件にあたる場合に、B事実が甲構成要件にも相当の程度にあてはまるときは同一性を肯定する。

⑧ 行為態様、構成要件の類似説（指導形象類似説）

公訴事実はある範囲の外界的出来事と一定の法律的観点との総合的所産であるから、一方では事実的な面で行為態様の類似性があり、他方では法律的な面で指導形象としての構成要件の類似性が認められる場合に公訴事実の同一性があるとする。

⑨ 防御同一説

訴因説を対象とする限り、公訴事実の同一性は、あくまでも訴因と訴因を比較した上で、一個の手続で訴訟を解決するのが妥当かという観点から判断されるべきであり、その場合の考慮要因の基本は、訴因を変更しても当初訴因の告知機能を害することにならないか、被告人の防御範囲に実質的に差異はないか、におくべきであるとする。

⑩ 総合評価説

「罪となるべき事実」を構成する犯罪主体、犯罪の日時、場所、方法ないし行為態様、被害法益、共犯関係等の各要素間の関係を総合的に評価して決定する（うち1個程度の変動であれば緩やかに肯定されるが、2個以上になれば、各要素間のつながりが一段と求められて初めて肯定されるなど）。

これらの諸説は、訴因対象説を基本としながら理論的な整理を試みようとするもので、いずれも学者の苦心の所産、という感じがしますが、実務を踏まえて考えると、どの説も一長一短の面があるといわざるを得ません。例えば、①の歴史的事実同一説は、訴因の背後に歴史的社会的実体を想定する公訴事実説に親和性がある説で今日では妥当とはいえないでしょう。④の罪質同一説は、例えば公務員が業者から受領した金についてそれを収賄と見るか恐喝と見るかの違いによる訴因の変更も許されなくなり、実務的には妥当でないなどの限界があります。④の訴因共通説や⑩の総合評価説などは、判例の基本的事実同一性に親和性があるように思えます。

(3) 判例の採る基本的事実同一説と非両立性基準

判例の主流は、犯罪を構成する事実関係の基本的な部分が社会通念上同一と認められる場合に狭義の公訴事実の同一性があるとする基本的事実同一説によっており、基本的事実同一性の判断を補完するものとして、前訴因と変更しようとする訴因とが、非両立の関係ないし択一関係があ

る場合に、この同一性を肯定しているといえます。

ア　基本的事実の同一性

　犯罪を構成する具体的な事実関係の基本部分において社会通念上の密接関連性（罪質も含む）や近接性（日時・場所等）、同一性（被害者・被害物等）、共通性（態様・方法等）があるといえるかを判断基準とするものです。ただ、これらの考慮要素がすべて充たされていなければならないとするものではなく、事案ごとの具体的な判断によっています。代表的なものとして、△最判昭和28・5・29刑集7巻5号1158頁が、信用組合の事務員が誤って手渡した払戻金を誤信に乗じて騙取した、という詐欺の訴因を、受領して帰宅後財布の内容を尋ねられながら返還を拒んで着服した、という占有離脱物横領への変更について、「犯行の日時、場所において近接し、しかも同一財物、同一被害者に対するいずれも領得罪であって、その基本事実関係において異なるところがない」としてこれを認めています。

イ　非両立性（択一関係）

　判例が示すもう一つの判断基準として、非両立性ないし択一関係があります。これは、公訴事実の同一性を肯定されるためには、日時場所、犯行態様からすれば、甲が認められるときは乙は成立しない、という関係を必要とするものです。基本的事実の同一性については、上記のように、すべての事案について画一的に適用される判断基準ではなく、事案によってはこれを肯定してよいかどうかの判断が困難な場合があります。それで、判例は、基本的事実の同一性の判断を補完するものとして非両立性ないし択一関係の判断基準を用いているのです。次の判例があります。

　△最判昭和29・5・14刑集8巻5号676頁

　10月14日静岡県でホテル宿泊中の客Ａから背広・定期入れ等を窃取　→10月19日、東京都内で自称Ａから依頼を受け背広を質入れした事案。

「（物件の同一性、罪質上の密接な関係、日時・場所の近接性に鑑みれば）一方の犯罪が認められるときは他方の犯罪の成立を認め得ない関係にあると認めざるを得ないから、かような場合には、両訴因は基本的事実関係を同じくするものと解するのを相当とすべく、従って公訴事実の同一性の範囲内に属する」

　△最判昭和34・12・11刑集13巻13号3195頁

　馬の売却代金の横領　→馬自体の窃盗

「一方が有罪となれば他方がその不可罰的行為として不処罰となる関係にあり、その間基本的事実関係の同一を肯認することができるから」

　△最決昭和53・3・6刑集32巻2号218頁（後掲）

　枉法収賄　→贈賄（公務員Ｘと共謀の上、Ｘの職務不正行為に対する謝礼の趣旨でＹから賄賂を収受　→Ｙと共謀の上同趣旨でＸに対して賄賂を供与）

「収受したとされる賄賂と供与したとされる賄賂との間に事実上の共通性がある場合には、両立しない関係にあり、かつ、一連の同一事象に対する法的評価を異にするに過ぎないものであって、基本的事実関係においては同一である」

ウ　基本的事実関係の同一性と非両立性（択一性）との関係

　基本的事実の同一性と非両立性の判断基準は補完関係にあります。判例は、明白に事実の重要

部分に共通性が認められれば択一関係を論じるまでもなく同一性を肯定し、日時場所、態様等重要部分において共通性が必ずしも明白であるとはいえず一定の隔たりがある場合に、基本的事実関係の同一性という枠づけのために補完的に択一関係の存在を持ち込んでいるといえます。

　学説も、非両立性については「（基本的事実同一説の基準に）一つの絞りをかけてさらに明確にしようとした試み[29]」などと、これが狭義の公訴事実の同一性の判断基準を補完するものとして有効であることを肯定しています。また、非両立性の判断基準としてのウエイトについては、基本的事実の同一性の判断基準の補完的なものとしてよりも「基本的事実同一説の背後にあった本来的基準」などと、むしろ非両立性基準の方が優位的な概念であるとする考え方も有力です[30]。

エ　非両立ではあるが、基本的事実が同一でない場合というものがあるか。

　上記の判例の中には、「非両立であれば基本的事実の同一性が認められる」などと判示しているものがあります。これは、非両立性こそが基本的事実の同一性の判断の基本的基準、というような考え方に近いかもしれません。多くの場合は、非両立であれば基本的事実の同一性が認められるでしょう。しかし、次のように、非両立であっても基本的事実の同一性が認められない場合もあります。

① 窃盗と贓物収受（盗品譲受け）について、１年後に北海道と九州、の違い
　　→　同一の背広を被害品とする事件であっても、札幌市で盗んだという訴因から、１年後に福岡市でその背広を譲り受けたという訴因とでは基本的事実の同一性はもはやないというべきでしょう。
② 同一日時における札幌市での窃盗と、福岡市での窃盗
　　→　両立しないのは当然ですが、これは単にどちらかの事実が間違っているにすぎません。
③ ひき逃げ事件における、自動車運転致死と身代わり犯人による犯人隠避
　　→　同一の交通事故をめぐって、真犯人である運転者から身代わりを依頼されたため、自動車運転致死で起訴された被告人について、身代わりが判明したため、自動車運転致死の訴因を、犯人隠避の訴因に変更できるか、という問題です。両立しないのは確かですが、同一の事故をめぐる事件である、という点を除けば、運転行為と隠避行為とは事実自体も罪質も全く異なるものであり、基本的事実関係の同一性は認められないでしょう。

山田君

　最近読んだ資料の中に、最近では、公訴事実の同一性について、公訴事実の単一性と狭義の同一性に分けて論じる必要はない、とする説があると書かれていましたが、これはどういう意味なのでしょうか。

太田

　確かに、伝統的な「公訴事実の単一性」と「狭義の公訴事実の同一性」に分けて検討する考え方に対しては、次のような考え方もあります。
① 罪数による調整は、一罪一訴因の原則の問題であり、公訴事実の同一性とは別個の観念と

---

(29)　条解刑訴［４版増補］86頁。
(30)　これらの諸説については、佐藤文哉「公訴事実の同一性に関する非両立性の基準について」河上　251頁以下、千田恵介・事例研究Ⅱ［２版］583頁以下など参照。

して考察すべきであるとの立場(31)
② 単一性が問題となる場合も、結局狭義の同一性と同じく、両立・非両立の基準で判断できるとして、単一性と狭義の同一性の統合を試みる考え方(32)
③「『公訴事実の同一性』とは、刑事手続による一つの刑罰権（実体法）の具体的実現に際して、別訴で二つ以上の有罪判決が併存し二重処罰の実質が生じるのを回避するための道具概念と理解するのが適切である」とし、基本的事実同一説と非両立の基準に限らず、公訴事実の単一性も含めた訴因変更の可否を検討する基本的視座を提唱するもの(33)

　これらの説は近年有力になっているもので、両訴因が、別訴で共に有罪とされるとしたならば二重処罰となる関係（その意味における非両立関係）にあるときに公訴事実の同一性を肯定します。例えば牽連犯として科刑上の一罪に当たる住居侵入と窃盗の訴因では、従来の説では単一性の問題として考えられていのですが、住居侵入と窃盗とが別訴で共に有罪とされたら二重処罰となるため非両立の関係にあり、公訴事実の同一性があることになります。そうだとすると、狭義の「公訴事実の同一性」と、「公訴事実の単一性」を区別して論じる必要がなくなります。これは、「非両立」の関係を、個々の具体的事実の非両立性のレベル（例えば同一の被害品に対する窃盗か、盗品運搬か、などのレベル）から「二重処罰となるか否か」という、より大きな次元での非両立性と捉えることによるのでしょう。

　これらの新たな各説は、公訴事実の同一性の理論的な深い分析を試むという意義はあるでしょう。しかし、裁判の実務における現実の思考過程としては、①まず、公訴事実の単一性の有無を検討して訴因変更が可能な外枠の範囲内にあるか否かを判断した上、②この枠内にあると判断された場合に、次に狭義の公訴事実の同一性を検討する、という判断過程は、実践的で有効なものであり、依然としてその通有性は高いと思います(34)

2　具体的事例

それでは、これまで学んだことを具体的事例を通じて勉強していきましょう。次の各事例において、検察官が訴因変更を請求した場合、認められるでしょうか。

設例1　詐欺　→　寄付募集条例違反

○市においては、不特定多数の者から寄付を募集しようとする場合には市長の許可を受けなければならない、という寄付募集に関する条例（罰則付き）があった。被告人は、真実は、東北大震災復旧支援の資金とするためはなく、自己が利得を得る目的であったのに、地震復旧支援のためと偽り、Ｖら約60名の市民から約100万円を騙取したとして、詐欺罪により公判請求された。ところが、公判において、弁護人が、被告人が市民から受領していたお金のうちの相当額を実際に被災地に送金していたことや、残りのお金も一部経費に充てた以外には、まだ手元に残しており、被災地に今後送金する意図も有していたと主張し、詐欺の犯意を強く争った。検察官としては、弁護人が主張する事実についての裏付けが捜査

---

(31)　松尾（上）308頁参照。
(32)　大澤裕「公訴事実の同一性と単一性（上）、（下）」法教270号（2003年）56頁以下、272号（2003年）85頁以下、佐藤文哉「公訴事実の同一性に関する非両立性の基準について」河上古稀251頁以下参。
(33)　酒巻匡「公訴の提起・追行と訴因（4）」法教302号（2005年）64頁以下参照。
(34)　千田恵介・事例研究刑事法Ⅱ［2版］585頁、595頁参照。

段階において十分でなかったことから、詐欺罪の訴因では有罪判決を得ることが困難になったと判断した。そこで、検察官は、「被告人は、○市長の許可を受けないで、Ｖら60名から、合計100万円の寄付募集を行った」という、○市寄付募集条例違反の事実への訴因変更を請求した。

[海野君]

訴因変更は認められます。同じ市民から集めた同じお金についての犯罪ですので単一性がありますし、基本的事実の同一性が認められます。詐欺なのか、無許可での寄付募集なのか、ということは非両立の関係ですので、公訴事実の同一性は認められます。△**最決昭和47・7・25刑集26巻6号366頁、判時679号3頁、判タ280号320頁**（小松市寄付募集事件）も、「詐欺の各事実と、予備的訴因追加申立書掲記の金沢市金銭物品等の寄付募集に関する条例違反または小松市寄付金品取締条例違反の各事実との間には、それぞれ公訴事実の同一性があるとの原審の判断は正当である。」としました。

[太田]

そのとおりですね。ただ、若干留意すべきは、詐欺罪と条例違反との関係です。条例の構成要件等の規定の仕方にもよりますが、その条例が許可の対象とする寄付募集は、あくまで正当な寄付募集についてであり、詐欺を目的とする金集めはそもそも許可の対象ではない、という考え方で制定されているのなら、非両立関係となりますね。ただ、詐欺目的の有無を問わず、とにかく不特定多数から金を集めるという行為自体があれば無許可の寄付募集罪に該当する、というような構成要件を規定しているのであれば、詐欺罪の他に条例違反も成立することとなり、両者は観念的競合の関係にあります。両罪が成立する可能性があるのですから非両立ではありません。そうなると、検察官としては、条例違反の訴因を「詐欺罪が成立しないとしても条例違反は成立する」という考え方による「予備的」な訴因の追加をするのではなく、単純な訴因の追加をすべきことになります。そして詐欺罪が認められなければ詐欺については無罪、条例違反についてのみ有罪、の判決をすることになりますね。

設例２　覚せい剤の使用日時場所の変更

被告人Ａは、「平成23年５月10日、さいたま市○○町○○丁目○番地所在の被告人自宅において、覚せい剤若干量を含む水溶液を自己の身体に注射して使用した」との訴因で公判請求された。ところが、その後、被告人の愛人Ｂ女が、覚せい剤の使用罪で逮捕され、同女の自白から、同年５月13日、同女と被告人Ａとが、東京都北区の同女のマンションにおいて共に覚せい剤を相互に注射し合って使用したことが判明した。検察官は同女の自白の信用性は高いと判断し、被告人Ａについての前記訴因を、同女の自白に基づき、「被告人Ａは、Ｂ女と共謀の上、平成23年５月13日、東京都北区王子○丁目○番地所在の同女のマンションにおいて、覚せい剤若干量を含む水溶液を、相互の身体にそれぞれ注射して使用した」との訴因への変更を請求した。

第3章　訴因と公訴事実に関する諸問題

[川井さん]
　訴因変更は認められると思います。検察官は、被告人の覚せい剤の最終使用行為が5月10日のさいたま市での使用であると考えて起訴したのですが、その後最終使用が5月13日の北区での愛人との共同使用であることが判明したとして訴因の変更を請求したのですから許されるはずです。△**最決昭和63・10・25刑集42巻8号1100頁（百選46②事件）**も、栃木県での使用を最終使用として起訴した事案について、茨城県での使用が最終行為であったとして訴因変更を認めています。

[太田]
　そう単純にいえるでしょうか。その事例をもっと具体的に紹介してください。

[川井さん]
　この事案は、「栃木県の被告人方で、Aと共謀の上、昭和60年10月26日午後5時30分ころ、Aをして自己の腕に注射させた」、という当初訴因について、検察官が「（同日）午後6時30分ころ、茨城県のスナックで、自己の腕に注射した」という訴因に変更を請求したが、一審は、公訴事実の同一性を欠くとしてこれを認めず無罪としました。控訴審判決は、検察官は、最終の自己使用を訴追する趣旨で当初の訴因で起訴したが、その最終使用行為の日時場所が異なることが判明したために訴因変更請求に及んだことが明らかなので、両訴因事実は、同一の社会的歴史的事実に属し、基本的事実を同じくするとして公訴事実の同一性を肯定し、原判決を破棄して差し戻したので、被告人側が上告しました。最高裁は被告人の上告を棄却し、「（被告人が）供述を変更し、これが信用できると考えたことから、新供述に沿って訴因の変更請求をするに至ったというのである。そうすると、両訴因は、その間に覚せい剤の使用時間、場所、方法において多少の差異があるものの、いずれも被告人の尿中から検出された同一覚せい剤の使用行為に関するものであって、事実上の共通性があり、両立しない関係にあると認められるから、基本的事実関係において同一であるということができる。したがって、右両訴因間に公訴事実の同一性を認めた原判断は正当である。」としたのです。

[太田]
　そのとおりですね。しかし、私の設例と、この最決の事案とは同一に論じられるものなのでしょうか。

[山田君]
　そうだ、似て非なる事件ですね。最決の事案は、当初訴因と変更後の訴因は、同じ日のわずか1時間後で、しかも栃木県と茨城県の違いがあります。スーパーマンでない限り、栃木県で自己使用した被告人が一時間後に茨城県でも自己使用できるはずはありませんね。まさに、両者の訴因は相容れない非両立の関係にあり、最終行為の日時場所が異なってきたものですから訴因変更は認められます。しかし、設例の場合は、さいたまでの自己使用の3日後に北区での自己使用ですね。被告人はさいたまでも自己使用していたかもしれないし、北区でも自己使用したかもしれません。両者は、非両立でなく、それぞれの犯罪が成立し得る事件です。

[太田]
　そのとおりですね。覚せい剤の常習者は、一日に数回注射使用することすら珍しくありません。覚せい剤自己使用には常習使用罪という構成要件がないので、1回の使用ごとに犯罪が成立し、それらは併合罪となります。ですから、設例の場合には、どちらの自己使用も考えられるので両立関係にあり、訴因変更は許されず、検察官は改めて北区での自己使用を起訴するしかありませ

405

ん。当初訴因については、公訴を取り消すか、無罪判決を甘んじるしかないでしょう。ただ、もし、被告人が３日前にさいたま市で自己使用した可能性はまったくなく、その最終使用が北区での事実であったのが真実だとすると訴因変更は可能です。例えば、被告人は実はハワイに遊びに行っており、帰国したのは北区での使用した日の当日であり、３日前のさいたま市での自己使用は絶対に不可能であったことが判明したような場合が考えられるでしょう。

設例３　窃盗と盗品収受

あるビル建築現場から、鉄筋約１トンが盗み出される事件が発生した。捜査の結果、現場に忍び込んだのは、Ｂ、Ｃの両名であり、被告人Ａは、盗難当日、その鉄筋をトラックに積み込んで別の建築現場に持ち込み、150万円で売り渡していたことが判明した。警察は、盗難事件の前日に、Ａが知人から前記トラックを借り受けていたことから、本件は、<u>ＡＢＣ３名の共謀による窃盗事案</u>と判断してＡを逮捕し、勾留の上、検察官も逮捕事実は認定可能と判断して、<u>ＡをＢＣとの共謀による窃盗の罪</u>で公判請求した。

被告人Ａは、公判において「自分は最初から窃盗に加わっていたものではない。ＢＣから、大量の鉄筋が手に入るので、安くしておくから買って欲しいと言われ、利ザヤを稼ごうと思って、知人の建築現場に持ち込み、転売したものだ。ＢＣから『明日鉄筋が手に入るからトラックを用意して来てくれ』と言われ、知人から借りたトラックで指定された現場に行った。まさかＢＣが鉄筋を盗もうとしていたとは知らなかった。しばらくしてから、ＢＣがフォークリフトで大量の鉄筋を運んできたのでトラックに積み替えた。ＢＣらが「やばいぞ、早く早く」などと言ってやけに慌てているし、ＢＣらはこの現場とは関係がなさそうなので、ひょっとしたら、この鉄筋はＢＣらが現場から盗んできたものではないかと不安になった。しかし、盗品かもしれないけど乗りかかった船なのでこの際仕方がないと思って鉄筋を引き取り、代金50万円をＢＣに渡した。その日、この鉄筋を知人の現場に持ち込んで70万円で買ってもらった」などと弁解した。

ところが、被告人Ａの公判段階で、Ｂ、Ｃも逮捕されたので取調べたところ、おおむねＡの弁解に沿う供述をした。

そこで検察官は、被告人Ａについて、共謀による窃盗の訴因から「被告人Ａは、○月○日、○○建築工事現場前路上において、Ｂ及びＣの両名が、同建築工事現場から窃取してきたものであることを知りながら、鉄筋約１トンを代金50万円で買い取り、もって<u>盗品を有償で譲り受けたものである</u>」との訴因への変更を請求した。

[海野君]

訴因変更は許されます。窃盗の共同正犯と盗品の有償譲り受けとは、同一の鉄筋を被害品とするなど基本的事実関係は同一です。窃盗の本犯者は盗品等に関する罪の主体とはなり得ませんので非両立の関係にあります。

[太田]

そのとおりですね。では、この設例の次のバリエーションではどうでしょうか。

設例４　窃盗幇助と贓物故買

被告人Ａは、前記の建築現場において、ＢＣが鉄筋を盗んでいる際に、見張りをしてい

たとして、ＢＣらの窃盗の幇助の罪で起訴された。しかし、Ａは、公判において「ＢＣらが窃盗をしていることは知らなかった。Ｂから『運んでもらいたいものがあるから、建築現場の前で待っていてくれ』と頼まれたので、事情はよく分からないまま、トラックを用意して現場の前で待っていただけだ。ところが、しばらくしてから、ＢＣが、非常に焦った様子で、フォークリフトで大量の鉄筋を運んで来て『早く、早く』とせかしながらトラックに積み替えたので、その時に初めて、これは怪しい、ＢＣらはこの鉄筋を盗んだのではないかな、と感じたが、今更後へは引けず、ＢＣに指示されるまま、別の建築現場に持ち込んだだけだ。」などと弁解した。Ａの起訴後、逮捕されたＢＣらもほぼこれに沿う供述をした。検察官は、見張り行為について、被告人ＡにＢＣらの窃盗行為の認識があったことを立証するのは困難になった、と判断し、窃盗幇助の訴因を、「ＢＣが盗んできたものであることを知りながら、トラックに積載して運搬した」という<u>盗品運搬の訴因への変更を請求</u>した。

[川井さん]

訴因変更は許されません。窃盗罪の本犯者は盗品運搬罪の主体とはなりえませんが、窃盗の幇助犯者は、その盗品についての運搬罪の主体となりえます。両罪は両立関係にあり併合罪です。

[太田]

そのとおりですね。△最判昭和33・2・21刑集12巻2号288頁がそのような事案です。これは、12月30日ころ銅版の窃盗犯ＸからЗависから依頼され運搬用のリヤカーを貸与したとして窃盗幇助罪で起訴された被告人について、12月31日ころＸから盗品である銅版を買い受けたとする贓物故買（盗品有償譲受け）罪の訴因を予備的に追加した変更の可否が争われました。一審の川崎簡裁は贓物故買の予備的訴因追加を許可し、当初の窃盗幇助の事実について有罪としましたが、原審東京高裁は、一審判決は事実誤認として破棄自判の上、予備的訴因の贓物故買の事実を認定して有罪としました。被告人側は公訴事実の同一性がないとして上告しました。最高裁は、両罪は併合罪であるとした上、「各事実はその間に公訴事実の同一性を欠くものといわなければならない。……贓物故買の事実を予備的訴因として追加することは許容されないところといわねばならない。しかるに第一審裁判所が検察官の……追加請求を許可したのは刑訴法312条1項違背の違法があり、この違法は相手方当事者の同意によってなんらの影響を受けるものではない。それ故、原審が……本位的訴因については第一審判決の有罪認定を事実誤認ありとしながら、これにつき、主文において無罪の言い渡しをなさず、却って第一審の右違法の許可に基き、本件公訴事実と同一性を欠く前記予備的訴因の事実について審理判決をしたのは、刑訴378条3号にいわゆる『審判の請求を受けない事件』について判決をした違法があるものといわねばならない。」としたのです。

[山田君]

訴因の「予備的追加」ということの意味がよく分からないのですが。312条の条文にはそんな言葉はありませんよね。

[太田]

312条1項は「訴因又は罰条の追加、撤回又は変更」としており、「予備的」という言葉はありません。まず「追加」とは、当初の訴因はそのままにして別の訴因を付け加えることです。ところが、<u>両者が併合罪の関係にあるのなら公訴事実の同一性がないので訴因の追加は許されず、追</u>

起訴すべきことになります。したがって、訴因の追加が認められるためには、公訴事実の同一性があることが前提です。観念的競合の場合（警察官を殴った公務執行妨害の訴因に、その暴行による傷害の訴因を追加）や、牽連犯の場合（住居侵入の訴因に住居侵入後の強盗の訴因を追加）など、当初訴因と追加する訴因とが科刑上一罪の関係にあれば許されます。ところが、そうでない場合（窃盗本犯の訴因と盗品運搬罪の訴因など）には、両訴因事実は非両立なのですから、単純に追加することは自己矛盾になってしまいますね。それで実務では、このような場合「予備的追加」または「択一的追加」の請求をします。明文にはありませんが実務では定着しています。予備的追加とは、「窃盗本犯が認められると考えるが、かりにそうでないとしても盗品運搬罪は認められる」という意味であり、択一的追加とは「窃盗本犯か、盗品運搬罪のいずれかは認められる」という意味です。実務では前者が通常だと思います。検察官が窃盗本犯は明らかに認められなくなったと判断すれば、予備的追加によらず、窃盗本犯の訴因を盗品運搬罪に「変更」すればよいのです。しかし、仮に裁判所が、窃盗本犯は認められるとの心証をとっていたのであれば、その訴因変更にはリスクを伴いますね。ですから、実務では、当初訴因を維持したままで、予備的ないし択一的に訴因を追加することの方が多いわけです。

|山田君|

常習窃盗などの常習一罪とか包括一罪の場合に、当初の訴因の事実に、その関係にある他の事実を加えるのも訴因の追加なのですね。

|太 田|

常習窃盗で当初5件の窃盗事実を起訴したが捜査が進んで更に5件の窃盗事実を訴追する場合がその典型ですね。これは、科刑上一罪とは違って訴因は本来一個であり、その訴因を構成する事実の追加なので、理論的には訴因の追加でなく変更なのです。しかし、このような場合でも訴因の追加という言葉を実務や判例では用いる場合も結構ありますね[35]。

さて、更にバリエーションを考えましょう。仮に、①窃盗幇助の当初訴因　→　窃盗の共同正犯の訴因、への訴因変更請求がなされたとします。窃盗の幇助と本犯は非両立ですから変更は認められますね。ところが、その後、窃盗の共同正犯の立証が困難となったため、検察官が、窃盗の共同正犯の訴因を、盗品の運搬の罪の訴因に変更請求した場合、認められるでしょうか。

|海野君|

う〜ん。難しいですね。2回の訴因変更の各過程をみれば、非両立の関係にあるので訴因変更は認められそうなのですが、2回目の訴因変更である盗品の運搬罪は第一次訴因の窃盗幇助とは両立するのであり、めぐりめぐって両立する訴因に変更請求したのと同じですから許されないんじゃないですか。何か訴因変更の脱法行為のような気がするなあ。

|川井さん|

でも、検察官は最初からそれを意図していたのでなく、審理の進行に照らしてそうせざるを得なくなったのだから脱法行為とまではいえないと思うわ。もし、この第二次の訴因変更を許さないとすれば、第一次訴因変更後の窃盗の共同正犯の訴因については無罪とするしかないわね。そうすると、この無罪判決の一事不再理効は、第一次訴因である窃盗幇助についても、第二次訴因変更請求しようとした盗品運搬罪についても及んでしまい、およそこの窃盗事件をめぐる被告人の違法行為は処罰できないことになってしまうわ。それはおかしいんじゃないかしら。

---

(35)　大コンメ刑訴法［2版］(6)406頁以下〔高橋省吾〕参照。

第3章　訴因と公訴事実に関する諸問題

太田

　まさにそのとおりで、学説は、許容説と否定説に分かれています。肯定説は、各訴因変更請求過程において公訴事実の同一性がある以上、流動的な審理過程でこれは許容されるべきとしています。批判説は、第二次訴因変更を許せば、盗品譲受けで有罪となった後、と第一次訴因であった窃盗幇助でも再起訴が可能となるので二重の危険法理に実質的に反するということも指摘します。しかし、実務上はそのような再起訴をすることは余り考えられませんし、その処理が極端に妥当性を欠くものであれば検察官の訴訟行為の濫用として許さなければよいでしょう。この問題よりも、およそ当罰性のある被告人の行為が一切不問に付されることの不当性の問題の方が大きく、第二次訴因変更請求は認められるべきでしょうね。

設例5　業務上横領と窃盗

　医薬品販売会社の営業担当係長のAは、正規の販売対象の薬品については、売上の都度、代金を経理担当者に納入していた。しかし、小遣い銭に困ったAは、倉庫内に、製品の改訂前の古い商品が多量に在庫していることを知っていたので、こっそりこれを持ち出し、顧客に対し、古い製品だが質は悪くないと称して多数販売し、その売上代金が約100万円に上っていた。会社の内部調査でこれが発覚したので、会社はAを告訴し、警察が逮捕し、勾留の上、検察官は、売上代金の着服横領として、業務上横領の罪で公判請求した。しかし公判において、被告人Aには、倉庫内の在庫品の管理権限はなかったことが明白になった。そこで検察官は、業務上横領の訴因から、倉庫内に保管されていた薬品の窃盗罪への訴因への変更を請求した。

山田君

　この訴因変更は許されます。同じ薬品をめぐっての売上代金の横領か、薬品そのものの窃盗か、という違いがあるだけで、基本的事実は同一ですし、いずれか一方の犯罪しか成立しませんので非両立の関係にあります。

太田

　そのとおりですね。△最判昭和34・12・11刑集13巻13号3195頁は、馬の売却代金の横領の訴因を、その馬自体の窃盗の訴因に変更することについて、「一方が有罪となれば他方がその不可罰的行為として不処罰となる関係にあ」るとして変更を認めています。

設例6　賭博開帳図利と常習賭博

　被告人Aは暴力団組員であり、「他の組員らとの共謀の上、平成23年11月1日、○組事務所においてよるサイコロ賭博を開帳して利を図った」との賭博開帳図利罪の罪で公判請求された。ところが、公判段階において、Aは、「自分は以前はこの組の組員で賭博の開帳に加わっていた時期もあったが、昨年、堅気になって、組から離脱した。でも賭博は好きだったし、組員らからの誘いもあったので、客の一人として賭博に加わっていただけであり、賭博を開帳する側にはいなかった」と弁解した。検察官は、この弁解は排斥が困難であると判断したので、被告人Aについての賭博開帳罪の訴因を、「常習として、平成23年11月1日、○組事務所において、サイコロ賭博に約3万円を掛けて賭博をした」との常習賭博の訴

海野君

これは許されると思います。だって、同じ日時場所における賭博に関して、賭博開帳図利罪が成立するのか、その賭博に参加した常習賭博罪が成立するのか、という問題であり、基本的事実は同一ですし、非両立の関係にあるんじゃないでしょうか。

太田

そうでしょうか。皆さんは暴力団の賭博など縁がないでしょうからピンとこないのでしょうね。賭博開帳図利罪というのは、自ら主宰者となって、その支配下において賭博をさせる場所を開設することです（△最決昭和25・9・14刑集4巻9号1652頁）。開催者である暴力団などは、参加した賭博の客から「寺銭」つまり賭博への参加費を徴収してこれで設けて組の資金源にするのです。ところが、その場合、暴力団自らが賭博の「胴元」となり、自ら賭客の相手方と賭けをして賭博の当事者になる場合もあり、むしろこの方が多いのです。しかし、事案によっては、暴力団はあくまで賭場を開くだけ、つまり賭博の場を提供するだけであり、暴力団員自らは賭博に参加しない場合もあります。後者の場合は賭博開帳図利罪のみが成立します。しかし、前者の場合であれば、暴力団員には、賭博開帳図利罪と共に、賭博罪も成立し、両者は併合罪となります。ですから、賭博開帳図利と常習賭博とは両立関係にありますので、設例の訴因変更は許されません。△東京高判昭和47・3・27高刑集25巻1号42頁も、賭博開帳図利罪から常習賭博罪への訴因変更請求について、「両者は基本的事実関係を異にしていることが明らかであり、かつ、両者の罪は併合罪関係にある」としてこれを許しませんでした。

なお、これと類似する事案として△最決昭和33・3・17刑集12巻4号581頁があります。これは業務上過失致死と、道路交通違反の無謀操縦の事実について、両事実は公訴事実としては別個の事実であるとして公訴事実の同一性を認めなかった事案です。これは無謀操縦自体が過失の内容ではなかったものです。もし、無謀操縦自体が直接的に事故の原因である過失の内容を構成するとすれば判断は違ってくるでしょう。

設例7　収賄と贈賄、恐喝と収賄

山田市役所緑地課の係長Aは、高校時代からの友人であった暴力団組員Bの口利きにより、公園の造成工事について、Bが紹介する造園業者Cに対し、入札の予定価格を漏洩した。Bは、Cに対し「今後もずっと情報を漏らしてくれるから、Aには50万円を渡せ」と求め、Cはこれに応じてBに現金50万円を渡し、BがこれをAに供与した。この事実が発覚し、Aは収賄罪、CとBは、共謀によるAに対する50万円の贈賄罪で公判請求された。ところが、公判が進むにつれ、この50万円の供与については、BがAに先に話をもちかけ、50万円のうち20万円をBが貰うという話をつけた上で、BがCに前記の要求をしていたことが判明した。そこで検察官は、Bについて、贈賄罪の共犯としての訴因から、Aとの共謀による収賄罪の訴因への変更を請求した。

山田君

訴因変更は許されます。50万円の賄賂をCがAに供与したという事実についてBが贈賄者側の

共犯になるのか、収賄者側の共犯になるのか、ということだけの違いであり、基本的事実は同一ですし、両方の共犯ということは有り得ず非両立関係にあるからです。

|太田|

　そのとおりですね。△最決昭和53・3・6刑集32巻2号218頁、判時882号117頁、判タ361号230頁（百選47事件）も、「被告人Xは、公務員Yと共謀の上、Yの職務上の不正行為に対する謝礼の趣旨で、Wから賄賂を収受した」という枉法収賄の訴因と、「被告人Xは、Wと共謀の上、右と同じ趣旨で、公務員Yに対して賄賂を供与した」という贈賄の訴因とは、収受したとされる賄賂との間に事実上の共通性がある場合には両立しない関係にあり、かつ、一連の同一事象に対する法的評価を異にするに過ぎないものであって、基本的事実関係においては同一であるということができるとしました。

　では、この設例のバリエーションです。Bは、実はAに対しては金を渡すつもりはなく、自己が取得するつもりで、Cに対し「お前がAから予定価格の漏洩を受けていたことをバラすぞ。そうすれば、二度と市の工事の指名は受けられなくなる。それがいやだったら、50万円をよこせ。Aにもちゃんと話をつけておくから。」などと脅迫し、Cは畏怖困惑してBに50万円を渡したがこの金はBが全部自分のものにし、Aの手にはお金は全く渡っていなかったのが真相であることが公判で明らかになったとします。検察官は、Bの贈賄共犯の訴因を、恐喝の訴因に変更請求することは許されるでしょうか。

|川井さん|

　起訴した事実と真相が随分違ってはきましたが、それでも訴因変更は許されると思います。CがBに渡した50万円というお金とその日時場所等については違いはなく、そのお金がAへの賄賂として渡されたのか、BがCから脅し取ったのか、という違いがあるだけで、両者は非両立ですよね。

|太田|

　そうでしょうね。この場合でも訴因変更は許されるでしょう。ただ、BがCから50万円を脅し取ったのが真実だったとしたら、Cの贈賄罪とAの収賄罪は無罪になってしまうでしょうね。基本的事実同一説に立てばこの結論となります。ところが、「法益侵害同一説」「訴因共通説」「罪質同一説」によれば、贈賄と恐喝とでは、法益も訴因も罪質も同一・共通とはいえませんから、公訴事実の同一性は否定せざるを得なくなるでしょう。このような点に、諸説の違いが現れてきます。

　　　　　　　　　　設例8　自動車運転致死と犯人隠避
　Bは、自動車を運転し、ハンドル操作を誤って同車を歩道上に乗り上げさせ、被害者V女を脳挫傷により死亡させた。その時、助手席には友人のAが乗っていた。しかし、Bは、交通違反の繰り返しにより、本件事故が発覚すれば運転免許が取り消されることを恐れる余り、Aに対して、必要な賠償費用等は全部自分が用意するから、身代わりになって運転していたことにして欲しいと懇請した。Aはこれに応じ、間もなく到着した警察官に対し、運転して事故を起こしたのは自分である旨虚偽の申立てをし、警察官もそれを信じて、本件はAによる自動車運転致死罪であると判断して事件が立件送致され、起訴された。
　ところが、公判段階に至り、Aは、その後Bが自分だけを悪者にし、後の面倒見が悪いことに立腹するとともに、死亡事故で重い刑責を問われることをおそれ、弁護人と相談の上、

本件事故は、自分は身代わりであって真犯人はBであることを公判廷で供述するに至った。検察官は、驚いたが、直ちに警察に指示して捜査を遂げさせたところ、BもAに身代わりを依頼したことを自供するに至り、Aの自動車運転致死罪はそのままでは無罪となることが確実となった。そこで検察官は、Aの自動車運転致死罪の訴因を、「自己が運転して事故を起こしたものではないにも関わらず、警察官に対し虚偽の申立てを行い、犯人であるBを隠避させた」との訴因への変更を請求した。

[山田君]

訴因変更は許されるのではないでしょうか。同じ交通事故をめぐっての犯罪なので基本的事実は同一ですし、自分が運転して事故を起こした犯人であるなら、自分自身に対する犯人隠避罪は成立しなので非両立の関係にあります。

[太田]

さっき少し説明したつもりだけど、まだよく理解できていないようですね。確かに自動車運転致死とその犯人隠避とは非両立です。しかし、非両立であるからといってその裏返しで全ての場合が基本的事実も同一であるとはいえません。同じ交通事故に起因した犯罪であるという意味では接点があっても、自動車を運転して事故を起こすという行為と、その犯人を隠避する、という行為には、日時場所的にも行為態様的にも共通性があるとはいえません。例えば、殺人事件の被疑者の身代わり犯人として事件の1年後に出頭し、殺人罪で起訴されたが、後日身代わりが判明した場合、殺人と1年後の身代わり出頭による犯人隠避とは、非両立関係にはあるが、基本的事実の同一性があるとは到底いえませんね。ですから、設例の自動車運転致死については、犯人隠避罪への訴因の変更は許されず、Aについては公訴を取り消さない限り無罪です。検察官は、それとは別に犯人隠避罪を新たに起訴するしかありません。もし自動車運転致死の起訴事実が既に有罪になり確定していれば、検察官は再審請求をして無罪にさせるとともに、犯人隠避を改めて起訴するべきです。

設例9　窃盗と盗品有償譲り受け

被告人Aは、「平成23年2月1日、静岡県熱海市○町○丁目○番地ホテル「月光」内において、宿泊中のV所有に係る背広上下1着及びV名義のキャッシュカード1枚を窃取した」との訴因で公判請求された。しかし、公判において、被告人は「捜査段階では自白していたが、実は嘘で、本件の背広等は、<u>2月5日ころ、渋谷区内のホテルで知人のBから、1万円で譲り受けたものだ。これまでBをかばって嘘をついていた</u>」と供述するに至り、その弁解は排斥できない状況となった。そこで、検察官は、窃盗の訴因から、2月5日の盗品有償譲り受けの罪の訴因への変更を請求した。

[海野君]

これは許されるんじゃないでしょうか。被害品は同一の背広であり、基本的事実は同一だと言えますし、窃盗の本犯者は盗品譲り受け罪の主体にはなれませんので非両立の関係にあります。時期が4日ずれ、場所も静岡県と東京都内と、かなり離れているのでこれでも基本的事実が同一

といってよいのかどうか、やや気になるところですが。

[川井さん]
　これについては、△最判昭和29・5・14刑集8巻5号676頁があるわ。この事案は、10月14日静岡県でホテル宿泊中の客Aから背広・定期入れ等を窃取した、という当初の訴因を、10月19日、東京都内で自称Aから依頼を受け背広を質入れした、という盗品有償処分のあっせん罪（当時は贓物牙保罪）の訴因に変更請求した事案です。判決は、「物件の同一性、罪質上の密接な関係、日時・場所の近接性に鑑みれば」として、「一方の犯罪が認められるときは他方の犯罪の成立を認め得ない関係にある……から、かような場合には他方の犯罪の成立を認め得ない関係にある」としてこれを許可しました。本設例もこれと同様の事案です。

[太田]
　そのとおりでしょうね。では、事案を少し変えましょう。被告人Aは、平成22年1月5日に、福岡県久留米市の旅館で背広一着等を窃取した、との訴因で起訴されていたが、公判段階で、1年以上後の平成23年2月10日ころ、渋谷区内のホテルで、知人Bから譲り受けたものだ、ということが明らかになった場合、前記同様の訴因変更請求は認められでしょうか。

[山田君]
　う〜ん。同一の背広についての窃盗罪か盗品譲り受けの罪か、という点では最初の事例や昭和29年最判と同じで基本的事実が同一で非両立の関係にあるといえそうですが、1年も違い、福岡県と東京都の違いになってくると、同最判が「日時・場所の近接性に鑑みれば」としていることに照らせば、ここまで離れてしまうと訴因変更は認められないのではないですか。

[太田]
　そういうべきでしょうね。非両立ということ自体で常に基本的事実が同一である、との裏返しにはならない事例の一つでしょう。やはり、29年最判が訴因変更を認めたのは、数日間の差で静岡と東京という比較的距離が近いという状況を踏まえての判示であり、このバリエーションである上記設例のような事案までには及ばないと考えるのが妥当でしょうね。この場合、検察官としては、当初訴因をそのままにして無罪判決を甘んじるか、当初の公訴を取り消した上で、判明した事実に沿って改めて起訴すべきことになるでしょう。

第5　訴因に関するその他の問題

　訴因に関しては、これまで勉強した訴因変更の要否と可否以外に関しても様々な問題があります。

1　訴因変更が許される時期
(1)　問題の所在
　訴因変更が可能な時期については、刑訴法上は明文の規定はありません。そのため、一審から上訴審、破棄差戻審など、長い経過を辿る審理の過程の中で、いつまでなら訴因変更が許されるのか、ということが問題となる場合があります。多くの裁判例は、基本的には、訴因変更に時期的制限はないと解しています。しかし、起訴から長期間を経た時点で検察官の訴因変更請求を許すと、被告人の防御が困難になることなどから、具体的事案に則して訴因変更を許可しないとする判例も少なくありません。それらの判例が指摘する考慮要素としては次のようなものがありま

す。
　ア　訴因変更請求の時期
　イ　審理の具体的経過
　　①　攻撃防御上の争点と弁護側の反証の成功度
　　②　訴因変更の防御活動に対する影響の度合い
　　　　※　弁護側に全く新たな防御活動を迫るものになるか否か。
　　　　※　被告人がそれまでの書証を同意していたのであれば、同意の趣旨にもとることがないか。
　　③　訴因変更が、公平の観点から問題がないか。
　ウ　事案の重大性
　　訴因変更を許可しなければ重大事犯が無罪になるおそれの有無と程度
　エ　訴因変更によって得られる有罪の蓋然性の高さ
　オ　訴因変更が今後更にもたらす裁判遅延の可能性の程度
　カ　検察官が適切な時期に訴因変更請求を行える機会があったかどうか。検察官の落ち度の有無と程度

　つまり、訴因変更の遅延が、被告人の防御に不当な影響をもたらすことにならないか、という視点、訴因変更がなされれば有罪となる可能性が高いにもかかわらず、それを認めないことによって事案の刑責が問えなくなる不正義がもたらされる視点、当事者特に検察官が訴因変更を適切に請求することについて落ち度等がなかったか、という視点等を総合的に検討すべきことになります。

(2)　**主な判例**

　これらの判例を見ると、上記の様々な考慮要素を裁判所が具体的事件においてどのように判断しているかが分かると思います。

ア　△最決昭和47・7・25刑集26巻6号366、判時679号3頁、判タ280号320頁（小松市寄付募集事件）

　寄付募集について詐欺罪で起訴された事案について、一審の54回公判において小松市寄付金品取締条例違反への予備的訴因の追加がなされ、裁判所がこれを黙示的に許可した上、同条例違反で有罪としたところ、被告人側が、公訴事実の同一性がないと主張して上告。最高裁は、公訴事実の同一性を肯定して上告棄却としたが、田中二郎裁判官は55回の判決公判期日において予備的訴因で有罪としたのは、被告人及び弁護人らに対し、実質的に十分な防御をする権利に不意打ちの打撃を与えたものとしてとうてい是認できないとの反対意見を述べた。

イ　△横浜地小田原支判昭和43・10・9下刑集10巻10号1030頁

　窃盗の訴因に対し、起訴約7年半後に行われた威力業務妨害への予備的訴因変更請求について、検察官にはそれまで訴因変更請求を行う機会を与えられており、被告人の防御がもっぱら窃盗に対してなされたことを踏まえて、刑訴規則1条の精神に反し、信義則上許されないとした。

ウ　△福岡高那覇支判昭和51・4・5判タ345号321頁（百選21事件）

　当初、冒陳や釈明で、被告人の実行行為は「炎の中から炎に包まれているAの肩をつかまえて

引きずり出し顔を２度踏みつけ脇腹を一回蹴った行為」だとしていたところ、これは殺人の実行行為ではなく救助行為だとして争われたところ、約２年半後の第18回公判期日において、検察官が「Aの腰部付近を足蹴にし、路上に転倒させた上」を追加したいと述べた。裁判所は、この追加訂正は実質的に訴因変更だとして許さなかったので、検察官は訴因の追加を請求した。裁判所は結審段階にあるとしてこの請求を不許可にした。一審判決は、傷害致死で有罪としたが、双方控訴。検察官は、訴因追加請求の不許可が刑訴法312条違反と主張。

《判決要旨》

２年半も争われ、弁護側の防御活動が成功したかと思われた結審間近に変更請求がなされたことを指摘した上

「たしかに訴因変更請求権は検察官にある。だが、被告人の防御に実質的な不利益を生ぜしめ、公平を損なうおそれが顕著な場合には、裁判所は、公判手続の停止措置にとどまらず、検察官の請求そのものを許さないことが例外的に認められる」として訴因変更を許可しなかった原審の判断を適法とした上、「足蹴り行為は……本件共謀の訴因外の事実である」として、弁護人の主張を認め、結局原判決を破棄して無罪とした。

２　訴因変更の許否

(1) 問題の所在

これは、少し角度の違う問題です。通常なされる訴因変更請求というのは、当初の訴因のままでは有罪が得られなくなりそうなので、検察官がそれを回避するために有罪判決が得られる訴因への変更を請求するものです。ところが、稀にですが、当初の訴因でも有罪判決を出せる、という心証を既に裁判所が得ているのに、検察官が訴因変更を請求する場合があります。そのような場合、検察官が請求する訴因変更を認めた場合、新たな訴因では無罪となってしまったり、裁判所が心証を得ていた当初訴因よりも軽い刑となってしまうことが生じ得ます。そのような場合に、裁判所は訴因変更を許可してよいのか、というのが訴因変更の許否、の問題です。設例で考えてみましょう。

設例１

検察官はＡを殺人罪で起訴した。裁判所は既に殺人罪を認定できる、との心証を得ていた。ところが、検察官は殺人の故意の認定は困難だと判断し、傷害致死罪への訴因変更請求をした。裁判所はこれを許可してよいか。

[川井さん]

検察官は妙に弱気になったのですね。でも訴因の設定権限は検察官にあるのですし、殺人罪と傷害致死罪とは公訴事実の同一性が認められるので、裁判所としては「検察官は余計なことをしなくてもよいのに」と思ったとしても訴因変更を許可すべきだと思います。

[太田]

これは多分に教科書事例です。通常、殺人の故意が認められなければ傷害致死罪への認定はいわゆる縮小認定であり、訴因変更なしで認められるので検察官としては放っておけば足ります。ただ、理論的に考えた場合、川井さんのいうように、検察官が訴因変更を請求する以上、裁判所

は認めざるを得ませんね。

(2) 主な判例

これに関する判例には、△最判昭和42・8・31刑集21巻7号879頁（百選A19、札幌「英ちゃん」管理売春事件）があります。

《事案の概要》

管理売春の訴因で起訴された事件につき、一審で検察官が売春周旋への訴因変更を請求し、裁判所はこれを許可して新訴因で有罪判決。控訴審では、管理売春の訴因について証明は十分であったので、実体的真実を発見する職責からも本件訴因変更は許可すべきでなかったとして一審判決を破棄したが、最高裁は、一審の訴因変更許可の適法性を肯認した。

《判決要旨》

「(刑訴法312条の規定ぶりを引用しつつ) わが刑訴法が起訴便宜主義を採用し、検察官に公訴の取消を認めていることにかんがみれば、仮に起訴状記載の訴因について有罪の判決が得られる場合であっても、第一審において検察官から、訴因、罰条の追加、撤回又は変更の請求があれば、公訴事実の同一性を害しない限り、これを許可しなければならないものと解すべきである。」

売春防止法で定める犯罪では、管理売春罪が最も刑が重い犯罪（10年以下の懲役）で、売春の周旋はずっと軽い罪（3年以下の懲役）です。この事案は、同一の事実関係の下で、管理売春という重い罪から、犯情の軽い売春周旋の罪に訴因を変更しようとしたものであり、変更後の訴因でも有罪となる事案です。このような場合には、訴因構成についての検察官の裁量権の範囲内の問題であり、裁判所としては、これを拒む必要はありません。これは、例えば殺人の起訴について、有罪が見込まれるのに、検察官が傷害致死の訴因に変更請求するような場合にも同様だと考えられます。では、次の場合はどうでしょうか。

設例2

検察官は、AがVに対し猟銃を発砲、命中させて死亡させたとして殺人の罪で起訴した。ところが、Aは殺人の故意を争い、猟銃を修理中うっかりして暴発し、Vに命中させてしまったと弁解した。検察官は、この弁解は否定できないと判断し、殺人の訴因を重過失致死罪の訴因に変更請求した。しかし裁判所は既に殺人の故意について心証を得ており、殺人罪を認定しようと考えていた。この場合、裁判所は訴因変更を認めてよいか。

[山田君]

この場合だって最初の設例と同じですよね。公訴事実の同一性は認められますし、検察官に訴因の設定権限がある以上、裁判所としては認めるしかないでしょう。

[海野君]

でも、もし裁判所が訴因変更を認めたら、無罪となってしまいますよね。最初の例と違って殺人罪と重過失致死罪とは縮小認定の関係にありません。それに、人を死亡させたという点では同じであったとしても、殺人罪の事実と、過失致死とは構成要件もそれに該当する事実も大きく異なります。殺人罪が認められる以上、重過失致死罪は認められません。

検察官が余計な心配をしたのが悪いのですが、このように人を死亡させたという重大な事件に

ついて、裁判所は有罪が得られると心証を形成していながら、検察官の請求するままに訴因変更を認めるのはあまりに行き過ぎだと思います。裁判所としては、例外的にではありますが、訴因変更請求を認めるべきではありません。

[太田]
　この場合も、実務的には、検察官は当初の殺人の訴因を維持したままで、重過失致死罪の訴因を予備的に追加する変更請求を行うのが妥当です。しかし、理論的にはどうなのか、ということをしっかり考えるべきですね。実は、この設例は、次項で勉強する伊勢市暴力団発砲事件と表裏一体の面がありますので、後で勉強しましょう。

3　裁判所の訴因変更命令ないし釈明の義務
(1)　問題の所在
　刑訴法312条2項は、「審理の経過に鑑み適当と認めるときは、訴因又は罰条を追加又は変更すべきことを命ずることができる」と規定しているところ、訴因変更命令には義務性もあるのか否かという問題です。また、命令に義務性が認められる場合があるとすれば、それはどのような状況ないし要件が求められるのかということが問題となります。

　実は、この問題は当初お話しした、戦後の訴因制度導入の歴史的経緯を踏まえて考える必要があります。戦後の現行刑訴法の制定の際に初めて訴因制度が創設されたのですが、当時はまだ、審判の対象は訴因ではなくその背後にある歴史的社会的事実としての公訴事実である、との考え方が強かったのです。また、戦前の職権審理主義の下で裁判所が自ら主体的に真実を発見していくという考え方がまだ根強く支配していました。したがって、審判の対象は訴因の背後にある公訴事実ですから、審理がなされる過程で訴因どおりの事実が認定できないような情況が生じれば、裁判所は真実発見のために、審判の対象である公訴事実に合致するように訴因を変更させるように検察官に命令する、という制度も設けられたのです。旧刑訴法の時代には、訴因制度はなく、もともと裁判所は職権審理主義の下で、起訴事実が殺人であっても殺人は認められず重過失致死罪なら認められると考えればそれを認定すればよかったのです。しかし、訴因制度が導入された以上それはできないので、裁判所による訴因変更命令の方策が考案されたのでしょう。

　同条の規定の趣旨についての学説では、訴因変更命令の制度は当事者主義を補完する例外的なものであり、公訴事実の同一性の範囲において、起訴時の訴因と証拠調べにおける裁判所の判断とに食違いが生じた場合に、真実発見と不当な無罪回避のために設けられた<u>後見的（職権主義的）</u>な制度であるとされています。しかし、<u>その後、審判の対象は訴因自体であり、当事者主義の定着の下で訴因の設定権限は検察官にある、という考え方が定着するにつれ、312条の訴因の変更命令という制度は次第に実務にはそぐわないものとなりました。この条文は死文化したとまではいえませんが、私の検察官経験を通じても、裁判所から訴因変更命令が出されたということを耳にしたことはありません。裁判所としては、当初訴因のままでは無罪となるが、別の訴因であれば有罪も見込まれ、かつ、別訴因の事実も相当重い犯罪であっても、まずは「勧告」か、せいぜい「釈明」によって検察官に訴因変更請求を行うことを示唆するという程度にとどめるのが実務の大勢ではないかと思われます。</u>そうすると、このような裁判所の心証を察知した検察官としては、無罪となるのを避けるため、訴因変更ないしは予備的訴因の追加を行うので、裁判所において更に「命令」を出すに至るまでに進むことがないのです。したがって、裁判所の訴因変更命令という制度自体は残存しているとしても、その義務性まで認めることは今日では原則的に否定さ

(2) 主な判例

これについては、次の判例があります。

△**最判昭和33・5・20刑集12巻7号1416頁**

健康保険組合関係の業務上横領事件について、一審（熊本地裁）が概ね不法領得の意思を欠くとして無罪を言い渡したが、そのうち45万円については、組合のための支出でなく会社資金に流用したという事実を認め、しかしそれがたとえ商法489条2項前段違反の罪を構成するとしても公訴事実と基本的事実関係を異にし同一性を欠くとして、結局この部分についても無罪を言い渡したところ、原審の福岡高裁は、両者は基本的事実関係を同じくし、かつ訴因変更しても被告人の防御に実質上の不利益が生ずる虞もないから、<u>第一審は検察官に対し訴因変更の手続を促しまたはこれを命じて審理判断をすべきであったのに、その手続をとらなかったのは、審理不尽ないし訴訟法違反がある</u>と判断した。しかし、本判決は「<u>本件のような場合でも、裁判所が自らすすんで検察官に対し右のような措置をとるべき責務があると解するのは相当でない</u>。したがって原判示のように裁判所に積極的な責務を認めたことは誤りである」としました。

この事件の一審裁判所は、昔ながらの職権審理主義の考え方を色濃く残していたのですね。

もう一つ、△**最判昭和58・9・6刑集37巻7号930頁、判時1097号11頁、判タ512号88頁（百選47事件〈日大闘争事件〉）**があります。

《事案の概要》

昭和43年の日大闘争事件。被告人Aが、①数十名の学生らと事前共謀の上、学部館各階から警察官らに投石して職務を妨害した事実、②数名の学生らと現場共謀の上、5階窓から多数の煉瓦・コンクリート塊を投下して18名に傷害、1名を死亡させた、という訴因について起訴された。その後②事実について他の5名も起訴され、併合審理。第一審冒頭で、検察官は、②事実が現場共謀による実行正犯であり、①事実とは別個の犯罪であると釈明し、その後8年半の審理でこの主張を維持。一審裁判所は、審理最終段階で、②事実のままの訴因なら全部ないし一部無罪とするしかないが、②事実の訴因を事前共謀に基づく訴因に変更するならば、犯罪成立の余地ありと考えて、①②事実の関係と②事実の共謀の時期・場所について検察官に主張変更の意思を求釈明したところ、その意思はない旨明確かつ断定的に釈明した。裁判所は、それ以上進んで「訴因の変更を命ずることが妥当な措置とは考えられないので、訴因の変更を命じないこととし」、当初の訴因の範囲内において罪責を判断し、2名について②事実は無罪、他の被告人については、傷害・公務執行妨害の限度で有罪、被告人の①事実については有罪とした。これに対し、控訴審は、<u>①訴因変更をしさえすれば無罪部分についても共謀共同正犯の罪責を問い得ることが証拠上明らかであり、②警察官の死亡等を含む重大事案であることから、訴因変更を命じ、あるいは少なくとも積極的に促す義務があった</u>として、破棄差し戻しした。被告人側上告。

《判決要旨》

事案についての原審の①②の指摘を踏まえつつも、③8年半におよぶ審理過程における検察官の態度、④審理最終段階での主張変更の意思がないことの明確・断定的な釈明、⑤被告人らの防御が右検察官の主張を前提としてなされていたこと、⑥起訴されていない者との処分上の不均衡、を指摘した上「本件事案の性質・内容及び右被告人らの本件犯行への関与の程度など記録上明らかな諸般の事情に照らして考察すると、第一審裁判所としては、検察官に対し、<u>前記のような求</u>

釈明によって事実上訴因変更を促したことによりその訴訟法上の義務を尽くしたものというべきであり、さらに進んで、検察官に対し、訴因変更を命じ又はこれを積極的に促すなどの措置に出るまでの義務を有するものではないと解するのが相当である。」とした。

　この事案も、原審の控訴審は訴因変更命令等の義務を肯定したのですが最高裁はこれを否定したのです。ただ、この事案は被害者死亡の重大事件なのですが、検察官が８年引以上にわたって裁判所に促されたにも関わらず主張を変更しなかった、ということも無視できない事情だと思われます。

　なお、これと関連して、訴因変更命令の形成力の有無、という問題があります。仮に裁判所が訴因変更命令を出した場合、検察官がそれに応じて訴因変更請求をしなくとも当然に訴因は変更されるのか、という問題です。

　△最大判昭和40・4・28刑集19巻3号270頁（百選Ａ23）があります。

　公選法の供与罪の幇助として起訴された事案であり、一審の裁判所は、共謀による供与の訴因への変更命令を出し、検察官の請求がないにもかかわらず、訴因が変更されたものとして手続を進めて有罪とした。被告人が控訴したが、控訴審は訴因変更が不要な場合であるとして控訴を棄却したので被告人が上告しました。最高裁は、原判決及び一審判決を破棄し、「検察官が裁判所の訴因変更命令に従わないのに、裁判所の訴因変更命令により訴因が変更されたものとすることは、裁判所に直接訴因を動かす権限を認めることになり、かくては、訴因の変更を検察官の権限としている刑訴法の基本構造に反するから、訴因変更命令に右のような効力を認めることは到底できない。」としました。

　しかし、訴因変更命令はあらゆる場合において考えられず、312条は完全に死文化してしまったか、というと必ずしもそうではありません。次の設例はどうでしょうか。

設例3

　暴力団幹部Ａが、事務所内でＶに猟銃を発砲して殺害したとして殺人罪で起訴された。裁判所は審理の過程で、殺人の故意は認定し難く、殺人罪なら無罪とせざるを得ないが重過失致死罪なら有罪にできる、との心証を得た。しかし、検察官は殺人罪の訴因を維持している。このような場合、裁判所としては、検察官に対し、重過失致死罪への訴因変更を命じたり、勧告などをすべき義務があるか。これらをせずに無罪判決を出すことは許されるか。

[海野君]

　現在では、訴因変更命令という制度はほとんど死文化しており、裁判所が被告人を無罪放免させないために、検察官に肩入れして重過失致死罪への訴因変更を命令などで促すのは当事者主義にも反し、許されないと思います。検察官としては審理に照らして殺人罪では有罪判決が得られないおそれを見抜き、自ら対応すべきでしょう。それを怠って無罪となるのは検察官の自己責任だと思います。

[川井さん]

　確かに、そういえばそうかも知れないけど何か釈然としないわ。人が死亡したような重大事犯で、裁判所は高みの見物、というように検察官の不手際を放置すればよい、というものではない

でしょ。犯罪被害者の立場への配慮もすべきでしょうし、社会正義の実現の視点からも、裁判所としては、謙抑的ではあっても、当事者主義の原則を不当に損なわない限度で何らかの対応が求められるべきだと思います。さっきの札幌「英ちゃん」管理売春事件で、管理売春の訴因と売春周旋の訴因の事例については、最低限、軽い罪ででも被告人を有罪とできたのですが、人を死亡させた重大事件がまったく不問に付されることになる問題とは同視できないと思います。

太田

　川井さんの指摘が正しいでしょう。○**最決昭和43・11・26刑集22巻12号1352頁（伊勢市暴力団猟銃発砲事件）**がまさにこのような事案でした。

《事案の概要》

　暴力団幹部の被告人Ｘが、組事務所で、Ｙに発砲したところ、Ｙに当たらず傍らにいたＺに命中、死亡させたとして殺人罪で起訴された。一審の津地裁は、殺人の犯意は認められず暴発によるものとして無罪としたが、控訴審判決は、本件では重過失致死が認められるとした上、裁判所には検察官に対し訴因変更を促し、又はこれを命ずべき義務があったとし、これをせずに直ちに無罪の判決をしたことは審理不尽の違法があるとして原判決を破棄し、控訴審で追加された重過失致死の訴因についてＸを有罪とした。被告人側上告。

《決定要旨》

　上告棄却。

　「裁判所は、原則として、自らすすんで検察官に対し、訴因変更手続を促しまたはこれを命ずべき義務はないのである（最判昭和33年5月20日）が、本件のように、起訴状に記載された殺人の訴因についてはその犯意に関する証明が充分でないため無罪とするほかなくても、審理の経過にかんがみ、これを重過失致死の訴因に変更すれば有罪であることが証拠上明らかであり、しかも、その罪が重過失によって人命を奪うという相当重大なものであるような場合には、例外的に、検察官に対し、訴因変更手続を促し、またはこれを命ずべき義務があるものと解するのが相当である。したがって、原判決が、本件のような事案のもとで、裁判所が検察官の意向を単に打診したにとどまり、積極的に訴因変更手続を促しまたはこれを命ずることなく、殺人の訴因のみについて審理し、ただちに被告人を無罪とした第一審判決には審理不尽の違法があるとしてこれを破棄し、あらためて、原審で予備的に追加された重過失致死の訴因について自判し、被告人を有罪としたことは、違法とはいえない。」

　この判例に照らせば、設例の事案では、裁判所としては、検察官に対し、重過失致死罪の訴因変更、具体的には予備的追加を命令ないし勧告するべきでしょう。実務的には、殺人が認定できるかどうかの心証を裁判所が事前に明らかにすることは許されませんから、検察官としては、確実に殺人を認定してもらえるかどうかは分からないので、殺人の本位的訴因は維持したままで、予備的に重過失致死の訴因を追加することが妥当です。裁判所としても、殺人は認定できないとの心証を得た場合でも、訴因変更命令までは出さず、訴因変更の勧告や検察官への釈明等で対応するほうが実務的には妥当でしょう。釈明するとすれば、「検察官は現在の殺人の訴因のみを維持する考えですか。訴因について再検討はされませんか」などでしょうか。検察官としては、これを聞いて、敏感に裁判所が殺人のままでは有罪としてくれそうにないことを悟らなければなりませんね。訴因変更命令や勧告は、当事者主義の訴訟構造からすれば例外的な制度と考えられますので、検察官は裁判所がこのような後見的役割を果たしてくれるだろうと安易に期待、依存してはなりません。

さて、そこで先に考えた、設例2の事案に戻って考えてみましょう。この事案では、裁判所は殺人の訴因のままでも有罪にできると考えているのに、検察官の方から重過失致死罪に訴因変更を請求した場合、裁判官はこの請求を認めてよいのか、という問題ですね。

[川井さん]

分かりました。前述の昭和43年の伊勢市暴力団猟銃発砲事件の最高裁決定の裏返しですね。裁判所としては、せっかく有罪の心証を得ているのですから、検察官が余計なことをしてわざわざ無罪に向けた訴因変更請求をすることをそのまま認めるのは許されず、訴因変更請求を不許可とすべきです。

[太田]

それも一つの考えられる対応でしょう。しかし、前掲の札幌「英ちゃん」管理売春事件の昭和42年最判は、起訴状記載の訴因につき有罪判決が得られる場合でも、検察官から訴因罰条の変更請求があれば公訴事実の同一性がある限り、裁判所としてはこれを許可しなければならないとしています。伊勢市暴力団猟銃発砲事件の昭和43年最決もこの昭和42年最判を変更したとまでは考えられません。これらの判例の整合性も考えなければならないでしょう。すると、「不許可とすべき」とまでいうのはやや言い過ぎで、せいぜい「旧訴因の維持を勧告する義務がある」という程度の解釈が妥当でしょう。また、実務的に考えると、不許可とした時点で裁判所がすでに殺人罪で有罪の心証を得ていることが明らかになってしまい、余り妥当とはいえませんね。その意味でもやはり、検察官に対し、殺人事件の訴因は維持したままで、過失致死の訴因を予備的に追加するよう勧告ないし促すというやり方が穏当だろうと思います。

〈参考文献・資料等〉

本文中に掲げたもののほか、

・香城敏麿「訴因制度の構造（上）」判時1236号（1987年）11頁、「訴因制度の構造（下）」判時1240号（1987年）3頁
・大澤　裕「訴因の機能と訴因変更の要否」法教256号（2002年）28頁
・大澤裕＝植村立郎「共同正犯の訴因と訴因変更の要否」法教324号（2007年）80頁
・川出敏裕「訴因による裁判所の審理範囲の限定について」鈴木古稀（下）313頁
・川上拓一「争点顕在化の要否」岡野古稀533頁
・田口守一「争点と訴因」佐々木喜寿725頁
・後藤　昭・刑訴百選［8版］100頁
・平木正洋・最判解刑平成14年度141頁
・杉田宗久・刑訴百選［8版］90頁
・池田　修・最判解刑平成13年度57頁
・岩瀬　徹・刑訴百選［6版］86頁
・出田孝一・刑訴百選［8版］104頁
・岩瀬　徹「審判における当事者追行主義（訴因論を中心に）」法教389号14頁
・松田　章「訴因変更と争点顕在化措置の要否」刑ジャ8号（2007年）63頁
・河村博・警論48巻7号（1995年）216頁
・加藤克佳「訴因変更の要否と判例理論」鈴木古稀（下）337頁
・辻本典央「公訴事実に動機が記載された場合における訴因変更の必要性」近畿大学法学53巻2号（2005年）331頁
・堀江慎司「訴因変更の要否について」三井古稀585頁、591頁
・大澤　裕「公訴事実の同一性に欠ける訴因追加と事後措置」松尾古稀（下）321頁
・後藤　昭「予備的訴因と訴訟条件」松尾古稀（下）349頁
・亀井源太郎「共謀概念と刑事手続」研修766号（2012年）3頁
・堀江慎司「訴因の明示・特定について――再論」研修793号（2014年）3頁

終わりに

　実践的に証拠法や公判実務の勉強をしてきましたが、いかがでしょうか。皆さんが、「設問は与えられるものだとの前提で参考答案例などの暗記に頼った論述をする」、「多数説と判例に従って書きさえすればよい」「判例については最高裁の判例はすべて正しいのでその規範だけを暗記しておけばよい」「どの説で書くのが答案が書きやすいか」などの安易な発想や姿勢から脱却し、瓜二つの事件はない複雑な事実関係の中から法律上の問題点や事実認定上の問題点を発見し、学んだことを活かした応用力を用いて自分自身の頭で考えて事案の適切妥当な解決の結論を導いていく、という姿勢を身に付けていただくことを期待しています。本講義録で引用した様々な判例や参考文献については、いきなりそれらの全てを読破していくことは難しいでしょうが、折に触れてそれらにもできる限り目を通し、知識や理解を深めていく努力を続けてください。本講義録がそのような皆さんの勉強のために役立つものとなれば幸いです。

判 例 索 引

大判昭和15・3・19判決全集7巻12号26頁	211
最大判昭和23・7・29刑集2巻9号1012頁	322
最（二小）判昭和23・10・30刑集2巻11号1427頁	327
最（一小）判昭和24・4・7刑集3巻4号489頁	327、328
最大判昭和24・5・18刑集3巻6号789頁	97
最大判昭和24・6・29刑集3巻7号1150	322
最（三小）昭和24・7・19刑集3巻8号1348頁	327
最（三小）判昭和24・12・13裁判集刑15号349頁	332
最（三小）判昭和25・6・13刑集4巻6号995頁	327
最（一小）決昭和25・9・14刑集4巻9号1652頁	410
最（三小）判昭和25・11・21刑集4巻11号2359頁	310
最（一小）判昭和26・2・22刑集5巻3号421頁	134
最（二小）判昭和26・6・15刑集5巻7号1277頁	392
札幌高函館支判昭和26・7・30高刑集4巻7号936頁	137
最大判昭和26・8・1刑集5巻9号1684頁	320
仙台高判昭和27・4・5高集5巻4号549頁	323
東京高判昭和27・4・8高刑集5巻4号560頁	307
最大判昭和27・4・9刑集6巻4号584頁	136、291
東京高判昭和27・11・15高刑集5巻12号2201頁、判タ27号61頁	225
最（二小）昭和27・12・19刑集6巻11号1329頁	134
最（二小）判昭和28・5・29刑集7巻5号1158頁	401
最（二小）判昭和28・7・10刑集7巻7号1474頁	319
最（一小）判昭和28・10・15刑集7巻10号1934頁	100
最（一小）判昭和29・1・21刑集8巻1号71頁	383、392
最（二小）判昭和29・5・14刑集8巻5号676頁	401、413
最（一小）決昭和29・7・29刑集8巻7号1217頁	136
最（三小）決昭和29・10・26裁判集刑99号531頁	196
最（一小）判昭和29・12・2刑集8巻12号1923頁	119
最（三小）判昭和30・1・11刑集9巻1号14頁	98
最大判昭和30・6・22刑集9巻8号1189頁	327
最（三小）判昭和31・3・27刑集10巻3号387頁、判時75号23頁、判タ59号63頁	120
大阪高判昭和31・6・19高刑特3巻12号631頁、判時79号7頁	332
最大判昭和32・2・20刑集26巻9号554頁	306
最（二小）判昭和32・7・19刑集11巻7号1882頁、判時118号1頁	321
最（一小）判昭和32・7・25刑集11巻7号2025頁	100

最（二小）決昭和32・11・2刑集11巻12号3047頁…… 118、323

最（三小）判昭和32・12・17法律新聞86号6頁……………………………………………… 327

東京高判昭和32・12・27東高刑時報8巻12号443頁 ……………………………………… 376

最（二小）判昭和33・2・21刑集12巻2号288頁 ………………………………………… 307

最（二小）決昭和33・3・17刑集12巻4号581頁 ………………………………………… 410

最（三小）判昭和33・5・20刑集12巻7号1416頁
…… 418、420

最大判昭和33・5・28刑集12巻8号1718頁、判時150号6頁 ……………………… 325、375

最大決昭和33・7・29刑集12巻12号2776頁 …………………………………………… 261

東京高判昭和34・11・16下刑集1巻11号2343頁 ……………………………………… 121

最（二小）判昭和34・12・11刑集13巻13号3195頁
…… 401、409

最大判昭和36・6・7刑集15巻6号915頁
…………………………………………………………………………………………………… 9、133、332

最（三小）判昭和36・6・13刑集15巻6号961頁、判時268号28頁…………………… 384、387

東京高判昭和36・7・18判時293号26頁 ………………………………………………… 168

東京高判昭和37・4・26高刑集15巻4号218頁 ………………………………………… 119

最大判昭和37・5・2刑集16巻5号495頁………………………………………………… 309

最大判昭和37・11・28刑集16巻11号1633頁 …………………………………………… 372

岡山地判昭和37・12・20刑集20巻6号544頁 …………………………………………… 316

最（二小）判昭和38・9・13刑集17巻8号1703頁……………………………………… 320

最（二小）判昭和38・9・27判時356号49頁 …………………………………………… 327

最（一小）判昭和38・10・17刑集17巻10号1795頁、判時349号2頁 ………………… 75

静岡地判昭和40・4・22下刑集7巻4号623頁 ………………………………………… 211

最大判昭和40・4・28刑集19巻3号270頁、判時406号20頁、判タ174号223頁………… 388、419

東京地判昭和41・3・17判タ189号188頁………………………………………………… 219

東京高判昭和41・6・28判タ195号125頁………………………………………………… 247

東京高決昭和41・6・30高刑集19巻4号447頁 ………………………………………… 221

最（二小）判昭和41・7・1刑集20巻6号537頁 ……………………………………… 129、316

最（一小）判昭和41・7・26刑集20巻6号711頁、判時459号75頁、判タ198号146頁……… 384、387

最（三小）決昭和41・11・2刑集20巻9号1035頁 ……………………………………… 211

最判昭和42・8・31刑集21巻7号879頁 ………………………………………………… 416

最（一小）判昭和42・12・21刑集21巻10号1476頁 …………………………………… 322、327

仙台高判昭和43・3・26高刑集21巻2号186頁 ………………………………………… 328

横浜地小田原支判昭和43・10・9下刑集10巻10号1030頁……………………………… 414

最（二小）判昭和43・10・25刑集22巻11号961頁、判時533号14頁、判タ226号250頁………… 172、275

最（三小）決昭和43・11・26刑集22巻12号1352頁……………………………………… 420

金沢地七尾支判昭和44・6・3刑月1巻6号657頁、判時563号14頁………………… 155、314

京都決昭和44・11・5判時629号103頁…………………………………………………… 246

最（一小）決昭和44・12・4刑集23巻12号1546頁、判時581号84頁、判タ243号261頁	137
最大判昭和44・12・24刑集23巻12号1625頁	11、191
最（三小）判昭和45・7・28刑集24巻7号569頁	309
最大判昭和45・11・25刑集24巻12号1670頁	312、317
東京高判昭和45・12・22判タ261号356頁	389
最（三小）判昭和46・6・22刑集25巻4号588頁	388
最（三小）判昭和47・2・8裁判集刑183号99頁	328
東京高判昭和47・3・27高刑集25巻1号42頁	410
最（三小）決昭和47・7・25刑集26巻6号366頁、判時679号3頁、判タ280号320頁	404、414
最大判昭和47・11・22刑集26巻9号554頁	307
大阪高判昭和49・3・29高刑集27巻1号84頁	262
東京地決昭和49・12・9判時763号16頁	9、160
最（三小）判昭和50・1・21刑集29巻1号1頁	309
最（一小）判昭和51・2・19刑集30巻1号25頁、判時807号101頁、判タ335号317頁	325
最（三小）決昭和51・3・16刑集30巻2号187頁	14、148、186、237、333
福岡高那覇支判昭和51・4・5判タ345号321頁	414
最（一小）判昭和51・10・28刑集30巻9号1859頁	326
最（一小）決昭和51・11・18裁判集刑202号379頁、判時837号104頁	262
大阪地判昭和51・11・18刑裁月報8巻11-12号504頁	382
名古屋簡判昭和52・4・27判例集未登載	220
大阪高判昭和52・6・28判時881号157頁、判タ357号337頁	124
最（二小）決昭和52・8・9刑集31巻5号821頁	320
最（一小）決昭和53・3・6刑集32巻2号218頁	401、411
東京高判昭和53・3・29判時892号29頁	9、160
最（一小）決昭和53・6・8刑集32巻4号724頁	135
最（三小）判昭和53・6・20刑集32巻4号670頁、判時896号14頁、判タ366号152頁	243
東京地決昭和53・6・29判時893号3頁	102、103、121、272
最（一小）判昭和53・7・10民集32巻5号820頁	174
最（一小）判昭和53・9・7刑集32巻6号1672頁、判時901号15頁、判タ369号125頁	12、148、311、333、341
最（一小）決昭和53・9・22刑集32巻6号1774頁、判時903号104頁、判タ370号70頁	241
大阪地判昭和53・10・11判例集未登載	220
最（三小）決昭和54・10・16刑集33巻6号633頁	321
富山地判昭和55・1・22判例集未登載	220
東京高判昭和55・2・1判時960号8頁、判タ407号558頁	220
最（三小）決昭和55・3・4刑集34巻3号89頁	392
東京地決昭和55・3・26判時968号27頁、判タ413号79頁	342
最（一小）決昭和55・4・28刑集34巻3号178頁、判時965号26頁、判タ415号114頁	176
名古屋地判昭和55・6・25判例集未登載	220
東京地決昭和56・1・22判時992号3頁	44、58、103、226
大阪高判昭和56・1・23判時998号126頁	133、335、352

最決昭和56・4・25刑集35巻3号116頁、判時1000号128頁、判タ441号110頁……………………………………372

東京高判昭和56・6・29判時1020号16頁………………………………………………………………………………328

最（三小）決昭和56・11・20刑集35巻8号797頁、判時1024号128頁、判タ459号53頁………………………187

最（一小）判昭和56・11・26刑集35巻8号896頁、判時1023号131頁、判タ457号88頁…………………………309

広島高決昭和56・11・26判時1047号162頁、判タ468号148頁……………………………………………………264

松江地判昭和57・2・2判時1051号162頁、判タ466号189頁………………………………………………………188

大阪高判昭和57・3・16判時1046号146頁、判タ467号172頁…………………………………………………………75

東京高判昭和58・1・27判時1097号146頁……………………………………………………………………………285

東京高判昭和58・6・22判時1085号30頁……………………………………………………………………………320

最（三小）判昭和58・7・12刑集37巻6号791頁………………………………………60、125、314、335、346、360

最（三小）判昭和58・9・6刑集37巻7号930頁、判時1097号11頁、判タ512号88頁……………………390、418

東京高決昭和58・10・28刑月15巻10号515頁、判時1107号42頁…………………………………………………299

最（三小）決昭和58・12・13刑集37巻10号1581頁、判時1101号17頁、判タ516号86頁………………………380

最（三小）判昭和59・2・13刑集38巻3号295頁、判時1121号144頁、判タ530号104頁………………………242

大阪地決昭和59・3・9刑月16巻3-4号344頁………………………………………………………………………321

最（三小）判昭和59・3・27集38巻5号2037頁、判時1117号8頁、判タ528号77頁……………………307、310

大阪高判昭和59・4・19高刑集37巻1号98頁…………………………………………………………………………314

最（二小）決昭和59・12・21刑集38巻12号3071頁…………………………………………………57、106、282

東京高判昭和60・12・13刑月12巻12号8頁、判時1183号2頁…………………………………………………320

大阪高判昭和61・1・30判時1189号134頁……………………………………………………………………………320

最（一小）決昭和61・3・3刑集40巻2号175頁………………………………………………………………………118

最（二小）決昭和61・4・25刑集40巻3号215頁、判時1194号45頁、判タ600号78頁…………………………344

最（三小）決昭和61・10・28刑集40巻6号509頁、判時1213号140頁、判タ624号140頁……………………373

最（一小）決昭和62・3・3刑集41巻2号60頁………………………………………………………………………221

東京地判昭和62・12・16判時1275号35頁、判タ664号252頁………………………………………………………318

最（三小）決昭和63・10・25刑集42巻8号1100頁……………………………………………………………………405

最（一小）決昭和63・10・24刑集42巻8号1079頁、判時1299号144頁、判タ683号.66頁……………………389

東京高判昭和63・11・10判時1324号144頁、判タ693号246頁………………………………………………………137

最（二小）決平成元・1・23判時1301号155頁、判タ689号276頁………………………………………………319

東京高判平成元・3・2判時1322号156頁………………………………………………………………………………391

最（三小）決平成元・7・4刑集43巻7号581頁…………………………………………………………………………9

浦和地判平成元・10・3判時1337号150頁………………………………………………………………………………118

東京地決平成2・1・11刑集44巻4号392頁………………………………………………………………………267

最（二小）決平成2・6・27刑集44巻4号385頁、判時1354号60頁、判タ732号196頁…………………………267

東京地判平成2・7・26判時1358号151頁………………………………………………………………………………187

浦和地判平成2・10・12判時1376号24頁………………………………………………………………………156、314

浦和地判平成3・3・25　判タ760号261頁……………………………………………………………………………311

千葉地判平成3・3・29判時1384号141頁……………………………………………………………………………186

浦和地決平成3・5・9判タ796号272頁………………………………………………………………………………321

最（三小）判平成3・5・10民集45巻5号919頁………………………………………………………………………174

東京高判平成3・6・18判タ777号240頁……………………………………………………………… 229
大阪高判平成3・11・6判タ796号264頁……………………………………………………………… 189
浦和地判平成4・1・14判タ778号99頁………………………………………………………………… 321
大阪高判平成4・1・30高刑集45巻1号1頁、判タ920号16頁 …………………………… 127、347、359
水戸地下妻支判平成4・2・27判時1413号35頁……………………………………………………… 212
東京地判平成4・7・9判時1464号160頁 …………………………………………………………… 199
福岡高判平成5・3・8判タ834号275頁………………………………………………………………… 356
福岡高判平成5・3・18判時1489号59頁………………………………………………………………… 317
東京高判平成5・8・24高刑集49巻1号174頁………………………………………………………… 169
福岡高判平成5・11・16判時1480号82頁、判タ875号117頁 ……………………………… 163、172、174
東京高判平成6・7・11高刑速平成6年78頁………………………………………………………… 172、275
東京高判平成6・8・2高刑集47巻2号282頁、判タ876号290頁 ………………………………… 373、376
東京高判平成7・1・27判タ879号81頁 ……………………………………………………………… 392
最大判平成7・2・22刑集49巻2号1頁…………………………………………………… 52、103、293
最（一小）判平成7・4・14刑集59巻3号259頁、判時1904号150頁、判タ1187号147頁 ………… 206
最（三小）判平成7・6・20刑集49巻6号741頁 ……………………………………………… 52、291
福岡高判平成7・8・30判時1551号44頁、判タ907号281頁……………………………… 133、283、343
大阪高判平成8・7・16判時1585号157頁 …………………………………………………………… 300
最（三小）決平成8・10・29刑集50巻9号683頁 …………………………………………………… 354
大阪高判平成8・11・27判時1603号151頁 …………………………………………………………… 134
最（一小）判平成9・1・30刑集51巻1号335頁……………………………………………………… 308
最（二小）判平成9・3・28判時1608号43頁、判タ946号119頁…………………………………… 189
最（二小）決平成10・5・1刑集52巻4号275頁、判時1643号192頁、判タ976号146頁………… 188
最大判平成11・3・24民集53巻3号514頁、判時1680号72頁、判タ1007号106頁………………… 174
大阪地判平成11・7・13判タ1038号299頁 …………………………………………………………… 388
最（三小）決平成11・12・16刑集53巻9号1327頁…………………………………………………… 238
福岡地判平成12・6・9判タ1085号308頁 …………………………………………………………… 156
最（三小）判平成12・6・13民集54巻5号1635頁、判時1721号60頁、判タ1040号133頁……… 175
福岡地判平成12・6・29判タ1085号308頁 …………………………………………………… 148、315
最（二小）決平成12・7・12刑集54巻6号513頁、判時1726号170頁、判タ1044号81頁………… 188
△大阪高判平成12・7・21判時1734号151頁 ………………………………………………………… 392
最（二小）決平成12・10・31刑集54巻8号735頁、判時1730号60頁、判タ1046号107頁………… 299
東京地判平成12・11・13判タ1067号283頁 …………………………………………… 156、165、315、345
和歌山地決平成12・12・20判タ1098号10頁………………………………………………………… 212
最（二小）決平成13・2・7判時1737号148頁、判タ1053号10頁 ………………………………… 176
最（三小）決平成13・4・11刑集55巻3号127頁 …………………………… 369、380、385、390、391、396
和歌山地決平成13・10・10判タ1122号132頁 ……………………………………………………… 210
京都地決平成13・11・8判時1768号159頁 …………………………………………………………… 321
最（一小）決平成14・7・18刑集56巻6号307頁 …………………………………………………… 373
東京高判平成14・9・4判時1808号144頁 …………………………………………………………… 314

東京地判平成15・1・22判タ1129号265頁……………………………………………………………… 120
最（二小）判平成15・2・14刑集57巻2号121頁 …………………………………………………… 12、124
最（二小）決平成15・2・20判時1820号149頁 ………………………………………………………… 389
高松高判平成15・3・13裁判所ウェブサイト…………………………………………………………… 391
最（一小）決平成15・5・1刑集57巻5号507頁、判時1832号174頁、判タ1131号111頁………… 378
最（一小）決平成15・11・26刑集57巻10号1057頁、判時1842号158頁、判タ1139号80頁……… 299
最（三小）判平成16・4・13刑集58巻4号247頁、判時1861号140頁、判タ1153号95頁………… 309
最（一小）決平成16・7・12刑集58巻5号333頁 ……………………………………………………… 14
最（三小）判平成17・4・19民集59巻3号563頁 ……………………………………………………… 176
大阪高判平成17・6・28判タ1192号186頁……………………………………………………………… 212
最（二小）決平成17・9・27刑集59巻7号753頁、判時1910号154頁、判タ1192号182頁 … 44、61、107、112、282
京都地判平成18・5・12刑集62巻5号1422頁…………………………………………………………… 374
名古屋高判平成18・6・26判タ1235号350頁…………………………………………………………… 394
大阪地判平成18・9・13判タ1250号339頁……………………………………………………………… 336
最（三小）判平成18・11・7刑集60巻9号561頁 ………………………………………………… 52、67、169
大阪高判平成19・3・23刑集63巻7号911頁…………………………………………………………… 237
東京地判平成19・10・25判時1990号158頁……………………………………………………………… 300
大阪地判平成20・3・11LEX/DB28145296……………………………………………………………… 321
東京高判平成20・3・27東高刑時報59巻1-12号22頁………………………………………………… 76
最（二小）決平成20・4・15刑集62巻5号1398頁、判時2006号159頁、判タ1268号135頁…… 198、374
福岡高判平成20・4・22判例集未登載…………………………………………………………………… 394
最（二小）決平成20・8・27刑集62巻7号2702頁……………………………………………………… 201
東京高判平成20・9・25LEX/DB25450073……………………………………………………………… 374
最判平成21・7・21刑集63巻6号762頁、判時2096号149頁、判タ1335号82頁………………… 397、398
最（三小）決平成21・9・28刑集63巻7号868頁 ……………………………………………………… 9、336
東京高判平成22・1・26判タ1326号280頁…………………………………………………………… 202、241
宇都宮地判平成22・3・26判時2084号157頁…………………………………………………………… 318
最（一小）決平成23・9・14刑集6巻6号949頁、判時2138号142頁………………………………… 136
最（一小）判平成23・10・20刑集65巻7号999頁…………………………………………………… 294、300
最（二小）決平成24・2・29刑集66巻4号589頁……………………………………………………… 389
最（二小）判平成24・9・7刑集66巻9号907頁、判時2164号4頁、判タ1382号85頁…………… 214
最（一小）決平成25・2・20刑集67巻2号1頁、判時2180号142頁、判タ1387号104頁………… 215
東京地判平成26・3・18判タ1401号373頁……………………………………………………………… 292

著者略歴

太　田　茂（おおた・しげる）
　1949年福岡県出身。
　1973年司法試験合格、1974年京都大学法学部卒業。
　1977年大阪地方検察庁検事に任官後、熊本、神戸、大阪各地検勤務を経て、1986年から在中華人民共和国日本国大使館一等書記官。1989年法務省官房人事課、1993年高知地検次席検事。以後、法務省刑事局参事官、東京地検刑事部副部長、法務省司法法制課長、同秘書課長、大阪地検次席検事、長野地検検事正、最高検総務部長、大阪高検次席検事を経て、2011年8月京都地検検事正を退官。
　2012年早稲田大学大学院法務研究科（法科大学院）・法学部教授。
　2017年4月より日本大学危機管理学部教授。
　警察大学校特別捜査幹部研修所専門講師、同志社大学大学院生命医科学研究科嘱託講師、法務省犯罪白書研究会委員。

主要著書・論文
　「中国法制事情(1)～(8)」法の支配70号（1987年）～79号（1989年）
　「アメリカ合衆国連邦裁判所にける捜索差押えの特定性の要求に関する判例法理の研究
　　──『詐欺性充満の法理』を中心として──(1)～(4)」比較法学49巻1号（2015年）～50巻1号（2016年）
　その他、ジュリスト、刑事法ジャーナル等への刑事訴訟法の判例解説など多数
　『ゼロ戦特攻隊から刑事へ』（共著、2016年、芙蓉書房出版）
　『応用刑事訴訟法』（2017年、成文堂）

実践刑事証拠法
2017年9月20日　初版第1刷発行

著　者　太　田　　茂
発行者　阿　部　成　一
〒162-0041　東京都新宿区早稲田鶴巻町514番地
発行所　株式会社　成　文　堂
電話 03(3203)9201(代)　Fax 03(3203)9206
http://www.seibundoh.co.jp

製版・印刷・製本　恵友印刷
ⓒ2017　S.Ohta　　　　　検印省略
☆乱丁・落丁本はおとりかえいたします☆
ISBN978-4-7923-5216-5　C3032

定価（本体3,900円+税）